SHANGHAI EDUCATIONAL YEARBOOK

2011
上海教育年鉴

SHANGHAI
MUNICIPAL
EDUCATION
COMMISSION

上海市教育委员会 编

上海人民出版社

中共中央总书记、国家主席、中央军委主席胡锦涛等党和国家领导人
与于漪(前排右八)等全国教书育人楷模及获奖教师合影

中共中央总书记、国家主席、中央军委主席胡锦涛接见上海世博会
生命阳光馆世博之星——身残志坚的优秀教师郑阶平

中共中央政治局常委、国家副主席习近平将“第三世界妇女科学组织女青年科学家”奖授予上海交大医学院附属儿童医院研究员曾凡一

中共中央政治局委员、国务委员刘延东视察上海市徐汇中学

中共中央政治局委员、上海市委书记俞正声看望上海世博会志愿者

全国人大常委会副委员长、全国妇联主席陈至立视察上海交通大学

上海市市长韩正为荣获2010年度“上海市长奖”的向明中学学生陈菲颁奖

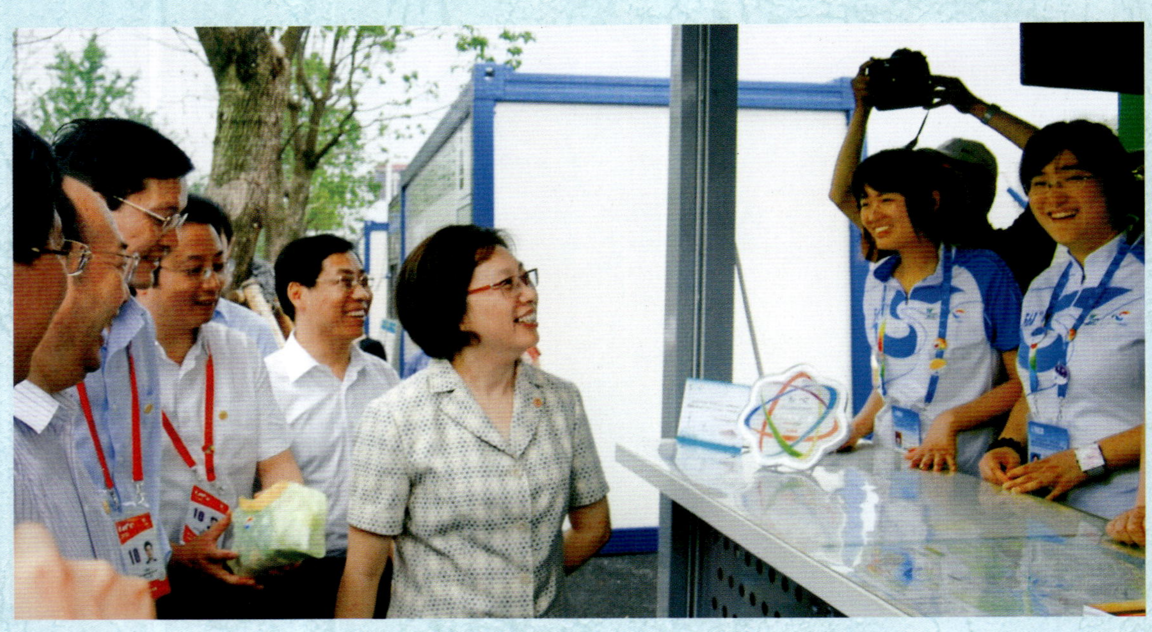

中共上海市委副书记殷一璀慰问上海世博会志愿者

上海市副市长沈晓明参加上海应用技术学院奉贤校区落成暨合校 10 周年庆典仪式

上海国际终身学习论坛举行

中共上海市教育卫生工作委员会书记李宣海在上海市澄衷高级中学调研

上海市教育委员会主任薛明扬慰问上海交大附中新疆班师生

上海市学习贯彻全国教育工作会议和教育规划纲要宣讲会

上海市教育工作会议

教育部与上海市人民政府继续重点共建复旦大学、上海交通大学、同济大学、华东师范大学签约仪式

国家体育总局与上海市领导为中国乒乓球学院建院揭牌

国家海洋局、上海市人民政府共建上海海洋大学签约仪式

全国中等职业教育教学改革创新工作会议在上海召开

原上海交通大学与原上海第二医科大学合并 5 周年大会
暨“融合·发展·超越”卓越医学教育论坛

上海交大附属第九人民医院建院 90 周年庆典大会

上海对外贸易学院建校 50 周年庆典大会

复旦大学上海视觉艺术学院新生开学典礼暨建院 5 周年庆典大会

点校本《二十四史》及《清史稿》修订工程第四次修纂工作会议

钱学森图书馆奠基仪式

上海交通大学荣获第三十四届 ACM 国际大学生程序设计竞赛全球总冠军

上海交通大学学生荣获第十一届世界大学生赛艇锦标赛冠军

上海世博会志愿者在中国馆前合影

同济大学研发的燃料电池汽车驶进上海世博园区

一流的教育要有一流的教师

包玉刚实验学校的学生展出自己的书法作品

完成大学学业后的喜悦

学会观察大自然

《2011上海教育年鉴》编委会

目　录

特　载

法律　法规　规章　文件

各级各类教育

区县教育

高等学校

教育科研与考试、评估机构

教育电视、报刊与教育集团

大　事　记

教育统计

Contents

Special Articles

Laws, Regulations and Documents

Various Educations at Different Level

Education in Districts and Counties

High Schools

Institutions of Scientific Research, Examination and Evaluation on Education

Educational TV, Press and Education Group

Chronicles

Educational Statistic

特　　载

在全国教育工作会议上的讲话

（2010年7月13日）

中共中央总书记、国家主席、中央军委主席　**胡锦涛**

这次全国教育工作会议，是党中央、国务院在新世纪召开的第一次全国教育会议。会议的主要任务是：总结交流教育工作经验，分析教育工作面临的新情况新问题，动员全党全社会全面实施《国家中长期教育改革和发展规划纲要（2010—2020年）》，坚持优先发展教育，推动教育事业科学发展，建设人力资源强国，为全面建设小康社会、加快推进社会主义现代化提供更有力的人才保证和人力资源支撑。

一、充分认识推进教育改革和发展的重大意义

教育是民族振兴、社会进步的基石，是提高国民素质、促进人的全面发展的根本途径，寄托着亿万家庭对美好生活的期盼。强国必先强教。新中国成立以来，党和国家始终高度重视教育。经过60多年特别是改革开放30多年的不懈努力，在我国这样一个拥有13亿人口的发展中大国，我们开辟了中国特色社会主义教育发展道路，建成了世界最大规模的教育体系，保障了亿万人民群众受教育的权利，城乡免费义务教育全面实现，职业教育快速发展，高等教育进入大众化阶段，教育公平迈出重大步伐，办学水平不断提高，取得了举世瞩目的伟大成就。我国教育事业不断发展，极大提高了全民族素质，有力推进了科技创新和文化繁荣，推动我国实现了从人口大国向人力资源大国的转变，为我国经济社会发展作出了不可替代的重大贡献。

长期以来，全国广大教师和教育工作者认真贯彻党的教育方针，教书育人，勤勉工作，默默耕耘，无私奉献，为我国教育事业发展付出了大量心血，为我国社会主义建设培养了大批人才，为党和人民作出了杰出贡献。在这里，我代表党中央、国务院，向全国广大教师和教育工作者，向所有关心和支持我国教育事业的广大干部群众和社会各界人士，表示衷心的感谢和诚挚的问候！

新中国教育的60年，是中国特色社会主义教育体系日益完善的60年。在这一历史进程中，我们不断深化对我国社会主义教育事业发展规律的认识，得出了十分重要的结论。一是教育是国家和民族发展最根本的事业，必须坚持党对教育工作的领导，明确政府发展和管理教育的责任，落实教育优先发展的战略地位，实现教育和经济社会协调发展，充分发挥教育在党和国家事业中的基础性、先导性、全局性地位和作用。二是教育的根本目的是培养德智体美全面发展的社会主义建设者和接班人，必须全面贯彻党的教育方针，把促进学生健康成长作为学校一切工作的出发点和落脚点。三是教育事业发展的生机活力在改革开放，必须始终按照面向现代化、面向世界、面向未来的要求，立足社会主义初级阶段基本国情，坚持继承和创新相结合，不断深化教育体制改革和教育教学改革。四是教育是改善民生、促进社会和谐的重要途径，必须坚持以人为本，促进教育公平，保障公民依法享有受教育的权利。五是教育事业发展的关键在教师，必须紧紧依靠广大教师和教育工作者，遵循教育规律办学教学，不断提高教师政治和业务素质，弘扬尊师重教的社会风气。这些重要结论弥足珍贵，已经在《教育规划纲要》中得到体现，更要在推进教育改革和发展中牢牢把握并不断丰富发展。

当前，我国社会主义现代化建设已进入新的发展阶段。我们的奋斗目标是，到2020年全面建成小康社会，进而到本世纪中叶基本实现现代化，在中国特色社会主义道路上实现中华民族伟大复兴。优先发展教育、提高教育现代化水平，对实现全面建设小康社会奋斗目标、建设富强民主文明和谐的社会主义现代化国家具有决定性意义。

随着科技进步日新月异，知识越来越成为提高综合国力和国际竞争力的决定性因素，人力资源越来越成为推动经济社会发展的战略性资源，科技、教育、人才竞争在综合国力竞争中的重要性日益凸显。当今世界的综合国力竞争，说到底是民族素质竞争。教育对提高人民思想道德素质和科学文化素质、发展科学技术、培养人才具有基础性作用。我们要紧紧抓住机遇、有力迎接挑战，坚持优先发展教育，提高教育现代化水平，充分发挥教育重大作用。我们要通过大力发展教育事业，努力培养造就数以亿计的高素质劳动者、数以千万计的专门人才和一大批拔尖创新人才，加快转变经济发展方式，坚持走中国特色新型工业化道路，增强我国发展后劲和国际竞争力，不断推动科学发展。我们要通过大力发展教育事业，在全社会特别是青少年中弘扬社会主义核心价值体系，进一步形成共同的理想信念和道德规范，培育文明风尚，增强民族凝聚力，打牢全党全国各族人民团结奋斗的思想道德基础，不断促进社会和谐。我们要通过大力发展教育事业，全面加强和改进德育、智育、体育、美育，坚持文化知识学习和思想品德修养的统一、理论学习和社会实践的统一、全面发展和个性发展的统一，不断促进人的全面发展。

我们必须清醒地看到，虽然我国教育事业已经取得巨大成就，但还不完全适应国家经济社会发展和人民群众接受良好教育的要求。主要问题是：有学上的问题基本解决，但上好学的问题依然突出，人民群众不断增长的多样化教育需求还不能得到很好满足；教育观念相对落后，内容方法比较陈旧，中小学生课业负担过重，素质教育推进困难；学生适应社会和就业创业能力不强，创新型、实用型、复合型人才紧缺；教育体制机制不完善，学校办学活力不足，教育结构和布局不尽合理，城乡、区域教育发展不平衡；教育投入不足，教育优先发展的战略地位尚未完全落实。我们要推动教育事业科学发展，必须着力解决这些问题。

教育是国计，也是民生；教育是今天，更是明天。大力发展教育事业，是全面建设小康社会、加快推进社会主义现代化、实现中华民族伟大复兴的必由之路。全党全国要积极行动起来，坚持育人为本，以改革创新为动力，以促进公平为重点，以提高质量为核心，推动教育事业在新的历史起点上科学发展，加快从教育大国向教育强国、从人力资源大国向人力资源强国迈进，为中华民族伟大复兴和人类文明进步作出更大贡献。

二、全面推动我国教育事业改革和发展

推动教育事业科学发展，必须高举中国特色社会主义伟大旗帜，以邓小平理论和“三个代表”重要思想为指导，深入贯彻落实科学发展观，实施科教兴国战略和人才强国战略，优先发展教育，完善中国特色社会主义现代教育体系，办好人民满意的教育，建设人力资源强国。要全面贯彻党的教育方针，坚持教育为社会主义现代化建设服务，为人民服务，与生产劳动和社会实践相结合，培养德智体美全面发展的社会主义建设者和接班人。要全面推动教育事业科学发展，立足社会主义初级阶段基本国情，把握教育发展阶段性特征，坚持以人为本，遵循教育规律，面向社会需求，优化结构布局，提高教育现代化水平。

关于当前和今后一个时期我国教育改革和发展的总体战略和主要任务，《教育规划纲要》已经作出全面部署，各级党委和政府要按照优先发展、育人为本、改革创新、促进公平、提高质量的工作方针，切实抓好落实，确保到 2020 年我国基本实现教育现代化，基本形成学习型社会，进入人力资源强国行列。这里，我想就推动教育事业科学发展强调几个问题。

第一，推动教育事业科学发展，必须优先发展教育。优先发展教育是党和国家长期坚持的一项重大方针。我国未来发展、中华民族伟大复兴，关键靠人才，基础在教育。在党和国家工作全局中，必须始终把教育摆在优先发展的战略地位。要把优先发展教育作为贯彻落实科学发展观的基本要求，切实保证经济社会发展规划优先安排教育发展、财政资金优先保障教育投入、公共资源优先满足教育和人力资源开发需要，并尽快形成科学规范的制度。要转变政府教育管理职能，落实政府发展和管理教育责任，积极推动建设覆盖城乡的基本公共教育服务体系，逐步实现基本公共教育服务均等化。教育投入是支撑国家长远发展的基础性、战略性投资，要健全以政府投入为主、多渠道筹集教育经费的体制，大幅度增加教育投入，2012 年实现国家财政性教育经费支出占国内生产总值的 4%，并保持稳定增长。要把是否坚持优先发展教育、发挥教育重大作用作为检验各级党政领导班子是否真正贯彻落实科学发展观的重要内容。

各地区各部门要从自身实际出发，明确分工，落实责任，密切配合，形成推动优先发展教育合力，统筹推进各级各类教育，实现更高水平的普及教育，形成惠及全民的公平教育，提供更加丰富的优质教育，构建体系完备的终身教育，健全充满活力的教育体制。要基本普及学前教育，重点发展农村学前教育，遵循幼儿身心发展规律，坚持科学保教方法，加强学前教育管理，保障幼儿快乐健康成长。要巩固义务教育普及成果，全面提高普及水平，全面提高教育质量，推动义务教育均衡发展，确保适龄儿童少年接受良好义务教育。要加快普及高中阶段教育，合理确定普通高中和中等职业学校招生比例，全面提高普通高中学生综合素质，推动普通高中多样化发展。要大力发展职业教育，加快发展面向农村的职业教育，形成适应经济发展方式转变和产业结构调整要求、体现终身教育理念、中等和高等职业教育协调发展的现代职业教育体系，着力培养学生的职业道德、职业技能、就业创业能力。要全面提高高等教育质量，提高人才培养、科学研究、社会服务整体水平，建成一批国际知名、有特色、高水平的高等学校，加快建设世界一流大学和一流学科，显著增强高等教育国际竞争力。同时，要抓好继续教育、民族教育、特殊教育，推动各级各类教育全面协调发展。

第二，推动教育事业科学发展，必须坚持以人为本。坚持以人为本、全面实施素质教育是教育改革和发展的战略主题，是贯彻党的教育方针的时代要求，核心是解决好培养什么人、怎样培养人的重大问题，重点是面向全体学生、促进学生全面发展，着力提高学生服务国家服务人民的社会责任感、勇于探索的创新精神、善于解决问题的实践能力。坚持以人为本，在教育工作中的最集中体现就是育人为本、德育为先。德是做人的根本，只有树立崇高理想和远大志向，从小打牢思想道德基础，学习才有动力，前进才有方向，成才才有保障。要把育人为本作为教育工作的根本要求，加强理想信念教育和道德教育，把社会主义核心价值体系融入国民教育全过程，深入推动中国特色社会主义理论体系进教材、进课堂、进头脑，引导学生形成正确的世界观、人生观、价值观，坚定学生对中国共产党领导、社会主义制度的信念和信心，培养学生团结互助、诚实守信、遵纪守法、艰苦奋斗的良好品质，树立社会主义民主法治、自由平等、公平正义理念。要把德育融入学校课堂教学、学生管理、学生生活全过程，创新德育观念、目标、内容、方法，充分体现时代性，准确把握规律性，大力增强实效性。

坚持以人为本，在教育工作中的重要着眼点是全面提高国民素质。这就需要全面实施素质教育。实施素质教育不仅涉及教育各个阶段和领域，更涉及文化传统、经济发展、社会结构、用人制度等方方面面，必须统筹兼顾、协调推进，切实把实施素质教育这件大事抓紧抓好、抓出成效。人力资源是经济社会发展的第一资源，教育是开发人力资源的主要途径。要以学生为主体，以教师为主导，充分发挥学生的主动性，尊重教育规律和学生身心发展规律，为多样化、个性化、创新型人才成长提供良好环境和机制，着力培养我国现代化建设需要的各方面人才，特别是要高度重视培养拔尖创新人才。要促进学生全面发展，优化知识结构，丰富社会实践，加强劳动教育，着力提高学习能力、实践能力、创新能力，提高综合素质，加快改变学生创新能力培养不足状况。要把人人可以成才的观念贯穿教育全过程、贯穿社会各行各业，把培养人的创造性和培养拔尖创新人才有机统一起来，推进小学、中学、大学有机衔接，教学、科研、实践紧密结合，学校、家庭、社会密切配合，加强学校之间、校企之间、学校和科研机构之间合作以及中外合作等多种联合培养方式，更加重视打牢创新基础、倡导创新精神、激发创新活力，更加重视发展创新文化、完善创新机制、营造创新氛围，大幅提高教育培养创新人才能力和水平。要以终身学习理念引领学校教育改革，构建灵活开放的终身教育体系，努力做到学历教育和非学历教育协调发展、职业教育和普通教育相互沟通、职前教育和职后教育有效衔接，为努力形成全民学习、终身学习的学习型社会奠定坚实基础。

第三，推动教育事业科学发展，必须坚持改革创新。改革是教育事业发展的强大动力。要深化教育教学改革，重视改革的系统设计和整体安排，加快重要领域和关键环节改革步伐，以改革推动发展，以改革提高质量，以改革增强活力，进一步消除制约教育发展和创新的体制机制障碍，全面形成与社会主义市场经济体制和全面建设小康社会目标相适应的充满活力、富有效率、更加开放、有利于科学发展的教育体制机制。

深化教育体制改革，关键是更新教育观念，核心是改革人才培养体制，目的是提高人才培养水平。教育成效不应只看学生是否能准确填写标准答案，更要看学生的学习能力、实践能力、创新能力，看他们是否掌握了发现问题、解决问题的关键能力，看他们是否具备了高度的社会责任感。要树立全面发展观念、人人成才观念、多样化人才观念、系统培养观念、终身学习观念，形成体系开放、机制灵活、渠道互通、选择多样的人才培养体制。要创新人才培养模式，适应国家和社会发展需要，遵循教育规律和人才成长规律，注重学思结合、知行统一、因材施教，创新教育教学方法，倡导启发式、探究式、讨论式、参与式教学，激发学生好奇心，发挥学生主动精神，鼓励学生进行创造性思维，改变单纯灌输式的教育方法。要把中小学生从繁重的课业负担下解放出来，使广大青少年在发掘兴趣和潜能的基础上全面发展。

深化教育体制改革，要正确处理政府、学校、社会的关系，落实和扩大学校办学自主权，建设依法办学、自主管理、民主监督、社会参与的现代学校制度。要深化办学体制改革，坚持教育公益性原则，健全政府主导、社会参与，办学主体多元、办学形式多样、充满生机活力的办学体制，积极鼓励行业、企业等社会力量参与公办学校办学，引导社会资金以多种方式进入教育领域，大力支持民办教育，形成以政府办学为主体、全社会积极参与、公办教育和民办教育共同发展的格局。要深化教育管理体制改革，以转变政府职能和简政放权为重点，提高公共教育服务水平，明确各级政府责任，规范学校办学行为，形成政事分开、权责明确、统筹协调、规范有序的教育管理体制。在教育改革中，要正确处理改革发展稳定的关系，坚持改革力度、发展速度、社会可承受程度的统一。

在经济全球化深入发展、我国参与国际经济合作和竞争日益广泛深入的新形势下，我们必须加强教育国际交流合作，提高教育交流合作水平，充分利用国内国际两种教育资源。要借鉴国外先进教育理念和有益教育经验，引进优质教育资源，提升我国教育的国际地位和影响力、竞争力。要积极吸引更多世界一流专家学者来华从事教学、科研、管理工作，有计划引进海外高端人才和学术团队，推动我国高水平教育机构海外办学。要坚持支持留学、鼓励回国、来去自由的方针，创新和完善公派出国留学机制，提高对留学人员的服务和管理水平，吸引海外优秀留学人员回国服务。

第四，推动教育事业科学发展，必须促进教育公平。教育公平是社会公平的重要基础。坚持教育的公益性和普惠性，把促进公平作为国家基本教育政策，是促进社会公平的重要基础性任务。教育公平的关键是机会公平，基本要求是保障公民依法享有受教育的权利，重点是促进义务教育均衡发展和扶持困难群众，根本措施是合理配置教育资源。近年来，我国在保障教育机会公平方面迈出重大步伐，我们要在这个基础上继续促进公民受教育机会公平，推动教育公平不断迈上新台阶。要着力促进公共教育资源配置公平，加强薄弱环节和关键领域，加快缩小城乡、区域教育发展差距。要健全国家资助政策体系，逐步对农村家庭经济困难和城镇低保家庭子女接受学前教育予以资助，提高农村义务教育家庭经济困难寄宿生生活补助标准，改善中小学生营养状况，建立普通高中家庭经济困难学生国家资助制度，完善普通本科高校、高等职业学校、中等职业学校家庭经济困难学生资助政策体系，设立研究生国家奖学金，完善助学贷款体制机制。要进一步加大农村、边远贫困地区、民族地区教育投入，启动民族地区、贫困地区农村小学生营养改善计划，改善农村学生特别是留守儿童寄宿条件，努力不让一个孩子因家庭经济困难、就学困难或学习困难而失学。

促进教育公平，要着力促进教育制度规则公平，全面推进依法治教和依法治校，坚持用规范管理维护教育公平，探索教育行政执法体制机制改革，完善督导制度和监督问责机制。要实施好高校招生“阳光工程”，建立和完善高校毕业生就业服务体系，坚决治理教育乱收费。要依法落实民办学校、学生、教师与公办学校、学生、教师平等的法律地位。

推进教育公平是复杂的社会系统工程，也是一个需要逐步实现的历史过程。要坚持在经济社会发展的基础上，以发展促公平，以改革促公平，以政策支持促公平，不断满足广大群众日益增长的多层次、多样化教育需求。

第五，推动教育事业科学发展，必须重视教育质量。全面提高教育质量，对建设教育强国、人力资源强国意义重大。要把提高质量作为教育改革和发展的核心任务，摆在各级各类教育更加突出的位置，树立以提高质量为核心的教育发展观，坚持规模和质量的统一，注重教育内涵发展。要把促进人的全面发展、适应社会需要作为衡量教育质量的根本标准，努力协调好教育发展和人的全面发展、教育发展和社会发展的关系，鼓励学校办出特色、办出水平和出名师、育英才。要把教育资源配置和学校工作重点集中到强化教学环节、提高教育质量上来，建立以提高教育质量为导向的管理制度和工作机制，制定教育质量国家标准，建立健全教育质量保障体系。要深入研究经济社会发展和用人单位对人才结构培养质量需求变化情况，加强教育质量评估和监管。

教育大计，教师为本。要把加强教师队伍建设作为教育事业发展最重要的基础工作来抓，充分信任、紧密依靠广大教师，进一步激发和保护他们投身教育改革创新、推动教育事业发展的积极性、主动性、创造性，着力提升教师素质、优化队伍结构，着力加强中青年教师和创新团队建设，健全教师管理制度，努力造就一支师德高尚、业务精湛、结构合理、充满活力的高素质专业化教师队伍。要采取更有力的措施，提高教师地位，维护教师权益，改善教师待遇，加强教师培训，关心教师身心健康，依法保证教师平均工资水平不低于或者高于国家公务员平均工资水平并逐步提高，落实教师绩效工资，对长期在农村基层和艰苦边远地区工作的教师实行倾斜政策，落实和完善教师社会保障政策，为教师解决后顾之忧，为教师发展成长创造更多机会、提供更有利的条件。要吸引优秀人才从事教育工作，支持和鼓励他们长期从教、终身从教。要在全社会大力弘扬尊师重教的优良传统，宣传优秀教师先进事迹，使教师成为最受社会尊重的职业。要加强学校领导者、管理者队伍建设，加强辅导员、班主任队伍建设，提高队伍整体素质。要完善绩效考核，发扬良好校风、教风、学风，力戒浮躁，形成全面提高教育质量的良好氛围。

要以教育信息化带动教育现代化，把教育信息化纳入国家信息化发展整体战略，加快教育信息基础设施建设，超前部署教育信息网络，加强优质教育资源开发和应用，构建国家教育管理信息系统，确保到2020年基本建成覆盖城乡各级各类学校的教育信息化体系，促进优质教育资源普及共享，加快全民信息技术普及和应用。

三、全党全社会共同为推动教育事业科学发展而奋斗

推动教育事业科学发展，加强和改善党的领导是关键。贯彻落实好《教育规划纲要》是摆在全党全社会面前的重大任务，迫切要求各级党委、政府和领导干部提高领导教育工作能力和水平。各级党委和政府要提出实施方案，加强领导，明确目标，制定措施，加大投入，切实把《教育规划纲要》贯彻好、落实好。

第一，着力加强和改善对教育工作的领导。各级党委和政府要强化责任意识，正确处理教育发展与经济社会发展的关系，健全领导体制和决策机制，以更大的决心、更多的财力、更多的精力支持教育事业，加强教育宏观政策和发展战略研究，制订符合本地实际的教育发展规划和政策措施，抓好《教育规划纲要》提出的重大项目和改革试点，及时研究解决教育改革和发展的重大问题和群众关心的热点问题。要把制度建设作为推动教育事业科学发展的重要着力点，深化改革，勇于创新，增强改革措施的针对性、协调性、实效性，建立健全统筹教育和经济社会发展、统筹教育改革和对外开放、统筹城乡和区域教育发展、统筹各级各类教育发展的机制，建立健全推进教育公平、实施素质教育、培养创新人才的有效制度体系，建立健全有利于推动教育事业科学发展的综合评价体系。要加强和改进教育系统党的建设，健全各级各类学校党的组织，坚持和完善公办高等学校党委领导下的校长负责制，加强学校领导班子和领导干部队伍建设，加强在优秀青年教师、优秀学生中发展党员工作，重视学校共青团、少先队工作，充分发挥党组织在教育改革和发展中的作用。要坚持社会主义办学方向，牢牢把握党对学校意识形态工作的主导权，加强和改进学校思想政治工作，加强校园文化建设。要加强教育系统党风廉政建设和行风建设，完善体现教育系统特点的惩治和预防腐败体系，严格执行党风廉政建设责任制，积极推行政务公开、校务公开，逐步推行基层党务公开，坚决惩治和有效预防腐败，坚决纠正损害群众利益的各种不正之风。要深入开展平安校园、文明校园、绿色校园、和谐校园创建活动，加强校园网络管理，加强师生安全教育和学校安全管理，加强校园和周边环境治安综合治理，切实维护教育系统和谐稳定。

第二，着力动员全社会共同推动教育事业科学发展。教育振兴，全民有责。实现教育改革和发展目标，必须发挥人民群众聪明才智、动员全社会一起努力，充分调动全社会关心和支持教育的积极性，共同担负起培育下一代的责任。要鼓励和支持全社会支持和参与教育事业发展，努力形成推动教育事业科学发展和促进人的全面发展的社会氛围。要切实保障人民群众对教育的知情权、参与权、表达权、监督权，建立和完善群众利益表达渠道和对教育建言献策的平台，积极利用社会力量监督和评价教育、参与教育管理。要完善相关政策，发动更多社会力量支持教育、投入教育、兴办教育。要引导和鼓励社会各界更新教育观、成才观、用人观，支持教育改革创新，形成既生动活泼又规范有序、共同推动教育事业科学发展的生动局面。

第三，着力组织广大教师和教育工作者投身教育事业科学发展伟大实践。广大教师和教育工作者是推动教育事业发展的生力军。推动教育事业科学发展，必须紧紧依靠广大教师和教育工作者。广大教师要增强教书育人的责任感和使命感，把教学作为首要任务，自觉加强师德建设，大力弘扬优良教风，努力提高业务水平，积极探索和实践教育教学规律，关爱学生，严谨笃学，淡泊名利，自尊自律，全心全意帮助学生全面发展，做学生健康成长的指导者和引路人。学校各级领导干部和管理人员要用主要精力抓好人才培养和学校管理，改进领导方式，发扬校内民主，开放社会监督，以优异工作业绩赢得教师、学生、家长信任和支持。

同志们，21世纪是中华民族伟大复兴的世纪，也必将是我国教育事业全面发展的世纪。全党全国要积极行动起来，真抓实干，开拓进取，努力推动教育事业科学发展，为把我国建设成为人力资源强国、人才强国、创新型国家而不懈奋斗！

强国必强教　强国先强教

（2010年7月13日，在全国教育工作会议上的讲话）

中共中央政治局常委、国务院总理　**温家宝**

一、在新的起点上全面谋划教育改革发展

人类社会发展的历史表明，教育对每个国家和民族的发展都十分重要。对于我们这样一个人口众多的发展中国家，尤其要把发展教育摆在更加突出的位置。只有办一流教育，出一流人才，才能建设一流国家。

新中国成立特别是改革开放以来，我国教育发展取得了举世瞩目的成就。我们开辟了中国特色社会主义教育发展道路，建成了世界最大规模的教育体系，有力保障了亿万人民群众受教育的权利。进入新世纪，我们以推进教育公平为重点，加快教育改革和发展，城乡免费九年义务教育全面普及，农村教育得到加强，职业教育快速发展，高等教育进入大众化阶段，教师队伍素质明显提高。经过多年努力，大批学校面貌焕然一新，在广大农村特别是偏远地区，到处可以看到最好的建筑是学校；义务教育适龄儿童都能上学，即使是经济困难家庭的孩子，也能基本保证他们不因贫困而失学；国民受教育的年限明显增加，有知识有文化的年轻一代已成为新增劳动力的主体。教育的发展极大地提高了全民族的素质，推进了科技创新、文化繁荣，为经济发展、社会进步和民生改善做出了不可替代的贡献。

制定《国家中长期教育改革和发展规划纲要》是党中央、国务院着眼于全面建成小康社会和现代化建设全局作出的战略决策，是对我国未来十年教育事业发展进行全面谋划和前瞻性部署。中央的主要考虑是：第一，教育发展要面向未来。十年树木，百年树人。教育是千秋大业，关系国家民族长远发展、关系人的全面发展，必须整体考虑、精心设计。既要立足当前解决突出问题、满足现实需要，又要着眼未来、明确长远目标和任务；既要培养能够满足我国当前发展需要的各类人才，又要造就更多引领经济社会未来发展的杰出人才。教育改革发展必须面向未来，超前部署，才能保证我们的事业后继有人、兴旺发达。第二，教育发展要适应经济社会发展对人才需求和全面提高国民素质的要求。一个国家的发展和强盛，从根本上取决于国民素质；国民素质的提高，关键靠教育。我国要全面建成小康社会、进而实现现代化，必须把经济发展真正转移到依靠科技进步和提高劳动者素质的轨道上来，必须实现社会的全面进步和人的全面发展，这都对教育提出了新的更高的要求。同时，就世界范围来看，科技和人才越来越成为国家竞争力的决定性因素，各国都在积极研究制定教育、科技、人才发展战略，我国的教育发展也必须走在前面。第三，教育发展要顺应人民群众对接受更多更好教育的新期盼。随着社会不断发展进步，广大人民群众对通过接受教育提高自身素质、改变命运的愿望更加强烈。经过多年努力，我国教育基本解决了有学上的问题，但上好学的问题依然突出，这对教育公平提出了更高的要求。为广大群众提供更多、更好、更公平接受教育的机会，是政府的职责。我们一定要解决好教育领域人民群众最关心的突出问题，办好人民满意的教育。第四，教育发展要进一步深化改革。教育发展不是简单的数量扩张，而必须以提高质量为前提。要实现教育的科学发展，根本出路在改革创新。这就要求我们解放思想，实事求是，敢于冲破传统观念和体制机制的束缚，在人才培养、考试招生、办学方式、管理体制等方面进行大胆创新。允许和鼓励各地进行探索和试验。通过改革创新使教育发展更加符合时代发展的潮流，更加符合建设中国特色社会主义对人才的需要，更加符合广大人民群众对教育的殷切期望。

基于上述考虑，《纲要》确定了“优先发展，育人为本，改革创新，促进公平，提高质量”的教育工作方针，提出了到2020年基本实现教育现代化、基本形成学习型社会、进入人力资源强国行列的战略目标，并对未来十年教育改革和发展的主要任务和重大政策措施做出了明确部署。《纲要》特别提出到2012年要实现教育财政性支出占国内生产总值4%的目标，这表明了党和政府推动教育改革和发展的坚定决心。《纲要》制定历时近两年，社会各界广泛参与，专家学者建言献策，是科学民主决策的产物，是广大教育工作者共同努力的结果。《纲要》规划了未来十年我国教育改革发展的蓝图，是符合我国国情、体现时代特点、反映人民意愿的纲领，必将对教育改革发展产生深远的影响。

二、大力促进教育公平

教育涉及所有人，接受教育是每个人获得发展的基本前提。缩小不同群体发展差距，消除家庭贫困的代际传递，实现人的自由全面发展，首先要保障人人有受教育的机会。正基于此，我们说，教育公平是社会公平的重要基础，是最基本最重要的公平，是实现社会公平"最伟大的工具"。

要进一步办好义务教育。义务教育是教育公平的基础。义务教育的本质，是要为每一个人的生存和发展提供一条公平的起跑线。对我们这样的人口大国，教育公平的首要任务是要确保所有适龄儿童都能接受基础教育。我们已经在全国城乡实行了免费义务教育，把义务教育经费全面纳入国家财政保障范围。这是我国教育体制的一个历史性变革，从而使几千年来"有教无类"的理想变成了现实。在基本解决了有学上的问题之后，我们下一步的工作重点是要逐步解决义务教育资源配置不均衡问题，以满足人民群众上好学的要求。要做到这一点，在全国或省(自治区、直辖市)范围内，教育资源就要向农村地区、革命老区、民族地区、边疆地区、贫困地区倾斜；在同一城市和县域范围内，教育资源就要向薄弱学校倾斜，逐步实现师资、设备、图书、校舍等均衡配置。由于各地经济社会发展水平的差异，义务教育发展的差异短期内不可能完全消除，但我们要把缩小义务教育差距作为促进教育公平的首要任务。

要不断完善国家助学制度。这是促进教育公平的一项重要措施。在非义务教育阶段，我们要保障每一个孩子接受教育的基本权利，主要靠实行奖助学金制度来实现。我们的目标是，只要孩子们能考上学校，就要保证他们完成学业。这几年国家助学制度不断完善，中央财政用于普通本科高校、高等和中等职业学校的国家奖学金助学金投入，由2006年的20.5亿元增加到今年的260亿元。今后要进一步完善国家助学制度，各级政府要继续加大投入，扩大奖学金、助学金规模和覆盖面，为助学贷款提供的担保、贴息要更加符合各级各类教育的特点。政府投入主要用于资助经济困难家庭学生的学费和基本生活费用。学校也要从学费中拿出相应的比例资助困难学生。鼓励社会各界以多种形式设立奖学金、助学金等助学项目。支持学生开展多种形式的勤工俭学活动，以自己的劳动收入资助学业。

要切实解决特殊群体孩子的上学问题。这是社会文明进步的重要体现。随着我国工业化、城市化加快推进，农民工子女和农村留守儿童上学问题日益突出，解决这些孩子上学问题的任务更加艰巨。要进一步完善农民工等流动就业人口子女上学的政策，保证他们能够在全日制公办学校免费接受义务教育。现有学校不足的，要做好规划，加大学校建设投入。要切实关心和解决农村留守儿童的上学问题，主要通过加强农村寄宿制学校建设和管理，让留守儿童有学上，在社会关爱中健康成长。保障残疾孩子平等接受教育，应该引起政府和全社会的高度重视。要加快特殊教育学校建设，同时创造条件让更多的残疾学生在普通学校上学。"同在蓝天下，共同成长进步"。我们一定要实现这个美好愿望。

三、推动教育全面协调发展

未来10年我国教育的发展任务是在办好义务教育的基础上，实现各级各类教育全面协调发展。这是构建终身教育体系、形成学习型社会的基础，也是为经济社会发展培养多方面人才、满足人民群众接受更多更好教育的需要。《纲要》对发展各级各类教育进行了全面部署，这里我着重讲一讲职业教育、高等教育、学前教育发展的有关问题。

职业教育是面向人人、面向整个社会的教育，根本目的是让人学会技能和本领，能够就业，成为有用之才。目前我国接受职业教育的学生，85%以上来自农村和城市低收入家庭。发展职业教育，使他们能够掌握一定的专业技术，顺利实现就业，摆脱贫困，从而过上有尊严的生活，这是促进社会公平、实现社会和谐的有效途径。近年来，我们对教育结构进行了较大调整，加快了职业教育发展，但仍不能满足需求。要把职业教育纳入经济社会发展规划，促使职业教育在规模、专业设置上与经济社会发展需求相适应。要注重学生实际操作能力的教学和训练，培养更多的应用型、技能型人才。加强职业院校实习培训设施和教师队伍建设。要加快发展面向农村的职业教育，加大培养适应农业和农村发展需要的专业人才，增强服务"三农"的能力。要完善支持职业教育发展政策，动员全社会力量兴办职业教育。提高技能型人才的社会地位和待遇，形成行行出状元的良好社会氛围，增强职业教育的吸引力。

高等教育要坚持稳步发展和提高质量相结合，重点放在提高质量上。目前我国高等教育毛入学率达到24.2%，大学生数量居世界前列。但是与发达国家相比，我国大学生占总人口的比重还较低，从长远看我们还要适度扩大高等教育规模，以满足人民群众和经济社会发展对高等教育的需求。坚持以教学为中心，把培养人才作为高等学校的第一职责。学校和教师都要把主要精力放到搞好教学和培养好学生上。教授要上讲坛给本科生上课。科学研究也是高等学校的重要职能，但要与教学和培养人才紧密结合。要适应经济社会发展对人才的多样化需求，引导高等学校合理定位，克服同质化倾向，形成独具特色的办学理念和风格。对不同层次、不同类型的学校，要同样重视，给予支持，鼓励各类学校办出水平、办出特色、争创一流。要优化高等学校区域布局，中央财政要加大对中西部地区高等教育发展的支持力度。要加快一流大学和一流学科建设，争取到2020年建成一批国际知名的高等学校，若干所大学达到或接近世界一流大学水平。高水平的大学不在高楼大厦，不在那些张扬的东西，而在于有崇高的办学理念，有勇于担当的社会责任感，有追求真理、勇于创新的精神，有一流的教师和一流的教学科研水平。一旦涌现出一批有特色、高水平的大学，就会出现一批又一批真正杰出的人才，整个国家就充满希望。

学前教育在各级各类教育中是一个十分薄弱的环节，人民群众意见较多。要推动全国城乡学前教育普遍发展。抓紧解决群众反映强烈的“入园难”问题。学前教育资源不足地区，要搞好幼儿园规划建设。要特别重视发展农村、中西部地区、偏远地区、民族地区的学前教育。进一步健全公办民办并举的办园体制，政府要增加投入，同时大力扶持民间资本发展学前教育事业。城乡中小学布局调整富余出来的校舍，要优先满足学前教育需要，教师可以经过培训转入学前教育。政府公共投入应主要承担“保基本”的责任。严格规范公办幼儿园收费标准，不能用公共投入办高标准、高收费、为少数人服务的幼儿园。要建立健全经济困难家庭孩子入园补助机制，为孩子们进入幼儿园学习、生活创造公平机会。

四、全面推进素质教育

教育的根本任务是培养人才。党的教育方针是培养德智体美全面发展的社会主义建设者和接班人。新时期教育改革发展的主要任务，就是全面贯彻党的教育方针，创新人才培养模式，提高人才培养水平，做到因材施教，鼓励个性发展，促进人人成才，形成人才辈出、拔尖创新人才不断涌现的局面。

素质教育是教育改革发展的战略主题，是贯彻党的教育方针的时代要求。《纲要》重申德智体美全面发展，具有重要的现实意义。德育、智育、体育、美育是一个有机整体。德育的核心是帮助学生树立正确的人生观、价值观，确立崇高的人生目标，使学生有高尚的道德情操，成为有责任心、有正义感、有奉献精神的人。智育不是简单灌输知识，而是点燃人心智的火焰，把受教育者内在的潜质开发、启蒙出来，让学生积极主动地去追求新知。体育不仅可以强身健体，而且可以培养人的坚毅勇敢、吃苦耐劳和团结协作精神。美育陶冶人的情操，提高人的审美情趣，激发人对真善美的追求和美好未来的向往。多年来我们所强调的素质教育，实质上就是强调学生的全面发展，就是促进德育、智育、体育、美育的有机结合。

古往今来的许多事例证明，素质教育是培养杰出人才的基础。杰出人才应该是全面发展的人，应该是站在巨人肩上的人。因为他是全面发展的人，知识广博，能够融会贯通，举一反三，从而有所发明、有所创造。因为他站得高，看得远，前瞻未来，能开风气之先，引领新潮流。中外历史上许多杰出人才，尽管从事的职业不同，但他们往往有一个共同的特点，就是集科学、文学、艺术、哲学于一身，表现出全面的良好素质。究其原因，科学、文学、艺术、哲学的结合使他们想象力更丰富，视野更开阔，善于抓住事物的本质和掌握事物的规律，因而获得广泛的成就。

推进素质教育，培养全面发展的优秀人才和杰出人才，关键要深化课程和教学改革，创新教学观念、教学内容、教学方法，着力提高学生的学习能力、实践能力、创新能力。要为学生创造充分的自由发展空间。注重维护学生的尊严和人格，尊重学生的意愿和选择，激发学生的学习兴趣和好奇心。要切实减轻学生课业负担和学习压力，规范和从严控制各种教辅材料和课后班、补习班，让学生有更多的时间去思考，去锻炼，去选择性地读课外书，去了解社会，去接触书本上没有的知识，促进学生身心健康、全面发展。要改革课程内容，使之具有时代特点、适应经济社会发展需要、有利于提高学生素质。要调整专业设置，更新课程设计和教学内容，注重培养学生应对变化、把握机会和解决问题的能力。要改革教学方式方法，注重启发式、探究式、讨论式、参与式教学。教育不仅要传授知识，更重要的是启发思维，培养学习思考能力。爱因斯坦说，想象力比知识更重要。要鼓励学生独立思考、自由表达，增强他们的自信心，保护和激发他们的想象力、创造力。要注重学思结合，知行并重，让学生不仅学到知识，还要学会动手，学会动脑，学会做事，学会生存，学会与别人共同生活。

五、深化教育体制改革

教育要发展，根本在改革。教育体制改革是一项长期而艰巨的任务，不可能一蹴而就。必须解放思想，大胆探索，坚决破除不利于教育发展的体制机制障碍，为教育事业持续健康发展提供强大动力。

要落实和扩大学校办学自主权。促进教育发展，政府责无旁贷，但必须切实转变职能，把该管的管好，把该放的放开。我们提倡学校自主办学，不是说对学校放任不管，而是如何管，以什么手段管，管到什么程度的问题。政府的管理应该是宏观管理而不是微观管理，应该是间接管理而不是直接管理。要改进管理方式，减少和规范对学校的行政审批和直接干预，更多地运用法规、政策、标准、公共财政等手段引导和支持教育发展。具体到每个学校如何管好、办好，还是要由学校负责。要保障高等学校依法自主开展教学、科研活动，自主调整学科、专业设置，自主管理和使用人才，自主进行学校内部管理。要扩大普通高中和中等职业学校在办学模式、育人方式、合作办学等方面的自主权。要逐步取消各类学校实际存在的行政级别和行政化管理模式，克服行政化倾向。总之，各级政府都要按教育规律管教育，各级各类学校都要按教育规律办教育。

要推进学校民主管理。公办高校要坚持和完善党委领导下的校长负责制。在此基础上，进一步健全议事规则，实行科学决策。建立健全学术委员会、职工和学生代表大会参与学校民主管理和监督的制度。完善中小学和中等职业学校校长负责制，完善校长任职条件和任用办法。建立健全教职工代表大会制度，中小学还要建立家长委员会，不断完善学校科学民主决策和评价机制。

要倡导教育家办学。教育的发展有其自身的规律。一个好老师，可以教出一批好孩子；一个好校长，可以成就一所好学校；一批教育家，可以影响国家和民族的未来。我国教育事业要兴旺发达，一个重要条件就是让真正懂教育的人来办教育。因为他们尊重、敬畏教育的价值和规律，拥有系统的教育理论和丰富的实践经验，对教育充满热爱并深深扎根于教学第一线。新中国成立特别是改革开放以来，我国教育战线涌现出一大批优秀教育工作者，各级党委和政府要创造条件，让他们在教育事业发展中大显身手。要放手使用一批有前途、有能力的学校管理人才。大胆开展面向社会公开招聘各类学校校长的探索和试点，打破级别、资历等条条框框，不拘一格用人才。努力培养和造就一大批献身教育事业、具有先进教育理念和独特办学风格的人民教育家。这是振兴我国教育事业的希望所在。

要大力发展民办教育。民办教育是我国教育的重要组成部分。发展民办教育，是满足人民群众多样化教育需求、增强教育发展活力的必然要求。国外许多著名学校，都是非营利性的私立学校。经过改革开放30多年发展，我国民间资本已有相当基础，也有越来越多的人热心教育事业。要鼓励他们以多种方式出资、捐资兴办教育。要进一步清理对民办学校的各类歧视性政策，落实民办学校、学生、教师与公办学校、学生、教师平等的法律地位。我们的企业家和社会各界，都要关心教育事业，把支持教育事业作为自己光荣的社会责任，办教育不以赢利为目的。在这方面，爱国华侨陈嘉庚先生就是杰出的榜样。要健全公共财政对民办教育的扶持政策，特别是对非营利性民办学校要给予大力支持。要支持一批民办大中专学校办出水平和特色，成为一流学校。在学前教育、职业教育、继续教育等社会力量参与较多的领域，政府可采取购买服务的办法，支持民办教育发展。

要扩大教育对外开放。教育对外开放是优化我国教育资源、培养具有国际竞争力人才的重要举措。中国的发展离不开世界，中国教育事业的发展要始终面向世界。要瞄准世界教育发展变革的前沿，学习和借鉴世界先进的教育方法和教育经验，紧密结合我国教育实际，提高我国教育发展水平和国际化水平。要坚持“引进来”与“走出去”相结合，多种方式利用国外优质教育资源。积极探索中外合作办学新模式，鼓励各级各类学校开展多种形式的国际合作，推动高水平教育机构海外办学。扩大外国学生来华留学规模，继续支持出国留学。

六、加强教师队伍建设

如果说教育是国家发展的基石，教师就是奠基者。有好的教师，才可能有好的教育。我国有1600万教育工作者，他们长期以来兢兢业业，默默耕耘，不计名利，甘为人梯，培养了一批又一批优秀人才，为我国教育事业和现代化建设做出了不可磨灭的贡献。但是必须看到，我国教师队伍整体素质亟待提高、教师的地位待遇有待加强、教师管理机制需要完善。能否造就一支师德高尚、业务精湛、结构合理、充满活力的高素质专业化教师队伍，是我国教育发展中一项重要而紧迫任务。

教育是心灵与心灵的沟通，灵魂与灵魂的交融，人格与人格的对话。教师应该成为传道、授业、解惑者，成为具有教育智慧的学者，成为人格修养的楷模。如果说教师是太阳下最光辉的职业，其光辉之处就在于教师可以照亮一代又一代新人，从而提高全民族的素质和推动社会的发展进步。教师不仅要注重教书，更要注重育人；不仅要注重言传，更要注重身教。必须更加重视教师职业理想和职业道德教育，增强广大教师教书育人的责任感和使命感。广大教师要自觉加强师德修养，"学为人师，行为世范"。要以自己的人格魅力和学识魅力教育感染学生，做学生健康成长的指导者和引路人。教师是知识的传播者和创造者，教师的知识和业务水平决定着教育的质量。要想给学生一杯水，自己必须先有一桶水。这就要求教师具备广博的知识和广泛的兴趣，具备深厚的专业功底和独特的教学艺术，具有出色的教学效果和对教育教学的深入研究。为了提高教师业务水平，优化教师队伍结构，要完善并严格教师准入制度，严把教师入口关，完善教师退出机制；加强学校岗位管理，创新聘用方式，完善激励机制，激发教师积极性和创造性；加快完善教师培养培训体系，通过研修培训、学术交流、项目资助等方式，造就一批教学名师和学科领军人。

建设一支高素质的教师队伍，必须办好师范教育。教育是为人类文化承先启后的事业。以教育为职业者，必须具有淡泊名利的高尚志趣，刻苦勤学的精神，诚挚友爱的感情。师范教育的目标绝不是造就"教书匠"，而是要造就堪为人师的教育家。师范教育不能仅注重让学生在知识、能力和专业素质方面得到应有的发展，更要注重未来教师气质的培养，最重要的是文化熏陶。师范学校的专门训练，不限于教学的技能，而尤其在于多年的教育文化氛围中涵濡浸渍，使学生对教育实践的兴趣油然而生，对于教育事业的敬仰日益坚定。

要特别重视加强农村教师队伍建设。这是我国教师队伍的薄弱环节。现在，一些地方农村教师工作环境和生活条件还比较艰苦，医疗、社保、住房、交通等方面的保障水平还不高。受各种因素制约，农村教师队伍总体上学历偏低、年龄偏大。必须创新农村教师队伍补充机制，吸引更多的优秀人才从教。继续实施农村义务教育学校教师特设岗位计划。同时，完善相关制度和政策，关心农村教师生活和成长，使优秀教师在农村能够进得来、留得住、用得好。对长期在农村基层和艰苦边远地区工作的教师，在工资、职务职称等方面实行倾斜政策，有条件的地方要逐步提高津贴补贴标准。

尊师重教是社会文明进步的体现。一个国家重视不重视教育，首先要看教师的社会地位。各级政府都要满腔热忱地支持和关心教育工作，积极改善教师的工作和生活条件，吸引更多优秀人才长期从教、终身从教。要认真落实教师绩效工资等政策措施，制定和完善教师医疗养老等社会保障政策和住房优惠政策，依法保证教师平均工资水平不低于或者高于国家公务员的平均工资水平并逐步提高。要大力宣传教育战线的先进事迹，让尊师重教蔚然成风，让教师成为全社会最受人尊敬、最值得羡慕的职业。

强国必强教，强国先强教。教育是一项复杂的社会系统工程。在一个拥有13亿人口的大国，推进教育事业改革和发展是一项长期而艰巨的任务。《纲要》的制定和实施只是一个新的起点，办好人民满意的教育任重而道远。我们要在以胡锦涛同志为总书记的党中央领导下，以邓小平理论和"三个代表"重要思想为指导，深入贯彻落实科学发展观，解放思想，开拓创新，锐意进取，扎实工作，努力开创我国教育事业改革和发展的新局面。

在上海市教育工作会议上的讲话要点

（2010 年 9 月 8 日）

中共中央政治局委员、上海市委书记　**俞正声**

同志们：

前不久，党中央、国务院召开了全国教育工作会议，颁布了《国家中长期教育改革和发展规划纲要(2010—2020 年)》。胡锦涛总书记、温家宝总理在会上作了重要的讲话，号召全党全社会共同为推动教育事业科学发展而奋斗。今天，我们召开全市教育工作会议，主要任务是学习贯彻全国教育工作会议精神，全面部署实施国家和上海的教育规划纲要，深入推进上海教育事业科学发展，为服务国家战略和上海未来发展提供强有力的人才保证和人力资源支撑。下面，我讲五点意见。

一、坚持优先发展，切实把教育放在上海科学发展全局中更为重要的战略位置

教育是民族振兴、社会进步的基石。党和国家始终高度重视教育。新中国成立以来，我国教育事业不断发展，建成了世界最大规模的教育体系，取得了举世瞩目的伟大成就。上海教育在全国教育事业中有着重要的地位。长期以来，上海一直坚持优先发展教育，充分发挥教育的基础性、先导性、全局性作用，促进教育与经济社会协调发展。各级各类教育基本普及，教育布局和结构调整日趋完善，教育改革试验深入推进，教育开放不断扩大，教育质量不断提高，教育活力不断增强，为国家建设和上海发展作出了重大贡献。这些成就的取得，最根本的是始终坚持党对教育工作的领导，坚决落实教育优先发展的战略，全面贯彻党的教育方针，切实保障全体市民享有受教育的权利；最宝贵的是始终坚持改革创新的精神，着眼“率先实现教育现代化”，着力追求“一流城市、一流教育”；最重要的是始终坚持发挥教师的主导作用，紧紧依靠广大教师，围绕培养德智体美全面发展的社会主义建设者和接班人这一根本任务，教书育人，创新探索，辛勤耕耘，无私奉献，不断为上海教育事业改革和发展贡献智慧、付出辛劳。值此 2010 年教师节来临之际，我代表市委、市政府，向全市广大教师和教育工作者，向所有关心和支持教育事业发展的广大干部群众和社会各界人士，表示衷心的感谢和诚挚的问候！

当前，我国社会主义现代化建设已进入新的发展阶段，上海正处在发展转型的关键时期。我们必须把人才和智力作为上海发展的第一资源，把实现经济发展方式转变、增强城市核心竞争力建立在上海人才优势和教育优势这个基础之上，坚持优先发展教育事业，为上海实现创新驱动、转型发展提供强有力的支撑和强大的动力。我们也必须清醒地看到，虽然上海教育已经有了很大发展，但是还存在诸多不适应的地方，比如，中小学生课业负担过重的情况还没有根本改善，人才培养模式尚不适应时代发展和学生成长的需要；教育公共服务体系还不健全，城乡之间、区域之间、学校之间教育质量存在差距，特别是户籍人口子女与来沪从业人员子女之间所受的教育差距比较明显；教育体制机制改革相对滞后，学校办学自主权尚未很好落实；知识创新和知识服务能力较弱，教育的国际影响力和竞争力与城市的功能定位不相适应，等等。这些说明上海教育与城市发展的需求和人民群众的期待尚有不小差距。我们必须站在全局和战略的高度，充分认识教育改革和发展的重要性、迫切性、艰巨性，采取切实有效的改革措施，破解教育发展的瓶颈难题，推动上海教育上新台阶、新水平。

这次编制和实施《上海市中长期教育改革和发展规划纲要(2010—2020 年)》(以下简称《规划纲要》)，是加快推进上海教育改革和发展的重要契机。各级党委、政府一定要按照《规划纲要》确立的目标要求，坚持优先发展教育，严格履行职责，切实做到“三个确保”。一要确保经济社会规划优先安排教育发展，市总体发展规划和各区县、各系统发展规划，都要优先保证教育发展需求，使教育更好地适应经济发展方式转变、城市功能和布局调整、人口流动和人民群众多样化教育需求。二要确保财政资金优先保证教育投入，切实以教育优先投入保证教育优先发展，不断健全教育投入保障机制。同时，要调整优化教育投入结构，加强对公共教育经费使用的监管，提高教育经费使用效率。三要确保公共资源优先满足教育和人力资源配置需要，推动产业、科技、文体等公共政策和资源与教育发展融合互动，形成全社会支持教育的强大合力，推动上海教育在新的历史起点上科学发展、率先发展。

二、坚持育人为本，努力把“为了每一个学生的终身发展”核心理念贯穿于教育改革和发展的全过程

坚持以人为本、全面实施素质教育是教育改革和发展的主题。这次《规划纲要》明确把“为了每一个学生的终身发展”作为核心理念，体现了关注和惠及每一个学生的教育公平，突出了促进人的终身发展的价值追求。这不仅仅是一种理念，更应该成为我们的行动，必须着眼于每一个学生的全面发展、着眼于全社会的文明进步，提供更为平等、优质、多样的学习机会，使所有学生的个性特长得到发展，潜能得到激发，社会责任感、创新精神和实践能力得到增强。

要将《规划纲要》提出的核心理念贯穿于学生思想道德教育中。做人要以德立身，教育要德育为先。要针对学生的年龄特征和关注热点，开展社会主义核心价值体系教育。要帮助学生分清是非、辨别真伪，增强对党的领导、对中国特色社会主义理论的思想认同、政治认同、情感认同。要把德育融入学校课堂、学生生活的各个方面，通过开展形式多样的社会考察、志愿服务、公益劳动等，使学生在亲身体验中了解社会，在服务社会的实践中形成正确的世界观、人生观、价值观。要倡导讨论式、参与式教学，让学生敞开思想、各抒己见，使他们在独立思考和思想碰撞中形成正确的思想观念。

要将《规划纲要》提出的核心理念贯穿于学生创新素质培养中。创新能力和实践能力是非常重要的个人素质，关系每一个学生全面而有个性地发展。一方面，要着力培养学生创新意识和能力，克服应试教育倾向，深化教育教学改革，倡导启发式教学、探究式学习，培养学生好学、好奇、好问和动脑、动手习惯，培养求知、求真的科学精神，使每一个学生在发掘兴趣和潜能的基础上全面发展。另一方面，要形成有利于创新人才培养的导向机制，改革招生考试制度和学生评价方式，减轻中小学生过重的课业负担，使学校教育不再是单一的“升学预备教育”，让孩子不再成为分数的“奴隶”；同时，要以社会需求为导向，优化人才培养结构，改革人才培养模式，深化校企合作、产学结合，培养经济社会发展急需的高素质劳动者和创新型、实用型、复合型人才。

要将《规划纲要》提出的核心理念贯穿于人的终身发展中。人人学会终身学习、终身享有教育机会，是促进人的全面发展的根本途径，也是社会进步的重要标志。各级各类教育都要以终身学习理念作为引领，培养学生终身学习的习惯和能力，以适应社会快速变革、知识快速更新的时代要求。要整合全社会各种学习资源，鼓励和支持市民和职工参加继续教育，提高职业技能、学历层次和文化修养，推进上海学习型城市建设。

办好教育，重在教师。每一个学生的健康发展，在很大程度上取决于教师的道德素质和专业能力，这就要求我们必须把教师队伍建设放在教育工作重中之重的位置。要着力建设一支师德高尚、业务精湛、结构合理、充满活力的高素质专业化教师队伍，加强教师的师德素质和育人能力，增强教师的职业神圣感和自豪感，引导教师精心教书、潜心育人，成为学生的良师益友和引路人。要坚持育才、引才、聚才、用才并举，吸引优秀人才终身从教，促进教师专业发展，为骨干教师和名师、名校长脱颖而出提供肥沃土壤。要依法保障教师权益，不断提高教师地位和待遇，积极营造尊师重教的浓厚氛围，使教师真正成为受人尊敬、令人羡慕的崇高职业。

三、坚持需求导向，不断满足人民群众对教育公平和优质教育的需要

促进教育公平、追求教育卓越发展，是上海实现教育现代化的重要标志，是广大人民群众和现代城市发展对教育的实际需求，也是上海教育改革和发展的重大战略任务。

要努力促进教育公平。这是我国的基本教育政策，是社会公平的重要基础，也是缩小不同群体之间发展差距的重要途径。上海要积极创造条件保障广大群众受到有质量而又适合的教育。近年来，我们在促进教育公平方面做了大量工作，取得了一些成效。比如，对残疾学生和家庭贫困学生，建立了从义务教育到高等教育的完整教育资助体系。又如，逐年加大财政转移支付力度，中心城区与郊区小学生的生均公用经费差距在逐步缩小。但是，我们的努力与人民群众的实际要求和迫切期待相比，还有很大的差距。要加大力度推进城乡教育均衡发展，教育增量资源重点要向新城镇、大型居住区、远郊地区和基础相对薄弱的学校倾斜；教育存量资源特别是城区优质学校和优秀教师、校长要加快向郊区转移流动或实现共享，力争在全国率先打破城乡二元结构，逐步实现基本公共教育服务均等化，做到城乡义务教育资源配置和生均经费标准化，逐步实现全市义务教育阶段学校经费标准统一、教师收入标准统一、学校配置标准统一、教师队伍配置标准统一。要积极解决来沪从业人员及其随迁子女的教育问题。上海的建设和发展离不开数以百万计来沪从业人员的贡献，我们有责任保障和落实他们及其随迁子女受教育的权益。要保障来沪从业人员子女的义务教育入学机会，使他们平等接受义务教育。要积极稳妥地解决好来沪从业人员子女的学前教育和义务教育后教育，逐步建立与居住证制度相适应的就学制度。要让他们享受良好的职业教育，掌握一定的技能和本领，提高他们的就业能力，为他们创造更好的就业机会。还要高度重视农民工的职业培训，政府、企业、社会共同出钱、出力，提高农民工的专业技能和就业竞争能力，使他们有机会成功成才，更好地生活、工作和发展。

要把优质教育作为教育发展的执著追求。上海要建设现代化国际大都市，满足人民群众对优质教育的多样化需求，必须面向世界、面向未来、面向现代化，向世界先进教育水平和国际一流教育城市看齐，全面提高教育质量和水平。要全面推进各级各类教育的内涵建设，办好每一所学校，鼓励每一所高中、大学和职业学校准确定位、特色办学。要继续支持有条件的学校。精心打造一批世界一流的学科专业和科研平台，提升上海教育的国际影响力和竞争力。要支持高校面向学术前沿和国家、城市战略需求，推进知识创新，促进知识传播、转化和应用，不断为我国改革开放和现代化建设以及上海城市发展提供高水平的智力成果，为上海加快建设“智慧城市”和教育先进城市奠定基础。特别是当前，上海正在谋划“十二五”发展和发挥世博后效应，迫切需要高校发挥人才和科研优势，就上海未来发展的动力机制、空间布局和服务经济发展、战略性新兴产业培育、科技创新突破等重大问题开展研究，为上海经济社会发展提供高水平的科研成果和决策咨询建议，使教育在服务国家战略和上海城市发展中获得更多支持、实现更大发展。

四、坚持先行先试，深入推进教育综合改革试验

改革创新始终是推动教育事业发展的强大动力。近年来，我们在中央的支持下，进行了一系列教育改革试验，探索和积累了一定的经验。今年 3 月，上海市政府与教育部签署了部市合作共建教育综合改革试验区的协议。在国家提出的 205 项第一批教育体制综合改革试点项目中，上海承担了 23 项。这既是国家对上海教育工作的支持和期望，也是上海义不容辞的责任和义务。

要坚持率先改革。上海教育起点比较高，从某种意义上说，今天上海教育遇到的瓶颈问题，可能就是若干年后其他省区市需要重点破解的难题。我们要把上海教育改革放在全国教育改革的大背景下来思考和谋划，充分发挥改革的主动性、积极性、创造性，在转变教育发展模式、加强创新人才培养、扩大教育开放、实现基本公共教育服务均等化等方面率先改革，种好全国教育改革试验田，当好全国教育改革排头兵，努力形成与社会主义市场经济发展和上海城市功能定位相适应的体制机制，为全国教育改革和发展探索新路、积累经验。

要实现重点突破。进一步聚焦制约上海教育发展的瓶颈难题，认真倾听人民群众的诉求呼声，准确把握中央对上海提出的希望要求，集中力量、重点攻关，着力在关键环节上破解难题，着力在人才培养体制、招生考试制度、公共服务机制、教育管理体制、办学体制等方面有所聚焦和突破，带动上海教育质量整体提升。比如，在教育管理体制方面，如何进一步明晰政府、社会、学校的责任、权利、义务，实行管、办、评分离，形成政府统筹、分级负责、规范有序、社会参与的教育公共服务体系；如何做到市和区县两级政府的教育管理事权与财权有机统一，既发挥市级财政的调控作用，促进基本公共教育服务均等化，又充分调动区县积极性；如何形成政府宏观管理、社会有效参与、学校自主办学有机统一的新机制，增强学校自我发展的内生动力，激发学校办学活力。在探索建立现代职业教育体系方面，如何根据上海产业结构升级对技能人才素质的新要求和学生、市民的自主选择要求，推进中等职业教育与高等职业教育有效衔接，提高职业技能型人才培养的质量，增强职业教育的吸引力。在人才培养模式方面，如何创新体制机制，在义务教育阶段，更多地尊重孩子的天性和童真，激发儿童新鲜、好奇的想象力，最大限度地激活学生的创造力；在高中学习阶段，如何充分考虑学生的禀赋和专长，使一些有特殊才能的学生能够脱颖而出，避免一考定终身；在大学阶段，如何给学生更多的选择机会，使专业学习与自身优势、社会需求有效结合起来，为学生进入社会、更好地就业创业提供更多的便利和可能，等等。我们一定要清醒认识这些重大教育改革试验的重要性、艰巨性、复杂性，深入研究教育改革和发展中可能遇到的困难、问题、阻力，精心设计、重点突破、攻坚克难、扎实推进，努力形成充满活力、富有效率、更加开放，有利于科学发展、率先发展的教育体制机制。

五、坚持党的领导，大力营造全社会支持和参与教育的良好环境

教育事业科学发展，关键在党。我们要始终坚持党对教育事业的领导，落实各级政府的责任，凝聚师生员工和全社会的力量，为教育改革和发展构建生动和谐有序的良好环境。

要加强和改善对教育工作的领导。各级党委、政府要加强对教育工作的领导和支持，及时研究解决教育改革和发展的重大问题以及群众关心的热点问题。要把是否重视教育作为评价领导干部是否真正树立科学发展观的重要尺度，把是否落实优先发展教育作为衡量党政领导班子工作绩效的重要依据。特别是要认真贯彻落实《国家中长期教育改革和发展规划纲要》的总目标和总要求，把上海《规划纲要》所确定的具体任务切实落实到各级党委、政府部门，形成具体的行动方案、政策举措和建设项目，并加强督促检查，确保《规划纲要》的各项任务全面落地。

要动员全社会支持和参与教育改革和发展。关心和支持教育发展是全社会的共同责任。每一个企业、社区、文化场所都应该是学习的园地、育人的课堂，每一个干部、党员、职工和家长都应该成为学生的良师益友。育人第一位的任务是学生的健康成长。要为学生开发丰富健康的精神文化产品，提供更多的学习实践基地。要加强广播、影视、网络、新闻出版、文娱场所的管理，营造支持教育、合力育人的法制环境、政策环境、治安环境、文化环境和舆论环境。要树立"人人能成才、行行出状元"的人才观，改变唯分数、唯学校、唯学历、唯文凭的人才评价标准和选人用人观念，为学校推进素质教育提供宽松的环境。

要努力推进教育系统自身建设。要坚持和完善公办高校党委领导下的校长负责制，发挥中小学、职业学校和民办高校党组织的政治核心作用。要加强在优秀骨干教师、优秀学生中发展党员工作，增强党对知识分子和青年学生的感召力和凝聚力，夯实党在知识分子群体中的政治基础。要高度重视和做好学生思想政治工作，发挥好高校辅导员和中小学班主任的作用，关心和爱护他们，切实解决他们的后顾之忧，同时要总结他们好的工作经验，并在全市范围内加以推广。要旗帜鲜明地反对损害群众受教育权益的行为，采取切实有效措施预防和抵制不正之风，让教育造福人民。

教育承载着上海未来发展的希望，寄托着人民群众对美好生活的期盼。让我们紧密团结在以胡锦涛同志为总书记的党中央周围，以邓小平理论和"三个代表"重要思想为指导，深入贯彻落实科学发展观，全面落实党的教育方针，攻坚克难、创先争优，继续谱写上海教育改革和发展的崭新篇章，努力为上海加快推进"四个率先"、加快建设"四个中心"和社会主义现代化国际大都市作出新的更大贡献！

在上海市教育工作会议上的讲话

（2010年9月8日）

中共上海市委副书记、上海市市长　**韩　正**

同志们：

这次上海市教育工作会议，是市委、市政府为全面贯彻全国教育工作会议和《国家中长期教育改革和发展规划纲要（2010—2020年）》精神、颁布实施《上海市中长期教育改革和发展规划纲要（2010—2020年）》召开的一次十分重要的会议。刚才，正声书记作了重要讲话，对上海教育改革发展进行了全面深入的动员部署，我们要学习好、领会好、落实好。下面，我就贯彻《国家教育规划纲要》、实施《上海教育规划纲要》，讲两点意见。

一、深入贯彻落实科学发展观，在更高的起点上谋划上海教育改革发展

教育是城市发展的引擎，是促进人的全面发展的根本途径，寄托着每个家庭对美好生活的期盼。一直以来，上海市委、市政府始终高度重视教育，在社会各界特别是广大教育工作者的共同努力下，上海教育事业取得了令人瞩目的成绩，为促进经济发展、社会和谐作出了不可替代的贡献。

面向未来，上海要发展，关键靠人才，基础在教育。我们要坚持从全局出发，始终把教育摆在优先发展的战略地位，深入贯彻落实科学发展观，尊重教育规律，在新的更高的起点上推进上海教育科学发展。到2020年，率先实现教育现代化，率先基本建成学习型社会，教育发展和人力资源开发水平迈入世界先进行列。在工作推进中，上海的教育要把握好五个导向。

（一）必须育人为本。教育的根本任务是育人。党的教育方针是培养德智体美全面发展的社会主义建设者和接班人。育人，首先要做到品德、知识、能力培养三结合，着力提高学生服务国家服务人民的社会责任感、认知世界的知识储备水平、解决问题的实践能力，促进学生全面发展。育人，关键要培养学生的兴趣和好奇心，促进学生健康成长。培养学生的学习兴趣，是教育特别是基础教育最重要的任务。一个孩子如果没有兴趣，就不可能形成内在的、持久的学习动力。可以说，我们的孩子并不缺乏智慧和知识，也不缺乏刻苦和勤奋，最可怕的是他们的学习兴趣和好奇心，从小就被不当的教育所遏制。上海的教育一定要倍加呵护、珍视学生的学习兴趣，并以此全面审视我们的教育理念、教育体制。人的发展，身心健康是基础。没有健康的人格、强健的体魄，人的发展就无从谈起。这几年，我们有很多成绩，但也有令人堪忧的地方。去年，上海中小学生体质健康监测综合评价的及格率为74%，没有达到教育部要求的85%的水平；肥胖率16.5%，比2005年的11.5%又有所增加；视力不良率居高不下，达到63%；肺活量、耐力、爆发力等与前几年相比也有下降。特别是各单项指标的合格率基本上是小学好于初中，初中好于高中。上海中小学生体质健康监测结果表明，重知识、轻健康的问题有所加重。必须把促进学生健康成长作为学校工作的前提条件，努力促进每个学生全面、健康、快乐地发展。育人，根本要树立人人可以成才、行行可以出状元的观念。不可能每个学生都是天才，但要创造人人可以成才的土壤和环境，真正把“为了每一个学生的终身发展”这一上海教育发展的核心理念落到实处。

（二）必须公平普惠。教育公平是最基本最重要的公平，要尽一切努力，使人们学有所教。我们很难让所有人都喜欢读书上学，但我们绝不能让想上学、要读书的人上不了学、读不了书，更不能让一个孩子因家庭经济困难而上不起学，这是教育公平最本质的含义。公平普惠的教育，要让教育特别是基础教育惠及全市每个家庭、每个人。作为一个开放的特大型城市，上海受教育人口总量大、人群多，既有城市，又有乡村；既有本地人口，又有来沪从业人员，还有国外、境外人士，促进教育公平的难度更大、要求更高。我们必须一视同仁地把各类人群的教育纳入工作视野，尽力而为，量力而行，切实承担好教育的责任。公平普惠的教育，要使整座城市的人们普遍分享更高质量的教育。上海教育发展处于全国前列，公平教育不是能不能上学的问题，而是能不能上好学的问题。我们工作的重心，就是要让优质教育资源更广泛地覆盖各类人群。公平普惠的教育，既要做到有教无类，也要体现因材施教。抹杀差异，有失公平。对上海来说，我们要尽可能满足人民群众多样化、差异性的教育需求，尽可能使每一个学生都能获得适合自己的教育。我们相信，一个教育公平普惠的城市，一定是一个令人向往、朝气蓬勃、充满希望的城市。

（三）必须引领发展。教育要为经济社会发展服务，但教育究竟应当引领发展，走在经济社会发展前头，还是亦步亦趋地跟随其后，常常成为一个难题。上海必须坚定不移，坚持教育引领发展。教育只有走在发展前头，才能真正服务经济社会发展。十年树木，百年树人。与经济周期相比，教育发展周期的跨度更长。教育发展必须超前谋划，引领发展，只有这样，才能适应未来发展的需要。历史经验也表明，一个国家、地区或城市的崛起，教育引领发展的引擎作用至为重要。特别是对于我们这样的后发赶超型国家和快速转型的国际大都市，经济结构战略性调整，生产方式和生活方式急速变化，社会变迁明显加速，更需要教育引领发展。我们必须把面向未来、引领发展，作为上海教育改革发展的重大战略，努力走在全国教育改革发展的前列。

（四）必须更加开放。当今世界，经济全球化深入发展，科技革命日新月异，全球资本、人才等生产要素加速流动重组，教育发展面临全新环境，只有扩大开放，才能更好发展。今日上海，处于我国改革开放和现代化建设的前沿，步入经济转型升级的关键时期，承载着加快实现“四个率先”、加快建设“四个中心”和代表国家参与国际经济合作与竞争的重任。因此，上海更加需要发展国际化的开放教育。要拓宽全球视野，以扩大教育对外开放，推动教育体制改革创新；以引进国际教育资源，提升教育水平和质量，使上海的教育更好地服务国家战略，服务上海的现代化建设。从国际经验看，开放则盛，封闭则衰，教育的跨越式发展，往往来自于开放。我们必须抓住教育综合改革试验区的机遇，善于利用国际国内资源，努力打破各种有形无形的围墙，在扩大对内对外开放中，实现上海教育的跨越式发展。

（五）必须改革创新。实现教育科学发展，根本出路在改革创新。当前，上海的教育发展已经站在新的更高的起点上，面临许多前所未有的新情况、新问题，我们既没有现成的经验可循，也不可能沿老路再走下去，只有靠教育体制改革和机制创新，才能克服前进道路上的种种障碍。要允许和鼓励教育改革的探索和试验，为教育改革营造宽松的环境、宽容的氛围，形成全社会支持教育改革创新的良好局面。特别是舆论要支持创新，支持教育改革的先行者、探路人。对于率先探索者，不要用挑剔、怀疑、狭隘的眼光去看待，更不能改革一出问题，就冷嘲热讽，一味批评指责。没有沃土，哪有良木；没有宽松宽容的环境，就没有创新，教育改革创新尤其如此。要创新政府管理，采取各种办法，支持教育改革探索，加快政府职能转变，改进宏观管理，加强政府公共服务，提高政府工作效率。要坚持问题导向、需求导向，紧扣解决教育发展中的问题，着眼于满足人民群众的教育需求和社会对人才的需要，把教育改革一项一项梳理、一件一件抓实，确保改革工程落地。

二、解决好人民群众关心的教育改革发展的重大问题，推动上海教育事业科学发展

未来十年，推动上海教育实现科学发展，关键是要解决好群众关心、社会关注的一些重大问题，突破制约上海教育发展的难点和瓶颈。重点要抓好八方面工作。

（一）努力创造公平教育的机会和条件。教育公平是起点的公平。这几年，上海在促进教育公平方面不断加大力度，取得了一些成绩。但我们应该清醒地看到，城乡之间、区域之间教育发展仍不均衡，义务教育阶段择校问题突出。这些问题不仅是教育问题，更是社会问题，必须远近结合、统筹解决。

一要切实推进义务教育优质均衡发展。要加大市级财政转移支付力度，逐步缩小区县义务教育投入差距，逐步建立更为科学合理的市与区县共同统筹的义务教育财政投入体制。推进义务教育学校的校长、教师合理流动，推动优质教育资源的均衡发展。坚持义务教育公办中小学免试就近入学，按照公正公平原则，公开招生名额、招生规则、招生结果。优质普通高中要逐步做到招生计划按60%的比例平均分配到每一所初中，为办好每一所初中创造条件。到2020年，基本实现全市义务教育学校经费标准统一、教师收入标准统一、学校配置标准统一、教师队伍配置标准统一。

二要进一步做好来沪从业人员子女教育。今年，我们实现了所有来沪从业人员子女在上海都能够享受免费义务教育。下一步，要继续坚持“两个为主”的方针，确保来沪从业人员子女平等接受义务教育。非义务教育阶段，要建立与居住证制度相适应、体现各级各类教育特点、公办和民办学校共同参与的就学制度，保障学有所教。

三要为残障学生提供更好的教育。要坚持按需施教，给予理解关爱，使每个残障学生都能获得更好发展。重点是推进融合教育，完善随班就读制度，提升随班就读质量，促进残障学生与正常学生一起成长。加强特殊教育学校建设，推进医教结合试验，提高特殊学校办学水平。

推进教育公平是复杂的社会系统工程，也是一个需要逐步实现的历史过程。我们一定要在经济社会发展的基础上，努力实现"同在蓝天下，共同成长与进步"这个美好愿望。

（二）大力发展各级各类教育。未来10年上海教育发展任务，是在办好义务教育的基础上，实现各级各类教育协调发展，构建终身教育体系，基本建成学习型社会。

一要深化高等教育内涵发展。目前，上海高等教育已经进入普及化阶段，下一步，要坚持稳步发展与提高质量相结合，重点放在提高质量和水平上。要坚持以教学为中心，把培养人才作为高等学校的第一职责，优化通识教育，健全学术名家、资深教授深入教学第一线的机制，增加学生与老师课后接触交流的机会，提升本科生培养质量。加强分类指导，引导高校从实际出发科学定位，鼓励各类高校办出特色、办出水平。要支持若干所大学向世界一流研究型大学的目标迈进，也要有世界一流的本科院校，还要有世界一流的高职高专。推进学科专业结构调整，完善学科评价体系，大力加强重点学科建设。增强高校社会服务能力。政府要搭建各种平台，为高校服务社会创造条件。高校也要树立为社会服务的意识，积极为社会作出贡献。

二要加快发展现代职业教育。要突出职业技能培养，坚持实践导向，推动行业企业参与职业教育发展，加强校企合作，实施工学交替、项目导向等教学新模式，培养更多的高技能型人才。着力构建现代职业教育体系，促进中等职业教育与高等职业教育衔接，建立中等职业教育与高等职业教育课程、培养模式和学制贯通的"立交桥"，打通技能型人才深造发展渠道。大力宣传高技能人才的社会贡献，提高他们的社会地位和待遇。加强制度建设，逐步全面推行职业资格证书制度，增强职业教育毕业生在就业市场的竞争力。

三要大力发展学前教育。这几年上海和全国一样，处于学前教育需求高峰，加快幼儿园所建设，十分迫切。要健全政府主导、社会参与、公办民办并举的办园体制，大力发展公办幼儿园，积极扶持民办幼儿园。要遵循幼儿身心发展规律，坚持科学保教方法，保障幼儿健康快乐成长。

四要探索建立多层次、开放式的继续教育体系。上海产业升级快、技术更新快、岗位变化快，继续教育需求明显增加。要有序发展多层次、高质量的教育培训，鼓励扶持实力强、质量好的教育培训机构加快发展，实施连锁经营。美国弗吉尼亚大学莱福勒教授认为，美国教育系统真正独一无二之处，是人们有可能在生命中的任何时候参与学习，这是一个真正开放的教育系统，你有很多不同的方式进入教育通道。这很值得我们学习。要创新继续教育与培训制度，大力发展现代远程教育，办好现代开放大学，构建开放式继续教育培训体系。逐步取消成人高等教育统一入学考试，建立宽进严出的成人学习制度，普通高校要逐步将继续教育融入学校全日制教学体系，努力为人民群众接受继续教育和满足终身学习需求创造便利。

（三）扎实推进素质教育。实施素质教育是教育改革发展的战略主题，是贯彻党的教育方针的时代要求。多年来，上海一直重视发展素质教育，很多学校作了有益的探索。但中小学生课业负担过重，重"育分"、轻育人等问题还比较普遍。我们必须更加坚定、积极地实施素质教育。

一要让学生全面、健康、快乐地成长。必须切实减轻学生过重的课业负担，把学生解放出来，让他们有更多的时间去锻炼、去实践、去了解社会。要把"减负"作为一项硬任务来解决，科学设计课程标准，减少课时总量，降低不科学、过高的课程要求，控制作业量和考试难度。合理安排教学课时，全面加强体育、美育、社会实践等方面教育。学校、社会、家庭要加强协作，切实把"减负"贯穿到教育教学和校内校外各个方面。

二要创新教学观念、内容和方法。前不久听翁史烈院士讲他带队去美国参加头脑奥林匹克竞赛的情况，有两点最受启发。第一，头脑奥林匹克贯穿始终的主题是激发学生的创造力，竞赛题目的答案没有对和错，只有好和更好。第二，我们的学生在给定题目的竞赛中表现得很好，得了一些金牌，但在提供材料、即兴发挥、创造性解决任务的竞赛中，美国的学生表现得更好。这说明我们学生的创造力还要进一步激发。要鼓励学校和教师大胆探索，改革课程和方法，坚持学思结合，开展启发式、探究式、讨论式、参与式教学，激发学生的好奇心，让学生在兴趣培养中主动学习，提高学习质量。

三要推进招生考试制度改革。推进招生考试制度改革，就是要对学生进行综合评价，做到品德、学习成绩和能力素质并重，真正把学生引导到全面发展上来。这是一个很重要的"指挥棒"。维护招生考试的公平公正，是推进招生考试制度改革的生命线。要建立严密的制度，保证招生考试每一个环节的公正。考试招生信息要公开透明，切实加强政府和社会监督。

（四）探索建立现代学校制度。学校是教育活动的重要主体，学校的办学活力直接影响乃至决定教育发展水平。目前，政府对学校管得过多过细，学校办学活力不足。必须适应中国国情和时代要求，建设依法办学、自主管理、民主监督、社会参与的现代学校制度，构建政府、学校、社会之间新型关系。

一要落实和扩大学校办学自主权。政府要承担起发展教育的责任，但必须切实转变职能，把该管的管好，把该放的放开。要减少并规范对学校的行政审批和直接干预，更多地运用法规、政策、标准、公共财政等手段，引导和促进学校依法自主办学。保障高等学校依法自主开展教学、科研活动，自主调整学科、专业，自主进行内部管理。扩大普通高中及中等职业学校在办学模式、育人方式、合作办学等方面的自主权。

二要完善学校内部治理结构。逐步使学校做到自主管理、自主发展、自我约束、社会监督，是增强学校依法自主办学能力和水平的制度保障。关键要形成依法办学、民主治校、科学决策的治理结构。公办高校要坚持和完善党委领导下的校长负责制，其他学校要发挥党组织的政治核心作用。高校要进一步健全议事规则和决策程序，建立健全学术委员会、职工和学生代表大会参与学校民主管理和监督的制度。要完善中小学和职业学校的学校管理制度，建立健全科学民主决策机制。中小学要建立家长委员会，引导社区和有关专业人士参与学校管理和监督。

通过这些改革，上海应当成为学校活力迸发、名师学者荟萃、思想文化成果和科技创新成果竞相涌现、创新人才辈出的城市。

（五）积极发展民办教育。多年来，上海民办教育蓬勃发展，为上海教育改革发展作出了积极贡献，已经成为上海教育不可或缺的重要组成部分。同时，民办教育发展，也面临政策环境不完善、内部治理机制不健全等问题。要坚持扶持与规范并举，继续鼓励和支持民办教育，满足人民群众多样化教育需求，增强教育发展活力。

一要为民办教育营造良好的发展环境。进一步落实民办学校、学生、教师与公办学校、学生、教师平等的法律地位，保障民办学校办学自主权。探索建立营利性和非营利性民办教育机构分类管理制度，制定相应的管理办法及政策。完善公共财政政策，加大对非营利性民办教育机构的奖励资助力度。

二要推动民办学校依法办学。坚持民办学校的公益性，依法加强对民办学校的监督检查，促进民办学校规范办学。明确民办学校产权归属，落实法人财产权。加强民办教育协会和中介组织建设，推动民办学校行业自律。

（六）着力提高教育国际化水平。推进教育国际化，是上海建设现代化国际大都市的必然选择。目前，上海的教育国际化水平还不高，与现代化国际大都市的地位不相适应，必须加快上海教育国际化建设。

一要着力提升高等教育国际化水平。开展多层次、宽领域的教育国际交流与合作，是提升上海高等教育水平的有力举措。要引进优质师资和课程，推进教育合作国际化、评价标准国际化，加快上海高等教育的国际化发展。要引进若干所国外知名高校进入上海，通过竞争与合作，促进上海高等教育发展。

二要加强国际性人才培养。重点是扩大学生参与国际交流的规模与渠道，拓展学生的国际视野。研究开发国际理解教育课程和形式多样的活动，促进中外学生的文化认知和交流。同时，积极发展留学生教育，扩大外国留学生的留学规模，优化留学生的层次结构，继续支持出国留学。

（七）多渠道增加教育投入。实现教育中长期发展目标，确保教育投入十分重要。要健全以政府投入为主、多渠道筹集教育经费的体制。要继续加大政府投入，把教育作为财政支出重点领域予以优先保障，坚决落实“三个增长”。到2012年，市、区县两级财政教育支出占财政一般预算支出的比例，要从今年的11.9%提高到15%，实际支出要从380亿元提高到565亿元。未来五年，按照全市财政8%的年平均增长率测算，要实现15%的目标，新口径与老口径相比，全市财政教育投入要净增加435亿元。因此，“十二五”上海的教育投入是空前的。同时，未来五年要投入140亿元，用于《上海教育规划纲要》确定的十大重点发展项目。加大财政对教育的投入，要设计出一整套合理、科学的体制机制。要优化投入结构，加大基础教育转移支付力度，促进均衡发展。要加大高等教育投入，在继续大力支持部属高校的同时，加大对地方高校的投入，促进地方高校内涵发展。要搭建平台，集中市和部分区的新增财政教育支出，建立全市性的“教育公共平台建设专项资金”。同时，要进一步鼓励引导社会资金投入。

（八）加强教师队伍建设。教育大计，教师为本。唯有好的教师，才能有好的教育。长期以来，上海的广大教师和教育工作者，恪尽职守，默默耕耘，为上海的教育事业和现代化建设作出了巨大贡献。今后一个时期，推进上海教育又好又快发展，还要紧紧依靠广大教师，充分发挥教师的积极性、主动性、创造性。

一要造就高素质教师队伍。人生旅途中，最难忘记的，往往就是老师。老师是真的使者、善的传播者、美的创造者。好教师，首先要师德高尚。要重视教师职业理想和职业道德教育，广大教师要加强师德修养，努力成为学生健康成长的启蒙者和引路人。好教师，还要知识渊博、业务过硬。教师的知识和业务水平，决定着教育的质量和水平。要完善教师准入、退出制度，优化教师队伍结构，健全激励机制，完善教师培训体系，加快造就一大批名师、名校长，涌现一流的教育家。

二要保障提高教师的社会地位和待遇。尊师重教，是中华民族的优良传统，是社会文明进步的体现。各级政府都要满腔热忱地支持和关心教育工作，采取更有力的措施，提高教师地位，维护教师权益，改善教师待遇，依法保证教师平均工资水平不低于公务员的平均工资水平。大力弘扬尊师重教的优良传统，广泛宣传优秀教师的先进事迹，使教师成为最受尊重的职业，吸引更多优秀人才长期从教、终身从教。

百年大计，教育为本。教育兴，则上海兴；教育繁荣，必然带来上海的繁荣。让我们在以胡锦涛同志为总书记的党中央领导下，以邓小平理论和“三个代表”重要思想为指导，深入贯彻落实科学发展观，全面推进教育事业科学发展，为上海加快实现“四个率先”、加快建设“四个中心”和社会主义现代化国际大都市，作出新的贡献。

在上海市教育工作会议上的讲话

（2010 年 9 月 9 日）

中共上海市委副书记　**殷一璀**

上海教育工作会议是贯彻落实全国教育工作会议精神、全面实施《上海市中长期教育改革和发展规划纲要（2010—2020 年）》（以下简称《教育规划纲要》）的动员大会。在市委、市政府高度重视和与会同志的共同努力下，会议圆满完成了各项议程，达到了统一思想认识、聚焦目标任务、明确工作举措、坚定方向信心的目的，开得很成功。

昨天下午，市委书记俞正声、市长韩正分别作了重要讲话。正声同志强调要贯彻落实科学发展观和全国教育工作会议精神，把教育摆在优先发展的战略地位，围绕人民群众关心、经济社会发展提出的教育问题，深化教育体制综合改革，动员全党全社会加快推进教育现代化，为上海实现“四个率先”、建设“四个中心”和社会主义现代化国际大都市提供强有力的人才和智力支持。韩正同志对上海教育改革发展的重大问题作了深入阐述，对上海实施国家和本市《教育规划纲要》作了全面部署，进一步明确了上海教育改革发展的核心理念、总体目标、重点任务和重大举措。

今天上午，同志们认真学习、热烈讨论全国教育工作会议精神、俞正声书记和韩正市长的讲话以及《教育规划纲要》，刚才 9 家单位作了交流发言。大家充分认识到，教育事关中华民族振兴和人民福祉，必须放在优先发展的战略地位，这是贯彻科学发展观的必然要求，是社会进步的重要体现，也是实现人的全面发展的基本前提。大家深刻体会到，上海教育要率先实现教育现代化的目标，必须坚持“促进公平、追求卓越、推动创新、服务发展”，把育人放在首位，着力提高教育质量和办学水平。大家欣喜地看到，《教育规划纲要》描绘了未来 10 年上海教育改革发展的美好前景，市委、市政府将在教育经费等方面给予强力保障，既对上海教育在新的起点上实现科学发展、率先发展、创新发展充满信心和期待，同时也深感肩负的责任重大，表示要不辱使命，加倍努力，切实办出让人民满意的教育。

下面，我就贯彻落实本次会议精神提三点要求：

一、要认真学习领会会议精神，把思想和行动统一到中央和市委对教育事业发展的要求上来

全市各部门、各地区、各单位要认真学习、深刻领会全国和上海教育工作会议精神，准确把握中央和市委对教育发展的总体部署和任务要求，进一步在以下六个方面加深认识、形成共识。

（一）教育要为每一个学生终身发展服务。教育的根本任务是立德树人，促进学生健康成长是学校一切工作的出发点和落脚点。我们要坚持育人为本，把社会主义核心价值体系融入教育全过程，把“为了每一个学生的终身发展”理念贯穿于改革发展的全过程，关心所有学生的健康成长，关注社会各个群体的发展需求，着眼于每一个学生的长远发展和社会文明进步，全面实施素质教育，着力培养学生终身学习意识和能力，使学生的禀赋和特长得到充分发展，不断增强社会责任感、创新精神和实践能力。

（二）上海要率先实现教育现代化目标。按照国家到 2020 年基本实现教育现代化的要求，上海提出了率先实现教育现代化的奋斗目标。我们要用 10 年的努力，进一步完善终身教育体系，加快构建多元开放、充满活力的教育发展新格局，加快形成体现公平、均衡优质、可持续发展的教育新布局，加快创新激发受教育者潜能的人才培养新模式，加快建设处处可学、时时能学、人人皆学的学习型社会，使上海教育发展和人力资源开发水平迈入世界先进行列。这个目标既立足于现有的教育发展基础，又体现了上海教育引领发展的时代要求，更是表达了我们追求卓越的决心。

（三）要坚持教育公益公平的基本原则。教育涉及千家万户，是最大的民生，必须把教育公平放在突出位置。要办好每所学校，实现“经费标准统一、教师收入标准统一、学校配置标准统一、教师队伍配置标准统一”,促进义务教育均衡发展,确保义务教育的公益属性。要关注每位学生学习需求,着力解决好农民工同住子女、家庭经济困难学生、残障和超常学生等群体的教育问题,不论家庭背景和学业天赋等有何差异,都要尽可能地提供平等、多样的学习机会,让每一个孩子获得公平优质的教育,实现学有所教、学有优教。

(四)要着力提高教育质量和办学水平。提高质量是教育改革发展的核心任务,也是上海教育追求卓越的集中体现。上海要在基本实现教育现代化的基础上继续保持优势,必须坚持面向现代化、面向未来、面向世界,瞄准国际先进水平,树立现代教育理念,加强内涵建设,争创一流,实现卓越发展。要把建设德才兼备的教师队伍作为关键,加强师德建设和专业培训,提升创新素质和研究能力,努力造就一批有影响的教育家。要加强国际交流与合作,积极引进国外优质教育资源,培养高素质国际化人才,提升上海教育国际影响力。

(五)要以改革创新为动力促进教育发展。教育发展的动力来自于改革。要针对制约上海教育发展的瓶颈问题和群众反映强烈的突出问题,深化教育综合改革试验,创新公共服务机制,优化教育公共资源配置;深化管理体制改革,促进教育管、办、评分离,不断增强各级各类教育发展的活力;深化办学体制改革,促进民办和公办学校有序竞争、协调发展;深化学校内部体制改革,探索建立现代学校制度;深化招生考试制度改革,为实施素质教育、培养创新人才创造条件。

(六)教育要主动为经济社会发展服务。教育是城市发展的实力所在。上海教育要继续追求“一流城市、一流教育”,充分发挥区位优势、资源优势、人才优势,主动服务国家重大战略任务,主动服务上海经济发展方式转变,主动服务市民多样化学习需求,主动服务长三角区域发展,推进教育与科研、产业的紧密结合,促进校区、社区、园区“三区联动”,不断完善知识创新和知识服务体系,为增强城市竞争力作出应有贡献。

二、要按照科学发展观的要求,落实好上海教育改革发展的各项任务

这次会议明确了上海未来10年教育改革发展的方向、目标和任务,接下来重要的是落实。要落实好会议提出的各项要求,必须切实增强工作的科学性、创造性、针对性和实效性,用科学理论、正确的思想方法和工作方法,推动教育改革发展。

(一)坚持均衡发展与特色发展的有机统一。上海基础教育尤其是义务教育,在全国处于较高发展水平,如何解决好“上好学”的问题,在整体上实现优质均衡,需要有新的探索。上海有条件在均衡发展上率先实现突破,要完善基础教育资源配置机制,将增量资源向大型居住区、远郊地区和相对薄弱学校倾斜,优化提升存量资源,促进优质教育资源包括优秀教师和校长的合理流动,形成优质教育的辐射和共享。但均衡发展不是削峰填谷,不是“齐步走”、“千校一面”,而是要在鼓励特色发展,每所学校要坚持育人为本,立足自身传统,创新教育理念,改革教育教学,培育校园文化,凝练办学特色,以特色求质量,以特色求发展,形成百花齐放的生动局面,为均衡发展创造新的条件。

(二)坚持政府主导与社会参与的有机统一。教育是公益事业,要体现国家意志,政府必须承担主要职责,发挥主导作用,面向全体市民群众,保障基本公共教育服务,建立科学、高效的教育公共服务体系、教育评价体系、教育资源支撑体系,促进教育持续健康发展。同时,教育又是全民事业,要满足广大市民群众多样化教育需求,就要深化办学和投入机制改革,充分利用国际国内两个市场、两种资源,鼓励社会力量参与教育事业发展,促进办学主体多元、办学形式多样。要加快发展民办学前教育机构,稳定发展高质量的民办中小学,有序发展有特色的民办高校,引导发展社会性教育培训机构,形成民办教育与公办教育协调发展的格局。

(三)坚持改革、发展与稳定的有机统一。上海作为教育改革的先行地区,会碰到全国其他一些地方尚未遇到的难题,特别是教育涉及千家万户的切身利益,随着改革的深入,深层次的利益纠葛会更加凸现,社会风险也会加大。教育改革说到底就是公共政策的调整,一定会对不同群体产生影响,而且教育周期又特别长,出台一项改革举措,往往会影响一批学生甚至是一代人。必须充分考虑到教育改革的复杂性,注意把握好教育改革的力度、深度、进度和可承受度以及出台时机。特别是在实施一些重大的、涉及群众切身利益的改革项目时,要广泛听取人大代表、政协委员以及社会各方意见,让民意充分表达,进行科学论证和社会稳定风险评估,在有条件的区县和学校先行试点。对已经集体决策将要启动实施的重大改革举措,要意志坚定,坚决落实,不动摇、不折腾,降低教育改革成本、阻力和可能带来的社会震动。

(四)坚持规范管理与鼓励基层首创的有机统一。加强教育宏观管理和行业管理是确保党的教育方针、战略任务有效实施的重要途径。教育的行政管理主要应该是管宏观、管规划、管政策、管协调、管服务、管评估,重点是谋划好教育工作全局,把握好教育工作方向,制定好教育政策,处理好影响上海教育发展的重大问题，依法治教、科学管理，而不是包揽包办教育的具体事务。同时，必须充分调动各方的积极性，认识到每个学校都有自己的历史、特点、优势和个性，尊重教育规律、教学规律和人才成长规律，尊重学校办学自主权。有了学校的首创精神，才能办好每一所学校。要鼓励创新，宽容失败，放手让区县和学校在建立现代学校制度、推进素质教育、创新人才培养模式、推进教育国际化、建立区域教育联动发展机制等方面，大胆探索和实践。

（五）坚持着眼长远与兼顾当前的有机统一。教育是基础性、先导性事业，是百年大计，必须坚持“三个面向”，着眼长远。《教育规划纲要》是对未来10年教育事业发展进行谋划和前瞻性部署，既要把它作为一项长期任务，整体考虑，统筹安排，着眼体制机制创新，形成促进各级各类教育长远发展的根本之策；又要立足当前，满足现实需要，着力解决教育发展中的中小学生课业负担过重、人才培养模式落后、学校办学活力不强、区域发展不均衡等突出问题。同时，立足上海阶段性特点，从当前能够办得到的事情做起，量力而行，尽力而为，循序渐进，积小胜为大胜，保持政策举措的可持续性。

（六）坚持立足上海与服务全国的有机统一。上海是全国的上海，上海的教育在全国地位举足轻重，要把上海教育放在全国教育改革发展的大格局中思考和谋划，主动争取中央部委支持和指导，加强部市合作，争取将上海作为全国教育改革的“试验田”，争取更多的国家教育战略任务和重大项目落户上海。同时，要发挥大都市教育的综合优势，开展教育对口支援，主动服务全国；探索总结上海在推进课程改革、促进义务教育均等化、深化“三区联动”、完善农民工子女教育政策、加快教育国际化等方面的先进理念和典型经验，在推进长三角一体化发展，以及中西部地区崛起中更好地发挥辐射和带动作用。

三、要切实加强领导，进一步合力推进教育工作会议精神的落实

贯彻落实好全国和上海教育工作会议精神和《教育规划纲要》是全党全社会的共同任务。当前和今后一个时期，各级党委和政府要进一步加强领导，认真研究贯彻意见，狠抓部署落实。

（一）进一步明确责任。市委、市政府已经对本市《教育规划纲要》的任务进行了分解，各区县、各有关部门和单位要把贯彻落实会议要求纳入重要议事日程，健全领导体制，统筹制订落实计划，明确当前和今后一个时期教育工作思路、重点任务和具体举措，逐级分解，转化为年度和日常工作。进一步强化责任制度，主要负责同志亲自抓、负总责，分管领导和责任单位全力投入、协调解决重大问题。教育行政主管部门要承担协调推进教育改革发展任务的具体责任，切实加强对办学主体的工作指导。各部门之间加强协调配合，形成分工明确、各尽其责、统筹协调的贯彻落实工作体系。落实教育改革发展任务的业绩要纳入教育督导检查，作为市委、市政府对各有关部门、各区县年度督查和绩效考核的重要内容，加强行政问责，确保教育决策的执行力和公信力。

（二）全力推进教育综合改革试验和重点发展项目。上海是国家教育体制改革试验地区，《教育规划纲要》围绕率先转变教育发展模式、率先加强创新人才培养、率先扩大教育开放、率先实现基本公共教育服务均等化，建立上海与中央部委合作机制、长三角联动机制、市与区县和高校互动机制，提出了十项综合改革重点试验项目。各区县、各部门、各学校要结合各自实际，找准改革试验的切入口和路径，大胆探索、勇于实践，形成自下而上和自上而下共同推进教育改革创新的局面。

同时，启动实施了十个重点发展项目。市综合部门和教育主管部门要制定具体的行动计划，做到每个项目都有路线图、时间表和责任人。各区县、各有关部门要抢抓机遇，结合区域和学校实际，抓紧研究哪些项目可以率先试点的，要主动对接；哪些项目可以加强区域合作的，要及早谋划。对市里统一部署的项目，要抓紧启动，分解、细化任务和节点目标，明确单位和责任人，落实工作力量和经费，确保项目落地，形成上海教育先发优势。

（三）努力营造良好氛围。教育发展需要集聚全市人民的智慧和力量。要加大舆论宣传力度，充分利用报刊、电视、广播、网络等各类媒体平台，集中宣传教育工作会议精神和教育规划纲要，宣传本市教育改革发展的新成果、新经验，宣传高尚师德师风和先进教师典型。教育部门要发挥牵头作用，采取学习培训、座谈研讨、专家解读等多种形式，开展教育思想、教育观念、教育方法学习讨论，集中民智，争取社会的理解和支持。坚持学校、家庭和社会三位一体，探索学校与家庭、社会互动协商机制，让机关、企事业单位、社区等成为教育的大课堂，共同担负起培育下一代的社会责任，营造全社会支持教育发展的良好氛围。

同志们！教育工作会议吹响了上海率先实现教育现代化的号角，我们要深入贯彻落实科学发展观，在党中央和市委的坚强领导下，解放思想，开拓创新，扎实工作，努力开创上海教育事业改革发展的新局面！

在上海市教育督导工作会议上的讲话

（2010 年 3 月 16 日）

上海市副市长　**沈晓明**

同志们：

今天，我们在这里召开上海市教育督导工作会议。刚才，明扬同志代表市教委和市政府教育督导室回顾总结了近三年来本市教育综合督政和督学工作，并对 2010 年本市教育督政与督学工作作了部署；卢湾和宝山区的同志作了很好的交流发言。明扬同志在报告中指出了有一部分区县在义务教育经费保障、公建配套、中小学以及幼儿园的教学工作、农民工子女学校、规范办学等方面还存在的一些问题，希望今天在座的分管区县长回去以后和教育局的同志再作一次系统的梳理，根据市政府教育督导室的督导意见，积极进行整改。下面，我就进一步加强教育督导工作，再讲三点意见：

一、认清形势与任务，进一步把握教育综合改革试验机遇，全力推进教育督导工作

2008 年以来，本市按照国家的统一部署，与国家同步编制地方的中长期教育改革和发展规划纲要。日前，教育部和市政府又签订了共建国家教育综合改革试验区战略合作协议。在这样的背景下，教育督导迎来了新一轮改革和发展的重要机遇。具体来说，主要有三个方面：

第一，强化教育督导的监督功能，是促进各级教育行政部门转变职能的需要。本市建立教育督导制度 20 多年来，教育督导在推动区县政府依法履行教育责任，促进校长依法自主办学等方面，取得了明显的成效。此次上海与教育部的部市合作协议中，提出了要“转变政府职能，探索教育公共管理新体制和新机制”。如何健全并强化教育督导的监管体系，促进教育行政部门转变职能，这是综合改革试验对教育督导提出的全新命题。教育督导工作要把握机遇，在促进中小学改革发展中发挥监督与保障功能，为全国基础教育改革提供可以借鉴的经验。

第二，完善教育督导的评估机制，是促进教育发展模式转变的重要方面。教育督导评估是推动教育事业发展的风向标，对中小学校长规范办学具有引领和导向作用，也是促进教育发展模式转变的重要方面。市、区县教育行政部门和教育督导部门，应当用好教育督导评估这个抓手，引导广大中小学校长注重学校内涵发展，创建特色和品牌，引导广大教师重视师生关系的平等民主，激发学生的创新潜能，促进学生终身发展。

第三，注重教育督导的制度创新，是推进基础教育综合改革实验的重要内容。多年来，本市教育督导重视制度建设，为中小学均衡发展和内涵发展，加快率先基本实现教育现代化提供了保障。面对部市合作确定的目标与任务，如何进一步重视教育督导制度的创新，这是我们必须予以正视的重要课题。只有教育政策设计得好，教育改革才能少走弯路，才能实现教育效益最优化。

二、加强督导机构建设，进一步确立教育督导在推动基础教育改革发展中的应有地位

上海与教育部共建国家教育综合改革试验区，为本市教育督导体制、机制和制度创新提供了探索实践的空间。在上届政府期间，市教委就提出了成立上海市教育督导委员会的设想，在当前教育改革和发展的背景下，我认为有必要把成立上海市教育督导委员会摆到议事日程上来。建立市教育督导委员会，有利于提高教育督导的地位，有利于提高各部门参与教育督导工作的积极性。希望这项工作今年上半年能够有所推进。

成立上海市教育督导委员会，我认为其任务主要有四个方面：一是贯彻党中央、国务院和市委、市政府关于深化教育综合改革试验的部署，研究制订本市教育督导的政策、规章；二是统筹协调市政府各职能部门落实教育投入、教育公建配套建设、教育均衡发展、教师资源配置等方面的职责，开展督政工作等重大问题的研究与决策；三是根据市政府关于建立对区县政府教育督导制度的规定，研究对区县政府依法履行教育责任督导相关标准和实施办法；四是根据国家和本市的教育法律法规，对区县政府贯彻执行教育政策法规工作进行监督和指导。

今天会议之后，有关方面要抓紧研究推进上海市教育督导委员会建立的相关工作。同时，我也希望各区县政府要从推进区域教育综合改革的视角，进一步重视和加强本区县教育督导的组织机构建设。

三、突出重点，进一步发挥教育督导在促进基础教育改革发展中的监督与保障作用

前不久，在听取市教委、市政府教育督导室工作汇报时，我对进一步发挥教育督导的监督与保障作用，提出了两个字的要求：一个是“强”，就是说教育督导队伍的自身能力和专业素养要强，要政治上强、能力上强、业务上强；另一个是“硬”，也就是说，教育督导对任何违规办学行为的惩戒和处理一定要硬，要决心大、措施实、督导硬。要做到这些，一方面要靠教育督导的公正和权威，另一方面也必须要靠制度来保证。当前，要重点强调完善四项制度：

一是切实完善教育综合督政制度。2005年市政府颁发文件，规定本市开展对区县政府教育工作的督导评估，并且规定对区县政府依法履行教育责任实行自评、公示公报和综合督政。这对确保教育经费投入的“三个增长”，生均经费和教师待遇提高发挥了积极作用。当前，要把对基础教育均衡优质发展、教育公建配套和中小学校舍资源保护，作为对区县政府依法履行教育责任的综合督政的重点。对区县教育公建配套中“旧账”未还，又欠“新账”情况，对下达督政报告后，在规定时间内没有整改的项目要重点进行执法督查。在促进推动综合督政整改到位的同时，要进一步提高督政工作的权威性和有效性。

二是切实完善校长课程领导力的督学制度。提高教育教学质量，是本市基础教育推进综合改革实验、走内涵发展之路的关键。市政府教育督导室连续多年以“地毯式”的方法开展校长课程领导力督导，对促进中小学校长聚精会神抓教学、抓管理、抓质量起到了引领作用。下一步，要重点通过校长课程领导力的督导，让每一个校长静心深入课堂听课评课，潜心研究提高课堂教学质量，并把此项内容作为督学评估可操作、可检测的指标和依据。只有每一个校长都重视课堂教学质量，校长课程领导力才能得到真正体现，切实减轻学生过重负担才能得到有效落实。

三是切实完善对违规办学的公开通报制度。2009年市政府教育督导室已连续多次对中小学违规办学，向各区县政府和教育行政部门发了内部通报，这不仅对中小学违规办学行为起到了威慑的作用，并且对建立“督导信息公开、接受社会监督、问责追究到位、确保整改到位”的运行机制进行了有益探索。下一步，要进一步加强对中小学校违反学校作息时间规定、任意加重学生课业负担等违规办学行为的严查和督导。从2010学年开始，要对中小学违规办学和任意加重学生过重课业负担的行为进行公开通报，接受社会各界和媒体舆论的公开监督。对存在严重问题的区县，市政府教育督导室将商请区县党委和政府追究教育行政部门相关负责人的责任；对违反教育教学规定的中小学校，将敦促区县教育行政部门对有关责任人实行问责追究。民办学校违反规定，由市政府教育督导室敦促批准其设立的教育行政部门责令限期改正，情节严重的，将依法严肃处理。

四是切实加强教育督导队伍建设，完善“两大员”的参政议政制度。一方面，要进一步完善配套人事制度。在待遇、职称等方面向督政、督学人员适当倾斜，鼓励、吸引更多有能力、有水平的专业人士投身到教育督导工作中来，以切实提高教育督导工作质量。另一方面，要进一步规范完善特约教育督导员、人民教育督察员这“两大员”的参政议政制度。尤其是重大的教育决策和教育政策出台，都要向“两大员”进行通报，并直接听取意见，在整个教育政策制定过程中，都要让他们积极参与，真正让“两大员”能成为政府与人民群众之间反映民意、了解民生、收集民智的桥梁和纽带。同时，也希望“两大员”通过参加教育督导，深入第一线考察了解教育改革和发展的情况，并在各种场合反映教育改革和发展的成果和问题，争取各方对教育工作的理解和支持。

同志们，教育督导对促进教育改革和发展具有重要意义。希望大家抓住教育部与上海共建国家教育综合改革试验区的契机，勇于开拓，积极进取，大力推进教育督导体制、机制和制度创新，共同将本市教育综合督政与督学工作提高到新的发展水平，切实发挥教育督导在推进基础教育改革中的监督与保障作用，为本市率先实现教育现代化作出新的更大的贡献。

在上海教育系统人才工作推进会上的讲话

（2010 年 1 月 18 日）

中共上海市教育卫生工作委员会书记　**李宣海**

同志们：

这次上海教育系统的人才工作推进会，既是一次学习会、经验交流会和工作布置会，也是一次深入推进上海教育系统人才工作的动员会。

人才工作是战略性、全局性、关键性的工作。党的十七届四中全会明确提出，要坚持党管人才，创新人才工作体制、机制，增强人才资源配置机制活力，完善人才培养、吸引、使用、评价和激励办法，以高层次人才、高技能人才为重点，统筹抓好各类人才队伍建设。近年来，中央重点抓了几项中长期规划。一是科技中长期规划，已经出台实施，其中科技人才培养是重点内容；二是人才中长期规划，中组部牵头在编制，将提出中国到 2020 年确立国家人才竞争比较优势，进入世界人才强国行列的战略目标；三是教育中长期规划纲要，也将把建设人力资源强国作为主要目标。

与国家战略相对应，上海也制定了或正在制定相应的中长期战略规划。在正在制定的《上海市中长期教育改革和发展规划纲要（2010—2020 年）》中，将教师人才队伍建设作为十一项重点任务之一，提出了一系列新的政策和建设项目。希望上海教育系统各级领导班子，要充分认识人才队伍建设的重要性和紧迫性，切实增强四个意识：

一是要增强人才是“第一资源”的意识。当前我们国家和上海的发展正处在发展方式转型时期，主要任务是推进经济结构调整，转变发展方式，提高经济增长质量和国际竞争力，尽快走上创新驱动、内生增长的轨道。这就意味着我们必须从注重物的投入，转向科技的投入和人力资源的投入，这才是实现中国经济可持续性发展的根本立足点。目前我们国家人才资源总量已达 1.04 亿人，预计到 2020 年可以达 1.8 亿人，位居世界前茅。人才对经济增长的贡献率也将从目前的 17%左右增长到 2020 年的 35%左右，真正进入到创新驱动的时代，所以加大人才队伍建设、建设人力资源强国，已经成为国家的主要战略部署。

相应地，上海教育要实现“到 2020 年率先实现现代化”，关键在人才、希望在人才、成败在人才。在基础教育中，一位杰出的校长能够带出一个品牌的学校，一位优秀的教师能够影响和引领一批孩子终身发展、成功成才。譬如，我们现在推进二期课改，大家都感到，一个很大的瓶颈就是难以突破以考试升学为指挥棒的教学课程体系和教学评价体系，只要一改革，不少教师就感到不适应，家长和校长就担心考试成绩和升学率下降。能否实现有效突围，就需要优秀校长的课改领导力和优秀教师的课改执行力、引领力，所以上海要实现课改的突破，必须要培养一批课改领军人才；在高等学校中，一位杰出的领军人才，往往能够带出一个优秀的创新团队，带出一个重点学科和品牌专业、品牌课程。所以，我们一定要把优秀人才作为教育事业发展最可珍惜、最可持续、最可依靠的“第一资源”，精心保护、精心培育。

二是要增强党管人才的意识。党管人才是中央提出的人才工作的基本原则。这既是着眼于增强我国综合国力和国际竞争力，也是着眼于提高党的执政能力。党管人才原则也是对党管干部原则的深化和拓展，具有鲜明的时代特征和重大而深远的意义。党管人才，并不是说党组织要取代行政，包揽人才工作的一切，而是强调党委要“管宏观、管政策、管协调、管服务”，重点把握好人才工作和人才队伍建设的方向，抓好人才队伍建设的规划，解决好人才队伍建设的关键问题，充分发挥党的思想政治优势、组织优势和密切联系群众的优势，营造做好人才工作的良好政策体制环境和思想文化环境。

希望各单位领导班子特别是党政一把手要承担起人才队伍建设的责任，切实做到“一把手”抓“第一资源”，落实人才工作责任制，从思想上、制度上、方式上和资源配置上保证人才结构优先调整、人才资本优先积累、人才制度优先创新。

三是要增强多样化人才的意识。大家可能从刚才的交流发言安排中注意到，我们的安排体现了对教育人才的多样性理解。发言的同志中既有杰出的科研人才，也有出色的教学和管理人才，既有普通高等学校人才，也有中小学和职业学校人才，既有公办学校人才，也有民办学校人才。也就是说，在教育系统行行都可以造就优秀人才，处处都是培养人才的舞台。

其实我们国家对人才的理解经历了多次变化。20世纪80年代初对人才的定义是，必须具有中专以上学历和初级以上职称的人员；而到现在，人才的定义已经转变为：具有一定知识或技能、能进行创造性劳动、能为国家和民族作出积极贡献的人都是人才。这就意味着学历和职称不再是人才评价的唯一标准，我们更看重的是品格、能力和业绩。"973"首席科学家和"千人计划"学者当然是杰出人才，而站在三尺讲台教书育人，让学生充满远大理想、学习兴趣，引领学生终身发展的教师，同样也是杰出人才。这就要求我们的领导班子要确立正确的人才观，善于统筹人才工作，重点是统筹基础教育、职业教育、高等教育和终身教育各类人才，统筹科研、教学和管理人才，统筹学科专业和党建德育人才，统筹老中青人才，统筹本土培养和外面引进人才，还要统筹教育系统内外的各类人才计划。只有注重统筹，才能让各类人才各尽其能，也各得其所。

四是要增强全心全意服务人才的意识。我们教育系统的领导班子一定要克服"官本位"意识，不能把人才当下级来指挥、当门面来装饰，要全心全意为优秀人才做好服务。

服务好人才，就要认真研究、准确把握和充分尊重各类人才成长的客观规律，增强各项决策和工作的前瞻性和科学性，然后采取相应的政策和措施。譬如，高校中刚踏入教师岗位的博士毕业生，充满创新激情，但缺少名气、缺少平台、缺少资源，这个时候他们最需要的是领导们能够"雪中送炭"，给他们提供"第一桶金"。所以我们设立了"优青计划"。还譬如，我们的职业教育和工程技术专业的优秀教师的成长，不能用学历和学术论文作导向，更重要的是要有实践能力，所以必须搭建产学研合作平台，鼓励和推动教师利用学术休假、挂职锻炼等形式前往企业等实际部门开展工作或实习，所以这次市教委提出了高校教师产学研见习计划。这些都是在深入研究了各类人才的成长规律后而提出的政策，具有较强的针对性。

服务好人才，就要努力为优秀人才提供干事业的大舞台。现在人才工作有三句话：一是科学发展以人为本，人才发展以用为本；二是个体人才越用越聪明，群体人才越用越多；三是99%的人力资源潜力没有被重视和开发。管理学上经常讲"池鱼关系"，说的是养鱼的空间大了，鱼就会生长得比较快。人才成长也是如此，大项目多、难项目多，人才的成功概率就大。我们引进的高校东方学者，还有从海外回来办学的人士，他们看重的首先不是待遇，而是我们的舞台（上周，我们召开了基础教育民办学校校长座谈会，来自松江的西外外国语学校的林敏校长，已在美国生活了20多年，并取得美国大学终身教授的身份，但他依然辞掉大学教职，并抵押自己的家产回来办了这所12年一贯制的基础教育学校，他说看重的就是在上海建设国际化大都市给举办国际化背景的教育带来了宽广舞台）。

服务好人才，就要主动破除不符合人才成长规律的体制、机制障碍。要坚持体制、机制创新，重点创新人才培养、评价、选拔、流动、激励、保障等六大机制。凡是不利于人才健康成长、阻碍人才大干事业、不符合人才成才规律的体制、机制和政策要大胆地破。这方面我们一定要进一步解放思想，胆子更大一点、步子更快一点，努力营造人才辈出、人尽其才的良好环境。

在上海区县教育工作会议上的讲话

（2010年3月5日）

上海市教育委员会主任　**薛明扬**

同志们：

过去的一年是不平凡的一年，中国在整个世界经济危机中率先复苏，令世界关注；新的一年，上海将举办世博会，中国再次吸引世界的眼光，成为世界关注的焦点。2010年，《国家中长期教育改革和发展规划纲要》和《上海市中长期教育改革和发展规划纲要》都将开始实施，国家及上海的“十二五”教育规划已经开始编制。3月3日，市政府与教育部签署了共建国家教育综合改革试验区战略合作协议，明确了上海下一步改革的重点。如何用实际行动迎接世博会，启动新一轮教育改革，将是今年教育工作的重中之重。

一、“世博实践年”赋予基础教育改革的新机遇

最近，胡锦涛总书记在视察世博工作时，发出了办好世博的总动员令，明确提出“六个确保”的要求。为此，俞正声书记也专门进行了部署，提出：“要牢牢把握正确的舆论导向”，“广泛发动社会力量，确保社会氛围文明祥和”，“统筹兼顾社会经济发展和民生工作”等。

参与和服务世博会，是上海教育系统今年工作的重点，为此市教委已经制定“一个计划，五大系列”世博宣传教育专项行动。一个计划，即世博志愿者激励计划；五大系列包括世博志愿精神引领系列，世博文化展示系列，世博文明践行系列，世博创意行动系列，世博风采宣传系列。我们要发动更多的师生“了解世博、参与世博”，推出教育系统在服务世博中涌现的优秀人物和集体。

对于基础教育而言，则应该充分开发、利用世博资源，深化改革，促进学生德智体美全面发展，增强学生的创新精神与实践能力。

1. 广泛开展科普教育

有160年历史的世博会，记载着世界现代科技发展的轨迹和工业革命的成果。

上海这次举办世博会的场馆，几乎都是高科技产品，比如一些场馆的外表面，采用太阳能电池实现照明用电自给。还有一些场馆的窗户，将使用低耗能的双层玻璃，比传统模式节能25%以上，等等。

2010年4月份中央电视台还将首播20集《世博会的科学传奇》，该片以大量第一手原始文献和详实珍贵的影像资料，讲述许多鲜为人知的有趣故事，展示历届世博会的存续变迁和各领域科技发展线索。

上海广大中小学应该充分利用这一近在咫尺的机会，掀起一个科普教育的高潮。我已经了解到，一些学校发动学生利用各种材料建造世博场馆模型，这是非常好的创意。但是，高科技如何与我们各个学科基础课程结合起来，如何开拓学校的拓展课程与探究课程，迫切需要整合资源，大胆创新。20世纪60年代，一套《十万个为什么》影响着中国几代青少年，激发着他们为科学献身的激情。今天，我真诚地希望，上海世博会的召开能成为我们学生追求科学的新起点，将来成为有坚定的科学精神、良好的科学素养、不断探索不断进步的一代新人。

2. 加强国际理解教育

加强国际理解教育其实是两方面的内容，一方面是让外国人了解中国，美国总统奥巴马访华时一开口就说要把10万名留学生送到中国来；另一个方面是增进中国与外国的理解。国际理解教育应成为上海对外开放的窗口。这次教育部和本市教育合作的内容之一就是要加强教育的国际化。国际化并不是中外合作办几所高水平的大学或是一流的学科。中小学这一块也有教育国际化的问题。世博会的理念是“理解、沟通、欢聚、合作”，这意味着世博会超越了国家、民族、宗教界限，是人类迈向和平与进步的阶梯。国际展览局秘书长洛塞泰斯曾说：“世博会是一个重大的世界性活动。世界上没有一个类似活动持续这么长时间，吸引这么多人参观,并且展示这么多国家和国际组织的成果,在美丽和睦中把世界各国带到了一起,吸引了所有人的心”。面对世博会,每个人都是平等的,各国人民长期以来追求和平与合作的梦想,正是基于这种理解与沟通。

上海的学生应该面向世界,因为他们的未来就是世界的明天。闸北区大宁国际学校在寒假里开展了一项活动,全校每个班级学生收集一个国家的相关资料,整个学校成为一个小小的世博会。这是真正的“以小见大”,方寸之间看全球,小孩子知大世界,我们需要孩子从小就要有为人类文明进步贡献力量的志向。

我认为,世博会应该成为学生学习外语、学习各国文化礼仪风俗习惯、学会友好相处的契机。各个学校都可以开展各种主题式教育,增强学生国际理解能力,为上海教育迈向国际化走出一大步,为上海成为一个真正意义的国际化大都市奠定坚实的市民素质基础。

3. 增强社会实践能力

世博会进课堂,同时它本身又是一个大课堂,能为中小学生提供广泛的实践机会。据统计,世博园区志愿者需求为 7 万人次,世博城市站点志愿者需求约为 15 万人次,目前志愿者报名总数已达 59 万人次,其中 68%以上是上海在校学生,尽管我们中小学生当志愿者人数可能并不太多,但依然可以在身边为世博服务,如主动参与宣传,微笑待人,展现我们的城市精神。

同时,中小学生可以充分地把课堂学习与世博会参观结合起来,围绕世博主题,动脑、动手开展创意设计活动,写出心得体会,搞一些小发明、小创造,进行网络交流,等等。总之,要把世博会作为一个学生实践与创造的平台。

4. 围绕世博会,区县教育行政部门应该做好的几件事情

世博会是今年上海的头等大事,各区县教育局应该充分准备,做好以下几件事情。

(1) 确保学校与学生安全。

世博会期间,将有 7000 万人次的中外游客参观世博会,因此维护校园与学生安全十分重要。

各区县教育局要逐一排查学校安全隐患,尤其是对施工、防火、交通、食品等方面可能出现的问题严加防范,强化学校的责任意识。要妥善处理历史遗留问题及敏感热点问题,防患于未然。要把学生的人身安全时刻放在心上,及时化解各种矛盾,防止非正常死亡事故发生。

(2) 做好参观组织工作。

世博会期间,参观人次非常多且集中。各区县教育局一定要统筹考虑,要求学校做好参观的组织工作,避免在双休日高峰时段参观,要有专门教师带队,要告知学生走散后的集合要求以及参观过程中的具体要求。同时,还要让家长知道:如何带好孩子参观世博会。

如有学校安排学生去世博场馆开展考察、调研等活动,也一定要事先周密安排,做到万无一失。

(3) 整合资源,有序进行世博教育。

在世博教育中,各区县教育局既要鼓励学校创造性地开展丰富多彩的活动,也要整合资源、系列设计。教育活动必须符合不同年龄段学生的特点,符合德智体美及各学科的特点,不要搞形式主义。

黄浦区、卢湾区、浦东新区等涉及世博园区的区域,一方面要整体设计世博教育活动,另一方面也要为其他区县作出贡献,提供资源,及时、更多地进行各种交流。

二、学习“两个纲要”,做好新一轮改革的起步工作

《国家中长期教育改革和发展规划纲要》日前已经公布,正在广泛听取社会各界和人民群众的意见,《上海市中长期教育改革和发展规划纲要》马上也要公布,在听取意见后将进一步完善。

《国家中长期教育改革和发展规划纲要》的核心是 20 个字:“优先发展,育人为本,改革创新,促进公平,提高质量”。“优先发展”是进一步确立教育优先发展的战略地位,除了思想上加强认识之外,明确在规划安排、资金投入、公共资源配置等方面都要教育优先。“育人为本”作为教育工作的根本要求,充分体现“以人为本”思想,把促进学生成长成才作为学校一切工作的出发点和落脚点,关心每个学生,为每个学生提供适合的教育。“改革创新”作为教育发展的强大动力,要求以体制机制改革为重点,鼓励地方和学校大胆探索和试验,创新人才培养体制、办学体制、教育管理体制等。“促进公平”是国家基本教育政策,工作重点是促进义务教育均衡发展和扶持困难群体。“提高质量”则为教育改革发展的核心任务,注重教育内涵发展,鼓励学校办出特色,出名师、育英才。

在发展任务中对各级各类教育也提出具体要求,我们必须高度重视其中的一些新举措。例如,对家庭经

济困难幼儿入园给予财政补助；制定进城务工人员随迁子女义务教育后在当地参加升学考试的办法；建立国家义务教育质量基本标准和监测制度；着力解决择校问题；实行县（区）域内教师和校长流动制度；率先实现小学生减负，建立学生课业负担监测和公告制度；高中阶段要保证学生全面完成国家规定的文理等各门课程学习，全面实施学业水平考试和综合素质评价；建立学生发展指导制度；鼓励普通高中办出特色，探索综合高中发展模式等。

教育部和本市签订的教育改革合作协议中，最主要的内容，一是要共建"国家教育综合改革试验区"，涵盖学前教育到终身教育的改革；二是要形成一套机制，即建立部市会商的领导小组双组长制；三是要确定实际工作层面的内容，即领导小组成立后具体要做哪些事情。同时提出了12件2010年要做的工作要点，也得到了领导小组成员的一致认可。这12项工作分别是：

（1）研究制订义务教育城乡一体化发展指导意见，内容包括加大转移支付力度，加快农村学校建设，加强中心城区优质学校的辐射，推进薄弱学校的委托管理，促进城乡一体化的有效发展。

（2）更新和完善学前教育机构与普通中小学硬件设施、课程教学、卫生保健等方面的建设标准体系。教育部要求我们研究制订发达地区义务教育均衡发展的指标体系与评估标准。

（3）继续推进课程改革，修订和完善课程标准，加快教学方式变革，探索高中多样化办学，开展高中与高校合作培养拔尖创新人才的试验。

（4）创新教师、校长培训制度，促进教师和校长的专业发展，建立优秀校长和骨干教师在城乡之间和校际之间合理流动的制度。

（5）探索构建中等职业教育和高等职业教育衔接贯通的标准和机制，构建现代职业教育的标准体系。

（6）探索进城务工人员随迁子女在义务教育后接受中等和高等职业教育的新机制。

（7）建立高校分类指导、分类管理的体系，根据扶需、扶特、扶强的原则，研究制订高等学校分类指导评估意见，促进各类高校协调发展。

（8）建立住院医师规范化培训与专业硕士学位的衔接机制，制定相应的实施办法，支持取得住院医师规范化培训证书并符合条件者，向有关学位授予单位申请临床医学硕士专业学位。

（9）加快建设完善终身教育体系，探索建立学分银行制度，以学分认定、积累、转换为基础，组建上海开放大学，搭建各级各类成人教育的立交桥。

（10）健全和完善民办学校财务管理制度，切实落实民办学校法人财产权，建立公共财政对民办学校的资助制度，探索营利性和非营利性民办学校分类管理办法。

（11）加快推进华东师范大学与纽约大学合作办学的项目，力争取得实质性的进展。

（12）共同探索中外合作办学，建立外籍人员子女学校等项目的审批、评价、监管等机制。

以上是我们通过部市合作共建主要想做的一些工作的要点，而其内容的真正实施，特别是涉及基础教育的这一块，在于我们各区县教育局的规划和工作。

我一直在想，本市的一些中心城区，学生数在逐步减少，希望各位教育局长一定要从长远着眼，紧握教育资源，使其始终用于教育。在学生数减少的情况下面，我们该做哪些事情呢？我们应该考虑这些资源在中外合作办学、民办中小学教育办出特色上如何发挥作用，这也可以缓解择校的压力。

2009年11月，刘延东同志在全国推进义务教育均衡发展经验交流会上讲：我国将长期处于社会主义初级阶段，区域发展不平衡，城乡差距大，提高农村教育水平的难度相当大；在区域内，由于传统教育发展模式的影响，造成教育资源配置和校际发展不均衡，优质教育资源辐射面窄的问题突出。这是全国教育改革的一个现实，也是上海教育发展的一个课题。袁贵仁部长2010年1月在年度工作会议上提出教育部的工作要在思路和重点上体现规划纲要的精神，体现各级各类教育发展重点任务，提升教育现代化水平；体现深化体制改革和制度创新，加快重点领域和关键环节改革步伐；体现为教育改革发展提供有力保障，不断完善教师队伍建设、经费投入、教育信息化等措施；着力推进重大项目和改革试点的组织实施。

由于时间关系，我不可能一一列举与解释。这些信息背后蕴藏的思想就是：改革发展应该从实际出发，进一步解放思想，大胆探索、大胆实践；改革发展需要进一步理顺教育内外关系，进一步从外延走向内涵，突出重点；改革发展需要进一步放权，增强基层的活力。看清这些趋势是我们继续深化发展的基础。

《上海市中长期教育改革和发展规划纲要》与全国相比较，改革与发展的起点不一样，既要呈现出与全国的一致性，也要反映出发达地区的特殊性，因此我们的口号是“为了每一个学生的终身发展”，我们教育发展的目标为“促进公平、追求卓越、推动创新、服务发展”，充分体现上海教育的“先一步、高一层”，体现一个现代化国际大城市的历史责任。

在此我强调：上海有责任有义务继续在全国教育改革中大胆探索、先行先试并作出积极贡献。在贯彻实施国家“纲要”的过程中，上海将以率先实现基本教育公共服务均等化、率先转变教育发展模式、率先加强创新人才培养、率先扩大教育开放为取向，有序推进教育综合改革，为全国教育改革和发展探索道路、提供经验。

上海将着力开展七个方面的改革探索：一是探索教育公共管理新体制和新机制，提升教育公共管理水平。二是探索人才培养模式和招生考试制度改革，全面实施素质教育。三是探索教育支撑产业结构调整的机制与路径，增强教育服务能力。四是探索扩大教育对外开放的机制与模式，提升教育国际化水平。五是探索推动学习型社会建设的新机制，完善终身教育体系。六是探索建设着眼未来、服务全国、面向世界的教育发展战略性支持平台，增强服务国家教育改革和决策咨询的服务功能。七是探索建立教育区域合作联动发展的新机制，增强上海教育辐射服务功能。

上海要进行这些改革，任重而道远，这既是我们市区教育行政部门共同的担当，更是我们所有教育工作者义不容辞的责任。

三、编制好“十二五”教育规划

应该肯定，“十一五”期间上海基础教育事业在公平、优质发展等方面取得明显进步，教育质量正在逐步提高。但是矛盾依然存在，人民群众关心的择校、课业负担过重等深层次问题还没有根本解决，学校的办学特色不鲜明，多样化的办学格局尚未形成，这一系列内涵发展问题，有待于我们继续改革创新。

“十二五”期间是上海加快推进“四个率先”、加快建设“四个中心”的重要时期，是实现发展转型、全面建设现代化城市的关键时期，也是贯彻落实《国家中长期教育改革和发展规划纲要》、《上海市中长期教育改革和发展规划纲要》的起步时期。编制出既符合实际又具有科学性、前瞻性的上海“十二五”教育改革与发展规划，谋划好这一阶段全市教育的发展战略、思路、目标与重点，并制定相应的措施，对于促进各级各类教育事业乃至上海未来发展具有十分重要的意义。对此，我们要求各区县务必抓紧，编制好各区县教育的“十二五”规划，既解决区县教育发展的实际问题，也为全市的编制工作提供必要依据。我们具体的工作要求如下：

(1) 各区县编制规划时应该在历史方位中全面回顾总结“十一五”期间所取得的成绩和经验，透彻分析存在的问题与制约瓶颈，增强加快发展的紧迫感和责任感。

(2) 必须有全局观念及战略思维。要把区县教育发展放到全市、全国以及国际化教育大格局中策划，要把普通教育、职业教育以及终身教育等一体化统筹考虑，要把地区教育与全区未来发展相统一。

(3) 以《国家中长期教育改革和发展规划纲要》、《上海市中长期教育改革和发展规划纲要》为引领，结合本区县的实际，明确重点发展领域与重大改革项目。

(4) 以教育部和上海市共建教育改革与发展试验区为契机，积极探索部市合作新机制，推进综合改革。

(5) 编制过程中必须突出问题导向，研究、发现、解决改革发展重大问题和民生问题。

(6) 进一步提高编制过程的透明度及社会参与度，集思广益、群策群力，解放思想、形成共识。

(7) 区县编制规划既要有总体思路和目标，尤其是要确定一些具体发展的指标，同时更要把重点放在专项规划上，以解决实际问题。

(8) 编制规划应该事先明确时间节点以及评价要求，要有责任人及专家咨询团队。

四、关于今年基础教育若干重点工作的考虑

2010 年基础教育的工作有一个基本点——稳定是大局，深化改革是重点。一些我们已经想清楚、正在稳步实施的改革项目必须深化落实，连续性要坚持，一些改革力度大、涉及面广的改革需要做好充分的准备。

2010 年基础教育的工作要点，尹后庆副主任已经部署了，我想再强调四个方面。

1. 加强调查研究，提升基础教育的人民满意度

基础教育事关民生民计，我们必须时时刻刻关注人民群众的反映，以此来提高我们的服务能力，发展我们的事业。

2005 年，市教委为了加强对人民群众所关心问题的了解以及教育决策的科学性，成立了上海市教育信息调查队，由市教委直接领导，具体工作由市教科院普教所负责。6 年来，上海市教育信息调查队开展了大

量调查,使我们掌握了许多第一手资料。

前几天,我收到调查队提交的"2009年上海市基础教育满意度调查报告",这是继2008年以后做的第二份有关调查。近年来,社会上许多中介机构都在做类似的调查,2009年曾经公布过一个结果,上海教育质量位于30个城市的末位,老百姓的满意度也在倒数几名,弄得我们也很糊涂。普教所专门为此做了一个分析,发现了问题的原因所在。但这份报告说明,应该有更多的第三方类似的调查,以掌握真实情况,掌握主动权和发言权。

2009年,我们采集了8130个有效样本,数据反映,与2008年相比,人民群众的反映为:上海教育改革与发展的总体满意度属于"较满意"水平,提高了21.7分;对政府服务的满意度提高,其中对义务教育均衡发展、教育公平、实施素质教育以及行风建设的满意度分数有所提高。但存在的问题是,对学校的满意度、对教师满意度、对校舍与设施设备和学校管理以及招生满意度都有下降。这应该引起我们高度重视,因为学校、教师、管理等都是内涵发展中的深层次动力,这些系统将是影响基础教育长远发展的关键。

另外,各区县的满意度差距很大,各局长、书记如果需要了解自己区县情况及所存在问题,可以向普教所进一步了解。各区县情况与我们的经验判断不完全一致,一些我们感觉上发展很好的区,老百姓反映倒不一定好。这里可能与地区经济发展水平、不同文化层次人群对教育期望值不一样有关,越是经济发达区域、文化层次越高的人群往往对优质教育需求就越旺盛,反之满意度也会越低。这是问题的一方面,另一方面这些数据背后也确实反映出一些真实问题,我们必须予以高度重视,有针对地去解决问题。

2. 规范教学行为,狠抓行风建设

为什么老百姓对学校、教师满意程度会下降,主要原因之一在于办学行为不规范。2009年,教育部曾经下达过一个《关于加强中小学管理规范办学行为指导意见》,2010年1月份,市教委在教学工作会议上也下发了《关于进一步规范中小学课程教学工作深入实施素质教育的若干意见》的征求意见稿,各区县及所有学校都需要认真执行。

(1) 规范学生的上学时间与作业时间,保证学生足够的睡眠。

市教委在2007年就规定:严禁小学在上午8:15、初中在上午8:00、高中和寄宿制学校在上午7:45之前安排集体教育教学活动,不得组织提前到校的学生上课。但是去年督导检查中发现不少学校仍然要求教师和学生在上午7:00或上午7:30左右到校,并组织学生自习或辅导。

上海市教育信息调查队从2005年起就开始进行学生课业负担的专项调研,积累了很多证据。根据2009年第八次调查,小学生每天学习时间7.28小时,为历年最多,主要原因是教师布置的作业增加,各年级均超过规定标准。初中生每天学习时间为9.20小时,也是历年最多。其中学校安排的学习时间增加0.32小时,包括上课时间增加0.21小时,教师布置的作业增加0.11小时,家庭安排学习时间增加0.16小时。七、八年级教师布置的作业,完成时间平均约为2.10小时,而九年级达到2.87小时,远远超出规定的1.50小时标准。

同志们,我们成人工作时间是8小时,但我们不少孩子的学习时间远超过8小时了,他们没有双休日,还得不到休息。学习时间过长必然影响孩子的睡眠。调查发现,2009年学生达到规定睡眠时间的比例,小学、初中分别为19.2%、23%,这意味着将近有五分之四的学生睡眠不足。如此状况,我们孩子的体质与健康如何能保证呢?

因此,我们必须严格规范学生的上学时间,严格控制学生的作业量。时间与生命是联系在一起的,"以人为本"不能停留在口头上,必须切实转化为我们的实际教育行为。

(2) 规范实施课程计划。

课程计划代表的是国家意志,是国家对于中小学生学习的基本要求。目前我们国家建设人才群中,工程类人员普遍缺乏艺术气质和人文素养,缺少形象思维发展与基础的人文底蕴,必然会影响他们的创造能力;而社会学人才又缺少一些统计技术与概率判断等理工类知识及能力,同样会影响他们对社会的贡献程度。这些不足,恐怕与我们为了片面追求升学率而未能全面执行课程计划有关。全面执行学校的课程计划,是为了保证学生的全面发展,只有学生的全面发展,才有基础教育质量的全面提高。因此,各中小学必须按照课程计划,开齐开足三类课程和科目,控制周总课时量和周活动总量,不得随意增减课程门类和课时。尤其要确保体育与健身、劳动技术、艺术类、社会实践等课程的规定时间。区县教育行政部门应督促中小学校全面实施规定的课程计划。

(3) 加强教育行风建设。

教育行风评议反映出教育规范办学行为的成果，也是老百姓对教育满意程度的一个重要指标。2009年各区县的行风建设总体情况良好，人民群众对教育的满意程度比较高，但发展不平衡，行风得分最高的区与最低区分差有13分的距离，部分区行风评议结果还不够理想。行风评议中的一些个案值得我们深思。我们不能只看行风评议有多大进步，对发现的问题，哪怕是个别现象，也需要认真对待，千万不能让某些个别现象酿成不良风气。

3. 加快教育评价制度改革

要规范办学行为，提高教育质量，就必须大力改革教育评价制度。目前上海已经找到一些突破口，这方面的工作，市教委在2010年的课程与教学工作会议上都作了部署。下一步需要扎实工作，抓好落实，逐步形成一个科学的质量评价体系。

(1) 推进学生能力发展评价。

学生学业水平，既包括知识获得，也包括能力水平，最重要的是学生能力发展水平。

其实，国际上有关学生能力评价有许多参照系。如PISA阅读能力分为5级，数学能力分为6级，每一级之间的带宽基本相同，呈正态分布，并且标准描述非常清晰，分辨率很高。当然能力评价会涉及命题改革，需要有较完整的测试标准，才能作为科学的评判依据。这些精细化改革需要我们大力推进。

(2) 加大情感态度、价值观评价的分量。

课程“三维目标”中知识与能力相对容易评价，情感、态度、价值观难以评价，它们不仅是教育的结果，同时也是教育的重要目标。

尹后庆副主任上次在教学工作会议上讲到，我们学生可能学业成绩不差，但学习兴趣不高、动机不强、方法掌握不科学等问题，可能是我们整个基础教育质量的致命伤，严重影响着我们学生创新精神与实践能力的发展。国际上更多地对学生学习兴趣、参与度等进行科学评价，这些技术我们要学习与开发。评价会有导向作用，我们加大这一块分量，就会引导学生养成正确、科学的学习态度。

(3) 监控学业质量的同时必须监控学生课业负担。

学业质量与学生课业负担紧密相关，是教育评价的两个不同侧面。近年来，课业负担问题并没有得到有效缓解，因此，我们绝不能满足于“上海基础教育质量高”的赞誉之中而不看到背后的问题。

现在，各区县普遍都在进行质量监控。这些监控要进一步提高科学性和有效性。在此我必须提醒大家，你们是否真实了解取得这些质量背后学生付出多少代价？所以，各区县在监测教育质量的同时必须监控学生过重的课业负担。

4. 加强教师队伍建设

教师队伍是基础教育内涵发展的一个重要方面，也是教育可持续发展的动力所在。关于教师队伍培养的一些具体措施，李骏修副主任已经做详细部署，下发的2010年基础教育工作要点中也十分明确。

我谈三个观点：

(1) 培养与使用应该同步。

教师培养需要过程，骨干教师与名师出现会有一个很长的培养、磨练过程。教师使用更需要机制推动。

教师流动就是一个用人机制的改革。教育部在部署义务教育均衡发展工作的时候，提出了一整套推进均衡发展的措施。上海各区县长期以来在均衡发展上也创造了许多办法，比如集团化办学、强校带弱校、委托管理、加强对薄弱学校教师的培训、校长和骨干教师流动，等等。凡是有效的措施，我们都要坚持。在这些措施中，大家觉得校长和教师的流动力度不够。因此，2010年我们要加大力度，争取突破。

学校管理中最高级的是用人，教育行政部门与校长要人尽其才，量才使用。例如有的教师专业能力强可以成为学科专家，有的教师组织活动本领大，可以成为优秀的团委书记大队辅导员或者很好的班主任，有的教师兴趣广泛可以让他开设拓展课，人有所长，人各有志，用到最适合施展才华的岗位就是用得其所。

(2) 培养是为了更好工作。

培养的目的就是更好地工作。培养有阶段和重点，工作却是平凡的常规性的。能把日常工作兢兢业业地做好做扎实，应该是一个好教师最基本的品行。现在由于课程教学改革蓬勃发展，教师工作负荷很大，所以培训应该适应教师本身的专业发展，以及个人成长的需求与追求。

(3) 当务之急是提高教师的学科本体知识。

教师从事的主要是学科教学工作，一方面由于知识更新速度加快，学科新知识内容大量增加，另一方面不少中老年教师离开大学时间长，知识老化现象严重，更重要的是网络信息时代知识流转频繁、共享机会大为增加，学生获得知识无论是途径或者是速度都可以与教师相等，现在课堂上教师“吃老本”已经满足不了学生的需求。

农村教师与城市教师相比较，不输在职业道德以及教学经验上，主要落后在信息量的接受以及本体学科知识更新上。因此，我们对于不同地区、不同年龄段的教师应该有不同的培养重点，青年教师要多给他们敬业精神教育与教学经验艺术的积累，而农村教师以及中老年教师需要加强学科知识的更新，有侧重、多渠道、多方向、多元化的培养方式是上海教师队伍建设之路。

2010 年，我想，教师培训要走出诸如上大课、听报告之类的形式，要强调以下几点：

(1) 教师培训机构要研究培训的效果，要有竞争机制。有些机构培训教师的教师自己没有实践经验，只有理论，使得被培训的教师听得云里雾里，没有实际的效果。

(2) 培训的内容稍微宽泛一些，希望教师们不但有本体知识，还要有一定的扩展性的知识。

(3) 给我们教师的培训要有更多的选择权，有选择才会有针对性。

(4) 培训要跨区域。

同志们，2010 年改革与发展任务十分重，有压力就会有动力，有动力就能够发展。让我们携手共进，为繁荣国家教育事业而共同努力！

法律　法规
规章　文件

国务院关于当前发展学前教育的若干意见

（2010 年 11 月 21 日　国发〔2010〕41 号）

各省、自治区、直辖市人民政府，国务院各部委、各直属机构：

为贯彻落实党的十七届五中全会、全国教育工作会议精神和《国家中长期教育改革和发展规划纲要（2010—2020 年）》，积极发展学前教育，着力解决当前存在的"入园难"问题，满足适龄儿童入园需求，促进学前教育事业科学发展，现提出如下意见。

一、把发展学前教育摆在更加重要的位置。学前教育是终身学习的开端，是国民教育体系的重要组成部分，是重要的社会公益事业。改革开放特别是新世纪以来，我国学前教育取得长足发展，普及程度逐步提高。但总体上看，学前教育仍是各级各类教育中的薄弱环节，主要表现为教育资源短缺、投入不足，师资队伍不健全，体制机制不完善，城乡区域发展不平衡，一些地方"入园难"问题突出。办好学前教育，关系亿万儿童的健康成长，关系千家万户的切身利益，关系国家和民族的未来。

发展学前教育，必须坚持公益性和普惠性，努力构建覆盖城乡、布局合理的学前教育公共服务体系，保障适龄儿童接受基本的、有质量的学前教育；必须坚持政府主导，社会参与，公办民办并举，落实各级政府责任，充分调动各方面积极性；必须坚持改革创新，着力破除制约学前教育科学发展的体制机制障碍；必须坚持因地制宜，从实际出发，为幼儿和家长提供方便就近、灵活多样、多种层次的学前教育服务；必须坚持科学育儿，遵循幼儿身心发展规律，促进幼儿健康快乐成长。

各级政府要充分认识发展学前教育的重要性和紧迫性，将大力发展学前教育作为贯彻落实教育规划纲要的突破口，作为推动教育事业科学发展的重要任务，作为建设社会主义和谐社会的重大民生工程，纳入政府工作重要议事日程，切实抓紧抓好。

二、多种形式扩大学前教育资源。大力发展公办幼儿园，提供"广覆盖、保基本"的学前教育公共服务。加大政府投入，新建、改建、扩建一批安全、适用的幼儿园。不得用政府投入建设超标准、高收费的幼儿园。中小学布局调整后的富余教育资源和其他富余公共资源，优先改建成幼儿园。鼓励优质公办幼儿园举办分园或合作办园。制定优惠政策，支持街道、农村集体举办幼儿园。

鼓励社会力量以多种形式举办幼儿园。通过保证合理用地、减免税费等方式，支持社会力量办园。积极扶持民办幼儿园特别是面向大众、收费较低的普惠性民办幼儿园发展。采取政府购买服务、减免租金、以奖代补、派驻公办教师等方式，引导和支持民办幼儿园提供普惠性服务。民办幼儿园在审批登记、分类定级、评估指导、教师培训、职称评定、资格认定、表彰奖励等方面与公办幼儿园具有同等地位。

城镇小区没有配套幼儿园的，应根据居住区规划和居住人口规模，按照国家有关规定配套建设幼儿园。新建小区配套幼儿园要与小区同步规划、同步建设、同步交付使用。建设用地按国家有关规定予以保障。未按规定安排配套幼儿园建设的小区规划不予审批。城镇小区配套幼儿园作为公共教育资源由当地政府统筹安排，举办公办幼儿园或委托办成普惠性民办幼儿园。城镇幼儿园建设要充分考虑进城务工人员随迁子女接受学前教育的需求。

努力扩大农村学前教育资源。各地要把发展学前教育作为社会主义新农村建设的重要内容，将幼儿园作为新农村公共服务设施统一规划，优先建设，加快发展。各级政府要加大对农村学前教育的投入，从今年开始，国家实施推进农村学前教育项目，重点支持中西部地区；地方各级政府要安排专门资金，重点建设农村幼儿园。乡镇和大村独立建园，小村设分园或联合办园，人口分散地区举办流动幼儿园、季节班等，配备专职巡回指导教师，逐步完善县、乡、村学前教育网络。改善农村幼儿园保教条件，配备基本的保教设施、玩教具、幼儿读物等。创造更多条件，着力保障留守儿童入园。发展农村学前教育要充分考虑农村人口分布和流动趋势，合理布局，有效使用资源。

三、多种途径加强幼儿教师队伍建设。加快建设一支师德高尚、热爱儿童、业务精良、结构合理的幼儿教师队伍。各地根据国家要求，结合本地实际，合理确定生师比，核定公办幼儿园教职工编制，逐步配齐幼儿园教职工。健全幼儿教师资格准入制度，严把入口关。2010 年国家颁布幼儿教师专业标准。公开招聘具备条件的毕业生充实幼儿教师队伍。中小学富余教师经培训合格后可转入学前教育。

依法落实幼儿教师地位和待遇。切实维护幼儿教师权益，完善落实幼儿园教职工工资保障办法、专业技术职称（职务）评聘机制和社会保障政策。对长期在农村基层和艰苦边远地区工作的公办幼儿教师，按国家规定实行工资倾斜政策。对优秀幼儿园园长、教师进行表彰。

完善学前教育师资培养培训体系。办好中等幼儿师范学校。办好高等师范院校学前教育专业。建设一批幼儿师范专科学校。加大面向农村的幼儿教师培养力度，扩大免费师范生学前教育专业招生规模。积极探索初中毕业起点五年制学前教育专科学历教师培养模式。重视对幼儿特教师资的培养。建立幼儿园园长和教师培训体系，满足幼儿教师多样化的学习和发展需求。创新培训模式，为有志于从事学前教育的非师范专业毕业生提供培训。三年内对 1 万名幼儿园园长和骨干教师进行国家级培训。各地五年内对幼儿园园长和教师进行一轮全员专业培训。

四、多种渠道加大学前教育投入。各级政府要将学前教育经费列入财政预算。新增教育经费要向学前教育倾斜。财政性学前教育经费在同级财政性教育经费中要占合理比例，未来三年要有明显提高。各地根据实际研究制定公办幼儿园生均经费标准和生均财政拨款标准。制定优惠政策，鼓励社会力量办园和捐资助园。家庭合理分担学前教育成本。建立学前教育资助制度，资助家庭经济困难儿童、孤儿和残疾儿童接受普惠性学前教育。发展残疾儿童学前康复教育。中央财政设立专项经费，支持中西部农村地区、少数民族地区和边疆地区发展学前教育和学前双语教育。地方政府要加大投入，重点支持边远贫困地区和少数民族地区发展学前教育。规范学前教育经费的使用和管理。

五、加强幼儿园准入管理。完善法律法规，规范学前教育管理。严格执行幼儿园准入制度。各地根据国家基本标准和社会对幼儿保教的不同需求，制定各种类型幼儿园的办园标准，实行分类管理、分类指导。县级教育行政部门负责审批各类幼儿园，建立幼儿园信息管理系统，对幼儿园实行动态监管。完善和落实幼儿园年检制度。未取得办园许可证和未办理登记注册手续，任何单位和个人不得举办幼儿园。对社会各类幼儿培训机构和早期教育指导机构，审批主管部门要加强监督管理。

分类治理、妥善解决无证办园问题。各地要对目前存在的无证办园进行全面排查，加强指导，督促整改。整改期间，要保证幼儿正常接受学前教育。经整改达到相应标准的，颁发办园许可证。整改后仍未达到保障幼儿安全、健康等基本要求的，当地政府要依法予以取缔，妥善分流和安置幼儿。

六、强化幼儿园安全监管。各地要高度重视幼儿园安全保障工作，加强安全设施建设，配备保安人员，健全各项安全管理制度和安全责任制，落实各项措施，严防事故发生。相关部门按职能分工，建立全覆盖的幼儿园安全防护体系，切实加大工作力度，加强监督指导。幼儿园要提高安全防范意识，加强内部安全管理。幼儿园所在街道、社区和村民委员会要共同做好幼儿园安全管理工作。

七、规范幼儿园收费管理。国家有关部门 2011 年出台幼儿园收费管理办法。省级有关部门根据城乡经济社会发展水平、办园成本和群众承受能力，按照非义务教育阶段家庭合理分担教育成本的原则，制定公办幼儿园收费标准。加强民办幼儿园收费管理，完善备案程序，加强分类指导。幼儿园实行收费公示制度，接受社会监督。加强收费监管，坚决查处乱收费。

八、坚持科学保教，促进幼儿身心健康发展。加强对幼儿园保教工作的指导，2010 年国家颁布幼儿学习与发展指南。遵循幼儿身心发展规律，面向全体幼儿，关注个体差异，坚持以游戏为基本活动，保教结合，寓教于乐，促进幼儿健康成长。加强对幼儿园玩教具、幼儿图书的配备与指导，为儿童创设丰富多彩的教育环境，防止和纠正幼儿园教育"小学化"倾向。研究制定幼儿园教师指导用书审定办法。建立幼儿园保教质量评估监管体系。健全学前教育教研指导网络。要把幼儿园教育和家庭教育紧密结合，共同为幼儿的健康成长创造良好环境。

九、完善工作机制，加强组织领导。各级政府要加强对学前教育的统筹协调，健全教育部门主管、有关部门分工负责的工作机制，形成推动学前教育发展的合力。教育部门要完善政策，制定标准，充实管理、教研力量，加强学前教育的监督管理和科学指导。机构编制部门要结合实际合理确定公办幼儿园教职工编制。发展改革部门要把学前教育纳入当地经济社会发展规划，支持幼儿园建设发展。财政部门要加大投入，制定支持学前教育的优惠政策。城乡建设和国土资源部门要落实城镇小区和新农村配套幼儿园的规划、用地。人力资源和社会保障部门要制定幼儿园教职工的人事（劳动）、工资待遇、社会保障和技术职称（职务）评聘政策。价格、财政、教育部门要根据职责分工，加强幼儿园收费管理。综治、公安部门要加强对幼儿园安全保卫工作的监督指导，整治、净化周边环境。卫生部门要监督指导幼儿园卫生保健工作。民政、工商、质检、安全生产监管、食品药品监管等部门要根据职能分工，加强对幼儿园的指导和管理。妇联、残联等单位要积极开展对家庭教育、残疾儿童早期教育的宣传指导。充分发挥城市社区居委会和农村村民自治组织的作用，建立社区和家长参与幼儿园管理和监督的机制。

十、统筹规划，实施学前教育三年行动计划。各省（区、市）政府要深入调查，准确掌握当地学前教育基本状况和存在的突出问题，结合本区域经济社会发展状况和适龄人口分布、变化趋势，科学测算入园需求和供需缺口，确定发展目标，分解年度任务，落实经费，以县为单位编制学前教育三年行动计划，有效缓解“入园难”。2011 年 3 月底前，各省（区、市）行动计划报国家教育体制改革领导小组办公室备案。

地方政府是发展学前教育、解决“入园难”问题的责任主体。各省（区、市）要建立督促检查、考核奖惩和问责机制，确保大力发展学前教育的各项举措落到实处，取得实效。各级教育督导部门要把学前教育作为督导重点，加强对政府责任落实、教师队伍建设、经费投入、安全管理等方面的督导检查，并将结果向社会公示。教育部会同有关部门对各地学前教育三年行动计划进展情况进行专项督查，组织宣传和推广先进经验，对发展学前教育成绩突出的地区予以表彰奖励，营造全社会关心支持学前教育的良好氛围。

高等学校信息公开办法

（教育部令第29号）

《高等学校信息公开办法》已经2010年3月30日第5次部长办公会议审议通过，现予公布，自2010年9月1日起施行。

教育部部长 袁贵仁

2010年4月6日

高等学校信息公开办法

第一章 总 则

第一条 为了保障公民、法人和其他组织依法获取高等学校信息，促进高等学校依法治校，根据高等教育法和政府信息公开条例的有关规定，制定本办法。

第二条 高等学校在开展办学活动和提供社会公共服务过程中产生、制作、获取的以一定形式记录、保存的信息，应当按照有关法律法规和本办法的规定公开。

第三条 国务院教育行政部门负责指导、监督全国高等学校信息公开工作。

省级教育行政部门负责统筹推进、协调、监督本行政区域内高等学校信息公开工作。

第四条 高等学校应当遵循公正、公平、便民的原则，建立信息公开工作机制和各项工作制度。

高等学校公开信息，不得危及国家安全、公共安全、经济安全、社会稳定和学校安全稳定。

第五条 高等学校应当建立健全信息发布保密审查机制，明确审查的程序和责任。高等学校公开信息前，应当依照法律法规和国家其他有关规定对拟公开的信息进行保密审查。

有关信息依照国家有关规定或者根据实际情况需要审批的，高等学校应当按照规定程序履行审批手续，未经批准不得公开。

第六条 高等学校发现不利于校园和社会稳定的虚假信息或者不完整信息的，应当在其职责范围内及时发布准确信息予以澄清。

第二章 公开的内容

第七条 高等学校应当主动公开以下信息：

（一）学校名称、办学地点、办学性质、办学宗旨、办学层次、办学规模，内部管理体制、机构设置、学校领导等基本情况；

（二）学校章程以及学校制定的各项规章制度；

（三）学校发展规划和年度工作计划；

（四）各层次、类型学历教育招生、考试与录取规定，学籍管理、学位评定办法，学生申诉途径与处理程序；毕业生就业指导与服务情况等；

（五）学科与专业设置，重点学科建设情况，课程与教学计划，实验室、仪器设备配置与图书藏量，教学与科研成果评选，国家组织的教学评估结果等；

（六）学生奖学金、助学金、学费减免、助学贷款与勤工俭学的申请与管理规定等；

（七）教师和其他专业技术人员数量、专业技术职务等级，岗位设置管理与聘用办法，教师争议解决办法等；

（八）收费的项目、依据、标准与投诉方式；

（九）财务、资产与财务管理制度，学校经费来源、年度经费预算决算方案，财政性资金、受捐赠财产的使用与管理情况，仪器设备、图书、药品等物资设备采购和重大基建工程的招投标；

（十）自然灾害等突发事件的应急处理预案、处置情况，涉及学校的重大事件的调查和处理情况；

（十一）对外交流与中外合作办学情况，外籍教师与留学生的管理制度；

（十二）法律、法规和规章规定需要公开的其他事项。

第八条 除第七条规定需要公开的信息外，高等学校应当明确其他需要主动公开的信息内容与公开范围。

第九条 除高等学校已公开的信息外，公民、法人和其他组织还可以根据自身学习、科研、工作等特殊需要，以书面形式(包括数据电文形式)向学校申请获取相关信息。

第十条 高等学校对下列信息不予公开：

（一）涉及国家秘密的；

（二）涉及商业秘密的；

（三）涉及个人隐私的；

（四）法律、法规和规章以及学校规定的不予公开的其他信息。

其中第(二)项、第(三)项所列的信息，经权利人同意公开或者高校认为不公开可能对公共利益造成重大影响的，可以予以公开。

第三章 公开的途径和要求

第十一条 高等学校校长领导学校的信息公开工作。校长(学校)办公室为信息公开工作机构，负责学校信息公开的日常工作，具体职责是：

（一）具体承办本校信息公开事宜；

（二）管理、协调、维护和更新本校公开的信息；

（三）统一受理、协调处理、统一答复向本校提出的信息公开申请；

（四）组织编制本校的信息公开指南、信息公开目录和信息公开工作年度报告；

（五）协调对拟公开的学校信息进行保密审查；

（六）组织学校信息公开工作的内部评议；

（七）推进、监督学校内设组织机构的信息公开；

（八）承担与本校信息公开有关的其他职责。

高等学校应当向社会公开信息公开工作机构的名称、负责人、办公地址、办公时间、联系电话、传真号码、电子邮箱等。

第十二条 对依照本办法规定需要公开的信息，高等学校应当根据实际情况，通过学校网站、校报校刊、校内广播等校内媒体和报刊、杂志、广播、电视等校外媒体以及新闻发布会、年鉴、会议纪要或者简报等方式予以公开；并根据需要设置公共查阅室、资料索取点、信息公告栏或者电子屏幕等场所、设施。

第十三条 高等学校应当在学校网站开设信息公开意见箱，设置信息公开专栏、建立有效链接，及时更新信息，并通过信息公开意见箱听取对学校信息公开工作的意见和建议。

第十四条 高等学校应当编制信息公开指南和目录，并及时公布和更新。信息公开指南应当明确信息公开工作机构，信息的分类、编排体系和获取方式，依申请公开的处理和答复流程等。信息公开目录应当包括信息的索引、名称、生成日期、责任部门等内容。

第十五条 高等学校应当将学校基本的规章制度汇编成册，置于学校有关内部组织机构的办公地点、档案馆、图书馆等场所，提供免费查阅。

高等学校应当将学生管理制度、教师管理制度分别汇编成册，在新生和新聘教师报到时发放。

第十六条 高等学校完成信息制作或者获取信息后，应当及时明确该信息是否公开。确定公开的，应当明确公开的受众;确定不予公开的,应当说明理由;难以确定是否公开的,应当及时报请高等学校所在地省级教育行政部门或者上级主管部门审定。

第十七条 属于主动公开的信息,高等学校应当自该信息制作完成或者获取之日起20个工作日内予以公开。公开的信息内容发生变更的,应当在变更后20个工作日内予以更新。

学校决策事项需要征求教师、学生和学校其他工作人员意见的,公开征求意见的期限不得少于10个工作日。

法律法规对信息内容公开的期限另有规定的,从其规定。

第十八条 对申请人的信息公开申请,高等学校根据下列情况在15个工作日内分别作出答复:

(一)属于公开范围的,应当告知申请人获取该信息的方式和途径;

(二)属于不予公开范围的,应当告知申请人并说明理由;

(三)不属于本校职责范围的或者该信息不存在的,应当告知申请人,对能够确定该信息的职责单位的,应当告知申请人该单位的名称、联系方式;

(四)申请公开的信息含有不应当公开的内容但能够区分处理的,应当告知申请人并提供可以公开的信息内容,对不予公开的部分,应当说明理由;

(五)申请内容不明确的,应当告知申请人作出更改、补充;申请人逾期未补正的,视为放弃本次申请;

(六)同一申请人无正当理由重复向同一高等学校申请公开同一信息,高等学校已经作出答复且该信息未发生变化的,应当告知申请人,不再重复处理;

(七)高等学校根据实际情况作出的其他答复。

第十九条 申请人向高等学校申请公开信息的,应当出示有效身份证件或者证明文件。

申请人有证据证明高等学校提供的与自身相关的信息记录不准确的,有权要求该高等学校予以更正;该高等学校无权更正的,应当转送有权更正的单位处理,并告知申请人。

第二十条 高等学校向申请人提供信息,可以按照学校所在地省级价格部门和财政部门规定的收费标准收取检索、复制、邮寄等费用。收取的费用应当纳入学校财务管理。

高等学校不得通过其他组织、个人以有偿方式提供信息。

第二十一条 高等学校应当健全内部组织机构的信息公开制度,明确其信息公开的具体内容。

第四章 监督和保障

第二十二条 国务院教育行政部门开展对全国高等学校推进信息公开工作的监督检查。

省级教育行政部门应当加强对本行政区域内高等学校信息公开工作的日常监督检查。

高等学校主管部门应当将信息公开工作开展情况纳入高等学校领导干部考核内容。

第二十三条 省级教育行政部门和高等学校应当将信息公开工作纳入干部岗位责任考核内容。考核工作可与年终考核结合进行。

高等学校内设监察部门负责组织对本校信息公开工作的监督检查,监督检查应当有教师、学生和学校其他工作人员代表参加。

第二十四条 高等学校应当编制学校上一学年信息公开工作年度报告,并于每年10月底前报送所在地省级教育行政部门。中央部门所属高校,还应当报送其上级主管部门。

第二十五条 省级教育行政部门应当建立健全高等学校信息公开评议制度,聘请人大代表、政协委员、家长、教师、学生等有关人员成立信息公开评议委员会或者以其他形式,定期对本行政区域内高等学校信息公开工作进行评议,并向社会公布评议结果。

第二十六条 公民、法人和其他组织认为高等学校未按照本办法规定履行信息公开义务的,可以向学校内设监察部门、省级教育行政部门举报;对于中央部委所属高等学校,还可向其上级主管部门举报。收到举报的部门应当及时处理,并以适当方式向举报人告知处理结果。

第二十七条 高等学校违反有关法律法规或者本办法规定,有下列情形之一的,由省级教育行政部门责令改正;情节严重的,由省级教育行政部门或者国务院教育行政部门予以通报批评;对高等学校直接负责的主管领导和其他直接责任人员,由高等学校主管部门依据有关规定给予处分:

（一）不依法履行信息公开义务的；

（二）不及时更新公开的信息内容、信息公开指南和目录的；

（三）公开不应当公开的信息的；

（四）在信息公开工作中隐瞒或者捏造事实的；

（五）违反规定收取费用的；

（六）通过其他组织、个人以有偿服务方式提供信息的；

（七）违反有关法律法规和本办法规定的其他行为的。

高等学校上述行为侵害当事人合法权益，造成损失的，应当依法承担民事责任。

第二十八条 高等学校应当将开展信息公开工作所需经费纳入年度预算，为学校信息公开工作提供经费保障。

第五章 附 则

第二十九条 本办法所称的高等学校，是指大学、独立设置的学院和高等专科学校，其中包括高等职业学校和成人高等学校。

高等学校以外其他高等教育机构的信息公开，参照本办法执行。

第三十条 已经移交档案工作机构的高等学校信息的公开，依照有关档案管理的法律、法规和规章执行。

第三十一条 省级教育行政部门可以根据需要制订实施办法。高等学校应当依据本办法制订实施细则。

第三十二条 本办法自2010年9月1日起施行。

托儿所幼儿园卫生保健管理办法

（卫生部教育部令第 76 号）

《托儿所幼儿园卫生保健管理办法》已于 2010 年 3 月 1 日经卫生部部务会议审议通过，并经教育部同意，现予以发布，自 2010 年 11 月 1 日起施行。

卫生部部长　陈　竺

教育部部长　袁贵仁

2010 年 9 月 6 日

托儿所幼儿园卫生保健管理办法

第一条　为提高托儿所、幼儿园卫生保健工作水平，预防和减少疾病发生，保障儿童身心健康，制定本办法。

第二条　本办法适用于招收 0～6 岁儿童的各级各类托儿所、幼儿园（以下简称托幼机构）。

第三条　托幼机构应当贯彻保教结合、预防为主的方针，认真做好卫生保健工作。

第四条　县级以上各级人民政府卫生行政部门应当将托幼机构的卫生保健工作作为公共卫生服务的重要内容，加强监督和指导。

县级以上各级人民政府教育行政部门协助卫生行政部门检查指导托幼机构的卫生保健工作。

第五条　县级以上妇幼保健机构负责对辖区内托幼机构卫生保健工作进行业务指导。业务指导的内容包括：膳食营养、体格锻炼、健康检查、卫生消毒、疾病预防等。

疾病预防控制机构应当定期为托幼机构提供疾病预防控制咨询服务和指导。

卫生监督执法机构应当依法对托幼机构的饮用水卫生、传染病预防和控制等工作进行监督检查。

第六条　托幼机构设有食堂提供餐饮服务的，应当按照《食品安全法》、《食品安全法实施条例》以及有关规章的要求，认真落实各项食品安全要求。

食品药品监督管理部门等负责餐饮服务监督管理的部门应当依法加强对托幼机构食品安全的指导与监督检查。

第七条　托幼机构的建筑、设施、设备、环境及提供的食品、饮用水等应当符合国家有关卫生标准、规范的要求。

第八条　新设立的托幼机构，招生前应当取得县级以上地方人民政府卫生行政部门指定的医疗卫生机构出具的符合《托儿所幼儿园卫生保健工作规范》的卫生评价报告。

各级教育行政部门应当将卫生保健工作质量纳入托幼机构的分级定类管理。

第九条　托幼机构的法定代表人或者负责人是本机构卫生保健工作的第一责任人。

第十条　托幼机构应当根据规模、接收儿童数量等设立相应的卫生室或者保健室，具体负责卫生保健工作。

卫生室应当符合医疗机构基本标准，取得卫生行政部门颁发的《医疗机构执业许可证》。

保健室不得开展诊疗活动，其配置应当符合保健室设置基本要求。

第十一条　托幼机构应当聘用符合国家规定的卫生保健人员。卫生保健人员包括医师、护士和保健员。

在卫生室工作的医师应当取得卫生行政部门颁发的《医师执业证书》，护士应当取得《护士执业证书》。

在保健室工作的保健员应当具有高中以上学历，经过卫生保健专业知识培训，具有托幼机构卫生保健基础知识，掌握卫生消毒、传染病管理和营养膳食管理等技能。

第十二条　托幼机构聘用卫生保健人员应当按照收托150名儿童至少设1名专职卫生保健人员的比例配备卫生保健人员。收托150名以下儿童的，应当配备专职或者兼职卫生保健人员。

第十三条　托幼机构卫生保健人员应当定期接受当地妇幼保健机构组织的卫生保健专业知识培训。

托幼机构卫生保健人员应当对机构内的工作人员进行卫生知识宣传教育、疾病预防、卫生消毒、膳食营养、食品卫生、饮用水卫生等方面的具体指导。

第十四条　托幼机构工作人员上岗前必须经县级以上人民政府卫生行政部门指定的医疗卫生机构进行健康检查，取得《托幼机构工作人员健康合格证》后方可上岗。

托幼机构应当组织在岗工作人员每年进行1次健康检查；在岗人员患有传染性疾病的，应当立即离岗治疗，治愈后方可上岗工作。

精神病患者、有精神病史者不得在托幼机构工作。

第十五条　托幼机构应当严格按照《托儿所幼儿园卫生保健工作规范》开展卫生保健工作。

托幼机构卫生保健工作包括以下内容：

（一）根据儿童不同年龄特点，建立科学、合理的一日生活制度，培养儿童良好的卫生习惯；

（二）为儿童提供合理的营养膳食，科学制订食谱，保证膳食平衡；

（三）制订与儿童生理特点相适应的体格锻炼计划，根据儿童年龄特点开展游戏及体育活动，并保证儿童户外活动时间，增进儿童身心健康；

（四）建立健康检查制度，开展儿童定期健康检查工作，建立健康档案。坚持晨检及全日健康观察，做好常见病的预防，发现问题及时处理；

（五）严格执行卫生消毒制度，做好室内外环境及个人卫生。加强饮食卫生管理，保证食品安全；

（六）协助落实国家免疫规划，在儿童入托时应当查验其预防接种证，未按规定接种的儿童要告知其监护人，督促监护人带儿童到当地规定的接种单位补种；

（七）加强日常保育护理工作，对体弱儿进行专案管理。配合妇幼保健机构定期开展儿童眼、耳、口腔保健，开展儿童心理卫生保健；

（八）建立卫生安全管理制度，落实各项卫生安全防护工作，预防伤害事故的发生；

（九）制订健康教育计划，对儿童及其家长开展多种形式的健康教育活动；

（十）做好各项卫生保健工作信息的收集、汇总和报告工作。

第十六条　托幼机构应当在疾病预防控制机构指导下，做好传染病预防和控制管理工作。

托幼机构发现传染病患儿应当及时按照法律、法规和卫生部的规定进行报告，在疾病预防控制机构的指导下，对环境进行严格消毒处理。

在传染病流行期间，托幼机构应当加强预防控制措施。

第十七条　疾病预防控制机构应当收集、分析、调查、核实托幼机构的传染病疫情，发现问题及时通报托幼机构，并向卫生行政部门和教育行政部门报告。

第十八条　儿童入托幼机构前应当经医疗卫生机构进行健康检查，合格后方可进入托幼机构。

托幼机构发现在园（所）的儿童患疑似传染病时应当及时通知其监护人离园（所）诊治。患传染病的患儿治愈后，凭医疗卫生机构出具的健康证明方可入园（所）。

儿童离开托幼机构3个月以上应当进行健康检查后方可再次入托幼机构。

医疗卫生机构应当按照规定的体检项目开展健康检查，不得违反规定擅自改变。

第十九条　托幼机构有下列情形之一的，由卫生行政部门责令限期改正，通报批评；逾期不改的，给予警告；情节严重的，由教育行政部门依法给予行政处罚：

（一）未按要求设立保健室、卫生室或者配备卫生保健人员的；

（二）聘用未进行健康检查或者健康检查不合格的工作人员的；

（三）未定期组织工作人员健康检查的；

（四）招收未经健康检查或健康检查不合格的儿童入托幼机构的；

（五）未严格按照《托儿所幼儿园卫生保健工作规范》开展卫生保健工作的。

卫生行政部门应当及时将处理结果通报教育行政部门，教育行政部门将其作为托幼机构分级定类管理和质量评估的依据。

第二十条　托幼机构未取得《医疗机构执业许可证》擅自设立卫生室，进行诊疗活动的，按照《医疗机构管理条例》的有关规定进行处罚。

第二十一条　托幼机构未按照规定履行卫生保健工作职责，造成传染病流行、食物中毒等突发公共卫生事件的，卫生行政部门、教育行政部门依据相关法律法规给予处罚。

县级以上医疗卫生机构未按照本办法规定履行职责，导致托幼机构发生突发公共卫生事件的，卫生行政部门依据相关法律法规给予处罚。

第二十二条　小学附设学前班、单独设立的学前班参照本办法执行。

第二十三条　各省、自治区、直辖市可以结合当地实际，根据本办法制定实施细则。

第二十四条　对认真执行本办法，在托幼机构卫生保健工作中做出显著成绩的单位和个人，由各级人民政府卫生行政部门和教育行政部门给予表彰和奖励。

第二十五条　《托儿所幼儿园卫生保健工作规范》由卫生部负责制定。

第二十六条　本办法自2010年11月1日起施行。1994年12月1日由卫生部、原国家教委联合发布的《托儿所、幼儿园卫生保健管理办法》同时废止。

上海市人民政府办公厅关于转发市教委等七部门制订的《上海市推进民办高等学校落实法人财产权的实施办法》的通知

（沪府办发〔2010〕7号）

各区、县人民政府，市政府各委、办、局：

市教委、市发展改革委、市财政局、市国税局、市地税局、市住房保障房屋管理局、市民政局制订的《上海市推进民办高等学校落实法人财产权的实施办法》已经市政府同意，现转发给你们，请认真按照执行。

上海市人民政府办公厅

2010年3月4日

上海市推进民办高等学校落实法人财产权的实施办法

第一条　为了进一步加强实施专科及以上高等学历教育的民办学校（含独立学院，以下统称“民办高校”）的管理，落实民办高校法人财产权，坚持民办教育的公益性，维护民办高校、学生以及举办者的合法权益，根据有关法律、法规和规章的规定，结合本市实际，制订本办法。

第二条　民办高校法人财产，由举办者投入资产、接受国家直接或间接支持形成的资产、接受捐赠形成的资产、学费收入、办学积累以及其他收入构成。民办高校法人财产的各投入方，均有权依法维护其法定权益。

第三条　民办高校办理资产过户时，应当提交办理资产过户的申请材料，报相关部门办理变更手续。其中，涉及房地产转移登记的，应当符合《上海市房地产登记条例》的规定。

申请材料包括：民办高校资产过户方案、资产清单和相应权属证明、资产评估机构或验资机构的书面报告。

资产权证变更后，民办高校应当依法办理学校章程和开办资金变更等相关手续。

第四条　资产清单应当由民办高校及其举办者对学校现有土地使用权、建筑物、教学仪器设备、图书资料等需要过户或划转的资产进行清理、分类登记填写，并附上相应权属证明。

第五条　资产评估机构或验资机构的书面报告，应当由具备相应资质的资产评估机构或验资机构在对举办者投入民办高校的资金、实物、土地使用权、知识产权等财产进行资产评估或验资后出具。

举办者取得的合理回报再投入到民办高校，须通过验资机构验资，并出具证明。

第六条　举办者投入民办高校的货币资金，应当以银行转账方式或其他法律许可的方式，转入或存入民办高校的基本账户。

举办者投入民办高校的建筑物、运输工具、设备、其他固定资产等实物资产，应当按账面价格计算。涉及国有资产的，应当按照有关规定办理。

举办者投入民办高校的知识产权以及其他无形资产，应当进行资产评估。

举办者投入民办高校的土地使用权，属于出让取得的，应当按账面价格计算；属于划拨取得的，应当无偿过户至学校，举办者获得划拨土地使用权时产生的费用由学校承担。

举办者将取得的合理回报再投入的，以实际投入金额记账。

民办高校的对外借款、向学生收取的学费、住宿费及其他收入、接受的捐赠财产和各种政府资助，不属于举办者的投入。

第七条　民办高校接受国家支持投入的资产，包括货币资金、实物、土地使用权、无形资产以及其他各种形式的资助。民办高校接受捐赠的资产，包括货币资金、实物、无形资产及其他资产。

国家支持投入的资产与捐赠的资产，在过户到民办高校时，应当按照相关法律法规办理手续。

第八条 民办高校资产过户时，对其举办者用于民办高校但尚未清偿的银行贷款和对外借款，作如下分类处理：

(一) 由举办者自行筹资清偿的，计入举办者的投入。

(二) 由学校收入清偿的，不计入举办者的投入，资产所有权归学校所有。

第九条 为鼓励民办高校积极稳妥完成资产过户，对民办高校资产过户过程中涉及的契税等，按照国家相关规定，享受有关税收优惠；在规定期限内办理房地产转移登记的，享受免收交易手续费优惠。

第十条 举办者投入民办高校的资产，计入民办高校的实收开办资金，并分类登记管理。

民办高校接受国家直接或间接支持投入的资产，列入民办高校的限定性净资产进行管理。

民办高校接受捐赠的资产，列入民办高校的限定性净资产进行管理。

民办高校资产的增值部分，按照核准后的章程规定，提取的发展基金纳入限定性净资产管理；其余纳入非限定性净资产管理，并分别登记、建账。

第十一条 民办高校应当严格遵守国家和上海市民办高校财务管理和会计核算的相关规定，每年年末对当年资产使用情况进行检查分析，编制下一年度收支预算，经董事会(理事会)审核通过后，向市教委报送年度收支预算情况、资产统计报告。年度收支预算情况和统计报告应当做到真实、准确、完整，并对民办高校资产占有、使用、变动、处置等情况作出分析说明。

第十二条 民办高校及其举办者为改善办学条件新建校舍和购置教学仪器设备等固定资产的，须以民办高校名义进行立项和权属登记。

已经以其他名义立项的在建校舍和购置的教学仪器设备等固定资产，应当由民办高校直接进行权属登记。

因新建校舍和购置教学仪器设备等固定资产形成的权益，由民办高校享有。

第十三条 民办高校终止后，其资产在清算结束后有剩余的，应当按照财产的不同性质分别予以处理：

(一) 国家对民办高校的投入形成的财产，由审批机关统筹安排，用于发展民办教育事业。

(二) 民办高校接受捐赠形成的财产，依法由审批机关统筹安排，用于发展民办教育事业。

(三) 其他剩余财产，按照有关法律、法规的规定处理。

法律、法规另有规定的，按照法律、法规执行。

第十四条 市教委应当依法对各民办高校资金资产的管理与使用予以监管，建立健全相关监控机制。

第十五条 市教委应当会同各有关部门依法对民办高校进行年度检查，指导和督促民办高校提高教育质量和形成办学特色。对检查中发现有违规行为的，应当依法予以处理。

第十六条 市教委可以根据本市民办高校开展办学的实际情况，会同相关部门不定期组织开展专项检查活动。对检查中发现有违规行为的，应当依法予以处理。

第十七条 建立民办高校信息公开制度。市教委应当将民办高校的办学规模、办学条件、办学水平评估和年检结论、所获荣誉和奖励的情况，以及查实的重大违法违规行为等信息，向社会公布。

第十八条 民办高校在规定期限内没有落实学校法人财产权，或者存在侵害学校法人财产权情况的，有关部门应当按照《民办教育促进法》、《民办教育促进法实施条例》、《民办高等学校办学管理若干规定》和其他法律、法规的规定，依法作出行政处罚。构成犯罪的，依照《刑法》有关规定，追究刑事责任。

第十九条 本办法自印发之日起施行。本办法施行前已经设立但未落实法人财产权的民办高校，应当在一年内完成落实法人财产权的相关工作。

第二十条 本办法由市教委负责解释。

上海市教育委员会

上海市发展和改革委员会

上海市财政局

上海市国家税务局

上海市地方税务局

上海市住房保障和房屋管理局

上海市民政局

2010年2月11日

中共上海市教育卫生工作委员会 上海市教育委员会 上海市精神文明建设委员会办公室 上海市青少年校外活动联席会议办公室关于印发《关于进一步落实中小学生社会实践工作的若干意见》的通知

（沪教委德〔2010〕2 号）

各区县教育局、文明办，市校外联席会议办公室成员单位，各教育基地：

为贯彻党的教育方针，进一步落实中共中央国务院《关于进一步加强和改进未成年人思想道德建设的若干意见》（中发〔2004〕8 号）和《关于进一步加强和改进未成年人校外活动场所建设和管理工作的意见》（中办发〔2006〕4 号）精神，全面推进素质教育，进一步加强本市中小学生社会实践的工作，研究制定了《关于进一步落实中小学生社会实践工作的若干意见》，现印发给你们，请结合实际，按照执行。

关于进一步落实中小学生社会实践工作的若干意见

为贯彻党的教育方针，进一步落实中共中央国务院《关于进一步加强和改进未成年人思想道德建设的若干意见》（中发〔2004〕8 号，以下简称“中央 8 号文件”）和《关于进一步加强和改进未成年人校外活动场所建设和管理工作的意见》（中办发〔2006〕4 号），实施《上海市校外教育三年行动计划》（沪教委德〔2009〕7 号），全面推进素质教育，进一步加强本市中小学生社会实践的工作，特制定本意见。

一、充分认识落实中小学生社会实践工作的重要性

落实中小学生社会实践工作是全面贯彻党的教育方针的根本要求，是加强和改进未成年人思想道德建设的重要举措，是实施素质教育的关键环节，是贯彻课程改革要求、实现课内外有效衔接，促进中小学生健康全面发展的基本途径。从目前我市中小学校社会实践工作现状来看，学校教育还存在重智育轻德育、重课堂教学轻社会实践、重校内教育轻校外教育、重形式轻效果的倾向，学生社会实践工作的重要性仍未引起足够的重视，社会实践工作的要求仍未全面落实，社会教育资源有待进一步开发利用，全社会合力育人机制尚需进一步理顺和加强。因此，要按照实践育人的要求，进一步加强中小学生社会实践工作，注重知行统一，注重实践体验，注重寓教于乐，帮助中小学生认识社会，培养良好的道德品质、创新意识、实践能力和社会适应能力，增强社会责任感和使命感。

二、开展社会实践工作的指导思想和目标

开展中小学生社会实践必须坚持贯彻落实科学发展观，引导中小学生践行社会主义核心价值，重点加强以爱国主义为核心的民族精神和以改革创新为核心的时代精神的培养、以生命教育为重点的健康人格的培育；坚持以体验教育为基本途径，引导学生在实践中体验、感悟、内化道德情感，培养创新精神和实践能力；坚持理论联系实际，注重课内课外、校内校外相结合的学习方式，丰富学生成长经历；坚持政府主导，学校、家庭、社会合作互动，形成育人整体合力，搭建未成年人思想道德建设的实践平台，巩固社会实践的教育效果。

开展中小学生社会实践工作的目标是：高中一、二年级学生参加社会实践、志愿者服务的时间一般每学年不少于 30 天，高三学生参加社会实践、志愿者服务时间一般每学年不少于 15 天；初中、小学高年级学生参加社会实践、志愿者服务的时间一般每学年不少于 20 天和 15 天。其中，高中阶段学生参加志愿者活动不少于 60 学时，初中阶段学生参加志愿者活动不少于 30 学时，小学高年级学生参加志愿者活动不少于 10 学时。确保中小学生参加社会实践的时间全部、真正得到落实，参加志愿者活动的达成率逐年提高；中小学生参与社会实践的意识、态度、情感发生明显变化，创新精神和实践能力不断增强，涌现一大批优秀志愿者个人、团队和先进典型；各类社会实践基地文化育人，规范服务的满意度显著提高，建设一批符合标准的示范性社会实践基地（场所）和一批具有教育成效的特色项目；政府主导，社会支持，学校、家庭、社区合作互动的社会实践长效管理体制和运作机制不断完善。

三、开展社会实践工作的内容与要求

中小学生社会实践活动主要包括考察（调查）体验类、社会服务与技能训练类、军政训练类、农村社会实践类、科技文化活动类、志愿者服务类等内容。要大力加强社会实践活动品牌项目建设，因地制宜，创新活动手段和方式，提升学生参与社会实践的绩效。要充分发挥中小学生参与社会实践的主动性和积极性，充分利用信息化手段，构筑全员参与、全面系统的社会实践平台，完善社会实践的双向反馈机制，实现社会实践工作的常态化、机制化。

1. 考察（调查）体验类

学校应组织学生到爱国主义教育基地、科普教育基地、博物馆、美术馆、影院（剧场）、国家机构、高等院校、企事业单位、校外教育机构、社区等各类校外教育活动场所进行考察调查与实践体验。要根据课程教学、研究型、拓展型课程的要求及社会热点问题，指导和组织师生设计、实施社会调查研究的课题和实践体验的项目，培养学生主动探究和体验的兴趣。

2. 社会（社区）服务与技能实训类

社会服务包括参与公益活动、文明宣传、体育艺术公益展示，保洁护绿、为孤残老幼服务、到居委会挂职等。社区服务要做到定岗位、定内容、定时间、定人员，要把学生社会服务与劳动技能培养训练结合，让学生在社会服务过程中体验现代职业特点、感受经济社会发展。有条件的学校、社区还可以在勤工俭学、职场训练等方面，探索学生社会实践活动的新途径和新方法。

3. 军政训练类

高中学生军政训练要根据教育部、总参谋部、总政治部印发的《高级中学学生军事训练教学大纲》的要求，通过军事训练与教学使学生掌握基本军事知识和技能，增强爱国主义信念、国防观念和国家安全意识，为中国人民解放军培养后备兵员奠定基础。本市高中一年级新生和中等职业学校新生原则上均应参加军事训练，初中和小学学生必须把参加民防教育与训练作为必修课，并由市与区县统筹，在“东方绿舟”国防教育基地及其他民防教育中心等专业场所进行训练。确保初中和小学学生至少开展一次开展国防、民防教育活动的实践体验活动。

4. 农村社会实践类

农村社会实践主要包括参加农业生产劳动实践体验和现代农业考察，学习掌握基本的农事操作技能；了解传统农业和现代农业科学知识，学习党和国家关于农民、农业、农村的政策，考察改革开放以来农村建设的新面貌。高中阶段的农村社会实践原则上安排在高二年级，列入教育计划，其中二分之一以上时间应安排学生参加农业生产劳动。学校的校外教育活动要确保初中四年内、小学四、五年级两年内，学生到农村实践基地进行社会实践或考察活动。

5. 科技文化活动类

鼓励学生积极参加学校社团活动，激发创新和创意智慧，组织开展争当明日科技之星、“做中学”和科技探究等活动；组织学生参观先进文化设施，走进美术馆、音乐厅、剧场、电影院等“艺术课堂”，欣赏高雅艺术，陶冶情操。

6. 志愿者服务类

在遵循自愿、诚信、适宜、适量原则的基础上，鼓励倡导学生参加符合自身特点的志愿服务活动，传播文明理念，倡导团结互助精神，主要包括普及文明风尚、维护生态环境、遵守交通秩序、送温暖、献爱心等活动。

四、社会实践工作的组织与管理

1. 要充分发挥市、区县青少年学生校外活动联席会议的作用，构建社会实践资源的信息沟通平台、项目研发平台和组织实施平台；制定《社会实践基地评估指标体系》，依托市教育评估院，定期对有关实践基地进行绩效评估，规范社会实践工作；建立表彰奖励制度，对积极开展社会实践并取得显著成效的区县教育局和学校、社区、校外活动场所（基地）、企事业单位、先进个人进行表彰奖励；试行学生社会实践和志愿者服务的

“电子学籍卡积分制”，进一步完善运用电子学籍卡进行社会实践评价的机制，健全学生综合素质评价体系。要将学生参加社会实践、志愿者服务情况作为综合素质评价的一项重要指标，同时也作为学生评优、自主招生的必要条件和升入高一级学校选拔的重要参考因素。市、区县的教育督导机构要将学校和各类基地开展的学生社会实践活动纳入督导内容与范围，作为对校长课程领导力和教师课程执行力的督查指标之一。

2. 区县有关部门要统筹协调本区县学生社会实践的计划安排，组织落实学生军政训练、农村实践和社会考察，加强督查、总结表彰等工作，逐步实现区县所属学校与基地对口的长效管理模式；各区县教师进修学院（校），要整合教研室、德研室、科研室的力量，加强学生社会实践中出现的新情况、新问题的研究，联合开展工作指导。

要加快学生“社会实践工作指导站”（以下简称“指导站”）的建设。指导站的主要职能是：开发和整合社区教育资源，调研及掌握学生社会实践岗位需求信息，设计社会实践项目，提供学生社会实践志愿服务的内容与岗位，协同学校组织实践活动。指导站的建设应由区县文明办牵头，街道（乡镇）党工委、办事处、社区文化活动中心和学校负责人共同参与。要把“指导站”的建设纳入文明社区、文明小区创建内容。各区县要确定若干个社区进行试点，逐步推广。

3. 学校要把实践育人作为办学思想的重要组成部分，切实加强学生社会实践的组织和管理。认真做到“五落实”：计划落实，要把社会实践纳入学校教育教学计划，确保社会实践工作的有序开展。时间落实，学校要把社会实践纳入课程计划，在时间安排上一般应占相应年段规定时间总量的二分之一，由学校指导学生在课后“330”(3:30)时间及寒暑假开展的社会实践活动时间一般应占相应年段规定时间总量的四分之一。鼓励家长带领学生参与社会实践活动，鼓励学生结伴自主开展社会实践活动，以上两种活动时间一般应占相应年段规定时间总量的四分之一。内容落实，要增强实践体验的丰富性与选择性，提高社会实践活动的实效性。安全教育落实，要精心制定社会实践安全预案，明确责任人、安全措施和处置程序。要在学生中开展安全教育，增强学生自我保护意识和能力，预防伤害事故的发生。要做好事先告知工作，向家长说明实践活动的安排、主要内容，请家长配合做好相关安全教育和落实安全措施。后勤保障措施落实，要适应社会发展的要求与学生实践活动的需求。学校要选择有资质的实践基地开展活动，不得通过旅行社或中介机构组织学生到无资质的实践基地参加活动。

学校要加强对全体教师的指导，牢固树立“人人都是德育工作者”的意识，积极参与学生社会实践工作。班主任是学生社会实践指导的重要力量，要积极协助家庭、社会做好学生参加社会实践的指导、协调和活动设计工作，在参与学生军政训练、农村社会实践的过程中，做到与学生同吃、同住、共活动。学科教师应结合课程改革要求，协同基地等有关方面力量积极开发综合实践课程资源。学校要把教师指导和参与学生社会实践活动列入教师工作量，纳入考核指标，记入教师档案；教师利用业余时间指导学生开展实践活动，亦可合理计算工作量。

4. 形成政府、学校、家庭、社会共同支持学生参加校外活动良好育人环境。要充分发挥家长委员会的作用，帮助家长树立正确的育人观与成才观，关心支持学生参加校外实践活动和志愿者服务。全社会各行各业要为学生社会实践、劳动实习积极创造条件，提供学生课余生活和假期社会实践的资源。各级各类基地要支持学校开展各类学生综合实践活动，积极提供参观考察、实践体验的场所和指导人员，并加强对指导和管理人员的专业培训。支持学校开展校本课程研究，确保学生综合实践活动的常态开展，使中小学生在自觉参与实践体验中思想感情得到熏陶，精神生活得到充实，道德实践能力得到提高。

切实保障学生社会实践工作的经费投入。各级教育行政部门要加大对中小学生社会实践活动经费的投入力度，社会实践活动的经费可在学生公用经费范围素质教育活动费定额中列支。除每学年规定的高中生农村劳动、军政训练的固定项目外，要确保义务教育阶段学生每学年参加社会实践活动的经费。学校根据实际帮困要求，对困难学生给予补助，保证所有学生参加社会实践活动。各基地对生活有困难的学生，参观门票应予以减免，志愿者服务应予以优先支持；各基地对于运用电子学籍卡的学生，参观门票应予以优惠或全免。军政训练基地、农村社会实践基地应按照学生数5%的比例，免收生活困难学生的活动费用。各级、各类基地应按照评估指标的要求，加强基础设施和软件服务的经费投入，提升信息化建设的水平，不断适应学生素质教育发展的需要。

上海市教育委员会关于加强以招收农民工同住子女为主的民办小学规范管理的若干意见

（沪教委基〔2010〕7 号）

各相关区县教育局：

根据市委、市政府要求，2008 年，本市启动了农民工同住子女义务教育三年行动计划，到 2009 年，全市共有 151 所以招收农民工同住子女为主的民办小学，各区县政府委托其招收农民工同住子女，市、区县政府给予基本办学成本补贴，学校办学逐步规范，教育教学质量有了一定提高。但以招收农民工同住子女为主的民办小学在财务管理、师资队伍建设、教育教学管理等方面仍然存在明显差距，为进一步规范管理，提高教育教学质量，保障在校学生依法接受义务教育的基本权益，根据《中华人民共和国义务教育法》、《中华人民共和国民办教育促进法》、《民办非企业单位登记管理暂行条例》、《上海市实施〈中华人民共和国义务教育法〉办法》，以及教育部《关于当前加强中小学管理规范办学行为的指导意见》等精神，现提出以下意见：

一、工作目标

逐步改善本市以招收农民工同住子女为主的民办小学的办学条件，健全学校财务管理，加强师资队伍建设，规范教育教学常规管理，促进健康发展。到 2012 年，使以招收农民工同住子女为主的民办小学成为办学行为规范、教育质量稳定、校园安全和谐、学生健康发展、家长社会认可的学校。具体目标是，到 2012 年，本市所有以招收农民工同住子女为主的民办小学，全部初步建立健全规范的财务会计管理制度和资产管理制度，图书室、体育器材、卫生室等设施基本满足教学要求，教师队伍中专科以上学历者达到 80％左右，小学一、二、三年级全部使用上海教材，教师培训、财务管理、教学研究、质量监测、学籍管理、安全卫生等工作全部纳入区县教育行政部门工作范畴，农民工同住子女的义务教育权益得到切实保障。

二、主要措施

（一）强化政府管理责任

1. 各相关区县要将以招收农民工同住子女为主的民办小学列入区域教育事业发展规划，列入区县教育行政部门业务管理体系，定期研究这类学校出现的新情况、新问题，切实加强管理、指导与服务。各相关区县教育行政部门要与区县政府其他相关职能部门、乡镇（街道）形成工作合力，共同为以招收农民工同住子女为主的民办小学的健康发展创造良好的条件和环境。

2. 各相关区县要将以招收农民工同住子女为主的民办小学纳入本区县义务教育经费保障范围，逐步增加财政投入，加大扶持力度。各相关区县教育行政部门要建立健全这类学校的成本核算机制，在市级基本成本补贴的基础上，依据成本补足办学所需经费。各相关区县教育行政部门要在市教委有关以招收农民工同住子女为主民办小学办学经费使用结构与使用办法相关规定的基础上，制定本区县实施细则，并予以稳妥推进。

3. 引导和鼓励行业协会等社会中介组织为以招收农民工同住子女为主的民办小学规范管理发挥作用。市、区教育行政部门委托行业协会开展专题调研，定期组织教育教学交流活动，参与学校年检和评比等活动，推进学校办学水平整体提高。

（二）健全资产与财务管理

4. 各相关区县要指导以招收农民工同住子女为主的民办小学严格执行财务会计管理办法和会计核算办法，并将这类学校的财务纳入区县财务结算中心统一管理，督促学校建立教育经费使用的预算、决算制度，学校各类收费公示制度，实行学校财务人员持证上岗制度，使学校财务管理逐步规范。

5. 各相关区县要指导以招收农民工同住子女为主民办小学进一步完善学校资产管理，对学校不同性质的资产实行分类登记、记账。加强学校经费使用的监管，对学校定期进行财务审计，把学校财务审计结果作为学校年检、委托资质认定的重要内容之一。

6. 各相关区县要按照《民办教育促进法》要求，在以招收农民工同住子女为主的民办小学设立、终止或重大事项变更时，对学校进行资产核实与财务清算。

（三）加强师资队伍建设

7. 各相关区县要按照有关法律法规规定，指导学校与教师签订劳动合同或聘用合同，建立规范的教师聘用制度，清退无教师资格证的从教人员。到2012年，以招收农民工同住子女为主的民办小学的教师具有大专及以上学历比例达到80%左右。

8. 各相关区县要把以招收农民工同住子女为主的民办小学教师培训工作纳入工作范围，加强师德教育和业务培训。鼓励公办学校以支教、托管、结对等方式提升这类学校的教师队伍素质。

9. 各相关区县要根据实际情况，指导本区县以招收农民工同住子女为主的民办小学制定教职工结构工资方案，建立优劳优酬的分配机制，逐步提高教职工的收入水平。

（四）加强课程与教学管理

10. 规范学制与课程。以招收农民工同住子女为主的民办小学的学制以五年制全日制小学为主，教材使用以上海中小学课程教材为主。2010年秋季起，小学起始年级使用上海二期课改教材。

11. 各相关区县要督促以招收农民工同住子女为主的民办小学全面落实课程实施计划，开齐开足课程，配齐相应的教师，完善备课、上课、作业辅导、考试评价等教学常规管理。市郊区县教研部门要将这类学校纳入教学指导范围，积极提供相关专业服务，加强教学质量的监控和评价。

12. 加大学校图书室、体育器材、卫生室、专用教室等教育教学设施设备改造与配置的力度，到2012年，以招收农民工同住子女为主的民办小学教育教学设施设备基本满足教学要求。

（五）完善对学校的常规管理

13. 各相关区县要指导以招收农民工同住子女为主的民办小学健全法人治理结构，依法落实董事会领导下的校长负责制，按照校长任职资格要求聘任校长。以招收农民工同住子女为主的民办小学要制定符合法律规定的学校章程，坚持校务公开，接受社会监督。各相关区县要指导这类学校党组织、工会组织和少先队组织建设，建立和完善教职工代表会议制度，建立健全学校各项管理规章制度和学校档案。

14. 各相关区县要将以招收农民工同住子女为主的民办小学的招生工作纳入本区县义务教育招生计划，根据免试就近入学原则，统筹安排，妥善解决符合条件的农民工同住子女入学。以招收农民工同住子女为主的民办小学学生必须纳入学籍管理范畴，各校班额不得超过50人，不得举办与办学层次不相符合的教学班，严禁设立分校(部)。

15. 各相关区县要做好对以招收农民工同住子女为主的民办小学的督导与年检工作，每年4月1日至5月31日要对这类学校上一年办学情况实施年检(年检方案见附件)。年检合格的，可以续发办学许可证。对年检中出现的不规范办学行为，要下发整改通知，责令限期整改。对管理混乱、教育教学质量无法保障、社会影响恶劣的学校，可不再委托招生，依照有关法律规定予以处理。

（六）重视校园安全管理

16. 建立健全校园内各项安全管理制度，建立重特大事故和传染病及时报告制度。各相关区县相关职能部门应指导学校制订防范暴力事件、师生食物中毒事件、火灾事故、预防传染病、实验室事故、意外伤害事故、校外集体活动事故、校车交通事故等应急预案与应急机制。

17. 各相关区县教育行政部门要会同有关职能部门对以招收农民工同住子女为主的民办小学校舍进行安全排查检测，消除安全隐患。定期或不定期开展对学校校舍、校车、食堂、卫生设施、消防设备、安全通道等的安全检查和管理。

18. 各相关区县要加强对以招收农民工同住子女为主的民办小学卫生与健康、疾病防控、未成年人免疫等工作的监控与管理，指导学校建立有效的饮用水卫生、传染病防控、食品卫生等管理制度，为学生创建安全卫生的学习和生活环境，切实保障广大学生的身心健康。

上海市教育委员会

2010年1月27日

附件：

上海市以招收农民工同住子女为主民办小学年检方案

（试 行）

根据《中华人民共和国民办教育促进法》、《民办非企业单位登记管理暂行条例》、《上海市实施〈中华人民共和国义务教育法〉办法》等有关法律规定，为进一步加强以招收农民工同住子女为主民办小学的规范管理，规范办学行为，促进学校健康发展，开展以招收农民工同住子女为主民办小学年检工作，方案如下：

一、年检目标

通过年检推动学校形成自我约束、自我完善、自我发展机制，健全学校财务管理，加强师资队伍建设，规范教学常规管理，使每所以招收农民工同住子女为主民办小学成为办学行为规范、教育质量有保障、校园安全和谐、家长社会认可的学校。

二、年检对象

本市经区县教育行政部门审批并颁发办学许可证的所有以招收农民工同住子女为主的民办小学均须参加年检。

三、年检内容

1. 学校基本情况（举办者、教师、学生等人员情况与基本办学条件）；
2. 财务管理与财务审计情况；
3. 资产登记与分类管理；
4. 教师资格证与聘用合同或劳动合同；
5. 教师及其他专业工作人员培训情况；
6. 教育教学常规管理；
7. 课程设置与教学计划执行情况；
8. 规章制度建设与民主管理；
9. 档案管理与学籍管理工作；
10. 校园安全管理与卫生工作。

上述年检内容根据每年具体情况可以有所侧重。

四、年检实施

（一）年检方法

1. 年检在每年4月1日至5月31日期间进行，主要检查上一年办学情况；
2. 年检采用自评和专家评审相结合的方式；
3. 各校结合年检要求，先组织自评，形成自评报告；
4. 专家评审组由5人左右组成，由本区县教育行政部门选聘专家，须有一定比例的外区县专家，共同组成专家评审组。组长由所在区县教育行政部门指定；
5. 每个专家评审组每天评审一所学校；
6. 根据自评和专家评审结果，由专家评审组形成年检报告，报区县教育行政部门审定、公示；
7. 市郊区县教育行政部门将当年年检情况报市教委备案。

（二）评审组年检活动程序

1. 评审组成员集中听取学校汇报，审阅有关资料；
2. 分若干小组对学校管理人员、教师、学生与家长进行访谈和座谈，并进行相应的问卷调查；
3. 评审组成员观摩教学、巡视校园；
4. 评审组成员集中检查验收有关材料，进行内部汇总；
5. 评审组成员形成一致意见后，并向学校口头反馈评审情况；
6. 评审组撰写年检报告，报区县教育行政部门。

五、结果处理

年检结果分“合格”与“不合格”两类，由区县教育行政部门向以招收农民工同住子女为主民办小学下发年检结果通知。对发生重大安全责任事故或财务管理混乱的学校年检结果直接确定为“不合格”。对年检不合格的以招收农民工同住子女为主的民办小学，由区县教育局下发整改通知，限期在当年7月30日前完成整改，整改情况须经区县教育行政部门审定、认可。对管理混乱、教育教学质量无法保障、社会影响恶劣的学校，整改后仍不符合要求的，可不再委托招生，依照有关法律规定予以处理。

上海市以招收农民工同住子女为主的民办小学办学情况年检指标附后：

上海市以招收农民工同住子女为主的民办小学办学情况年检指标

区(县)____________学校____________________年检日期________________

项目	基　本　要　求	分值	自评	测评
行政管理20分	1. 学校合法合规章程，董事会组成符合法律法规要求，法人治理结构健全，开展工作正常。	3		
	2. 学校有党组织、工会组织和少先队组织，建立教职工代表大会制度。	2		
	3. 校长具有任职资质，办学思想端正，熟悉教育教学业务。	2		
	4. 学校各项工作有计划、有总结、有措施。	2		
	5. 学校有各项规章制度、考核、检查、奖惩措施。	3		
	6. 学校设施设备基本满足教育教学要求，教育教学用房采光、照明、通风良好。	2		
	7. 校园环境卫生整洁，墙面无污迹，无卫生死角，卫生包干制度落实。	3		
	8. 学校档案管理规范，资料齐全。	3		
财务资产管理20分	*9. 举办者不抽逃出资，不挪用办学经费。政府下拨办学经费，做到专款专用。			
	10. 严格执行财务会计管理制度，财务人员持证上岗。	4		
	11. 出具法定票据，执行收费公示制度，无乱收费现象。	5		
	12. 建立学校办学经费使用的预、决算制度，有财务年度审计报告。	4		
	13. 学校资产账目齐全，账物相符并有专人负责。	5		
	14. 教学仪器、设备、图书、资料等有专人管理，并有使用、保管、维修制度。	2		
师资队伍20分	15. 教职工签订劳动、聘用合同，按月定时发放工资，提供福利和保险等待遇。	3		
	16. 教师按班比2∶1标准配备，专任教师配备基本满足教育教学要求。	4		
	17. 师资队伍建设有目标、有措施、有考核、有资料。	3		
	18. 支持教师参加教育业务部门组织的业务培训。	3		
	19. 专任教师任职资格符合率为100%，专任教师大专及以上学历比例达到60%。	4		
	20. 重视师德建设，无体罚和变相体罚学生现象。	3		
教育教学25分	21. 严格执行本区县招生计划和学籍管理，控制班额和班级规模。	6		
	22. 使用规定的教材和课程计划，开齐开足课程，不停课、不减课。	6		
	23. 教研组工作有领导分管负责，教研组活动规范化、制度化。	4		
	24. 完成教学计划和任务，有正常的教学质量检查制度，建立教学常规和教学过程管理制度。	4		
	25. 德育活动有计划，重视学生的行为规范教育，家校联系有制度。	5		
安全卫生15分	26. 校舍安全无危房，有安全排查检测报告，教学大楼有消防通道，学校有消防、安全设施设备。	5		
	27. 对师生进行安全、卫生教育，建立健全相关制度。	4		
	28. 学校有饮水卫生标准设施，食堂持证，师生分食立账，不存在克扣学校餐费现象，学校不得设立小卖部。	6		
	*29. 学校无安全、重大食物中毒等责任事故，传染病流行有监控机制。			

注：打*的第9项和第29项为不设分值，如测评不通过，年检结果直接确定为“不合格”；总分100分。

上海市教育委员会 上海市人民政府教育督导室关于印发《上海市开展督学资格认定工作实施细则(试行)》的通知

(沪教委督〔2010〕10 号)

浦东新区、黄浦、长宁、闵行区教育局、人民政府教育督导室:

为进一步加强本市教育督导队伍建设,提升督学人员的整体素质和专业水平,提高教育督导工作质量和效益,根据《上海市教育委员会 上海市人民政府教育督导室关于开展督学资格制度试点工作的通知》(沪教委督〔2009〕15 号)精神,市教委、市政府教育督导室研究制定了《上海市开展督学资格认定工作的实施细则(试行)》,现印发给你们,请遵照执行。

有关区在开展督学资格制度试点工作和认定过程中,如有建议和意见,请与市政府教育督导室联系。

上海市开展督学资格认定工作的实施细则(试行)

根据《上海市教育委员会 上海市人民政府教育督导室关于开展督学资格制度试点工作的通知》(沪教委督〔2009〕15 号,以下简称《通知》)精神,为更好地推进督学资格制度工作,科学、规范、有序地做好督学资格的认定,特制定本实施细则。

一、督学的分类

(一) 专职督学

指任职于市、区县教育督导部门,专职从事教育督导工作的人员。按其编制性质,分为公务员编制专职督学和事业编制专职督学。

(二) 兼职督学

指由市、区县教育督导部门聘任,从事教育督导工作的兼职人员。按兼职人员是否在职,分为在职的兼职督学和退休的兼职督学。

二、资格认定的原则

(一) 加强领导,统筹协调

加强对督学资格认定工作的领导,由市政府教育督导室统一部署、市教育督导事务中心具体实施、各区县教育督导室积极配合,各方统筹协调,保证工作的顺利开展。

(二) 操作简便,注重规范

在督学资格认定中,严格按照《通知》对督学申请范围、督学资格条件、督学专业分类等有关规定,有序开展认定工作。

(三) 总结经验,稳步推进

确定浦东新区、黄浦区、长宁区、闵行区等四个区先行试点,适时在本市其他区县稳步推进。

三、资格认定的程序

(一) 督学资格过渡

凡符合督学资格条件,2009 年 7 月 31 日前已在市、区县教育督导部门从事督导工作的专职督学,以及兼职督学(已经退休的年龄一般在 65 周岁以下;对特别优秀的兼职督学,经市督学资格认定委员会审查同意,年龄可适当放宽),可申请督学资格过渡,程序如下:

1. 各区县政府教育督导室根据《通知》要求,做好本区县专、兼职督学过渡工作,将下列材料报市教育督导事务中心，并将汇总情况及审核报告报市政府教育督导室备案。

(1)《上海市专职督学资格过渡申请表》

(2)《上海市兼职督学资格过渡申请表》

(3) 上海市督学资格过渡情况汇总表

(4) 区县督学资格过渡工作小组的审核报告

2. 市教育督导事务中心对上报材料进行统一审核。

3. 经市督学资格认定委员会审核认定合格者，由市政府教育督导室颁发《上海市专职督学资格证书》或《上海市兼职督学资格证书》，并予以注册。

(二) 新任督学认定

凡在本市市、区县教育行政部门及其所属的全日制中小学、职业学校、特殊教育学校、幼儿园、其他教育机构中，有志于从事教育督导工作的人员，根据督学资格条件、专业分类和要求〔详见市政府教育督导网站(http://www.shjwdd.net)、市教育督导事务中心网站(http//www.easc.sh.cn)〕，提出督学资格申请。认定程序如下：

1. 申请人员向所在区县政府教育督导室提出督学资格认定申请，并填写《上海市督学资格认定申请表》。

2. 区县督学资格推荐工作小组对提出申请督学资格的人员进行初步审核，并安排基本符合条件的申请者参加2—3次的区级督导工作，对申请者的督导评价能力提出初审意见，报市教育督导事务中心。

3. 市教育督导事务中心根据区县督学资格推荐工作小组的初审意见进行预审，经预审合格者参加由市教育督导事务中心组织的笔试和面试。

4. 经市督学资格认定委员会审核认定，由市政府教育督导室颁发《上海市专职督学资格证书》或《上海市兼职督学资格证书》。

四、督学认定的要求及其他

(一) 各区县政府教育督导室应严格按照本实施细则，认真负责地做好现任专、兼职督学的资格过渡和新任督学的推荐工作。

(二) 取得督学资格的人员按照《通知》要求，接受每年2—3次的督学培训以及3年一次的督学资格证的注册、复检工作，此项工作由市教育督导事务中心具体负责。

(三) 新任督学资格认定后的聘任工作要按照市、区县有关督学聘任的规定严格执行。

(四) 其他有志于教育督导工作的人员申请督学资格，待试点工作完成后另行公布。

上海市教育委员会关于进一步规范中小学课程教学工作深入实施素质教育的若干意见

（沪教委基〔2010〕23号）

各区县教育局，有关局、公司教育处：

为进一步推进本市教育系统学习实践科学发展观，全面贯彻党的教育方针，深入实施素质教育，促进中小学生全面发展，根据《教育部关于当前加强中小学管理规范办学行为的指导意见》（教基一〔2009〕7号），现就本市进一步规范中小学课程教学工作提出如下若干意见：

一、基本目标

1. 端正教育理念，强化责任意识。

全面贯彻党的教育方针和政策，进一步树立和落实“以人为本”的教育理念，强化各级教育行政部门和中小学的责任意识，增强规范课程教学工作、推进素质教育的责任感和使命感。

2. 规范教学行为，提升办学质量。

规范是质量的基础。坚持“整体推进、重点突破，强化督查、严格问责，标本兼治、务求实效”的原则，健全规范课程教学工作，完善推进素质教育的工作机制，提升本市基础教育办学质量。

3. 解决突出问题，促进内涵发展。

着力解决当前学校课程教学工作中影响学生全面健康发展的突出问题，积极推进和深化二期课改，减轻学生过重课业负担，促进基础教育内涵发展，促进中小学生全面健康发展。

二、工作举措

1. 合理安排中小学生作息时间。

区县教育行政部门和中小学要认真执行市教委规定的中小学作息制度，坚持“健康第一”的原则，根据区域特点、学生学习、生活规律等，合理安排学校作息制度。严禁小学在上午8:15、初中在上午8:00、高中和寄宿制学校在上午7:45之前安排集体（包括班级、年级和全校）教育教学活动；严禁对走读学生安排早、晚自习（修）。各中小学不得以任何名义占用学生休息时间（包括节假日、双休日、寒暑假等）组织大面积补课。

2. 规范有效实施课程计划。

各中小学要按照市教委每年颁发的中小学课程计划，开齐开足三类课程和科目，严格控制周总课时量和周活动总量，不得随意增减课程门类和课时。尤其要确保体育与健身、劳动技术、品德与社会、思想品德、艺术类、社会实践等课程（活动）的规定时间。毕业班必须按照课程计划等文件规定，合理安排教学进度，不得提前结束新课。高中学校学生文、理分科的时间不得早于高二学年末，学校要尊重、保障学生自主选科的权利。区县教育行政部门应指导中小学配齐、配强各科专业教师，督促中小学校全面实施规定的课程计划。

学校还应该结合学校的社区环境、资源情况、师生情况及学校传统等，设计和编制学校课程计划。通过拓展型课程和研究型课程的校本开发、国家课程的校本化实施等方式，优化课程结构，形成课程特色，提高课程计划实施的有效性。

3. 加强教学规范，完善学习方式。

市和区县教研部门应加强教学研究和对教师教学的专业引领与指导。各中小学校应及时总结优秀教师的经验，建立备课、上课、作业、辅导、评价等教学环节的基本规范，尤其要加强备课、上课、作业和评价的一致性。教师应认真学习各学科《课程标准》，准确把握学科教学的基本要求，不随意加深教学难度，不赶超教学进度。中小学校应切实加强校本教研制度，转变教育观念，创新教学模式，激发学生学习兴趣，改进学生学习方式，倡导自主、合作、探究性学习，增强学生学习自信心，建立良好的师生关系，营造课堂和谐氛围，提高教学有效性，积极探索减负增效的有效途径。

4. 控制作业总量，改进作业设计。

学校要严格控制作业总量，各年级组要加强对本年级学生各学科课外作业的研究和统筹平衡。小学一、二年级不留书面家庭作业，作业要求应在课堂内完成；小学其他年级的课外作业，应保证绝大多数学生能在1小时以内完成；初中各年级的课外作业，应保证绝大多数学生能在1.5小时以内完成；高中各年级的课外作业，应保证绝大多数学生能在2小时内完成。

教师应加强对作业设计的研究，不得随意使用教辅材料作为学生的课外作业，避免学生进行低效的重复训练。本着"轻负担、高效率"的原则，教师应根据教学目标和学生情况，精心设计不同层次的作业，教师要事先试做拟布置的书面作业，提高作业设计的目的性与针对性。要丰富作业类型，倡导阅读、探究、实践、合作、体验类作业。教师要及时批改与讲评作业，提倡教师对学生作业进行面批、面改，提高作业反馈的及时性、针对性和有效性。

5. 科学开展教学评价。

改变单纯以学生学业成绩作为衡量教育质量的观念，树立全面的教育质量观。从评价理念、评价内容、评价技术和结果应用等多方面探索科学的教学评价方法，提升教学质量，促进学生综合素质的全面发展。

倡导通过观察了解教学设计、课堂教学、作业、测验等情况进行教学评价，并通过分析诊断教学过程中存在的问题，及时改进教学，提高教学质量。同时，要积极探索对学生德育、社会实践活动等方面的有效评价。

区县的学业质量监测和学校内部考试的命题要科学合理，考试内容要符合课程标准的要求，不随意提升考试难度、增加考试次数，不按考试成绩对学生进行排名。要加强对考试结果的分析，引导学校和教师利用评价结果改进教学，使日常教学更有针对性和实效性。

要严格控制考试次数和科目。小学一至三年级不得进行全学区、全区县范围的任何形式的学科统考统测(包括学业质量监测)。四至八年级不得进行全区县范围的学科统考统测；区县若要进行学业质量监测，每学年不超过1次，且只能随机抽样监测，随机抽取的学生比例不超过本年级的30%。严禁学校组织中小学生参加任何形式的联考或月考。学校内部的过程管理性考试应严格按照市教委颁发的中小学课程计划规定实施，并由所属区县严格加以规范和科学指导。

严禁区县教育行政部门和中小学下达中考、高考和高中学业水平考试等相关指标，不得以合格率、升学率或考试成绩为标准进行排名和奖惩，以切实减轻学校和教师的压力。

三、工作要求

1. 提高思想认识，切实加强领导。

教育行政部门和中小学校要把规范课程教学工作，深入实施素质教育作为基础教育改革发展的一件大事切实抓紧抓好。中小学校要进一步端正办学思想，坚持遵循教育规律办学，推进素质教育的有效实施，促进全体学生的全面发展。

各区县教育行政部门要加强领导，切实履行加强中小学课程教学管理、深入实施素质教育的职责，确定本地区规范中小学课程教学工作重点，认真排查并切实解决突出问题，严肃查处所辖中小学课程教学工作中的违规行为，切实维护区域内中小学校的正常教学秩序，为规范中小学课程教学工作创造良好的保障条件和环境。

各中小学要依法落实校长负责制，研究提出规范课程教学工作的具体目标和要求，主动接受社会监督，自觉纠正违规行为，形成依法办学、自我约束的发展机制，真正把规范办学行为的要求落实到课程与教学的全过程。

2. 明确工作职责，实施诚信承诺。

落实各级教育主管部门的管理职责。市教委统筹协调、监督指导全市规范中小学课程教学工作，制定和完善全市中小学课程教学基本规范，有针对性地提出规范中小学课程教学工作的目标任务和要求，组织随机检查，加强对区县级教育行政部门的指导，落实规范办学的各项要求。市教育督导部门要定期开展规范课程教学工作的专项督导，并将督导结果列入区县政府教育公示公报内容。区县教育行政部门要具体分析本区县中小学课程教学工作情况、学生课业负担及体质健康状况，研究制定符合当地实际的管理办法，及时纠正本行政区域内各种不规范的课程教学工作。各中小学校要按照课程教学工作规范要求，切实加强管理，维持教育教学秩序，保证课程教学工作符合实施素质教育的要求，要将本校贯彻规范课程教学工作的具体举措，通过张贴告示牌、家长会等途径向社会公开承诺。

3. 加强监督检查，严格责任追究。

认真开展规范中小学课程教学工作的专项督导和随机督查，及时发现存在的问题，并督促整改。市教委等相关部门要加强对规范中小学课程教学工作情况的明察暗访，组织抽查，并将发现问题抄告区县教育行政部门，对有严重问题的地区在各类相关评优活动中实行"一票否决"。各区县教育行政部门要把规范课程教学工作的情况纳入到对学校的有关评估和表彰奖励中，纳入到对校长、教师的考核和评优评选中。

依法建立规范办学的责任追究制。要建立对中小学违规办学行为的公开通报制度，接受社会各界和媒体舆论的监督。对存在严重问题的区县，市政府教育督导室将商请区县委、区县政府追究教育行政部门相关负责人责任。对违反教育教学规定的中小学校，由区县教育行政部门责令限期改正；情节严重的，由所在学校或教育行政部门对相关责任人实行问责追究，直至给予处分或解聘；属于市实验性示范性高中、素质教育实验校等的，实行黄牌警告，限期整改，整改不合格的按照规定程序取消其资格；民办学校违反规定，由批准其设立的教育行政部门责令限期改正，情节严重的，依法进行处理。

4. 加大宣传力度，营造良好环境。

充分运用报纸、电视、广播、网络等新闻媒体，广泛宣传规范教学行为、实施素质教育的先进典型和成功经验，引导全社会树立科学的人才观和教育观。要切实加强舆论监督。区县教育行政部门、学校要向社会作出公开承诺，设立监督电话、电子信箱等，认真核查反映的情况，并将调查和处理结果与反映人沟通，主动接受公众、家长和媒体的监督，为规范办学行为、深入实施素质教育营造良好环境。

上述意见请认真执行。

上海市教育委员会关于印发《上海市中等职业学校学生学籍管理实施办法》的通知

（沪教委职〔2010〕37 号）

各区县教育局，各有关委、局、控股（集团）公司：

为了切实做好本市中等职业学校学生学籍管理工作，根据《教育部〈关于印发中等职业学校学生学籍管理办法的通知〉（教职成〔2010〕7 号）》要求，结合本市实际，我委修订了《上海市中等职业学校学生学籍管理实施办法》，现印发给大家，请各单位按照执行。在工作中有何建议和意见，请及时与我委职业教育处联系。

上海市教育委员会
2010 年 9 月 26 日

上海市中等职业学校学生学籍管理实施办法

第一章　总　　则

第一条　为加强本市中等职业学校学生学籍管理，保证学校正常的教育教学秩序，维护学生的合法权益，推进中等职业教育持续健康发展，根据国家有关法律法规和教育部《关于印发中等职业学校学生学籍管理办法的通知》（教职成〔2010〕7 号），结合本市实际，制定本办法。

第二条　本办法适用本市中等职业学校全日制学历教育（含普通中专、职业高中、技工学校）学生的学籍管理。采取“3＋2”分段和五年一贯制培养模式的中等职业教育阶段学生的学籍管理依照本办法执行。

第三条　中等职业学校（以下简称“学校”）应加强学生学籍管理，建立健全学籍管理部门和相关制度，落实管理责任，保障基本工作条件，切实做好各项学籍管理和相关信息管理工作。

第四条　中等职业学校学生学籍管理实行国家、市教育行政部门、学校主管部门（指区、县教育局，各委、局、控股集团公司，下同）和学校分级管理，上海市教育委员会具有统筹管理职能。

第二章　入 学 与 注 册

第五条　凡经历国家九年制义务教育，具有初中毕业或同等学力的学生，均可报读本市各类中等职业学校。中等职业学校可从省（市）级教育行政部门规定的高中阶段学校招生渠道中录取新生。

第六条　新生须持录取通知书及本人身份证或户籍簿，按学校有关要求和规定日期到学校办理入学手续。因故不能如期报到者，须凭有关证明向学校提出延期报到书面申请。如无正当理由逾期超过两周不到学校办理相关手续，视为放弃入学资格。

第七条　新生入学后须由学校组织健康检查，经检查合格，方可取得学籍。如发现患有疾病，不能坚持正常学习或影响他人健康的，应去医院治疗，学校保留其入学资格一年，治疗期间，不享受在校生待遇。经本市二级甲等及以上医疗单位健康复查确已病愈者，可重新办理入学手续，复查仍不合格或延期不办理入学手续者，取消入学资格。

第八条　学生入学后，学校发现其不符合招生条件，应取消入学资格，并分别报学校主管部门和上海市教育委员会备案。

学校应在一个月内将放弃入学资格和取消入学资格的学生材料按原招生渠道退回招生主管部门。

第九条 学校应从学生入学之日起建立学生学籍档案，学生学籍档案内容包括：

1. 基本信息；
2. 体检表、思想品德评价材料；
3. 公共基础课程和专业技能课程成绩；
4. 享受国家助学金和学费减免的信息；
5. 在校期间的奖惩材料；
6. 毕业生信息登记表。

学籍档案应由专人管理，学生离校时，由学校归档保存或移交相关部门。

第十条 学校应将新生基本信息及时上报并输入上海和全国中等职业学校学生信息管理系统，并办理电子注册手续。春季入学的学生(限非应届初中毕业生)电子注册截止日期为3月31日；秋季入学的学生电子注册截止日期为10月31日。

第十一条 外籍或无国籍人员进入本市中等职业学校就读，应按照国家留学生管理办法办理就读手续。港、澳、台学生按照国家有关政策办理就读手续。

第十二条 本市与外省市联合招生合作办学招收的学生，学业全部在本市就读的，按本市生源办法进行注册；招生当年在非本市就读的学生，可采用预注册的办法取得本市中职预备学籍，预注册办法参照本市生源执行。联合办学应执行本市学校相关专业教学计划，并按本办法相关规定进行学生学籍管理。

学校和学生不得以虚假信息注册学生学籍，同一学生不得在不同类型的高中阶段教育学校分别注册学籍。

第十三条 每学期开学前，学生应按规定日期到学校办理学期注册手续。因故不能如期报到者，必须履行请假手续，未经请假而逾期两周不注册者，按自动退学处理。

第三章 学籍变动与信息变更

第十四条 学生转学、转专业、留级、休学、复学、退学及注销学籍属于学籍变动，学校应将每学年学生的学籍变动情况及时输入上海和全国中等职业学校学生信息管理系统。

第十五条 学生在每学年学完教学计划规定的课程后，经考核(含补考)成绩合格者或不及格课程两门及以下者，准予升级。

第十六条 同一学年内，累计不及格课程(经补考后)三门及三门以上者，应予留级。若第一学期补考后累计不及格课程达到留级门数规定时，第二学期课程经补考后仅有一门课程不及格，才能申请对第一学期补考未及格的课程再补考一次，但取消该课程毕业前的补考机会。不及格课程门数按下列规定计算：

1. 学校专业教学计划规定为一个学期的课程，按一门课程计算；
2. 学校专业教学计划规定独立设置的各种实践性课程，均应单独考核，按一门课程计算；
3. 凡连续性课程，在同一学年内按一门课程计算。

留级的学生，留级前考核成绩达到80分(良好)及以上水平的课程，经本人申请，学校教务部门批准，可允许免修。未经批准的，仍须重修。

学生留级在最长学习期限内以三次为限，原则上随本专业下一个年级学习；留级的学生仍应向学校交纳学杂费及其他相关费用。

第十七条 学生因户籍迁移、家庭搬迁或个人意愿等原因可以申请转学。市内转学和跨省市转学程序如下：

1. 由学生本人和监护人提出申请，转出学校同意；
2. 学生和监护人再向转入学校提出转学申请，转入学校同意；
3. 经双方学校主管部门核准；
4. 由转入学校办理转学手续并报上海市教育委员会备案。

在中等职业学校学习未满一学期的，不予转学；毕业年级学生不予转学；休学期间不予转学。

普通高中学生可以转入中等职业学校，但在中等职业学校的学习时间不得少于一年半。

学生转学原则上在各类中等职业学校中进行。中等职业学校学生原则上不得转入“3+2”分段和五年一贯制培养模式的学校。

第十八条 有下列情况之一，经学校批准，可以转专业：

1. 学生确有某一方面特长或兴趣爱好，转专业后有利于学生就业及生涯规划；
2. 学生有某一方面生理缺陷或患有某种疾病，经本市二级甲等及以上医院证明，不宜在原专业学习；
3. 学生留级或休学，复学时原专业已停止招生。

已经享受免学费政策的涉农专业学生原则上不得转入其他专业，特殊情况应报上海市教育委员会批准。

学生转专业原则上在本校范围内进行。中等职业学校在籍学生原则上不得转入“3＋2”分段和五年一贯制培养模式的专业。

跨专业大类转专业，原则上在一年级第一学期结束前办理；同一专业大类转专业原则上在二年级第一学期结束前办理。毕业年级学生不得转专业。

第十九条 有下列情况之一者，由学生本人和监护人提出申请，经学校审核同意，可准予休学。

1. 学生因病或其他特殊困难不能继续学习者；
2. 学生因依法服兵役者；
3. 学生在学期间申请出国者；
4. 学生因停学参加社会创业、就业实践活动者。

学生休学，一般以一学年为期，在学期间以三次为限。

学生因病需要申请休学，应持本市二级甲等及以上医院病情诊断证明；因依法服兵役而申请休学，休学期限与其服兵役期限相当；学生在校期间申请出国，可按休学一次处理，保留学籍一年。

学生休学期间，不享受在校学生待遇。学生管理由监护人负责，学校应与其签订协议，对学生离校期间的管理进行约定。

学生休学须分别报学校主管部门和上海市教育委员会备案。

第二十条 学生休学期满，应于学年或学期前申请复学，经学校审核同意，分别报学校主管部门和上海市教育委员会备案。学生复学后原则上随原专业下一年级学习。

因病休学的学生在复学时，必须持二级甲等及以上医院的健康证明，并经学校审查确能坚持学习者，方可复学。

第二十一条 学生退学由学生本人和监护人提出申请，经学校同意并报学校主管部门核准后办理退学手续。

学生具有下列情况之一，学校可以作自动退学处理：

1. 休学期满无特殊情况两周内未办理复学手续；
2. 连续休学两年，仍不能复学；
3. 一学期旷课累计达 90 课时以上；
4. 擅自离校连续两周以上。

退学不属于对学生的纪律处分。学生退学后，学校应及时报上海市教育委员会备案。

第四章 成绩考核

第二十二条 成绩考核包括学业与操行两个方面。学业方面，按照学校专业教学计划的规定及学生选修情况，考核学生的学习成绩；操行方面，通过平时对学生的思想品德、组织纪律、行为规范等方面的考核进行综合评定。考核成绩应及时记入学生本人学籍档案。

第二十三条 学生学业成绩的考核可分为考试、考查两种。学校按照国家、省市或行业有关标准和技能要求组织考试、考查。考试、考查结果是学生升留级或取得学分的依据。

实行弹性学习形式的学生的专业能力评价可视其工作经历、获得职业资格证书情况，折算相应学分或免于相关专业技能课程考试、考查。

第二十四条 学校应按照法律法规和国家教育行政部门文件规定组织学生顶岗实习，学生顶岗实习结束，应由企业和学校共同完成学生实习鉴定。学校应将学生实习单位、岗位、鉴定结果等情况记入学籍档案。

第二十五条 学业成绩优秀的学生，由本人申请，经学校审批后，可以参加高一年级的课程考核，合格者可以获得相应的成绩或学分。

第二十六条 学生取得与所学专业教学计划规定相符的学校认可的课程合格证书、技能等级证书和职业资格证书，原则上只要等于或高于学校同类课程或职业能力要求，并持有效学习和资格证明，均应予以承认并允许免修，成绩按有效成绩证明记载；学生通过自学或其他学习经历，提前达到学校教学计划中相同或相近课程要求的，经考核成绩合格，可申请免修，考核成绩作为该门课程的成绩记载；允许学生兼学其他专业的课程。

第二十七条 学生所学课程考试、考查不合格，学校应提供补考机会。学生在校期间，同一门课程补考一般不超过两次。实行学分制的学校，课程总评不及格可允许补考一次，补考合格可取得学分，如补考不合格必须重修或按规定改修其他课程。

第二十八条 学生操行评定应以上海市中等职业学校学生守则和行为规范要求为主要依据，操行评定每学期或每学年进行一次，采用写实性评语形式，毕业时进行全面鉴定。

第五章 奖励与处分

第二十九条 学生在德、智、体、美等方面表现突出，应予以表彰和奖励，对学生的表彰和奖励应予以公示。

学生奖励分为全国、市、区(县)、行业、学校等层次，奖项包括单项奖和综合奖，具体办法由学校结合实际情况制定。

第三十条 学校对于有不良行为的学生，可以视其情节和态度分别给予批评教育及警告、严重警告、记过、留校察看、开除学籍等纪律处分。

学校对学生的纪律处分应根据错误性质，情节轻重制定有关规定，明确其适用范围和报批程序等，并予以公布。

受警告、严重警告、记过、留校察看处分的学生，经过一段时间的教育，能深刻认识错误、确有改正进步的，应撤销其处分。

第三十一条 对犯错误的学生，要加强教育，促其认错悔改；必须处理的，要坚持实事求是的原则，慎重而适当。处理结论要同本人见面，允许本人申诉、申辩和保留意见。对开除学籍处分可以设立听证程序，充分听取本人申辩。对本人的申诉，学校有责任进行复议。对争议较大的决定，由学校主管部门负责进行调查，并按规定处理。

第三十二条 凡触犯国家宪法和刑律，构成刑事犯罪的学生，经人民法院判决生效后，应给予开除学籍处分。

第三十三条 对学生做出开除学籍处分，须经校长办公会议讨论决定、学校主管部门批准，并报上海市教育委员会备案。

第三十四条 对学生的表彰与奖励、记过及以上纪律处分的有关资料应存入学生学籍档案。

对学生的处分撤销后，学校应将原处分决定和有关资料从学生个人学籍档案中移出。

第六章 毕业与结业

第三十五条 中等职业教育基本学制以3年为主；招收普通高中毕业生或同等学力者，基本学制以1年为主。学校对实行学分制的学生，允许其在基本学制的基础上提前或推迟毕业，提前毕业一般不超过1年，推迟毕业一般不超过3年。

第三十六条 具有中等职业学校学籍的学生达到以下要求，准予毕业：

1. 思想品德评价合格；
2. 修满专业教学计划规定的全部课程且成绩全部合格，或修满规定学分；
3. 顶岗实习或工学交替实习鉴定合格。

第三十七条 毕业证书由上海市教育委员会根据国家教育行政部门规定的统一格式印制，学校颁发。采用弹性学习形式的学生毕业证书应注明学习形式和修业时间。

第三十八条 经学校批准，在校期间参加辅修专业学习，学完辅修专业教学计划规定的课程，并取得相应学分的学生，可由学校发给上海市教育委员会印制的辅修专业毕业证书。

第三十九条 对于在规定的学习年限内，考核成绩(含实习)仍有不及格且未达到留级规定，或思想品德评价不合格者，以及实行学分制的学校未修满规定学分的学生，发给结业证书。

学生在毕业时仍有部分课程(含实践性课程)经两次补考后不及格，或在基本学习年限内未修满规定学分，按结业处理，发给结业证书。结业后，学生可在两年内向学校申请补考或补修学分，取得毕业资格后，换发毕业证书。毕业时间自换发毕业证书时算起。

第四十条 对未完成学校专业教学计划规定的课程而中途退学的学生，学校应发给学生写实性学习证明。

第四十一条 毕业证书遗失由上海市教育委员会出具学历证明书，补办学历证明书所需证明材料由上海市教育委员会规定。学历证明书与毕业证书具有同等效力。

第七章 附 则

第四十二条 已注册学生(含注册毕业学生)各项信息修改属于信息变更，主要包括学生姓名、性别、出生日期、家庭住址、身份证号码、户口性质等。对信息变更，应由学生本人或监护人提供合法身份证明等相关资料，学校修改后及时报上海市教育委员会备案。

第四十三条 本市成人中等职业学校学生的学籍管理参照本办法执行。

第四十四条 各中等职业学校应根据本办法，结合学校实际制定实施细则和相关教学管理制度，并报学校主管部门和上海市教育委员会备案。

第四十五条 本办法自发布之日起施行，上海市教育委员会发布的原中等职业学校学生学籍管理相关规定同时废止。

第四十六条 本办法由上海市教育委员会解释。

上海市教育委员会 上海市人力资源和社会保障局关于印发《上海市高等学校岗位设置管理实施办法》的通知

（沪教委人〔2010〕68号）

各高等学校：

现将《上海市高等学校岗位设置管理实施办法》印发给你们，请遵照执行。

附件：上海市高等学校岗位设置管理实施办法

上海市教育委员会

上海市人力资源和社会保障局

2010年9月26日

上海市高等学校岗位设置管理实施办法

为深化事业单位人事制度改革，建立健全本市高等学校岗位设置管理制度，根据《事业单位岗位设置管理试行办法》（国人部发〔2006〕70号）和《关于印发高等学校、义务教育学校、中等职业学校等教育事业单位岗位设置管理的三个指导意见的通知》（国人部发〔2007〕59号），以及《上海市事业单位岗位设置管理实施办法》（沪委办发〔2009〕40号），结合本市高等学校的特点和实际，制定本实施办法。

一、适用范围

（一）本市所属普通高等院校、高等职业学校、成人高等学校（以下统称高等学校）适用本办法。

（二）高等学校专业技术人员、管理人员和工勤技能人员，分别纳入相应岗位设置管理。

二、岗位类别设置

（一）高等学校岗位分为专业技术岗位、管理岗位、工勤技能岗位三种类别。

1. 专业技术岗位是指从事专业技术工作，具有相应专业技术水平和能力要求的工作岗位。分为教师岗位和其他专业技术岗位，其中教师岗位为主体岗位。

教师岗位包括具有教育教学、科学研究工作职责和相应能力水平要求的专业技术岗位。高等学校可以在教师岗位中设置教学为主型岗位、教学科研型岗位和科研为主型岗位，教师岗位涵盖学生思想政治教育岗位。

其他专业技术岗位主要包括工程技术、实验技术、图书资料、编辑出版、会计统计、医疗卫生等专业技术岗位。

2. 管理岗位是指担负领导职责或管理任务的工作岗位，包括校、院（系）以及其他内设机构的管理岗位。

3. 工勤技能岗位是指承担技能操作和维护、后勤保障、服务等职责的工作岗位，分为技术工岗位和普通工岗位。已经实现后勤社会化服务的一般性劳务工作，不再设置相应的工勤技能岗位。

（二）特设岗位的设置和聘用办法按照国家和本市有关规定执行。

三、岗位等级设置

（一）专业技术岗位等级设置

1. 专业技术高级岗位分为7个等级，即一至七级。其中，正高级的岗位对应一至四级，副高级的岗位对应五至七级。中级岗位分3个等级，即八至十级。初级岗位分3个等级，即十一级至十三级，其中十三级为员级岗位。

2. 高级专业技术职务不区分正副高的系列，暂按现行专业技术职务有关规定执行，一般最高岗位等级为五级。

（二）管理岗位等级设置

1. 管理岗位的最高等级和结构比例根据学校的规格、规模、隶属关系，按照干部人事管理有关规定和权限确定。

2. 高等学校管理岗位分为8个等级。现行的厅（局）级正职、厅（局）级副职、处级正职、处级副职、科级正职、科级副职、科员、办事员依次分别对应三至十级管理岗位。

（三）工勤技能岗位等级设置

1. 工勤技能岗位包括技术工岗位和普通工岗位，其中技术工岗位分为5个等级，普通工岗位不分等级。

2. 现行的高级技师、技师、高级工、中级工、初级工，依次分别对应一至五级工勤技能岗位。

（四）特设岗位设置

1. 为适应聘用急需的高层次人才等特殊需要，经批准高等学校可以设置特设岗位。

2. 特设岗位是非常设岗位，不受岗位总量、最高等级和结构比例限制，在完成任务后，按照管理权限予以核销。

四、岗位设置的结构比例

（一）管理岗位、专业技术岗位、工勤技能岗位三类岗位之间的结构比例，根据高等学校的社会功能、职责任务、工作性质和人员结构特点等因素综合确定。

1. 高等学校专业技术岗位一般不低于单位岗位总量的70%，教师岗位一般不低于单位岗位总量的55%。

2. 高等学校管理岗位一般控制在单位岗位总量的15～20%。

3. 高等学校工勤技能岗位一般控制在单位岗位总量的10～15%。

（二）高等学校专业技术高级、中级、初级岗位的结构比例，根据《上海市高等学校教师职务结构比例和高级职务岗位设置的意见（试行）》（沪人〔2002〕101号）及本市相关规定执行。

（三）高等学校专业技术高级、中级、初级岗位内部不同等级之间的结构比例控制目标是：二级、三级、四级岗位之间的比例为1∶3∶6；五级、六级、七级岗位之间的比例为2∶4∶4；八级、九级、十级岗位之间的比例为3∶4∶3；十一级、十二级岗位之间的比例为5∶5。

（四）工勤技能岗位的结构比例

1. 高等学校工勤技能岗位结构比例全市总体控制目标：一级、二级、三级岗位的总量占工勤技能岗位总量的比例为25%左右，一级、二级岗位的总量占工勤技能岗位总量的比例为5%左右。

2. 高等学校工勤技能一级、二级岗位应主要在专业技术辅助岗位承担技能操作和维护职责等对技能水平要求较高的领域设置，要严格控制工勤技能一级、二级岗位的总量。

五、专业技术岗位名称及岗位等级

（一）高等学校正高级教师岗位名称为教授一级岗位、教授二级岗位、教授三级岗位、教授四级岗位，分别对应一至四级专业技术岗位；副高级教师岗位名称为副教授一级岗位、副教授二级岗位、副教授三级岗位，分别对应五至七级专业技术岗位；中级教师岗位名称为讲师一级岗位、讲师二级岗位、讲师三级岗位，分别对应八至十级专业技术岗位；初级教师岗位名称为助教一级岗位、助教二级岗位，分别对应十一级、十二级专业技术岗位。

（二）高等院校其他专业技术岗位名称参照相关行业规定执行，岗位等级设置和管理参照高等院校教师岗位设置管理办法执行，其他专业技术岗位的最高等级，一般应低于教师岗位。

六、岗位基本任职条件

（一）高等学校三类岗位的基本任职条件

1. 遵守宪法和法律；

2. 具有良好的品行和职业道德；

3. 岗位所需的专业、能力或技能条件，包括执业资格准入控制条件；

4. 适应岗位要求的身体和心理条件；

5. 岗位所需的其他条件。

（二）专业技术岗位的基本任职条件

1. 专业技术高级、中级、初级岗位的任职条件按照现行专业技术职务评聘的有关规定执行。

2. 专业技术高级、中级、初级内部各等级岗位的基本任职条件：

(1) 二级、三级专业技术岗位，一般应分别在下一等级岗位上工作四年以上；

(2) 五级、六级专业技术岗位，一般应分别在下一等级岗位上工作三年以上；

(3) 八级、九级专业技术岗位，一般应分别在下一等级岗位上工作三年以上；

(4) 十一级专业技术岗位，一般应在十二级岗位上工作三年以上。

3. 高等学校应在上述基本任职条件的基础上，根据本办法，结合各类专业技术岗位实际情况，制定本学校专业技术岗位的具体条件，作为岗位聘任的重要依据。

（三）管理岗位基本任职条件

1. 管理岗位一般应具有大学专科及以上文化程度；其中六级及以上管理岗位一般应具有大学本科及以上文化程度。

(1) 三级、五级管理岗位，应分别在四级、六级管理岗位上工作两年以上；

(2) 四级、六级管理岗位，应分别在五级、七级管理岗位上工作三年以上；

(3) 七级、八级管理岗位，应分别在八级、九级管理岗位上工作三年以上。

2. 确因工作需要，由专业技术岗位交流到管理岗位的人员，可根据干部人事管理权限和本人条件，直接聘任到相应的管理岗位。

3. 高等学校应在上述基本任职条件的基础上，根据本办法，结合各类管理岗位实际情况，制定本校管理岗位的具体条件，作为岗位聘任的重要依据。

（四）工勤技能岗位基本任职条件：

1. 一级、二级工勤技能岗位，须在本工种下一级岗位工作五年以上，并分别通过高级技师、技师技术等级考评；

2. 三级、四级工勤技能岗位，须在本工种下一级岗位工作五年以上，并分别通过高级工、中级工等级考评；

3. 学徒(培训生)学习期满和工人见习、试用期满，通过初级工技术等级考核后，可确定为五级工勤技能岗位。

七、岗位设置审核

（一）高等学校岗位设置实行核准制度，严格按照规定的程序和管理权限进行审核。

（二）高等学校的岗位设置方案包括岗位总量、结构比例以及最高等级限额等事项。

（三）经核准的岗位设置方案作为聘用人员、确定岗位等级、调整岗位以及核定工资的依据。

（四）岗位设置方案经核准后，应当保持相对稳定。高等学校在核准的岗位数量以及内部不同等级岗位之间的结构比例和最高岗位等级控制范围内，可以根据实际情况自主调整岗位设置。

（五）高等学校需重新制定岗位设置方案的，应按规定程序申请核准。

八、岗位聘用

（一）高等学校在核定的岗位总量和结构比例内，根据国家和本市岗位设置管理和岗位聘任的相关规定，以及经核准的岗位设置方案，自主进行岗位聘用工作。

（二）高等学校应分别按照专业技术岗位、管理岗位、工勤技能岗位的职责任务和任职条件，在核定的结构比例内聘用人员，聘用条件不得低于国家和本市规定的基本任职条件。

（三）高等学校聘用的人员一般不得在两类岗位上任职。因工作需要确需兼任的，须按人事管理权限审批，并严格控制。

（四）高等学校应根据国家和本市的有关规定，使现有在册的正式工作人员，按照现聘职务或岗位进入相应等级的岗位。

（五）首次进行岗位等级确定和聘任时，专业技术高级、中级、初级内部各等级岗位的任职年限按照在高级、中级、初级职务岗位的相应任职年限计算。

（六）首次岗位等级确定和聘任的具体政策衔接，按照本市事业单位岗位设置管理的有关办法执行。

（七）高等学校应当加强聘用合同的管理工作。依法订立或变更聘用合同，并按规定办理手续。

（八）高等学校年度岗位聘用实际情况，应报市人力资源社会保障主管部门和教育主管部门备案。

九、专业技术一、二级岗位的聘用

（一）专业技术一级岗位由国家实行总量控制和管理，任职条件和确定程序按照国家有关规定执行。

（二）专业技术二级岗位按照以下程序聘用：

1. 高等院校在岗位设置结构比例内，将推荐人选报上海市教育委员会；

2. 经上海市教育委员会审核同意后，报上海市人力资源和社会保障局核准。

（三）聘用到专业技术二级岗位的人员除满足岗位基本任职条件外，还必须具备下列条件之一：

1. 国家级人才或上海市地方拔尖人才；

2. 为国家和上海发展做出重要贡献，享有盛誉的专业人才；

3. 在自然科学、工程技术、社会科学领域做出重要贡献的专家、学者。

十、组织实施

（一）高等学校要按照积极稳妥的原则，结合本单位实际，研究制定本单位的实施办法，对各类岗位的任职条件、工作标准、职责任务等做出具体的规定。要统筹规划，分类指导，周密部署，及时研究解决改革中出现的新情况、新问题，确保高等院校的稳定和持续发展。

（二）高等学校要严格执行有关政策规定。对违反政策规定进行岗位设置和聘用的高等院校，政府人事行政部门、教育行政部门及有关部门不予确认岗位等级、不予兑现工资待遇、不予核拨事业经费。情节严重者，按照人事管理权限给予相应的纪律处分。

（三）本实施办法由上海市教育委员会、上海市人力资源和社会保障局负责解释。

上海市教育委员会 上海市人力资源和社会保障局关于印发《上海市幼儿园、义务教育学校、普通高中、中等职业学校、教师进修院校岗位设置管理的实施办法》的通知

(沪教委人〔2010〕72 号)

各区县教育局,各有关委、局、控股(集团)公司:

根据《人事部、教育部关于印发高等学校、义务教育学校、中等职业学校等教育事业单位岗位设置管理的三个指导意见的通知》(国人部发〔2007〕59 号)、《中共上海市委办公厅、上海市人民政府办公厅印发〈上海市事业单位岗位设置管理实施办法〉的通知》(沪委办发〔2009〕40 号)精神,结合上海市实际情况,我们制定了《上海市幼儿园、义务教育学校、普通高中、中等职业学校、教师进修院校岗位设置管理的实施办法》,现印发给你们,请遵照执行。

上海市教育委员会
上海市人力资源和社会保障局
2010 年 9 月 26 日

上海市幼儿园、义务教育学校、普通高中、中等职业学校、教师进修院校岗位设置管理的实施办法

根据《人事部、教育部关于印发高等学校、义务教育学校、中等职业学校等教育事业单位岗位设置管理的三个指导意见的通知》(国人部发〔2007〕59 号)、《中共上海市委办公厅、上海市人民政府办公厅印发〈上海市事业单位岗位设置管理实施办法〉的通知》(沪委办发〔2009〕40 号)精神,为切实、有序地实施中小学等有关教育机构岗位设置管理工作,结合本市实际,提出以下实施办法。

一、适用范围

(一) 本市承担义务教育的小学、初中(含九年一贯制学校),以及幼儿园、普通高中(含完全中学)、中等职业学校、教师进修院校等,适用本办法。

(二) 本市特殊学校、工读学校、业余学校、校外教育机构(含少年宫、少科站等)等参照本办法执行。

(三) 本市幼儿园、义务教育学校、普通高中、中等职业学校、教师进修院校编制内的管理人员(职员)、专业技术人员和工勤技能人员等,分别纳入相应岗位设置管理。涉及上述单位领导人员的,按照干部人事管理权限的有关规定执行。

二、岗位类别

幼儿园、义务教育学校、普通高中、中等职业学校、教师进修院校岗位分为管理岗位、专业技术岗位和工勤技能岗位三种类别。

(一) 管理岗位指担负领导职责或管理任务的工作岗位。

(二) 专业技术岗位指从事专业技术工作,具有相应专业技术水平和能力要求的工作岗位。专业技术岗位分为教师岗位和其他专业技术岗位,其中教师岗位为主体岗位,指具有教育教学、实习实训等工作职责,并具备相应教师资格与能力水平的专业技术岗位;其他专业技术岗位指具有教学辅助工作职责,主要包括学科

实验、实训室设备设施保障、图书资料、财务会计、电化教育、卫生保健等专业技术岗位。

（三）工勤技能岗位指承担技能操作和维护、后勤保障、服务等职责的工作岗位。可实现社会化服务的一般性劳务工作，不再设置相应的工勤技能岗位。

三、岗位等级、结构比例及岗位名称

（一）管理岗位

1. 幼儿园、义务教育学校、普通高中、中等职业学校、教师进修院校管理岗位一般设6个职员等级。现行的处级正职、处级副职、科级正职、科级副职、科员、办事员，依次分别对应于事业单位管理岗位五至十级职员。

2. 管理岗位的最高等级和结构比例应根据单位的功能、规格、隶属关系，按照干部人事管理权限确定。

（二）专业技术岗位

1. 教师岗位分为九个等级，即五至十三级，包括副高级岗位、中级岗位和初级岗位。副高级岗位为五级至七级；中级岗位为八级至十级；初级岗位为十一级至十三级，其中十三级为员级岗位。

(1) 幼儿园、小学教师岗位设六个等级，分别对应事业单位专业技术岗位等级的八至十三级。

(2) 普通初中、普通高中（含完全中学）、中等职业学校教师岗位共划分为九个等级，分别对应事业单位专业技术岗位等级的五至十三级。

(3) 教师进修院校参照普通高中进行教师岗位设置，共划分为九个等级，分别对应事业单位专业技术岗位等级的五至十三级。

2. 教师岗位高、中、初级结构比例按照《关于印发〈上海市普教系统教师职务结构比例和岗位设置的意见〉的通知》（沪人〔2004〕128号）执行。

3. 五级、六级、七级岗位之间的结构比例控制在2∶4∶4；八级、九级、十级岗位之间的结构比例控制在3∶4∶3；十一级、十二级岗位之间的结构比例控制在5∶5。

4. 中小学岗位设置要优先满足教育教学、实习实训等工作的需要，严格控制非专业技术岗位。

(1) 幼儿园教师岗位占幼儿园岗位总量的比例一般不低于88%，其他岗位原则上不超过12%。

(2) 小学教师岗位占学校岗位总量的比例一般不低于90%，其他岗位原则上不超过10%。

(3) 普通初中、普通高中、中等职业学校、教师进修院校的教师岗位占学校岗位总量的比例一般不低于85%，其他岗位原则上不超过15%。

(4) 九年一贯制学校、完全中学，以及中等专业学校、技工学校和特殊学校、工读学校、业余学校、校外教育机构等，参照对应的学校三类岗位结构比例控制标准，确定三类岗位；寄宿制学校可适当增加管理岗位和工勤技能岗位。

5. 岗位名称

(1) 小学教师岗位名称：小学高级教师一级岗位、小学高级教师二级岗位、小学高级教师三级岗位，分别对应专业技术岗位等级的八级、九级和十级。小学一级教师一级岗位、小学一级教师二级岗位，分别对应专业技术岗位等级的十一级、十二级。小学二级教师、小学三级教师岗位，分别对应专业技术岗位等级的十三级。

小学中评聘了中学高级教师职务的学校，可参照初中学校设置中学教师高级岗位，分别对应专业技术岗位等级的五级、六级、七级。

(2) 幼儿园教师岗位名称使用小学教师岗位名称。

(3) 普通初中、普通高中教师岗位名称：高级教师岗位名称为中学高级教师一级岗位、中学高级教师二级岗位、中学高级教师三级岗位，分别对应专业技术岗位等级的五级、六级和七级。中级教师岗位名称为中学一级教师一级岗位、中学一级教师二级岗位、中学一级教师三级岗位，分别对应专业技术岗位等级的八级、九级和十级。初级教师岗位名称为中学二级教师一级岗位、中学二级教师二级岗位，分别对应专业技术岗位等级的十一级、十二级。员级教师岗位名称为中学三级教师岗位，对应十三级专业技术岗位。

(4) 教师进修院校教师岗位名称使用普通高中教师岗位名称。教师进修院校原则上不设中学初级教师岗位。

(5) 中等职业学校高级教师岗位名称：高级讲师（或相当专业技术职务，下同）一级岗位、高级讲师二级岗位、高级讲师三级岗位，分别对应专业技术岗位等级的五级、六级、七级。中级教师岗位名称为讲师（或相当专业技术职务，下同）一级岗位、讲师二级岗位、讲师三级岗位，分别对应专业技术岗位等级的八级、九级、十级。初级教师岗位名称为助理讲师（或相当专业技术职务，下同）一级岗位、助理讲师二级岗位，分别对应专业技术岗位等级的十一级、十二级。员级教师岗位名称为教员（或相当专业技术职务）岗位，对应十三级专业技术岗位。

6. 根据学校教育活动的特点，本市幼儿园、义务教育学校、普通高中、中等职业学校、教师进修院校专业技术岗位以教师岗位为主，其他专业技术岗位名称和岗位等级设置参照相关行业指导意见、实施办法和标准执行。其他专业技术岗位的名称和岗位等级设置，参照本市相关行业办法和标准执行，其最高等级原则上应低于相应教师岗位。

7. 根据《义务教育法》的规定，国家建立统一的义务教育教师职务制度。国家制定中小学统一的教师职务制度后，按国家的有关规定执行。

（三）工勤技能岗位

1. 幼儿园、义务教育学校、普通高中、中等职业学校、教师进修院校工勤技能岗位包括技术岗位和普通工岗位，其中技术岗位分为 5 个等级，普通工岗位不分等级。

2. 幼儿园、义务教育学校、普通高中、中等职业学校、教师进修院校工勤技能岗位的名称分别为高级技师、技师、高级工、中级工、初级工，依次分别对应一至五级工勤技能岗位。工勤技能一级、二级岗位主要应在专业技术辅助岗位承担技能操作和维护职责等对技能水平要求较高的领域设置。

3. 幼儿园、义务教育学校、普通高中、中等职业学校、教师进修院校工勤技能岗位结构比例，一级、二级、三级岗位的总量占工勤技能岗位总量的比例控制在 25％左右，其中一级、二级岗位的总量占工勤技能岗位总量的比例控制在 5％左右。

四、特设岗位

（一）为适应聘用急需的高层次人才等特殊需要，经批准幼儿园、义务教育学校、普通高中、中等职业学校、教师进修院校可以设置特设岗位。特设岗位是非常设岗位，不受校内岗位总量、最高等级和结构比例限制，在完成任务后，按照管理权限予以核销。具体管理办法按照国家和本市的有关规定执行。

（二）中等职业学校可设置一定比例的特设岗位，面向社会公开招聘办学急需的专业技术人员和高技能人才担任专业课和实习指导教师。

五、岗位任职条件

幼儿园、义务教育学校、普通高中、中等职业学校、教师进修院校各类岗位的基本条件，按照国家和本市的有关规定执行。

（一）管理岗位任职条件

1. 校（园）长任职条件，应符合相应学校（幼儿园）岗位的不同特点和要求，参照执行《关于中等职业学校、普通高中、幼儿园岗位设置管理的指导意见》（国人部发〔2007〕59 号）中有关校（园）长的素质要求，并按学校隶属关系和干部人事管理权限，由主管部门按照学校规格、规模和领导岗位的职责、任务，结合本市的有关等级标准，确定具体任职条件。

2. 各等级职员岗位的基本任职条件

（1）五级职员岗位，应具有大学本科以上学历，应在六级职员岗位上工作两年以上，具有丰富的行政管理经验和较强的研究能力；

（2）六级职员岗位，应具有大学本科以上学历，应在七级职员岗位上工作三年以上，具有扎实的专业知识和丰富的行政管理经验；

（3）七级职员岗位，应具有大学专科以上学历，应在八级职员岗位上工作三年以上，具有相应专业知识和行政管理能力；

（4）八级职员岗位，一般应具有大学专科以上学历，应在九级职员岗位上工作三年以上，具有相应岗位专业知识和行政管理能力；

（5）九级职员岗位，一般应具有大学专科以上学历，应在十级职员岗位上工作三年以上，具有本岗位较丰富的工作经验；

(6) 十级职员岗位,一般应具有大学专科以上学历,并具有相应的管理知识。

(二) 专业技术岗位任职条件

1. 幼儿园、义务教育学校、普通高中、中等职业学校、教师进修院校专业技术岗位的基本任职条件,按照现行专业技术职务评聘的有关规定执行。实行职业资格准入控制的专业技术岗位的基本任职条件,应包括准入控制的要求。

(1) 受聘教师岗位的人员,应具有相应的教师资格,符合国家关于相应教师职务的基本任职条件;

(2) 受聘至中等职业学校专业课教师岗位的人员,应具备相关实践操作技能和实践教学能力;

(3) 受聘教学辅助岗位的人员,应符合国家规定的相关职业资格准入的条件,并具备专业技术岗位的基本条件。

2. 具备教师岗位基本条件的专业技术人员,首次应聘学校教师岗位,原则上聘用到对应的教师初级、中级或高级岗位的起点等级;晋升到高一等级岗位,须在下一等级岗位工作满一定年限。

(1) 五级教师岗位,须在教师高级岗位上任职不少于六年;

(2) 六级教师岗位,一般应在七级教师岗位上工作三年以上;

(3) 八级教师岗位,须在教师中级岗位上任职不少于六年;

(4) 九级教师岗位,一般应在十级教师岗位上工作三年以上;

(5) 十一级教师岗位,一般应在十二级教师岗位上工作三年以上;

(6) 十二级教师岗位,一般应在十三级教师岗位上工作三年以上。

(三) 工勤技能岗位任职条件

幼儿园、义务教育学校、普通高中、中等职业学校、教师进修院校工勤技能岗位任职基本条件,按照国家和本市的有关规定执行。

1. 工勤技能一级岗位,须在本工种二级岗位工作满 5 年,并通过高级技师等级考评,具有培养较高的专业技术水平和一定的带教能力;

2. 工勤技能二级岗位,须在本工种三级岗位工作满 5 年,并通过技师技术等级考评,能指导他人完成岗位技术要求较高的任务;

3. 工勤技能三级岗位,须在本工种四级岗位工作满 5 年,并通过高级工技术等级考核,能独立完成岗位技术要求较高的工作;

4. 工勤技能四级岗位,须在本工种五级岗位工作满 5 年,并通过中级工技术等级考核;

5. 学徒(培训生)学习期满和工人见习、试用期满,并通过初级工技术等级考核后,可确定为工勤技能五级岗位。

六、岗位设置程序

幼儿园、义务教育学校、普通高中、中等职业学校、教师进修院校等有关教育机构应按照国家和本市规定的程序进行岗位设置,并将岗位设置方案报送审核、核准和备案。

七、岗位聘用

(一) 幼儿园、义务教育学校、普通高中、中等职业学校、教师进修院校岗位聘用,根据国家和本市的有关规定,按照核准的岗位设置方案,在岗位空缺的前提下,根据竞聘上岗、按岗聘用的原则,自主进行岗位聘用工作。

(二) 各学校(幼儿园)要成立聘用组织,负责岗位聘用的有关工作。要完善聘用办法、规范聘用程序、健全聘用组织及监督机制。受聘人员应当在平等自愿、协商一致的基础上签订聘用合同,明确受聘岗位职责要求、工作条件、工资福利待遇、岗位纪律、聘用合同变更、解除和终止的条件以及聘用合同期限等方面的内容。聘用合同期限内调整岗位的,应当对聘用合同的相关内容作出相应变更。聘用合同期满前,义务教育学校应按国家有关规定和受聘人员的履职情况认真考核,及时作出续聘、岗位调整等决定。确保岗位聘用工作公开、公平、公正进行。

(三) 专业技术岗位人员聘用工作,按照现行专业技术职务评聘的有关政策规定执行,逐步建立和完善专业技术职务评聘与岗位聘用相结合的用人制度。教师高级岗位聘用,向优秀班主任和其他优秀教师倾斜。

(四) 根据学校(幼儿园)工作的特点,在教育教学管理岗位上的人员,原则上应直接从事部分教学工作,其他管理岗位人员及工勤技能人员应积极实行一岗多责，提高用人效益。

（五）幼儿园、义务教育学校、普通高中、中等职业学校、教师进修院校首次进行岗位设置和岗位聘用，岗位结构比例不得突破现有人员的结构比例。现有人员的结构比例已经超过核准的结构比例的，应通过自然减员、调出、低聘或解聘的办法，逐步达到规定的结构比例。尚未达到核准的结构比例的，要严格控制岗位聘用数量，根据教育事业发展要求和人员队伍状况等情况逐年逐步到位。

（六）按照促进义务教育均衡发展的要求，学校之间、城区学校与郊区同类学校之间的教师高级、中级岗位结构比例，应保持相对均衡，保证郊区学校不低于城区同类学校标准。

（七）建立幼儿园、义务教育学校、普通高中、中等职业学校、教师进修院校岗位聘用情况备案制度。各学校每年应将本单位现有各类岗位职数、岗位聘用情况等，填写年度聘用情况表，并按规定程序备案。

八、组织实施

（一）区教育部门负责对所辖区域内的中小学等有关教育机构岗位设置工作进行统筹协调、监督管理，对岗位设置实施工作中遇到的实际问题，及时反馈到同级人力资源社会保障部门和上级主管部门，确保岗位设置工作平稳有序进行。

（二）对不按国家和本市规定进行岗位设置和岗位聘用的中小学等有关教育机构，各级人力资源社会保障部门和教育行政部门不予确认岗位等级、不予兑现工资，不予核拨经费。情节严重的，对相关领导和直接责任人予以通报批评，按照干部人事管理权限给予相应的纪律处分。

本办法由上海市教育委员会、上海市人力资源和社会保障局按职责分工分别负责解释。

本实施办法自发布之日起施行。

上海市教育委员会关于印发《上海市中小学健康教育实施方案》的通知

（沪教委体〔2010〕72号）

各区县教育局：

为贯彻落实《中共中央国务院关于加强青少年体育增强青少年体质的意见》（中发〔2007〕7号）精神，教育部关于印发《中小学健康教育指导纲要》（教体艺〔2008〕12号）的要求和《上海市中小学生生命教育指导纲要》的精神，现将本市制定的《上海市中小学健康教育实施方案》印发给你们，请认真遵照执行。

附件：1. 上海市中小学健康教育实施方案

2. 教育部关于印发《中小学健康教育指导纲要》的通知

上海市教育委员会

2010年12月7日

附件1：

上海市中小学健康教育实施方案

为贯彻落实《中共中央国务院关于加强青少年体育增强青少年体质的意见》（中发〔2007〕7号）以及教育部印发的《中小学健康教育指导纲要》（教体艺〔2008〕12号）对健康教育提出的工作要求，进一步推进实施《上海市中长期教育改革和发展规划纲要》及其“学生健康促进工程”，树立“以学生为本、健康第一”的理念，进一步加强学校健康教育，培养学生的健康意识与公共卫生意识，掌握健康知识和技能，促进学生养成健康的行为和生活方式，结合上海市中小学实际，特制定《上海市中小学健康教育实施方案》。

一、指导思想

青少年是国家和民族的未来，他们的身心健康水平不仅关系到个人成长、家庭幸福，而且关系到整个国民健康素质，关系到中华民族未来的竞争力。健康教育是学校教育的一部分，以促进学生健康为核心，为每一位学生的终身发展奠定坚实的基础。各级教育行政部门和学校要树立“以人为本、健康第一”的理念，以大健康观为指导，把学校健康教育作为全面推进素质教育的重要组成部分，以增进学生身心健康，呵护学生成长为宗旨，统筹和部署学校健康教育工作，培养全面发展的社会主义事业接班人。

二、目标和原则

（一）目标

学校健康教育是一种有计划、有目的、有评价的教育活动，综合运用多种经验，促使学生主动采取有利于健康的行动，旨在培养学生的健康意识与公共卫生意识，提高学生自我保健能力，掌握必要的健康知识和技能，使学生能自觉地采纳和保持有益于健康的行为和生活方式，促进学生身心和谐健康发展。

（二）原则

1. 知识、情感、意志与行动相结合原则

学校健康教育既要对学生进行健康知识的传授，强化学生增进健康的情感与意志，又要引导学生在生活实践中将知、情、意、行融为一体，从而内化为健康的生活习惯与生活方式，拥有健康人生。

2. 发展、预防与干预相结合原则

学校健康教育要面向全体学生，以发展性和预防性教育为主，同时必须对已经存在的危害青少年身心健康的问题进行科学的干预。预防是为了发展，发展是最好的预防，合理、有效的干预也是发展的重要条件，三者之间有机结合、缺一不可。

3. 自助、互助与援助相结合原则

自助注重引导学生进行自救、自我保健与自我教育；互助重在开展学生之间、师生之间、亲子之间等各种帮助；援助强调同伴、教师、家长和社会机构等的积极引导和主动帮助，包括引导学生增强求援意识和应对技能。通过自助、互助和援助有机结合，有效推进学校健康教育的开展。

4. 学校、家庭与社会相结合原则

学校健康教育既要发挥学校教育的积极引导作用，又要主动开发、利用家庭和社会的教育资源。在学校课程规划、课堂教学、综合实践活动等方面落实健康教育的同时，还应通过家长学校、医疗机构、社区活动等多种途径，进一步丰富学校健康教育资源，引导家庭和社会培养学生健康的生活方式和行为习惯，形成学校健康教育的合力，为学生健康成长营造良好环境。

三、内容和要求、途径和方法

学校健康教育内容包括五个领域：健康行为与生活方式、疾病预防、心理健康、生长发育与青春期保健、安全应急与避险。

根据上海市的学制以及儿童青少年生长发育的不同阶段，依照小学低年级、小学中高年级、初中年级、高中年级等四个学段，把学校健康教育内容划分为四个等级，分别为水平一（小学 1—2 年级）、水平二（小学 3—4—5 年级）、水平三（初中 6—9 年级）、水平四（高中 10—12 年级），四个不同水平内容互相衔接，循序渐进。

学校健康教育实施体现在教育过程的各个环节，将健康教育知识点梳理、分解，以专题教育为主，与自然、体育与健身、初中科学、生命科学、品德与社会等其他相关课程结合，注意把课堂内教学与课堂外教学活动结合起来，发挥整体教育效应。

（一）水平一（小学 1—2 年级）

1. 目标

知道个人卫生习惯对健康的影响，初步掌握正确的个人卫生知识；了解保护眼睛和牙齿的知识；知道偏食、挑食对健康的影响，养成良好的饮水、饮食习惯；了解自己的身体，学会自我保护；学会加入同伴群体的技能，能够与人友好相处；了解环境卫生对个人健康的影响，初步树立维护环境卫生意识。

2. 基本内容

(1) 健康行为与生活方式

近视眼的预防：掌握正确的读写姿势和眼保健操正确做法等；

龋齿的预防：认识龋齿的成因、注意口腔卫生、定期检查；每天早晚刷牙，饭后漱口；掌握正确的刷牙方法以及选择适宜的牙刷和牙膏等。

健康文明的生活习惯：养成爱清洁、讲卫生的良好生活习惯。不随地吐痰，不乱丢果皮纸屑等垃圾；咳嗽、打喷嚏时遮掩口鼻；勤洗澡、勤换衣、勤洗头、勤剪指甲（包含头虱的预防）等。

能说出一些健康文明的生活习惯与方式，知道一些健康的休闲生活方式。不共用毛巾和牙刷等洗漱用品（包含沙眼的预防）；不随地大小便；知道吸烟、酗酒有害健康等。

(2) 疾病预防

知道接种疫苗可以预防一些传染病；知道蚊子、苍蝇、老鼠、蟑螂等会传播疾病；知道使用药物必须得到成人或医生的指导等。

(3) 心理健康

适应新环境、新的交往范围与新的学习生活，做好充分的心理准备，以积极的心态投入学校生活；提高对校园生活的适应能力，培养开朗、合群、乐学、自助的独立人格；善于与老师、同学交往。克服孤独、依赖、由学习与环境的不适应带来的困惑和交往障碍。

认识生活中出现的种种情绪表现，通过引导正确看待自己的情绪。

(4) 生长发育与青春期保健

生长发育与青春期保健(1)

知道每个人都有各自独特的形态特征。知道人体由头、颈、躯干和四肢组成。了解人的感觉器官及其功能。

了解人的生长过程。

了解养成良好的饮食习惯对生长、发育的重要性。意识到休息对身体的重要性。知道适量的运动有利于健康。

了解个人卫生的重要性。了解养成良好的饮食卫生习惯对健康的重要性。了解保持公共环境卫生的重要性,意识到个人对公共环境卫生的重要性。

生长发育与青春期保健(2)

正确的身体坐、立、行姿势,预防脊柱弯曲,适量饮水有益健康。日常生活中运用礼貌用语,与同学友好相处。了解并注意户外健身的好处、内容和注意事项;游泳的卫生和安全。体育活动中积极开展同伴交往。不玩危险游戏、注意游戏安全。

3. 途径和方法

健康教育水平一(小学低年级)的内容主要通过《健康教育专题》、《品德与社会》、《自然》、《体育与健身》等课程实施,具体见下表。

落实途径	内　　容	活　　动　　建　　议
《健康教育专题》	近视眼的预防 龋齿的预防 疾病的预防	交流自己所知道的药物及其效用。
每学期6课时 安排在拓展型课程的课时内进行	健康文明的生活习惯	收集有关珍惜生命的资料或参观有关展览。
	心理健康	1. 平面图剪贴:"新校园"。 2. 画一画"我最喜爱的学校一角"。 3. 游戏:玩玩看看"找朋友"。 4. 活动:想想说说"我喜欢和谁一起……"。 5. 活动:送心愿卡"和好朋友说一句话"。
《品德与社会》	健康文明的生活习惯	
《自然》	生长发育与青春期保健(1)	用简易工具对人体进行比较、测量。 观察人体模型,描述人体各部分的特征。 做游戏体验感觉器官的功能。收集自己出生以来的照片与数据,并进行交流。 记录一星期的食谱,并对自己的饮食习惯进行自我评定。制定双休日活动安排并交流。 讨论保持个人卫生和饮食卫生的注意事项,并对自身的卫生习惯进行自我评定。
《体育与健身》	生长发育与青春期保健(2)	观察人的各种姿势,利用多媒体的动画效果组织教学,组织学生相互交流讨论,听、看、做结合,通过传授知识达到培养习惯的目的。

(二) 水平二(小学3—4—5年级)

1. 目标

进一步了解用眼卫生;初步树立食品卫生意识,养成良好的饮食卫生习惯;了解体育锻炼对健康的作用,初步学会合理安排课外作息时间;了解常见传染病和营养不良等疾病的基本知识及预防方法,树立卫生防病意识;了解容易导致意外伤害的危险因素,熟悉常见的意外伤害的预防与简单处理方法;初步了解生命的意义和价值,树立保护生命的意识。了解健康的含义与健康的生活方式,初步形成健康意识;树立正确的营养观;了解烟草对健康的危害,树立吸烟有害健康的意识;了解毒品危害的简单知识,远离毒品危害;了解青春期生理发育基本知识,初步掌握相关的卫生保健知识等。

2. 基本内容

(1) 健康行为与生活方式

用眼卫生:读书写字、看电视、用电脑的卫生要求,预防近视(认识近视的成因、学会合理用眼、注意用眼卫生、定期检查);预防眼外伤等。

健康的生活方式:主要包括合理膳食、适量运动、戒烟限酒、心理平衡。注意饮食卫生,了解人体所需的主要营养素;不吃不洁、腐败变质、超过保质期的食品;生吃蔬菜水果要洗净;体育锻炼有利于促进生长发育和预防疾病;睡眠卫生要求;生活垃圾应该分类放置;烟草中含有多种有害于健康的物质,避免被动吸烟等。

良好学习习惯:树立正确的学习目的,知道学习各门功课的重要性,懂得本领要靠自己学,初步养成乐学、勤学、爱思考、爱探究的好习惯等。

生命观、时间观和科学观:懂得生命宝贵,珍爱生命,珍惜时间,健康成长。宣传科学,反对迷信,远离毒品,积极参加健康文明的社区活动等。

环保教育:关心社区的环境卫生等方面存在的问题,了解其主要原因。关心上海面临环境污染、能源短缺等问题。

青少年保护有关法律知识:了解一些与青少年生活及其健康成长密切相关的重要法律,自觉遵守法律规范,学习依法维护自己的合法权益。懂得安全、健康、幸福的生活需要法律和道德规范的保障。

毒品预防教育:毒品对个人和家庭的危害,自我保护的常识和简单方法,远离毒品。

(2) 疾病预防

蛔虫、蛲虫等肠道寄生虫病对健康的危害与预防;营养不良、肥胖、贫血对健康的危害与预防;认识传染病(重点为传播链);常见呼吸道传染病(流感、水痘、腮腺炎、麻疹、流脑等)的预防;常见肠道传染病(细菌性痢疾、伤寒与副伤寒、甲型肝炎等)的预防;疟疾的预防;流行性出血性结膜炎(红眼病)的预防;碘缺乏病对人体健康的危害;食用碘盐可以预防碘缺乏病;血吸虫病的预防;冻疮的预防(可根据地方实际选择);接种疫苗可以预防一些传染病。

(3) 生长发育与青春期保健

生长发育与青春期保健(1)

知道人体呼吸、消化、循环、神经、运动系统的主要器官及特定功能。了解人的感觉器官的简单构造及其功能;了解生物的生命周期(包括诞生、发育、成熟、衰老和死亡);初步了解青少年身体发育的特点;知道生物的许多特征是从其上代继承下来的;知道生物会发生变异等。

了解环境污染的主要原因;了解保护自然的重要性;了解噪音的主要危害和一些减少噪音的方法。了解水污染的危害及主要原因,具有保护水资源的意识。

合理营养与饮食,了解食物的主要营养成分,知道合理的营养对人体健康的重要性;了解休息对体能恢复和成长的重要性;知道人体有一定的免疫能力,知道提高人免疫能力的主要途径。了解合理用药的重要性。了解吸烟、酗酒对身体的主要危害。

学会使用常用温度计;学会使用酒精灯。

生长发育与青春期保健(2)

了解情绪的表现形式,并能列举同伴在体育活动中情绪的表现,知道保持健康情绪的方法。

骨折、脱臼的概念和预防。青少年在体育活动中,骨折、脱臼发生的常见原因。简单介绍临时处理骨折、脱臼的基本方法;安全、文明进行课间活动。

了解运动对人体健康的意义,养成积极锻炼的习惯;了解体育锻炼能增强自信。

(4) 心理健康

培养良好的智力品质;引导学生确立学习目标,掌握正确的学习方法,学习如何有效地利用学习时间;培养正确的竞争意识;建立进取的人生态度,保持自信,促进自我意识发展。

了解友谊的意义;懂得同情、关心和力所能及地帮助弱者。

培养集体意识,在班级活动中,善于与更多的同学交往,对同学宽容,健全开朗、合群、乐学、自立的健康人格,培养自主自动参与活动的能力。

初步认识与体验人的生命是可贵的,珍惜生命。

养成良好的生活习惯和学习习惯,树立时间观念。

学习一些自我调节心理的方法,培养良好的心理品质。

帮助学生在学习生活中品尝解决困难的快乐,克服厌学心理,体验学习成功的乐趣,培养面临毕业升学的进取态度。

(5) 卫生安全

掌握游泳和滑冰的安全知识；不乱服药物，不乱用化妆品；了解用药的合理性；动物咬伤或抓伤后应立即冲洗伤口，及时就医，及时注射狂犬疫苗；鼻出血的简单处理；简便止血方法（指压法、加压包扎法）。中暑的预防和处理；轻微烫烧伤和割、刺、擦、挫伤等的自我处理；提高网络安全防范意识等。

3. 途径和方法

健康教育水平二（小学高年级）的内容主要通过《健康教育专题》、《品德与社会》《自然》及《体育与健身》等课题进行，具体见下表：

落实途径	内　容	活　动　建　议
《健康教育专题》 每学期6课时 安排在拓展型课程的课时内进行	用眼卫生 健康生活方式 毒品预防 疾病预防	结合重要纪念日，重要事件及与健康相关的重要活动月开展，健康与各专题活动，例如，9月20日全国爱牙日，全国爱眼日等。
	心理健康	1. 游戏：写写猜猜“我是谁”。 2. 采访与交流：问问说说“我的生日”。 3. 作品交流：画画贴贴“我的指纹艺术品”。 4. 讨论：了解一些曾经在我国发生的重大自然灾害与突发事件，领悟人们在危难中守望相助、团结合作精神的可贵。
《品德与社会》	生命观、时间观、科学观	
	良好学习习惯	举行学习经验交流的主题队会。
	环保教育	列举小区环境卫生等带来的问题，提出改进建议。 开展节约能源、保护环境的宣传活动。
	青少年保护有关法律知识	调查了解学校中容易发生的伤害事故及其发生的原因，讨论解决办法。开展模拟自救活动。
《自然》	生长发育与青春期保健(1)	描述消化系统的各个器官及各器官在食物消化过程中的作用。 在规定时间内爬楼梯，测量心率，制作一个心率变化图。 通过对生命现象（校园内花的生命周期）的观察、调查，增强学生对生命周期的体验。通过教学资源多媒体视频等方式了解人的出生与成长，通过亲子活动，采访母亲等途径知道人的生命过程。 规划设计“从我做起，保护环境”的倡议活动方案，并做交流。 寻找各种食物营养价值数据，制作一个食物营养价值表。 调查本班同学每天的睡眠时间和运动时间，根据小学生正常生长发育的需求，做一个简单的睡眠、运动状况分析报告。 查找个人预防接种资料，制作一个接种项目与所预防疾病的对照表。收集并阅读几种常用药物的说明书，讨论这些药物可能存在的副作用。 收集资料，调查烟草中的有害物质及其对人体的危害。 讨论设计减少家庭居室噪音的方案。讨论分析水污染防治的措施。 探究温度计的原理。
《体育与健身》	生长发育与青春期保健(2)	通过生动、形象、通俗易懂的语言，充分运用直观教具，讲清知识点。 创设一定的学习情境，激发学生的求知欲望。 运用信息技术，拓宽学生的视野，激发学生对体育的学习兴趣。

(三) 水平三（初中阶段）

1. 目标

了解生活方式与健康的关系，建立文明、健康的生活方式；进一步了解平衡膳食、合理营养的意义，养成科学、营养的饮食习惯；了解充足睡眠对少年儿童生长发育的重要意义；学会体育锻炼中的自我防护，提高自我保护的能力；了解预防食物中毒的基本知识；进一步了解常见传染病预防知识，增强卫生防病能力；了解艾滋病基本知识和预防方法，熟悉毒品预防基本知识，增强抵御毒品和艾滋病的能力；了解青春期心理变化特点，学会保持愉快情绪和增进心理健康；进一步了解青春期发育的基本知识，掌握青春期卫生保健知识和青春期常见生理问题的预防和处理方法；了解什么是性侵害，掌握预防方法和技能；掌握简单的用药安全常识；了解网络使用的利弊，合理利用网络。

2. 基本内容

(1) 健康行为与生活方式

了解不良生活方式有害健康，慢性非传染性疾病（恶性肿瘤、冠心病、糖尿病、脑卒中）的发生与不健康的生活方式有关；膳食平衡有利于促进健康；青春期充足的营养素是保证生长发育的需要。保证充足的睡眠有利于生长发育和健康（小学生每天睡眠时间10个小时，初中生每天睡眠时间9个小时，高中生每天睡眠时间8小时）；食物中毒的常见原因（细菌性、化学性、有毒动植物等）；发现病死禽畜要报告，不吃病死禽畜肉；适宜保存食品，腐败变质食品会引起食物中毒；拒绝吸烟、饮酒的技巧；了解毒品对个人、家庭和社会的危害；了解拒绝毒品的方法；吸毒违法，拒绝毒品等。

(2) 疾病预防

乙型脑炎的预防；疥疮的预防；肺结核病的预防；肝炎的预防〔包括甲型肝炎、乙（丙）型肝炎等〕；不歧视乙肝病人及感染者；艾滋病的基本知识；艾滋病的危害；艾滋病的预防方法；判断安全行为与不安全行为，拒绝不安全行为的技巧；学会寻求帮助的途径和方法；掌握与预防艾滋病相关的青春期生理和心理知识；了解吸毒与艾滋病之间的关系；不歧视艾滋病病毒感染者与患者等。

(3) 心理健康

使学生意识到自己正在成长，了解不良情绪对健康的影响；掌握自我调控情绪的基本方法；培养积极的自我认同意识，学会客观认识和对待自己；学会倾听和表达，培养良好人际交往能力；帮助学生适应中学的学习环境和学习要求，培养正确的学习观念，发展其学习能力，并根据自己的学习能力和状况确定合理的学习目标；学习异性正常交往的原则等。

(4) 生长发育与青春期保健

热爱生活，珍爱生命；了解青少年的成长与发育等知识；了解青春期心理发育的特点和变化规律，正确对待青春期心理变化，学会克服青春期的烦恼；懂得痤疮发生的原因、预防方法；月经期间的卫生保健常识，痛经的症状及处理；选择和佩戴适宜的胸罩的知识等。

(5) 生命、人体与环境

生命、人体与环境(1)

了解细胞、组织与器官、个体生命系统、生命的诞生、生物与环境。

生命、人体与环境(2)

人体的结构（主要器官和系统、人体的整体性）；人体的内环境（测定人体的体温、心率、唾液pH值等一些生理数据、人体消化系统、循环系统、呼吸系统和排泄系统等在维持人体内环境稳定中的作用）；人体生命活动的调节（人体神经系统的组成、人体主要的激素及其功能）；人体性状的遗传和变异（人体的性状和遗传现象、人体的性别决定、染色体和基因、变异）；医药常识与医疗技术（安全用药常识及家庭药箱的配置、意外伤害与急救常识）；生物与环境（上海市的大气和水环境及其保护、城市居室环境）等。

(6) 卫生安全

有病应及时就医；服药要遵从医嘱，不乱服药物；不擅自服用、不滥用镇静催眠等成瘾性药物；不擅自服用止痛药物；保健品不能代替药品；毒物中毒的应急处理；溺水的应急处理；骨折简易应急处理（固定、搬运）；识别容易发生性侵害的危险因素，保护自己不受性侵害；预防网络成瘾等。

(7) 体育与健身

人体体能常识、体育锻炼对青少年机体的影响、自我健身技能；体育健身中的安全、体育健身中的损伤与防治；体育健身中的心理学知识等。

3. 途径和方法

健康教育水平三（初中）的内容主要通过《健康教育专题》、《初中科学》、《生命科学》、《体育与健身》等课程进行教学，保障有效进行。具体见下表：

<table>
<tr><th>落实的途径</th><th>内　　容</th><th>活　　动　　建　　议</th></tr>
<tr><td rowspan="4">《健康教育专题》

每周 0.5 课时

安排在拓展型课程的课时内进行</td><td>健康行为与生活方式</td><td>根据有关案例总结健康的新概念，介绍健康概念的发展，交流并评价自我健康意识和行为。总结营养、运动、生活规律等方面对健康的影响。</td></tr>
<tr><td>疾病预防</td><td>结合实例分析常见病与人的生活习惯及环境的关系。概述传染病的特点、病因、传播途径和预防措施。</td></tr>
<tr><td>卫生安全</td><td>模拟情景的案例教学活动；模拟简易应急处理的小组活动。</td></tr>
<tr><td>心理健康情景案例</td><td>1. 活动：通过贴照片——“镜中的我”等活动，了解自己成长中产生的想法。
2. 心理透视：“我的情绪红绿灯”，让学生了解自己对各种情景的情绪反应，并学会适当调适。
3. 活动：“爬山感受”，体验意志磨练的感受。
4. 用漫画、表演等形式，让学生在异性交往中巧妙地说“不”。
5. 活动：“我的梦想”，让学生每人规划自我的人生道路，尽情地畅想未来。</td></tr>
<tr><td rowspan="2">《初中科学》</td><td>生命、人体与环境(1)</td><td>结合自己的生长发育，关注自身的变化，人体各系统卫生保健知识，了解健康的概念。</td></tr>
<tr><td>生长发育与青春期保健</td><td>了解青春期的生理特点和疾病预防。</td></tr>
<tr><td>《生命科学》</td><td>生命、人体与环境(2)</td><td>观察人体主要的器官，指出其所在部位，学会对器官进行分类并归纳得出系统的概念。
将测量所得的正常数据与提供的病理状态下的数据进行比较。
以甲状腺素为例说明激素的调节作用。
调查居室的污染状况，提出解决对策。</td></tr>
<tr><td>《体育与健身》</td><td>体育与健身</td><td>结合体育健身实践，利用个案、案例等形式，帮助学生掌握学习内容，树立学习体育的信心。
从学生学习兴趣出发，设计形式多样的学习场景，运用自主学习、合作学习、探索学习等手段，增强学习体育的自觉性。</td></tr>
</table>

(四) 水平四(高中阶段)

1. 目标

了解中国居民膳食指南，了解常见食物的选购知识，进一步了解预防艾滋病基本知识，正确对待艾滋病病毒感染者和患者；学会正确处理人际关系，培养有效的交流能力，掌握缓解压力等基本的心理调适技能；进一步了解青春期保健知识，认识婚前性行为对身心健康的危害，树立健康文明的性观念和性道德。

2. 基本内容

(1) 健康行为与生活方式

食品选购基本知识；中国居民膳食指南的内容。

(2) 疾病预防

艾滋病的预防知识和方法；艾滋病的流行趋势及对社会经济带来的危害；HIV 感染者与艾滋病病人的区别；艾滋病的窗口期和潜伏期；不歧视艾滋病病毒感染者与患者；无偿献血知识。

(3) 心理健康

培养学生具有适应高中学习环境的能力，发展创造性思维，充分开发学习的潜能，在克服困难取得成绩的学习生活中获得情感体验；学会合理宣泄与倾诉的方法，客观看待事物；掌握人际交往中的原则和技巧，学会尊重、理解和关爱他人，能够妥善处理人际交往中的冲突和矛盾，建立良好的人际关系；认识竞争的积极意义；缓解压力，正确应对失败和挫折；考试等特殊时期常见的心理问题与应对；在了解自己的能力、特长、兴趣和社会就业条件的基础上，确立自己的职业志向，进行职业的选择和准备；培养积极的生命态度，树立正确的生命观和人生观；学习规划自己的美好人生等。

(4) 生长发育与青春期保健

热爱生活，珍爱生命；青春期常见的发育异常，发现不正常要及时就医；婚前性行为严重影响青少年身心健康；避免婚前性行为等。

(5) 生命、人体与环境

生命的基础(病毒的形态和结构、病毒与人类的关系)；营养物质的转换(食物中的三大营养物质在人体内的转换与合理营养)；生命的延续(人体遗传病和遗传病的预防)；现代生物技术的安全与社会伦理等。

(6) 安全应急与避险

了解网络交友的危险性，培养健康的媒介素养等。

(7) 体育与健身

体育与健身的环境选择；引发运动损伤的原因；吸烟、酗酒、毒品与健康；体育健身对智力开发的作用等。

3. 途径和方法

健康教育水平四(高中阶段)的内容主要通过《健康教育专题》、《心理健康教育》、《生命科学》、《体育与健身》等课程教学的途径，保障有效进行。具体见下表：

落实途径	内　容	活　动　建　议
《健康教育专题》 每周0.5课时 安排在拓展型课程的课时内进行	健康行为与生活方式	组织、开展如何鉴别食品质量等活动。
	疾病预防	结合艾滋病宣传日等重要纪念日，针对性开展宣传活动。
	安全应急与避险	开展应急模拟训练，提高生存技能。
	生长发育与青春期保健	组织青春期教育等专题活动，指导正确的婚恋道德观，帮助学生掌握与异性交往的方法。
《心理健康教育》	心理健康	1. 活动："心心相约"：回忆并交流自己高一时，同学间第一次见面彼此留下的印象，讨论如何运用第一印象的效应来为自己建立形象。 2. 主题活动：回忆过去一周内自己所做的活动，估计各项活动的百分比，学习有效利用时间。 3. 辩论赛：分成两组，一组是"理性的我"，一组是"非理性的我"，通过辩论正确认识考试焦虑等现象，提高承受挫折能力。 4. 辩论赛：选择职业应以个人特长与爱好为重，还是以待遇的优劣和报酬的高低为重。
《生命科学》	生命、人体与环境	设计板报展示人与病毒斗争的历程； 引导学生应用所学的知识讨论合理营养。 概括已学过的有关生殖的知识，说明生命的延续。根据典型案例，分析探讨人类优生中的有关问题。分析与讨论转基因技术的利弊、克隆技术与社会伦理等。
《体育与健身》	体育与健身	满足不同年龄、性别、运动能力和健康水平学生对体育健身需求，教会学生综合运用所学的体育与健身知识，尝试编制适合自身的运动处方，科学、安全、有效地参与健身实践。

四、实施建议

(一) 教学课程

在学校健康教育领导小组的指导下，按照统一部署，统一安排、统一要求的基本原则，各部门、各学科紧密配合，互相协作，努力提高学校健康教育的成效。

建立和完善学校健康教育课程体系。按照教育部的部署和课程设置的基本要求，学校要全部开设健康教育课，要求"有课程、有课表、有教师、有教案、有特色"，小学严格落实每学期6课时、初中和高中严格落实每周0.5课时，安排在拓展型课程的专题教育课时内进行。另外，预防艾滋病教育，初中按平均每学年2课时安排，高一、高二年级按平均每学年2课时安排。

学校健康教育实施要体现多学科渗透。小学的健康教育应与《品德与社会》、《自然》、《体育与健身》等学科的教学内容结合，中学健康教育应与《初中科学》、《生命科学》、《体育与健身》等学科教学有机结合。除基础型课程外，可以利用综合实践活动、主题日宣传活动、专题教育等多种形式，组织实施相关课程和活动，向学生传授健康知识和技能。

（二）教学资源

为加强教学资源建设，积极开发健康教育的教学课件、教学图文资料、音像制品等教学资源，增强健康教育实施效果。利用网络、影视、博物馆、图书馆、自然和人文景观、爱国主义教育基地等社会资源，丰富健康教育的内容和手段。

各级各类学校也可根据本校特点组织力量编写健康教育校本教材。凡进入中小学校的自助读本或相关教育材料必须按有关规定，经审定后方可使用；健康教育自助读本或者相关教育材料的购买不得向学生收费增加学生负担。大力提倡学校使用公用图书经费统一购买，供学生循环使用。

（三）教学评价

重视对健康教育的评价和督导，将健康教育实施过程与健康教育实施效果作为评价重点，包括学生健康意识的建立、基本知识和技能的掌握和卫生习惯、健康行为的形成，以及学校对健康教育课程（活动）的安排、必要的资源配置、实施情况以及实际效果等，采用全面性、发展性和多元性的原则进行评价。

以学生的各项健康指标为重要参照，灵活运用学生自评和互评、教师评价、家长评价、社会评价等多主体的评价方式。

对于必须掌握的基础知识，可采用口头或书面等形式进行考查。

对于基本能力与行为习惯，可采取观察记录、主题活动、学习竞赛、情境辨析、问题讨论、小品演示等丰富多样的方式进行考查。

对于情感态度与价值观，可通过行为测评、学科知识竞赛、体育与健身活动获奖情况等综合评定。逐渐推进等第制评价与评语评价的结合。

五、保障机制

（一）组织机构与管理机制

建立市、区县、学校三级健康教育的管理网络。组建健康教育领导小组和专家委员会，注重发挥卫生局、科委、计生委、科协等相关部门和专业学术团体的力量。区县教育行政部门要从实际出发，制定健康教育的实施计划，整合教师进修学院、德育室、教研室、科研室等部门的力量，进行健康教育的研究和实践；学校要建立校长（或分管校长）负责制，成立学生健康发展中心，设立健康教育教研组。把健康教育作为课程改革的重要内容，确保课时，统筹课程的实施和教育工作的安排，保证质量，完善教育管理和评价。

学校成立由校长负责下的学生健康发展中心，由心理辅导老师、卫生老师、体育老师和生命科学（自然科学）等相关学科老师组成的健康教育组，把健康教育纳入学校教育教学管理体系，切实落实课程教学和教育的工作任务。各个部门必须按照学校教育教学管理的要求，做到学期初有计划、学期结束有总结，管理有组织、工作有章程、人员有保障、教学有教案、过程有检查，目标有落实。

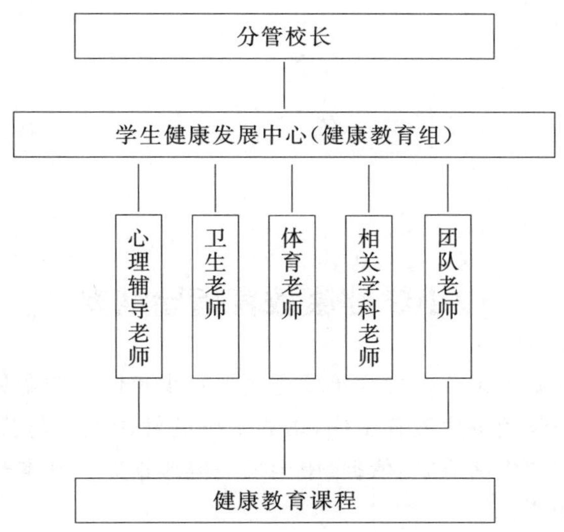

(二) 师资队伍建设

中小学健康教育师资以现有健康教育专兼职教师和相关学科教师为主。要重视健康教育教学研究工作,市、区(县)两级应建立健康教育教研员队伍,各级教研部门要把健康教育教学研究纳入教研工作计划,针对不同学段学生特点,定期开展以知识传播与技能培养相结合的教学研究工作。

教育行政部门和学校要重视健康教育师资建设,把健康教育师资培训列入在职教师继续教育的培训系列和教师校本培训计划,分层次开展培训工作。

依托相关高校、各区县教师进修学院以及中小学骨干教师德育美训基地等机构,对健康教育教师进行培训,不断提高教师的专业化水平。

(三) 宣传工作机制

加强学校健康教育的宣传工作,定期刊出卫生与健康教育专栏或板报。各班每学年至少举行两次有关健康教育的主题班会。结合各主题日宣传活动,学校团委、学生会、少先队必须开展健康教育的各种活动,充分利用团会、队会、家长会等形式,运用墙报、板报、广播、电视、网络等多渠道地开展宣传教育活动。

(四) 评价机制

建立和完善健康教育的评价机制,各区县教育行政部门将学校实施健康教育情况列为学校督导考核的重要指标,定期开展督导评估,对具有区域和学校特色的实践成果和先进经验及时进行推广。

学校应对教师开展健康教育的实绩进行评价。

(五) 经费投入

加大对学校健康教育的经费投入,满足健康教育相关设施、设备的配置、教师培训等需求,保障学校健康教育教学、教研活动正常开展,推动学校健康教育有效进行。

附件 2:

教育部关于印发《中小学健康教育指导纲要》的通知

(教体艺〔2008〕12 号)

各省、自治区、直辖市教育厅(教委),新疆生产建设兵团教育局:

为贯彻落实《中共中央国务院关于加强青少年体育增强青少年体质的意见》(中发〔2007〕7 号)对健康教育提出的工作要求,特制定《中小学健康教育指导纲要》(原《中小学健康教育基本要求》同时废止),现印发给你们,请认真遵照执行。

附件:中小学健康教育指导纲要

中华人民共和国教育部

2008 年 12 月 1 日

附件:

中小学健康教育指导纲要

为贯彻落实《中共中央国务院关于加强青少年体育增强青少年体质的意见》(中发〔2007〕7 号)对健康教育提出的工作要求,进一步加强学校健康教育工作,培养学生的健康意识与公共卫生意识,掌握健康知识和技能,促进学生养成健康的行为和生活方式,依据《中国公民健康素养—基本知识与技能(试行)》及新时期学校健康教育的需求,特制定本纲要。

一、指导思想、目标和基本原则

1. 以邓小平理论和“三个代表”重要思想为指导，按照科学发展观的要求，全面贯彻党的教育方针，认真落实健康第一的指导思想，把增强学生健康素质作为学校教育的基本目标之一，促进学生健康成长。

2. 健康教育是以促进健康为核心的教育。通过有计划地开展学校健康教育，培养学生的健康意识与公共卫生意识，掌握必要的健康知识和技能，促进学生自觉地采纳和保持有益于健康的行为和生活方式，减少或消除影响健康的危险因素，为一生的健康奠定坚实的基础。

3. 学校健康教育要把培养青少年的健康意识，提高学生的健康素质作为根本的出发点，注重实用性和实效性。坚持健康知识传授与健康技能传授并重原则；健康知识和技能传授呈螺旋式递进原则；健康知识传授、健康意识与健康行为形成相统一原则；总体要求与地方实际相结合原则；健康教育理论知识和学生生活实际相结合原则。做到突出重点、循序渐进，不断强化和促进健康知识的掌握、健康技能的提高、健康意识的形成、健康行为和生活方式的建立。

二、健康教育具体目标和基本内容

中小学健康教育内容包括五个领域：健康行为与生活方式、疾病预防、心理健康、生长发育与青春期保健、安全应急与避险。

根据儿童青少年生长发育的不同阶段，依照小学低年级、小学中年级、小学高年级、初中年级、高中年级五级水平，把五个领域的内容合理分配到五级水平中，分别为水平一（小学 1—2 年级）、水平二（小学 3—4 年级）、水平三（小学 5—6 年级）、水平四（初中 7—9 年级）、水平五（高中 10—12 年级）。五个不同水平互相衔接，完成中小学校健康教育的总体目标。

（一）水平一（小学 1—2 年级）

1. 目标

知道个人卫生习惯对健康的影响，初步掌握正确的个人卫生知识；了解保护眼睛和牙齿的知识；知道偏食、挑食对健康的影响，养成良好的饮水、饮食习惯；了解自己的身体，学会自我保护；学会加入同伴群体的技能，能够与人友好相处；了解道路交通和玩耍中的安全常识，掌握一些简单的紧急求助方法；了解环境卫生对个人健康的影响，初步树立维护环境卫生意识。

2. 基本内容

(1) 健康行为与生活方式：不随地吐痰，不乱丢果皮纸屑等垃圾；咳嗽、打喷嚏时遮掩口鼻；勤洗澡、勤换衣、勤洗头、勤剪指甲（包含头虱的预防）；不共用毛巾和牙刷等洗漱用品（包含沙眼的预防）；不随地大小便，饭前便后要洗手；正确的洗手方法；正确的身体坐、立、行姿势，预防脊柱弯曲异常；正确的读写姿势；正确做眼保健操；每天早晚刷牙，饭后漱口；正确的刷牙方法以及选择适宜的牙刷和牙膏；预防龋齿（认识龋齿的成因、注意口腔卫生、定期检查）；适量饮水有益健康，每日适宜饮水量，提倡喝白开水；吃好早餐，一日三餐有规律；偏食、挑食对健康的影响；经常喝牛奶、食用豆类及豆制品有益生长发育和健康；经常开窗通气有利健康；文明如厕、自觉维护厕所卫生；知道蚊子、苍蝇、老鼠、蟑螂等会传播疾病。

(2) 疾病预防：接种疫苗可以预防一些传染病。

(3) 心理健康：日常生活中的礼貌用语，与同学友好相处技能。

(4) 生长发育与青春期保健：生命孕育、成长基本知识，知道“我从哪里来”。

(5) 安全应急与避险：常见的交通安全标志；行人应遵守的基本交通规则；乘车安全知识；不玩危险游戏，注意游戏安全；燃放鞭炮要注意安全；不玩火，使用电源要注意安全；使用文具、玩具要注意卫生安全；远离野生动物，不与宠物打闹；家养犬要注射疫苗；发生紧急情况，会拨打求助电话（医疗求助电话：120，火警电话：119，匪警电话：110）。

（二）水平二（小学 3—4 年级）

1. 目标

进一步了解保护眼睛、预防近视眼知识，学会合理用眼；了解食品卫生基本知识，初步树立食品卫生意识；了解体育锻炼对健康的作用，初步学会合理安排课外作息时间；初步了解烟草对健康的危害；了解肠道寄生虫病、常见呼吸道传染病和营养不良等疾病的基本知识及预防方法；了解容易导致意外伤害的危险因素，熟悉常见的意外伤害的预防与简单处理方法；了解日常生活中的安全常识，掌握简单的避险与逃生技能；初步了解生命的意义和价值，树立保护生命的意识。

2. 基本内容

(1) 健康行为与生活方式：读书写字、看电视、用电脑的卫生要求；预防近视(认识近视的成因、学会合理用眼、注意用眼卫生、定期检查)；预防眼外伤；不吃不洁、腐败变质、超过保质期的食品；生吃蔬菜水果要洗净；人体所需的主要营养素；体育锻炼有利于促进生长发育和预防疾病；睡眠卫生要求；生活垃圾应该分类放置；烟草中含有多种有害于健康的物质，避免被动吸烟。

(2) 疾病预防：蛔虫、蛲虫等肠道寄生虫病对健康的危害与预防；营养不良、肥胖对健康的危害与预防；认识传染病(重点为传播链)；常见呼吸道传染病(流感、水痘、腮腺炎、麻疹、流脑等)的预防；冻疮的预防(可根据地方实际选择)；学生应接种的疫苗。

(3) 生长发育与青春期保健：人的生命周期包括诞生、发育、成熟、衰老、死亡；初步了解儿童青少年身体主要器官的功能，学会保护自己。

(4) 安全应急与避险：游泳和滑冰的安全知识；不乱服药物，不乱用化妆品；火灾发生时的逃生与求助；地震发生时的逃生与求助；动物咬伤或抓伤后应立即冲洗伤口，及时就医，及时注射狂犬疫苗；鼻出血的简单处理；简便止血方法(指压法、加压包扎法)。

(三) 水平三(小学 5—6 年级)

1. 目标

了解健康的含义与健康的生活方式，初步形成健康意识；了解营养对促进儿童少年生长发育的意义，树立正确的营养观；了解食品卫生知识，养成良好的饮食卫生习惯；了解烟草对健康的危害，树立吸烟有害健康的意识；了解毒品危害的简单知识，远离毒品危害；掌握常见肠道传染病、虫媒传染病基本知识和预防方法，树立卫生防病意识；了解常见地方病如碘缺乏病、血吸虫病对健康的危害，掌握预防方法；了解青春期生理发育基本知识，初步掌握相关的卫生保健知识；了解日常生活中的安全常识，学会体育锻炼中的自我监护，提高自我保护的能力。

2. 基本内容

(1) 健康行为与生活方式：健康不仅仅是没有疾病或不虚弱，而是身体、心理、社会适应的完好状态；健康的生活方式(主要包括合理膳食、适量运动、戒烟限酒、心理平衡)有利于健康；膳食应以谷类为主，多吃蔬菜水果和薯类，注意荤素搭配；日常生活饮食应适度，不暴饮暴食，不盲目节食，适当零食；购买包装食品应注意查看生产日期、保质期、包装有无涨包或破损，不购买无证摊贩食品；容易引起食物中毒的常见食品(发芽土豆、不熟扁豆和豆浆、毒蘑菇、新鲜黄花菜、河豚鱼等)；不采摘、不食用野果、野菜；体育锻炼时自我监护的主要内容(主观感觉和客观检查的指标)；发现视力异常，应到正规医院眼科进行视力检查、验光，注意配戴眼镜的卫生要求；吸烟和被动吸烟会导致癌症、心血管疾病、呼吸系统疾病等多种疾病；不吸烟、不饮酒。常见毒品的名称；毒品对个人和家庭的危害，自我保护的常识和简单方法，能够远离毒品。

(2) 疾病预防：贫血对健康的危害与预防；常见肠道传染病(细菌性痢疾、伤寒与副伤寒、甲型肝炎等)的预防；疟疾的预防；流行性出血性结膜炎(红眼病)的预防；碘缺乏病对人体健康的危害；食用碘盐可以预防碘缺乏病；血吸虫病的预防(可根据地方实际选择)。

(3) 心理健康：保持自信，自己的事情自己做。

(4) 生长发育与青春期保健：青春期的生长发育特点；男女少年在青春发育期的差异(男性、女性第二性征的具体表现)；女生月经初潮及意义(月经形成以及周期计算)；男生首次遗精及意义；变声期的保健知识；青春期的个人卫生知识。体温、脉搏测量方法及其测量的意义。

(5) 安全应急与避险：骑自行车安全常识；常见的危险标识(如高压、易燃、易爆、剧毒、放射性、生物安全)，远离危险物；煤气中毒的发生原因和预防；触电、雷击的预防；中暑的预防和处理；轻微烫烧伤和割、刺、擦、挫伤等的自我处理；提高网络安全防范意识。

(四) 水平四(初中阶段)

1. 目标

了解生活方式与健康的关系，建立文明、健康的生活方式；进一步了解平衡膳食、合理营养意义，养成科学、营养的饮食习惯；了解充足睡眠对儿童少年生长发育的重要意义；了解预防食物中毒的基本知识；进一步了解常见传染病预防知识，增强卫生防病能力；了解艾滋病基本知识和预防方法，熟悉毒品预防基本知识，增强抵御毒品和艾滋病的能力；了解青春期心理变化特点，学会保持愉快情绪和增进心理健康；进一步了解青春期发育的基本知识，掌握青春期卫生保健知识和青春期常见生理问题的预防和处理方法；了解什么是性侵害，掌握预防方法和技能；掌握简单的用药安全常识；学会自救互救的基本技能，提高应对突发事件的能力；了解网络使用的利弊，合理利用网络。

2. 基本内容

(1) 健康行为与生活方式：不良生活方式有害健康，慢性非传染性疾病(恶性肿瘤、冠心病、糖尿病、脑卒中)的发生与不健康的生活方式有关；膳食平衡有利于促进健康；青春期充足的营养素，保证生长发育的需要。保证充足的睡眠有利于生长发育和健康(小学生每天睡眠时间10个小时，初中生每天睡眠时间9个小时，高中生每天睡眠时间8个小时)；食物中毒的常见原因(细菌性、化学性、有毒动植物等)；发现病死禽畜要报告，不吃病死禽畜肉；适宜保存食品，腐败变质食品会引起食物中毒；拒绝吸烟、饮酒的技巧；毒品对个人、家庭和社会的危害；拒绝毒品的方法；吸毒违法，拒绝毒品。

(2) 疾病预防：乙型脑炎的预防；疥疮的预防；肺结核病的预防；肝炎的预防(包括甲型肝炎、乙(丙)型肝炎等)；不歧视乙肝病人及感染者；艾滋病的基本知识；艾滋病的危害；艾滋病的预防方法；判断安全行为与不安全行为，拒绝不安全行为的技巧；学会如何寻求帮助的途径和方法；与预防艾滋病相关的青春期生理和心理知识；吸毒与艾滋病；不歧视艾滋病病毒感染者与患者。

(3) 心理健康：不良情绪对健康的影响；调控情绪的基本方法；建立自我认同，客观认识和对待自己；根据自己的学习能力和状况确定合理的学习目标；异性交往的原则。

(4) 生长发育与青春期保健：热爱生活，珍爱生命；青春期心理发育的特点和变化规律，正确对待青春期心理变化；痤疮发生的原因、预防方法；月经期间的卫生保健常识，痛经的症状及处理；选择和佩戴适宜的胸罩的知识。

(5) 安全应急与避险：有病应及时就医；服药要遵从医嘱，不乱服药物；不擅自服用、不滥用镇静催眠等成瘾性药物；不擅自服用止痛药物；保健品不能代替药品；毒物中毒的应急处理；溺水的应急处理；骨折简易应急处理知识(固定、搬运)；识别容易发生性侵害的危险因素，保护自己不受性侵害；预防网络成瘾。

(五) 水平五(高中阶段)

1. 目标

了解中国居民膳食指南，了解常见食物的选购知识，进一步了解预防艾滋病基本知识，正确对待艾滋病病毒感染者和患者；学会正确处理人际关系，培养有效的交流能力，掌握缓解压力等基本的心理调适技能；进一步了解青春期保健知识，认识婚前性行为对身心健康的危害，树立健康文明的性观念和性道德。

2. 基本内容

(1) 健康行为与生活方式：食品选购基本知识；中国居民膳食指南的内容。

(2) 疾病预防：艾滋病的预防知识和方法；艾滋病的流行趋势及对社会经济带来的危害；HIV感染者与艾滋病病人的区别；艾滋病的窗口期和潜伏期；无偿献血知识；不歧视艾滋病病毒感染者与患者。

(3) 心理健康：合理宣泄与倾诉的适宜途径，客观看待事物；人际交往中的原则和方法，做到主动、诚恳、公平、谦虚、宽厚地与人交往；缓解压力的基本方法；认识竞争的积极意义；正确应对失败和挫折；考试等特殊时期常见的心理问题与应对。

(4) 生长发育与青春期保健：热爱生活，珍爱生命；青春期常见的发育异常，发现不正常要及时就医；婚前性行为严重影响青少年身心健康；避免婚前性行为。

(5) 安全应急与避险：网络交友的危险性。

三、实施途径及保障机制

(一) 学校要通过学科教学和班会、团会、校会、升旗仪式、专题讲座、墙报、板报等多种宣传教育形式开展健康教育。学科教学每学期应安排6—7课时，主要载体课程为《体育与健康》，健康教育教学课时安排可有一定灵活性，如遇在下雨(雪)或高温(严寒)等不适宜户外体育教学的天气时可安排健康教育课。另外，小学阶段还应与《品德与生活》《品德与社会》等学科的教学内容结合，中学阶段应与《生物》等学科教学有机结合。对无法在《体育与健康》等相关课程中渗透的健康教育内容，可以利用综合实践活动和地方课程的时间，采用多种形式,向学生传授健康知识和技能。

(二)各地教育行政部门和学校要重视健康教育师资建设,把健康教育师资培训列入在职教师继续教育的培训系列和教师校本培训计划,分层次开展培训工作,不断提高教师开展健康教育的水平。中小学健康教育师资以现有健康教育专兼职教师和体育教师为基础。要重视健康教育教学研究工作,各级教研部门要把健康教育教学研究纳入教研工作计划,针对不同学段学生特点,开展以知识传播与技能培养相结合的教学研究工作。

(三)各地应加强教学资源建设,积极开发健康教育的教学课件、教学图文资料、音像制品等教学资源,增强健康教育实施效果。凡进入中小学校的自助读本或相关教育材料必须按有关规定,经审定后方可使用;健康教育自助读本或者相关教育材料的购买由各地根据本地实际情况采取多种方式解决,不得向学生收费增加学生负担。大力提倡学校使用公用图书经费统一购买,供学生循环使用。

(四)要重视对健康教育的评价和督导。各地教育行政部门和学校应将健康教育实施过程与健康教育实施效果作为评价重点。评价的重点包括学生健康意识的建立、基本知识和技能的掌握和卫生习惯、健康行为的形成,以及学校对健康教育课程(活动)的安排、必要的资源配置、实施情况以及实际效果。各地教育行政部门应将学校实施健康教育情况列入学校督导考核的重要指标之一。

(五)充分利用现有资源。健康是一个广泛的概念,涉及生活的方方面面,学校健康教育体现在教育过程的各个环节,各地在组织实施过程中,要注意健康教育与其他相关教育,如安全教育、心理健康教育有机结合,把课堂内教学与课堂外教学活动结合起来,发挥整体教育效应。

(六)学校健康教育是学校教育的一部分,学校管理者应以大健康观为指导,全面、统筹思考学校的健康教育工作,应将健康教育教学、健康环境创设、健康服务提供有机结合,为学生践行健康行为提供支持,以实现促进学生健康发展的目标。

上海市中长期教育改革和发展规划纲要

（2010—2020 年）

为深入贯彻落实科学发展观，推动上海教育全面协调可持续发展，更好地满足人民群众对教育的需求，更好地服务国家战略和上海发展，根据《国家中长期教育改革和发展规划纲要（2010—2020 年）》，现制定《上海市中长期教育改革和发展规划纲要（2010—2020 年）》（以下简称“《教育规划纲要》”）。

序言：为了每一个学生的终身发展

教育，关系着每一个人的生存与发展，是民族振兴的基石，是创新进步的源泉。教育成就未来。

上海教育历经百年积淀，伴随新中国的建设和发展，实现了持续进步。特别是改革开放以来，在党中央、国务院的坚强领导下，在全市各方面的共同努力下，上海教育取得了前所未有的巨大成就，为未来发展奠定了良好的基础。各级各类教育全面发展，办学条件显著改善，素质教育不断加强，教育质量进一步提高。学前教育基本普及，基础教育按照高标准、高质量要求稳步发展，高等教育率先进入普及化阶段，职业教育和培训普遍开展，学习型城市建设深入推进，社会困难群体受教育权利得到关注和保障。教育布局结构调整持续推进，教育改革试验深入实施，教育开放不断扩大，社会各界积极参与教育发展，教育活力不断增强。上海教育在提高市民素质和促进城市发展中发挥了重要作用，为国家社会主义现代化建设输送了大批人才。

上海教育改革发展所取得的成就，得益于全社会尊重人才、重视科技、支持教育的良好传统，得益于坚持建设与一流城市相匹配的一流教育的执著追求，得益于坚持走中国特色、时代特征、上海特点教育发展之路的坚定信念，得益于上海几代教育工作者贯彻党的教育方针、紧紧围绕培养德智体美全面发展的社会主义建设者和接班人这一根本任务的辛勤耕耘和创新探索。

上海教育虽然保持着良好的发展态势，但在理念、服务、质量、体制等方面还不能很好地适应人民群众和经济社会发展的需要，存在诸多薄弱之处，主要表现在：中小学生课业负担过重，重“育分”、轻育人现象普遍存在，人才培养模式尚不适应时代发展和学生成长的需要；教育公共服务体系还不健全，教育投入总体不足，政府统筹指导能力还不强，城乡之间、区域之间、学校之间办学条件和教育质量存在着较大差距；教育体制机制改革相对滞后，学校办学自主权尚未很好落实；知识创新和知识服务能力较弱，教育国际影响力和竞争力与城市的功能定位不相适应。

未来一个时期，国际经济政治将处于深刻变化之中，知识竞争和创新驱动发展仍然是世界发展的重要特征之一。我国将全面建设小康社会和创新型国家，从人力资源大国向人力资源强国迈进。上海将着力推进“四个率先”，加快国际金融中心和国际航运中心建设，加快经济发展方式转变和经济结构调整，大力发展现代服务业和先进制造业，不断增强城市的综合竞争力和国际竞争力，到 2020 年基本建成“四个中心”和社会主义现代化国际大都市。人民群众对精神文化的需求将更加迫切，对教育质量提出更高的要求，教育诉求也更趋多元和多样。

面对国际国内的新形势和人民群众的新需求，上海必须紧紧围绕国家的重大战略，把实现经济发展方式转变、增强城市国际竞争力和建设“四个中心”创新发展的新目标，建立在发挥人才优势这个核心基础之上，更加关注人力资源建设，更加关注人的全面发展，坚持优先发展教育，坚持改革创新教育，提升上海的人才优势和智力优势。未来上海教育改革和发展，要以育人为本，把“为了每一个学生的终身发展”作为核心理念：

为了每一个学生的终身发展，就是要求未来上海的教育，更好地公平惠及所有学生——从校园莘莘学子到所有继续学习的成年人，关心所有学生的健康成长，关注社会各个群体的发展需求，提供更为平等、优质、多样的学习机会，努力使学生具有理想信念、公民意识、健康身心和科学人文素养。

为了每一个学生的终身发展，就是要求未来上海的教育，着眼于学生长远发展和社会文明进步的需要，全面实施素质教育，使所有学生的个性特长得到发展，潜能得到激发，创新意识、创新精神和实践能力显著增强，终身学习意识和能力显著增强，为学生的终身发展奠定良好的基础，为经济社会发展培养大量高素质劳动者和大批高水平优秀人才。

上海教育担负着光荣而崇高的历史使命。上海教育要顺应时代发展的要求，以改革创新为动力，在新的历史起点上更好地实现科学发展，践行“为了每一个学生的终身发展”的核心理念，增强主动适应和服务经济社会发展的能力，为支撑经济转型、推动自主创新、引领文化发展、促进社会和谐作出更大的贡献，率先实现教育现代化，创造上海教育新辉煌。

一、总体战略

全面贯彻《国家中长期教育改革和发展规划纲要（2010—2020年）》，确立体现上海特点的指导思想、总体目标和战略部署。

（一）指导思想和工作方针。

以邓小平理论和“三个代表”重要思想为指导，深入贯彻落实科学发展观，全面贯彻党的教育方针，面向现代化、面向世界、面向未来，坚持优先发展、育人为本、改革创新、促进公平、提高质量，服务于人力资源强国建设，着眼于每一个学生的终身发展，遵循教育规律，推进教育现代化，努力培养德智体美全面发展的社会主义建设者和接班人，为实施国家战略，加快推进“四个率先”、加快建设“四个中心”和社会主义现代化国际大都市，提供更强大的人才支撑、智力支持和知识服务。

在推进上海教育改革和发展的过程中，要坚持“促进公平、追求卓越、推动创新、服务发展”的工作方针。

1. 促进公平。坚持以人为本，以满足人民群众多样化、高质量的教育需求为宗旨，努力促进教育公平，实现学有所教、学有优教，使每一个受教育者得到发展。

2. 追求卓越。确立现代教育理念，瞄准世界先进水平，不断提高教育质量和办学效益，提高培养创新型人才水平，推动各级各类教育办出特色、争创一流。

3. 推动创新。坚持解放思想，率先实现教育体制和发展模式创新，形成与社会主义市场经济体制和全面建设小康社会目标相适应的教育体制机制，与人的终身学习、终身教育、终身发展要求相适应的教育发展新模式。

4. 服务发展。完善知识创新和知识服务体系，推进教育与科研、产业紧密结合，增强教育服务上海经济社会发展的能力，发挥上海教育在服务长江三角洲、长江流域和全国中的重要作用。

（二）总体目标。

到2020年，上海要率先实现教育现代化，率先基本建成学习型社会，努力使每一个人的发展潜能得到激发，教育发展和人力资源开发水平迈入世界先进行列。

1. 形成终身学习的教育新体系。终身学习、终身教育理念在学校教育和全社会得到广泛确立，各级各类教育纵向衔接，学校与社会、家庭横向沟通，学历教育与非学历教育协同发展，全社会教育资源得到充分开发和利用，人人学会终身学习，终身享有教育机会。

2. 形成激发受教育者发展潜能的教育新模式。在教育观念、内容、方法和评价体系创新方面领先，教育的选择性进一步扩大，现代信息网络技术在各类教育中得到广泛应用，学生思想品德和学习能力、实践能力、创新能力显著提升，创新人才培养水平显著提高，整个教育体现和谐、灵活、多样的特点，使受教育者得到全面而有个性的发展。

3. 形成多元开放的教育新格局。政府教育公共服务更加完善，社会各界广泛参与教育改革发展，公办教育与民办教育协调发展，教育与经济社会发展联系更加紧密，区域教育合作交流进一步加强，教育开放度和国际化水平明显提高，教育活力和教育效益不断增强。

4. 形成均衡协调可持续发展的教育新布局。教育发展与人口总量、结构变化相适应，与经济结构调整相衔接，与城市功能定位布局相匹配，教育资源配置向最需要的地方倾斜，实现城乡教育一体化发展，促进教育事业科学发展。

到2020年，全市0～3岁婴幼儿早期教养指导服务普遍开展，3～6岁儿童毛入园率达到99%；适龄少年儿童都能接受公平及高质量的义务教育，义务教育毛入学率达到99.9%，残疾儿童义务教育阶段入学率达到99%，实现义务教育标准化和均等化；高中教育阶段毛入学率达到99%，教育的选择性、优质性和特色性更加明显，普通教育与职业教育有机渗透；高等教育普及化水平和质量进一步提高，每10万人口中在校大学生人数达到5200人，建成一批高水平大学和高质量的特色高等学校；教育国际化水平进一步提升，普通高等学校在校生中留学生所占比例达到15%左右，基本建成国际教育交流中心城市；教育信息化水平加快提高，小学建网学校比例达到100%，师生利用信息技术教学的能力明显增强；市民整体素质明显提高，新增劳动力平均受教育年限达到15年，25～64岁大专及以上学历人口比例达到47%，建成面向全民、伴随终身的教育体系。

上海教育发展和人力资源开发主要指标

序号	指标	2009年	2012年	2015年	2020年
1	学前三年毛入园率(%)	95.5	97.0	98.0	99.0
2	义务教育阶段毛入学率(%)	99.5	99.7	99.9	99.9
3	残疾儿童义务教育阶段入学率(%)	95.5	96.5	97.5	99.0
4	高中教育阶段毛入学率(%)	90.0	95.0	97.0	99.0
5	每10万人口在校大学生数(人)	4318	5100	5140	5200
6	普通高等学校在校生中留学生比例(%)	6.2	9.0	11.0	15.0
7	义务教育专任教师中本科及以上学历人员比例(%)	69.9	80.0	85.0	95.0
8	小学建网学校比例(%)	82.4	94.0	96.0	100.0
9	新增劳动力平均受教育年限(年)	13.8	14.5	14.7	15
10	25～64岁大专及以上学历人口比例(%)	24.0	29.0	35.0	47.0

注：2020年常住人口基数测算为2300万人；大学生数包括普通高等学校和成人高等学校的在校学生数，留学生数包括接受学位教育和短期学习的人数。

（三）战略部署。

1. 聚焦战略主题，实现重大突破。围绕以人为本、全面实施素质教育这一战略主题，克服应试教育倾向，促进教育公平，追求教育卓越，在若干领域取得重大突破：增强德育的针对性、实效性，创新人才培养模式，构建有利于学生全面发展和拔尖创新人才不断涌现的体制机制；推进基本公共教育服务均等化，让所有学生获得公平的受教育机会，努力使所有受教育者都得到发展；增强知识创新和知识服务能力，促进知识的扩散、传播、共享和应用，推动高等学校成为城市创新发展的知识创新基地和知识服务中心；提升教育国际化水平，注重培养学生的国际视野和国际交流能力，增强上海教育的国际吸引力、影响力和竞争力；推进教育信息化，运用信息通信技术推动教育变革，促进学习个性化和教育开放化、远程化、网络化；加快终身教育发展和学习型社会建设，为受教育者提供终身学习的机会，满足个人多样化的学习和发展需要。

2. 实施教育综合改革，不断增强教育活力。坚持从战略性、宏观性、全局性的高度出发，以部市共建国家教育综合改革试验区为重要载体，深化教育改革，形成充满活力、富有效率、更加开放、有利于科学发展的教育体制机制：紧紧围绕人的终身发展，整体设计各类教育的目标要求，加快教育教学改革，增强改革发展的系统性和衔接性；坚持体制机制改革与法制建设一体化推进，实施教育与经济社会配套改革，重点解决教育发展的瓶颈问题；统筹教育内部与外部、国家与地方的教育资源，吸引国际优质教育资源，优化资源配置，发挥资源利用的最大效益；正确处理好政府、学校、企业、社会、家庭的关系，加快政府职能转变，促进学校依法自主办学，鼓励企业投资人才培养和教育发展，动员全社会力量参与和支持教育发展，发挥家庭在人才培养中的重要作用；发挥浦东综合配套改革先行效应，探索和推进基本公共教育服务均等化、城乡教育一体化和教育国际化发展；推动长江三角洲教育联动发展，增强上海教育的辐射带动作用。

3. 实施分类指导服务，分步推进各项工作。按照总体目标要求，采取分类指导、分步实施策略：针对各级各类教育的主要功能以及不同地区的发展特点，明确改革和发展的重点任务，加强有针对性的指导和服务；确定教育改革和发展的阶段性目标以及工作要求，分步骤推进，分阶段实施；整体推进与重点工作相结合，以实施一批重大项目为主要抓手，把各项改革和发展任务落实到位。

二、重点任务

紧紧围绕“为了每一个学生的终身发展”这一核心理念，坚持育人为本、德育为先，凸显各级各类教育的育人功能，以加强教师队伍建设、扩大教育开放和推进教育信息化为重要支撑，全面提高人才培养质量，促进学生全面而有个性地发展，增强教育服务经济社会发展的能力。

（一）德育：让学生具有理想信念、公民素质和健全人格。

立德树人是教育的根本任务。要坚持德育为先，把德育贯穿于育人的各个环节，贯穿于学校教育、家庭教育和社会教育的各个方面，增强德育的针对性、实效性和吸引力、感染力，使学生具有符合中国特色社会主义建设要求的理想信念、公民素质和健全人格。

1. 完善德育内容体系。坚持把社会主义核心价值体系融入教育全过程，深入实施《上海市学生民族精神教育指导纲要》和《上海市中小学生生命教育指导纲要》。根据不同阶段学生的认知特点和成长规律，分别突出行为养成、道德认知、情感体验、理想信念的教育重点，形成分层递进、有机衔接的教育序列。加强社会主义荣辱观教育，培养学生良好的行为习惯和守法、诚信、勤俭、互助、感恩的道德品质。弘扬、培育民族精神和时代精神，促进学生提升民族自信心和社会责任感，增强对中华民族传统文化认同感和世界多元文化沟通鉴别力，自觉传承中华民族传统美德和革命传统，提高实践能力和创新能力，树立社会主义民主法治、自由平等、公平正义理念，培养社会主义合格公民。加强理想信念教育，坚定学生对中国共产党领导、社会主义制度的信念和信心。推进马克思主义中国化最新成果进课堂、进教材、进头脑，引导学生形成正确的世界观、人生观、价值观。实施生命教育，帮助学生逐步了解生命现象，掌握生存技能，养成健康的生活习惯，理解生命的意义和价值，使学生认识生命、珍惜生命、尊重生命、热爱生命，建立生命与自我、与他人、与自然、与社会的和谐关系，促进身心健康发展。

2. 创新德育实践的有效途径和方法。强化全员育人，实施教育教学全过程育德。整体规划大中小学德育体系，充分发挥课堂教学主渠道作用，加强中小学德育课程和高校思想政治理论课建设，结合课程改革，推进学科德育，激活所有学科的德育内涵，引导学生在学习中培养正确的情感、态度和价值观。突出实践体验，完善德育实践体系，促进校内外教育的有效贯通，推动政府、企业和社区参与校外教育基地建设，建立健全学生参与志愿者活动和社会实践的服务、认证、激励等机制。建设德育资源共享网络平台，拓展网络道德教育空间，繁荣发展校园网络文化，提高学生网络媒介素养。

3. 优化育人环境。完善学校、家庭、社会“三位一体”合力育人机制，推动学校教育、家庭教育、社会教育有效衔接。推进温馨教室与和谐校园建设，优化校园人文环境和自然环境，丰富校园文化，发挥共青团、学生会、少先队等学生组织的重要作用，形成有利于学生身心发展的校园氛围。加强家庭教育指导服务，引导家庭树立正确的教育观和成才观，发挥家庭教育在育人中的基础作用。完善社区青少年教育工作机制，推动国家机关、企事业单位、社会组织为青少年发展办更多的实事，加强舆论引导和新媒体管理，弘扬社会正气，努力提供更多的优秀精神文化产品和优质文化服务，为学生健康成长营造良好的社会环境。

（二）学前教育：为儿童健康、幸福成长实施快乐的启蒙教育。

学前教育对于儿童的身心发育、习惯养成和智力开发至关重要。要坚持学前教育的科学性和公益性，为所有儿童健康、幸福成长实施快乐的启蒙教育，基本满足0～6岁儿童父母或者其他法定监护人对学前教育指导服务的需求。

1. 建立医教结合的家庭教养指导和预防性干预系统。建立区域内医教专业人员共同参与的早期发现、早期诊断、早期干预体系。加强区县早教指导服务机构建设和管理，成立独立建制的0～3岁散居婴幼儿教养指导服务机构，形成由教育、卫生、人口计生和妇儿委等部门协同运作的社区早教服务网络，为婴幼儿建立儿童保健和早教服务卡，使所有散居婴幼儿的家庭都能接受科学育儿指导和咨询服务。加强对高危新生儿家庭跟踪服务，为家长提供科学育儿、早期发现、康复训练等方面指导。

2. 提高各类幼儿园保教质量。切实加强对各类幼儿园保教质量的管理和评价，满足学前儿童对生活、安全、卫生保健的特别需求。鼓励幼儿园以儿童生活为基础、以游戏为基本形式，开展丰富多样、富有创意的学前教育活动，促进学前儿童身心和谐发展。实施家园合作的衔接教育，开展有效的家园共育主题活动。加强对幼儿健康水平的监测和评估，定期向社会发布。加强学前教育科学研究，推进幼儿园内涵建设和科学发展，为社会提供多样化、有特色、高品质的学前教育服务。

3. 加强学前教育保教队伍建设。坚持实行保教人员持证上岗制度，为城乡每所学前教育机构配置合格的保教人员。创新保健教师、保育员、营养员的培养和培训机制，建立有上海特色的学前教育教师职前培养和职后培训的课程体系，形成师范院校、相关教育和培训机构、幼儿园联合培养保教人员的多元化格局。

4. 强化政府的学前教育公共服务职能。根据入托、入园的峰谷波动规律，统筹现有教育资源，落实公建配套园所建设，调动社会力量发展学前教育的积极性，化解学前教育特别是郊区学前教育资源紧缺矛盾。鼓励有条件的公办幼儿园招收进城务工人员随迁子女，支持社会力量举办以招收进城务工人员随迁子女为主的民办幼儿园。完善幼儿园督导制度。逐步提高托幼园所生均公用经费标准，确保学前教育经费逐年增长。建立贫困家庭学前儿童资助制度。

（三）义务教育：让所有孩子获得公平及高质量的教育。

义务教育是面向所有适龄儿童的基本公共教育服务。要坚持公平优质的价值取向，提高每所学校的办学水平，为学生提供生存、生活所必需的基本知识和技能，使学生在道德行为、学习兴趣、身心健康、良好习惯方面得到培育和发展。

1. 着眼于全体学生的学习需要。在保障适龄儿童入学机会公平的基础上，推进义务教育过程的公平，面向所有学生，全面提高教育质量。重点关注学习有困难的学生，采取积极有效的辅导措施，努力使这些学生学有所获、思有所进、能有所长。对于基础较好、潜能较大的学生，建立形式多样的激励机制，创造既有利于他们全面发展又利于个性发展的学习环境。积极创造条件，推行小班化教学。

2. 提高每所学校的办学质量。加大对财力困难地区和相对薄弱学校的支持力度，探索建立义务教育学校之间协作机制，鼓励优质教育资源向新城镇和郊区延伸，推进薄弱学校委托管理，缩小学校之间办学水平差距，促进义务教育学校优质均衡发展，缓解择校矛盾。改革学校评价制度，鼓励和支持不同基础的学校都有明显进步，增强学校主动发展的意识和持续提高的能力。加强公办初中学校内涵建设，提高师资队伍整体水平，增强学校管理能力，全面提高教育教学质量。

3. 深化课程和教学改革。完善课程体系，改进教学方法，提高学生阅读能力以及普通话、规范汉字的应用能力，加强数学和科学技术教育，注重生存、生活所需要基本知识和能力的教育，把发展学生兴趣特长、创造思维和自主学习、独立思考、合作沟通能力贯穿到课程教学全过程。全面实施“阳光体育”，完善学校体育和学生体质健康评价制度，增强学生体魄，培养学生重视体育锻炼和健康生活的良好习惯。加强艺术教育，积极开展音乐、美术、舞蹈、戏曲等各种艺术活动，培养学生健康的审美情趣，提高学生感受美、鉴赏美、创造美的能力。建立义务教育质量评价和监测体系，实施教学质量综合评价改革试验，形成实施素质教育的导向机制。

4. 切实减轻学生过重的课业负担。完善课程标准，减少课时总量，降低过高的课程要求。严格执行课时计划，控制作业量和考试难度，减轻学生过重的课业负担。建立全市中小学生课业负担监测、举报、公告和问责制度，加强学校、社会、家庭沟通和协作，创新区域教育内涵发展机制，切实把减负贯穿教育教学和校内校外各个方面。

（四）高中教育：为学生成长、成人、成功提供知识和能力准备。

高中教育是学生世界观、价值观、人生观形成以及创新能力、实践能力发展的重要阶段。要坚持特色发展，注重学生自主学习和个性发展，加强创新能力培养，为学生成长、成人、成功奠定基础，形成高质量、多样化、有特色、可选择的发展格局。

1. 全面提高普通高中教育质量。注重基础知识和基本能力培养，为学生的人生发展奠定坚实基础。重视人文教育和科学教育，增强学生的人文素养和科学素养。加强研究性学习和实验实践环节，提高学生科学思维能力，培养激发学生的创新意识和实践能力。发展综合技术教育，提高学生的设计能力和动手能力。为学生提供更多的赴市外、境外交流学习机会，开拓学生视野。

2. 推动普通高中多样化和特色化发展。支持高中学校从实际出发，发挥传统优势，探索多样化办学模式，形成独特的教育理念和人文环境，形成一批教育方式独特、学科优势明显、活动富有创意等特色高中。总结和推广高中特色办学经验，发挥优质高中在特色办学中的示范和带动作用。推动普通教育与职业教育互相渗透，加强普通高中学生的职业技能训练，充分利用职业教育开放实训基地、课程和师资，发展高中学生的职业技术能力。发展普职融合的综合高中，为学生学习提供多元选择的机会。探索举办若干与上海加快人才引进和国际化发展需要相适应的普通高中。

3. 增强普通高中教育的开放性和选择性。推进普通高中普遍开展拓展型课程和探究性课程,逐步推广学分制。探索建立高中和大学的有效合作机制,鼓励大学向高中开放课程、实验室等教学资源,为部分学有余力的高中学生开辟学习发展的新途径。建设和发展课外创新教育机构,拓展学生课余学习和研究的新空间。建立学生发展指导制度,加强对学生的理想、心理、学业等方面的指导。

(五)高等教育:让学生更具创新精神和实践能力。

高等教育担负着培养高级专门人才和推动经济社会发展的重要使命。要推进高等教育内涵建设,全面提高高等教育质量,坚持走创新型、开放型、特色型、服务型发展之路,提高创新人才培养水平,增强知识创新和知识服务能力。

1. 建立高等学校分类指导服务体系。引导各高等学校科学制定发展定位规划,实施符合不同学校和学科专业特点的教学质量评估制度,完善政策措施和资源配置,实施分类管理、指导、服务。实施高等教育内涵建设工程,促进高等学校特色办学、错位竞争、合作共赢。鼓励不同层次和不同类型的高等学校办出特色、办出水平。加强一流学科专业建设,支持若干所大学向世界一流大学和高水平特色大学目标迈进,推进示范性高水平高等职业院校建设。

2. 创新人才培养模式。实施创新人才培养建设计划,着力培养高素质专门人才和拔尖创新人才。强化基础课程教学,优化通识教育,增强学生人文精神和科学素养。加强实践教学环节,促进教学与科研结合,增加创新实践活动。推进研究生培养机制改革,创新研究生培养模式,着力提高博士生培养质量。调整研究生培养结构,在应用型本科院校开展专业学位硕士研究生教育试点,探索临床医学硕士专业学位与住院医师规范化培训紧密衔接的改革试验。健全学术名家、资深教授和骨干教师深入教学第一线的机制,提升教师责任意识和教学能力。建立灵活的学习制度,全面推行学分制,实现校际资源共享,为学生提供更多的课程选择。创建高等学校与科研院所、行业企业联合培养人才的有效机制。健全职业生涯指导和服务体系,提升大学生就业和创业能力。

3. 优化人才培养结构。围绕国家发展战略和上海经济结构调整需要,逐步建立高等学校主动调整学科专业结构的引导机制,促进高等学校更好地培养经济社会发展所需的各种专门人才。依据上海加快发展现代服务业和先进制造业的战略,特别是国际金融中心和国际航运中心建设对高层次人才的紧迫需求,实施优秀人才培养卓越教育计划。采用产学研联盟、国际合作等方式,重点加强金融贸易、物流航运、工程技术、医疗卫生、文化教育等领域的人才培养。加大为全国特别是中西部地区培养人才的力度。

4. 提升学科专业建设和科研创新水平。推进学科专业结构调整,完善学科评价体系,按照扶需、扶特、扶强原则,大力加强重点学科建设。围绕国家经济、科技、文化等重大发展战略,聚焦上海建设国际金融中心、国际航运中心和发展现代服务业、先进制造业的要求,建设一批高水平的学科专业,选择若干学科进行重点建设,力争进入世界一流学科行列。进一步加强国家实验室、重点实验室、工程实验室、工程技术(研究)中心、人文社科重点研究基地的建设,加强科研的国际合作和交流,以学科骨干和创新团队为核心、以重大项目为依托,不断提升高等学校原始创新和集成创新能力。探索建立校际联盟机制,开展学术交流与技术创新联合攻关,形成学科专业的战略集群。改革科研评价制度,促进科研成果质量的提高。全面实施高等学校哲学社会科学繁荣计划,培养一批有杰出学术成就的优秀人才,建设一批重要的人文社会科学研究基地,努力取得具有重大学术价值和社会影响的优秀成果。

5. 增强高等学校知识服务能力。更新高等学校服务理念,创新科技和哲学社会科学发展模式,提高服务社会的意识和能力,建设高等学校知识服务平台,努力使大学成为城市知识服务中心和国家知识服务重要基地。推进产学研紧密合作,形成以优势互补、利益共享、风险共担、紧密合作、共同发展为主要特征的战略联盟,形成以企业为主体、市场为导向、产学研相结合的技术创新体系。建立技术转移的运行机制,加强"上海高等学校技术市场"建设,促进高等学校科技成果转化。鼓励、支持高等学校建设开放型教育教学资源信息库,建立多学科组成的智囊团、思想库和开放式研究机构,搭建知识资源的分享平台,促进知识传播和应用。推动高等学校聚焦国家及上海改革开放和经济社会发展中的重大战略主题,围绕最急需解决的重大理论和实际问题进行深入研究,提供有价值的咨询和服务。深化"三区联动"创新发展,推动国家级大学科技园建设,发挥大学对周边经济社会发展的辐射优势,形成知识经济圈,促进区域经济发展,增强大学主动融入和服务地区经济、科技和社会发展的能力。

（六）职业教育：让学生成为适应工作变化的知识型、发展型技能人才。

职业教育是促进就业和改善民生的重要保障，也是提高从业人员职业技能、加快发展现代服务业和先进制造业的重要基础。要做精、做特、做强职业教育，推进中等与高等职业教育相互衔接，促进职业教育与职业培训有机结合，为经济转型和社会进步输送知识型、发展型技能人才。

1. 改革职业教育人才培养模式。重视和加强基础知识、基本技能教学，激发学生的学习潜能，强化学生技能训练，强调实践导向，融教、学、做为一体。加强学校与行业企业合作，充分发挥、利用行业企业资源优势。调整专业结构和课程设置，完善各级职业教育专业标准，促进不同层次人才培养的有机衔接。加强校企合作课程建设，强化生产性实训和顶岗实习，探索课堂与实训地点一体化，实施工学交替、任务驱动、项目导向等教学新模式。完善职业教育评价体系，改革学生学业评价制度，引导学业评价向就业导向和社会评价转化。逐步实行职业培训模块可叠加的“学分银行”制度，推进学历证书与职业资格证书并重的双证培养模式。全面实行职业资格证书制度，实施职业能力提升和创新人才培训工程。

2. 构建现代职业教育体系。坚持学历教育与职业培训并举，加强对企事业单位员工和转岗、再就业人员等社会群体的职业技能培训，支持各类职业院校面向社会开放教育培训资源。促进中等职业教育与高等职业教育衔接，构建中等职业教育与高等职业教育课程、培养模式和学制贯通的“立交桥”，打通技能型人才深造发展渠道，为学生多元发展提供保障。各级各类学校要重视学生职业意识和职业技能教育，鼓励职业院校向普通学校开放课程和实训资源。实施职业教育示范校和能力建设工程，加强工程类骨干型高等职业院校建设，不断提高各类职业教育学校的办学水平和教育质量。

3. 建设现代职业教育师资队伍。优化教师队伍结构，提高企业专业人才和能工巧匠担任兼职教师的比例，形成专兼结合的“双师制”教学团队，使中等职业教育专业教师中来自企业的兼职教师比例不低于 30%，高等职业教育该比例不低于 40%。完善职业教育师资培训和服务机制，为教师培养培训和企业挂职锻炼提供良好条件。设立职业教育教师专业发展专项资金，鼓励专业教师获得专业技术资格或职业技能资格，成为“双师型”教师。

4. 推动行业企业和社会参与职业教育发展。鼓励行业企业通过多种形式参与职业教育，逐步增加政府对行业企业举办职业教育的经费扶持。完善职业教育多样化校企合作机制，增强行业企业在发展职业教育中的责任，对接受职校生实习的企事业单位进行补贴。积极筹措和吸纳社会资金发展职业教育，积极调动和寻求各种社会资金投入职业教育领域。大力营造尊重劳动、重视技能、重视技能型人才的社会风尚，宣传优秀高技能人才和高素质劳动者的劳动价值和社会贡献，倡导新的求学观、择业观、成才观。

（七）特殊教育：让残障和超常学生在理解、关爱中发展。

特殊教育是以残障和超常学生身心发展状况为基础、满足特殊需求的教育。要坚持按需施教，给予理解关爱，开发学生潜能，使每个特殊学生都能获得更好的发展。到 2020 年，建立从学前教育到高等教育的比较完善的特殊教育新体系。

1. 推进融合教育。完善普通幼儿园、小学、中学和大学残障学生随班就读制度，促进残障学生与正常学生融合。根据学生不同特点，制定个别化教育计划，建设相应的课程体系。改善普通学校资源教室或学习支持中心的条件，配备随班就读学生必需的设施设备。对学习有困难或有其他原因影响学习的残障学生，给予更多的关心和帮助，加强重点和个别辅导。加强对随班就读学生的个性化教育及其理论和实践研究，提升随班就读质量。逐步拓展残疾高中毕业生报考高等学校的专业范围。

2. 加强特殊教育学校建设。优化特殊教育学校办学条件，实施新一轮特殊教育学校改造工程。完善上海特殊教育学校课程标准，制定颁布切合残障儿童和青少年身心特点的上海市辅读学校九年义务教育课程标准，推进特殊教育学校与普通学校在课程开发、实施方面的合作、转化、相互支持。推进医教结合试验，探索驻校顾问医生制度等多种医教结合模式，实现特殊教育机构中残障学生教育与康复的有机整合。完善特殊教育学校教师津贴制度。

3. 构建适合超常学生发展的教育模式。在面向全体学生、推进融合教育的同时，为一些超常学生提供弹性的个性化和拓展式教学模式，以满足这些学生的特殊教育需求。探索超常学生早期发现和跟踪培养途径，通过校本课程建设、创新活动平台搭建和评价制度改革，为学有潜力和具有创新兴趣的学生提供更多的创新实践机会。从普通高中选择少数有条件的学校，通过特殊的选拔办法、科学的教育方式和持续的跟踪机制，探索拔尖创新人才的培养模式。

4. 建设特殊教育公共服务平台。强化政府在特殊教育发展方面的公共服务职能，增加特殊教育投入。建立由高等学校、医疗机构、科研部门、基层学校等方面参与的特殊教育研究中心和资源中心，开展跨部门、多学科的特殊教育综合研究，提供咨询和服务。加强区县特教康复指导中心建设。推进医教结合，加强残障儿童早期诊断，完善筛查—检测—建档—转介—安置—综合干预的运行机制，建立医教结合的信息资源共享平台。建立超常学生的发现、鉴别、跟踪和评估机制，为超常学生的培养提供科学指导。

(八) 继续教育：为成人发展提供更多的学习机会和智慧源泉。

继续教育是满足社会成员终身发展需求、建设学习型社会和提升城市竞争力的重要途径。要为所有成年人提供继续教育的机会，增强他们适应科技发展、产业升级和社会文明进步的能力，让学习更便捷、更愉快、更有意义。

1. 发展多层次、高质量的教育培训。依托国家和市级研发中心、博士后创新基地等，推动高等学校、科研机构、大型企业联手组建继续教育基地。在金融、航运、贸易等现代服务业和先进制造业领域，培养和造就一大批优秀的技术和管理人才，提高各类专业人员的创新能力和市场竞争能力。加强高技能人才的教育和培训，加快开发符合产业发展方向的培训项目，落实员工持证上岗和在岗培训制度，强化一线员工特别是中青年员工的岗位培训。

2. 满足社会个体多方面的学习需求。建立广覆盖、多形式、更便捷的社会教育体系，大力发展社区教育、家庭教育、农村教育、老年教育、妇女教育，积极开展各种与市民社会生活、休闲娱乐、文化体育、医疗保健密切相关、灵活多样的教育活动，丰富个体的精神文化生活。实施市民终身学习促进工程，鼓励各级政府部门、各级各类学校、企事业单位和社会力量办学机构为社会提供教育教学资源，充分发挥公共文化设施、新闻媒体的社会教育职能。加强郊区职业技能教育和培训，按照郊区产业布点要求，加强农村教育，拓展郊区农村劳动力转移培训和社会主义新农村建设创业培训，培养新型农民。加强对困难群体的就业援助培训，努力为外来务工人员提供更多的培训机会，积极提供经费和物质支持，完善相关优惠政策。

3. 创新继续教育和培训制度。发挥高等学校、科研院所在学科、研究、设施和人才等方面的优势，利用现代信息手段，大力发展现代远程教育，建立现代开放大学，构建开放式继续教育培训体系。逐步取消成人高等教育统一入学考试，建立宽进严出的学习制度。普通高等学校要逐步将继续教育融入学校全日制教学体系，完善学分制教学管理，实施教学模式改革。健全继续教育激励机制，建立劳动者培训个人账户，建立学分积累与转换制度，实现学习成果的互认和衔接，完善培训补贴政策，探索实施在职人员带薪继续教育假制度。建立上海市学习型社会建设与终身教育促进委员会，统筹协调全市终身教育和学习型社会建设。

(九) 教师队伍：为学生成长发展培养高素质的引路人。

教师是学生的引路人，育人是教师的天职，造就高素质的教师队伍对于引导学生健康成长十分关键。要注重每个教师的发展，建设一支德才兼备、富有创新精神和实践能力的教师队伍，努力造就一批教育家。

1. 加强师德师风建设。坚持把师德建设摆在教师队伍建设首位，强化师德教育，引导教师做充满爱心、品格优秀、业务精良、道德高尚、行为世范的教育工作者。加强职业理想教育，引导教师把教书育人作为毕生的事业追求，提升教师人文素养，增强教师育德意识和能力，以平等态度对待学生，以高尚情操熏陶学生，以人格魅力感染学生，做学生的良师益友，自觉担负起培育人才的神圣职责。完善师德规范，健全激励机制，不断增强教师的责任感和使命感，设立“上海市白玉兰教师”荣誉称号，表彰在教书育人过程中辛勤耕耘、为人师表、关爱学生、无私奉献的杰出教师。健全师德监督机制，严格考核管理，对失德失范者加强教育，情节比较严重的给予必要处分，对学术腐败者进行惩戒。

2. 提升教师创新素质。重视和促进每个教师的专业发展，鼓励教师勇于探索，改革教育教学方式，推进教育实践创新，不断提高培养人才的能力。以增强教师创新意识、创新精神和创新能力为重点，实施教师素质提升工程。加强对郊区农村教师的专业培训，提高教师专业化教学水平和利用现代信息技术的能力。加强对青年教师创新能力的培养，设立青年教师创新基金，资助青年教师运用信息技术等新手段，开展跨学科、跨学校、跨地区的创新教学和科研活动，为教师创造性地发挥智慧提供宽松的教学、科研环境。鼓励教师不断探索教学创新方法、积极参与企业创新活动，将教师的创新实践和成效纳入教师职务晋升、考核评价指标体系，逐步形成以业绩贡献和能力水平为导向的教师评价机制。完善教师交流访学制度，为教师出国交流学习创造更多机会。完善相应的制度和政策，努力营造教育家成长的环境。

3. 完善基础教育阶段公办学校教师管理制度。把中小学教师纳入区县教育主管部门统一管理，在区域内实行教师合理流动。完善中小学教师准入制度，提高研究生学历（硕士、博士学位）教师在中小学教师队伍的比例。根据不同年龄段、不同教龄段的教师发展情况，试行教师资格证书有效期制度，建立上海中小学教师资格再认证制度。改革教师教育模式，创新课程体系，加强能力培养，实现教师来源多元化，提高新教师综合素质。扩大并完善免费师范生教育。

4. 完善高等教育和职业教育教师聘任和培养制度。改善教师来源结构，扩大具有行业背景教师的来源，实施境外优秀教师引进战略，提高外籍专任教师和有海外经历专任教师的比例。对具有创新素质和较强科研能力的教师和优秀学术团队给予重点支持，造就一支大师级人才队伍。提高职业教育教师的实践教学能力，完善从行业企业引进或聘请师资的机制和制度，强化专业教师技能培训和企业挂职制度。支持高等学校进行教师年薪制改革探索，激励教师全身心投入教学科研，增强高等学校对高层次人才的吸引力。

（十）教育国际化：让学生具备国际交流、理解、合作、竞争能力。

教育对外开放是教育改革发展的推动力，是经济全球化发展的客观要求。推进教育国际化是上海建设现代化国际大都市的必然选择。要进一步扩大教育对外开放，加强教育国际交流和合作，大力培养国际化人才，提升上海教育国际化水平，把上海建设成为国际教育交流中心城市。

1. 扩大教育对外开放。积极发展中外合作专业、课程开发，开展学生交换项目，探索与境外学校之间的课程和学分互认。建立境外教师培训基地，加大选派重点课程教师和骨干教师出境培训的力度，建设适应教育国际化要求的教师队伍。完善吸引海外学者来沪从事教学和合作研究的政策体系，积极引进海外教师、专家和管理人员。采取多种方式，创办中外合作的高水平大学和二级学院，加强国际合作科研，建立若干国际联合研究中心。加强教育国际交流与合作专业服务机构建设，吸引国际教育组织落户上海。鼓励有条件的高水平大学、知名中小学校在海外建立分校，或设立海外学习中心（站），参与国际教育服务。

2. 增强学生国际交往和竞争能力。积极引进、消化国外先进课程资源，加强国际理解教育，培养具有国际视野、知晓国际规则并能参与国际交流的国际化人才。在基础教育阶段设立若干所中外学生融合的学校，研究开发国际理解教育课程和形式多样的活动，促进中外学生的文化认识和交流理解。扩大高中学生国际交流的规模和渠道，拓展高中学生的国际视野。试点开设高中国际课程，鼓励有条件的中小学开设由外籍教师执教的课程。开展国际高中合作项目，在职业教育中引进国际认可的职业资格标准，培养适应国际劳务市场需求的高素质劳动者。鼓励高校学生赴海外游学、实习和志愿服务。加强双语教学，发展多种语言教育，普遍提升各级各类学校学生的国际语言交流能力。引进先进、适宜的国际教育质量认证体系和标准，建立并实施上海国际教育质量认证制度。

3. 大力发展留学生教育。扩大高等教育阶段学历教育留学生的规模和比例，优化留学生的层次结构。建立外国留学生服务中心，为海外学生来华学习提供权威、便捷的专业服务。建设一批国际化的品牌学科专业和课程，建立全市统一的留学生课程库和学分互认制度，增强上海教育对留学生的吸引力。完善留学生奖学金制度和资助政策，探索建立留学生勤工助学和医疗保险等制度。建设语言预科中心，为留学生适应汉语教学提供服务。研究开发“当代中国研究”课程，发展留学生中国文化体验基地，增进留学生对中国文化的理解和感受。加强外籍人员子女教育体系建设，整合上海现有学校国际部的教育教学资源，为在沪外籍人员子女教育提供完善的服务。

（十一）教育信息化：为学生提供更加开放、便捷的学习环境。

现代信息通信技术的迅猛发展，深刻改变着每个人的生活、工作、学习方式。要主动适应信息化社会发展趋势，以教育信息化促进教育现代化，构建教育信息化公共服务平台，为每一个人提供个性化和无处不在的教育。

1. 探索建立信息化教育新模式。运用现代信息技术改革教育教学内容和方法，推动课程教学与信息资源的有机整合，不断丰富教育教学资源，形成开放、互动、共享的信息化教育模式，促进学习方式的转变，满足学生多元化和个性化的学习需求。开展数字化课程环境建设和学习方式变革试验。提升学生信息素养和创新能力，引导学生掌握利用现代信息技术获取知识的能力。推动“电子书包”和“云计算”辅助教学的发展，促进学生运用信息技术丰富课内外学习和研究。对学生加强媒介素养教育，增强正确理解、合理运用大众传播媒体等信息网络的能力，掌握并提高学习、创造、传播信息的知识和技巧。建设数字化教研服务平台，制定教师的信息化教学能力标准和评价体系，开展中小学教师教育技术能力培训，引导教师充分运用信息技术创新教学方式，提高教师教育技术应用的能力，让教师能够充分利用教育信息化环境提高教学质量。

2. 加强教育信息化基础设施和信息系统建设。系统规划基于现代信息技术的教育信息化整体架构，以泛在技术为支撑，逐步建设涵盖学校、社会、家庭及职场的学习型城市基础设施。实施教育信息化公共服务平台建设工程。建设上海学习网，推进数字化学习资源网络建设，鼓励政府和行业建设专业性公共教育资源库。完善教育信息系统运行机制，更新和完善信息基础设施建设，提升技术先进性和网络管理水平。系统设计加快教育信息化建设的政策体系。

3. 完善教育信息化服务体系。依托上海城市信息通信基础设施和网络，完善管理体制机制，建设与城市信息化发展相同步、与人才成长规律相适应、与学习型社会多样化教育需求相匹配的教育信息化服务体系。建立和完善相关制度，利用现代网络技术，建设人人享有、人人利用、人人贡献的数字化优质教育资源，促进个性化学习和开放化、远程化、网络化教育，形成更为积极、开放的学习文化，加速推进学习型社会建设。加强综合性政府教育政务信息系统、学校管理信息系统和学习(课程)管理系统建设，加强教育信息化系统的管理，做好规划、评价、安全和标准化建设工作。加强信息技术伦理和道德教育，强化舆论宣传，提倡文明上网，引导受教育者增强社会责任意识，合理利用网络等信息技术。完善和健全相关法规、规章，营造健康的网上学习环境。

三、体制改革

推进教育体制改革，必须正确处理政府、学校、社会、市场之间的关系，提高政府的教育公共服务能力，增强各级各类教育机构办学活力，建立政府与各类社会组织分工协作、市民广泛参与的教育公共服务新体制，为人才培养和教育发展创造良好的体制环境。

(一) 教育公共服务机制创新。

坚持教育优先发展，推进基本公共教育服务均等化，完善公共政策，优化教育公共资源配置，实现教育决策民主化、科学化。

1. 完善基础教育资源配置机制。推进义务教育资源配置标准化、均等化，加大市级财政转移支付力度，缩小区县财政投入差距，到2020年基本建立市级统筹为主的义务教育财政投入体制，基本实现全市义务教育阶段学校经费标准统一、教师收入标准统一、学校配置标准统一、教师队伍配置标准统一。促进基础教育城乡一体化发展，在增量资源安排方面，重点向大型居住区、远郊地区和相对薄弱学校倾斜，在存量资源利用方面，促进优质教育资源共享。

2. 优化公共政策和公共资源配置。科技、人口、文化、财政、税收、社保等公共政策的制定，要有利于调动学校和教师的积极性，有利于教育发展和人力资源开发。在制定城区规划、新城镇建设和小区配套设施建设规划时，优先考虑教育发展需要。土地资源、交通设施、商业网点、安全保卫、环境保护、医疗卫生等公共资源的配置，向教育倾斜，为教育营造良好的发展环境。各类图书馆、博物馆、纪念馆、科技馆等文化科技机构，应设立教育与咨询部，制定教育计划，向儿童、青少年、市民提供科技和文化知识服务。建立公共教育资源共享机制，学校资源向社区开放，使学校成为构建学习型社会的载体。

3. 健全教育决策机制。完善决策程序，增强决策透明度和公众参与度，推进教育决策科学化和民主化。加强教育决策研究，建立重大教育决策咨询制度，成立上海市教育决策咨询委员会，充分发挥各方面专家学者在全市重大教育决策和重大项目实施过程中的重要作用。建立和完善教育重大事项公示、听证制度，法规草案、规范性文件和重大政策措施的制定和修订，以及涉及面广、与人民群众利益密切相关的重大事项的决策，应通过适当途径向社会公布，充分听取广大人民群众的意见和建议，必要时可组织听证。

4. 建立和完善教育信息公开制度。增强教育改革和发展信息的公开性和透明度，让社会及时了解教育改革和发展状况，便捷获取各类教育信息。建立健全教育信息公开的各项制度和途径，完善新闻发布制度，丰富公开形式，保证信息公开及时、准确，方便公众进行教育信息的检索、查询和复制。

(二) 教育管理体制改革。

加强服务型政府建设，深化教育管理体制改革，实行管、办、评相分离，形成政府统筹、分级负责、规范有序、社会参与的教育公共服务体系。

1. 健全教育管理体制。完善"两级政府、两级管理"的基础教育管理体制，加强市级政府对基础教育的统筹和服务，提高区县政府的教育专业化管理水平，发挥乡镇、社区在参与和支持基础教育管理中的重要作用。完善分类指导、部市共建、行业支持、市域统筹的高等教育管理体制，统筹发展重点，健全共商机制，促进条块结合，推动特色发展，增强各类高等学校为国家和上海地方经济社会发展服务的能力。完善政府统筹、行业参与、社会支持的职业教育管理体制，加强教育与人力资源社会保障等部门的协同管理，建立职业院校与行业企业合作制度，鼓励和推动社会各方面支持职业教育发展。克服行政化倾向，探索建立符合现代学校制度的管理模式。

2. 完善教育督导制度。坚持督政与督学相结合，全面加强学前教育、义务教育、高中阶段教育的督学，把推进基本公共教育服务均等化作为教育督导的重要任务。加强教育督导与教育决策、教育执行之间的统筹协调，完善发展性督导评估指标体系。推行教育督导资格制度，促进教育督导工作和督学人员专业化发展，实行优秀教师和优秀管理者担任教育督学的制度。建立上海市教育督导委员会，各级教育督导机构独立行使督导职能，逐步施行督学人员垂直管理，建立督学委派制度。完善督导检查结果公告制度和整改制度。

3. 完善教育监管、问责和评价机制。建立政府与教育公共服务提供者之间的契约关系，实施问责制度，推进政府购买服务，逐步形成监管有力、竞争有序、激励有效的教育公共服务机制。制定教育质量标准，建立健全科学、多元的教育评价体系，形成政府、学校、家长、社会各方面参与的教育质量评价机制。进一步转变政府职能，改变政府对学校的管理模式，发挥法规、规划、标准及拨款机制的引导和调控作用，推动学校面向社会、自主办学、依法治校、科学管理，更好地提供教育服务。建立教育服务多元评价体系，实施政府监督与社会民主评价、专业机构认证、中介组织评估相结合的制度。

4. 培育和发展教育中介服务机构。加快研究咨询型、认证评价型、人才服务型中介机构发展，发挥行业协会等社会组织的重要作用，逐步把教育咨询、教育考试和鉴定、教育质量评估、就业与人才交流等业务管理工作委托给专业中介机构。支持教育研究、教育考试、教育评估等中介机构建设，扩大政府购买服务，完善相关经费保障机制。建立健全教育中介服务机构准入、资助、监管和行业自律制度。

（三）办学体制改革。

以增强学校活力、提升教育质量、提高办学效益为目的，深化办学体制改革，形成政府主导、社会参与、办学主体多元、办学形式多样的办学格局，促进民办学校和公办学校有序竞争、协调发展。

1. 探索公办学校办学模式改革。选择部分公办学校探索委托管理、合作办学等多种形式改革，增强公办学校的办学活力。探索让部分学校优秀校长或管理层管理多所学校的改革试验，共享先进管理经验，促进薄弱学校提升办学水平和教育质量。高中阶段选择部分公办学校探索横向集团化办学，借助优质教育资源改造薄弱学校、扶持新校发展，促进区域教育优质均衡发展。推动公办职业院校依托行业企业办学，鼓励企业、社会团体、个人参与举办职业教育和培训。

2. 整体规划民办教育事业发展。对民办教育的功能、类型、层次、结构及比例等进行合理定位。加快发展大众化、多样性的民办学前教育机构，稳定发展选择性、高质量的民办中小学，有序发展多层次、有特色的民办高等学校，引导发展各类紧缺性、实用型非学历民办教育机构。

3. 改善民办教育发展的政策环境。探索建立营利性和非营利性民办教育机构分类管理制度，制定相应的管理办法及各项政策。建立由政府、社会、学校各方共同参与的民办教育发展基金，加大对非营利性民办教育机构的奖励资助力度。保障民办学校教师和学生的合法权益，依法落实民办学校办学自主权。建立市级民办教育工作领导小组，协调落实促进民办教育健康发展的有关政策。成立民办教育发展服务中心，加强对民办学校的服务。鼓励金融机构向民办学校投放灵活多样的信用贷款。完善民办学校税收优惠政策和各项奖励政策。

4. 推动民办学校依法办学。坚持民办学校的公益性，鼓励社会各界捐资兴办民办教育，支持民办学校利用自身资源为社会提供综合服务。依法加强对民办学校办学行为的监督检查，完善民办教育行政执法和督导制度，促进民办学校规范办学。明确民办学校产权归属，落实民办学校法人财产权，实施符合民办教育特点的财务管理办法和会计核算方法。完善民办学校重组和退出机制，推动教育资源优化配置。探索建立民办学校风险保证金制度和学费监管制度，逐步形成民办学校危机预警和干预机制。加强民办教育协会和中介组织建设，推动民办学校行业自律。

5. 促进各类社会性教育培训有序健康发展。鼓励社会力量以适应社会需求和市场调节为原则，兴办各类非学历成人继续教育、职业技能培训、业余文化培训、教育培训咨询等机构和企业。鼓励扶持实力强、质量好的教育培训机构和企业加快发展，实施连锁经营，发挥品牌效应。健全监管体系，加强规范管理，建立学费监管机制，规范市场秩序，完善税收政策和鼓励政策。

(四) 学校内部体制改革。

探索建立现代学校制度，落实学校办学自主权，完善学校内部治理结构，形成学校决策权、执行权、监督权相分离和相制衡的机制，促进学校面向社会、依法自主办学，增强学校办学活力。

1. 完善公办中小学治理结构。进一步完善中小学校长负责、党组织发挥政治核心作用、教职工代表大会和工会参与管理和监督的制度，积极推动社区、学生及家长对学校管理的参与和监督。坚持依法治教、规范管理，加强学校制度建设，逐步形成自主管理、自主发展、自我约束、社会监督的机制。建设精简、高效的学校管理机构，完善校务公开制度，提高办学效率。

2. 完善公办高等学校治理结构。坚持和完善公办高等学校党委领导下的校长负责制，建立健全党委领导、校长负责、教授治学、民主管理的中国特色现代大学治理结构，推进依法办学、民主治校、科学决策，健全学校领导管理体制和民主监督机制。探索建立由多方面代表参加的学校理事会，吸引社会贤达参与学校重大决策和管理。强化学术委员会的学术权力，发挥广大教师尤其是教授在学术发展、学科建设、学校管理等方面的作用。加强民主管理和民主监督制度，健全、完善教职工代表大会制度、重大决策公示问责制度等，调动各方面积极性。深化高等学校人事制度改革，完善分配激励机制。推进高等学校后勤社会化改革，创新高校后勤管理体制。

3. 健全民办学校治理结构。民办学校的董事会(或理事会)按照法律、法规和学校章程规定行使决策权，校长依法独立行使教育教学和行政管理职权。依法保障教职工代表大会的民主管理和民主监督权，建立和规范民办学校监事制度，健全民办中小学家长委员会参与监督和管理学校的制度。

(五) 招生考试制度改革。

深化招生考试制度改革，推动素质教育全面实施和创新人才培养，扩大学生的选择权，招生与考试相对分离，克服一考定终身的弊端，促进人的全面而有个性的发展。

1. 完善中小学入学和招生考试制度。坚持义务教育阶段公办中小学免试就近入学制度，遵循公正、公平、公开原则，公开招生名额、公开招生规则、公开招生结果。在实行全市初中统一学业水平考试制度的基础上，高中阶段入学实施综合素质评价、统一招生录取的办法，逐步扩大学校自主招生比例；优质普通高中逐步做到年度招生计划按 60%的比例平均分配到每所初中，完善初中学校优秀毕业生推荐入学制度，为办好每一所初中创造良好条件。

2. 建立与高等教育普及化相匹配的高等学校招生考试制度。深化考试内容和考试方式改革，着重考察学生综合素质和能力，建立有利于素质教育的招生考试导向机制。按照多元评价、多次考试、自主选择、自主招生的原则，在建立并完善高中学业水平考试的基础上，高职高专院校实行综合评价、注册入学制度，普通本科高等学校实行联合统一考试、自主择优录取制度，若干高水平大学探索实施多元考查、自主招生的办法。中等职业学校毕业生如选择报考高等职业院校，可走高职综合联考、院校择优录取的通道。

四、重大项目

依据上海教育改革发展目标和任务，聚焦关键领域和薄弱环节，从 2010 年到 2012 年，启动实施 10 项教育综合改革重点试验项目和 10 项重点发展项目。

(一) 教育综合改革重点试验项目。

聚焦素质教育战略主题，围绕“为了每一个学生的终身发展”的核心理念，以率先转变教育发展模式、率先加强创新人才培养、率先扩大教育开放、率先实现基本公共教育服务均等化为主线，建立上海与中央有关部门合作机制、长江三角洲联动机制、市与区县和高等学校互动机制，在若干关键领域实施教育综合改革试验。

1. 优化基本公共教育服务资源配置试验。着力强化政府的教育公共服务职能，促进教育公平。建立并完善教育公共财政制度，推进义务教育资源配置标准化，促进中小学特别是义务教育阶段的教师合理流动，推动优质教育资源的扩散和共享，逐步实现基本公共教育服务均等化。

2. 创新人才培养新模式试验。转变应试教育倾向，创新人才培养模式。建立中小学生“减负”有效机制，深化各级各类学校课程教材和教学模式改革，凸显各学科育人功能，培养学生创新意识、创新思维、创新能力，促进创新人才成长。

3. 改革招生考试制度试验。改革招生考试制度，推进素质教育，健全现代教育管理体制。建立体现素质教育要求的学生综合评价机制，完善高中学业水平考试制度，形成多样化、可选择的高等教育和职业教育招生考试新制度。

4. 促进高中教育优质特色多样发展试验。促进高中特色多样化，培养具有个性特长的合格学生。鼓励高中办出特色，在若干高中实施创新人才培养实验项目，建立高中与大学合作培养人才的新机制。加强对高中生动手能力和职业技能培养，探索综合高中发展的新机制，促进普职渗透。

5. 建立高等学校分类指导服务体系试验。引导高等学校准确定位、错位竞争，走创新型、开放型、特色型、服务型发展之路。制定上海高等学校发展定位规划，建立高等学校办学质量分类评估标准，对不同类型高等学校实施分类管理、服务、支持政策。

6. 建设终身教育体系和学习型社会试验。率先建立人人学习、终身学习的终身教育体系和学习型社会。促进全日制与非全日制教育的衔接融合，建立“学分银行”，实施学分互认；健全管理协调体制，完善全社会支持和参与发展终身教育、建设学习型社会的新机制。

7. 促进民办教育规范特色发展试验。整体规划民办教育事业发展，改善民办教育发展的政策环境。建立营利性和非营利性民办教育机构分类管理制度，完善公共资源支持民办学校发展的机制，支持若干示范性民办高等学校建设，实施民办学校教师、管理者培训资助计划，健全监管体系，规范办学秩序，促进民办学校规范和特色办学。

8. 扩大教育对外开放试验。把上海建成国际教育交流中心城市，提升上海教育综合实力和国际竞争力。进一步拓展学生的国际视野，建立教育国际交流合作新机制，探索引进国外优质高等教育资源新模式，创新吸引和服务留学生的各项政策，建立中外合作办学质量保障机制，完善鼓励上海教育走向国际的政策。

9. 完善非本市户籍常住人口教育保障机制试验。适应非本市户籍常住人口增长趋势，保障各类群体学有所教。非本市户籍常住人口子女在义务教育阶段以公办学校接纳为主，全面实行免费教育。探索建立与居住证制度相适应、体现各级各类教育特点、公办和民办学校共同参与的非本市户籍常住人口非义务教育阶段的就学制度。

10. 探索区域教育协作新机制试验。充分发挥上海对外开放的优势，探索区域教育合作的新形式、新模式、新途径。推动长江三角洲共同建立都市圈教育联动发展新机制，完善上海教育服务长江流域、服务支援中西部地区、服务全国的可持续机制，促进上海与港澳台地区的教育交流和合作。

（二）重点发展项目。

围绕中长期教育改革和发展的重点任务，启动建设一批对学生终身发展和增强教育服务经济社会发展能力具有重要支撑作用的重点发展项目。

1. 城乡基础教育一体化建设工程。适应城市化发展和人口数量、人口结构、人口分布变化的趋势，促进城乡教育一体化和基本公共教育服务均等化，扩大优质教育资源，提高基础教育整体水平。

加快郊区幼儿园、中小学建设。在郊区、大型居住区等教育资源不足地区，新建400所幼儿园、150所小学和120所初中，迁建或新建10所左右优质高中及分校，基本实现教育资源均衡合理布局。

加强郊区、大型居住区新建学校的内涵建设和管理。强化优质学校对口支援工作，探索集团式发展，完善委托管理，切实保障郊区和新建学校办学质量。

实施上海新农村教师专业发展培训项目。重点对农村地区义务教育阶段2万名初级职称教师和新进教师进行全员、分层培训。组织名校长、名师下乡为郊区教师提供个性化的专业指导。设立郊区学校特聘教师岗位，每年招聘一批退休高级教师或城区骨干教师赴郊区任教。

提升城乡幼儿园、中小学校办学条件。按照幼儿园、中小学建设“05”和“04”标准，加快对有条件而未达标学校的升级改造，使新建学校全部达标。在有条件的学校推进小班化教育，并同步实施教室和教学设施配套改造。以推进教育信息化为基础，整体提高中小学校设施设备和教师配备标准，为学生提供高标准、高质量的基础教育。改善民族学校、民族班的教育教学条件，促进少数民族学生健康发展。

实施中小学校舍安全工程。提高学校的综合防灾能力，使校舍达到重点设防类抗震设防标准，火灾、洪灾等相关防护综合灾害安全标准，成为最安全、家长最放心的地方。

2. 职业教育示范校和能力建设工程。围绕产业升级需求和高水平特色职业学校的建设目标，重点加强一批职业院校建设，打造一批现代化职业教育实验实训基地，更好地培养适应上海产业发展要求的知识型、发展型技能人才。

实施示范性职业学校建设。全面提升中等职业学校办学水平，力争三分之一以上职业学校达到国家级示范性职业学校水平；实施示范性高水平高等职业院校建设计划，重点建设若干所国家级示范性和市级特色型高等职业院校。

加强知识型、发展型技能人才培养重点基地建设。根据上海产业发展需求，重点建设 30 个技能型人才培养培训基地和 200 个高职专业，重点建设若干与现代服务业和先进制造业相匹配、优质资源共享的现代化实验实训基地，实现教学、科研、技能鉴定、社会服务功能的整合。

深化职业教育集团建设。建设 10 个行业性、区域性职业教育集团，健全中高职院校之间、学校企业之间实验实训等资源共享机制，完善职业技术人才培养的协作机制。

3. 高水平大学和一流学科专业建设工程。深入实施上海高等教育内涵建设工程（“085 工程”），以高水平特色学科专业建设为基础，以领军人才培养为重点，建设高水平和特色大学，增强高等教育卓越发展能力。

实施高水平大学和特色高等学校建设。重点实施“211 工程”、“985 工程”、“985”创新平台等国家建设项目，推进世界一流和知名高水平大学的建设；推动市属高等学校与政府行业主管部门紧密联系，实施特色院校重点共建计划，使市属高等学校成为行业内高水平学校。

实施一流学科建设计划。按照扶需、扶特、扶强的原则，重点建设 20 个学科，努力冲击国际一流水平；重点建设 200 个学科，使之逐步成为国际先进、国内一流学科。

实施创新人才培养建设计划。加大专业和课程建设力度，重点建设 100 个学位点、60 个产学研人才培养基地、300 个本科专业；开发和培育优质教学资源，每年遴选资助一批精品课程、优秀教材，重点建设 10 个实验教学中心及若干个示范实习基地。支持各研究生培养单位改进人才培养模式，建设一流的高层次创新人才培养基地。

4. 高等学校知识服务平台建设工程。围绕国家战略和上海建设“四个中心”、发展现代服务业、先进制造业的目标，依托高等学校优势学科，整合各方面资源，建设一批资源共享、开放合作的知识服务平台，提升上海高等教育对经济社会的知识服务能力。

建设若干高新技术产学研合作开发中心。聚焦上海高新技术产业化重点领域，高等学校与相关企业和研究机构联合建设相应产学研合作开发中心，围绕产业共性关键技术进行攻关，推进研究开发—实验教学—实习培训一体化，围绕新兴产业发展培养人才，发挥高等学校在高新技术产业发展中的创新和支撑作用。

建设若干知识服务中心。聚焦上海现代服务业发展的重点领域，重点建设若干知识服务中心，研究相关服务产业发展中提出的重大理论、技术、实践问题，推动上海现代服务业发展。

建设若干高级战略研究中心。汇集国内外高层次人才资源，重点建设若干高水平的战略研究咨询机构，围绕国家重大战略和上海“四个中心”建设的重大问题进行研究，提供高层次的战略咨询，成为在全国有重大影响的战略智库。

5. 教师专业发展工程。以提升教师育德能力、创新精神、专业素质和研究能力为重点，推动教师改革教学方法和教学模式，不断提高培养创新人才的能力，造就一批名师、名校长。

实施教师育德能力提升计划。建立覆盖中小学各学科、各学段的骨干教师德育实训基地，构建教师人文素养培育资源平台，推进高校哲学社会科学教学科研骨干研修项目，开展高校中青年“海归”教师国情教育。建立德育教师专业化培养制度，建设优秀德育教师工作室和境内外研修基地，实施德育中青年教师“阳光计划”培养项目。建立健全符合德育教师队伍特点的评价、激励机制，吸引、鼓励学科专家、社会优秀人才加入德育工作者队伍。

建设基础教育教师和校长研修基地。完善市、区县、学校三级教师培训网络，创新教师终身学习进修机制，促进教师专业发展。在本市若干高水平大学、教育培训机构和境外建设校长、骨干教师研修基地，培养一批引领基础教育改革发展的名师、名校长。完善师资培训机构的教师教育发展功能，加强区县教师进修学院建设。设立特殊教育、民族教育、艺术教育等专门类教师研修基地。

实施职业院校教师教学实训能力提升计划。构建中高职“双师型”教师队伍培养体系，建立若干培训实践基地。建立职业院校教师培训制度和社会实践制度，保证教师至少每三年参加一次专业培训和到企业进行一次挂职锻炼。

实施高等学校骨干和领军人才培养计划。依托高等学校重点学科、重点实验室、重大创新项目，深入推进“东方学者”等人才培养引进计划；设立专项资金，资助优秀青年教师赴国内外一流高等学校、研究机构和大型企业，师从一流学者专家，开展访学和研修。

6. 教育国际化重点建设工程。积极引进国际优质教育资源，培养高素质国际化人才，提升上海教育的国际影响力、竞争力、吸引力。

建设高水平中外合作学校。在教育部指导下，依据有关法律法规，推动上海高等学校与世界名校合作，有关地区、部门积极参与，运用新机制合作建设若干所具有国际影响力的高水平大学。

加强留学生教育特色精品专业和课程体系建设。依托高等学校、科研机构等力量，重点组织建设一批高质量、高水平的留学生教育专业和课程，研究开发多语种、跨学科的“当代中国研究”课程，增强上海留学生教育的吸引力和竞争力。

加强教育国际合作交流支持服务体系建设。提升、整合上海国际教育服务机构的功能，完善教育国际交流服务体系，为留学生教育、国际教育资源引进、国际教育投资培训等提供高质量服务。

实施高等学校学生海外游学实习计划。设立大学生海外游学专项资金，每年资助本市 2% 的普通高校在校生到海外著名大学、跨国企业、国际组织游学、实习和见习。

7. 教育信息化公共服务平台建设工程。提升、整合各类教育信息化学习资源，完善基础设施和服务体系，打造教育信息化公共服务平台，构建 21 世纪城市泛在学习环境，为学习者提供个性化学习服务。

建设“上海学习网”。融合各类学习网站、学习平台和学习资源，为市民提供在线学习、全网智能搜索、个性化学习推荐、终身学习档案等全方位、个性化的终身学习服务，使市民通过互联网、移动电话、IPTV、数字电视、卫星等多个渠道快速访问学习资源，满足学习者个性化的泛在学习需求。

推进上海数字化学习资源网络建设。充分利用全社会教育资源，建设内容覆盖各级各类教育的学习素材、教学课件、网络课程等数字化学习资源网络。由政府各部门和社会各行业分别建设专业性公共教育网络资源库，鼓励社会积极参与教育资源网络建设，为教师提高教学水平、学生课外学习、市民终身学习提供丰富的多媒体信息资源。

加强上海教育信息化服务体系建设。建立支持泛在学习的电信级数据存储和数据流通中心，系统提供基础设施和应用系统的信息监控，完善教育资源和软件的质量评测。建立一支经验丰富、高素质的技术服务队伍，形成市、区县、学校的三级服务体系和保障机制。

8. 市民终身学习促进工程。提升和整合各类教育学习资源，优化市民终身学习的公共服务设施布局，为市民提供便捷、丰富、可选择的学习机会和学习资源。

完善市民终身学习公共服务设施建设。重点建设 18 个区县社区学院，继续推进街道乡镇成人学校和社区学校标准化建设，建设 3000 个标准化居(村)委居民学习点，完善全民终身学习三级学校网络，形成教育进社区、学习到家门的终身学习服务体系。

建设上海开放大学。以上海电视大学开放教育为基础，逐步整合高等学校继续教育学院、高等学校网络学院、独立设置的成人高等学校等教育资源，构建上海开放大学。在现有终身教育资源库的基础上，再集中开发 1 万门网络学习课件、1000 门终身教育特色课程。

建设进城务工人员技能文化培训网络。设立政府资助、企业参与的免费技能培训点，增强进城务工人员的工作技能和岗位竞争力。设立专项奖励和资助资金，鼓励进城务工人员参加各种形式的文化学习和技能培训。开发一批供进城务工人员学习的课程教材和网络教学课件，建设一支以教师、技术人员志愿者为主体的教师队伍。

加强老年教育建设。适应老龄化社会发展需要，推进市、区县老年教育机构建设，为老年人提供便捷和更好的学习交流环境。改善市老年大学教育设施，提高学校信息化水平。探索建设若干所养教结合的老年教育中心。

9. 学生实践和创新基地建设工程。统筹布局全市青少年实践活动基地，充分开发整合全社会育人资源，为学生提供便捷、多样、优质的德育实践和创新活动资源。

建设校外教育实践活动基地。全面提升现有校外教育基地的功能和质量，打造校外实践活动精品。建成上海市科技艺术教育中心，建设一批高水平的学生艺术团体。推进社区和乡镇未成年人文化设施建设，拓展社区和乡镇文化活动中心青少年教育功能。在中小学建立一批向社区开放的学生素质教育综合基地。改建扩建20个示范性职业体验基地、10个示范性学农教育基地。建设100个校外教育活动示范基地和100个学生社区实践指导站。全面实施未成年人参加各类社会实践场馆基地活动“一卡通”信息管理。

建设学生创新实验室。实施中小学实验室改造计划，建设现代化、多样性的实验室，逐步改变中小学实验室单纯以做验证性实验为主的功能，为学生开展研究性学习和实施探究性实验提供良好的实验条件。建设若干个区域性中小学生创新实验室和50所高中专题创新实验室，为具有创新兴趣和创新潜质的学生搭建多样化的创新实践体验平台。建立网上虚拟实验室，吸引更多青少年参加快捷、灵活、信息量广、互动性强的创新实践活动。

10. 学生健康促进工程。全面贯彻“健康第一”思想，促进医教、体教结合，增强学校体育卫生的保障能力，促进学生体质和心理健康水平不断提高。

实施学校卫生条件标准化建设。充分利用地区医疗资源为学校提供医疗服务，在若干高等学校周边或校内布局设立社区卫生服务中心，在每一所寄宿制中学建设具有医疗资质的卫生室，在初中以下学校和幼托机构建设现代化保健室，实现“一校一医”。健全中小学营养午餐配送体系，推进学生专用餐厅建设。

加强学校体育场馆建设。制定全市学校体育设施建设标准，保障每所新建学校都建有标准化的体育场馆，重点建设一批学校与区县、社会共建共享的体育场馆，保证每个学生每天锻炼1小时，掌握1—2项运动技能，鼓励所有学生学会游泳。推进体教结合，建设一批高等学校高水平运动队、中小学“二线”运动队及体育传统校，培养一支高水平的体育竞技后备人才队伍。

完善学校生命教育和心理健康教育体系。制定学生心理健康教育计划，开展生命教育和发展性心理健康教育，完善心理危机干预和转介机制。在所有中小学设置心理健康辅导室，在各区县设立青少年心理辅导中心。完成所有高校心理健康教育与咨询达标中心建设，推出一批示范中心。所有学校均按要求配备具有职业资格的心理健康教育专职教师。

五、领导和保障

（一）加强对教育工作的领导。

推进上海教育改革和发展，实现教育现代化，是一项伟大而艰巨的任务。必须坚持党对教育事业的领导，落实各级政府的责任，凝聚师生员工和全社会的力量，为教育改革和发展构建和谐、健康、稳定、有序的良好环境。

1. 加强和改进党对教育工作的领导。各级党委要把教育改革和发展作为维护人民利益和促进城市发展的重大战略任务，摆到重要的议事日程上，认真贯彻党的教育方针，强化党委统一领导、党政齐抓共管，确保教育的社会主义方向，推动教育事业科学发展。高等学校要建立党委统一领导、党政分工负责、各方协调配合的工作机制，把全面贯彻党的教育方针、培养社会主义建设者和接班人贯穿党组织活动始终，建立完善科学民主决策机制，发挥党组织在推进教育改革和发展中的领导核心作用。中小学和职业学校党组织要加强思想政治工作，参与学校重大问题的决策，支持校长依法行使职权，充分发挥政治核心作用。进一步加强民办学校党组织建设，完善督导专员和党建督察员制度。加强学校党组织建设和党员队伍建设，增强党对知识分子的凝聚力。

2. 进一步落实政府推进教育改革和发展的责任。各级政府要进一步转变职能，强化公共服务和社会管理，把教育改革和发展纳入经济社会发展的总体规划中，优先发展，重点发展。坚持教育的公益性，维护教育公平，关注困难群体，提供惠及全民、有质量的基本公共教育服务，促进各级各类学校不断提高办学水平和效益。定期向同级人民代表大会及其常委会报告教育改革和发展情况，充分听取政协和各民主党派的意见和建议。政府各部门要加强协调，齐心协力支持教育发展，动员和争取社会各方面关心支持教育事业。

3. 建设高素质的教育管理干部队伍。倡导教育家办学，探索建立有利于教育家成长的体制机制。加强高等学校领导班子建设，不断提高领导干部把握方向、谋划战略、促进发展、推动改革、化解矛盾的能力。建立健全适应教育管理特点的干部选拔任用和管理制度，逐步推广高等学校领导干部公开选拔招聘制度。制定中小学校长专业标准，完善中小学校长职级制，促进校长合理流动，培养一大批懂教育、精管理的校长队伍。加强教育行政管理干部队伍建设，健全培训制度以及干部评价考核和激励机制，不断提高教育公共服务专业化水平。

4. 加强教育系统党风廉政建设。严格执行党风廉政建设责任制，完善具有教育特点的惩治和预防腐败体系，坚决惩治和有效预防腐败。坚持以党内民主促进校园民主，加强群众监督，充分调动民主党派和党外知识分子的积极性，建设和谐校园。坚持从严治教、规范管理，推进政务公开、校务公开。切实纠正损害群众利益的不正之风。

5. 着力维护学校安全稳定。规范课堂、讲座、出版和网络等管理，营造健康向上的舆论氛围。认真倾听师生的意见和呼声，关心并积极解决群众最关心、最直接、最现实的问题，及时化解教育改革和发展过程中的各种矛盾。加强校园周边治安综合治理，推动学校与相关部门和社区的合作，建设平安校园。加强学校、家庭、社会和司法联动保护，为青少年身心健康创造良好环境，有效预防未成年人犯罪。

（二）健全教育法制环境。

完善教育法律法规保障体系，形成依法行政和依法治教的运行机制。

1. 推动教育法律法规保障体系建设。适时制定国家相关教育法律法规的实施办法。开展终身教育、教育督导评估、民办教育、中外合作办学、学前教育、特殊教育、语言文字等方面的地方立法立规工作。完善各级人大和政府教育行政部门检查教育法律法规贯彻执行情况的工作机制。

2. 加强教育行政执法和执法监督。加大行政执法力度，建立专门的教育行政执法队伍，及时查处各类教育违规违法办学行为，依法建立规范教育秩序的长效常态管理机制。完善行政执法规范，落实行政执法责任制，定期开展行政许可、政府信息公开等专项执法检查。强化行政程序规范，完善教育行政复议、教育行政诉讼、行政赔偿等制度。

3. 深入推进依法治校。以完善各类学校章程为抓手，进一步规范学校制度建设，促进学校正确行使办学自主权。完善教师和学生的申诉制度，健全学校内部救济制度，保障教师和学生的合法权益。依法管理国有资产和学校法人财产。开展普法教育，推广依法治校示范校模式。

（三）加大教育经费投入力度。

坚持政府投入为主、多渠道筹措经费的教育投入体制，完善教育公共财政体制改革，使教育投入总量与教育事业发展的实际需求相适应，教育投入结构与教育布局结构变化相适应，教育投入方式与教育体制改革和制度创新相适应。

1. 增加财政性教育投入。坚持教育优先发展，不断加大各级政府对教育的投入力度，使教育投入与教育改革和发展要求相匹配。市、区县两级政府教育财政拨款的增长应高于财政经常性收入的增长，保证教育财政拨款达到法律规定的增长要求，并使按在校学生人数平均的教育费用逐步增长，保证教师工资和学生人均公用经费逐步增长，依法保证教师平均工资水平不低于或高于公务员平均工资水平，并逐步提高。将教育财政拨款增长和使用情况逐步向社会公开，接受社会监督。

2. 改革教育拨款制度。按照推进基本公共教育服务均等化的要求，改进义务教育阶段学校的拨款制度，对同一区域内的学校实行以在校生为基础的均等化拨款制度。结合教学改革、设施设备更新及物价变动等因素，建立以成本分析为基础的各级各类教育生均公用经费定额动态调整机制。调整支出结构，建立高等学校生均经常性经费综合定额拨款制度，逐步降低专项经费拨款比例，实施高等学校科研事业费制度，引导学校统筹安排经费，增强自主发展能力。设立高等教育拨款评估咨询委员会，将财政投入与高等学校绩效考核相衔接。

3. 增强市级教育经费统筹能力。增量经费主要向经济困难、人口导入的远郊区县、薄弱学校、困难群体倾斜。提高学前教育的政府投入比例，逐步推行免费中等职业教育。进一步支持继续教育和社会教育发展，促进学习型社会建设。按照国家有关规定，在进一步规范民办教育管理的基础上，加大对民办教育的资助力度，鼓励民办学校特色发展和可持续发展。完善帮困助学体系，增加对家庭经济困难学生的生活补助，完善中等职业教育的助学金制度，建立、健全对高中、高等学校学生的资助和奖学金制度。

4. 加强教育经费使用绩效监管。加强对公共教育经费使用的监管，逐步形成财政和审计部门专业监督、教育主管部门委托第三方监管、学校日常监督相结合的监督管理制度，实现公共教育财政支出预算公开化、透明化；建立教育经费执行情况的分析报告制度，对于截留、挪用、擅自改变资金用途的，依据有关法律法规严肃处理。加强教育专项经费投入的绩效评价，逐步使其制度化，提高教育经费使用效益。

5. 鼓励和引导社会资金投入教育。进一步完善非义务教育成本分担机制，提高企业、行业、社会团体、公民个人对教育投入的积极性，争取各方面社会资源支持教育发展。完善教育捐赠政策，为捐赠者提供更多的便利，鼓励企业、家庭、个人更多地投资教育，促进学习型社会建设。

六、实施和评估

《教育规划纲要》是指导上海未来教育改革和发展的纲要性文件。贯彻实施《教育规划纲要》是各级党委、政府的重要职责。必须切实建立健全实施机制，明确目标任务，落实工作责任，完善监督考核，有效推进《教育规划纲要》的贯彻落实和组织实施。

（一）建立实施机制。

在市委、市政府的统一领导下，按照《教育规划纲要》的要求，成立上海市教育体制改革领导小组，实行各委办局分工负责。由教育部门负责《教育规划纲要》的实施和协调，各有关部门结合各自职能，在实际工作中落实好《教育规划纲要》中的相关任务。要把《教育规划纲要》与建设计划、行动计划及年度计划紧密结合起来，远近结合，形成合力，使《教育规划纲要》确定的目标、任务和各项措施切实得到贯彻落实。区县政府和教育部门、各级各类学校要从实际出发，制定本区县、部门、学校实施《教育规划纲要》的具体方案和措施，分阶段、分步骤组织实施，全面推进教育改革和发展。

（二）完善评估制度。

《教育规划纲要》确定的各项指标要纳入市政府各部门、各区县和教育部门综合评价和绩效考核体系。《教育规划纲要》实施一段时间后，要围绕提出的主要目标、重点任务和政策措施，组织开展实施评估，全面分析检查各项政策措施落实情况及实施效果。

（三）加强监督检查。

做好《教育规划纲要》及相关信息公开工作。向社会和广大市民广泛宣传《教育规划纲要》，不断提高公众的规划意识，让更多的社会公众通过法定程序和渠道参与《教育规划纲要》的实施和监督。市、区县各级人大、政协要加强对《教育规划纲要》实施情况的监督检查，提出加强和改进《教育规划纲要》贯彻实施的意见和建议。对《教育规划纲要》落实情况，通过教育督导报告等形式定期公布，并根据各有关部门和各区县的落实情况以及社会各方面的反馈情况，实行表彰奖励和劝诫问责制度。

2010年上海市教育委员会工作要点

2010年，上海教育工作要在教育部和市委、市政府的正确领导下，全面贯彻党的十七大和十七届四中全会、九届市委九次全会精神，坚持邓小平理论和“三个代表”重要思想，深入落实科学发展观，以学习贯彻国家和上海市中长期教育改革和发展规划纲要为主线，以编制上海教育事业发展“十二五”规划为重点，全力参与和服务世博会，坚持改革创新、提高质量、促进公平，大力推进教育现代化建设，促进各项教育事业上一新台阶，努力办好人民满意的教育。

一、编制实施规划纲要，深入推进教育改革发展

1. 完成《上海市中长期教育改革和发展规划纲要(2010—2020年)》编制并正式实施。修改完善《上海市中长期教育改革和发展规划纲要(2010—2020年)》文本，适时向社会公开征求意见。做好报请上级部门审议批准工作，完成《上海市中长期教育改革和发展规划纲要(2010—2020年)》编制并正式颁布实施。研究制定舆论宣传方案，利用新闻媒体进行准确解读，加强引导，切实推进规划纲要实施。

2. 编制《上海教育事业发展“十二五”规划》。按照市政府统一部署，围绕应对国内外发展环境变化、产业结构调整、优化空间布局、加强社会发展、深化改革开放等重点，根据本市教育实际，结合中长期规划纲要的阶段性目标，完成《上海教育事业发展“十二五”规划》的编制工作。

3. 全面完成《上海教育事业发展“十一五”规划》任务。依据规划确定的总体目标，实施和谐均衡、创新提升、人才强教和开放合作等四大战略，确保落实各项指标，全面完成《上海教育事业发展“十一五”规划》各项任务。

4. 启动部市合作共建国家教育综合改革试验区工作。配合做好上海市人民政府和教育部共建国家教育综合改革试验区的协议签订等相关工作，制定实施细则，试验区工作有实质性启动。

二、坚持立德树人，扎实推进学生德育工作

5. 深入开展世博主题教育活动。紧紧抓住上海世博会举办的契机，充分挖掘世博会的德育资源与内涵，广泛开展世博主题教育活动，引导学生在实践锻炼中受教育、长才干、作贡献。围绕世博，重点实施“一个计划”、“五大系列”活动。“一个计划”指世博志愿者保障奖励计划，支持各高校开展世博志愿者工作、评选奖励世博志愿服务典型；“五大系列”活动指世博志愿精神打造、世博文化展示、世博文明践行、世博创意行动、世博风采宣传等活动。

6. 增强德育工作的前瞻性和科学性。召开上海学校德育工作会议，制定《上海学校德育“十二五”发展规划》，推进德育研究，组织实施市哲学社会德育系列课题(市德育理论研究课题、市德育决策咨询课题、市德育实践研究课题)的申报评审工作。举办上海高校思想政治研究年会，承办第二届全国高校思想政治教育工作创新论坛。

7. 深化中小学德育工作。完善“两纲”课内体系，实施《上海市中小学21门学科分层实施学科德育的指导意见》，注重学科德育的有效性。完善“两纲”课外体系，召开中小学社会实践工作会议和校外教育工作表彰会，推进校外教育课程化建设。完善创新人才素质培养体系，制定《关于加强中小学德育工作促进学生创新素质发展的指导意见》。召开上海市中小学心理健康教育工作会议，推进“温馨教室”建设。完善师德建设与教师人文素养提升工程。加强班主任、德育骨干队伍培训培养，建好“班主任带头人工作室”，设立劳技课、信息技术课、自然课、科学课等德育实训基地。

8. 加强中职校德育工作。贯彻落实上海市中等职业学校德育工作会议精神，认真实施《关于加强和改进上海市中等职业学校德育工作的实施意见》，制定并实施中职德育工作专项督查指标。进一步规范中职德育课教学管理，深化德育课教学改革。制定《上海市中职学生成长手册》。举办首届上海市中职校园文化节。建立上海市中职校网络服务平台，及时把握学生思想动态，积极构建中职校校园网络文化。制定《上海市中等职业学校班主任工作职责》，进一步规范班主任工作。建设上海市中职德育师资培训基地，加大骨干教师的培养力度。

9. 推进大学生思想政治教育工作创新发展。加强高校思政课建设，积极推进《六个“为什么”》进课堂试点工作。制定上海高校思政课建设标准，开展教学督导，组织名师巡讲，举办教学论坛、教学比赛，推进教学科研，创新教学方法，提高教学质量。出台思政课教师队伍培养规划，加大培训力度，组织结对带教，建设名师工作室，实施“阳光计划”，着力培养思政教育专家和学科带头人。进一步加强大学生形势与政策教育。推进辅导员培养工作向纵深发展，加大辅导员培训基地建设力度，建立辅导员境外研修基地，设立优秀辅导员工作室，推广辅导员博客，拓展辅导员专业化发展方向，继续开展高校学生思想政治教育教师职务聘任工作，举办年度辅导员论坛。组织高校思政课教师、辅导员、大学生年度人物评选活动，推出一批先进典型。加强大学生人生指导。推出《上海学校心理健康教育三年规划》和《上海高校心理健康教育与咨询区域示范中心建设标准》，组织心理健康教育达标中心和示范中心遴选、验收工作。开展“心理健康教育活动月”，推进学校心理咨询师培训和认证工作。制定开展创业教育，做好毕业生思想政治教育工作，引导学生树立正确的就业观和择业观。以慈善爱心屋为抓手，推进高校帮困育人工作。召开研究生思想政治工作研讨会，出台《加强和改进研究生思想政治教育工作的若干意见》。加强分类指导，抓好民族学生、留学生、民办高校学生等不同群体学生的思想政治教育工作。

三、坚持均衡发展，全面提升基础教育水平

10. 加大幼儿园园所建设力度，深化学前教育内涵建设。应对入园高峰，科学规划、合理布局学前教育资源，加大学前教育新五年发展规划的推进力度，2010 年全市新增 50 所幼儿园，并做好教师需求的预测与配备工作。重视农民工同住子女接受学前教育需求，指导区县做好民办三级幼儿园的建设与审批工作，制定学前农民工同住子女看护工作管理要求和标准，规范农民工同住子女学前教育工作。召开幼儿园教学工作会议，加强教学规范，切实提升保教质量。研究制订幼儿园质量保障标准体系，开展新一轮市示范园建设认定工作，进一步加强保教队伍专业化建设。深入开展“0—3 岁教养活动”质量研究，提高早教指导工作水平。建立城郊幼儿园结对发展的长效机制，提升郊区农村幼儿园办园水平。推进学前教育信息化建设的力度，制定学前教育信息化标准。

11. 加快郊区学校建设步伐，扩大优质教育资源辐射力度。认真落实本市郊区学校建设工作会议精神，指导各区县根据区域经济社会发展总体规划和人口增长、分布及流动趋势，合理调整学校布局设点，并大力推进郊区学校建设工作。组织中心城区品牌学校赴市大型居住基地学校对口办学，落实当年交付使用的中小学和幼儿园的开办工作，努力提升这些学校的办学起点。推进新一轮区县教育对口合作交流，提高对口合作交流工作的水平。做好 44 所委托管理学校的过程管理和中期评估工作，推进郊区相对薄弱学校教育质量的提升与办学水平的提高。

12. 大力推进义务教育学校内涵发展。以推进素质教育为抓手，引导义务教育阶段学校向轻负担、有特色、高质量方向发展。总结交流义务教育学校特色发展经验，推进全市义务教育学校特色发展。围绕校长课程领导力、教师教学有效性，分别举办初中、小学教学展示活动，提升义务教育学校教育质量。推进农村 400 所义务教育阶段学校的信息化与课程整合水平，逐步改变农村学校教师的专业生活状态和文化环境。

13. 加强高中教育发展的分类指导。完成 12 所市实验性示范性高中的发展性评估，引导市实验性示范性高中找准内涵发展的定位，形成办学风格，培育办学特色。探索特色高中建设，开展对完中教育情况的调研，加强对完中的引领和指导，初步形成一批具有鲜明办学特色的完中。进一步探索高中阶段创新素养培养的不同模式和途径，构建创新素养培养的网络。启动高中学业水平考试，组织普通高中信息技术和地理学科学业水平考试。

14. 推进基础教育课程改革。修订《上海市普通中小学课程方案》和各学科《课程标准》，提高学科内容标准对教学基本要求的描述精度，切实提高课程标准对学科教学、评价等的指导作用。实施提高校长课程领导力三年行动计划，从课程规划、实施、管理、评价等环节加强专业指导和支持，推动中小学开展校本化实施新课程的研究和实践。进一步加强教学规范，规范教学各环节的管理，指导教师正确把握教学基本要求，有效转变教师教学方式和学生学习方式，切实减轻学生课业负担，扎实提高课堂教学质量。健全体制机制，激发基层活力，鼓励各区县因地制宜，创造区域推进素质教育经验，形成一批各年段的特色学校和典型经验。

以建设创新实验室行动为基础，加强中小学实验室工作，构建一批科技、艺术、语言、人文类的实验室和学校课程，丰富学校课程文化内涵。积极开发和利用各类课程资源，拓展教育时空，为学生创设丰富的课程学习和体验经历。开展基础教育质量监测研究和实践，规范区县学业测试的内容与次数。推进网上教研活动，构建网上教研新模式。形成一批以信息技术和网络技术为支撑的教育改革项目。在部分学校探索利用“电子书”开展教学。研究制定学校教育教学管理、学籍管理的信息化标准。

15. 认真做好农民工子女义务教育工作。继续扩大公办学校接收农民工子女就读比例，基本完成农民工子女学校纳入民办教育管理工作，基本实现全市农民工同住子女全部进入公办学校或政府委托民办小学免费就读任务。制订并颁布《进一步加强以招收农民工同住子女为主民办小学规范管理的若干意见》，引导以招收农民工同住子女为主的民办小学规范办学行为，提升教育质量。继续改善此类民办小学办学条件，为每一所此类民办小学建设一个符合规范的图书室，并按基本标准配备体育运动器材。规范此类学校的招生工作，切实保障农民工同住子女接受义务教育权益。

16. 大力实施特殊教育三年行动计划。召开上海市特殊教育工作会议，扎实推进特殊教育三年行动计划的落实，实现特殊教育领域医教结合工作的稳妥推进。加强特殊教育学校、学前特殊教育机构和特殊教育康复指导中心的建设，健全随班就读的支持保障体系。充分发挥上海特殊教育资源中心的作用，加大研究和咨询服务力度。

17. 切实提高民族班学生综合素质。贯彻落实教育部等扩大内地新疆高中班和内地西藏高中班招生规模的文件精神，认真做好内地中学民族班扩招工作。大力加强民族班学生思想政治教育工作，进一步增强广大师生维护民族团结和国家统一的观念。加强民族班教学工作，提高课堂教学的针对性和有效性。组织汇编民族班(校)教育教学工作案例集，加强经验交流。

四、坚持大力发展，不断增强职业教育服务经济社会发展的能力

18. 推进职业教育体系改革，深化职业教育集团化建设。推进中高职教育的衔接与贯通，整体构建职业教育人才培养体系。继续推动有条件的区县组建区域职业教育集团，推动机电数控、化工、建筑和现代农业等行业组建职业教育集团。建立保障职业教育集团持续发展机制，建立职业教育集团运作监管机制。进一步深入开展形式多样的校企合作项目。努力拓展职业教育集团服务功能。

19. 持续保持中等职业教育规模稳定发展。坚持普职比大体相当，保持中等职业教育发展规模稳定。改革中职校自主招生办法，试行航空、艺术类专业和自荐生网上录取工作，吸引本市优秀初中毕业生报考中职校。继续完善本市招收农民工同住子女就读中职校的招生办法，扩大农民工同住子女招生计划，探索建立在沪农民工同住子女中职教育后升学制度。积极开展中等职业学校多模式、多形式和多元化职业教育与培训。

20. 全面推进中等职业教育内涵建设。全面落实《上海市中等职业教育教学质量行动计划(2009—2013年)》，全面开展中等职业学校专业布局结构调整优化工作，研究制定大类专业设施设备装备配置指导标准。进一步加快中职校教育教学改革，建立和完善教学质量监控体系、保障机制和评价指标，用三到五年时间在本市中职校开展全面的教学质量评估工作，2010 年上半年先行试点，下半年对 20%的学校进行评估。完善新设专业网上登录备案工作，建设中等职业教育教学质量评估信息服务平台。在实施已颁布的 42 个专业教学标准的基础上，再选择 5 个左右的专业，启动专业课程改革，制定相关的专业教学标准。研究制定“上海市中等职业学校精品课程建设操作指引”和“上海市中等职业学校专业教师培训包开发指引”。开展上海市中职校第二届校本教材展示交流评比工作。推进教研网络信息平台更新工作，研究制定网上教学指导实施方案与意见。

21. 加强高等职业教育内涵建设，提高高等职业教育质量。全面推进上海高职高专院校专业布局结构优化与调整工作，以上海社会经济发展需求为导向、以职业岗位(群)为依据、以技术要求或服务规范为要素推进重点专业建设，2010 年重点扶持建设 50 余个强势型专业、特色型专业或急需型专业。继续开展高职高专院校师资教学能力提升工作，在数控、电子电工等招生数较大的专业领域培养一批既掌握专业技能又具备大众化高等教育教学方法的高职双师型教师，采用国内项目学习和国外进修的方式重点对教学理念、课程设计、教学方法、实践能力进行培训。全面启动新一轮高职高专院校人才培养工作评估，完成上海市高职高专院校网上教学质量监控平台建设，通过教学质量的有效评估和监控，引导学校把工作重心放到内涵建设上来。

22. 加强职业教育发展基础能力建设。按照教育部有关要求，根据本市社会发展和经济建设的需求导向，启动国家级示范性中职校创建工作，争取三分之一的国家级重点中职校达到国家示范性中职校的基本标准。完成江南造船(集团)技校异地新建工程，加快临港科技学校新建校舍进度，支持新闻出版技校、电力学校等与产业发展和促进就业紧密结合、实效明显、具有品牌优势的国家级重点中职校进行重点项目建设。启动上海市中等职业学校开放实训中心运行绩效评估工作。全面建成上海中等职业学校基本情况信息资源库。继续进行高职职业教育公共实训基地第六期建设。继续推进国家级示范性高职院校建设，完成第一、第二批示范高职验收。

五、坚持内涵发展，不断提升高等教育发展水平

23. 继续开展高校发展定位规划工作。继续开展市属本科高校和高职高专院校发展定位规划认定工作，启动开展部属高校发展定位规划和学科专业布局结构优化调整工作。主动创新管理制度，调整宏观管理模式，进一步尊重和维护高校依法自主办学，促进高校建立健全民主管理制度，营造良好学术氛围。

24. 加强共建高校重点建设。结合上海高校内涵建设"085 工程"的实施，推进"985 工程"三期建设；加强"211 工程"三期建设，重点加强重点学科建设、创新人才培养和队伍建设、高等教育公共服务体系建设。

25. 继续实施研究生教育创新计划。开展学位授权审核工作，完善和优化学位授权学科、专业布局结构。推进专业学位研究生教育工作。搭建研究生教育资源共享平台，举办研究生学术论坛和暑期学校。设立研究生创新能力培养专项资金；开展全国优秀博士论文省级初选及上海市研究生优秀成果(学位论文)评选工作。深入开展专业学位建设工作。

26. 落实本科教学质量与教学改革工程。继续实施大学生创新活动计划，推动人才培养模式改革。实施 2010 年度(第六期)市教委重点课程建设，评选第 8 批市级高校精品课程，推动课程教学改革。建设好市级实验教学示范中心，推动实验教学改革。做好教育高地建设工作，推动专业教学改革。开展优秀教学团队和高校教学名师奖的评选。进一步完善本科新专业设置管理工作，做好年度专业设置审批工作。

27. 深化高校重点学科建设。坚持"一流学科带动一流大学发展"理念，深化重点学科建设和绩效评价，制定具体落实举措，着力推进国际一流学科建设和重点学科建设，建立并完善国家、省市、学校三级重点学科体系。按照"扶需、扶特、扶强"的原则，强化分类指导，强化学科优势，凸显学校特色，形成"校校有特色、校校有发展"发展格局。继续推进高校哲学社会科学繁荣计划，加强高校人文社会科学重点研究基地建设、启动实施精品计划和专题数据库等建设。

28. 推动高校产学研合作。加快推进上海高新技术产业化，布局并重点建设一批与"四个率先"和"四个中心"建设目标相衔接的高校知识服务中心和高新技术产业化的研发基地。鼓励和支持学校与企业设立联合研发基地，以兴办大学科技园、共建产学研联合基地等多种形式，着力构建企业为主体、市场为导向、产学研相结合的技术创新体系。着力提升高校知识服务的能力，研究部署知识服务平台建设的实施方案。进一步推进上海高校技术市场建设，深化技术市场管理体制和运行机制，加快推进高校科技成果转化和产业化。

29. 继续推进本市高校布局结构调整和基本建设工作。继续推进本市高校布局结构调整建设，重点抓好上海金融学院浦东校区、上海电力学院平凉路校区扩建及上海出版印刷高等专科学校、上海医疗器械高等专科学校浦东新校区建设等项目。认真执行和完成 2010 年投资计划安排，继续做好高校建设项目协调推进工作。

六、坚持形成合力，积极建设学习型社会

30. 推进终身教育和学习体系基础平台建设。进一步探索社区学院功能，探索社区教育教师职业化、专业化制度试点建设。继续指导与组织开展创建全国社区教育示范区工作，组织开展上海市社区教育实验街镇(乡)和上海市社区教育实验项目的评估工作。拓展和加强"上海市市民终身学习网"建设，进一步办好"上海老年人学习网"，督促加强收视点的规范管理，年内争取老年人网上收视点布局达到居(村)委数的 80%。继续开展街道社区学校和乡镇成人学校标准化、规范化和信息化建设。制定《上海市街道社区学校建设标准》和《乡镇成人学校建设标准》，年内对 20 所街道社区学校和乡镇成人学校开展达标评估。继续开展创建示范性老年大学(学校)评估工作。完善以"学分银行"为基础的继续教育立交桥，从办学模式、学习模式、学校招生等方面探索建设“上海开放大学”以及开放教育的体系。

31. 深入推进学习型组织创建工作。按照党的十七届四中全会提出建设马克思主义学习型政党的要求，会同相关部门深入开展学习型组织3711创建工作，即组织推选300个机关，70个街镇，100家企事业单位，1000户家庭开展创建活动，培训学习型组织创建单位的骨干，组织相关专家和专职工作人员对创建单位进行评估。召开创建工作经验交流会。组织创建学习型组织先进单位介绍典型经验，交流优秀创建成果，表彰先进集体，引导创建工作深入持久开展。

32. 积极开展群众性学习活动。举办第六届全民终身学习活动周、第四届学生与市民网上读书评书活动、第四届市民诗歌创作比赛和家庭讲故事比赛、第三届市民好书换好书活动。完善市民优秀学习品牌项目的联动机制，合作推进机制，不断提高品牌学习活动的影响力和感召力。探索建立优秀学习项目的评估机制，更好地指导基层开展群众性学习活动。

七、加强教师教育和培训，促进教师专业发展

33. 加强中小学师资队伍建设。深入推进“双名”工程，从首批名师名校长后备人选中遴选优秀人选，授予“东方名(教)师”称号。拓展国内教师培养基地，创立海外校长教师培养基地。加大优秀青年校长和教师培训力度，形成市区联动机制。深入推进区级骨干校长教师培养工程。加大农村教师的培养力度，针对各年龄段农村教师，分别实施不同类型培训项目。构建教师教育资源联盟，整合机构、课程、师资和信息等资源，确立区县教师进修院校作为培训机构主体，建立教师教育课程资源库，形成可共享的优秀教师资源库，整合远程教育集团教师教育网、各区县教师进修院校培训网和双名工程基地网，形成互联、互通、互用格局。构建开放、高效的教师终身学习体系，学分互通互认机制。建立和完善中小学教师职务评聘与岗位聘用相结合的用人制度。

34. 加强和完善中等职业学校教师培养培训工作。逐步扩大中等职业学校特聘兼职教师资助工作范围，进一步推动校企合作、工学结合，深化职业教育教学和人才培养模式改革。建设旅游服务与管理、现代物流、模具设计与制造、国际商务、烹饪及德育等6个骨干教师培养培训基地，满足相关专业骨干教师业务提升和素质提高的要求。完成2009学年度骨干教师市级培训，启动培训400名专业骨干教师。筹建上海市师资培训中心职业教育分部，组织和协调指导本市职业教育师资队伍培养培训工作，提高本市中等职业教育师资队伍培养培训能力和水平。

35. 实施高校教师队伍建设工程。开展“东方学者”工作评估，完善“东方学者”岗位与地方和国家级人才计划对接办法，编印《“东方学者”岗位目录指南》。设立“上海高校教师出国留学进修资金计划”，选派学术带头人、领军人才及优秀中青年学术骨干出国深造。设立“上海高校中青年骨干教师国内访问学者计划”，选派上海高校青年骨干教师赴国内重点建设高校进行访问研修。设立“上海高校教师产学研践习计划”，提高高校教师具有企业、科研院所以及政府等实际部门工作经历的比例。继续实施“上海高校优青科研专项基金”项目，开展五年工作总结与评估。

八、坚持以人为本，关注学生全面发展

36. 全面推进学生体育卫生艺术科普工作。完成学校体育基础设施达标和布局建设规划，启动高校体育精品课程和中小学示范课程建设，实施体育教学创新团队和体育名师工作室建设项目，切实提高体育课的质量，落实每天锻炼一小时。开展本市2010年全国学生体质健康调研工作，实施学生体质健康公告及健康干预制度，开展体育卫生工作专项督导。实现学生阳光体育联赛品牌化、市场化运作。继续推进游泳项目的普及。启动学校卫生保健室建设计划，启动中小学校专业医生进校园计划，实现“一校一医”，加强学校卫生保健人员培养，提高卫生保健队伍专业素养。开展近视眼防控工作。完成学校食品卫生、传染病防控的网络化管理建设工作。加强艺术、科普课程体系建设，加强学生原创艺术作品的创编，规范重点艺术团队的管理。完成全国第三届艺术展演活动承办工作及迎世博系列活动。全面完成中小学教室灯光亮化改造工程。

37. 加强学校安全后勤保卫工作。进一步加强高校及周边安全管理，提高综合防控能力，确保世博会期间高校安全稳定。制定《上海高校反恐防范指导性意见》以及各类应急预案汇编。适时组织高校开展反恐防范专项检查和安全演练。进一步加强高校保卫队伍建设，健全常规培训制度，开展高校保卫干部专项培训。完善高校技防系统建设，提高技防系统的实战能力。进一步推进大学生安全教育。继续开展本市教育系统安全隐患排查整治专项行动。完善学校后勤服务绩效评估体系建设，研究制定实施细则。推进学校后勤安全设施和技术防范建设。做好学校节能减排工作，研究制订《上海市实施〈教育部节约型校园评估标准〉细则》，进一步推进本市高校节约型校园创建工作。

38. 做好青少年保护工作。进一步完善中小学安全管理制度和学校伤害事故预防处置机制，推进师生防灾自护技能演练活动。重点加强纳入民办教育管理的农民工子女学校风险勘查和安全监管。继续加强校车安全管理。完善网吧和娱乐场所违规接纳未成年人信息抄告制度。继续推进预防犯罪格局建设工作，举办第七届工读教育论坛，推进落实《关于进一步加强本市行为不良未成年学生教育转化工作的若干意见》，重点抓好中职校预防犯罪工作，举办第五届上海市网上禁毒知识竞赛，继续开展系列毒品预防教育活动。做好本市中小学校学生伤害事故处理条例的修订工作。

39. 稳步推进上海高校招生考试改革。重点做好高考报名梳理规范工作。加强对本市专科层次依法自主招生工作指导，引导院校在自主招生中凸显院校特色与定位。做好部属院校自主招生试点工作。研究与高中学业水平考试配套的高招政策。积极推进成人高考改革工作。

40. 进一步做好高校毕业生就业工作。进一步完善就业机制，巩固就业工作局面，开辟就业渠道，全力推进上海高校毕业生就业工作。继续实施并努力扩大上海各专项计划规模，进一步拓宽毕业生面向基层就业渠道。全面推进创业教育，积极推进上海高校大学生就业创业基地建设，加强对高校毕业生自主创业的政策扶持，加大创业师资队伍建设力度，进一步促进创业带动就业。继续加大推进大学生职业指导服务工作的力度。进一步做好特殊学生群体的就业帮扶工作。完善高校毕业生就业信息服务工作，逐步建立完善高校、用人单位供求信息联动机制。

41. 进一步健全完善学生资助体系。健全家庭经济困难学生资助政策体系，落实各项助学政策，建立长效资助机制。建立快速应对突发事件资助工作制度。积极筹建上海市学生资助工作研究会，推进上海高校学生资助工作问题调研、经验总结交流等工作。进一步完善和细化中职校农村、海岛家庭学生和涉农专业学生免费教育政策。

九、坚持依法行政，提高教育管理规范化水平

42. 促进民办教育健康规范发展。实质性启动落实民办高校法人财产权工作，对民办高校进行分类梳理和指导，总结经验并稳步推广实施。修订《上海市促进民办教育发展专项资金管理办法》，进一步发挥公共财政对民办教育的引导和扶持作用。重点推进民办中小学年金制度相关工作。建立科学规范的民办高校成本核算的规范和机制，健全民办高校办学成本核算和审批制度。组建上海市民办教育指导服务中心，承担民办教育各项指导和服务职能，为各民办学校健康发展提供政策咨询和日常指导。继续做好向民办高校派驻督导专员、党建督查员工作。做好民办教育各项行政许可和审批、检查工作。

43. 完善非学历教育规范管理工作。认真实施《上海市民办非学历教育院校（机构）设置审批和管理办法（试行）》和《上海市民办非学历教育院校（机构）设置标准（试行）》，促进依法办学，加强政府监管力度。指导各区县进一步加强对社会非学历教育培训院校（机构）的准入审批和日常管理，规范办学行为。分批依法组织对本市民办非学历教育院校（机构）办学状况依法进行评估。完善本市民办非学历教育信息公开查询系统和网上管理服务平台。指导本市普通高校制定相应措施，健全管理体制，规范办学，促进高校继续教育工作的健康发展。

44. 深入开展教育政策研究和教育立法相关工作。继续推进教育城乡一体化和全面推进素质教育的政策研究，积极推进上海教育公共服务体系的构建。深入开展非上海户籍人员子女教育政策研究，推动城市建设和发展，维护社会稳定。深化"长三角教育联动发展"项目研究，筹备召开"长三角教育联动发展研讨会"。继续开展上海市终身教育立法工作，起草并修改完成《上海市终身教育促进条例》（草案），配合相关部门做好市人大常委会对草案的审议工作。深入开展《上海市实施〈民办教育促进法〉办法》（草案）的立法调研工作，形成《上海市实施〈中华人民共和国民办教育促进法〉办法》（草案）的立法调研报告。开展依法治校示范校的创建工作。开展中小学校长教育法制培训工作。进一步完善行政执法责任制。继续推进教育法制普法宣传工作。

45. 实施教育督政督学工作。继续做好对区县政府依法履行教育责任的公示公报工作。深入开展以推进区域教育现代化为主题的新一轮综合督政工作。积极开展对"以招收农民工同住子女为主的民办小学"办学情况的专项督导，提升依法办学、规范管理水平。推动引领学校培养学生创新实践能力的发展性督导评估工作。开展以提升校长课程领导力为核心的新一轮课程与教学督导调研工作。进一步做好义务教育阶段学校就近入学专项督导工作。深入推进督学资格制度的试点工作。

46. 加强教育监察，改进政风行风建设。做好行风评议整改工作，认真分析梳理发现的问题，采取措施逐项整改。落实招生“阳光工程”，继续抓好招生“六公开”。进一步加强招生计划管理，加大对招生章程和各级各类招生考试报名资格审核的力度。不断强化对自主招生、体育特长生、艺术特长生等特殊类型招生工作的监督检查，加强对招生考试安全保密工作的监管，严格规范招生行为。加强对各级各类招生工作的监督检查，实施招生监察全覆盖。加强规范教育收费专项检查，进一步完善规范教育收费长效机制。开展基建领域突出问题专项治理，加强基建采购、财务等工作监管，深入推进高校反腐倡廉建设。

47. 加强教育经费管理与审计工作。依法做好教育经费筹措、管理和使用工作。进一步做好部门预算执行工作，推进预算制度的不断完善，增强部门预算的规范性、严肃性和实效性，提高教育经费的使用效益。进一步推进科学合理的公共财政拨款制度改革，加强教育经费使用绩效监管。进一步规范经济责任审计，提高审计质量。筹备召开上海市教育审计工作会议。

48. 进一步推进政府信息公开，加快转变政府职能。结合政府职能转变，进一步加大政府信息公开的工作力度，重点推进教育公共政策、教育公共财政和群众关注的热点信息的公开。继续推进各级各类教育机构信息公开工作，优化政府教育行政门户网站建设。积极推进行政审批制度改革，大力提高行政效率，继续规范教育行政事业性收费。进一步完善突发群体性事件应急处置的工作机制，努力提高应对和处置突发群体性事件的能力。改进和加强对教育公共管理薄弱环节的监管，进一步加强对教育事业的公共服务职能和行政监管职能。

十、坚持统筹协调，推进其他各项重点工作深入开展

49. 实施本市中小学校舍安全工程。进一步理顺市、区县校安工程工作机制，各区县在排查鉴定的基础上，落实三年规划、年度计划的制定工作。组织有关技术专家根据上海市中小学校舍现状和特点，制定加固技术方案、指导文件，加强校安工程档案管理工作。建立各区县校安工程视频采编专业技术队伍，强化校安工程各阶段视频资料采集工作。按照市、区县签订的责任书，落实责任机制，开展专项检查和日常督查，确保校安工程工作进度、施工安全、质量和效果。

50. 积极推进教育国际交流与合作。加快推进与友好城市的教育交流与合作，实现与更多友好城市有教育合作项目，签署友好合作协议，搭建合作平台。继续举办“上海国际友好城市青少年夏令营”，参与举办“2010 青少年科技博览会”。积极推进上海与世界一流高校的合作办学，争取在建设独立设置的机构或开设专业合作项目方面有突破性进展。进一步推动外国留学生事业的发展，促进各高校留学生的优化和良性发展，提高留学生的质量，建设“上海市外国留学生实习基地”，建设一批外国留学生外语教学课程。加强本市外籍人员子女学校管理，开展本市外籍人员子女学校招生信息化系统的调研、开发、设计、实施工作。进一步推动高校孔子学院建设，鼓励中小学建设孔子课堂。继续做好与港澳台的教育交流工作。

51. 认真推进语言文字工作。组织制定《上海市中长期语言文字工作改革和发展规划纲要》和《上海市语言文字工作第十二个五年规划》。筹备成立上海市语言文字应用研究中心。加强公共场所英文使用管理，确保世博会期间本市公共场所英文使用基本规范。起草《上海市公共场所外文使用管理规定》文本草案，并上报市政府。组织对闵行、青浦、奉贤三区的语言文字工作评估，全面完成首轮区县语言文字工作评估。进一步完善社会语言文字应用监测制度，召开社会语言文字应用监测工作现场会。组织开展中华经典诵读活动。组织开展第十三届全国推普宣传周活动。加强“上海语言文字”网站建设，不断完善并拓展服务、咨询、引导和信息功能。扎实做好语言文字水平测试工作。

2010年上海市教育工作年报

2010年，上海教育工作在市委、市政府的正确领导下，坚持邓小平理论和“三个代表”重要思想，深入贯彻科学发展观，全面落实党的十七大、十七届五中全会以及市委九届十三次全会精神，以办人民满意的教育为主题，以编制实施上海市中长期教育改革和发展规划纲要为主线，着力推进教育事业的改革与发展，着力提升各级各类教育的内涵与质量，全面完成全年工作目标，各项事业取得了较快发展。

一、2010年上海教育基本情况

2010年，全市共有中小学、幼儿园、特殊教育学校及工读学校2815所，其中：小学766所，比上年增加15所；幼儿园1252所，比上年增加141所；中学755所，比上年减少7所；特殊教育学校29所，工读学校13所。共有在校学生170.4万人，其中：小学70.16万人，比上年增加4.5%；幼儿园40.03万人，比上年增加13.1%；普通初中42.55万人，比上年减少0.1%；普通高中16.89万人，比上年减少4.9%；特殊教育学生0.50万人，与上年持平；工读学校学生0.27万人，比上年减少15.6%。全市3～6周岁适龄幼儿入园率达到98%，学前教育事业进一步发展。义务教育入学率保持在99.9%以上，普及九年制义务教育的各项指标达到或超过国家标准。

全市共有中等职业技术学校101所，其中：职业中学26所，中等专业学校65所，中等技工学校10所。共有在校生15.75万人，比上年减少5.6%。

2010年，全市初中毕业(结业)生9.91万人，比上年减少0.11万人，高中阶段教育新生入学率达96%，高中阶段(含普通高中、普通中专、职业高中、技工学校)毕业生11.26万人。

全市共有普通高等学校66所。普通高校本专科在校学生51.57万人，比上年增加0.6%。其中：本科在校生35.50万人，比上年增加2.2%；高职高专在校生16.07万人，比上年减少2.8%。当年全市高校招收普通本专科生14.46万人，毕业13.37万人。

全市共有研究生培养机构54家，共有研究生11.17万人，比上年增加0.82万人，增长7.9%。其中：博士生2.44万人，硕士生8.73万人。全年招收研究生3.86万人，其中：博士生0.62万人，硕士生3.24万人。全年毕业研究生2.82万人，其中博士生0.47万人，硕士生2.35万人。

全市2010年高考统考考生6.6万余人，699所高校在沪实际录取57337名(不含复旦、交大自主招生改革试验录取1008名)。完成对外公布招生计划的104.63%。本市市属高校承担教育部“支援中西部地区招生协作计划”、“调控来源计划”招生任务新增0.6万人，专项计划总数达2.72万人，市属高校共录取外省市新生6.36万人，占新生总比例从2009年的48.0%上升到2010年的51.9%。

本市各高校2010年录取新生170109人，报到入学158578人，报到率为93.22%。其中：研究生录取新生20029人，报到入学19539人，报到率为97.55%；本科录取新生88581人，报到入学85974人，报到率为97.06%；专科(高职)录取新生61499人，报到入学53065人，报到率为86.29%。

2010年秋季本市高等教育学历证书电子注册共173803人，其中研究生12466人，普通本专科生132532人，成人本专科生21512人，网络教育生6264人，外国留学生1029人。

全市共有成人中高等学历教育学校43所，其中：独立设置成人高校17所，成人中专26所。成人高等教育和中等专业教育在校学生36.74万人，其中：成人高校在校生19.86万人，网络本专科在校生15.16万人，成人中专1.72万人。成人本专科招生6.54万人，比上年减少5.8%，毕业6.88万人；网络本专科招生5.34万人，比上年减少10.1%，毕业5.03万人；成人中专招生0.69万人，毕业0.84万人。

全市共有成人职业技术培训机构787所，结业生180.27万人次。民办非学历高等教育机构245所。

全市小学教职工总数5.58万人，比上年增加1.8%，其中专任教师4.52万人；中学教职工总数6.73万人，比上年减少0.4%，其中专任教师5.07万人。

全市普通高校教职工总数7.42万人，其中专任教师3.92万人。其中：市属高校教职工4.06万人，比上年减少0.7%，专任教师2.36万人；中央部委属高校教职工3.36万人，与上年持平，专任教师1.56万人。普通高校专任教师中，正高级职称教师0.62万人，占15.8%；副高级职称教师1.15万人，占29.3%；中级职称教师1.63万人，占41.6%。

全市共有校外教育机构23所，其中少年宫16所，少年科技站4所，少年之家3所，教职工总数1380人。共有各类老年教育机构4488所，接受教育的老年人总数50万余人。

全市共有独立设置中外合作办学机构25个，非独立设置中外合作办学机构12个，中外合作办学项目181个。全市共有外籍人员子女学校32所，在读外籍学生24087人。2010年本市各普通高校来华留学生41433人，比上年增加7.5%，其中学历生12825人，比上年增加7.9%。2010年全市在校港澳台及华侨学生总数9925人，其中高校1760人，各区县8165人。

2010年，上海教育经费继续稳步增长。全市教育部门财政预算内教育事业预算总额301.72亿元，比上年增长15.33%。其中：市级教育事业预算总额59.46亿元，比上年增长9.34%；区级教育事业预算总额242.26亿元，比上年增长16.98%。

二、规划纲要颁布实施，本市中长期教育改革与发展正式启动

（一）颁布实施《上海市中长期教育改革和发展规划纲要（2010—2020年）》

根据市领导指示，科学整合规划纲要三个平行文本，完成中长期教育改革和发展规划纲要征求意见和文本修改工作。9月8日至9日，上海市委、市政府召开了上海市教育工作会议，正式颁布《上海市中长期教育改革和发展规划纲要（2010—2020年）》。

（二）开展部市共建，建设国家教育综合改革试验区

与教育部签订《教育部　上海市人民政府共建国家教育综合改革试验区战略合作协议》，确定双方在探索教育公共管理新体制和新机制等七个领域加强合作。在教育部的领导和指导下，在义务教育城乡一体化发展、学前教育、课程改革、教师和校长专业发展、现代职业教育新体系、进城务工人员随迁子女义务教育后教育、高校分类指导和分类管理、住院医师规范化培训及与专业硕士学位的衔接、终身教育体系、民办学校财务管理、中外合作办学、外国人员子女学校管理等方面开展了探索和试验。

（三）启动教育“十大工程”项目论证工作

根据上海市教育工作会议精神，本市于“十二五”期间将投入140亿元开展“十大工程”建设，2010年先期投入10亿元用于先期启动部分亟需项目。已经完成对“十大工程”2010年急需启动的10个子项目的设计和资金需求论证并报市政府，开展“十大工程”项目整体论证和设计的前期工作。

（四）启动国家教育体制改革试点项目

根据国家教育体制改革领导小组办公室《关于报送国家教育体制改革试点项目实施方案的通知》（教改办函〔2010〕2号）精神，本市申报的“完善政府学前教育公共服务职能”等27个项目获准立项，立项总数居全国首位。目前，27个项目已与上海市中长期教育改革和发展规划纲要确定的10个“教育综合改革重点试验项目”和10个“重点发展项目”进行了有效统筹。

（五）与国家体育总局共建上海体育学院中国乒乓球学院

与国家体育总局签订《国家体育总局　上海市人民政府关于共建上海体育学院中国乒乓球学院的协议》，上海体育学院中国乒乓球学院正式揭牌，该学院以探索“体教结合”的新体制与新机制、培养高层次乒乓人才、传播“国球”文化为基本办学宗旨。

（六）编制上海市教育事业“十二五”规划

成立“十二五”规划编制工作小组，围绕“十二五”期间上海教育发展的重大问题组织专题研究，召开全市各区县和高校“十二五”规划编制工作会议，广泛开展调查研究。在此基础上组织开展规划编制工作，目前已经完成文本初稿并送各有关单位征求意见。

三、围绕世博主题打造“海宝一代”，德育工作实效性得到提高

（一）开展世博主题教育活动

一是实施世博宣传教育专项行动。召开上海市教育系统“世博实践年”动员大会暨学生社会实践工作会议。以世博和暑期为契机，做好暑期文明观博及学生创新实践活动，开展“小手牵大手，世博引风尚——争当风尚好少年”活动；举办“青年教师与世博”论坛和中外学子论坛；依托东方网、文新网开展文明观博亲子承诺活动，学生与校长、专家、局长、文明办主任共话世博活动；走进世博园开展绘出“心”生活主题活动。向上海内地民族班全体学生免费发放3700余份“世博大礼包”，组织他们安全、文明地参观世博会。

二是充分挖掘世博教育资源。开展《世博一课》教育教学方案征集，制成光盘分送各地中小学校教师代表，实现学校教育与校外教育互动衔接开展各种教育实践活动。组织、指导各区县和中小学利用世博资源开发区域和校本化世博课程，开展世博主题教育。开展“上海市中小学生迎世博系列读书活动”，动员广大教职员工和中小学生关心世博，参与世博，服务世博。

（二）深化中小学“两纲”教育

一是启动第三批中小学骨干教师德育实训基地建设。发挥优秀班主任和学科教师在师德与育德能力上的示范引领作用，加强中小学骨干班主任队伍培训培养，做好首批“上海市中小学班主任带头人”学员招收及培训工作。

二是继续实施上海市中小学教师人文素养提升工程。联合上海大剧院艺术中心，组织本市中小学教师开展“相约大剧院”、“艺术课堂”等教师走进经典活动，观摩教师达到 2.7 万人次。制发“2010 年上海市提升中小学教师人文素养资源目录”春季、秋季版电子杂志。会同市科委、上图讲座中心组织举办 28 场“透过世博看世界”——上海市中小学教师世博系列讲座，进一步增强教师科学素养和人文底蕴。

三是合理布局全市青少年实践活动基地。启动实施“学生实践和创新基地建设工程”调研，切实发挥“上海市青少年校外活动联席会议”的统筹协调职能，充分开发整合全社会育人资源，为学生提供便捷、多样、优质的德育实践和创新活动平台。

（三）推进大学生思想政治教育工作

一是召开上海高校系统传达贯彻全国加强和改进大学生思想政治教育工作座谈会精神大会。贯彻落实中央有关精神和指示，召开了工作座谈会，殷一璀副书记作了重要讲话，复旦大学、上海交通大学、同济大学、华东师大、上海大学、上海师范大学 6 所高校的党委书记或校长作了交流发言交流，分享了经验与做法。

二是召开上海高校思想政治理论课建设工作座谈会。市领导深入高校一线课堂听课，调研思想政治理论课建设工作，制定《进一步推进高校思想政治理论课教学方法改革的意见》，推进《六个“为什么”》进思政课试点工作。

三是拓展辅导员培训和交流平台。举办 22 项辅导员专题培训，新增辅导员网络素养提升专题培训项目；举办优秀辅导员先进事迹报告会；组织辅导员思政论文征集评审活动，举办第六届辅导员论坛，为思政工作者搭建交流平台。

四是建设思政教师社会实践基地。在福建古田、河北西柏坡等革命圣地设立了社会实践基地，组织骨干教师到基地培训考察，引导教师在广阔的社会大课堂中了解社情民意、丰富教育素材。

五是培养专家型思政教师。举办“阳光学者沙龙”，通过资助推进德育工作课题研究，全年共立项上海市哲学社会科学课题德育系列 5 个、市德育理论研究课题 6 个、市德育决策咨询课题 20 个、市学校德育实践类课题 100 个。承办全国第二届德育创新论坛——“国际化视野下的高校德育创新发展研究”。

六是加强学生开展心理健康教育。召开上海市学校心理健康教育工作会议，制定《上海学校心理健康教育三年规划》。开展 2009 年度心理健康教育达标中心建设情况督查和 2010 年度心理健康教育达标中心建设申报遴选工作。开展“心理健康教育活动月”，举办心理健康教育课程竞赛，加强心理健康教育和青春期教育，培养健全人格。支持心理咨询协会建设，推进学校心理咨询师培训和认证工作，开展了首批上海学校高级心理咨询师认定。

（四）扎实推进中职德育工作

一是编制试行《上海市中职学生成长手册》。根据中职学生的成长规律和学习生活特点，组织编制《上海市中职学生成长手册》并在部分中职学校试行，帮助学生更好地了解自我、分析自我、规划自我、激励自我。同时，注重发挥教师、家长的合力育人作用，强调师生、家校的沟通合作。

二是大力加强中职德育教师队伍建设。出台《上海市教育委员会关于进一步加强上海市中等职业学校班主任队伍建设的实施意见》，进一步明确班主任的职责和任务、任职资格和条件、配备和选聘、培养和培训、激励和考核等要求。建设上海市中职德育师资培训基地，加大德育课教师、班主任队伍和学生德育工作干部的培养力度，形成德育队伍培养的长效机制。

三是制定中职学校德育工作评估方案。制定《上海市中等职业学校德育工作专项评估实施方案》和《上海市中等职业学校德育工作专项评估指标体系》，并与中职学校教学质量评估有机结合，强调将德育贯穿于学校教育教学的各个环节。

四、积极破解“入园难”问题，学前教育资源建设和管理进一步加强

(一) 完善学前教育公共服务体系建设

加大政府投入力度，研究制订生均公用经费定额标准和学前困难家庭资助政策。开展幼儿园入园工作政策制定的前期调研。在闵行区进行学前教育公共服务体系的试点工作，研究对非本市户籍幼儿享受学前教育公共服务的积分制等政策，获得第二届“地方教育制度创新奖”2010年度优胜奖。

(二) 加快幼儿园园舍建设进度

推进落实市政府实事项目，完成全年新增50所幼儿园的建设任务。平稳完成2010年幼儿园招生工作，14.3万儿童顺利入园，比上年增加了17%(约2万人)。2010学年本市在园儿童总数近40.03万人，比上年增加了近5万人，其中非本市户籍儿童12.5万人，占在园总人数的31%。同时，通过建设民办三级园、规范学前儿童看护点管理等工作，确保了学前教育和看护的全覆盖。

(三) 加大对非法办园点的整治力度

加强对非法办园点的整治工作，会同有关部门制定并由市府办公厅转发了《关于加强本市郊区学前儿童看护点管理工作的若干意见》，并会同有关部门赴郊区县检查、指导，督促看护点管理落实到位。

(四) 完善提升保教质量的体制机制

完成新一轮市示范性幼儿园和一级幼儿园的评审工作。开展托幼机构内“0—3岁教养活动”与机构外“早教中心0—3岁教养活动”的质量研究，提高早教指导工作水平。建立城郊幼儿园结对支持、内涵发展的长效机制，组织34所中心城区优质幼儿园与郊区41所幼儿园结对。开展学前教育网调研工作，进一步推进学前教育信息化建设。对幼儿园包保教工作进行调研，研究制订规范幼儿园保教工作相关文件。完成第二届上海市幼儿园优秀资质玩教具评选工作，参加了第二届全国幼儿园优秀自制玩教具展评活动，并荣获第一名。顺利召开上海学前教育年会。

(五) 加强幼儿园卫生和保育工作

推进学前教育医教结合试点工作，会同华东师大进一步推进本市“护苗计划”，开展儿童急症救助培训。与市卫生局疾控中心合作，对全市幼儿园园长和保健教师进行传染病防治工作的知识培训。完成幼儿园网络直报系统建设，并对开展直报工作事宜进行分批指导。

五、统筹推进城乡教育事业，义务教育均衡化水平得到提高

(一) 推进基础教育内涵发展

一是召开全市课程与教学工作会议。指导各区县根据区域实际情况，采取有力措施，大力推进中小学课程与教学改革。

二是组织参加国际学生评估项目(PISA)测评。组织5100名学生参加第四次国际学生评估项目(PISA)，上海的学生在科学、数学、读写能力三项测评均高居全球65个参与测评的国家和地区首位。

三是实施“上海市提升中小学(幼儿园)课程领导力三年行动计划(2010—2012)”。从课程规划、实施、管理、评价等环节加强专业指导和支持，推动中小学校本化实施国家课程方案。完成英语、数学、物理、化学和生命科学5门学科《课程标准》的国际比较研究工作。积极推进中小学网络教研工作。

四是在全国基础教育课程改革教学研究成果评选中取得佳绩。组织有关单位向教育部报送了30项基础教育课程改革教学研究成果参与全国评选，最终获得6项一等奖、4项二等奖、10项三等奖，一等奖数量和获奖总量均位居全国各省(市)首位，本市共有包括上海教育学会在内的21家单位获奖。

五是社会课程资源建设力度得到加强。颁布《中小学课程改革利用社会教育资源实施方案》，建设形成了爱国主义教育系列等9大系列98个社会教育资源。做好小学音乐学科教材试行循环使用的工作。完成高中专题创新实验室案例的征集与遴选工作。研究制订加强上海市中小学实验教学和实验室管理规程实施细则，开展了第19届上海市中小学幼儿园优秀图书评选活动。

六是积极推进教育信息化工作。一方面，推进农村中小学信息化应用。为492所农村中小学校配送了教育教学资源包，加强教师培训和使用指导。分别在浦东新区和奉贤举行了小学和初中应用交流会，帮助教师利用信息技术手段积累和开发课程资源。另一方面，探索数字化教与学。及时调研、总结本市中小学不同教育信息化项目的经验和成果，先后召开“电子书包头脑风暴”和“数字化教与学试点交流”会议，在虹口区试点“数字化课程环境建设和学生学习方式变革试验”，探索数字化环境下教育教学的内容、方式和载体。

（二）推进基础教育资源设施建设均衡发展

一是大力实施校安工程项目。修订完成《上海市中小学校舍安全工程规划》，指导各区县因地制宜科学组织实施校安工程项目。至2010年11月底，全市校安工程项目开工总建筑面积163万平方米，完成总投资15.58亿元。全面完成本市中小学校舍信息系统建设工作，组织开展各类培训，推进落实校舍信息数据采集、录入工作，组织编制《上海市中小学校舍安全工程典型案例汇编》。

二是加快郊区学校建设力度。召开本市郊区学校建设工作会议，指导各区县特别是郊区县根据区县经济社会总体规划、教育事业发展规划，以及人口增长、分布及流动趋势，制定学校建设规划和实施方案，合理调整布局设点，全年建设学校181所，新增建筑面积159.60万平方米，投资63.11亿元，目前建设项目已全面开工，部分校舍已经完工验收。

三是加快优质教育资源辐射郊区农村的步伐。做好本市大型居住社区教育公建配套设施建设相关协调工作，组织杨浦区打虎山路一小、黄浦区蓬莱路二小、虹口区新华初级中学、浦东模范中学4所中心城区品牌学校赴闵行浦江、宝山顾村、浦东曹路等大型居住社区开展对口办学，提升大型居住社区公建配套学校的办学起点。扎实推进第二轮农村义务教育委托管理工作，43所郊区农村义务教育学校接受托管，惠及农村学校班级890余个，学生32000余人。引导各区县建立健全区域优质教育资源共享辐射机制，通过优质教育资源设立分校扩大规模、区域内优质教育资源托管相对薄弱学校、组建教育集团、城乡学校结对考核、组建教育合作体或教育链、组建教研共同体等多种形式，推进义务教育学校内涵发展。

四是实现进城务工人员随迁子女免费就读义务教育目标。全面完成“进城务工人员随迁子女义务教育三年行动计划”，实现全市47万进城务工人员随迁子女全部在公办学校或政府委托民办小学免费就读的目标。为全市162所以招收进城务工人员随迁子女为主的民办小学配备了标准图书室，增配了体育运动器材。建立健全区县教育行政部门对政府委托以招收进城务工人员随迁子女为主民办小学的规范管理机制，研究制订政府委托以招收进城务工人员随迁子女为主民办小学财务与资产管理办法。规范进城务工人员随迁子女义务教育招生入学秩序，保障进城务工人员随迁子女义务教育招生入学权益。

五是扎实推进特殊教育三年行动计划。稳步推进医教结合工作，加强特殊教育学校、学前特殊教育机构和特殊教育康复指导中心的建设，组织开展随班就读支持保障体系实验研究，对聋青技校、盲校的高中阶段学生实施免费教育。组织开展特教学校建设情况调研和达标建设，充分发挥上海特殊教育资源中心的作用，加大研究和咨询力度。

（三）推进高中特色化、多样化发展

一是提升优质高中的办学特色。开展普通高中教育现状调研，重点扶持部分具有办学特色的高中学校；组织长宁区和部分高中推进高中特色化办学、多样化发展实验项目。推行普通高中学业水平考试制度，组织开展普通高中信息技术和地理学科学业水平考试。形成上海高中学生创新素养培育的基本思路：支持一部分学校开展拔尖创新人才早期培养的实践探索；鼓励部分学校开展创新素养培育项目试验；鼓励区县开展区域层面创新素养培育实验。支持上海中学等学校启动创新拔尖人才培育实验，卢湾、徐汇、金山3区和22所实验性示范性高中开展学生创新素养培育试验。组织开展对川沙中学、松江一中创建市实验性示范性高中规划实施的中期评审；命名上大附中和朱家角中学为“上海市实验性示范性高中”。召开高校自主招生和高中教育改革第二届峰会，为参加自主招生的高校和高中学校搭建互相沟通、交流、学习的平台，促进高等教育和高中教育共同改革和发展。

二是推进优质高中教育资源辐射郊区农村。一方面，推进优质高中赴郊区县办分校，推进交大附中嘉定新城办分校、市二中学闵行梅陇办分校、华师大二附中剑川路街道办分校、格致中学南桥新城办分校、复旦附中赴青浦中学办分校的相关工作；另一方面，推进郊区县高中提高质量，在郊区县创建并命名市实验性示范性高中。目前，上大附中、朱家角中学经评审通过成为上海市实验性示范性高中，川沙中学、松江一中已通过市实验性示范性高中的规划评审。

（四）继续组织特色示范校评选活动

继续组织上海市科技教育特色示范学校、知识产权示范学校、知识产权试点学校的评选。通过实地考察、现场答辩，2010年共评选出上海市科技教育特色示范学校32所，知识产权示范学校16所、试点学校19

所，艺术教育特色学校51所。

（五）加强教育督导力度

一是增加教育督学强度。第一，对金山区开展教学工作督导，促进校长课程领导力建设。第二，继续开展义务教育阶段学校招生入学专项督导，健全对中小学择校问题的监测机制。实行督学跨区交叉方式，重点督导进城务工人员随迁子女招生入学、体育及艺术特长生招生、民办学校规范招生、公办学校择校等方面的情况，形成对68所学校和9个中心区的《专项督导报告》。本次专项督导显示，本市义务教育阶段学校招生入学工作日益得到社会的认可，学生家长满意和较满意率达到97.6%。第三，开展中小学幼儿园安全工作专项督导，促进中小学幼儿园安全工作规范化发展。开展了上海市中小学幼儿园校园安全专项督查。同时，对重点区域实行督导抽查，共计督查中小学幼儿园68所。专项督导显示，各区县对5月开展的中小学幼儿园安全大检查中发现的问题整改到位，全市中小学幼儿园校园安全状况总体平稳有序。

二是加大教育督政力度。第一，召开上海市教育督导工作会议，成立上海市教育督导委员会，沈晓明副市长担任主任。第二，以长宁区为试点，以推进区域教育现代化为主题开展新一轮综合督政。在卢湾区试点的基础上，完成了对长宁区推进区域性教育现代化的综合督政工作。新一轮综合督政工作将从加快城乡一体化发展要求出发，促进城区优质教育资源向农村远郊地区辐射，为2020年本市实现教育现代化发展目标奠定基础。第三，完成对以招收进城务工人员随迁子女为主的民办小学办学情况的专项督导，为进城务工人员随迁子女教育公平提供保障。对9个区县2008年纳入民办管理的66所进城务工人员随迁子女学校依法办学、财务成本、师资队伍和安全卫生等整改落实情况开展了专项督导，以此推进对2009年纳入民办管理的88所学校的规范办学。第四，开展教育经费转移支付专项督导，明确区县政府的教育公共责任。对有教育转移支付经费的10个区县2009年教育附加转移支付到位情况、教育经费拨款增长情况进行了专项督查。第五，开展教育公建配套专项督导，落实“三同步”的监督保障机制。对未完成的教育公建配套项目实施跟踪督查，实地暗访虹口、浦东、闸北等相关区，重点督查和调研在教育公建配套建设项目上存在缺配、少配、低配和缓配等问题和整改工作不到位的区（县）单位。

六、重点开展办学模式改革，职业教育发展生机与活力进一步增强

（一）开展职业教育办学模式改革

一是开展地方政府促进高等职业教育发展综合改革试点。开展“地方政府促进高等职业教育发展综合改革试点”和“创新政府、行业、企业、高职院校办学体制、机制”改革（均被列为“国家教育体制改革试点项目”）。建设创意产业实践园区，设立“上海创意产业投资基金”，吸引和培育创意产业集聚发展；通过与行业企业共同制定专业人才培养方案、从国内外引进名师（专家）、加强国际交流与合作、建立上海创意人才培训基地、建立长三角工艺美术研发中心、建立“引才育人公益基金”等方式，创新高职教育人才培养模式。已设立试验区领导小组和工作班子，制定实施方案，细化分解工作任务，进行动员部署。

二是启动中高职贯通培养模式试点工作。全市选择了护理、交通、电子信息3个职教集团内的7所中高职院校进行试点。首次试点的4个中高职贯通专业分别为护理、应用电子技术、汽车技术服务与营销、航空机电设备维修。“中高职贯通”招生计划列入当年中职秋季招生计划，共招生497人。

三是继续推动职业教育集团化办学。在已组建的5个行业职教集团和4个区域职教集团的基础上，指导建筑、化工、现代农业3个行业职教集团和浦东区域职教集团组建成立。截至2010年9月，本市已先后成立了8个行业职教集团和5个区域职教集团。开展职教集团工作情况的摸底调查，召开已成立的行业和区域职教集团座谈会，进行深化集团化办学和推进体制机制创新的经验交流研讨，促进职教集团持续健康发展。

（二）贯彻落实《关于全面提高本市中等职业教育教学质量的若干意见》

一是完成了46所学校专业布局结构调整优化工作。按照中职专业布局结构调整总体要求，组织学校报送专业设置与结构调整优化工作方案和调研报告，组织专家组进行评议。第一批申报评审的学校有46所，共申报市重点建设专业数130个。

二是巩固和扩大了一批课程教材改革成果。明确16所课改特色学校的实验项目和实验任务。组织开展上海市中等职业学校第二届校本教材展示交流评比活动，评出54册“优秀校本教材”，10所学校获“优秀组织奖”。

三是制定了开发专业教师培训包工作方案。启动专业教师培训包开发工作，制定“上海市中等职业教育专业培训包开发指引”。目前已经启动6个专业的培训包开发工作，组织专家对相关的13个申报项目进行开发计划、方案的论证和评审。

四是启动了中职校精品课程建设工程。在听取有关专家及校长意见的基础上，颁发《上海市中等职业教育精品课程建设操作指引(征求意见稿)》。根据文件要求，开展申报和立项工作，确定178门课程立项。组织举办学校精品课程建设负责人专题培训。

五是完成了2010—2013年上海市中等职业学校教学质量目标评议。根据《上海市中等职业学校教学质量评估实施方案》和《上海市中等职业学校教学质量评估指标体系》，完成了75所通过“百校”验收的中等职业学校2010—2013年教学质量目标评议工作。全市有90%以上学校制定的教学质量目标明确，分析到位，年度工作任务具有连贯性和梯度性。

六是完成了中等职业学校专业(专门化)目录调整更新。根据教育部印发的《中等职业学校专业目录(2010年修订)》要求，完成本市中职学校专业(专门化)调整更新工作。参与此次专业调整更新的80所中等职业学校开设2000年版教育部目录专业点839个，涉及138个专业；调整更新后，80所学校开设专业点699个，其中2010年版教育部目录内专业点647个，上海市标准内专业点12个，目录外专业点40个，新专业点在第一、二、三产业中的比例分别为1.43%，19.89%，78.68%。实际备案四年制的专业点48个，涉及22个专业，占教育部目录规定学制为3—4年制专业(共计90个)的比例为24.44%，四年制专业点减少180个；三年制专业点639个，占专业点总数的91.14%。

(三) 进一步夯实职业教育基础能力

一是继续实施国家示范性高职院校建设计划。组织上海公安高等专科学校、上海工艺美术职业学院国家示范性高职院校建设项目的市级验收，并获教育部验收通过。开展“国家示范性高等职业院校建设计划”骨干高职院校的申报市级评审工作，上海医药高等专科学校、上海电子信息职业技术学院、上海出版印刷高等专科学校3所高职院校获教育部立项。

二是完成本市首批国家中等职业教育改革发展示范学校建设申报推荐工作。根据中央部委有关文件要求，组织专家开展了2010年度国家中等职业教育改革发展示范学校建设计划项目学校预审遴选工作，根据中央下达的项目学校控制数和本市专家评审意见，推荐“上海石化工业学校”等6所学校为2010年度国家中等职业教育发展示范学校建设计划项目学校。

三是加快建设一批中等职业学校重点项目。支持与产业发展和就业紧密结合、实效明显、具有品牌优势的国家级重点中职校，进行重点项目建设。继续推进江南造船(集团)技校和临港科技学校异地新建工程，指导新闻出版技校制定新校舍立项建设方案，推动建设电力学校建设电力技术实训中心等项目。

四是组织实施中职学校校舍安全达标建设工程。对所有行业、企业办的中等职业学校的校舍安全工作进行全面排查，制定《上海市行业(企业)办中等职业学校校舍安全工程实施方案》，目前各校的排查工作已基本结束，首批28所中职校完成排查鉴定，30%左右的中职校已启动加固改造或重建工作，进一步提高中职校综合防灾能力。

五是加强职业教育开放实训中心建设和运行指导。完成7所中职学校开放实训中心验收评估工作，研究开放实训中心运行指导意见和绩效评估方案，开发专业实训装备指导标准，在相关学校进行试点。继续加大开放实训中心社会开放力度，建设金融事务、环境污染监测、烹饪等10个开放实训中心成为本市未成年人社会实践基地。

六是举办上海市中职学校“璀璨星光”首届校园文化节。制定上海市中等职业学校“璀璨星光”校园文化节活动办法，举办首届活动，活动项目分艺术表演类(包括声乐、器乐、舞蹈和戏剧)，创意作品类(包括绘画、书法/篆刻、摄影、工艺设计、雕塑/陶艺、DV作品、FLASH动漫、征文)和其他类(包括校刊/报、职业生涯规划设计，优秀校园文化社团评选等)。

七是努力提高学生实践动手能力。组织全市13所高职院校汽车类专业08级学生进行技能大赛，1537名学生参加了初决赛，全面推进了上海汽车类专业学生的职业技能，促进了教学改革的深入。组织参加全国职业院校技能大赛、3个队获三等奖、7个队获二等奖。

(四) 完善中职免费教育和帮困助学政策

一是不断完善中职学生资助和免费教育政策体系。根据中央有关部委发出的“关于扩大中等职业学校免学费政策覆盖范围的通知”要求，对城市家庭经济困难学生从2010年秋季起实施免除学费政策，万余名城市低保家庭学生享受免费教育。本市中等职业学校中36%的学生纳入免费教育政策范围。

二是完成2010年上海市奖学金评审，继续做好本市中等职业学校帮困助学工作。开展2010年本市奖学金评审工作，95所学校7493人获得。完成2010年上半年本市中职学校帮困金发放，共计1亿元。完成2010年上海中职学生帮困资助申报系统培训。

三是组织实施“专业奖励”招生工作。编制2010年中等职业学校“专业奖励”招生专业目录，确定50个专业进行奖励。其中，加工制造类专业（工种）39个和现代服务业专业（工种）9个。新增给水排水、测量工程技术、电气运行与控制、电子技术应用、康复技术、中药等6个专业，并对原奖励专业中的5个较相近专业（工种）进行合并。2010年中职校编制“专业奖励”招生计划达1.6万名。

四是表彰“星光计划”优秀学生。开展中职校“星光计划”优秀学生奖学金评选活动，组织2009年上海市“星光计划”中职学校优秀学生奖学金颁奖大会，重点表彰和奖励500名优秀学生。

七、优化发展定位和专业布局结构，高校内涵发展继续深化

（一）探索本市高等学校分类管理改革

一是推进高等教育内涵建设工作。召开上海高等教育内涵建设专题会议，专题研讨本市高等教育内涵发展问题；在征求相关委办局的基础上，形成工作重心向高等教育内涵建设转移后的联席会议工作内容、各成员单位新名单及工作分工，上报市委市政府并获批复。积极筹备召开第十一次市推进高校布局结构调整联席会议。

二是继续开展发展定位规划互动交流工作。结合“985工程”和“211工程”三期建设，开展部属高校发展定位规划和学科专业布局结构优化调整工作，在完成市属本科院校和高职高专院校发展定位规划互动交流工作的基础上，开展非“985工程”教育部所属高校发展定位规划的互动交流。

三是积极开展中央财政支持地方高校专项资金的相关工作。配合市财政局组织开展学校申报和专家评审工作，22所市属高校获得中央专项资金1.108亿元支持。

四是创建“085工程”项目信息平台。“085工程”项目信息平台“上海高等教育内涵建设‘085工程’网”（www.085.edu.sh.cn）启动试运行。内容包括国内外高等教育相关新闻、上海市开展高等教育内涵建设相关工作进展情况、上海高校“085工程”分网站建设（目前上海理工大学、上海海洋大学、上海对外贸易学院、上海中医药大学4所高校先行试点）等。

五是开展评价指标体系研究和实施评估工作。开展“上海高校分类评价和对策研究”和“上海高校内涵建设投入产出绩效评估体系研究”课题研究，组织专家研究制订高校学科专业评估指标体系、评估方案，对上海市属本科院校开展绩效评估。

（二）开展创建高水平大学和学科基地建设工作

一是配合教育部开展“985工程”和“211工程”三期建设。配合教育部、财政部对本市4所“985工程”高校二期建设进行验收。召开新一轮“985建设”工作专题会议，听取4所“985工程”高校对推进新一轮“985工程”建设的思路汇报，4所高校共获“985工程”建设资金的基本额度控制数36亿元。会同有关部门上报《关于新一轮“985工程”建设有关情况的请示》并获市政府批准。根据中央文件精神，配合教育部开展“211工程”三期中期检查工作。

二是做好重点实验室和工程研究中心指导评估工作。完成上海理工大学“现代微创医疗器械及技术教育部工程研究中心”验收工作。完成上海海洋大学“大洋生物资源开发和利用”、上海电力学院“电力腐蚀控制与应用电化学”和上海师范大学“科学计算”三个上海高校重点实验室验收工作；完成上海理工大学“光学仪器与系统”、上海海洋大学“水域环境生态”和上海应用技术学院“香料香精”三个工程研究中心验收工作。

三是实施卓越教育计划。根据上海高校优势和经济社会需求，改革创新人才培养模式，实施卓越科学教育、卓越工程教育、卓越医学教育和卓越文学艺术教育四大卓越教育计划。以试点班方式，实施培养模式改革。2010年已在上海大学、上海工程技术大学、上海电力学院、上海理工大学4所高校试点开展卓越工程教育改革试点，在复旦大学、上海交通大学、同济大学、上海中医药大学、上海体育学院5所高校开展以康复医学为突破口的卓越医学教育改革试点。

（三）做好高校人文社会科学繁荣工作

一是开展市属高校人文社会科学促进工作。增补上海中医药大学中医药文化研究与传播中心为上海高校人文社科重点研究基地，开展上海高校人文社会科学重点研究基地工作中期，对10个基地2年来的建设情况进行评估总结。

二是实施上海高校人文艺术创新工作室。继实施文化艺术创新大师工作室建设之后，正式启动实施上海高校人文艺术创新工作室，确定了8个上海高校人文艺术创新工作室。2010年进一步推动人文艺术创新工作室建设，并召开了推进会。

（四）试点研究生专业学位教育综合改革

一是开展临床医学硕士专业学位教育与住院医师规范化培训结合改革试验。制定《上海市临床医学硕士专业学位研究生教育综合改革试点方案》并报送教育部审批。根据此方案，复旦大学、上海交通大学、同济大学、上海中医药大学等4所参加改革试点工作的高校启动“招收2011年上海市临床医学硕士专业学位研究生（住院医师）”工作，计划招生900名。上海市单独考试将于2011年1月进行，设置政治、外语和专业综合三门考试科目。

二是开展全日制专业学位研究生教育改革试验。启动了市属高校开展研究生专业学位教育综合改革试点申报工作，共有6所高校参加申报，涉及7个种类专业学位。推荐上海海洋大学（农业推广硕士）申报国家研究生专业学位教育综合改革试点单位并获批准。为进一步加快全日制专业学位研究生教育发展，除上述6所参加国家研究生专业学位教育改革试点的高校外，本市也将开展全日制专业学位研究生教育改革试验，目前华东政法大学、上海大学、上海理工大学、上海体育学院、上海海事大学5所上海市属高校已被列为首批试点高校。

（五）继续实施大学生教学质量和教学改革工程

一是优化本科专业设置布局调整。鼓励本市高校调整学科专业，设置新专业或专业方向，加快在新能源、信息网络、生物医药以及海洋、空间、地球资源开发等方面的专业人才培养。进一步加强专业招生计划调控力度，对专业办学质量较差、毕业生就业率低的专业给予减招或停招处理。2010年度我委批准设置本科新专业25个，限制招生计划专业78个。

二是通过本科教学高地建设推动专业教学改革。验收了一、二期本科教学高地62个项目的建设成果，建设项目的专业教学目标、课程设置、教学内容、学业要求、实验教学等方面进一步适应了社会经济发展的要求，为这些专业进一步向国家级特色专业发展打下了扎实基础。按照“085工程”要求，立项建设第四期教育高地项目81个。

三是推进大学生创新创业教育。继续在全市17所高校试点实施大学生创新活动计划，鼓励高校探索有利于培养本科生科研创新能力的教学方式。在第三届全国大学生创新活动论坛的评选中，“全国十佳”项目上海高校占3个。组织大学生计算机应用能力竞赛，32所本科高校430支学生团队参加了竞赛。全面推进大学生创业教育，与英国NCGE合作编写出版国内第一本旨在培养大学生创业素质的教材，依托外贸学院开展100人规模的创业教育师资培训，推动高校建立创业教育课程体系。

四是推动本科课程教学改革。立项实施2010年度（第六期）市教委重点课程建设274门，评选第8批市级高校精品课程115门。组织召开全市高校全英语教学研讨会，推动高校根据学校实际情况制订全英语教学课程建设规划，对不同学科、不同学生采取针对性措施，建立原版教材循环使用机制。稳步增加全英语教学课程比例，本年度立项建设43门全英语教学示范性课程。

五是建设高校教学团队。以课程或专业为建设平台，以教研室、研究所、实验室、教学基地、实训基地和工程中心等为建设单位，鼓励教授坚持一线教学并领衔教学团队开展团队教学研究和推进教学改革，本年度立项建设市级教学团队60个。

六是强化教学质量监控。加大对新设专业教学质量的检查力度，组织专家全面检查2007年73个新设置专业，实地抽查专业11个。检查和验收市教委重点课程315门。组织111759名学生参加上海高校计算机等级考试。争取教育部教学评估试点，指导上海政法学院参加评估调研。完善和推进本科教学工作问卷调查，回收35所高校师生问卷8542份，形成年度本科教学工作质量追踪调查报告。

（六）深化研究生教育综合改革

一是召开专题会议部署工作。2010年先后召开了市学位委员会第十九次、第二十次全体会议和市学位与研究生教育工作专题会议，完成市学位委员会第四届学科评议组成员的遴选工作，本届学科评议组共设置45个学科评议组，选聘了500名专家担任学科评议组成员。

二是推进博士(硕士)学位点授权审核工作。开展2010年新增博士(硕士)学位授权一级学科点初审(审核)工作。经市学位委员会第二十次全体会议审议通过，市学位办向国务院学位办推荐申报26个博士学位授权一级学科点和197个硕士学位授权一级学科点。完成2010年上海市新增硕士专业学位授权审核工作，经国务院学位委员会审核同意，复旦大学、上海交通大学、上海大学等15所高校获准新增73个专业学位授权点。完成上海建桥学院学士学位授权单位以及21所高校70个本科专业的学士学位授权审核工作。

三是继续实施研究生教育创新计划。资助有关研究生培养高校举办20个研究生暑期学校和15个研究生学术论坛，建设7个研究生创新能力培养公共平台，继续支持上海大学、上海理工大学、上海海洋大学和华东政法大学4所市属高校开展研究生培养机制改革试验。进一步推进上海市研究生创新能力培养专项项目的实施，资助上海市研究生培养高校开展研究生培养模式改革和创新能力培养。

四是开展研究生教育质量监控。坚持并创新学位论文抽检“双盲”评议，继续开展上海市研究生优秀成果(学位论文)评选工作暨全国优秀博士学位论文省级初选工作，建立质量激励机制，鼓励创新。加强对上海市研究生联合培养基地调研工作，印发《关于深入推进“上海研究生联合培养”工作的若干实施意见(征求意见稿)》，继续深入推进“上海研究生联合培养基地”建设工作。开展研究生课程进修班登记备案工作，同意复旦大学等19家研究生培养单位举办162个研究生课程进修班。

(七) 加大学生创新实践基地建设力度

一是加强和完善现代远程教育校外学习中心规范管理。开展了2008年度、2009年度上海现代远程教育校外学习中心年报年检。在各高校认真开展自查自检整改的基础上，分四个环节(自查材料审查、专家答辩、实地考察、综合评议)组织专家对本市111个校外学习中心进行检查，其中103个校外学习中心评定“合格”，停招2个校外学习中心，撤销6个校外学习中心。

二是推进市属高校知识创新平台及教学实验、实训中心建设。结合教育部要求，制定了本市高校知识创新平台及教学实验、实训中心建设项目，项目分两期实施。目前总投资约19亿元的一期项目均已被列入本市固定资产投资市级建设财力项目储备库。实施行业高校提升计划，完成行业高校提升计划第二项高职实训基地建设项目的申报、评审工作，全市共有27所高校43个项目通过立项。

(八) 推进上海出版印刷高专及医疗器械高专浦东新校区建设

为进一步提升本市高等职业教育的发展，提高本市应用型技能人才的培养水平，上海出版印刷高等专科学校和上海医疗器械高等专科学校拟在浦东新区国际医学园区实施新校区建设项目。两校总建筑面积约为21万平方米，总投资约10亿元。目前，市发展改革委已批复两个项目建议书，并对项目可行性研究报告进行评估。

八、坚持扶持和规范并重，民办教育健康发展

(一) 加大对扶持民办教育的扶持力度

一是召开上海市第二次民办教育工作会议。展示了近年来本市民办教育发展成就，明确了今后本市民办教育发展方向，在各级各类民办学校的改革、民办教育相关政策的创新等方面提出了要求。出台了《推进上海市民办高校落实法人财产权的实施办法》、《上海市教育委员会　上海市财政局关于做好上海市民办高等教育政府扶持资金申请工作的通知》、《上海市教育委员会　上海市财政局关于加强扶持民办中小学发展的通知》等鼓励和扶持民办教育发展的政策性文件。

二是加大民办教育政府扶持力度。会同市财政局出台了《上海市教育委员会　上海市财政局关于做好上海市民办高等教育政府扶持资金申请工作的通知》、《上海市教育委员会　上海市财政局关于加强扶持民办中小学发展的通知》等系列文件，大幅增加对民办高校和中小学的资金扶持力度。其中对民办高校开展了2批次的政府扶持资金申请与拨付工作，共拨付扶持资金1.5亿元。

三是积极推动民办教育体制改革。对18个区县贯彻市第二次民办教育工作会议情况进行实地座谈和调研，宣传落实《上海市民办中小学财务管理办法》、《上海市民办中小学会计核算办法》的实施工作。开展对民办学校建立年金制度专题调研，促进民办学校特色多样发展。完成“为全市160所以进城务工人员随迁子女的民办小学配备标准图书室及增配体育运动器材工作”2010年市政府实事项目，改善以招收进城务工人员随迁子女为主的民办小学办学条件，出台此类学校的资产和财务管理办法，研究有关绩效评估方案。

四是完成民办教育信息管理系统建设。受教育部委托建立了民办教育信息管理系统，对各区县教育局和各级各类民办学校开展数十场专题培训，初步完成全市共2000余所由教育行政部门审批设立的民办学校入网工作，为民办学校许可证管理和行政审批提供了平台。开展民办教育年检工作，加强民办学校办学许可证管理。

（二）规范和优化民办教育发展环境

一是推进民办高校落实法人财产权。出台了《上海市推进民办高等学校落实法人财产权的实施办法》。成立了民办高校落实法人财产权专项工作小组，开展深入调研与沟通，对各校分类梳理和指导，推进各校落实法人财产权，预计至2011年初将有共计10所左右的学校完成该项工作。

二是规范民办高校财务管理。进一步推进落实民办高校财务管理办法和会计核算办法的实施工作，落实《关于加强民办高等学校学费及政府扶持资金管理的通知》要求，出台《关于建立民办高校学费收入信息管理系统的通知》，促进各校规范资金资产管理工作，维护办学安全。

（三）完善民办非学历教育管理工作

一是加强对民办非学历教育教学质量评估。印发《上海市教育委员会关于依法对本市民办非学历教育院校（机构）进行办学状况评估的试行办法》及《评估指标》，分批组织实施对本市各民非院校的办学评估，探索建立和完善本市民非院校办学评价制度，强化本市民非院校的办学过程监管和办学质量评价。完成对本市首批103所民非院校的办学评估；指导各区县教育局及评估机构分批组织开展对本区县各民非院校的办学评估。

二是加强对民办非学历教育准入和招生的监测。制定《上海市高等教育自学考试社会助学管理实施办法》，明确准入标准和准入审核程序，理顺管理体制，落实管理责任，健全工作制度，加强和规范本市高等教育自学考试社会助学的准入和管理。印发《关于进一步加强本市教育培训招生广告发布管理的通知》，明确规定了教育培训广告发布单位资质、广告发布的申报和审核备案程序、强化了对违法违规广告的查处，规范本市各类教育培训招生广告发布行为。

三是强化民办非学历教育日常管理。开展上海市规范教育培训市场管理联席会议（简称“联席会议”）筹建工作。完成了《“联席会议”议事规则、工作机制和成员单位工作职能（送审稿）》的起草和“联席会议”第一次会议的筹备工作。印发《上海市教育委员会关于印发本市普通高校开展继续教育工作若干指导意见的通知》。

九、把握世博会交流契机，对外合作继续拓展

（一）搭建世博教育友好交流平台

接待31个国家、地区和国际组织共67批5369人次来访，联合国秘书长、联合国教科文组织总干事、部分国家教育部长、欧盟教育文化总司长以及80余名世界知名大学校长来沪开展教育交流合作。举办中美华人大学校（院）长双边论坛、上海终身学习论坛、“留华梦·世博情”上海外国留学生中华才艺展演、2010上海友好城市青少年夏令营、沪台青少年走进世博千人夏令营、4000名港澳学生上海世博参访团等国际及港澳台教育交流活动。邀请与本市缔结教育合作协议的友好城市教育代表团来沪参观世博会，增进友好往来。

（二）新签和续签城市教育合作协议

一是新签部分教育合作协议。新签订了“上海与魁北克省教育合作备忘录”和“上海与智利瓦尔帕莱索教育合作意向书”。

二是续签部分教育合作协议。与法国罗纳—阿尔卑斯大区续签了“上海市教育委员会—罗纳阿尔卑斯大区2011—2013年度高等教育合作交流协议”；与澳大利亚昆士兰州教育与培训部续签了“2011—2013中国上海—澳大利亚昆士兰州教育交流第九期合作备忘录”。根据“上海—昆士兰州教育交流第八期合作备忘录”内容，昆士兰州的两位教师于9月份分别到上海长征中学和风华中学进行为期4个月的任教。选派了长征中学和风华中学2位教师赴澳大利亚昆士兰州任教，成功举办了第6届“昆士兰杯英语演讲比赛”。

三是加强与新加坡和美国加州校董会的教师交流项目。完成与新加坡的中小学教师交流项目和本市第三批中小学“影子校长”赴美学习项目。

（三）积极引进国外优质教育资源

一是推进引进国际知名高校来沪合作办学工作。引进美国纽约大学，筹设“上海纽约大学”是我委2010年重点实事之一。在我委直接指导参与下，华东师大于2010年4月29日与纽约大学签署合作办学协议，同时由上海市教委、浦东新区政府、华东师大和纽约大学四方签署了合作备忘录。

二是支持区县探索建立国际教育园区。协助闵行区探索建立国际教育园区，为设立高水平中外合作办学提供平台。

三是做好中外合作办学机构和项目复核工作。完成了对本市剩余中外合作办学机构和项目的信息核对。经审核，教育部确认本市第二批共48个机构和项目通过复核，本市累计有189个机构和项目通过教育部复核。

四是加强对中外合作办学独立机构的监管。启动对独立设置中外合作办学机构的实地调研工作，主要了解办学单位在依法规范办学方面的情况、特色办学的经验和办学中遇到的困难与问题，为示范性评优试点的标准设计和制定等工作进行前期准备事宜，目前正在组织专家作进一步调研。

（四）大力发展来华留学生事业

一是新增1家来华留学生招收单位。新增上海第二工业大学为招收来华留学生高校，本市现有招收留学生单位35家。

二是启动外国留学生课程体系建设。启动高校留学生“当代中国研究”课程教材编写，建设留学生教育特色精品专业和课程体系建设。着力开发一批来华留学生外语教育课程，并组织专家编写“当代中国研究”中外文系列课程教材，使之成为来华留学生教育中的品牌推荐教材。先期启动课题研究，并确定了中国语言、中国法律、中国经济、中国商贸、中国社会和中国教育等六门课程作为首期开发项目。

三是开展来华留学生社会服务支持体系建设。启动了“上海市外国留学生服务中心”项目建设，进行前期调研工作，并确定在上海外贸学院虹桥校区建设第一个“中心”。

四是继续建设“上海市外国留学生中国文化体验基地”和“上海市外国留学生实践基地”。在“静思园”基础上，增设东华大学服饰博物馆、上海体育学院武术博物馆和上海中医药大学中医博物馆作为上海市外国留学生中国文化体验基地。继续组织外国留学生的“静思园”的体验活动，并增加了新的活动内涵。

五是做好外国留学生奖学金颁发工作。基本完成市政府外国留学生奖学金2010年度额度分配工作，本次奖学金资助学校共27所，新增了上海市医药高等专科学校，扩大奖学金覆盖范围。完成教育部2010年支持地方政府奖学金的申报工作，共有14个高校推荐的103名学生人选(含候补)。

六是搭建与世界各国人文交流的平台。2010年，日本、韩国、美国和上海合作组织国家等国家和地区以及拉美地区的近100名来自英语、法语、西班牙语、俄语等不同语言和文化的外国留学生来沪进行汉语学习和文化交流活动，参与了“上海暑期学校”项目(简称3S项目)。复旦大学、华东师范大学、上海外国语大学和上海师范大学参与该项目。

（五）做好出国留学服务工作

一是顺利完成国家留学基金申报工作。全年受理各类申请人员700多人，上报国家留学基金委632人，最终录取230人。

二是受理新增自费留学中介机构2家。上海前途出国留学服务有限公司、上海华一国际教育咨询有限公司获取教育部认定。

（六）加强汉语国际推广

2010年新增孔子课堂1所，上海交通大学附属中学与美国拉法耶中学合作建立孔子课堂。完成国际汉语教师和汉语教学志愿者的遴选工作；完成新加坡任教的国际汉语教学志愿者报名工作；启动国际汉语教师和志愿者人才库的建设。

（七）做好在沪港澳台学生和华侨学生的奖励支持

2010年教育部分配给上海市属高校252(152＋100)个奖学金名额。我委根据市属高校上报的当年港澳台学生人数将名额按1∶3(台湾学生)和1∶4(港澳侨学生)比例分配。上海中医药大学、华东政法大学等11所市属高校最终上报的152个台湾学生奖学金建议获奖人选和98个港澳侨学生奖学金建议获奖人选已上报教育部审批。

十、深化招生和就业帮扶改革，学生成长发展环境进一步优化

（一）开展招生录取工作和有关制度改革

一是平稳完成2010年本市普通高校统考招生录取工作。2010年参加本市普通高校招生考试的总人数6.6万余人，有699所高校在沪进行秋季招生录取，招生计划总数为5.47万余人，实际录取本市考生57337名（不含复旦、交大自主招生改革试验录取的1008名），完成对外公布招生计划的104.63％。录取的考生中，本科生42397名，占总录取数的73.94％；专科生14940名，占总录取数的26.06％。在被录取的院校中，今年本市院校录取47215名；外省市对上海招生的院校比去年增加25所，录取10122名，首次超过万名，比去年增加了785人，增幅达8.41％，占总录取人数的17.65％，比例提高2.4个百分点。此外，35名肢体残疾考生中上线考生有34名，除1名考生放弃高职（专科）征求志愿填报外，7名被第一批本科院校录取，9名被第二批本科院校录取，13名被录取到高职（专科）专业，2名被本科艺术类专业录取，2名被高职（专科）艺术类专业录取；3名弱视考生中有2名分别被华东师范大学和上海师范大学本科专业录取，1名考生被上海第二工业大学专科专业录取。

二是严格公示制度，规范特殊类型招生。深入推进招生“阳光工程”，认真审核符合加分条件和特殊类型招生考生资格，公示艺术特长生386名、高校“自主选拔录取改革试点”考生2127名、高水平运动员考生230名、体育特长生541名、保送生255名、复旦大学和上海交通大学“深化自主招生改革试验”考生1020名、政策性加分对象1055名、推优加分对象623名、文艺特长生157名、科技发明创造奖获得者或单科竞赛优胜者92名、技能特长生151名，坚决做到未经公示不得录取。对高水平运动员和体育特长生加强资格审查、测试组织、信息管理、动态关注，无一例因该类招生录取问题的来访。体育特长生、高水平运动员的招生经全市体育专项统一测试认定合格并公示的体育特长生共541名，共录取477名，录取率为88.2％（去年为74.4％），其中本科录取388名，高职（专科）录取89名；未录取的64名考生中，有24人未达最低分数线、25人未参加高考、15人属于志愿填报不当或自愿放弃志愿。

三是扩大市属高校外省市招生规模。2010年市属普通高校安排外省市招生计划6.14万人，比2009年增加0.74万人，增幅13.7％。在扩大外省市招生规模的同时，完成了教育部下达给上海的“支援中西部地区招生协作计划”，共安排教育部指定的中西部省份招生计划2.72万人，比2009年增加0.63万人，增幅30.5％。

四是完成内地民族班和中职班招生录取工作。第一，圆满完成上海内地民族班扩招任务。根据教育部对于上海内地西藏班、新疆高中班扩招工作的部署，圆满完成上海内地民族班扩招任务，新增一所办班学校（松江一中），扩招4个班级，增加新疆高中班学生140余名，年度招生人数达到892名；上海内地西藏高中散插班年度招生数达到84名，较上年度增加43名。扩招后，上海内地西藏班、新疆班高中班共有成建制班级100个，在校学生4026人，与2009学年相比分别增长7.5％和7.8％。第二，根据国家要求启动“内地西藏中职班”办班任务，接受首批150名来沪学生。启动了“内地新疆中职班”办班准备工作，开展对口支援贵州毕节地区中职校各项工作。继续做好东部对西部中职学校联合招生合作办学工作，本市51所中职校跨省市招收外省市学生，录取近1.1万人。

五是做好“专升本”、“插班生”考试。2010年专升本招生院校共18所，计划招生3526名。实际录取3427名，完成招生计划的97％。经过各校申请，2010年插班生考试工作招收院校新增上海理工大学，相关5所高校共计划招收355名插班生。实际录取284名，完成招生计划的80％。

六是进一步完善有关招考制度。第一，深入推进中职学校招生制度改革。坚持普职比大体相当的原则，统筹协调高中阶段各类教育招生计划，稳定中职校发展规模。今年本市普职录取比为49.58∶50.42。截至8月12日，上海84所中职校已录取新生5.35万人，录取率为107％，中职校录取总数占本市高中阶段各类学校录取总数的50.42％，录取跨省招生外省市学生11000人，录取在沪务工的非本市户籍人员3000人。第二，扩大了招收在沪进城务工人员随迁子女招生计划、招生学校和专业。颁发《关于做好2010年本市部分全日制普通中等职业学校自主招收在沪进城务工人员随迁子女的通知》，招生计划比上年扩大33％，招生学校数比上年增加11％，招生专业比上年增加34％。编印《2010年本市部分全日制普通中等职业学校自主招收在沪进城务工人员随迁子女宣传手册》，并通过各区县教育行政部门下发至相关进城务工人员随迁子女初中学校。截至5月24日，报名人数5380人，超过计划数1380人，最终录取进城务工人员随迁子女4277人。

招生工作、平稳、有序。

七是打造招生“阳光工程”。通过进一步完善阳光透明的信息公开机制、进一步构建分层负责的信访接待机制、进一步推动多方参与的监督制约机制等三大机制建设，构建招生“阳光工程”长效管理模式。加强对招生计划管理和对招生章程、考生资格的审查、复核，加大对考试考务工作、体育特长生招生、自主招生工作以及招生现场的督查力度，做好招生监察全覆盖。

（二）开展学生就业指导与服务

一是整体就业情况稳中有升。2010 年上海高校共有毕业生 16.8 万人，比 2009 年增加 1 万人，增幅为 6.7%，其中研究生 3.0 万人，本科生 8.2 万人，专科生 5.6 万人。由于我国经济形势总体上呈现企稳向好的势头，上海高校毕业生就业需求总体呈恢复性增长态势。截至 9 月 1 日，上海高校总体就业率为 95.12%，与上年同期相比提升 4.49%。其中，毕业研究生的就业率为 95.97%，比上年同期增加 1.59%；本科毕业生的就业率为 94.50%，比上年同期增加 3.79%；专科（高职）毕业生的就业率为 95.58%，比上年同期增加 7.0%。

二是赴基层就业人数大幅增加。2010 年上海高校面向基层就业的人数为 4.4 万人，占毕业生数量的 26.2%。其中，自主创业的毕业生 382 人，基层就业和自主创业的人数均有所上升。2010 年上海高校共有近 8000 名毕业生报名参加“大学生志愿服务西部计划”、“三支一扶计划”、“选聘高校毕业生到村任职工作”等国家就业项目，经选拔，有近 800 名毕业生被录用，总人数与上年持平。2010 年上海地区高校毕业生入伍预征报名人数 1841 人，比上年增加 1200 多人。

三是就业困难群体得到有效帮扶。会同有关部门和各高校积极实施“就业援助”计划，对残疾大学生和家庭经济困难等特殊群体进行就业帮扶。截至 7 月 1 日，上海高校毕业生中的 8541 名家庭经济困难学生中，已有 6785 名毕业生落实就业岗位，约占总数的 80%。

四是就业指导服务工作周到高效。推出一系列高校毕业生就业指导服务的举措。除与市人力资源社会保障局合作举办各类高校毕业生就业市场外，还重点开展高校毕业生就业的常设性市场建设，形成了天天有市场、定期办专场的机制。截至 9 月 1 日，日常性网络就业市场为应届毕业生发布了近 3500 家用人单位的 9.2 万余个岗位信息。每月举办 1～2 场网络就业专场，累计发布了近 3 万个岗位信息。举办“2010 年服务项目推介会暨高校毕业生网络就业市场服务”，开设市国资企业专场、计算机及机电行业专场、高职高专专场，为应届毕业生提供 5000 余个岗位信息。召开本市中职校就业工作专门推进会，向社会公布 2009 年本市中职学校就业状况，制定《上海市教育委员会关于加强和完善中职校职业指导与就业服务工作的意见》。

五是就业创业调研和科研有效开展。做好《创业教育与提高高校人才培养质量的相关研究》、《以创业教育提升大学生就业研究》等重大课题研究，开展了《上海毕业生就业状况跟踪调查》，对各高校各专业的就业状况、人才培养质量及职业生涯指导与服务工作进行跟踪调研。

（三）加大对贫困学生的帮扶资助力度

一是做好学生帮困专项资助。开展“世博送温暖”活动，对本市高校各类家庭受灾的 645 名经济特别困难大学生给予一次性帮困补助，对青海玉树地震受灾 6 名学生给予一次性补助，共计 13.5 万元。印发《关于做好近期高校家庭受灾经济困难学生资助工作的通知》，要求有关学校做好对家庭受灾经济困难新生的资助工作。引导学生参与世博、服务世博，明确 2010 年在评审国家奖学金、上海市奖学金和国家励志奖学金过程中优先考虑参加世博各项工作的学生。精心部署，保障“绿色通道”畅通无阻。

二是做好服兵役学生的学费代偿工作。与有关部门加强协调研究，进一步明确、完善本市服兵役学生的学费代偿工作操作程序。目前，本市应届高校毕业生服义务兵役代偿工作进展顺利，第一批 916 万元代偿金已发放到学生手中。

（四）进一步规范高校学籍学历管理工作

一是完成 2010 年秋季高等教育学历证书电子注册工作。根据教育部要求，从 2010 年秋季起普通高校毕业生学历证书实施在线即时电子注册，即普通高等学校毕业生在取得毕业证书的同时，即可上网查询到学历证书的电子注册信息。据统计，今年秋季本市高等教育学历证书电子注册共 173803 人，其中研究生 12466 人，普通本专科生 132532 人，成人本专科生 21512 人，网络教育生 6264 人，外国留学生 1029 人。

二是完成 2010 年新生学籍电子注册工作。根据教育部要求，做好新生入学资格复核和学籍电子注册工作。至11月30日，本市2010年新生入学资格复核和学籍电子注册工作圆满完成。据统计，2010年本市各高校共录取新生170109人，报到入学158578人，报到率为93.22%，其中：研究生录取新生20029人，报到入学19539人，报到率为97.55%；本科录取新生88581人，报到入学85974人，报到率为97.06%；专科（高职）录取新生61499人，报到入学53065人，报到率为86.29%。放弃入学资格11234人；保留入学资格271人；取消入学资格26人。

三是妥善处理"三结合"培训证书的遗留问题。根据教育部新的审查要求，持有"三结合"培训专科证书和在读成人高校"专升本"的学生，不能继续进行学籍电子注册或毕业时不能颁发本科学历证书，由此产生的矛盾不断增多。据统计，目前本市持有"三结合"培训专科证书的在籍学生共有1381人（不包括网络教育学院）；已取得"专升本"学历证书，但教育部"学信网"不予上网的有516人，两者合计有1897人。我委在与教育部有关司局汇报协商的基础上，采取相关举措，使问题得到了妥善解决。

十一、贯彻以学生为本方针，学校体卫艺科工作取得新成绩

（一）积极增强学生体质

一是通过科研引领方式探索实施学生健康促进工程。首次为体育教师专门开辟科研通道，组织体育科研专项课题的申报工作，278项课题获得立项。其中重大委托课题16项，重点课题22项，一般课题94项，青年课题146项。

二是组织实施2010年上海市初中毕业升学体育考试。制定2010年实施方案，将日常考核成绩向下（八年级）延伸，将2009年考核9年级的体育学习情况改为考核8、9年级的学习情况；进一步推广游泳项目，在原统一考试必测耐力项目——长跑基础上，增加了200米游泳；在统一考试定量选测项目中增加了25米游泳；在定性项目原有的支撑跳跃项目——山羊分腿腾越基础上，增加了横箱分腿腾越供学生选择。

三是开展新一轮高校高水平运动队评估。根据教育部要求，在高校项目预报、自评的基础上，委托市教育评估院组织各方面专家成立评审工作小组，对教育部上一轮确定的本市具有高水平运动员招生资格的15所高等学校17个项目和新申请参加高水平运动队建设评审的8所高校及项目进行市级评审。

四是继续组织开展2010年上海学生阳光体育大联赛活动。首次实行公历年制，即分上半年、暑期和下半年三个时段进行。共设高校本科组、高职组、高中组、初中组、小学组和中职组6个组别18个大项。重点在中小学校组织开展以班级比赛为基础的"千校万班"活动，在暑期组织中小学校开展阳光体育嘉年华和夏令营的活动。

五是启动大中小学课余训练一条龙建设计划。通过高校高水平运动队与中小学二线运动队学校、体育项目传统学校签约的方式，发挥高校引领辐射作用，推进大中小学课余训练共建与共同发展。结合备战全国中运会，启动上海市学生运动队组建工作。

六是开展上海市全国学生体质健康调研。根据教育部要求，制定学生体质健康调研实施方案，成立相关工作领导小组和调研工作组。按照实施方案，本市列为教育部学生体质健康测试点的有卢湾、徐汇、闸北、闵行、奉贤和浦东等6个区的47所中小学校和上海交通大学、同济大学、上海大学、上海师范大学等4所高校，共有16771名7～22岁男、女学生受测。测试项目设健康、视力、身体形态、机能、素质等25项。向受测学生通过问卷形式征询和体质健康相关问题，获得有效卡片15959张，完成问卷超过10000份，调研结果将于2011年向社会公布。

（二）做好学生卫生保健工作

一是深入开展学校公共卫生安全防控工作。分别召开高校、区县教育局、中等职业学校卫生工作季度例会，总结和部署阶段性工作，传达教育部有关文件精神，通报学校传染病防控工作情况、学校饮用水卫生安全情况和托幼机构手足口病检查情况。会同市卫生局两次开展托幼机构手足口病防控工作检查并开展现场指导，举办全市托幼机构负责人和卫生保健人员常见传染病防控工作专题培训。

二是启动"医生进校园"试点工作。在杨浦区开展试点，通过聘请部分市三级医院儿科医学、儿童保健、营养学、食品安全等领域的专家组成指导团队以及由社区卫生中心组成的医生团队，开展对口服务中小学校和幼儿园，健全相应的工作机制。

三是启动学校卫生保健室标准化建设试点工作。根据《国家学校体育卫生条件试行基本标准》，研究制订《上海市中小学校卫生保健机构设置试行标准（讨论稿）》，寄宿制高中、普通初中和小学、民办进城务工人员随迁子女学校等4个不同类型学校进行学校卫生(保健)室标准化建设。

四是开展第三轮(2009—2011年)"健康校园"建设工作。根据市政府要求,联合有关部门制发第三轮建设"健康校园"(2009—2011年)行动计划。

五是加强学生近视预防工作。进一步改善中小学教室课桌椅配置,委托专业机构对光环境改善工作视力监测样本人群进行第二次跟踪监测,结果表明本市中小学教室光环境改善工程已经对预防学生视力不良、控制和延缓近视加深显现出一定效果。

六是开展学校预防艾滋病教育并完成中国——联合国儿童基金会学校预防艾滋病教育项目。依托高校红十字会为大学生开展预防艾知识教育,培训了同伴教育者80人。2万人次在校大学生接受了有关防艾知识培训,每学年开设艾滋病教育1—3课时的高校有50所,中等职业学校28所,普通高中118所,中学552所。结束了为期5年的中国—联合国儿童基金会学校预防艾滋病教育项目,普陀、虹口2个项目区共有40所中学、2.4万人次中学生参与了防艾教育。目前,以生活技能为基础的参与式艾滋病教育活动在项目学校中的覆盖面和开课率均达100%;95%以上受教育青少年学生能正确掌握有关防艾方面的知识和无偿献血知识;同伴教育活动在项目学校的班级覆盖率达35%以上;学校卫生保健教师的防艾师资培训率达100%。

七是开展学校公共卫生信息化网络建设工作。联合市卫生局开发学校公共卫生管理软件(网络版),建立教育、卫生日常管理及应急突发事件上报处理的信息共享平台,及时准确掌握学生健康信息、学校卫生监督信息和健康教育管理信息。

(三)开展丰富多彩的学生艺术科普活动

一是规划设计学生文艺科普活动整体思路。制定"青少年艺术教育彩虹行动计划",提升学生艺术素养。制定"青少年科技创新后备人才培养实践平台建设计划",提升学生创新素质。

二是开展世博文艺科普主题活动。组织教育系统世博园区外城市文化广场展示活动专场、2010年上海市中小学生绘画书法作品展、上海市青少年戏剧系列活动、上海市青少年校园集体舞展演活动、上海市中小学生民族茶艺展示活动、上海市中小学生影视系列活动、"世博进校园"、"在科技中成长"等世博专题活动;完成联合国教科文组织总干事依莲娜·科博娃与上海学生的环境问题论坛组织工作;组织上海国际青少年科技博览会和上海市中小学生创意征文大赛。

三是举办全国第三届中小学生艺术展演活动。组织了声乐等8个专场演出和绘画、书法、摄影作品集中展览,举办4场高水平专题座谈会。本市组织的21个节目全部获艺术表演类一等奖,其中12个节目同时获艺术表演类创作奖;36件作品或艺术作品类一等奖,7篇论文获艺术教育论文一等奖。获奖数量创上海代表团参加历届展演活动之最,在全国名列前茅。

四是举办或组织大型学生文艺活动。举办首届上海夏季音乐节,邀请英国皇家爱乐乐团等一批国内外知名艺术团体和艺术家参与演出,举办大师班和名人讲坛。以本届音乐节为契机,选拔本市大中学生中具有音乐演奏特长的在校学生,组建了一支综合性的代表上海最高水平的上海学生交响乐团。承办第二届中国校园戏剧节,全国有31所高校的26台戏剧节目参演。上海戏剧学院的音乐剧《瞬间不是永远》、上海交通大学的相声剧《交大这些事》获得中国校园戏剧奖大奖,复旦大学话剧《小巷总理》获得校园戏剧节奖。组织上海市第八届优秀儿童剧展演。来自全国的优秀儿童剧目先后在全市40多家剧场为中小学生和幼儿园小朋友演出800多场,观众达40多万人次。

五是举办大型学生科普活动。举办第八届百万青少年争创明日科技之星评选活动,评选出20名"明日科技之星"、10名"明日科技之星"提名奖、70名"科技希望之星",获奖学生进入上海市青少年科学研究院接受后续跟踪培养。举办上海市第三届青少年创新峰会,800多名在青少年创新活动中涌现出的优秀代表参加峰会。开展2010年"中国人保——全国防灾减灾知识大赛"上海地区选拔赛,50000余名中小学生参加本次活动。

十二、加强人事改革和师资培养,教师队伍水平进一步提升

(一)完善有关人事制度

一是启动教育系统事业单位岗位设置管理工作。拟订《上海市幼儿园、义务教育学校、普通高中、中等职业学校、教师进修院校岗位设置管理的实施办法》,从岗位类别、岗位等级、结构比例及岗位名称、岗位任职条件、岗位设置程序、岗位聘用、组织实施等几个方面作了明确规定。成立了由李宣海书记、薛明扬主任担任组长的上海市教育系统事业单位岗位设置管理工作领导小组，定期召集区县教育局人事长进行交流研讨，加强与市人保部门的沟通联系，及时反映教育系统有关情况。

二是完善义务教育学校绩效工资制度。进一步完善绩效工资制，对义务教育学校教师、中层干部、校级领导、管理人员、其他专技人员等各类人员绩效工资水平及增资情况进行分类统计、汇总、分析，梳理基层反映比较集中的问题，及时向相关部门反映。开展义务教育学校绩效工资后续政策研究，以静安、普陀、虹口、金山4个区为调查样本，对非义务教育机构、人员、收入水平、资金来源等基本情况进行了全面调查统计，为下一步事业单位实施绩效工资提供参考。

（二）开展各类基础教育师资培训

一是开展农村中小学、幼儿园教师培训。整合全市优质教师教育资源，开展全体农村教师分类分层培训。针对不同教龄（比如0—5年教龄、6—10年教龄、10年教龄以上等）、不同需求（比如骨干教师、农民工子弟学校教师、培训者、远郊区薄弱学校教师等）的教师开展相应培训。开设职初教师基本功培训项目、青年教师基本技能研修项目、骨干教师培训者培训项目、专业学科培训项目、薄弱学校师资队伍质量提升项目、以招收进城务工人员随迁子女为主的民办小学教师专题培训项目、远郊区县暑期英语教师强化培训项目等。2010年共有17298余名农村中小学、幼儿园教师参加培训。

二是开展名师名校长（“双名”）工程。组织18位校长参加为期8周的第三期美国加州影子校长项目。22位名校长后备人选攻读新加坡南洋理工大学教育管理硕士学位项目。选派33名校长（高中11位，初中10位，小学12位）参加第一期长三角名校长培养项目，全脱产培训一个学期。经过努力“双名”培养工程达到了预期培养目标，2010年上海普教系统入选的6位全国先进工作者全部来自“双名”培养工程主持人或学员；入选的32位上海市先进工作者有19位来自“双名”培养工程主持人或学员。

三是开展优秀青年校长和教师培训。做好“上海市普教系统选拔培养优秀青年校长和教师项目”的102位校长和258名教师的培训工作。启动第二期优青项目培养，98位校长和257位教师成为培养对象，目前各区县都已陆续启动有关工作。

四是开展暑期校长专题培训。开展“提升校（园）长课程领导力，提高学校教育质量和办学水平”和“打造和谐平安校园，提高校园安全管理能力”为主题的校长培训，全市共有4700余名中小学、幼儿园校（园）长参加培训。

五是开展幼儿园园长培训。开展“聚焦园所文化、促进和谐发展”为主题的全市幼儿园园长培训，共有1400余位托幼机构正职园长参加培训。

六是开展其他各类培训。主要包括：幼儿园职初教师岗位技能培训、科技艺术教师专业发展培训、特殊教育教师和干部培训、教育技术能力（中级）培训、教师礼仪培训等。

七是做好教师专业发展学校暨师范生实习基地创建工作。完成对申报学校的遴选评审、现场调研工作，启动28所基地学校的认定、建设和管理工作。

八是做好“国培计划”有关工作。开展“国培计划”专家库人选遴选推荐工作。根据教育部要求，从上海市专家资源库中推荐5名“国培计划”评审评估专家和44名培训教学专家。组织开展上海市教师培训课程资源征集、遴选、推荐活动。征集了24个学科145门课程，其中14门推进给教育部作为“国培计划”培训课程资源，20门列入上海市教师培训课程资源。

（三）开展教育对口支援培训活动

一是对口支援新疆。开展新疆少数民族“双语”骨干教师培训。完成首批118名新疆教师培训并参加国家统一组织的HSK考试，全部达到教育部规定的HSK水平要求；第二批124名新疆教师的培训工作正在进行。完成首批18名新疆中小学校长挂职；第二批20名校长的挂职工作正在进行。喀什地区4县40名中小学校长来沪研修。完成上海—新疆喀什莎车的两地远程培训基地建设，对当地小学语文教师开展两次远程培训，共计130余人参加培训。选派教研员赴新疆喀什莎车县开展小学语文讲座，选派骨干技术人员赴新疆喀什莎车县培训当地远程教学技术人员。配合组织部门从本市6个区县选派30名优秀教师赴新疆喀什叶城、泽普、巴楚、莎车县的7所学校支教。

二是对口支援都江堰。完成第六批60名教师来沪的理论培训和跟岗研修。为帮助都江堰灾后恢复重建，本市于2008年、2009年两年分别派出两批共120名优秀教师赴都江堰支教一年。至2010年7月，两批支教教师圆满完成支教任务并受到当地政府和学校的充分肯定，都江堰市委、市政府先后授予两批教师“优秀支教教师”荣誉称号，有4名教师被成都市委、市政府评为“成都市灾后重建先进个人”。

三是对口支援海南。选派21名上海校长、教师赴琼支教，同时接收21名海南校长、教师来沪研修。

四是对口支援云南。继本市第九批100名优秀教师完成支教任务后，继续选派第十批100名优秀教师赴云南省红河、文山、思茅、迪庆、临沧、丽江和西双版纳等7个地州19个“两基”攻坚县的19所中学开展为期一年的支教工作。

五是通过中国移动中小学校长培训项目参与培训西部校长。接受教育部“中国移动中小学校长培训项目”，完成内蒙古、甘肃、宁夏、新疆、贵州、广西、四川七个省、自治区的76名中小学校长的13天“影子校长”培训工作。

（四）推进高校人才建设计划

一是总结实施“曙光计划”的成功经验。到2010年，曙光计划经过15年实施已形成以1名院士、9名973首席科学家、24名教育部“长江学者”、42名国家自然科学基金会“杰出青年”为中坚的上海高校精英群体。为总结曙光计划成功经验，我委召开了“曙光计划实施15周年座谈会”。

二是推动上海高技能人才培养工程建设。继续开展校企合作培养高技能人才计划，与人保局联合召开校企合作工作会议。开展新一轮高职高专人才培养水平评估，完成5所高职院校的评估工作。继续开展高等职业教育网络资源库建设，试运行高职教育教学状态监控平台网络版，获得教育部护理专业教学资源库立项建设资格。完成高职师资教学能力提升第三期培训，对教育管理研修等7个专业的216名教师和新任270名教师进行培训。

（五）加强中职教师队伍建设

一是扩大中等职业学校特聘兼职教师资助工作的范围。依托职教集团开展特聘兼职教师的资助政策，开展“双师型”师资队伍建设。2010年本市中职校特聘兼职教师资助工作继续在已建立的10个行业和区域性职教集团所属院校中实施，同时将范围扩大到非职教集团的国家级重点中等职业学校，共资助59所职业院校147名特聘兼职教师。

二是新设一批专业骨干教师培养培训基地。建设现代物流、模具设计与制造、国际商务、烹饪等专业的骨干教师培养培训基地，满足相关专业骨干教师业务提升和素质提高的要求。在完成2009学年度骨干教师市级培训的同时，启动了2010年400名专业骨干教师培训，开展现代职教理论与方法、专业知识与教学能力、专业实践活动等三个模块的市级培训。

（六）做好各类推优评优工作

一是评选推荐全国教书育人楷模人选。向教育部推荐的上海市杨浦高级中学于漪老师成功当选为全国教书育人楷模，举行“一辈子做教师，一辈子学做教师——全国教书育人楷模于漪老师报告会”，本市教育系统各级领导和教师代表近300人到会聆听报告。

二是评选推荐“宝钢杯”全国杰出中小学中青年教师人选。根据教育部有关文件要求，组织开展全国杰出中小学中青年教师评选推荐工作，向教育部推荐的上海市继光高级中学陈寅荣获全国杰出中青年教师金奖。

三是评选推荐“交通银行特教园丁奖”人选。根据中国残联、教育部有关文件要求，组织开展了“交通银行特教园丁奖”评选推荐工作，从事特殊教育工作的上海市第四聋校吴蓓芬等6人荣获“交通银行特教园丁奖”称号。

十三、完善终身教育服务体系，学习型社会建设步伐加快

（一）加大终身学习体系的设施和资源建设力度

一是加快“三化”建设。在开展对本市18所社区学院功能建设实验的基础上，加快推进社区学院、社区学校和居村委学习点的标准化、信息化与规范化建设。

二是推进社区教育实验。组织开展第二轮全国社区教育示范区评审工作；组织开展2010年上海市社区教育示范街道（乡镇）评选工作，共评出51个示范街镇；组织开展社区教育实验项目评估验收工作，总结、推广先进经验和做法。

三是继续开展街道社区学校、乡镇成人学校评估和示范性老年大学（学校）创建评估工作。制定《上海市街道社区学校建设标准(试行)》和《乡镇成人学校建设标准(试行)》。

四是优化课程教材，丰富学习内容。继续开展优秀社区教育课程、教材、课件和学习实践活动的推荐评选工作，鼓励各社区教育院校站点大力建设符合地域特点、人群特征、需求特色的课程、教材和学习活动项目。

五是健全社区教育师资队伍建设。制定《社区教育教师专业技术职务和职业岗位标准》，探索建立社区教育教师和管理人员的专业和职业发展机制及其评价机制，努力促进专业化与职业化发展。

六是加强“上海市民终身学习网”和“上海老年人学习网”建设。鼓励各区县大力推进本地区终身学习网建设，探索利用各种模式提高网上学习的吸引力、普及率、便捷性和成效度。组织开展“优秀网络管理者”、“网络学习工作者”、“网上学习积极分子”评选活动。

七是开展“开放大学”成人教育体系建设。以筹建“上海开放大学”为契机，探索基于“学分银行”系统建设的成人与继续教育“立交桥”体系，推进上海电视大学、区县业余大学(社区学院)、行业企业职工大学之间的“学分互认”工作。

(二) 深入开展学习型组织创建活动

一是组织开展申报创建活动。协调市级机关工委、市总工会、市妇联以及各区县学习办等职能部门深入开展学习型组织创建工作，推选 300 个机关、74 个街镇、118 家企事业单位、1000 户家庭开展创建示范活动，并对申报的单位组织评估和抽查，表彰达标单位。

二是通过有关会议和调研推进创建活动。召开 2009 年度上海市学习型社区经验交流会和“上海市学习型社区建设推进大会”，深入基层调研本市学习型机关、社区、企事业和家庭的创建情况，培训业务骨干，协调有关单位推进创建工作。

(三) 开展各类学习与培训活动

一是举办了若干大型学习活动。开展第六届全民终身学习活动周活动、第四届学生与市民网上读书论书活动和第四届市民诗歌创作比赛和家庭讲故事比赛等。成功召开“上海终身教育国际论坛”。

二是加大对各类学习载体的指导。指导各区县、社区结合“东方讲坛”、“上海书展”、“上海读书节”以及“科技节”、“文化节”、“艺术节”、“旅游节”等传统品牌学习与文化活动，进一步开展社区市民学习活动。组织编写老年教育课程系列教材，举办 2010 年度“上海老年教育艺术节”系列活动。

(四) 开展有关课题的研制工作

针对本市民非院校办学管理和“非正常性关闭”事件，组织专项调研，开展《本市民办非学历教育和社会办学规范化问题课题研究》、《上海市民非院校年检标准化试点研究》、《上海市民非院校办学行为动态监测研究》和《民办教育培训机构的办学风险防范和建立办学保证金管理制度的研究》，防范社会办学风险，规范和稳定教育培训市场。建立社区教育科学统计制度。完成《上海学习型社会建设白皮书(2009)》编撰出版工作，会同有关部门开展 2010 年上海市职工教育统计工作，完成《2009 年上海市职工教育统计》编辑出版工作。

十四、推进教育公共财政管理改革，改革与发展保障力度进一步加强

(一) 推进财务管理制度改革

一是积极开展市属高校拨款机制改革。开展了“上海市属高校拨款机制改革”课题研究，在考察调研了国内外高校教育经费拨付方式基础上，形成《市属高校拨款调整建议方案》并征得市财政局同意，2011 年开始实施按十三大学科门类拨款的内涵建设综合定额制度。新定额制度由原来按学校类型拨款改为按学科类型拨款，充分体现高校办学基本运行支出差异，保障了不同类型、不同层次高校的办学需求，推进了上海教育公共财政管理的精细化。

二是试行高校财务管理绩效评价制度。制定市属高校财务管理绩效评价指标体系，主要内容包括预算编制、预算指标、预算执行管理、年度决算、专项经费管理、综合管理等六个方面共 18 个二级指标，并印发《关于在市教委所属高校试行财务管理绩效评价工作的通知》，首次尝试对市属高校进行财务管理绩效评价，督促高校加强财务管理工作。

三是提高基础教育阶段生均公用经费标准。启动了高中生均公用经费和学前教育生均公用经费基本标准制定工作，开展、研究制订提高中职和义务教育生均公用经费的基本标准，与市财政局积极沟通，制定了详细方案并获市政府批准，于明年正式开始实施。根据该方案，本市高中生均公用经费为2500元，小学生均公用经费1600元，初中公用经费1800元，均比原标准明显提高，基础教育经费保障更加有力。

（二）做好教育经费管理使用工作

一是基础教育方面。第一，推进市政府实事项目，根据幼儿入园高峰，为农村新建幼儿园提供资金保障；进一步完善对进城务工人员随迁子女教育的投入，将生均补助从2000元提高到3000元，其中市级补助从1000元提高到1500元。第二，实施2010年教育费附加预算项目，下达预算资金22.9亿元，完成全年教育费附加预算100%。同时，接市财政局通知，2010年教育费附加增量资金为4亿元，我委已根据年初增量资金预算安排计划，做好具体项目的整理和审核，并按计划下达。第三，开展内地西藏、新疆班经常经费和专项经费需求调研工作并下达经费；落实新疆教师汉语培训项目建设资金缺口并下达办学经费，为民族教育提供资金保障。

二是高等教育方面。第一，推进市教委所属高校化债工作。按照市政府要求，市教委和市财政局制定了化债方案并报市政府批准。根据方案安排，计划力争通过两年时间（2010—2011年），将市教委所属高校校区基础设施建设形成的39.4亿元债务全部化解。2010年11月第一笔化债资金已正式下拨到市属高校，化债工作按计划有序推进。第二，做好中央财政支持地方高校项目的申报工作。2010年年初国家财政部设立了投入周期为3年、每年总额达50亿元（含特色重点学科专项资金10亿元）的中央财政支持地方高校发展专项资金，我委积极协同市财政局组织地方高校进行申报，通过共同努力，上海19所高校申报，共获得中央专项资金11080万元，其中特色重点学科2780万元，中央财政支持地方高校专项8300万元。第三，提高博士生普通奖学金标准。根据近年来学生在校生活成本不断提高的现状，参照教育部、财政部新标准，将市高校博士研究生普通奖学金标准统一提高到每生每月1000元，全年为12000元。调整方案已报经市政府批准，该标准拟从2010年9月1日开始执行。

（三）深入推进我委国资管理改革

一是建立市教委国有资产监管责任体制。成立市教委国有资产管理委员会，确定按照“1＋3”模式规范事业单位国有资产管理（“1”即由市教委财务处承担市教委国有资产管理职能，“3”即由市教委财务管理中心、科技发展中心、教企发展中心分别承担事业单位和企业国资监管工作）。召开“市教委系统国有资产监管工作会议”，推动市教委系统国资监管工作进入崭新的历史阶段。

二是完善国资监管制度。印发了《上海市教育委员会系统企业国有资产管理暂行办法》、《上海市教育委员会系统企业财务管理暂行办法》等文件，编写出版《行政事业单位国有资产管理实用手册》。

（四）进一步规范财务管理和收费工作

一是深入推进教委系统“小金库”治理工作。参照上海市治理“小金库”工作领导小组及办公室架构模式，成立了由市教委主任薛明扬任组长的治理“小金库”工作领导小组，开展“小金库”治理工作“回头看”，完善制度建设，开展防治“小金库”长效机制建设征文活动，巩固治理成果，开展“小金库”治理摸底排查工作。据统计，“小金库”工作自查面达到100%，重点检查面达到40%以上；2009年共查处私设“小金库”违纪违规金额971.7万元。

二是进一步规范教育收费工作。第一，加强制度规定和文件指导。会同有关单位出台《关于到进一步规范本市义务教育阶段学生代办服务性收费管理有关事项的通知》，积极研究制订本市高中学生代办服务性收费管理有关规定；开展本市学前教育收费现况调研，不断完善学前教育收费相关政策。第二，认真清理教育收费项目及标准。共取消了幼儿园新生报名费、中专委托培养费、学历文凭翻译费、社会考生英语四六级考试报名费、学科竞赛考试费等13个收费项目，降低了普通话测试收费标准。第三，坚持开展春季开学收费情况检查、教育收费自查和对高校、区县中小学教育收费的联合检查，提高查纠实效。第四，专项治理中小学校教辅资料散滥问题，在严肃查处违规问题的同时，加强疏导，总结推广“有效作业”、“阳光作业”等做法和实例。

通过努力，本市教育收费工作基本做到管理制度化、工作程序化、监管常态化，信访举报明显下降，收费问题明显减少，收费行为更加规范；群众满意率进一步提高，教育收费已不成为上海群众普遍关注的热点问题。基本完成2009年违规收费问题整改工作，2010年共查实违规收费226.7万元，清退170.5万元，上缴国库56.2万元。奉贤区等9个区被评为本市规范教育收费优秀达标单位，闸北区等9个区被评为达标单位。

（五）加强教育审计监督工作

一是召开2010年上海教育审计工作会议。回顾总结了2009年上海教育系统内部审计工作开展情况，对2010年我市教育审计工作作出部署。

二是实施委内专项资金跟踪审计。对我委世博会接待工作、全国中小学生艺术展演、2010年上海市教育博览会、2010年庆祝教师节主题活动等8个专项的财务收支情况开展全过程跟踪审计。

三是开展企业财务决算审计。根据上海市国有资产监督管理委员会《关于做好2009年度本市国有企业财务决算审计工作的通知》要求，对市属高校、委直属单位开展2009年度本市教育系统国有企业财务决算审计。

四是深入开展2010年上海教育审计督导工作。对立信会计学院、体育学院2所高校和浦东新区、徐汇区、长宁区、青浦区教育局4个教育行政部门内部审计工作开展情况进行督导，并对音乐学院2009年审计督导意见落实情况进行回访检查。通过2年的积极探索，上海教育审计督导工作已形成了自己的特色，建立了有制度、有计划、有步骤、有内容、有方法、有成效的督导工作体系，提高了全市教育审计工作水平。

十五、贯彻依法治教要求，教育法制与政策研究工作有序开展

（一）开展本市教育发展的前瞻性政策研究

一是深化“长三角教育联动发展”课题研究成果。会同江苏、浙江两省教育厅及宁波市教委召开“长三角教育联动发展协调领导小组办公室工作会议”，编撰《长三角教育联动发展研究文集》，深化“长三角教育联动发展”有关政策研究。召开“第二届长三角教育联动发展研讨会”，签订若干关于长三角教育联动发展的项目协议，着手启动长三角教育联动发展的合作项目，推进长三角教育联动发展合作项目进程。

二是开展其他重要教育政策研究。完成“推进城乡一体化和全面推进素质教育的政策研究”课题、“非本市户籍常住人口子女就学制度研究”课题、“学校内部法律关系研究”课题的研究工作。开展“高等院校校方责任险”、“素质教育背景下的青少年法制宣传教育研究”等课题研究。

（二）稳步推进本市有关教育立法工作

一是开展上海市终身教育立法工作。协助市政府法制办、市人大完成《上海市终身教育促进条例》初稿文本的制订工作，2010年5月上报市政府法制办，2010年11月进入市人大审议程序。

二是开展《上海市民办教育促进条例》的立法调研工作。在2009年全面开展贯彻落实《中华人民共和国民办教育促进法》及其《实施办法》行政执法检查的基础上，开展立法调研，初步撰写立法调研报告和《上海市民办教育促进条例(草案)》。

（三）积极推进教育执法工作

一是开展依法治校示范校创建工作。开展中等及中等以下学校依法治校示范校创建工作，为推动本市中小学校普遍开展依法治校工作探索了经验，56所学校成为首批“上海市依法治校示范校”。

二是依法开展上海市高校章程建设工作。全面开展普通高校章程建设调研工作，适时召开上海高校章程建设工作会，依法依规开展高校章程建设情况检查，指导、督促各高校制订规范化的学校章程，监督、检查学校章程的执行状况，推进学校章程的梳理和修订，推进依法治校。

三是进一步完善行政执法责任制。开展健全行政复议、行政诉讼、教师申诉、学生申诉等相关制度研究，加强对行政执法人员培训，规范各项行政执法行为。

四是完成行政复议及有关工作。2010年共处理复议案件9起，有效解决了有关当事人与教育行政部门及学校之间的法律纠纷，依法维护教师、学生及区县教育局的合法权益。积极协调申诉等法律事务，办理多起学生申诉、教师申诉、政府信息公开以及信访案件，有效缓解了各类矛盾和争端。

（四）大力推进普法教育

一是积极开展“五五”普法总结验收工作。组织4组专家，分赴全市各区县教育系统开展普法总结验收，开展对各高校、各直属单位的普法验收；召开“五五”普法总结验收工作大会，总结表彰“五五普法”先进单位和个人。

二是开展青少年普法教育系列活动。开展上海市第二届“新沪杯”全市青少年法律知识竞赛、青少年法制教育优秀教案征集活动、“迎世博、讲法制、促和谐”——上海市青少年法制宣传书画作品征集活动、“新沪杯"青少年学生法律知识竞赛等青少年普法教育活动、"12·4"宪法宣传周等,提高了中小学法制教育的实效。

十六、围绕"平安世博"开展系列行动,教育系统安全稳定的长效机制逐步建立

(一) 加强教学管理,保障世博志愿者服务工作

世博期间,本市高校有20余万大学生投入志愿者服务工作中。其中近8万人参与园区志愿者服务,近13万人参与"城市文明站点"志愿者工作,涉及上海所有高校。大学生志愿者服务对学校教学管理提出了挑战。我委积极协调各类高校加强对教学的有效管理,把大学生志愿者服务世博对学校正常教学秩序造成的影响降到最低。

(二) 加强校园安全风险排查,及时消除安全隐患

一是组建平安志愿者服务队。要求各高校按照每校5%在编在岗教职工并适当吸收优秀大学生的比例,建立了5000人左右的高教系统平安志愿者服务队;要求各区县教育局指导辖区内各中小学、幼儿园组建教工平安志愿者服务队。为进一步做好工作,我委编制了《上海市教育系统2010年上海世博会平安志愿者服务队组织管理意见》,加强平安志愿者培训。

二是通过明确"三个工作重点"加强校园风险排摸。加强对重点防范区域和目标、重点物品、重点防控人员的风险排摸,大力开展校园突出矛盾、重大安全隐患的排查和化解工作,要求各高校坚持"每月一报、有事速报"原则,确保底数清、情况明、反应快。

三是着力开展以招收进城务工人员随迁子女为主的民办小学风险勘查和整改情况检查。组织力量对153所以招收进城务工人员随迁子女为主的民办学校进行风险勘查,并督促整改。为了解各学校风险整改情况,2010年下半年再次组织力量对上述学校及新转制民办小学风险情况进行检查。

四是加强校园内部不稳定因素排摸。对全市各公办、民办中小学(含中等职业学校和招收进城务工人员随迁子女为主的民办小学)及幼托园所开展了不稳定因素排查,针对有关隐患,落实了相关措施。

五是认真开展校车、消防安全抽查和学校周边治安隐患每月排查。抽查6个区32所学校的257辆校车安全情况,限期整改138处安全隐患。抽查14所中小学幼儿园校园和校安工程消防安全隐患,防患和化解了85所中小学、幼儿园及周边的突出治安隐患98处。

六是及时排查暑假期间正常开班的幼托机构安全隐患。对994所暑假期间正常开班的幼托园所进行全面的安全隐患排查和整改,指导学校坚持做好幼儿入园、离园护导工作,认真执行校外人员信息登录和持证入校等各项安全管理制度,确保在园幼儿人身安全。

七是推进高校"两个实有"管理。扎实推进高校"两个实有"(实有人口、实有房屋)管理,目前高校外来人员临时居住证办证率达65%以上,高校对外来人员的登记率达90%以上。严格执行凭"临时居住证"办理"校园出入证"制度,高校出租房、外来人员管理得到明显改善。

八是开展世博安保工作督查。开展中小学、幼儿园安全大检查,共检查学校2735所,整改安全隐患1508处。对全市中小学幼儿园安全工作进行专项督导。开展针对高校的专项督查,于4～5月间安排检查人员230余人次,检查高校66所。

九是推进高校技防建设。划拨600万元技防特色建设奖励资助资金推进公办高校技防特色项目建设;划拨850万元技防专项资助资金引导民办高校积极开展技防达标建设。召开现场会,引导、推进高校进一步加强技防建设。

十是完成上海教育系统网络信息安全世博专项工作。召开3次大型网络信息安全工作推进会议,组织进行4轮11家单位的网络信息安全工作检查,举行8场网络信息安全培训和技术研讨会和5次应急预案模拟演练。召开9次工作会议检查250多个教育网站和子站,排除300多个安全隐患。确保世博期间本市教育系统网络信息安全零事故。

(三) 完善制度,加强长效管理

一是出台校园保安管理规定。与有关部门联合制定《上海市中小学、幼儿园保安服务管理规定》并由市政府办公厅转发。

二是修订安全文明校园评估指标。修订2007年版《上海市安全文明校园评估指标》,更加注重落实近两年来中央综治办、教育部、公安部等中央部委对安全文明校园创建工作的新要求和上海近年出台的中小学安全管理制度新规定,更加注重操作性,将指标细化贴近学校创建工作实际,同时将制度实际执行情况和效果

作为考量重点,引领学校创建工作深入开展。

三是完善上学和放学时段学生安全护导机制。与公安部门联合实施学校护导老师与公安巡逻工作对接机制,由巡警或社保队员落实"校园必到点"巡逻防控措施,保证每所小学和幼儿园在上学和放学时段"四支队伍"(即公安、社保队员、学校教师、保安)汇聚,共同做好护导工作。

四是实施双月联合督导机制。联合公安部门每逢双月组成联合督查组,对部分区县中小学、幼儿园安全防范工作情况进行联合督导,重点检查上学、放学时段学生安全护导机制落实、外来入校人员信息登录和持证挂牌制度实施、技防设施使用维护、保安员履职情况等。

五是严格规范中小学幼儿园校车管理。按世博特种车辆管理要求,与各区县教育局签订校车安全责任书,全程跟踪指导。在强化历年校车管理的基础上,明确校车灭火器的类别和规格,进一步强调逃生锤配置、校车登记备案、驾驶员培训、车辆临检、安全教育和逃生演练等要求。截至 11 月底,本市 417 所中小学幼儿园 2360 辆校车已全部完成登记备案并申领校车标牌。

六是推进学校安全教育常态化发展。第一,要求各中小学结合广播操集合路线顺序和时间要求,每周开展一次疏散逃生演练。第二,举行第三届师生自护自救、识险避险的知识技能比赛,采用直接抽选学校参加展示的办法,检验各学校平时开展安全知识教育和逃生演练的实际效果。第三,举行首届中小学生安全知识网上竞赛,历时 3 个月,共有 19.6 万学生参与,近 6 万名学生参赛。

七是完善中小学生事故信息公开制度。继续坚持一年两次向社会公布中小学生安全事故发生情况和暑期安全事故情况的制度。通过公布伤亡学生人数、分析事故特点、预防事故等举措,以警示社会各方,营造全社会保护中小学生健康成长的氛围。

(四) 加强教育引导,积极推进预防未成年学生违法犯罪和禁毒教育工作

一是继续推进工读教育发展。举办上海市第七届工读教育论坛——课堂有效教学。组织工读学校学生"拥抱明天"系列活动。组织"未成年学生不良行为的发现与教育调适"系列培训讲座。对近 300 人(次)普通中小学班主任、青保老师开展针对性培训,完成上海市工读学校教师第三轮全员培训工作,3 年来共分批培训工读学校教师 400 余人。

二是打造适合中小学生身心发展规律的毒品预防教育体系。会同有关部门联合开展"中小学毒品预防教育八个一"活动。具体做法包括:第一,在市、区县层面,重新遴选 67 所中小学、中等职业学校为市级毒品预防教育试点校,以点带面,推动中小学毒品预防教育工作纵深开展。第二,在学校层面,以课堂教育为主渠道,通过"上好一堂毒品预防教育课"、"组织一次禁毒主题班会"等形式,努力提高"2 课时"的针对性和有效性。第三,在教师层面,征集教师"240 培训"及中小学毒品预防教育优秀教案 500 多篇,并评选 43 篇为优秀教案。第四,在学生层面,以未成年人网络天地、市禁毒科普教育馆等为主要平台,以网上禁毒知识竞赛、禁毒宣传展览等为主要形式,进一步提高学生的参与积极性。据统计,第五届网上禁毒知识竞赛参与人数突破了 51 万人,参观市禁毒科普教育馆的中小学生超过 11 万人次。在国家禁毒办举行的全国中小学毒品预防教育表彰会上,"八个一"活动被评为"精品活动"。

三是完善本市服刑劳教人员未成年子女关爱工作机制。第一,继续实施诉前考察教育制度。截至 10 月底,有 13 名未成年诉前考察对象列入帮教体系,经过帮教,8 位未成年人被作出不诉决定。第二,继续实施非本区未成年人违法犯罪情况告知和帮教制度。截至 10 月底共有 5 人(次)被告知,均得到及时帮教。与 2009 年同期的 16 人(次)相比,继续呈下降趋势。第三,做好来沪流浪儿童的保教工作。截至 10 月底,2010 年设在嘉定工读学校的儿保二班共收纳流浪儿童 106 人,其中男生 92 人,女生 14 人。第四,继续做好特殊对象未成年子女的关爱工作。对 909 名未成年人实施结对关爱。并对静安、松江两区进行查访。

(五) 做好后勤管理有关工作

一是推进教育系统节能工作。召开上海高校进一步推进节约型校园创建工作大会,有序推进上海高校节能扶持项目,有关资金已经拨付到位。顺利推进高校重点用能单位能源审计前期准备工作。

二是推进第三批节水型学校创建工作。20 所高校完成了创建工作并顺利通过考核验收,另有 10 所高校预计下半年完成创建。截至 6 月底本市已有 41 所高校(校区)创建成为上海市节水型学校(校区)。

三是召开京津沪渝直辖市高校后勤工作研讨会。就如何进一步做好高校后勤改革、节约型校园建设、农校对接等工作展开深入讨论。

四是做好高校地下水应急水源地工程试点工作。首批试点高校进展顺利，同济大学、上海财经大学和上海大学在开展基础建设工程的基础上，顺利完成设备安装和调试，现已正式投入运行。第二批复旦大学、上海海洋大学、上海体育学院、上海第二工业大学和上海金融学院等5所高校已完成基础工程建设，进入设备安装和调试阶段。

五是完善教育系统防汛防台和绿化工作制度建设。制发《上海市教育系统防汛防台专项应急预案》，颁布实施《上海市中小学绿化建设与管理导则》。

六是开展世博安保先进集体、先进个人评选表彰活动。授予复旦大学党委办公室等96个单位“2010年上海世博会教育系统安保稳定工作先进集体”荣誉称号，授予张佳文等159人“2010年上海世博会教育系统安保稳定工作先进个人”荣誉称号。

十七、开展多形式治理活动，语言文字规范化管理深入推进

一是继续组织开展公共场所中英文检查整治活动。联合有关部门进一步推进公共场所语言文字和公共标志规范化，组织2次大规模专项检查整治活动，对区县推进公共场所语言文字使用监管工作进行专项考评，并将考评结果计入迎世博600天行动计划第六次文明指数测评；召开“迎世博”公共场所英文使用规范化管理工作总结推进大会，提出了“世博后”长效管理机制的初步设想。

二是开展第二批市级语言文字规范化示范校认定工作。根据教育部、国家语委要求，委托市教育评估院组织专家开展第二批市级语言文字规范化示范校认定工作，评定了90所市级语言文字规范化示范校。

三是扎实推进区县语言文字评估工作。完成了对闵行、奉贤和青浦三区语言文字工作评估。至此，上海18个区县全部通过达标评估，进一步落实语言文字工作机构、人员等组织保障，完善各司其职、齐抓共管的管理体制。

四是承办“中国语言战略论坛暨语言文字工作研讨会”等会议。承办中国语言战略论坛暨语言文字工作研讨会，谋划未来十年我国语言文字工作和语言战略；承办“公共服务领域外文译写标准制定工作专家研讨会”，就制定公共领域外文译写标准的指导思想、工作原则、标准运用领域等方面进行研讨交流。

五是组织开展“中华诵”系列活动。组织本市部分中学校长参加在山东潍坊举行的“中华诵·经典诵写讲”研讨会；组织静安、虹口、嘉定的7名教师参加首批“中小学经典诵读教育骨干教师国家级培训班”；在华东师大、虹口区教育局、嘉定区教育局和22所中小学校启动上海市“中华诵·经典诵读行动”试点工作；组织学生参加“第二届全国学生规范汉字书写大赛”，89名选手荣获全国性奖项。

各级各类教育

综 合 类

［教育信息报送］ 市教委全年编发各类信息423期，其中《每周教育信息》36期，《简报》63期，《教育工作情况专报》54期，《教育安全稳定专报》175期，《教育工作》18期，《领导讲话》6期，《教育参考》11期，《教育信息》60期。共被教育部录用各类信息60多条，获教育部办公厅年度信息报送总积分210分，在教育部各地各校日常信息采用排名中位列第一。其中被教育部编发简报15篇，中央领导和部领导批示件6期。全年共被市政府办公厅录用信息200多条。

（沈蕴辉）

［信息公开］ 认真落实《中华人民共和国政府信息公开条例》和市政府信息公开的各项工作要求，市教委做好政府信息的主动公开工作。①主动公开政府信息分为5大类、42个专题、203个类目，内容涵盖各级各类教育，包括规范性文件、政策性文件、周知性文件、行政审批事项等。新增主动公开政府信息843条，全文电子化率达100%，政府信息公开专栏访问量达127.37万人次。②公布各类政策解读203条。③公布公共服务类信息2202条。④在上海教育网推出“财政专项资金信息公开”专栏，公开6项财政专项资金的使用管理办法、操作流程、分配依据和分配结果，方便公众全面了解相关财政专项资金使用情况。⑤受理政府信息公开申请26件，全部答复完毕。⑥加大与公众的互动交流。开展网上公示、问卷调查、征求意见、教育大家谈等网上互动项目共计60项，参与者达12.9万人次。

（陈　琼）

［高中阶段招生］ 全市高中阶段教育招生贯彻“进一步深化中招改革，促进义务教育均衡发展，促进高中阶段各类教育协调发展”的政策，扩大郊区生源进入各类优质高中阶段学校就读。高中阶段4类学校招生10.02万人（含中职学校向外省招生的学生数，不含成人中专招生数），其中，普通高中招生5.39万人，中职学校招生4.63万人，普通高中与普通中职招生的普职比为54∶46。扣除外省生源因素，上海生源高中阶段新生入学率96.5%。普通高中招生中，市级推荐招生录取占8.52%，自荐招生录取占3.68%，名额分配录取占4.26%。择校生录取占9.68%，市、区两级艺术、体育特长生录取占1.51%，其余为统一录取，占72.35%。市、区两级实验性示范性高中共招生3.82万人，录取比例占普通高中招生总数的70.98%，比上年增加6.71个百分点。中职招生中，普通中专占64.58%，职业高中占26.35%，技校占9.07%。全市进行中高职贯通教育的培养模式改革试点，开设4个中高职贯通专业共计招生492人。全市中职共招收进城务工人员随迁同住子女0.42万人。

（严骏昌）

［中小学校舍安全工程］ 至2010年年底，全市校舍安全工程项目开工总建筑面积167万平方米，其中在建项目总建筑面积55万平方米，竣工项目总建筑面积112万平方米。累计完成总投资约22亿元。完成《上海市中小学校舍安全工程规划》修订，经市政府批准后报全国校安办备案。完成校舍信息系统建设和信息采集、录入审核工作，开展各级各类技术培训近200人次。会同市财政局印发《关于本市免征中小学校舍安全工程政府性基金和收费的通知》，免收校安工程项目涉及的23项政府性基金、行政事业性收费。制定并印发《上海市行业（企业）办中职学校校舍安全工程实施方案》，明确行业中职学校校舍安全工程责任主体、目标、主要工作及资金补助政策等。组织浦东新区、松江区、崇明县教育局等单位，结合具有一定代表性的工程案例，编写《上海市中小学校舍安全工程典型案例汇编》，并通过了市建设交通委、科技委有关专家评审。根据市委、市政府领导对“11.15”灾后的工作指示，布置开展全市近124所项目学校、67.5万平方米校舍安全工程在建项目的安全自查、抽查工作。协助市审计局开展2010年下半年度校安工程审计调研工作。

（顾满锋）

[颁布《上海市中长期教育改革和发展规划纲要》] 3月29日至4月28日,《上海市中长期教育改革和发展规划纲要(2010—2020年)》向社会公开征求意见,网络访问量达12万人次,共收到意见建议10万多条。9月6日,《上海市中长期教育改革和发展规划纲要(2010—2020年)》由市委、市政府颁布。随后,相关宣讲活动在全市各区县开展,解读材料《〈上海市中长期教育改革和发展规划纲要(2010—2020年)〉学习读本》编撰完成并下发至各区县教育局和高校。

(张　兴)

[编制《上海市"十二五"教育改革和发展规划》] 市教委成立《上海市"十二五"教育改革和发展规划》编制工作小组,由市教委主任薛明扬任组长。4月23日,市教委召开会议,启动编制工作。同时,相关的学前教育、基础教育、高等教育、职业教育、终身教育、民办教育、高校教师队伍建设、中小学教师队伍建设和教育信息化等9个专项规划的编制工作同步启动。8月,《上海市"十二五"教育改革和发展规划》提纲经市政府、市人大审议确定,在此基础上拟订征求意见书面稿,征求相关委办局的意见,并分别召开高校代表、区县教育局代表、教育专家、职业院校代表和相关委办局负责人座谈会,至年底,《上海市"十二五"教育改革和发展规划》修订稿正在征求意见过程中。

(张　兴)

[市政府与教育部签署共建合作协议] 3月3日,上海市政府与教育部签署《共建国家教育综合改革试验区战略合作协议》,明确上海将按照"优先发展、育人为本、改革创新、促进公平、提高质量"的工作方针,率先实现基本教育公共服务均等化,率先转变教育发展模式,率先加强创新人才培养,率先扩大教育开放程度,到2020年率先实现教育现代化,为全国教育改革和发展探索道路、提供经验。双方共建内容包括:探索教育公共管理新体制和新机制,提升教育公共管理水平;探索人才培养模式和招生考试制度改革,全面实施素质教育;探索教育支撑产业结构调整的机制与路径,增强教育服务能力;探索扩大教育对外开放的机制与模式,提升教育国际化水平;探索推动学习型社会建设的新机制,完善终身教育体系;建设教育发展战略性支持平台,增强教育基础研究的决策咨询与服务指导功能;增强上海教育辐射服务功能,探索建立教育区域合作联动发展的新格局。

(张　兴)

[国家"教育体制改革试点项目"启动] 5月,国家教育体制改革领导小组办公室启动"教育体制改革试点项目"申报工作。上海共申报28个试点项目,有27个项目被国家教育体制改革领导小组批准为国家教育体制改革试点项目。至2010年年底,上海所有27个试点项目中已成功备案24个。同时,市政府成立上海市教育体制改革领导小组,由市委副书记殷一璀、副市长沈晓明担任组长,小组成员由相关委办局共22家单位构成。2010年内,部分试点项目已和《上海中长期教育改革和发展规划纲要(2010—2020年)》的10个重点发展项目工程一并启动,其他项目将于2011年启动。

(张　兴)

[与国家体育总局、国家海洋局、教育部签署共建协议] ①9月17日,国家体育总局与上海市政府签署共同建设上海体育学院中国乒乓球学院的协议,并聘请乒乓球名将徐寅生任名誉院长。此次共建旨在集聚我国乒乓球运动和上海高等教育的优质资源,使乒乓球学院成为"体教结合"的前沿阵地、乒乓球研究与研发基地、国球文化传播的教育和交流基地以及国际总部或中心的入驻地,争取到2020年将其建设成为世界领先的特色学院。②12月10日,国家海洋局与上海市政府签署共建上海海洋大学协议。上海海洋大学将加强改革创新、推进内涵建设,加强行业人才和复合型人才的培养,加强参与和承担各类研究任务,支持并参与国家海洋人才队伍建设,争取到2020年成为我国海洋科技创新和海洋科技人才培养的重要基地,成为世界知名的高水平海洋大学。③12月29日,教育部与上海市政府就新一轮"985工程"继续重点共建复旦大学、上海交通大学、同济大学和华东师范大学4所高校签订协议。根据协议,2010年至2013年,教育部、财政部和上海市地方财政将共同投入这4所高校的建设。同时,地方投入中含市政府引导性资金,主要用于引导、鼓励高校在争创一流的同时,积极为上海经济、社会发展服务。

(张　兴)

[普通高等学校招生] 全市普通高等学校招生14.46万人,比上年增加0.8%,其中本科9.12万人,比上年增长1.0%;高职(专科)5.35万人,比上年增加0.6%。2010学年度本市高等学校本专科在校生人数51.57万人,比上年增长0.6%。全市各类高等教育在校生总量达97.76万人,达到"十一

五”规划提出的规模要求。与2005年相比，各类高等教育在校生净增17.37万人，增幅21.6%。2010年市属高校录取教育部专项招生计划涉及的十二省区（山西、内蒙古、安徽、河南、广西、贵州、云南、甘肃、四川、陕西、宁夏、新疆）新生2.66万人，比2009年增加0.50万人，增长23.0%。

（顾晨蓝）

［实施名校长名师培养工程］ 名校长名师培养工程采取基地培养、学历提升、双导师制、课题资助、成果出版、教学展示、教育论坛、组团出国等形式开展工作。同时继续开展优青项目，全市选出第二批优青校长后备人选98人、优青教师后备人选257人，市区（县）联动培养，构建优质队伍梯队。此外，为共享长三角优质培训资源，上海市教育委员会、江苏省教育厅、浙江省教育厅共同启动长三角中小学名校长联合培训计划，百名校长参训，其中上海校长33人，在苏浙沪三地完成通识培训、专题培训、基地实践培训。实施名校长名师培养工程，初步实现“出人才、出经验、出成果”的目标，有效促进了上海基础教育高端人才的专业发展。

（杨　洁　时丽娟）

［实施推进农村教师专业发展培训项目］ 市教委整合全市优质教师教育资源，对全体农村教师分类分层开展培训，共有17388余名校（园）长、教师参加培训。①开展不同教龄的教师专项培训：针对1—5年教龄的职初教师开展“贴近课改、贴近实践、贴近课堂”的基本功培训项目，共有279名教师参加培训；针对5—10年教龄的青年教师开设课堂教学、读书征文与演讲、教育教学案例、观课评课等基本技能研修项目，共有200名教师参加培训；成立校长、语文、英语、历史、教育心理学、幼教、数学、物理、化学生物、政治德育、音体美、综合等12个特级教师（校长）学科专业委员会，对10年以上教龄的农村骨干教师进行指导研训，共有505名校（园）长、教师参加培训。②开展不同需求的教师专项培训：为全体农村教师量身定制开发课程，2008—2010年有23455名中级职称以下的各学科教师参加面授培训，其中，2010年培训8195人，4062名各学科教师实施远程培训；对奉贤区的9所薄弱学校和崇明县的6所薄弱学校教师实施“分步推进、重点突破、稳步提高、带动全面”的提升培训项目；完成在2008年纳入民办教育管理的66所小学的2165名教师培训工作，部署在2009年纳入民办教育管理的86所小学约2259名教师的培训工作；开展95名来自崇明、奉贤、金山、松江、青浦的中小学英语教师暑期强化培训。

（杨　洁）

［评选推荐“全国教书育人楷模”人选］ ①在第26个教师节之际，教育部联合中央主要媒体和教育媒体开展首届“全国教书育人楷模”评选活动。全市开展评选推荐工作，推荐上报上海市杨浦高级中学于漪、复旦大学陆谷孙、上海市闸北第八中学刘京海等3位教师为全国教书育人楷模推荐人选。经社会各界公开投票，“全国教书育人楷模”评选委员会评选，上海市杨浦高级中学于漪等10位教师获“全国教书育人楷模”荣誉称号。9月9日，于漪等老师受到胡锦涛总书记的亲切接见。②9月26日，市教卫党委、市教委举行“一辈子做教师，一辈子学做教师——全国教书育人楷模于漪老师报告会”，市教卫党委、市教委领导，各高校、区县教育局、教师进修院校负责人以及中小学校长、书记代表到会聆听于漪老师的报告。③10月14日，市教卫党委、市教委在复旦大学举行于漪教育思想研讨会暨全国教书育人楷模“每月一星”学习宣传活动启动仪式。市委副书记殷一璀、教育部师范司司长管培俊出席会议并讲话。教育部、上海市教卫党委、上海市教委、上海市各高校、各区县中学的相关同志出席会议。研讨会由市教卫党委书记李宣海主持，复旦大学党委书记秦绍德致辞。研讨会现场还进行了于漪教育著作、《世博一课》的赠阅仪式和于漪老师专题片的展播。

（沈　燕）

［实施高校特聘教授（东方学者）岗位计划］ 4月，市教委公布《2010年上海高校特聘教授（东方学者）岗位计划岗位设置和申报目录指南》。重点支持与两个“中心”建设和上海高新技术产业九大重点领域和现代服务业发展紧密相关学科专业引进的海外高层次人才。东方学者工作坚持三大原则，完善讲座教授岗位聘任和团队引进办法；进一步关注能引进国际上先进的教学理念、课程标准和体系，并讲授国际前沿核心课程的教学科研人才。至9月，经审定，共有59人（含一团队）入选。其中男性54人，女性5人；中国国籍47人，外国国籍12人；讲座教授13人，平均年龄48岁；特聘教授46人，平均年龄38岁。59人学校分布情况为：部属高校22人，市属高校37人；59人中海外任职情况：教授2人，副教授3人，客座教授2人，助理教授5人，研究员或高

级研究学者 14 人。59 人引进来源分布：美国 13 人，欧洲 7 人，日本 3 人，其他亚太地区 2 人，其他国家 2 人，中国香港 1 人。

（陆　震）

[“高校选拔培养优秀青年教师科研专项基金”资助对象确定]　“上海高校选拔培养优秀青年教师科研专项基金”的选拔、申报和审批等工作完成。经个人申请、学校推荐、公示、市教委审核批准等程序，共有 60 所高校 1173 位青年教师入选本年度“上海高校选拔培养优秀青年教师科研专项基金”项目培养范围。其中上海理工大学等 55 所高校（单位）共 1066 位青年教师获得该项目提供 2 万元至 3 万元不等的资助，华东理工大学等 5 所部属（军队）院校 107 位青年教师的资助经费由所在学校队伍建设专项经费提供。获得该项目资助经费的 1066 位青年教师中，公办高校为 877 人，民办高校 189 人，平均年龄 30 岁。入选青年教师的学历水平、政治面貌和职称等较往年有所提高，其中博士学位 404 人、硕士学位 592 人；中共党员 719 人、民主党派 9 人、无党派人士 338 人；讲师及其他中级职务 425 人、初级职务 618 人、尚未确定职务 23 人。申报自然科学类科研项目 501 项，申报社会科学和管理科学类研究项目 565 人。

（高书凌）

[培训农民工子女学校教师]　各区县开展以学科教学为主的农民工子女学校教师培训。学科培训确定“基于问题，聚焦课堂，置于情境”的培训思路。培训实施以问题为导向，以课堂教学为主要关注点，在寻求解决问题的过程中提高培训的实效。培训的基本形式是“集中面授—随堂诊断—示范指导—现场观摩—合作研讨—课例点评”。①集中面授，在学科培训之前，各区县都进行集中辅导，为开展课堂实践研修提供理论导向。②随堂诊断，以参训教师所在学校为主阵地，研训员与该校领导、教师对具体的课堂教学进行分析和诊断，找出问题症结，解决问题和困惑。③示范指导，组织区内外骨干教师上示范课，由教研员作专题讲座，帮助参训教师加深对课堂教学策略的运用和理解。④现场观摩，创设直观、生动、丰富的培训情境，促进教师之间的沟通、交流和分享。⑤合作研讨，这不仅是教学观摩后的说课评课、教研组备课组的课后交流，更是听课教师、上课教师、研训员讨论交流、互动共享和反思提升的过程。⑥课例点评，研训员在合作讨论后发现和提炼教师在课堂教学中的问题，有观点、有例证、有建议地提出改进意见。

（杨　洁）

[外省市对口地区支教与教师培训]　2010 年，全市共计选派 151 名优秀校长、教师赴新疆、云南、海南开展支教，接受 537 名新疆、都江堰、海南、西部地区的校长、教师来沪培训，对 130 名新疆喀什地区莎车县的小学语文教师开展远程培训。①151 名上海教师到对口地区开展教育工作。其中，30 名教师赴新疆喀什地区莎车、巴楚、泽普、叶城四县 7 所学校开展支教工作；100 名教师分赴云南红河、文山、普洱、迪庆、临沧、丽江和西双版纳等 7 个地州 19 个“两基”攻坚县的 19 所学校开展支教工作；21 名校长、教师在海南 7 所结对学校开展合作交流工作。②促进对口地区 667 名校长教师专业发展。一是做好支援新疆汉语教师工作，组织落实两批共计 242 名新疆少数民族“双语”骨干教师培训和两批共计 38 名新疆中小学校长挂职工作。二是做好支援新疆喀什地区师资队伍建设工作，闸北区大宁国际小学和闸北区教师进修学院的 10 余名教师和 130 余名新疆喀什地区莎车县的教师们以双向视频形式开展小学语文低年级识字教学研讨活动，完成 40 名新疆喀什地区四县校长在沪的理论研修和跟岗学习。三是做好都江堰、海南、西部地区校长、教师来沪培训工作。③完成两批共计 120 名都江堰教师在沪的理论研修和跟岗学习，组织落实海南省的 21 名校长、教师在结对学校进行交流学习，做好 76 名中西部校长在沪开展第二期教育部——中国移动中小学校长影子培训工作。

（杨　洁）

[“十一五”教育经费统计]　2009 年上海市地方财政预算内教育拨款为 339.53 亿元，比 2006 年 227.03 亿元，增加 112.50 亿元，增长了 49.55%。①2009 年上海市地方普通高校生均预算内事业费支出 16423.87 元，比 2006 年 11942.85 元，增加 4481.02 元，增长了 37.52%；2009 年生均预算内公用经费支出 10679.17 元，比 2006 年 7043.95 元，增加 3635.22 元，增长 51.61%。②2009 年上海市地方中等职业学校生均预算内事业费支出 10825.45 元，比 2006 年 6620.52 元，增加 4204.93 元，增长 63.51%。2009 年生均预算内公用经费支出 3726.25 元，比 2006 年 1789.70 元，增加 1936.55 元，增长 108.21%。③2009 年上海市地方普通高中生均预

算内事业费支出16853.72元，比2006年9585.78元，增加7267.94元，增长75.82%。2009年生均预算内公用经费支出为4107.46元，比2006年2589.08元，增加1518.38元，增长58.65%。④2009年上海市地方普通初中生均预算内事业费支出18224.25元，比2006年10325.89元，增加7898.36元，增长76.49%。2009年生均预算内公用经费支出为4495.26元，比2006年2614.74元，增加1880.52元，增长71.92%。⑤2009年上海市地方普通小学生均预算内事业费支出14792.68元，比2006年9409.78元，增加5382.90元，增长57.21%。2009年生均预算内公用经费支出为3453.12元，比2006年2308.80元，增加1144.32元，增长49.56%。

（毕昇华）

[推进市属高校拨款机制改革] 开展“上海市属高校拨款机制改革”课题研究，形成《市属高校拨款调整建议方案》。在市财政局的支持下，市属高校开始实施按十三大学科门类拨款的内涵建设综合定额制度。新定额制度由原来按学校类型拨款改为按十三大学科类型进行拨款，体现了高校办学基本运行支出的差异。同时将人才队伍建设提高经费、学科和课程建设提高经费、科研业务提高经费等统一整合为内涵建设经常性经费定额，增加了高校经常性经费的比重，提高经常性经费保障力度，降低专项经费比例，促进高等教育投入由“专项投入”为主到“经常性投入”为主的转变。

（何鹏程）

[提高博士生普通奖学金标准] 市教委、市财政局下发《关于提高市属高校博士研究生普通奖学金标准的通知》，将本市高校博士研究生普通奖学金标准由原来的每生每月190—400元统一提高到1000元。该标准从9月1日开始执行，同时明确博士研究生普通奖学金由学校集中掌握使用，主要用于鼓励优秀学生，或对兼任助教、助研、助管工作的博士生发放部分报酬等，具体发放办法由学校根据研究生学科专业等实际情况自行制定。

（何鹏程）

[试行高校财务管理绩效评价制度] 市教委制订市属高校财务管理绩效评价指标体系，主要内容包括预算编制、预算指标、预算执行管理、年度决算、专项经费管理、综合管理等六个方面、共18个二级指标。根据这一指标体系，委托市教育评估院组织专家，以预、决算等财务管理指标为主要评价对象，采取“综合评价与分类考核相结合，定量评价与定性评价相结合，自评自查与他评他查相结合”方法，首次尝试对22所高校进行财务管理绩效综合评价，并根据绩效评价结果进行奖惩。通过绩效评价，完善市属高校财务管理制度，促进高校加强财务管理工作。

（何鹏程）

[试行财政专项资金信息公开] 2010年，市教委公开6项专项资金：①高校帮困助学专项资金。②职业教育发展专项资金。③促进民办教育发展专项资金。④教育费附加。⑤重点学科建设计划。⑥本科教育高地建设项目。

（金　芳）

[提高义务教育阶段生均公用经费基本标准] 2008年，市财政局、市教委颁布《关于印发本市义务教育阶段公办学校生均公用经费基本标准的通知》，确定义务教育阶段生均公用经费为：小学每生每年1400元，初中每生每年1600元。2010年，经研究决定调整全市义务教育阶段公办学校生均公用经费基本标准，调整后的义务教育阶段生均公用经费基本标准为：小学每生每年1600元，初中每生每年1800元。增加部分主要供提高教学业务和开展学生素质教育活动用，如用于实施学生素质教育的教育活动费，小学和初中分别从原来的80元提高到120元。

（陈永年）

[完成申报中央财政支持地方高校发展项目] 根据财政部《关于上报中央财政支持地方高校发展专项资金建设规划和2010年度项目预算的通知》的要求，市教委、市财政局召开“中央财政支持地方高校发展专项资金工作布置会”，对如何做好此项工作进行布置。经专家评审，全市上报2010年至2012年中央财政支持地方高校发展专项资金建设项目212个，共需建设资金149011.8万元。其中，2010年项目预算为45130万元(特色重点学科为6116万元)，申请中央专项资金22287万元(特色重点学科为2780万元)，地方财政配套资金18385.6万元，学校配套资金4457.4万元。

（杨雁俊）

[修订民办学校财务管理和会计核算办法] 在《民办中小学财务管理办法》(试行)和《民办中小学会计核算办法》(试行)两个文件颁布试行一年以后

进行了修订。主要修订内容为:原办法对出资人的回报确定为不超过当年同期银行利率的两倍,现修改为依据《民办教育促进法》的规定执行,获取合理回报;同时根据目前学校财务管理的实际情况,提高固定资产计价标准,将原固定资产计价标准 800 元调整到 2000 元,同时增加以固定资产原价计算 5% 残值内容。修订后的两个办法将对规范全市民办学校财务管理起到更加积极的推进作用。

(陈永年)

[完善国有资产监管责任体系] 2010 年 12 月 1 日,市教委系统国有资产监管工作会议召开,总结和部署市教委系统国资监管工作,明确了监管责任。市教委成立市教委国有资产管理委员会,建立一委三中心的市教委系统国资监管职能体系,规范事业单位国有资产管理。由市教委财务处承担市教委国有资产管理职能,由市教委财务与资产管理中心、科技发展中心、企业管理中心分别承担事业单位和企业国资监管工作。按照事业单位国资监管、企业国资监管和直属企业及直属事业单位出资企业管理,明确了各职能机构的工作职责;印发《上海市教育委员会系统企业国有资产管理暂行办法》等 3 个规范性文件;与市教委系统各高校签订《国有资产管理与保值增值责任书》,确保市教委系统国资监管体系规范有效运行。

(陈秉群)

[化解市属高校债务] 制定《关于化解市教委所属高校债务的工作方案》,遵循"明确职责、共同负担、化解风险、严控新债"的基本原则,力争通过 2 年时间,将市教委所属高校校区基础设施建设形成的债务全部化解。化债工作主要由三方面组成:①核定债务额度。至 2008 年年底,初步核定的市教委所属高校名义债务总额为 47.8 亿元,扣除因校区置换未完成暂不纳入此次化债的两所学校的债务后,名义债务总额为 39.4 亿元。②签订责任协议。明确高校化债的责任主体,按照"谁贷款,谁负责"原则,对纳入化债范围的高校要求制定具体、可操作的化债方案,并签订三方责任协议书。③拨付专项资金。由市财政局安排政府专项化债资金 31 亿元,采取基本额度、风险额度、补贴额度和预留额度相结合的办法对高校化债进行支持。与此同时,要求有关高校做好"锁定旧债、积极化债、严控新债"等工作。

(杨雁俊)

[无"小金库"现象] 2010 年内,市教委系统 70 家社会团体,17 家公募基金会,224 家国有及国有控股企业全部开展"小金库"专项治理自查自纠工作(两家校友会已注销,未纳入此次社会团体"小金库"专项治理范围)。经汇总,市教委系统各社会团体、国有及国有控股企业不存在"小金库"现象。市教委系统治理"小金库"工作领导小组办公室对市教委系统所辖 7 家社会团体开展治理"小金库"专项调研和抽查,7 家社会团体都不存在"小金库"现象。

(俞文达)

[高校招收插班生、专升本新生] ①复旦大学、华东师范大学、华东理工大学、上海大学和上海理工大学进行招收插班生工作的试点。根据学校申报,确定招收插班生总计划数为 355 人,报名人数 3867 人,与计划数之比为 10.89∶1,实际录取 344 人(见附表 1)。②上海海事大学、华东政法大学、上海戏剧学院、上海海洋大学、上海电力学院、上海师范大学、上海理工大学、上海对外贸易学院、上海工程技术大学、上海中医药大学、上海应用技术学院、上海电机学院、上海商学院、上海金融学院、上海第二工业大学、上海立信会计学院、上海杉达学院和上海政法学院等 18 所本科院校参加"专升本"招生试点。根据学校申报,确定"专升本"招生总计划数为 3526 人,报名总数为 10098 人,与计划数之比为 2.86∶1,实际招收 3284 人(见附表 2)。

附表 1:上海普通高校招收插班生计划数和实际录取数对照表

学校名称	招收计划数(人)	实际录取数(人)	完成计划比例(%)
复旦大学	26	26	100
华东师范大学	85	85	100
华东理工大学	60	52	87
上海大学	134	132	99
上海理工大学	50	49	98
合　计	355	344	97

附表 2:上海市普通高校招收"专升本"新生计划数和实际录取数对照表

学校名称	招收计划数(人)	实际录取数(人)	完成计划比例(%)
华东政法大学	100	100	100
上海戏剧学院	5	0	0
上海理工大学	500	517	103

（续上表）

学校名称	招收计划数(人)	实际录取数(人)	完成计划比例(%)
上海海事大学	235	235	100
上海师范大学	135	134	99
上海电力学院	85	64	75
上海海洋大学	155	145	94
上海外贸学院	135	135	100
上海工程技术大学	300	239	80
上海中医药大学	55	30	55
上海应用技术学院	350	352	101
上海杉达学院	150	69	46
上海电机学院	255	255	100
上海商学院	200	187	94
上海金融学院	110	110	100
上海立信会计学院	160	170	106
上海第二工业大学	296	248	84
上海政法学院	300	294	98
合　　计	3526	3284	93

（丁　良）

［资助高校学生］ 自2009年至2010年年底，全市高校共有81万人次获得9.82亿元的各类资助，100%的家庭经济困难学生通过不同方式得到资助。对此，2009—2010学年，中央财政投入约0.68亿元，市财政投入约1.92亿元；学校方面投入约3.19亿元；社会资助约0.83亿元；金融机构办理高校学生国家助学贷款约3.2亿元；进一步巩固“政府为主导、学校为主体、社会各方支持”的资助工作格局。2009—2010学年，全市获国家奖学金学生共2122人，发放金额1697.6万元；获国家励志奖学金学生17300人，发放金额8650万元；获上海市奖学金1000人，发放金额800万元；发放国家助学金金额1.6亿元。减免学生学杂费约1342万元，受益学生6319人；有5887名学生通过“绿色通道”顺利入学。

（周红星）

［高校毕业生就业］ 全市高校毕业生16.8万人，比上年增加1万人。其中研究生3.0万人，同比增加7.2%；本科生8.2万人，同比增加7.1%；专科生5.6万人，同比增加5.9%。至2010年9月1日，全市高校就业率95.12%，其中，毕业研究生就业率95.97%，本科毕业生就业率94.50%，专科（高职）毕业生就业率95.58%。

（俞治论）

［高校学生学籍学历管理］ ①全市（春、秋季）高等教育学历证书电子注册共241648人，其中研究生12466人，普通本专科生132532人，成人本专科生95621人（含秋季网络教育生6264人），外国留学生1029人。②全市高校录取新生170109人，报到入学158578人，报到率为93.22%，其中研究生录取新生20029人，报到入学19539人，报到率为97.55%；本科录取新生88581人，报到入学85974人，报到率为97.06%；专科（高职）录取新生61499人，报到入学53065人，报到率为86.29%。放弃入学资格11234人；保留入学资格271人；取消入学资格26人。③全市普通全日制高校在校生人数为629858人，其中研究生110719人、本专科生519139人；其中：注册学籍623902人、暂缓注册1324人、保留学籍2064人、休学2568人。本年度学籍变动77463人。本年度退学3085人，其中本人自动退学1102人、自费留学713人。本年度共有1901人受到违纪处分。77名学生死亡。④全市高校学生申诉案件下降，全年仅4起。

（金伟民）

［普通高校招生考试改革］ 一、普通高等学校招生全国统一考试（以下简称6月全国统考）工作。699所普通高校在沪计划招生54779人（不含未作分省招生计划的艺术类专业招生计划数）。全市报名参加6月全国统考考生67170人（含复旦大学、上海交通大学预录取1020人），报考文史类的考生22462名，占报考总人数的33.44%；报考理工类的考生44708名，占报考总人数的66.56%。本年度是推行平行志愿改革的第三年，二本院校志愿填报增加数量由4个增加到6个。

二、各项招生考试改革。①春季招考工作。全市普通高校春季招生工作共有上海大学等8所院校，计划招生580人，实际报到录取545人，完成招生总计划的93.97%。其中5所本科院校计划招生360人，录取报到356人，完成本科计划的98.89%，比上年下降7.91个百分点；3所高职专科院校计划招生220人，录取报到189人，完成高职专科招生计划的85.91%，比上年上升63.69个百分点。②专科层次依法自主招生改革试点工作。共有24所院校作为试点院校，招生计划10800人，比上年增加3

所(上海建峰职业技术学院、上海城市管理职业技术学院和上海电影艺术职业学院),计划减少1570人,实际录取10660人。③复旦大学、上海交大高等学校自主选拔录取改革试验工作。复旦大学、上海交大两校自主选拔录取改革试验在沪计划招生分别为550人和500人,复旦录取521人,上海交大录取499人。④高等学校自主选拔录取改革试点工作。全市形成“8所部属高校+上海大学”的“试点”格局,包括上海地区8所教育部直属院校在内的27所部属院校共公示1987人,上海大学公示138名自主选拔录取入选考生。⑤华师大、上师大继续招收“免费师范生”。华师大计划在沪招生118人,实际录取236人;上师大计划招生100人,实际录取100人。⑥“专升本”、“插班生”考试工作。“专升本”招生院校共18所,计划招生3526人,实际录取3284人。招收退役士兵,各校计划单列、考试单独组织,招收退役士兵计划232人。年内,插班生考试工作招收院校新增上海理工大学,复旦大学、华东师范大学、华东理工大学、上海大学和上海理工大学5所高校共计划招收355名插班生,实际录取344人。⑦“三校生”招生考试工作。全市各类三校生10400人参加考试,27所高校计划招生5671人,实际录取6336人。

(丁　良)

[高校知识服务试点团队建设]　为贯彻落实《上海市中长期教育改革和发展规划纲要(2010—2020年)》,加强高校知识服务能力建设,市教委启动实施高校知识服务团队建设试点项目,推动高校服务于区域创新、推动转型发展的战略,支持区域创新体系的建设。华东理工大学、东华大学、上海大学、上海理工大学、上海第二工业大学5所高校19支团队进入试点建设。其中电子信息技术团队3个,生物医药和医疗器械团队2个,先进制造技术团队5个,新材料及应用技术团队4个,新能源与高效节能技术团队2个,环境保护与资源综合利用团队3个。试点建设将围绕上海九大高新技术领域共建关键技术,与企业紧密合作,开展攻关研发。通过团队建设培养一支专业的经纪人队伍。产学研对接活动中,培养兼职技术经纪人。上海工博会期间,对高校技术知识服务团队进行集中展示,为技术转移项目提供新的展示方式和平台。

(陈　凯)

[实施曙光计划]　9月28日,“曙光计划”实施15周年座谈会在上海师范大学举行。市委副书记殷一璀、副市长沈晓明、市政协副主席钱景林、市教育发展基金会理事长谢丽娟、市委副秘书长姚海同、市教卫党委书记李宣海、市教委主任薛明扬,及400余名曙光学者、高校领导、科研管理工作者出席大会。①2010年,17名曙光学者主持或参与获得13项国家科学奖。9名曙光学者获得教育部高等学校科研优秀成果奖。50人次、47人主持或参与获得42项上海市科学技术奖。人文社科领域曙光学者获6项上海市邓小平理论研究和宣传优秀成果奖,30项上海市哲学社会科学优秀成果奖,12项上海市决策咨询研究成果奖。曙光学者获得国家自然科学基金委各类资助项目145项,占上海地区1351项资助数的10.73%,资助额度8074万元,占上海地区10.07亿元资助数的8.02%,较上年曙光计划获得资助数6705.5万元,增长29.8%。②2007届9位曙光学者自发组织对贵州黔南州少数民族地区考上大学的优秀贫困学生实施一对一助学活动,给每位受资助者一年提供3000元义款,并承诺一直到他们四年大学毕业。③2010年,共有127名曙光计划申报者,最终有56人入选。其中女学者12人,占21.43%;年龄最大者为1970年出生,最小者为1982年出生;全部具有博士学历、高级职称,其中正高级职称者38人,占67.86%;具有海外博士学历或海外博士后经历者25人,占44.64%;中共党员34人,民主党派5人(九三学社2人,民盟、民革、农工各1人);自然科学研究者33人,人文社会科学研究者23人。④2010年度有24人完成曙光计划项目后,获得曙光跟踪项目的资助。

附:2010届56名曙光学者名单

复旦大学	计算机科学技术学院		阚海斌	教授
复旦大学	数学学院	副院长	林　伟	教授
复旦大学	生科院		俞洪波	教授
复旦大学	生物医学研究院		文　波	研究员
复旦大学	药学院	副院长	吴　伟	教授
复旦大学	哲学学院		白彤东	教授
复旦大学	国际关系与公共事务学院	中心主任	苟燕楠	副教授

复旦大学	法学院		刘志刚		副教授
复旦大学	经济学院		宋 铮		
复旦大学	管理学院	党委副书记	姚 凯		副教授
复旦大学	历史学系		余 欣		副教授
上海交通大学	物理系		刘江来		研究员
上海交通大学	机动学院		李淑慧	女	教授
上海交通大学	Bio-X 中心	院长助理	李卫东		研究员
上海交通大学	材料学院		吕维洁		研究员
上海交通大学	生命学院		王风平	女	教授
上海交通大学	机动学院		朱利民		教授
上海交通大学	法学院		李学尧		副教授
上海交大医学院	第九人民医院口腔颌面外科		何 悦		副主任医师
上海交大医学院	新华医院	主任	李济宇		研究员
上海交大医学院	上海交通大学医学院基础医学院		刘俊岭		研究员
上海交大医学院	骨科细胞与分子生物学研究组		张晓玲	女	副研究员
同济大学	电子与信息工程学院		丁志军		副教授
同济大学	生命学院		江赐忠		教授
同济大学	心内科	科主任	荆志成		教授
同济大学	物理系		张建卫		教授
华东师范大学	生命科学学院		程义云		研究员
华东师范大学	信息科学技术学院	副主任	胡志高		教授
华东师范大学	教育管理学系		郅庭瑾	女	教授
华东理工大学	工业催化研究所	副院长	郭杨龙		教授
华东理工大学	材料学院		张 玲	女	研究员
东华大学	纤维材料改性国家重点实验室	主任	丁 彬		教授
东华大学	纺织学院	系主任	曾泳春	女	教授
上海财经大学	金融学院	副院长	刘莉亚	女	副教授
上海财经大学	财经研究所		许 庆		教授
第二军医大学	长征医院消化内科	主任医师	林 勇		教授
上海大学	新型显示实验室		王 军		研究员
上海大学	通信学院		曾祥龙		研究员
上海大学	文学院		宁镇疆		教授
上海中医药大学	教学实验中心		张 彤		教授
上海师范大学	生命与环境科学学院		李 辉		教授
上海师范大学	商学院		刘红梅	女	教授
上海师范大学	哲学学院		石立善		教授
上海师范大学	人文学院		刘 忠		教授
上海师范大学	马克思主义学院		宋佩玉	女	副教授
上海理工大学	光电信息与计算机工程学院		许 键		教授
上海音乐学院	音乐学系		王丹丹	女	副教授
上海体育学院	体育休闲系		王丽娟	女	副教授
华东政法大学	国际金融法律学院		程金华		副教授
华东政法大学	外语学院		屈文生		副教授
上海电力学院	电力工程系	系主任	杨 秀		教授
上海对外贸易学院	国际经贸学院		史龙祥		副教授
上海工程技术大学	化学化工学院		王锦成		教授
上海立信会计学院	会计与财务学院		万华林		副教授
上海政法学院	经济法系		何艳梅	女	副教授
上海社科院	部门经济研究所	中心主任	胡晓鹏		研究员

（陈 凯）

［**高校 E-研究院建设**］ 全市在建的高校 E-研究院有 10 个。各 E-研究院建设期间围绕规划内的主要研究方向开展高层次的科学研究，加强对基础平台和信息化设施的建设，开展学术交流活动，吸引国内外优秀人才到依托学校工作，利用E-研究院的校外特聘研究员资源为依托学校培养博士研究生，推动依托学科和学校的发展，促进学科新增长点和新兴学科的培育。2010 年 6 月，市教委召开上海高校 E-研究院建设工作研讨会。在对 E-研究院建设第一节点考核总结基础上，对 E-研究院建设第二节点的考核内容、方法以及指标体系等问题进行研究。E-研究院首席研究员就加强 E-研究院之间的合作、E-研究院建设面临的问题以及需要改进等方面内容进行交流和研讨。市教委副主任王奇、印杰以及 E-研究院首席研究员，各依托学校分管校（院）领导、科技（研）社（文）科处处长共约 40 人参加会议。

（刘唯聪）

［**高校重点学科建设**］ 市教委对在建的 38 个上海市第三期重点学科和 70 个上海市教委第五期重点学科建设进行中期评估。上海市第三期重点学科和上海市教委第五期重点学科通过建设，增强了学科发展的潜力和特色，提升了上海高校科研的整体水平和服务社会的能力。据统计，市第三期、市教委第五期重点学科在建设期间共承担各级各类科研项目 2683 项，获研究经费 7.66 亿元。其中“973”项目 21 项，获经费 6614 万元；“863”项目 18 项，获经费 2394 万元；国家自然科学基金项目 291 项，获经费 9171 万元；国家哲学社会科学基金项目 45 项，获经费 471 万元；产学研合作和企事业委托项目 919 项，获经费 23413 万元；国际合作项目 29 项，获经费 935 万元。发表学术论文 4418 篇，其中被“SCI”、“EI”、“ISTP”等六大检索系统收录 2766 篇。出版专著 178 部，编写教材 46 部。撰写决策咨询研究报告 141 份，其中提交有关部门 77 份。共申请发明专利 733 项，获授权 237 项。研究成果获省部级二等奖以上科技奖励 59 项。建设期间共主办召开国内、国际学术会议 523 次，其中国际会议 159 次；在国际学术会议上作特邀报告 565 人次。共有 15 个学科获得 19 个省部级以上重点研究基地。重点学科建设期间共新增“973”首席科学家 2 人，“国家杰出青年科学基金”获得者 4 人，“长江学者”2 人，教育部新世纪人才基金获得者 4 人。建设期间共新增博士后流动站 5 个，二级学科博士点 3 个，硕士点 8 个。共招收博士研究生 1366 人，授予学位 938 人（其中国外博士研究生 71 人，授予学位 27 人）；招收硕士研究生 8514 人，授予学位 6830 人（其中国外硕士研究生 180 人，授予学位 67 人）。有 1 篇博士论文入选全国百篇博士论文奖，2 篇获全国百篇博士论文奖提名。

（刘唯聪）

［**高校人文社会科学重点研究基地建设**］ 5 月 24—25 日，市教委召开上海高校人文社会科学重点研究基地工作会议暨中期检查专家评审会。市教委主任薛明扬、副主任印杰出席会议。来自教育部人文社会科学重点研究基地的 9 位专家在听取汇报后对 10 个基地的建设情况进行分项评价和综合评估。上海高校人文社会科学重点研究基地在科学研究、人才培养、学术交流、资料信息平台建设、决策咨询研究、传承文化、服务社会等方面都取得进展。主要体现在：各基地以科研项目为载体，推进理论和文化创新。承担关系国计民生的重大项目的研究工作，根据改革开放的重大问题，确定研究主攻方向，力争从基础理论和应用研究的不同层面上为国家和地方政府提供决策咨询和技术支撑。10 个基地共承担各类科研项目 261 项，包括国家社科基金项目 25 项，其中重大招标课题 1 项。公开发表论文 916 篇，出版著作 203 部。获省部级以上科研成果奖 44 项，其中教育部 2009 年高等学校科学研究优秀成果奖（人文社会科学类）6 项。两年来，共招收研究生 1226 人，其中博士生 258 人。各基地举办学术会议 56 次，其中国际学术会议 26 次。各基地采取定向培养等方法培养基地中青年教师，提高其学术竞争力。基地以学术刊物为阵地，传承文化与文明。积极主办高水平学术刊物，建立学术成果发表园地，很多基地运用以书代刊、合作办刊等方法宣传最新研究成果，在学界产生较大影响。针对社会关注的热点、难点问题，从理论和现实等层面为政府提供政策参考、决策咨询。基地的几位学者分别为市委、市政协等领导部门作专题报告。基地提供的多篇决策咨询报告，得到国家和市领导高度重视。上海大学“影视与传媒产业研究基地”、上海对外贸易学院“国际经济贸易研究所”被市委宣传部、市政府发展研究中心授予“上海市社会科学创新研究基地”、“上海发展战略研究所”。3 月，上海中医药大学“中医药文化研究与传播中心”增设为上海高校人文社会科学研究基地。至此，上海高校人文社会科学研究基地增至 11 个。

（苏　忱）

[高校艺术创新工作室建设] 10月,市教委批准在5所高校建立8个“上海高校人文艺术创新工作室”。2011年1月14日,市教委在上海工程技术大学召开工作推进会对被命名的8个艺术创新工作室授牌。市教委副主任袁雯主持会议、副主任印杰讲话。

高校艺术创新工作室建设取得的进展,主要表现在:①注重艺术人才培养。8个工作室努力探索艺术人才培养的规律与途径,采取新的教学模式和培养方式,使一批人才脱颖而出,在全国舞蹈、美术、艺术设计比赛中屡获金奖和大奖。②艺术服务社会,引领城市文化发展。各艺术创新工作室发挥传承文明,引领城市文化的功能。如“公共艺术创作中心”专业师生与8位艺术家共同完成的“海世盛楼”以上海世博会为背景,以多元的视角、独特的数字影像手法寻找和记录世博会给上海带来的变化。“会展艺术与技术创新中心”建立数字化视觉分析评价实验室,为会展艺术与技术未来发展趋势制订具有前瞻性的、系统性的解决方案。建立参数化设计实验室,建成虚拟“历史博物馆”,对具有典型上海海派文化特征的石库门文化进行全面的收藏和整理。③通过艺术展览及国际交流,扩大高校影响。各工作室组织“第一届上海—亚洲平面设计双年展”暨工作室学生作品展、“当代青年视野中的孙中山、宋庆龄—CG绘画展”、“手艺的新美学——城市化进程中手工艺术的现代性国际研讨会”等活动,邀请大师来沪讲学,配合上海或国际性赛事、节事,搭建展示平台,举办艺术展览,推出具有上海地域特色的艺术作品等多种方式扩大高校影响。④各个工作室显示人文艺术服务世博的工作成就。如“美术创作中心”承担“世博中心”二次装饰的设计和实施项目,近百人的团队为世博中心提供了布置在30多个重要接待环境中的86个艺术摆件、55幅绘画作品、15幅大型壁画。艺术品在世博运营的184天时间内,广受海内外领导的赞誉和好评。“公共艺术创作中心”承担2010上海世博会“世博会博物馆”总体设计。“钢琴艺术工作室”聚集一批代表不同世界主流演奏风格的青年钢琴家。参加“世博畅想”著名华人艺术家音乐会,策划“乐享世博:共谱爱的旋律”慈善音乐会。“舞蹈艺术创新工作室”与香港演艺学院共同创排剧目《雨夜》参加上海世博会的演出。

(苏　忱)

[第二届中国校园戏剧节举办] 11月9—18日,由中国文联、教育部和市政府共同主办,市教卫党委、市教委、市文联等单位联合承办的第二届中国校园戏剧节在沪举办。本届戏剧节有来自全国31所高校的25台戏剧节目参演。这些作品集中反映当代大学生昂扬向上的精神面貌和丰富多彩的校园生活。本届戏剧节设立“中国戏剧奖·校园戏剧奖”,由全国著名戏剧家担任评委,在25台参演剧目中评出优秀剧目奖10台,以及优秀编剧奖、优秀导演奖、优秀表演奖、优秀舞美奖等单项奖。上海戏剧学院的音乐剧《瞬间不是永远》、上海交通大学的相声剧《交大这些事》获得“中国戏剧奖·校园戏剧奖”,复旦大学的话剧《小巷总理》获得校园戏剧节奖。

(柏　丹)

[全国第三届中小学生艺术展演活动举行] 2月21日至3月1日,由教育部、市政府主办的全国第三届中小学生艺术展演活动在沪举办。全国31个省(自治区、直辖市)和新疆生产建设兵团的近6000名师生参加展演。市教委组织声乐、器乐、舞蹈、校园剧8个专场演出,举办优秀绘画、书法、摄影作品展,组织专题座谈会4场,承办艺术教育科学论文报告会、教育部艺术教育委员会第五届全体会议以及闭幕式暨颁奖晚会等。上海代表团参加展演活动,21个上报节目全部获艺术表演类一等奖,12个节目获艺术表演类优秀创作奖,36件作品获艺术作品类一等奖,7篇论文获艺术教育论文一等奖。

(柏　丹)

[第三届国际青少年科技博览会举办] 7月13—17日,市教委与市科委联合主办以“世博·科技·创新·未来”为主题的第三届上海国际青少年科技博览会(以下简称“青博会”)。本届青博会共设大型活动、展览展示、师生论坛、现场制作、参观考察等内容。来自澳大利亚、法国、印度、爱尔兰、意大利、韩国、马来西亚、墨西哥、新西兰、新加坡、南非、泰国、英国、美国以及中国上海、中国香港、中国澳门等17个国家和地区的50个学校、400名青少年学生代表和84名教师代表参会。共收到教师科技论坛论文18篇,学生科技论坛论文164篇,科技类创意作品50项,动漫作品48部。全市观摩展览的学生和家长有近5万人次。

(柏　丹)

[学生健康促进工程方案] 市教委成立《上海市学校体育现状与对策研究》课题组,调查研究学校体育工作发展中的瓶颈问题。同时,开展学校卫生

工作专题调研，并完成学校卫生工作的标准化、专业化建设、中小学健康教育方案等文件草案。在上述两项工作的基础上，市教委组织专家研究制订工程的实施方案，对学校体育、学校卫生、健康教育、心理健康教育等方面进行未来5年的全面规划，提出学校体育与健康教育课程体系建设行动计划、阳光体育与体教结合工作推进行动计划、学校卫生与医教结合推进行动计划、学生体质健康监测及干预行动计划、学校生命教育及心理健康教育促进行动计划、学校体育、卫生师资队伍建设行动计划、学生健康促进基础设施与保障机制建设行动计划、学生健康促进与社会联动行动计划等8个行动计划，并提出了相应的目标任务和具体的行动项目，推进学校体育卫生工作，促进学生身心全面健康发展，为社会培养体魄强健、意志坚强、社会适应能力强的合格人才。

（柏　丹）

[中小学教室光环境改善工程]　至2010年底，全市共完成光环境改善学校1415所(含分校)，其中普通教室29646间，专用教室11275间，阅览室1204间，合计42125间，占需要改造的教室总数45000的93.6%；安装灯具275164套、黑板灯68391套。市区财政累计投入专项经费共约10084万元。对光环境改善工作视力监测样本人群二次跟踪监测结果显示，实施教室光环境改善的干预组中小学生的双眼裸眼视力平均值下降幅度显著低于对照组，干预组学生的右眼裸眼视力平均值从4.85下降到4.81，而对照组从4.81下降到4.69；干预组学生的左眼裸眼视力平均值从4.85下降到4.81，而对照组从4.82下降到4.71。接受干预后，小学1—3年级和初中6—7年学生的疑似近视新发病率为右眼21.8%、左眼20.7%，显著低于对照组的右眼26.7%、左眼25.2%。另外，平均屈光度增加值和视力不良学生平均屈光度增加值都是干预组显著低于对照组。上述数据表明，中小学教室光环境改善工程明显减缓和抑制学生视力不良和近视的发生。

（丁中华）

[调研学生体质]　完成学生体质健康调研工作。全市列为教育部学生体质健康测试点的47所中小学和4所高校的7—22岁男、女学生共16771人接受测试，获得有效卡片15959张。测试项目设有健康、视力、身体形态、机能、素质等25项，同时向受测学生通过问卷形式征询与体质健康相关的问题，完成问卷1万余份。

全市《国家学生体质健康标准》测试数据上报工作完成，上报学校1576所，上报率92.3%。上海市与教育部教育管理信息中心合作开发了“《国家学生体质健康标准》综合上报系统(上海地区)”。

（徐　新）

[学生阳光体育大联赛]　全市学生阳光体育大联赛，分上半年、下半年以及寒暑假3个时段进行。大联赛市级比赛设高校组(17个项目)、区县高中组(13个项目)、初中组(13个项目)、小学组(9个项目)和中职组(5个项目)5个组别。据统计，有3万余名学生参与市级决赛层面的角逐。在中小学校创设的，以班级比赛为基础的“千校万班”打乒乓球和跳绳、踢毽活动，是大联赛的重点活动。参加校级乒乓球比赛的学生有150万人次。暑假期间，参加暑期足球、篮球、乒乓球等传统赛事活动的中学生有11000人次，参加暑期“人人运动—学会游泳”活动的中小学生有80多万人次。此外还开展以“阳光体育，快乐精彩”为主题的首届暑期“阳光体育嘉年华”活动和以世博为主题的体育文化作品征集活动。

（柏　丹）

[大学生安全情况]　3月18日，市教委发布《2009年上海高校大学生安全情况通报》。据统计，至2009年12月31日，全市高校全日制本专科、研究生在校生共计61.63万人，共发生各类安全事故52起，其中事故灾难类事件22起，占总数的42.31%；社会安全类事件30起，占总数的57.69%；高校未发生3人以上的突发公共卫生事件；未发生严重的因自然灾害所引发的安全事故。22起事故灾难类事件涉及学生16人，造成4人死亡，12人受伤。其中交通事故9起(9伤)，溺水2起(2死)，意外受伤2起(1死1伤)，意外坠楼2起(1死1伤)，废气中毒1起(1伤)，火灾6起(无伤亡)。30起社会安全类事件涉及学生30人，造成20人死亡，6人受伤，4人未伤亡。其中自杀21起(13死4伤)，突发疾病7起(7死)，故意伤害2起(2伤)。

高校安全事故总体情况较为平稳，事故发生数、学生伤亡数均有所下降。市教委从强化安全防范宣传教育、推进高校技防系统建设、加强学生心理健康教育、开展安全隐患排查整治、落实甲型H1N1防控措施、完善大学生生活服务等方面着手，切实防范和减少大学生安全事故。高校安全事故发生数同比下降 17.46%；大学生死亡数同比下降 56.36%。其中因自杀、突发疾病导致的大学生死亡人数分别下降 31.58%和 53.33%；因交通事故造成的大学生死亡人数从 12 人减少到 0 人，因火灾造成的大学生伤亡情况基本杜绝。

（毛　岚）

［排查、整治校园安全隐患］　市教委按照“安全第一、预防为主、综合治理”的方针，深化校园安全隐患排查整治行动，围绕“安全办世博”这一条主线，在大中小学校开展以“危险化学品、消防安全、道路交通安全、食品卫生安全、校内建筑施工工地、出租出借场所、防雷设施”等为重点的校园安全隐患排查整治专项行动，尤其对校内高层建筑以及新建、改建、扩建工程项目实施重点督查。世博会开幕前，重点检查各大中小学校的重点隐患、重点设施和重点部位；世博会举办期间，专项检查校园建筑施工工地、消防安全、特种设备、道路交通、危险物品仓库、各类实验室；世博会闭幕后，进行后续检查，以明查和暗查、暗访相结合的方式，重点对校内高层建筑的消防安全实施督查。

市教卫党委、市教委领导带队到基层调研、检查，高校联络员到所联络高校开展督导、检查。会同市反恐办、市公安局等部门开展世博安保专项检查。开展了以“危险物品”为重点的安全大检查，进一步强化世博期间高校致病性微生物、剧毒物品、易燃易爆化学品、放射性物品以及其他危险物品等监管工作。与市综治委、市公安局联合对全市 1500 多所中小学、幼儿园校门口安全防范工作进行督查，对存在安全隐患的学校，予以责令整改；同时，对部分学校技防设施、门卫管理等方面存在的问题进行实名通报。9 月，开展迎“国庆”校园安全专项督查，在全市各大中小学校广泛开展安全自查的基础上，组织专家对同济大学等 16 所高校进行专项抽查。11 月，开展以高层建筑消防安全为重点的专项安全暗查和暗访，先后暗查上海财经大学、上师大附中等 10 所高校、3 所普通高中和中等职业学校。12 月，以校园安全技术防范设施设备为重点，对复旦大学等 44 所高校的技防作专项检查，对高校技防设施建设“三年行动规划”的实施进行全面评估验收。

（陈宇红）

［稳定高校学生食堂饭菜价格］　2010 年，市场主副食品价格持续走高，劳动力成本也较大幅度增长。按照教育部和市委、市政府工作要求，上海市教委把稳定高校学生食堂价格作为确保 2010 年上海世博会顺利举办、维护高校和社会稳定的重要政治任务，积极采取各项措施，与高校共同做好学生食堂工作。一是实施学生食堂临时补贴措施，补贴金额共约 4000 万元。二是支持主副食品团体采购和储备。各高校通过“农校对接”团购的主副食品总量达到 3.4 万吨，从源头上稳定了高校食堂饭菜价格。三是落实学生食堂优惠政策，努力化解学生食堂成本上涨压力。四是发挥行业协会行业自律和专业公司的骨干作用，加强对各餐饮服务主体的监督指导。五是切实加大帮困助学力度，2010 年内，市教委共向各高校拨付各类国家助学金、奖学金、助学贷款奖补专项等资金 2.6 亿元。

2010 年，全市高校学生食堂饭菜价格基本稳定，困难学生生活有保障，各高校未出现因食堂价格问题引发的不稳定因素。

（南少华）

［全面推进节能工作］　市教委以节约型校园、节水型学校为重点，全面推进教育系统节能工作。一是加强引导，提高政策保障。完善高校能耗统计、监测、公示制度，研究制定《上海高校合理用能指南》，同时，划拨 600 万元专项资金，对高校节能工作给予奖励。二是明确责任，狠抓重点单位节能工作。建立重点用能高校能源利用状况年度报告制度，并对 17 所高校率先开展能源审计，督促有关高校明确节能目标，实行逐级考核。三是有的放矢，做好重点领域节能工作。督促学校对高耗能、高耗水的建筑、设施或设备，实行专人负责、专项管理、节约使用。四是以点带面，做好节水型学校创建工作。第三批 20 所学校（校区）均通过市教委和市水务局联合开展的检查验收。五是围绕实效，做好宣传、教育工作。围绕世博会的召开，鼓励学生社团开展节能技术创新、制定节能项目优化方案，开展节能志愿者活动促使节能节水成为每个师生员工的良好习惯和自觉行动。经过各方共同努力，2010 年教育系统生均能耗较上年度相比实现下降 2%的预期目标。

（南少华）

［《上海市终身教育促进条例》立法］　2010 年，市人大常委会将《上海市终身教育促进条例》（以下简称《条例》）的制定列入年度工作计划。5 月，市教委会同市人大教科文卫委、市人大常委会法工委、市政府法制办等单位完成《条例》（草案）。11 月，配合市人大有关部门完成《条例》（草案）的修改和二审、

三审工作。2011年1月5日,《条例》(草案)经市十三届人大常委会第二十四次会议表决通过,并自2011年5月1日起正式施行。《条例》主要有上海市终身教育的适用范围、工作方针、管理体制、经费保障机制、服务对象及相应的保障措施、专(兼)职工作者、资源综合利用、经营性民办培训机构监管等内容,并创设性地制定学分积累与转换制度、开放大学制度、学杂费专用存款账户监管制度等若干项新制度。

(蒋候玲)

[创建中小学依法治校示范校] 市教委开展全市中小学依法治校示范校的创建。创建活动由各区县教育局在创建本区县依法治校示范校的基础上,按照一定数量比例向市教委推荐市级依法治校示范校,市教委然后组织专家对推荐的学校进行评审。经过评审,全市共有50多所学校被确认为“上海市依法治校示范校”,涵盖高中、中职、初中、小学、幼儿园等各级学校(包括一所民办学校和一所特殊教育学校),具有广泛的代表性。通过此次创建依法治校示范校的活动,进一步明确了依法治校工作的重要意义,各区县教育局均将推进依法治校工作列为教育法制工作的重要内容,并加强对依法治校工作的组织领导。市教委将做好依法治校工作的指导以及示范学校的经验总结、推广等各项工作,切实发挥示范学校的带头作用,推动依法治校工作的全面开展,提高学校依法办学水平。

(沈　洋)

[教育诉讼、复议和申诉] 2010年内,市教委参加诉讼案件6起,处理行政复议案件9起、高校学生申诉案件4起。对于当事人提起的诉讼,市教委依法积极应诉。行政诉讼案件无一败诉,从司法程序上确认了具体行政行为的合法性,明晰了法定职责,反映了市教委依法行政的能力和水平的提高。对于当事人提出的行政复议申请,市教委遵循合法、公正、公开、及时、便民原则,认真履行复议监督职责,维护当事人的合法权益。对于高校学生提出的申诉,市教委依法给予处理并答复。对学校做出的处理决定,程序正当、证据充分、依据明确、定性准确、处分适当的,市教委依法予以维持;对于学校做出的处理决定不符合规定的,市教委积极与学校进行沟通,建议学校改变原处理决定,充分维护学生合法权益,妥善化解了学生与学校之间的纠纷。

(沈　洋)

[举办“新沪杯”中学生法律知识竞赛] 9月,举办“新沪杯”中学生法律知识竞赛。经学校报名,区县初赛、全市复活赛、复赛、决赛,历时4个月,全市共有近300所中学组队参加。经区县初赛形成代表队38支,同时复活赛产生学校队43支,共同进入复赛。11月21日的复赛形成初、高中组代表队各6支进入决赛。12月19日,决赛在上海教育电视台举行,形式主要有现场问答,并配以视频案例解说、PPT展示等技术手段。决赛题目类型主要有个人必答、团体共答、抢答、风险题、案例分析等。最后,九峰实验学校和西南位育中学分别获得初、高中组一等奖,徐汇区和浦东新区获得优秀组织奖。

(陆海佳)

[开展第二十二届宪法宣传周活动] 12月4日,全市教育系统组织高校法学专业师生和上海市大学生普法志愿者总队,以中山公园为主会场,徐汇、杨浦、虹口、静安、宝山、闵行等区商业中心以及相关学校周边社区为分会场,开展本市教育系统第二十二届宪法宣传周活动。活动以“弘扬宪法精神·推进法治建设”为主题,开展各种形式的宪法和法律宣传、咨询活动,发放宣传资料8000余套,内容涉及宪法、义务教育法、政府信息公开、治安处罚法、侵权责任法、保险法、人民调解法、劳动合同法、民事诉讼法和物权法等方面的内容。现场解答市民日常法律问题800余人次,信件、电邮答复51人次,开设法律知识讲座23次,同时开展旁听法院庭审、开展问卷调查、提供法律援助等活动,宣传辐射面达10万人以上。

(陆海佳)

[总结验收教育系统“五五”普法工作] 6月,市教委召开“五五”普法总结验收动员会议,下发《上海市教育系统“五五”普法检查验收实施方案》。7月,市教委深入各级各类学校指导做好普法工作的自检自查工作,并完成《素质教育背景下青少年法制宣传教育工作问题研究》课题报告。8—12月,组织法学专家对全市18个区县的普法工作进行检查,并完成《上海市教育系统“五五”普法工作总结》报告。经专家评审,初步确定市教育系统“五五”普法先进集体30个、先进学校100所、优秀校长36位、优秀教师100位、优秀公务员14位、区县优秀组织奖11家。市教委被推荐为全国“五五”普法先进单位,浦东新区杨园中心小学校长王小君被推荐为全国“五五”普法先进个人。

(陆海佳)

[推进长三角教育联动发展] 3月31日—4月1日，第二届长三角教育联动发展研讨会在浙江淳安召开。会议主题是"改革·开放·现代化"。教育部、苏浙沪3地教育部门的相关领导等130余人参加会议。会议在学习领会国家中长期教育改革和发展规划纲要(征求意见稿)精神的基础上，围绕深化教育综合改革、推动教育国际化进程、率先基本实现教育现代化、加强长三角教育联动发展等议题开展讨论，并达成共识。根据第一届和第二届长三角教育联动发展研讨会签署的合作项目，各有关职能部门通力合作，取得进展，主要表现在：①成功举办首届长三角初中名校长高级研修班。②成功举办第一届"长三角"基础教育课程与教学改革论坛。③长三角数字教育资源合作建设得到加强。④实训基地教学资源共享工作得到推进。⑤中职校长与专业负责人交流挂职得以实现。

(钟 智)

[开展《共建"长三角教育综合改革试验区"研究》课题研究] 《共建"长三角教育综合改革试验区"研究》系2010年上海市决策咨询研究课题，该课题由上海市教委主任薛明扬、江苏省教育厅厅长沈健、浙江省教育厅厅长刘希平担任组长，苏浙沪三地教育行政部门分管领导担任副组长，三地教育行政部门相关处室负责人和上海市教科院有关专家为课题组成员。课题研究工作历时一年，通过跨区域召开座谈会、走访调研和系统的研究，形成了总报告和上海、江苏、浙江分报告。总报告在《长三角区域教育联动发展战略研究》课题研究的基础上，分析共建"长三角教育综合改革试验区"的必要性与可行性、基础与优势，提出共建长三角教育综合改革试验区总体思路、主体功能定位、建设战略目标、主要改革任务、重大举措与保障、相关政策建议，为两省一市与教育部共建长三角教育综合改革试验区提供了有力的理论支撑和方向指引。

(钟 智)

[专项资金审计] 市教委整合审计资源，细化专项资金审计流程，统一标准、规范程序，建立专、兼职审计人员相结合的工作机制，以资金流向为主线，以预算控制为重点，逐步实现由原来单纯的财务收支审计向以财务收支审计和风险管理审计并重转变。审计人员从项目筹办初期就参与跟踪审计、加强全程控制，由原先的事后审计转变为事前、事中审计，及时发现带有倾向性、苗子性的问题，审计关口前移，起到"防患于未然，制止于始萌"的预防和警示性作用。

(吴小蕾 周 琳)

[进行审计督导] 市教委成立审计督导组对上海体育学院、浦东新区和青浦区教育局等6个单位进行审计督导，并对上年已经实施审计督导的上海音乐学院进行回访。审计督导结果表明：①审计督导取得成效。审计督导有利于上级主管部门对基层内部审计机构、审计人员及其从事的内部审计活动进行了解和指导，促进督导组成员与被督导单位之间业务学习和借鉴；被督导单位的党政领导对审计工作的重要性有了进一步认识，并对做好审计工作采取了有力的措施；被督导单位积极落实审计督导意见，完善内部审计工作制度，加强内审工作管理。②在落实国家审计、上级部门的审计揭示问题整改方面，被督导的单位积极落实审计整改，但个别单位存在整改金额与发现问题金额不符等现象。③被督导的单位基本上都建立内部审计工作制度，配备审计人员，开展审计实务，发挥审计的"免疫系统"功能，但有些单位未设置独立的内部审计机构。

(吴小蕾 王英华)

[高校思想政治理论课改革试点] 推进高校思想政治理论课教学改革试点工作，探索马克思主义理论最新成果"三进"的有效途径和方法，提升思政课的教学水平。①教法改革。委托上海大学承担教育部"六个为什么"进思政课试点工作任务。6月，市委副书记殷一璀和副市长沈晓明等市领导到上海大学听课，实地调研。同时，依托复旦大学、华东师范大学、上海海洋大学等8所高校，推进考试方法改革、研究式教学、中小班教学等教学试点工作。至年底，出台《关于进一步推进思政课教学方法改革的意见》。2010年度教育部开展"精彩课件"、"精彩案例"、"精彩一门课"等评选活动，上海4名教师榜上有名。②队伍建设。依托"名师工作室"开展师资培训、组织教学观摩，让教师在相互砥砺交流中成长；举办岗前培训、课程轮训、骨干研修，把思政课教师纳入哲社骨干教师研修对象，并在西藏、新疆、西柏坡、古田等地建立思政教师社会实践基地，促进教师理论和实践的紧密结合。实施"阳光计划"(即上海高校思想政治教育优秀青年教师培养计划)等，为中青年骨干教师成长搭建平台。全市共有专任思政课教师924人，兼职思政课教师356人，专任教师中40岁以下占48.67%，硕士以上学历占75.22%(其

中博士学历36.04%),副高以上职务的占47.3%(其中教授12.45%),具有10年以上思政课教学经历的专任教师占59.96%。③学科发展。开展理论和教学研究,促使教学科研相辅相成。组织复旦大学、上海交通大学、华东师范大学、上海财经大学、上海大学和华东政法大学等6所高校,编写《六个“为什么”》系列丛书,为思想政治课教师提供教学参考资料。召开马克思主义理论青年学者论坛、思想政治教育前沿问题研讨会、思想政治教育博士论坛等。④政策落实。坚持把思政课建设纳入上海教育中长期发展规划,在人、财、物等多方面进行优先配置。组织上海大学生思想政治教育工作创新成果和研究成果评审,总结高校思政课建设工作。推进思政课教学科研组织机构建设,90%的公办高校已经设立独立的教学科研组织机构。

(张惠虹)

[培训高校辅导员] ①专题培训。依托上海交通大学、华东师范大学等9个辅导员培训基地和5个心理健康教育示范中心,面向全市高校,举办22项辅导员专题培训。把上海教育系统网络文化发展研究中心(下简称网管中心)纳入上海高校辅导员培训基地,并承办辅导员网络专题培训。培训班以“高校辅导员网络素养的培养和提升”为主题,43所高等院校的52名专职辅导员参加培训。②骨干研修。依托复旦大学教育部辅导员培训与研修基地,举办第三届骨干辅导员高级研修班。研修班采用集中学习、考察交流、挂职锻炼、在岗研修4种形式,提升辅导员的育人水平和能力,推动辅导员队伍向专业型和研究型转变。③创新培训形式。承办教育部“立德树人——高校优秀辅导员先进事迹报告会”;推动辅导员开展德育前瞻性研究,举办第六届辅导员论坛,搭建辅导员交流平台。全年共立项上海市哲学社会科学课题德育系列5个、市德育理论研究课题6个、市德育决策咨询课题20个、市学校德育实践类课题100个。④在福建古田、河北西柏坡等革命圣地设立社会实践基地,组织骨干教师到基地培训考察等。

(张惠虹)

[京沪高校学工部长论坛举办] 5月、12月,分别在上海、北京举办第一届和第二届京沪高校学工部长论坛,来自京沪两地高校的60多名学工部长参加,推动京沪两地高校学生工作系统资源共享、队伍共建和事业共创,取得预期的效果。①以论坛为桥梁,促进两地工作交流。两地高校学工部长就辅导员队伍建设、80后90后学生特点、利用重大活动开展思政教育等主题开展讨论,相互交流工作经验。②以论坛为平台,共同凝练志愿精神。论坛举办期间,正值上海世博会举办之际,以大学生为主体的志愿者发挥了重要作用,展示了当代学子的风采。③以论坛为纽带,推动全方位合作。论坛就加强京沪两地高校大学生思想政治教育工作全面合作达成共识,实现京沪两地辅导员培训优秀师资共建共享,建立两地高校定期工作交流机制,共同组织两地高校在课题研究、经验推广和实践考察等方面加强合作。

(张惠虹)

[实施“阳光计划”] 上海高校思想政治教育优秀青年教师培养计划(即“阳光计划”)启动实施,共产生两批“阳光学者”。2月,产生2009年度“阳光学者”,8月产生2010年度“阳光学者”。“阳光计划”是一项专门针对高校思想政治教育中青年骨干教师的人才培养计划,是上海加强大学生思想政治教育工作队伍建设的又一重要举措。这项计划分为思想政治理论课教师类、思想政治教育教师类两大类,每类每年各评选10人,共20人,每人一次性资助项目经费3万元。2010年新设党建类。“阳光计划”推出以来,首批20名“阳光学者”迅速成长,10人担任学校学工部长、团委书记、院系总支副书记、思想政治理论课教学科研组织机构负责人等副处以上职务;1人获得2010年国家社会科学基金青年项目立项。

(张惠虹)

[重视学生心理健康教育] 全市学校重视学生心理健康教育工作,从制度建设、机构建设、课程建设、队伍建设等方面推动学校心理健康教育规范化和专业化建设,培育学生健全人格。①科学谋划未来发展。在德育课题研究中专门设立心理健康教育课题系列,开展区县青少年心理健康教育指导中心建设情况调研、中职学生心理健康问题现状调研、中小学心理健康教育工作发展状况调查和上海教师心理发展状况调研。研究制定《上海学校心理健康教育三年规划》,启动实施上海教育中长期改革与发展规划纲要中“健康促进工程”。②开展教育活动。推进中小学“温馨教室”创建活动,引导学校形成和谐的师生关系、生生关系,营造有利于学生身心健康成长的氛围。依托上海高校心理咨询协会,组织以“精

彩世博，美好人生”为主题的上海高校2010年度“心理健康活动月”，特别是充分发挥朋辈教育在高校心理健康教育中的积极作用，提高高校学生心理委员的开展朋辈教育的能力。③提高课程质量。组织中小学、中职校开展以“和谐校园、阳光心灵”为主题的第三届心理辅导活动课大赛。比赛历时一年，上半年为区县、中职校预赛，下半年为全市决赛，共有181位教师参加决赛。举办上海高校心理健康教育课程大赛，全市22所高校、55名教师参加比赛，编写心理健康教育优秀教学大纲及课件集，以比赛方式推动心理健康教育课程规范建设，提升教师的教学水平。④开展教师培训。委托职业能力考试院组织学校心理咨询师培训和认证工作，全年参加职业能力考试院中级考试达260余人。会同市人事局制定《上海市学校心理咨询专业技术水平认证（高级）认定办法》，依据《认定办法》，开展首批上海学校高级心理咨询师认定工作，有42名教师申报学校高级心理咨询师，经专家审核，27人成为上海首批学校高级心理咨询师。⑤促进机构规范建设。研究制定《中小学和中等职业学校心理健康辅导室配备指导意见》，规范中小学和中职学校心理咨询机构建设。开展2009年度高校心理健康教育达标中心建设情况督查和2010年度心理健康教育达标中心遴选工作，并把学校心理健康教育与咨询中心建设情况纳入学校精神文明建设考核的指标体系，在2010年文明单位检查中，对中心建设情况进行重点督查，有力推动学校心理咨询中心硬件设施改善和工作水平迅速提高。

（张惠虹）

[第二届全国高校德育创新论坛举办] 11月25—26日，由教育部高等学校社会科学发展研究中心、上海市教卫党委、市教委主办，上海市学生德育发展中心承办的“国际化视野下的高校德育创新发展”研究论坛在上海举行。来自全国部分省、市、自治区党委教育主管部门有关处室负责同志，部分高校党委负责同志，思想政治理论课教学、宣传工作部门、学生工作部门负责同志共180余人参加会议。论坛围绕国际化背景下大学生的思想特点及变化规律、国际化视野下创新人才培养的特点及规律、国际互联网与高校德育工作、国际化背景下高校德育工作队伍建设等议题展开。上海市政府副秘书长翁铁慧、上海市教委副主任张民选、北京市委教育工委副书记王民忠、山东大学党委书记朱正昌、西南大学党委书记黄蓉生、中山大学党委副书记李萍、清华大学教授张再兴等20余位专家学者在论坛上作主题发言。为推进理论与实践的结合，论坛安排复旦大学、同济大学、上海交通大学、华东师范大学、松江大学城、临港大学城等在沪高校优秀德育成果的现场展示与观摩。论坛还举行“第二届高校德育创新发展研究成果”的颁奖仪式，来自全国250余所高校的100余项成果获得表彰，其中华东师范大学陈锡喜等人的19项成果获奖。

（张惠虹）

[开展“世博实践年”系列活动] 全市教育系统师生贯彻“世博实践年”的要求，按照“一个计划，五大系列”世博宣传教育专项行动部署，即世博志愿者激励计划、世博志愿精神引领系列、世博文化展示系列、世博文明践行系列、世博创意行动系列、世博风采宣传系列，全力以赴推进“世博资源进课堂”，引导学生“走进世博大课堂”的实践体验活动。把做好世博宣传教育工作与推进学生的思想道德教育相结合、与培养学生的创新实践能力相结合、与推进社区和家庭精神文明建设相结合，动员学校、家庭、社会三位一体的力量，为办好一届“成功、精彩、难忘”的世博会贡献力量。世博举办期间，园区内共有13批次近8万人次大学生志愿者上岗，服务总量超过1000万小时，服务超过4.6亿人次；在全市志愿服务站点，共有10万余名大中学生站点志愿者上岗，服务市民和游客超过2000万人次。全市13所民办高校和10所中职校近2000名学生完成世博会现场售票任务。组织全国大学生志愿服务工作现场经验交流会暨上海世博会大学生志愿服务工作动员会，及“奉献世博·奠基未来——2010年上海市庆祝教师节主题系列活动”、“我心目中的海宝一代——2010年上海高校学子论坛”等系列世博论坛和讲座60余场。开展“世博风尚好少年”活动、“绘出‘心’生活——绘画作品征集”活动、“点点世博星·伴我成长路——上海市中小学庆国庆61周年主题班会”等10余项系列活动。精心组织广大教师开展“世博一课”教育教学方案征集，收到涵盖16个学科门类共2018篇教育教学创新案例，并将最具代表性的20堂“世博一课”拍摄录制，赠送各中小学校。世博园“城市最佳生活实践区”作为上海创新教育实践基地并挂牌。世博会闭会后，召开教卫系统世博工作总结表彰大会，总结世博经验，弘扬世博精神，延伸世博效应，一批在服务世博、奉献世博中的先进集体和先进个人受到表彰。

（邹　竑）

[中小学班主任队伍建设] 全市认真贯彻落实教育部《关于进一步加强中小学班主任工作的意见》和《关于印发〈中小学班主任工作规定〉的通知》精神,围绕"班主任队伍专业化"目标,在"提升班主任工作专业化水平,促进班主任队伍专业化发展"的建设思路上,注重班主任队伍的分层培养,加强班主任队伍培训,在骨干队伍的选聘、发展、考核激励等方面,搭建专业发展平台,形成长效机制。①构建班主任专业化培训培养体系。建立由名师引领的"上海市班主任骨干教师德育实训基地",发挥"共同体、孵化地、辐射场"的功能,提升师德和师能,让骨干学员有更多的研修和实践机会,形成以"平等、真诚、互动、相长"的班主任专业成长的共同体;建立"上海市中小学班主任带头人工作室",选拔 45 岁以下具有高度事业心和较大发展潜力的中青年班主任进入工作室进行重点培养,促进骨干班主任专业发展和带头人成长;加强市级骨干班主任研修培训。②加强班主任工作研究。发布课题进行专题研究,重点开展《中小学班主任日常工作规范及绩效考核标准》的课题研究,主要内容包括:班主任日常工作规范的框架与原则;班主任日常工作规范内涵;班主任日常工作规范流程及操作方法;班主任日常工作规范的制度保障系统。为加强班主任专业化培训培养提供政策依据与实践指导。编写上海市中小学班主任培训大纲,修订岗前培训、在岗培训、骨干培训等不同层次的培训要求。③开展评比和展示。由市中小学幼儿教师奖励基金会、市教委德育处、宝山区教育局和市中小学德育研究协会联合举办以"拨动学生心弦的艺术"为主题的"宝山杯"上海市中小学班主任基本功系列大赛,加强班主任的基本功实务训练与培训,引导班主任在"发现问题—分析问题—解决问题"的实践过程中去磨练,掌握教育教学的规律,培养自己看问题的敏锐性,在发现问题中寻找教育的契机;引导班主任在潜藏于爱学生、爱教育的道德情怀中奠定扎实的基本功;在学习和借鉴中提高基本功,通过班级管理、主题实践教育、心理辅导、突发事件处理等方面生动的教育实践案例,凸显育人工作的科学性与艺术性,具有较强的操作性。

(邹　竑)

[中小学校外教育工作] 围绕《上海市中长期教育改革和发展规划纲要(2010—2020 年)》(以下简称《规划纲要》)要求,以"世博实践年"为重点,开展社会主义核心价值体系教育及学生创新实践活动,架构未成年人校外教育体系,编制规划学生实践和创新基地发展蓝图,推进学生校外教育工作。①完成《规划纲要》"学生实践和创新基地建设"项目实施方案的研制工作,编制《上海学校德育"十二五"规划》中校外教育的目标要求和重点任务;召开上海市教育系统"世博实践年"动员大会暨学生社会实践工作会议,出台《关于进一步落实中小学生社会实践工作的若干意见》、《上海市学生农村社会实践教育指导大纲(试行)》等文件,确保学生社会实践的时间、场所、内容、安全、经费等方面的落实;开展试点研究,启动农村实践基地建设、社区工作站及学校素质教育基地建设项目。在金山、普陀等区域启动农村学生实践基地建设。启动学生"社区实践指导站"建设,在虹口、徐汇、静安、闸北、杨浦、闵行、宝山等 7 个区县先行试点。在中小学建立一批面向社区开放的学生素质教育综合基地,指导学生开展科技特色实践、人文艺术特色和体育特色实践活动,使之成为可供区域内学生根据兴趣爱好选择并开展自我实践活动的有效载体。②围绕"统筹布局全市青少年实践活动基地,充分开发整合全社会育人资源,为学生提供便捷、多样、优质的德育实践和创新活动资源"的工作目标,为学校提供多元、优质的公益性社会资源。根据不同类型教育基地的特点,结合不同学段学生的实际,推出覆盖全市的第四版《2010 年上海市未成年人社会实践基地版图》,版图涵盖中国 2010 上海世博会、爱国主义教育、民族文化教育、公民教育、健康与生存教育和爱心服务等十大系列活动项目。受教育部委托,承接中央彩票公益金支持中西部地区青少年校外活动场所骨干师资培训项目,分四批对 1000 多名中西部地区科技、体育骨干教师进行培训,为中西部地区提升教育软实力服务。③加强校外活动场所评估激励,强化实践育人。一是加强对各类青少年活动场所(基地)的评估,以评促建、以评促用。市校外联办公室委托上海教育评估院组织专家制定评估方案,修订标准,加强评估。对本市部分爱国主义教育基地、科普基地和学生农村社会实践基地的工作开展试点评估,促进交流,改善服务,提升内涵。二是制定表彰校外教育先进单位和先进个人的文件,为构建一批高品位、宽覆盖、多形式、主题鲜明、特色明显的校外教育活动示范场所形成长效机制。

(邹　竑)

[中职学生思想道德教育] 全市中职德育工作贯彻落实教育部等 6 部委《关于加强和改进中等职业学校学生思想道德教育的意见》、上海市教卫党委

等7部门《关于加强和改进上海市中等职业学校学生德育工作的实施意见》精神，落实上海市中职德育工作推进会各项要求，在发挥学生主体作用、加强教师队伍建设、完善评价监督机制等三方面下功夫。①发挥学生主体作用。编印《上海市中等职业学校学生成长手册(试行版)》(以下简称《手册》)，并于新学年起在12所中职学校试行。《手册》分职业规划园、道德规范园、文化技能园、成长健康园、实训实习园、社会实践园、成果收获园等7个部分，通过学生亲笔记录成长发展的足迹，以及与同学之间的分享交流，充分发挥他们的主体作用，帮助他们更好地了解自我、分析自我、规划自我、激励自我；充分发挥教师的指导作用，通过班主任、学科(专业)教师、实训实习教师等不同视角，鼓励学生进步，引导他们正确面对困难和挫折；充分发挥家长的作用，通过家长寄语等形式，加强家校日常联系和沟通，形成育人合力。②加强教师队伍建设。制定《关于进一步加强上海市中等职业学校班主任队伍建设的实施意见(征求意见稿)》，明确班主任的职责和任务、任职资格和条件、配备和选聘、培养和培训、激励和考核等要求，提高班主任工作水平。做好上海市中等职业学校德育课师资培训基地、上海市中等职业学校班主任培训基地遴选工作，加大德育课教师、班主任队伍和学生德育工作干部的培养力度，逐步健全新任、在岗、骨干等不同类型德育教师的培训方案，形成德育队伍培养的长效机制。③完善评价监督机制。以课题研究成果为基础，制定《上海市中等职业学校德育工作专项评估实施方案》和《上海市中等职业学校德育工作专项评估指标体系》，评估工作注重“三个结合”，即：德育工作专项评估与职业学校教学质量评估相结合，强调德育工作全面融入学校教育教学各个环节中；过程评估与发展性评估相结合，强调学校德育工作的过程管理和可持续发展；网上评估与实地评估相结合，强调学校德育工作的常态化和个性化。年内，完成3所中职学校(职业高中、中等专业学校、技工学校各1所)的试评估工作。

(周　烨)

[视(督)导中小学(幼)教学]　11月，市政府教育督导室对金山区深化中小学课程改革和加强教学管理工作进行视(督)导工作。视(督)导的重点是，以关注金山区中小学幼校(园)长课程领导力为核心，了解教研员课程指导力、教师的课程执行力情况。

金山区在提升校长课程领导力上形成的主要成效为：①区教育局着力把握区域教育发展战略目标，积极引领有效课改的探究与实践。②创新教研方式，构建具有区域特色、上下联动的“三级教研网络”。③全面落实新课改理念，校(园)长课程领导意识明显增强。④聚焦课堂细化教学环节，有效实施教学行动计划。

提升金山区校长课程领导力的整改意见与建议为：①要进一步强化政府教育部门的监督管理职能，形成促进学校可持续发展的质量评估机制。②要通过各种有效途径，尽快解决现阶段教师队伍结构短缺矛盾，合理配置教师资源。③要进一步发挥区教研室和学科中心的作用，为学校课程与教学改革提供专业服务和指导。④要进一步提高校长课程领导力，重视和促进教师的专业发展，重视对学校教学工作的精细化管理。

(张　慧)

[公示区县履行教育责任执行情况]　《关于2009年上海市各区县政府依法履行教育责任执行情况的报告》向社会公示。经对区县政府依法履行教育责任自查数据分析表明：①区县政府依法履行教育责任到位，在确保教育经费“三个增长”的基础上，2009年各区县教育财政拨款总计为224.498亿元，比上年平均增长13%。②市区各级政府推进义务教育均衡发展。义务教育学校教师绩效工资得到平稳落实，市区教职工人均年收入平均增长10.33%，郊区平均增长13.16%，基本消除了城乡收入差距。③班额达标率总体维持原有水平，幼儿园、小学、初中、高中各学段平均班额达标率分别为67.47%、82.32%、83.68%和99.65%。④教育公建配套建设工作取得新进展，2009年教育公建配套项目118个，规划落实率为90.68%。⑤教育资源用途变更情况显示，2008学年减少或变更用途的中小学幼儿园共27所。

据此，市政府教育督导室提出3项建议：①建议进一步完善教育经费投入效益的评估机制，加强对市级财政转移支付资金拨付的监控力度。②建议进一步发挥市公建配套领导小组的作用，加强教育公建配套建设工作的力度。③建议进一步建立和完善促进教师和校长专业发展的管理制度与机制，完善教师可持续发展的保障机制。

(顾　薇)

[农民工子女小学专项督导]　5月，市政府教育督导室先后对青浦区、浦东新区、闵行区、松江区、嘉定区、宝山区、奉贤区、金山区、崇明县首批纳入民

办教育管理的农民工同住子女小学的办学情况进行专项督导。督导结果表明，区县教育局加强财务资产统一管理，基本建立监管制度和财务管理网络；重视公办学校引领，提升“纳民小学”教师专业水平取得明显的效果；落实安全卫生措施，确保“纳民小学”校园安全文明等方面工作取得明显进步。同时，也发现部分学校的财产性质不够清晰、账实不符；家族制管理倾向明显，董事会形同虚设；部分学校违规跨学段办班等问题。市政府教育督导室对区县教育局提出四个方面15条整改建议和意见。①要求区县教育局根据相关文件制定纳民学校各项管理制度和实施办法，以制度约束学校举办者的办学行为。②按有关规定加强对学校财务行为的监管。③区教育行政部门与各街镇政府要落实“纳民小学”的固定资产核算。④严禁学校跨学段办学。

（仇智君）

［实施教育转移支付、教育经费拨款情况专项督查］ 9月至10月，市教委、市政府教育督导室对普陀、闸北、虹口、杨浦、闵行、宝山、浦东新区、金山、奉贤区及崇明县的2009年市级教育转移支付使用情况、教育经费拨款增长情况进行专项督查。督查结果表明：①2009年接受教育财政转移支付的10个区县中，5个区县将市级转移支付资金抵充本级财政应依法投入的教育经费拨款，存在挤出效应的问题。②部分区县接受市财政教育转移支付后，未将转移支付资金用于教育，转移支付资金的投入也未能纳入生均经费核算之中，没有达到全市义务教育均衡发展水平的进一步平衡。

市政府教育督导室对存在问题的原因进行分析，并提出如下意见和建议：①制定统一规范的管理办法，明确市财政教育转移支付使用、监管的职责。②增加市教育转移支付资金工作方案的透明度，强化资金监管力度。③重新确认各区县财政教育经费拨款“三增长”的基数，并强化其严肃性。④建立市级转移支付与区县财政对教育经费投入自身努力程度挂钩的运作机制。⑤建立市对区县转移支付的公开通报制度，接受社会各界对社会媒体的监督。

（仇智君）

［开展督学资格制度试点］ 根据国家教育督导团办公室关于在京津沪渝4市开展督学资格试点工作的意见，市教委、市政府教育督导室下发《关于开展督学资格制度试点工作的实施方案》。试点工作分以下三步完成：①对浦东新区等4个试点区符合督学资格条件、并于2009年7月31日前已在岗的专、兼职督学，采取督学资格过渡的形式予以认定。②对试点区有志于从事督学工作的教育系统相关人员，以督学资格考试的形式予以认定。③在总结试点区工作经验的基础上，对全市教育督导部门现任的专、兼职督学开展资格过渡认定工作。经认定，386人取得上海市督学资格。新认定的督学中，高级职称占78.4%，大学本科以上学历占87.9%。

11月，国家教育督导团办公室在沪召开全国教育督导工作会议，推广此项改革试点的经验。

（陈建青）

［整治学校周边环境］ ①在周边治安、交通、市容环卫、文化环境等方面存在问题的中小学、幼儿园数，占全市学校总数的1.5%，比上年同期下降0.9个百分点。其中，周边有乱设摊、乱堆物现象的学校，占全市学校总数的0.35%；交通设施不完善的，占学校总数的0.24%；有乱停车现象、交通秩序差的，占0.42%。全市所有的中小学，周边200米内，没有法律规定不得开设场所。2010年全年，中小学周边基本未发生“恶少”敲诈事件。②开展安全检查，及时消除安全隐患。至3月底，开展由学校自查和区县抽查相结合的中小学、幼儿园安全大检查，共检查学校2735所，落实整改安全隐患1508处；5月和8月对全市中小学、幼儿园安全工作进行专项督导；7月对全市中小学、幼儿园开展紧急报警按钮安装、使用情况检查，检查中发现的95所学校的152处紧急报警按钮故障，及时得到整改；6月11日至月底，在全市各公办、民办中小学（含中等职业学校和招收农民工同住子女为主的民办小学）及幼托园所中开展不稳定因素排查工作，针对查出的隐患，落实相关措施；对994所暑假期间正常开班的幼托园所进行全面的安全隐患排查和整改，并指导学校做好幼儿入园、离园护导工作，认真执行校外人员信息登录和持证入校等各项安全管理制度，确保在园幼儿的人身安全；落实学校周边治安隐患每月排查。上海世博会举办期间，共排查、处置、化解85所中小学、幼儿园及周边的突出治安隐患98处。

（姜文娟）

［制定《中小学、幼儿园保安服务管理规定》］ 8月，市教委、市公安局制订《上海市中小学、幼儿园保安服务管理规定》（以下简称《管理规定》）。《管理规定》是在对全市2886所中小学、幼儿园保安队伍管

理现状开展调查研究基础上，广泛听取18个区县教育局和1279所中小学、幼儿园的意见，结合工作实际制订的，旨在推动中小学、幼儿园保安管理专业化发展。《管理规定》主要内容是：①明确各中小学、幼儿园必须聘请保安服务公司的保安员，或自行招用有资质的保安员从事校园门卫、巡逻、守护等安全防范工作。②明确聘用保安员经费来源。③明确保安员最低配备人数。④明确保安员必须持有公安机关颁发的保安员证。⑤明确保安员防卫装备及配备责任主体。⑥明确保安员职责等。

（姜文娟）

［工读教育］ 全市13所工读学校现有教师418人，其中30—50岁之间的教师占57.57%，本科以上学历的占92.02%，中高级职称占67.7%。3名教师获上海市园丁奖，8名教师获区（县）园丁奖，1名教师被评为上海市模范教师，163名教师获其他奖项。2009学年毕业初三学生558人，其中非沪籍学生36人；93.88%升入高一级学校。毕业职业班学生42人，全部实现就业或升学；普通高中班毕业68人，本专科升学率为98.53%。目前在校学生总数为2096人，其中非沪籍学生196人。校外预控生4856人，其中非沪籍学生2071人。

2010年内，主要开展3项工作。①举办主题为“课堂有效教学”的第七届工读教育论坛。发挥工读学校学科中心组的骨干作用，重点开展“如何实施差异教学”、“如何进一步加强德育教育，促进行为不良学生的转化”、“如何加强课程校本化建设”等主题教研活动。完成上海市工读学校教师第三轮全员培训工作，3年来共培训工读学校教师400余人。②出版上海教育丛书——《未成年学生不良行为的发现与教育调适》，为中小学教师提供教学资料，并组织部分编写人员，对中小学班主任、青保老师开展培训，已在杨浦区完成第一轮培训工作，培训教师近300人（次）。③举办“工读学校第七届拥抱明天系列活动”，13所工读学校70余名学生参加世博知识竞赛和世博演讲比赛，其中39名学生获得表彰和奖励。

（张大飞）

［建立预防青少年犯罪工作机制］ 11月18日，市青保办联合市爱心帮教基金会、市阳光社区青少年事务中心、市新航社区服务总站、市自强社会服务总社、上海中致社区服务社、市社会帮教志愿者协会共同举办首届上海预防和减少青少年违法犯罪工作论坛。

会议分析了青少年犯罪预防工作面临的难控因素：社会结构与经济结构转变，产生诸多社会矛盾，导致青少年犯罪呈向上态势；改革开放进程中，一部分青少年的价值观念发生偏差；外来人口流入对社会管理带来的压力；社区帮教体系缺少广大群众的参与；社会团体组织的培育、扶持、管理、规范工作任重道远。

会议认为当前上海要在预防青少年犯罪社会帮教工作中着重加强四个方面的工作：①加强相关社团和社区基层组织建设。②建立工作网络。③提高帮教工作有效性。④加强理论和立法方面的研究等。

（张大飞）

［开展毒品预防教育活动］ 市教委、市文明办、团市委、市妇联、市禁毒办联合开展“中小学毒品预防教育”活动。①遴选一批市级毒品预防教育试点校，以点带面，推动中小学毒品预防教育工作的纵深开展。67所中小学、中等职业学校被评为市级毒品预防教育试点学校。②学校以课堂教育为主渠道，以“上好一堂毒品预防教育课”、“组织一次禁毒主题班会”等形式，提高课堂教育的针对性和有效性。③以教师在职培训及中小学毒品预防教育优秀教案征集为主要载体，提高学科教师的教育教学水平。在参与评选的500多篇教案中，43篇被评为优秀教案。④以未成年人网络天地、市禁毒科普教育馆等为主要平台，以网上禁毒知识竞赛、禁毒宣传展览等为主要形式，提高学生的参与积极性。据统计，网上禁毒知识竞赛参与人数突破51万人，全年参观市禁毒科普教育馆的中小学生超过14万人。

（张大飞）

［中小学生安全情况］ ①全年共发生中小学生各类安全事故1732起，比上年增加15起。各类安全事故中，轻微伤和轻伤占95%，比上年下降1个百分点。校方责任事故占事故总数的2.7%，比上年下降0.1个百分点。非正常死亡学生79人，比上年增加11人，其中在校园内非正常死亡7人，比上年增加3人。在社会和家庭中非正常死亡72人，比上年增加8人，占学生死亡总数的91%。其中溺水身亡34人，比上年增加7人；交通事故死亡13人，比上年减少3人；一氧化碳中毒死亡2人，比上年减少2人；坠亡10人，比上年增加3人；触电、火灾死亡3人，其他原因死亡10人。全市未发生中小学集

体食物中毒、校车、火灾等公共安全事故和自然灾害事故。②中小学生各类安全事故的主要特点：自杀死亡人数呈上升趋势，比上年增加2人；刑事案件致学生死亡数有所上升，比上年增加3人；首次发生因公共设施维护不当引发2名学生死亡事件；因涉水玩耍死亡数，占学生死亡事件总数的34%；交通死亡事故主要发生在郊区；学校伤害事故主要由运动及学生玩耍打闹引发；学生伤害事故主要发生在二、三、四季度，死亡事故主要集中在第三季度；初中阶段学生的伤害事故数，占事故总数的47%。

（卢　惠）

［加强中小学幼托园所校车管理］　全市中小学幼托园所校车作为"世博会期间本市特定公共交通工具"之一，列入世博安保社会面防控工作部重点管理车辆。①落实责任，有序推进。成立上海世博会期间中小学幼托园所校车安全管理领导小组及办公室指导校车管理工作；与各区（县）教育行政部门签订校车安全防范任务书，明确校车管理第一责任人及工作规范。②认真排查，消除隐患。会同市公安交警、消防、运管等组成联合抽查组，每月开展一次校车联合抽检，对校车安全性能、灭火器、逃生锤配置，租赁车辆营运证件、驾驶员资质、校车管理制度、台账及应急预案等进行全面检查。除现场反馈检查情况外，市教委还书面发出整改告知单，要求所辖区教育局督促学校限时整改，并将整改情况书面反馈市教委。4月至12月，共抽查6个区32所学校的257辆校车，及时整改138处安全隐患。③完善制度，立足长效。按照世博安保工作要求，规范校车灭火器的类别和规格的配置，对逃生锤配置、校车登记备案、驾驶员培训、车辆临检、安全教育和逃生演练等环节加强检查和管理。至2010年底，完成全市417所中小学幼儿园的2360辆校车登记备案和申领校车标牌工作。

（卢　惠）

［对民办学校校园进行风险勘查］　3月至6月，市教委委托平安财产保险股份有限公司上海分公司对全市162所已转制民办的农民工子女学校进行风险勘查。勘查项目共5项：①校舍建筑（含教室、通道等）安全状况。②实验室设施设备及实验用品保管使用等情况。③各类运动场馆、运动设施安全情况。④食堂、厕所、宿舍等生活场所卫生、设施设备管理情况。⑤校园人防、物防和技防设施，车辆管理等安全制度落实情况。

检查发现，162所学校共存在各类安全隐患830处，市教委要求有关区县教育局，督促学校及时整改。9月至12月，市教委继续委托平安财险上海分公司对学校安全风险整改情况进行复查，近50%的学校安全隐患已经消除。

（卢　惠）

［举办网上安全知识竞赛和防灾自护技能展示活动］　①市教委、市气象局、市民防办、市消防局、市交警总队和市红十字会联合推出首届中小学生识险避险和自救互救网上知识竞赛，知识竞赛分两个时段，5月1日至7月31日为网上练习阶段，8月1日至31日为竞赛阶段。知识竞赛内容涵盖交通出行、灾害天气、火灾预防、现场急救等。全市共有19.6万中小学生参与网上练习，5.9万名学生参赛。参赛学生中获满分（110分）的共18人，获109—108分的有54人，获107—105分的有122人。②11月13日，由网上知识竞赛举办单位联合举办的第三届中小学师生识险避险自救互救现场展示活动在徐汇区位育中学举行。消防战士为师生现场展示了学生宿舍火警处置、火场救人和逃生技能，特警战士展示了成功解救"人质"的谈判智慧和果断处置能力。来自实验性示范性高中、民办初中和普通小学的学生和教师代表组建的18支展示队伍，在现场集中展示灭火器使用、火灾隐患查找、急救包扎、心肺复苏、交通法规运用和气象云图识别和气象播报等技能。

（卢　惠）

［规范教育收费］　①上海市教育委员会等7部门制定《关于2010年上海市规范教育收费工作的意见》。对各区县规范教育收费工作情况进行评估，奉贤等9个区被评为规范教育收费"优秀达标单位"，闸北等9个区县被评为"达标单位"。全年共查处违规收费229.39万元。检查结果表明，中小学校规范教育收费的意识明显增强，制度比较健全。②清理收费项目，加强中小学校代办服务性收费管理。取消幼儿园新生报名费、中专委托培养费、学历文凭翻译费、社会考生报名四六级考试费、学科竞赛考试费等13个收费项目，降低普通话测试收费标准。加强对中小学校代办服务性收费的管理，在规范本市义务教育阶段学生代办服务性收费管理规定的基础上，调研起草高中阶段学生代办服务性收费管理的规定。③开展中小学校出租出借校舍"退租还教"工作。据统计，全市18个区县共收回原用于破墙开店的房屋面积133297.96平方米，占

原破墙开店总面积的 51.13%；收回原用于出租出借校舍场地的面积 313353.7 平方米，占原校舍场地出租出借总面积的 49.19%。全市中小学校新增绿化面积 33219.42 平方米、活动场地 28917.54 平方米、教学用房 99992.55 平方米、其他面积 52798.25 平方米。从源头上解决了侵占教育教学用地用房，对学生违规进行补课收费，增加学生学业负担的问题。④群众满意度提高。据问卷调查显示，学生家长认为子女所在学校执行教育收费规定“好”和“较好”的占 96.31%，比上年提高 1.55 个百分点。有关教育收费的投诉大幅下降。据市价格投诉举报中心统计，2010 年接到有关教育收费问题的投诉仅 52 件。

（魏　健）

[教育系统政风、行风测评]　市纠风办对全市 30 个政府部门和 13 个公共服务行业开展政风行风测评，测评结果是：人民群众对 43 个部门和行业的政风行风满意度平均分为 84.20 分。其中对教育系统的测评结果是：①政风。人民群众对教育部门的政风满意度为 84.28 分，低于 22 个综合管理类部门的平均分 84.86 分，在 22 个综合管理类部门中排第 18 位。②行风。人民群众对学校行业的行风满意度为 84.20 分，高于 13 个公共服务行业的平均分 83.44 分，在 13 个公共服务行业中排第 2 位。③政风行风综合。人民群众对上海教育系统政风行风满意度平均分为 84.24 分。

（魏　健）

[召开教育政风、行风建设大会]　7 月 12 日，市教卫党委、市教委召开上海市教育系统政风行风建设大会。副市长沈晓明出席会议并讲话，会议由市教卫党委书记李宣海主持。市政风行风监督员代表，各区县政府分管区县长，市教卫党委、市教委有关领导，各高校主要领导、纪委书记，各区县教育局局长、纪委书记等出席会议；市教委副主任王奇，市监察局副局长、市纠风办常务副主任花蓓在会上讲话；上海大学、上海电力学院以及静安、嘉定、奉贤区教育局等 5 个单位，分别从规范非学历教育办学、落实阳光招生、创建行风建设达标学校、规范教育收费、加强师德师风建设等方面作经验介绍。会议还对 2009 年度上海市规范教育收费优秀达标单位、达标单位进行表彰。

（魏　健）

[对庆典、研讨会、论坛活动清理摸底]　市教卫党委、市教委组织实施清理摸底工作。经清理摸底，上海教育系统举办的庆典、研讨会、论坛活动共 159 个，其中市教卫党委、市教委机关举办的庆典、研讨会、论坛活动为 0 个，公办高校举办 143 个，市教卫党委、市教委所属事业单位及中等学校举办 9 个，市教委所属社会团体（包括协会、基金会等）举办 7 个。上海教育系统组织开展的庆典、研讨会、论坛活动，大多数是由高校举办，而且大多数是学术类型的研讨和论坛活动，没有一项是要求基层和群众出钱、出物、出工的，没有一项是以各种名目向系统、基层、学校、学生收取费用的，没有发现以开展活动为由滥发钱物，没有发现滥用财政资金举办活动，搞“形象工程”、“政绩工程”。

（魏　健）

[专项治理工程建设领域突出问题]　市教卫党委、市教委下发《关于开展本市高校系统工程建设领域突出问题专项治理工作的通知》。6 月 23 日，市教卫党委、市教委召开上海高校工程建设领域突出问题专项治理工作会议。市教委主任薛明扬对开展专项治理工作进行动员，市教委副主任李骏修出席会议，市教卫纪工委书记阮显忠对专项治理工作进行部署，市教委秘书长蒋红主持会议。教育部在沪直属高校的监察处负责人，本市市属高校的纪委书记、分管基建（修缮）工程的副校（院）长、基建处、后勤处、财务处、审计处、监察处负责人以及市教委机关有关处室的负责人等出席会议。为加强对高校系统工程建设领域突出问题专项治理工作的领导，市教卫党委、市教委成立专项治理工作领导小组，市教卫党委副书记、市教委主任薛明扬任组长，市教委副主任李骏修、市教卫纪工委书记阮显忠、市教委秘书长蒋红任副组长，市教委监察室、发展规划处、财务处、审计处以及市教育基建管理中心的负责人任成员。

（魏　健）

基础教育

［**2010年概况**］ 全市共有小学766所，幼儿园1252所，中学755所，特殊教育学校29所，共有在校学生170.4万人。完成市政府实事项目“新增50所幼儿园”的建设任务，共14.3万名儿童入园，新增入园儿童近2万人。完善学前教育公共服务体系建设，成立学前教育联席会议，出台《关于加强本市郊区学前儿童看护点管理工作的若干意见》，召开保教工作会议，确保学前教育和看护全覆盖。推进义务教育均衡发展，全面完成“进城务工人员随迁子女义务教育三年行动计划”，全市47万名进城务工人员子女全部在公办学校或政府委托的民办小学免费就读。召开全市课程与教学工作会议，实施“上海市提升中小学（幼儿园）课程领导力三年行动计划(2010—2012)”，颁布中小学课程改革利用社会教育资源实施方案，组织参加国际学生评估项目（PISA）测评，并在阅读、数学和科学素养三项测评中均居首位。参加全国首届基础教育课程改革教学研究成果评选，共有25项成果获奖，其中一等奖8项，二等奖7项，三等奖10项。开展普通高中教育现状调研，推进高中特色化、多样化发展，组织长宁区和部分高中进行试点，启动“上海市普通高中学生创新素养培育实验项目”。推进医教结合工作，改善特殊教育办学条件。新增一所内地民族班办班学校（松江一中），全市共有17所上海内地西藏班、新疆班高中班办班学校，班级100个，在校学生4026人。

（李如海）

［**学前教育公共服务体系建设**］ ①市教委与市发展改革委、市卫生局、市计生委、市财政局等10部门成立“上海市学前教育联席会议”，负责全市学前教育工作的领导、协调和管理。②全市学前教育总支出为41.12亿元，比上年增长9.65%；完成“新建50所幼儿园”的市政府实事项目，新开办幼儿园64所。全市园舍占地面积652.64万平方米，比2009年增加10.47%；园舍建筑面积429.73万平方米，比2009年增加11.34%。鼓励举办以招收进城务工人员随迁子女为主的民办三级幼儿园并加强管理，全市已有民办三级幼儿园109所，接纳幼儿2.86万人，占在园非户籍儿童的23%。③各区县扩大班额、扩大办园规模、向民办幼儿园购买服务等，缓解不断增加的适龄儿童入园压力。完善0—3岁婴幼儿早期教养服务体系，96%的0—3岁婴幼儿家长接受每年4次免费科学育儿的指导。市政府办公厅转发《关于加强本市郊区学前儿童看护点工作若干意见的通知》，加强对学前儿童看护点的管理工作，提升保教工作质量。

（瞿佳杰）

［**完成“农民工同住子女义务教育三年行动计划”**］ 完成农民工同住子女义务教育三年行动计划(2008—2010)各项任务，全市47.05万名农民工同住子女全部在公办学校或政府委托的民办小学免费接受义务教育。①自2008年至2010年全市在郊区共投入资金103.79亿元，建设中小学和幼儿园363所。②简化入学条件、放宽班额吸纳农民工同住子女进入公办学校就读，凡能提供父母的农民身份证明、在沪居住证明或就业证明的农民工同住子女均可在上海免费接受义务教育，同时要求位于城郊结合部和郊区集镇的公办学校，扩大班额招收农民工同住子女，并引导公办学校开展符合农民工同住子女实际的教育教学研究。至秋季开学，共有33.60万余名农民工同住子女在公办学校就读，占总数的71.41%。③将农民工子女学校纳入民办教育管理，政府委托其招收农民工同住子女。2008年至2010年，全市共审批设立162所以招收农民工同住子女为主的民办小学，政府向其购买约12万个免费义务教育学位。同时关闭存在安全隐患、办学条件不合格的农民工子女学校100所。为所有以招收农民工同住子女为主的民办小学配置标准图书馆，并增配体育器材。

（焦小峰）

［**郊区学校建设**］ 2010学年，郊区中小幼学生数占全市中小幼学生总数的比例达到70.4%，郊区中小幼学校数占全市中小幼学校总数的比例为63.7%。①全市投资63.11亿元，在郊区建设181

所教育基建项目,新增建筑面积 159.60 万平方米,新增土地面积 228.21 万平方米。自 2008 年实施郊区学校建设工程以来,全市共投入资金 103.79 亿元,在郊区建设各类学校 363 所,新增建筑面积 287.8 万平方米,征地 403.62 万平方米,城郊教育资源紧张的局面得到缓解。②推进优质教育资源辐射郊区农村。开展第二轮郊区农村义务教育委托管理工作,43 所郊区农村义务教育学校接受托管,市、区县教育行政部门加强过程管理,认真做好中期评估工作。组织黄浦区蓬莱路二小、杨浦区打虎山路一小、浦东模范中学、虹口区新华初级中学等 4 所中心城区优质学校赴大型居住社区公建配套学校捆绑办学。推进上海交大附中嘉定新城办分校、市二中学闵行梅陇办分校、格致中学奉贤南桥办分校的相关工作,推进中职优质教育资源辐射郊区,着力推进江南造船(集团)技校、临港科技学校校舍的建设进度。

(焦小峰)

[启动普通高中学生创新素养培育实验项目] 3 月,市教委组建专家组,启动"上海市普通高中学生创新素养培育实验项目"的研究。卢湾、徐汇、金山与长宁等区以及 22 所实验性示范性高中在专家组指导下,设计培养方案(包括项目培养目标、配套课程设置、实施途径、学生遴选和相关评价等),9 月起,在高一年级开展高中学生创新素养培育试验工作,探索培育高中学生创新素养的多种模式。为配合项目的实施,配套启动高中专题创新实验室建设工作,为高中学生开展实验和探究创新活动提供良好的实验环境,出版首批 20 所高中 23 个专题创新实验室及其配套课程设计案例集。上海中学、华师大二附中、复旦附中和上海交大附中 4 所高中被列为国家教育体制改革试点项目"探索建立拔尖创新人才培养基地"的试点研究单位,探索拔尖创新人才早期发现的有效手段及其早期培育的有效经验。

(金莉莉)

[实施提升中小学(幼儿园)课程领导力三年行动计划] 4 月,市教委颁发《上海市提升中小学(幼儿园)课程领导力三年行动计划(2010—2012 年)》,明确了三年内提升中小学(幼儿园)课程领导力的三大目标、三个主要任务和六项重点工作,并在大同中学召开上海市提升中小学(幼儿园)课程领导力行动研究项目动员暨培训大会,通过项目研究和实践,从课程规划、实施、管理、评价四个环节加强专业指导和支持,推动中小学(幼儿园)提升课程领导力,开展校本化实施新课程的研究和实践。41 所中小学(其中高中 13 所,初中和小学各 14 所)和黄浦区参与关于学校课程计划编制和课程计划评价与完善 2 个子项目的研究,并在学科课程建设、学科教学有效性、教研团队建设、课程资源开发与利用、课堂教学评价、作业设计与评价、课程组织管理与制度建设等 7 个子项目中自主选择一项,结合学校实际情况申报课题进行实践研究。10 所幼儿园开展 6 个子项目的研究工作。全市 18 个区县结合区域实际,开展课程领导力专题培训。11 月,世界外国语中学和青浦实验中学分别举办"学科课程的建设与实践展示"和"丰富学生学习经历的探索"市级展示交流活动。年底,完成"上海市提升中小学(幼儿园)课程领导力行动研究"网络栏目设计并开通。

(金莉莉)

[全国基础教育课程改革教学研究成果评选揭晓] 教育部在全国开展基础教育课程改革教学研究成果征集评选和展示交流活动。经初评、复评和终评,全国共产生获奖成果 343 项,其中一等奖 43 项,二等奖 92 项,三等奖 208 项。上海地区共有 25 项成果获奖,其中一等奖 8 项,二等奖 7 项,三等奖 10 项。上海获得一等奖的成果名称、申报人及所在单位是:《为每一位学生的终身发展奠基——上海市中小学"二期课改"的探索与实践》(上海市中小学(幼儿园)课程改革委员会)、《成功教育课堂改革新探索》(刘京海,闸北区第八中学)、《后"茶馆式"教学——"轻负担、高质量"的十年研究实践》(张人利,静安区教育学院附属学校)、《新课程和物理实验改革——中学物理数字化实验系统(DIS)的开发与应用》(冯容士,上海市教委教研室)、《青浦实验:新世纪教师"行动教育"》(上海市青浦实验研究所)、《探索教学资源共建共享机制　促进区域基础教育均衡发展——省市级教育资源库支持课程教材改革的创新实践》(上海远程教育集团)、《建立中小学生学业质量评价、分析、反馈与指导系统的研究与实践》(张民生,上海市教育学会)、《校本课程开发与实施》(吴刚平,华东师大课程与教学研究所)。

(李如海)

[上海学生"PISA 2009"测试成绩名列首位] "PISA 2009"以阅读为主要测试领域,数学、科学为次要测试领域,全球共有 65 个国家和地区的学生参加测试。上海是中国大陆首次参加 PISA 测试的地

区，根据“PISA”测试抽样的严格要求，上海共有152所学校的5115名15岁学生参加“PISA 2009”测试。12月，“PISA 2009”报告发布，上海初中学生的阅读、数学和科学素养分别以平均556分、600分和575分名列首位。同时，上海学生的总体成绩底部较高，分布差异较小。问卷分析显示，上海学生阅读成绩差异的72%是由学生个人能力和家庭背景差异造成的，学校因素造成的差异只占28%。这表明上海义务教育质量和均衡程度都比较高，明显好于OECD中学阶段总体情况。

（李如海）

［召开第二次民办教育工作会议］ 3月31日，上海市召开第二次民办教育工作会议，会上推出了加大政府扶持力度，促进上海民办教育内涵发展，充分发挥民办教育自身优势，推进上海民办教育特色发展，优化民办教育发展环境，推进上海民办教育规范发展等九大举措。市教委与市财政局联合颁发《关于加强扶持民办中小学发展的通知》，出台扶持和规范民办中小学发展的相关政策。会后，各区县政府和教育行政部门分别制订了相应的扶持政策。下半年，市教委组织对全市18个区县贯彻落实市第二次民办教育工作会议的情况进行调研，进一步督促各区县教育行政部门加大对民办中小学“扶管结合”的力度。通过调研，对全市民办中小学的政策环境进行系统排摸，浦东、嘉定、普陀、长宁、卢湾、静安、杨浦、闸北、宝山、金山等区以及崇明县分别设立民办教育专项经费支持区域内民办教育事业发展；黄浦、卢湾、静安、徐汇、长宁、杨浦、普陀、闸北、浦东、闵行、嘉定、奉贤、宝山、金山等14个区已经实施生均公用经费定额补助制度。同时，各个区县在民办学校师资培训、职称评定、义务教育免书簿费、高中生帮困助学、招生考试、课程教学等方面做到与公办教育同研究、同规划、同实施。不少区县还在校舍修缮、设备配置等方面对民办学校进行扶持，使其享受与公办学校同等待遇。与此同时，市区教育行政部门十分重视民办中小学的规范管理，市教委出台规范民办中小学财务管理和会计核算的两个《办法》（“上海市民办中小学财务管理办法”和“上海市民办学校会计核算办法”），要求学校依法建立健全财务制度、会计制度和资产管理制度。

（龚　柳）

［推进特殊教育医教结合］ 为落实《上海市特殊教育三年行动计划（2009—2011年）》提出的任务，市教委与市卫生局联合印发《关于开展特殊教育医教结合工作的通知》，加强残疾儿童发现、诊断与安置工作管理，确定上海交通大学附属新华医院、复旦大学附属五官科医院、上海市儿童医学中心、上海市眼病防治中心、上海市精神卫生中心、复旦大学附属儿科医院、上海市儿童医院为听力言语、视力、自闭症、脑瘫、智力及社会适应能力等残疾儿童确诊、报告定点医疗机构。建立特殊教育机构与医疗机构合作制度，由卫生部门指派视力、听力、脑瘫、精神卫生等方面的医学专家，为残疾学生开展保健、医学检测、康复评估与实施康复服务，并指导教师、家长开展对残疾学生的康复服务，实现特殊教育机构中残疾学生教育与康复手段的有机整合。全市1个盲教育康复指导中心和4个聋教育康复指导中心已经与技术力量雄厚的上海市眼病防治中心、上海交通大学附属新华医院、复旦大学附属五官科医院等医院建立合作关系，通过这5个特教康复指导中心为全市所有特教学校、随班就读、学前特教点中视力残疾、听力残疾学生提供医疗服务。其他残疾学生则以区县为单位，由区县教育局与区县卫生局建立合作关系，为残疾学生提供医疗服务。全市“推进医教结合、提高特殊教育水平”项目被国家教育体制改革领导小组办公室列为教育体制综合改革试点项目。

（陈东珍）

职 业 教 育

[2010年概况] ①全市有全日制中等职业学校101所(含中专65所、职业学校26所,技工学校10所),成人中等专业学校26所,共有在校生17.48万人。全市中职学校录取新生5.45万人,毕业生就业率97.4%。②全市有国家级重点职业学校有57所,其中6所学校被推荐为2010年度国家中等职业教育发展示范学校建设计划项目学校。建立现代护理、交通物流、电子信息、商贸、旅游、建筑、化工、现代农业共8个行业职教集团以及嘉定、徐汇、闵行、黄浦、浦东等5个区域职教集团,共有80个开放实训中心项目通过专家的立项评审,涵盖教育部所颁专业目录的12个大类专业。③全市78所中职学校开展专业布局与结构调整优化工作,专业数由717个调整为621个。中等职业教育师资队伍中"双师型"和高学历比例提高,硕士研究生以上比例达10.6%,高级职称教师达到20%,实习指导课教师占3%,聘请兼职教师1680人,专任教师的年龄结构进一步合理。

(宋　磊)

[中等职业学校招生] 全市普职录取比为49∶51。83所中职校录取新生5.45万人,完成教育部下达指导性招生计划107%。其中,录取应届初中毕业生34282人,录取在沪务工的非本市户籍人员6168人。"专业奖励"录取9183人。招收在沪农民工同住子女学校增加至50所,录取学生4277人,招生计划比上年扩大33%,招生学校数比上年增加11%,招生专业比上年增加34%。选择现代护理、交通物流和电子信息3个职教集团的7所院校,在航空机电设备维修、护理、汽车技术服务与营销和应用电子技术等4个专业,试点招收480名应届初中毕业生,志愿填报人数与计划数比高达13∶1,实际录取492人,平均入学考试成绩高于普通高中录取分数线。安排49所以国家级重点学校为主的中职校录取来自全国26个省市部分初高中毕业生近1万人(不含在沪农民工同住子女),其中西部地区占计划总数的42%。

(张福顺)

[实施国家中等职业教育改革发展示范学校建设] 市教委贯彻落实教育部等3部门下发的《关于实施国家中等职业教育改革发展示范学校建设计划的意见》和《关于申报2010年度国家中等职业教育改革发展示范学校建设计划项目的通知》精神,按照《2010年度国家中等职业教育改革发展示范学校建设计划项目学校遴选基本条件》要求,委托市教育评估院制定预审推荐工作方案,设计评审操作程序和评审方法。市教育评估院组织专家,对11所申报学校的材料进行遴选评审,推荐上海石化工业学校、上海信息技术学校、上海交通大学医学院附属卫生学校、上海市大众工业学校、上海市城市科技学校、上海市东辉职业技术学校申报2010年度国家中等职业教育改革发展示范学校。

(张福顺)

[中等职业学校毕业生就业] 至9月1日,全市中等职业学校毕业生总数为46674人,有45479人就业,就业率为97.44%。其中,普通中专毕业生31936人,就业率为97.73%;职业学校毕业生11446人,就业率为96.72%;技工学校毕业生3292人,就业率为97.08%。①在就业人数中,直接进入企事业等单位的人数占就业总数的63.81%,升入高校学习占就业总数的36.19%。毕业生就业主要集中在第三产业。按三、二、一产业统计,毕业生分别占49%、50%和1%。按毕业生直接就业单位所在产业统计,进入现代服务业第三产业类单位就业的毕业生人数37778人,占就业总人数的83.07%;进入加工制造业第二产业类单位就业的毕业生人数7650人,占就业总人数的16.82%;进入都市农业第一产业类单位就业的毕业生人数51人,占就业总人数的0.11%。②4784人非沪户籍毕业生在上海就业,占非上海户籍毕业生总数的61.74%。从非沪户籍毕业生就业的地区分析,有4784人约超过六成的外地生源在上海就业,占外地生源的61.74%;在异地或回原籍就业的人数为2891人,占37.32%。③实施"专业奖励"政策,就业导向成效显著。"专业奖励"毕业生10741人,占同届中职毕业生总数的

23.01%,就业人数10473人,就业率为97.5%,高于全市平均就业率。

(张福顺)

[**中等职业教育专业布局与结构调整**] 全市78所中职学校开展专业布局与结构调整优化工作,确定156个重点建设的专业立项项目,178门精品课程建设立项项目。专业布局与结构调整优化指导思想、目标与任务是:以服务为宗旨、以就业为导向,围绕上海加快发展现代服务业和先进制造业、建设"四个中心"对高素质技能型人才的需求,全面调整和优化本市中职校的专业设置和专业结构,全面提高学校教学质量。建立专业布局合理、结构优化、特色鲜明、品牌纷呈的专业体系,逐步形成学校之间定位准确、错位竞争、优势互补、各有所长、有序发展的专业建设新格局。工作任务包括优化布局、调整结构、促进改革、打造品牌、完善机制等五个方面。根据教育部《中等职业学校专业目录》,指导学校对现有专业进行梳理,推动学校不断优化专业和课程,按照社会经济发展需要设置专业,共享资源,办出特色。中职校开设专业点在一、二、三产中所占比例分别为1.43%、19.89%、78.68%,学校专业结构变化显著。

(戴小芙)

[**中高职教育贯通培养模式试点**] 全市选择护理、交通、电子信息3个职教集团内的7所中高职院校进行中高职教育贯通培养模式试点。贯通培养的专业须是行业岗位技术含量较高,专业技能训练周期较长,熟练程度要求较高,适合中高职培养目标相互衔接贯通,社会需求比较稳定的专业。首次试点的4个中高职贯通专业分别为护理、应用电子技术、汽车技术服务与营销、航空机电设备维修。市教委委托市教育评估院组织中高职院校、行业、职教专家建立专家组进行业务工作指导,对试点院校的专业教学、实训方案和试点工作方案进行评议,并指导试点院校对培养方案进行修改,经专家论证评审通过后,开展贯通培养模式试点工作。

(宋　磊)

[**全国中等职业教育教学改革创新工作会议召开**] 12月1—4日,全国中等职业教育教学改革创新工作会议在沪召开。出席会议的主要领导和代表有:教育部部长袁贵仁,副部长鲁昕;各省、自治区、直辖市教育厅(教委)、计划单列市教育局及新疆生产建设兵团教育局分管职业教育工作的负责人;全国中等职业教育教学改革创新指导委员会委员等。教育部部长袁贵仁作大会讲话,上海市副市长沈晓明致词,教育部副部长鲁昕作会议总结。上海市教委、成都市人民政府、中国物流与采购联合会、三一重工集团负责人作大会发言。会上,袁贵仁为新增补的全国中等职业教育教学改革创新指导委员会委员颁发了聘书,与新华社副社长鲁炜一起开通全国中等职业教育数字化学习资源平台。会议期间,与会代表考察了六所上海市中职学校,并观摩了四场教改公开课。

(宋　磊)

[**中等职业学校学生学籍管理**] 根据教育部关于《中等职业学校学生学籍管理办法》精神,市教委对2002年实施的《上海市中等职业学校学籍管理规定》文件进行修订,制定并颁发《上海市中等职业学校学籍管理实施办法》。为落实《上海市中等职业学校学籍管理实施办法》,市教委委托学生事务中心对操作流程进行修订,制定《上海市中等职业学校学生学籍管理工作实用手册》。

(钱啸寅)

[**中职特聘兼职教师资助**] 市教委发布《关于开展2010年本市中职校特聘兼职教师资助工作的通知》,共有10个行业和区域性职业教育集团的59所职业院校以及部分国家级重点中职校的147位兼职教师,获得特聘兼职教师资助。通过特聘兼职教师的引进,实现"专家引领+校本培训"的内外联动、合作育人的效果,有效弥补中职校专业(实训)教师结构与数量上的不足。由于所聘请的教师都是相关领域的专家、行家和能工巧匠,能把生产一线的新工艺、新技术带到教学一线,有利于建设数量足够、结构合理的专兼结合的"双师型"师资队伍。同时,加强了校企融合,推进了校企合作,工学结合,深化职业教育教学和人才培养模式改革,提高中等职业教育的办学质量。

(钱啸寅)

[**扩大中职学生享受免费教育范围**] 根据《关于扩大中等职业学校免学费政策覆盖范围的通知》要求,从2010年秋季起,全市中职学校将城市低保家庭学生纳入免费教育范围,对所有全日制中职校(含公办和民办普通中专、职业学校、技工学校)在校

生中城市低保家庭学生实施免费教育。本学期，共有 10641 名城乡低保家庭学生享受了免费政策。主要包括两项内容：①免除学费和书簿费，每生每年可免除本校本专业 2600 元或 4000 元不等的学费，免除 400 元至 600 元不等的书簿费。②享受助学金，即除毕业年级外，对符合条件的学生每生每月发放助学金 1500 元，主要用于学生在校期间的住宿、伙食和交通等生活补贴。毕业学年学生实行工学结合、顶岗实习。全市共有 96693 人次享受中职免费教育，享受金额 25305.755 万元（免学费、书簿费 20314.705 万元，发放助学金 4991.05 万元）。其中来自中西部地区学生 22042 人次，占外省市在沪学生人数 65%。2010 年秋季享受免费教育的学生人数占在校生数的 37%。2010 年有 7943 人获得上海市奖学金 637.25 万元。有 3.2 万人次获得专业奖励金 0.46 亿元。有 14.4 万人次（含 2010 年上半年的低保家庭减免）获得助学金 0.9 亿元。

（黄　蕾）

高等教育

［**2010年概况**］ 全市高等教育在校生97.16万人。全市共有普通高等学校66所。普通高校教职工7.42万人(其中市属高校4.06万人),专任教师3.92万人(其中市属高校2.36万人)。全市在读研究生11.17万人,比上年增加0.82万人,增长7.9%。普通高校本专科在校生51.57万人,比上年增加0.6%。招收本专科学生14.46万人,招收研究生3.86万人。各普通高校有留学生4.14万人。

实施卓越科学教育、卓越工程教育、卓越医学教育和卓越文学艺术教育四大卓越教育计划。在4所高校试点开展卓越工程教育改革试点,在5所高校开展以康复医学为突破口的卓越医学教育改革试点。

召开市学位委员会第十九次、第二十次全体会议,完成市学位委员会第四届学科评议组成员的遴选工作,共设置45个学科评议组,500名学科评议组成员。向国务院学位办推荐申报26个博士学位授权一级学科点和197个硕士学位授权一级学科点。15所高校获准新增73个专业学位授权点。完成上海建桥学院学士学位授权单位以及21所高校70个本科专业的学士学位授权审核工作。举办20个研究生暑期学校和15个研究生学术论坛,建设7个研究生创新能力培养公共平台,开展研究生培养机制改革试验。印发《关于深入推进“上海研究生联合培养”工作的若干实施意见(征求意见稿)》。同意19家研究生培养单位举办162个研究生课程进修班。

批准设置本科新专业25个,限制招生计划专业78个。对一、二期本科教学高地62个项目开展验收,立项建设第四期教育高地项目81个。继续试点实施大学生创新活动计划。上海高校在第三届全国大学生创新活动论坛的评选中占3个“全国十佳”项目。32所本科高校430支学生团队参加大学生计算机应用能力竞赛。与英国NCGE合作编写出版国内第一本旨在培养大学生创业素质的教材,开展创业教育师资培训。立项实施2010年度(第六期)市教委重点课程建设274门,评选第8批市级高校精品课程115门。立项建设43门全英语教学示范性课程。立项建设市级教学团队60个。组织召开全市高校全英语教学研讨会。全面检查2007年73个新设置专业,实地抽查专业11个。检查和验收市教委重点课程315门。组织111759名学生参加上海高校计算机等级考试。指导上海政法学院参加教育部教学评估试点。

推进上海出版印刷高等专科学校及上海医疗器械高等专科学校浦东新校区建设。开展“地方政府促进高等职业教育发展综合改革试点”和“创新政府、行业、企业、高职院校办学体制、机制”改革(均被列为“国家教育体制改革试点项目”)。完成5所高职院校的高职高专人才培养水平评估工作。试运行高职教育教学状态监控平台网络版,获得教育部护理专业教学资源库立项建设资格。对教育管理研修等7个专业的216名教师和270名新任教师进行培训。启动中高职贯通培养模式试点工作,选择3个职教集团内的7所中高职院校进行试点,首次试点的4个中高职贯通专业,共招生497人。组织全市13所高职院校汽车类专业08级学生进行技能大赛,1537名学生参加了初决赛。组织参加全国职业院校技能大赛,3个队获三等奖、7个队获二等奖。开展2008年、2009年度上海现代远程教育校外学习中心年报年检。组织专家对本市111个校外学习中心进行检查,其中103个校外学习中心评定“合格”,停招2个校外学习中心,撤销6个校外学习中心。共有27所高校43个项目通过行业高校提升计划立项。

完成1所高校1个教育部工程研究中心、3所高校3个上海高校重点实验室、3所高校3个工程研究中心验收工作。评估总结10个上海高校人文社会科学重点研究基地。确定8个上海高校人文艺术创新工作室。总投资约19亿元的本市高校知识创新平台及教学实验、实训中心建设一期项目,均被列入本市固定资产投资市级建设财力项目储备库。

59人(含一团队)入选2010年上海高校特聘教授(东方学者)岗位。市属高校2人入选国家“千人计划”。55所市属高校1066位教师获得“高校优青科研专项基金”资助。至2010年，曙光计划已形成以1名院士、9名973首席科学家、24名教育部“长江学者”、42名国家自然科学基金会“杰出青年”为中坚的上海高校精英群体。

全市高校共有毕业生16.8万人，比上年增加1万人，增幅为6.7%。至9月1日，上海高校总体就业率为95.12%。其中，研究生的就业率为95.97%，本科生为94.50%；专科（高职）生为95.58%。上海高校面向基层就业的人数为4.4万人，占毕业生数量的26.2%。

（朱俏道）

［高等教育内涵建设］ ①调整上海市推进高校布局结构调整联席会议工作重心，各成员单位新名单及任务分工，上报市委、市政府并获批复。上海市推进高校布局结构调整联席会议更名为上海市教育体制改革领导小组，领导小组由市委副书记殷一璀和副市长沈晓明担任组长，市委副秘书长姚海同，市政府副秘书长翁铁慧，市教卫党委书记李宣海，市教委主任薛明扬担任副组长。成员单位包括市委组织部、市委宣传部、市发展改革委、市财政局等23个委办局。②结合新一轮“985工程”和“211工程”三期建设，开展部属高校发展定位规划和学科专业布局结构优化调整工作，完成市属本科院校和高职高专院校发展定位规划互动交流的基础工作，开展教育部所属高校发展定位规划的调研互动交流。③开展中央财政支持地方高校专项资金的相关工作。配合市财政局组织开展“中央财政支持地方高校专项资金”的项目申报和专家评审工作，22所市属高校获得中央专项资金1.108亿元支持，上海市政府配套支持1.108亿元。④创建“085工程”项目信息平台。组织依托申教公司和市教委信息中心，启动并试运行“085工程”项目信息平台“上海高等教育内涵建设‘085工程’网”。内容包括国内外高等教育相关新闻、上海市开展高等教育内涵建设相关工作进展情况、上海高校“085工程”分网站建设等。⑤开展“上海高校分类评价和对策研究”和“上海高校内涵建设投入产出绩效评估体系研究”课题研究，研究制订高校学科专业评估指标体系、评估方案，对上海市属本科院校开展绩效评估。初步完成分类指导的水平/绩效评价指标的制定，试点开展对市属本科高校绩效定量分析的工作。

（朱俏道）

［本科教学质量与教学改革工程建设］ ①国家级“质量工程”实施情况。全市高校共获得237门国家级精品课程、30个国际级实验教学示范中心、66个国家级教学团队、42个国家级人才培养模式创新实验区、30个国家级教学名师奖，184个国家级特色专业。在质量工程的实施期间，上海22所高校全面接受教育部本科教学工作评估，21所高校获“优秀”和1所高校获“良好”的评估结论。②市级“质量工程”实施情况。全市形成市重点课程1899门，市级精品课程840门（其中高职118门），国家级精品课程230门（其中高职29门）。市级教学团队164个（其中高职14个），国家级教学团队59个（其中高职3个）。有174名教师获市级教学名师奖（其中高职20名），23名教师获国家教学名师奖（其中高职2名）。建立市级实验教学示范中心64个，其中29个成为国家级重点实验教学示范中心。建立本科教学高地210个，国家级特色专业64个。评选出市级优秀教学成果400项，其中38项获得国家级奖励。③自2008年起，每年将“近三年就业率持续偏低的专业名单”进行公布，并提出高校年度专业招生计划调整工作的意见，逐步建立就业率持续偏低专业的预警和退出机制。以高等数学、计算机等级考试为重点，以分类指导为原则，组织全市统一教学考试。开展教学专项检查治理，每年进行一次全市本科教育教学工作专项检查，重点开展本科新专业教学检查。④自2007年起，每年投入1000万元，每年资助1000个大学生创新活动项目，连续3年实施上海大学生创新活动计划。17所高校已经有3000多个项目，涉及参与学生1万余人。

（傅建勤）

［建立专业退出机制］ 市教委探索本科专业退出管理机制。①引导高校科学制定学校分专业招生计划，推进高校学科专业布局结构优化与调整。②把优化专业招生计划当做学校合理配置教学资源，促进教学质量提高的重要手段。③分析全市高校专业设置与社会需求情况，减少广告学等6个本科专业和限制哲学、文学等4个学科专业的招生总量，涉及至少15所高校33个专业点。④针对教学薄弱环节，开展新专业专项检查。⑤鼓励高校瞄准社会需求，调整或改造老专业学科方向，寻找新的生长点。

（傅建勤）

［加强高校本科生校外实习的管理］ 市教委对上海高校校外实习的现状进行调研。调研结果表

明，上海高校校外实习工作存在对实习重视不足、实习时间不足、实习经费投入不足、稳定的实习基地数量不足、教师实习指导力量不足、相关政策支撑不足、校企及校校之间沟通不足、实习管理力度不足等问题。为此，提出加强上海高校校外实习工作的六项举措：①恢复上海市普通高校学生校外实习社会实践工作联席会议制度。②修订《上海市普通高等学校学生校外实习暂行规定》。③加强大学生校外实习基地建设。④建立全市大学生实习信息平台，实现实习资源互通共享。拟设立上海市大学生校外实习信息平台。⑤加大实习经费投入。⑥提高高校对校外实习工作的重视程度等。

（沙正建）

[新一轮“985工程”建设] 市政府召开新一轮“985建设”工作专题会议。市教委、市发展改革委、市财政局召开会议听取“985工程”高校对上海推进新一轮“985工程”建设的整体思路的意见和建议。6月，启动新一轮“985工程”建设。9月，上海4所“985工程”高校共获得基本额度控制数36亿元。根据新一轮“985工程”建设和高校管理体制及运行机制的改革特点，研究上海推进新一轮“985工程”建设的整体思路，形成了包含地方财政资金的数额和使用途径、项目的管理和审核原则及办法、相关部门的任务分工等一系列指导性意见。12月29日，教育部、上海市政府签署《关于继续共建复旦大学、上海交通大学、同济大学、华东师范大学的协议》。

（朱俏道）

[国家级示范性职业院校建设计划] 上海医疗器械高等专科学校、上海电子信息职业技术学院、上海出版印刷高等专科学校、上海农林职业技术学院、上海医疗器械高等专科学校、上海电子信息职业技术学院、上海出版印刷高等专科学校等7所高职院校列入“国家示范性高等职业院校建设计划”。上海31所高职院校形成以国家示范高职院校为引领、国家骨干高职院校为带动、市级重点建设高职院校为支撑的发展格局，推动全市高职院校办出特色，人才培养质量和办学水平整体提升，毕业生就业率与就业质量逐年提高，高等职业教育办学的制度环境明显优化，对区域经济社会发展的支撑作用显著增强。

（许　涛）

[启动“行业高校提升计划”] 自2010年起，上海设立行业高校提升计划，加大政府对行业企业举办高职院校的支持力度。行业高校提升计划的目的是探索建立“政府统筹管理，行业企业参与、学校自主发展”的行业高校运行机制，凸显“校企合作”特色，推进行业高职院校的内涵发展，加快提升行业高校的整体水平和综合实力，培养大批上海需要的高素质高技能人才。行业高校提升计划的主要内容是：推动行业高校专业改革发展，它包括四个方面：①专业实训基地建设。②专业师资队伍建设。③推动重点专业人才培养模式改革。④开展专业技术服务等。2010年，共计投入8500万元，打造有利于行业高校发挥优势、彰显特色的政策环境和运行机制，推进上海行业高校的内涵发展，提升行业高校的整体水平和综合实力。

（许　涛）

[培训高职院校师资] ①举办高职院校教师培训班。培训班开设《教学管理高级研修》、《数码艺术》、《应用英语(IT方向)》、《计算机应用技术》、《电气自动化》、《国际商务》、《语文》等7个专业课程，216名教师参加培训，其中43名教师被评为优秀学员。②举办高职高专院校新任教师第三期培训班。40余所院校400多名新任高职校的教师报名参加培训，共有270名新教师参加培训，其中240名取得培训证书。

（许　涛）

[初审、审核新增博士(硕士)学位授权一级学科点] 上海市学位委员会实施上海市2010年新增博士学位授权一级学科点初审和硕士学位授权一级学科点审核工作。本次审核工作主要针对已有二级学科点的一级学科申请增列为一级学科博士(硕士)点。同时考虑到调整和优化学科专业结构的需要，允许学位授予单位申请少量现无二级学科点的一级学科增列为一级学科博士点和一级学科硕士点。上海自行审核的单位为6所设立研究生院的高校(复旦大学、上海交通大学、同济大学、华东师范大学、华东理工大学以及第二军医大学)，这6所高校自行审核一级学科博士点和一级学科硕士点。经审核，共有26个博士学位授权一级学科(含2个无二级学科博士点的一级学科)、97个硕士学位授权一级学科(含2个无二级学科硕士点的一级学科)、3个二级学科均已是硕士授权点的一级学科获得通过。此外，由于在获得初审通过博士学位授权一级学科中，共有5个一级学科还同时申请了硕士学位授权，因此上海市学位委员会还通过同样的程序，表决通过

了3个申请硕士学位授权的一级学科，并以得票多少依次列入候选名单。

（束金龙）

[**审核新增硕士专业学位授权点**] 上海市学位委员会开展新增硕士专业学位授权点审核工作。上海市学位办共收到14家研究生培养单位的申报材料，共申报新增62个授权点，涉及22个专业学位类别，其中工程硕士类别包括8个工程领域。经审议，11家单位的62份申报材料中，有47份材料审核通过，由上海市学位办向国务院学位办报送。9月，国务院学位委员会下发新增硕士专业学位授权点通知，上海大学、上海理工大学等7所市属高校及第二军医大学，新增25个硕士专业学位授权点，其中上海应用技术学院为首次新增硕士专业学位授权点。

（赵　坚）

[**住院医师培训与专业学位教育相结合**] 9月14日，教育部在上海召开上海市住院医师培训和专业学位教育结合工作专题会。教育部副部长陈希、上海市副市长沈晓明等领导出席会议并讲话。会后，市教委与市卫生局联合有关高校及大学附属医院，研究制订《上海市临床医学硕士专业学位研究生教育综合改革试点方案》。9月，教育部专家组在上海召开上海市临床医学硕士专业学位研究生教育综合改革试点方案论证会。会议对此项改革试验的总体目标、实施办法、招生方式等工作进行研讨。10月中旬，教育部将“上海市临床医学硕士专业学位研究生教育改革试点”列为批准上海市开展的27项国家教育体制综合改革试点项目之一。教育部为此项改革试验给上海下达900名招生计划，其中招收推荐免试生200名、全国统考生300人、上海单考生400人。10月下旬，复旦大学、上海交通大学、同济大学、上海中医药大学等4所参加改革试点工作的高校启动“招收2011年上海市临床医学硕士专业学位研究生（住院医师）”工作。至11月底，4所高校共拟接收138名推荐免试研究生（住院医师）；有500人报名参加上海市单独考试。

（赵　坚）

[**上海研究生教育创新计划**] ①举办研究生学术论坛。2010年委托22所高校举办23个研究生学术论坛，涉及文学、教育、经济、法学、生物医学、艺术、环境、材料、能源、交通、社会保障等学科领域。论坛主要面向上海学生，同时也面向长三角地区的高校和研究院所的研究生。②委托18个高校举办18个研究生暑期学校，涉及经济学、法学、艺术学、新闻传播、海洋科学、先进制造业、材料科学、物流学、节能减排、管理科学等学科领域。研究生暑期学校主要面向上海学生，同时也面向长三角地区的高校和研究院所的研究生。③设立服务性项目。跟踪、采集研究生学术论坛、暑期学校、专业学位研究生教育综合改革试点项目、创新能力培养等项目的执行情况，并支持研究生教育创新网站建设和维护、研究生教育交流与培训平台建设、研究生教育课题研究等。④设立“上海市研究生创新能力培养专项资金”，用于资助研究生的培养模式改革和创新能力培养。⑤设立11个专业学位研究生教育综合改革试点项目，涉及教育硕士、汉语国际教育硕士、法律硕士、翻译硕士、农业推广硕士、体育硕士、工商管理硕士、公共管理硕士、公共卫生硕士等专业学位类别，覆盖了工程硕士中的机械工程、车辆工程、建筑与土木工程、控制工程、电子与通信工程和交通运输工程等领域。

（束金龙）

[**研究生学位申请与非学历教育**] ①自2009年9月1日至2010年8月31日，上海市学位办授予博士学位2965个，硕士学位26641个。②5月和7月，上海市学位办分别公布第一批和第二批登记备案名单，共有19所院校办班，其中在沪举办的研究生课程进修班有147个，在异地举办的有15个。

（赵　坚）

[**新增学士学位授予单位和专业**] ①市教委批准复旦大学等20所高校63个专业新增为学士学位授予专业。②新增上海建桥学院为学士学位授予单位，同意该学院英语等6个本科专业增列为学士学位授予专业。③市学位办组织专家，对上海海关学院进行新增学士学位授予单位的预审工作。

（赵　坚）

民办教育

[**民办高校落实法人财产权**] 市政府办公厅转发出台《上海市推进民办高等学校落实法人财产权的实施办法》,对民办高校资产过户的操作程序、贷款处理、税费优惠、资产归属等做出规定。为此,市教委会同市财政局出台《关于做好上海市民办高等教育政府扶持资金申请工作的通知》,规定法人财产权的落实情况将作为民办高等教育政府扶持资金拨付的重要依据,鼓励各民办高校积极推进法人财产权落实工作。至年底,全市约三分之二的民办高校已完成或正在完成法人财产权落实工作。此项工作将有力地保障民办高校的基本教育教学条件,防范因举办者或其股权变更给学校带来的连带风险,为民办高校健康、和谐、可持续发展创造条件。《推进上海市民办高校落实法人财产权制度研究》课题研究,获得"上海市第十届教育科学研究成果奖"教育决策咨询类的二等奖。

(苏 铁)

[**规范民办学校财务管理**] 自2009年始,试行民办中小学和民办高校《财务管理办法》和《会计核算办法》,并会同市财政局、市国家税务局、市地方税务局和市民政局等部门出台《关于加强民办高等学校学费及政府扶持资金账户管理的通知》,要求各民办高校建立学费与政府扶持资金专用账户。研究、开发民办高校专用财务与收费管理系统,将《财务管理办法》和《会计核算办法》的规则通过软件固化到应用程序中,将财务会计信息与学生缴费信息固化到应用软件逻辑结构中,并出台《关于建立民办高校学费收入信息管理系统的通知》,将客户端软硬件免费推广至各民办高校,开展多次专题培训活动和长期的咨询指导服务,有效促进各校财务管理的逐渐规范。

组织整理民办高校财务与收费管理系统涉及的内容、实现方法和监管模型需求,应用计算机信息门户技术、数据仓库技术、商业智能技术搭建了针对性的监管平台,对各民办高校专项经费信息、学生收费信息、重点科目信息进行过程监管,提升对民办高校财务状况的了解水平和分析能力,做到了"政府扶持有依据、学校开支有明细、财务管理更规范、资金流向更清晰",实现客观的财务规范管理质量记录,为财政继续加大对民办学校的支持力度、开展营利性和非营利性民办学校的分类管理试点奠定基础。《上海市民办高校财务会计制度的编制和试行》和《上海市民办高校财务监管方案》课题研究,获得"上海市第十届教育科学研究成果奖"教育决策咨询类的三等奖。

(苏 铁)

[**民办学校管理信息系统建设**] 建立民办教育管理信息系统,主要用于教育行政部门进行行政许可事项的审批、核发民办学校办学许可证、受理民办学校变更申请、查询民办学校办学情况、与民政部门进行联合年检等。该系统与各权威数据库对接,可以即时比对所填报的身份证、土地产权证等重要证照的真伪。该系统使各级各类民办学校可通过网络平台申领与换领民办学校办学许可证、申请办理各项行政许可。系统的实时性使民办学校可以即时申请、即时得到反馈,系统后台数据库的权威性使教育行政部门能够获得真实有效的数据。通过该系统,教育行政部门可以掌握学校各项行政许可事项的动态变化、增强行政效能、跨地域沟通信息,并可利用系统自动生成各类所需的统计数据,为制定相关政策提供依据。该系统与民政部门年检系统实行对接,教育部门可与民政部门信息共享形成合力。

对各教育行政部门、各级各类民办学校以及各领域的专业人员开展专题培训,初步完成全市2000余所由教育行政部门审批设立的民办学校入网工作。

(苏 铁)

[**加大民办教育发展的扶持力度**] 市教委会同市财政局等部门,出台《关于加强扶持民办中小学发展的通知》、《关于做好上海市民办高等教育政府扶持资金申请工作的通知》等文件,加大民办教育的政府扶持力度。上述文件的出台,重在促进民办高校加强师资队伍建设、改善教育教学条件、扶持特色学

科专业建设、推进教育教学改革、落实法人财产权，促进民办中小学教育发展、支持全市性的重大教育改革、构建促进民办中小学教育发展的公共服务平台、奖励和表彰为民办教育作出突出贡献的集体和个人，引导民办学校坚持教育公益性、依法规范办学。文件要求各区县相关部门通过对民办中小学校给予生均公用经费补贴、设立促进民办中小学发展的专项资金、将民办中小学教师培训和师资队伍建设纳入全区(县)统筹规划实施等措施，支持区域内民办中小学的发展。2010年度市级财政共拨付民办教育政府扶持资金近2亿元，其中约1.5亿元用于民办高等教育、4000万元用于民办基础教育；大部分区县政府建立了民办教育专项资金，并对义务教育阶段民办学校给予生均公用经费补贴。

（苏　铁）

[民办学校师资队伍建设]　市教委大力推进民办学校师资队伍建设。①划拨200万元的民办高等教育政府扶持资金至“高校优秀青年教师科研项目”，用于增加民办高校申请该项目的名额，171名民办高校教师成功申请该项目。市教委会同市财政局出台《关于加强扶持民办中小学发展的通知》，要求各区县教育部门，将民办中小学教师培训和师资队伍建设纳入全区(县)统筹规划实施。②委托上海师范大学等单位，实施民办高校师资和管理人员培训。2010年度共开展高校教师资格证考试专业课程培训、职称外语考试培训、职称计算机能力考试培训、心理辅导教师培训等多个培训项目，共有近800人次的民办高校教师接受了培训。③坚持每月一次的民办高校党政负责干部专题学习制度，组织各民办高校党政负责人集中学习讨论，并适时将学习范围扩大至各校决策机构负责人，加强各学校之间、学校与管理部门之间的沟通和交流，使之成为理论学习、思想沟通、信息交流和工作部署的平台，提升民办高校举办者、管理者和党组织负责人的思想理念水准与办学治教能力，探索促进民办高校健康、科学、可持续发展的新思考、新思路、新方法。④为缩小民办学校与公办学校教师退休后待遇的差距，自2007年开始鼓励各民办学校建立教职工年金制度，并在2010年加大推进力度，会同市财政局出台《关于加强扶持民办中小学发展的通知》和《关于做好上海市民办高等教育政府扶持资金申请工作的通知》，将是否建立教职工年金制度作为各民办学校申请政府扶持资金的前提条件之一，并对教职工年金工作开展较好的民办学校予以专项奖励。2010年18所民办高校和部分民办中小学建立教职工年金制度，全年度市级财政向这18所民办高校共拨付3500余万元，用于奖励这些学校的师资队伍建设工作。⑤《上海市民办学校教师补充养老金制度研究》课题研究，获得“上海市第十届教育科学研究成果奖”教育决策咨询类的二等奖。

（苏　铁）

[第二次民办教育工作会议召开]　3月31日，上海市第二次民办教育工作会议召开。市委副书记殷一璀，副市长沈晓明，市委副秘书长姚海同，教育部发展规划司副司长宋德民，市有关委办局分管领导，各区(县)分管领导，教育局党政主要负责人，市教委有关直属单位党政负责人，民办高校理(董)事长与校(院)长、党组织负责人，民办中小学校长及民办高等教育和民办中小学协会负责人等约400人参加会议。

会议总结了上海民办教育发展的成绩和不足，确定了发展方向。上海将加大政府扶持力度，促进上海民办教育内涵发展；充分发挥民办教育自身的优势，推进上海民办教育特色发展；优化民办教育发展环境，推进上海民办教育规范发展。为此，出台了关于加大公共财政扶持民办教育发展、规范民办学校财务与资金资产管理、促进民办学校建立教职工年金制度、加强民办学校办学许可证管理等文件，促进民办教育的健康、和谐、可持续发展。

（苏　铁）

终身教育

[验收社区教育实验项目] 10月，开展“2009年上海市社区教育实验项目”的验收工作，对10个招标项目和38个重点项目进行了验收，并对各区县上报“示范”、“优秀”的68个一般项目进行复核审议。经复核评审，市教委认定“区县社区学院功能建设的实验”等15个项目为“上海市社区教育示范实验项目”；“居村委社区教育教学点建设的实验”等37个项目为“上海市社区教育优秀实验项目”。

全市社区教育实验项目取得新的进展：①实验项目管理更加有序。②实验项目的社会参与面不断扩大，逐步形成市、区（县）、街（镇）等各部门合力推进的局面。③实验项目的实施，注重科学性和实效性。④实验内容不断深入，注重实验内容的滚动推进。

（洪宇华）

[民办非学历教育院校（机构）的办学评估和专项督查] 市教委印发《关于对本市民办非学历教育院校（机构）开展办学评估和专项督查的通知》，将用3年时间对全市“民办非学历教育院校”开展办学评估和专项督查。2010年内，完成全市25%“民办非学历教育院校”评估工作。

此次对“民办非学历教育院校”开展的办学评估和专项督查，主要目标是建立客观公正的民非院校评价制度和办学信息公告制度，加强对学校办学体制和办学规范、学校收费和财务状况、办学条件和校舍安全、学校招生和广告宣传、办学质量和社会声誉等方面的监督管理，防范风险，总结经验，促进发展。通过评估和督查表明：①全市“民办非学历教育院校”法制意识加强，各校基本做到证照齐全。②校舍安全意识有所加强，办学场所和学生宿舍的消防安全等列入学校管理的必备措施。③办学内容丰富，形式多样，基本能满足上海经济、社会、文化发展的需求。

（洪宇华）

[镇乡成人学校标准化建设评估] 8月至11月，市教委委托市教育评估院，对19所成校开展镇乡成人中等文化技术学校标准化建设评估。通过评估，全市镇（乡）成人学校建设初见成效，参评学校办学层次逐步提高，教育质量稳步上升，办学规模不断扩大，品牌效应日益显现，促进了成校的标准化建设。全市已有46所学校“达标”。但成校标准化建设还存在如下问题：①部分区县对成校发展定位不明确，成校独立建制推进迟缓。②部分学校双师型教师的培养不够，成校校长、教师的培训有待提升。③成校对村居教学点的指导、建设有待加强。④区县、乡镇对成校经费拨付机制有待制度化。⑤成校对成人教育、成人学校发展方面的理论研究有待提高。

（洪宇华）

[创建示范性老年大学（学校）] 对16所老年大学（学校）开展第三轮创建示范性老年大学（学校）的评估。闵行区华漕镇老年学校等9所学校被评为“上海市示范性老年大学（学校）”，闵行区虹桥镇老年学校等6所学校被评为“上海市特色老年大学（学校）”。自2008年以来，通过3年创建示范性老年大学（学校）工作，上海各级老年大学（学校）的建设取得较大成绩：①各级部门重视，办学机制日益健全。②教育资源整合，办学条件逐步提升。③多方齐抓共管，教育规模迅速扩大。④师资队伍壮大，教育教学水平得到提高。

（洪宇华）

[举办全民终身学习活动周] 11月5日，上海市第六届全民终身学习活动周开幕式在卢湾区体育场举行，副市长沈晓明讲话，上海市学习型社会建设与终身教育促进委员会成员、各区县学习办和成人教育协会等相关领导和部分学员，以及社区市民代表共约1500人参加活动周开幕式。本届活动周的主题为“学习，使人生更精彩；学习，让组织增活力”。活动周期间，全市举办学习型组织创建展评活动等各类学习展示活动22项，各区县、各行业举办的各类学习展示活动近1000项，全市直接参与活动的市民达147万人次。活动周主要有三方面内容：①展示自2006年以来上海建设学习型社会的成果。

②展望上海未来五年推进学习型社会建设的美好愿景。③体现后世博效应，将科技创新与市民的美好生活紧密结合。

（洪宇华）

［上海开放大学建设］ 7月23日，上海开放大学成立。主要开展以下几项工作：①成立上海开放大学领导小组和综合办公室，组织协调远程教育集团教学、科研和技术等部门参与开放大学建设。②完成上海电大分校评优达标的验收和整改。开展开放大学区县学院布点设计，帮助浦东和闵行两区解决布点难题。③组建学分银行学历教育、职业培训、文化休闲教育和信息化平台建设4个工作小组，开展国内外学分银行构建以及本市相关教育现状和学分沟通情况调研。④吸纳优质教育资源，开展名师名课工程，确定了实施目标、建设原则、内容框架和任务分解等细则工作。⑤探索“百万市民学习资源系统”在线学习、学分激励、学习档案等措施，研究制定“云架构”建设、学习平台建设及运维、卫星网建设等方案。2010年内，全市终身学习网课程数量达2000门，课程总时长超过6000小时。⑥与市残联、市老年大学以及市总工会、市卫生局、市环保局等部门和单位加强合作，拓宽办学范围。

（洪宇华）

［建设市民终身学习网］ 上海终身学习网完成以下几项工作：①统筹规划，分步实施，保证现有平台在稳定运行基础上，拓展学习支持功效，建成上海市终身学习网百万市民学习资源系统。项目组采用标准化、流程化运维流程，建成能保障百万用户在线访问的大型网络学习平台。②整合各类资源，建成市民喜闻乐见的2000门在线开放课程。至11月底，上海市民终身学习网百万市民学习资源系统整合形成课件约2118门，总时长超过6000小时，其中2010年度网络课程新增和完善超过1300门，并开发多门微型移动课件供手机用户使用。③加强服务，建立示范基地，推广应用终身学习网。通过提供专业座席服务、在线服务、邮件服务、主动呼出等形式，解决用户使用等问题。通过开展“精彩世博欢乐行、上海终身学习网摄影展活动”、“上海市第三届市民、学生网上阅读学习交流活动”以及“迎世博，百万市民学环保活动”等，使上海终身学习网访问人数平稳增长。

（洪宇华）

［召开学习型社区建设推进大会］ 11月26日，上海市学习型社区建设推进大会在上海展览中心友谊会堂举行。会议由副市长沈晓明主持，市委常委、市委宣传部长杨振武宣读“关于表彰2008—2009年度上海市学习型社区的决定”，副市长胡延照宣读“关于表彰2008—2009年度上海市学习型社区建设优秀组织者的决定”，市委副书记殷一璀讲话。市教委主任薛明扬作工作报告。徐汇区区委副书记陈高宏就“培育社区学习团队”，长宁区副区长张连城就“社区数字化学习”，杨浦区区长金兴明就“三区联动，资源整合”，嘉定区区委副书记曹一丁就“提升市民素质，为加快城市化进程服务”等主题进行交流发言。市委副秘书长姚海同，市政府副秘书长王伟，市教卫党委书记李宣海，市委宣传部副部长马春雷出席会议。市学习型社会建设与终身教育促进委员会单位领导，各区县领导，区县职能部门和街镇乡负责人，有关学者，市民代表参加会议。

（洪宇华）

语言文字工作

[开展百万学生"迎世博,学双语"活动] ①市语委、市教委在全市大中小学中开展形式多样、丰富多彩的"迎世博,学双语"活动。全市共培训主考教师1025人,考评教师1486人。120万名学生参加学习活动,61万名学生参加考核并取得学习证书(其中,25万名大中小学生取得双语合格证或优秀证)。6月,市语委办、市教委被市文明办授予"第六批迎世博贡献奖"。②开展文明观博主题宣传活动,复旦大学团委、语委组织志愿者到全市20多个社区开展"精彩世博,文明先行"大篷车世博知识宣传活动。上海大学将语言规范纳入世博志愿者工作要求之中,上海交通大学、同济大学、上海外国语大学、华东师范大学等高校开展世博知识宣传大篷车进高校活动,上海海洋大学及松江大学城的7所高校在东华大学联合组织上海市百万学生文明观博主题宣传活动。与市文明办、市世博局、市总工会联合主办"精彩世博,文明先行"大篷车进社区市民双语风采展演活动。市文明办、市世博局等12家单位联合召开"精彩世博,文明先行"上海市民学双语总结表彰会,复旦大学语委等116个集体获得"学双语活动优秀组织奖",闵行区七宝镇社区学校等学校的100名个人获得"学双语活动优秀个人奖"。全市20多所高校200多名志愿者参与全市公共场所中英文规范专项检查工作。

(夏　瑛)

[建设上海话有声数据库] 根据教育部、国家语委在全国开展"中国语言资源有声数据库"建设工程要求,上海启动上海话有声数据库建设工作。经研究,确定12个语音资料调查采录点,其中浦西城区2个点,浦东新区分原川沙地区和原南汇地区2个点,闵行、宝山、嘉定、金山、松江、青浦、奉贤、崇明8个郊区(县)各1个点。组织专家拟制上海话调查的字表和词表,并对照国家的字表、词表进行了深度整理和标注处理;研究确定对上海话方言字歧异问题的处理原则;将国家《调查实施规范》规定的语法调查内容转写成上海话;针对各个不同调查点的实际情况,结合当地特有的文化习俗分别拟制话语调查的话题。组建由复旦大学、华东师范大学、上海大学和上海师范大学4所高校有关专业师生组成的联合调查组,并对他们进行上海话记音、调查技术规范及软件使用等方面的专题培训。初步开展12个调查点发音人的招募工作。

(张日培)

[开展公共场所语言文字规范化管理专项整治行动] 全市以迎、办世博为契机,开展公共场所语言文字规范化管理专项整治行动,为世博会的成功举办营造良好的城市语言文字环境。①市语委等部门颁布《上海市对外交流用组织机构名称和职务职称英文译写规范》,出版《公共场所英语标识语错译解析与规范》,加大英译规范的宣传推广力度。②开通"公共场所语言文字使用网络监测平台",接受市民关于中英文使用不规范现象的投诉,并及时反馈至各有关区县和行业主管部门督促整改。③上海世博会开幕前,配合世博局有关部门,组织专家对世博园区指示标志牌等的中英文使用进行专项检查整改。市建设交通、绿化市容、旅游、卫生等行业主管部门加强对公交站名、重要交通枢纽、公园绿地、旅游景点、医疗卫生机构等中英文使用的监督与管理。各区县组织大学生中英文纠错志愿者活动、联合执法活动等,加大公共场所招牌、设施等中英文使用的监管力度。专项整治行动中,全市共整改中英文使用不规范现象1万余处,世博园区周边地区、浦东陆家嘴地区等10大重点区域语言文字使用的平均规范率达到90%以上。

(张日培)

国际交流与港澳台交流

[来沪外国留学生人数增加] 共有来自177个国家和地区的43016名外国留学生在沪就读，比上年增长11.7%。其中学历生增长10.8%，共计13159人，分别为本科生9616人，硕士研究生2853人，博士研究生667人，专科生23人。留学生最多的前10个国家依次为韩国(10004人)、日本(5042人)、美国(4565人)、法国(2451人)、泰国(1577人)、德国(1551人)、印度尼西亚(1431人)、哈萨克斯坦(1094人)、越南(996人)、意大利(992人)。全市有12所高校的留学生人数超过1000人。新增上海第二工业大学为招收来华留学生高校，新增上海对外贸易学院为接受中国政府奖学金生院校，全市现有招收留学生单位35所，可接受中国政府奖学金院校15所。本年度上海市政府外国留学生奖学金资助学校共27所。

(金丽君)

[启动外国留学生课程教材和教育基地等建设] 启动高校留学生“当代中国研究”课程教材编写，建设留学生教育特色精品专业和课程体系建设。组织专家编写“当代中国研究”中外文系列课程教材。根据《上海市中长期教育改革和发展规划纲要》提出的建设教育国际合作交流支持服务体系的工作重点，启动“上海市外国留学生服务中心”项目建设，开展前期调研，确定建设项目。继续建设“上海市外国留学生中国文化体验基地”和“上海市外国留学生实践基地”。增加东华大学服饰博物馆、上海体育学院武术博物馆和上海中医药大学中医博物馆为上海市外国留学生中国文化体验基地。

(金丽君)

[开展教育国际人文交流] 开展“上海暑期学校”项目建设。复旦大学、华东师范大学、上海外国语大学和上海师范大学积极参与项目建设，共同搭建与世界各国人文交流的平台。来自日本、韩国、美国、上海合作组织国家以及拉美地区等地的近100名外国留学生来沪进行汉语学习和文化交流活动。利用“后世博”效应，开展来沪留学生宣传工作，加强中外文化沟通。首次独立组团，组织高校和部分高中学校赴突尼斯和摩洛哥举办上海教育展，开展上海教育对外宣传活动，扩大上海教育的国际影响力。举办“上海市国际友好城市青少年夏令营”，来自11个国家的近70名教师和学生参加夏令营活动。

(金丽君)

[完成中外合作办学复核] 教育部下发《关于上海市中外合作办学机构和项目最终复核结果的通知》，共有189个机构和项目通过复核，另有118个机构和项目自行终止或撤销。至2010年底，上海共有中外合作办学机构和项目218个，其中通过教育部复核的189个，经教育部审批和备案的29个，涵盖学前、中等职业技术、高等及非学历教育等众多领域，约为全国中外合作办学总量的六分之一。上述218个中外合作办学中，机构37个(25独立、12非独立)，项目181个；其中研究生28个、本科62个、专科43个，占61%；高等非学历教育35个，占16%；中等职业教育24个，占11%；非学历教育20个，占9.2%；学前教育6个，占2.8%。

(蔡盛泽)

[创新中外合作办学新模式] 为落实《国家中长期教育改革和发展规划纲要(2010—2020年)》和《上海市中长期教育改革和发展规划纲要(2010—2020年)》关于建设若干所高水平中外合作大学的精神，以引进美国纽约大学为重点，市教委协调各方合作，并给予华东师大政策指导，加快推进高起点、高水平、新机制、非营利的国际化研究型大学——上海纽约大学的筹建申报工作，并协助有关区县探索国际教育园区的建设和引进外国优质教育资源的方案，力争在办学体制和机制改革上有所创新和突破。

(蔡盛泽)

[推进教育国际交流] ①服务世博外事，扩大教育合作。2010年，共接待来自31个国家、地区、国际组织共67批5369人次来访。主办的大型国际活动有：世界知名大学校长80余人出席上海世博会

开幕式和参观世博会活动;联合国秘书长、教科文组织总干事,各国教育部长、欧盟教育文化总司长等高层领导访沪,参加世博系列主题活动等;教育部部长、中国教育国际交流协会会长出席黑山国家馆日活动、“中澳高等教育论坛”、“新西兰职业教育论坛”等。举办“留华梦·世博情”上海外国留学生中华才艺展演;中美华人大学校(院)长双边论坛;上海终身学习论坛;2010 年上海友好城市青少年夏令营;沪台青少年走进世博千人夏令营;港澳学生上海世博参访团等。邀请来自加拿大魁北克、韩国釜山、澳大利亚昆士兰州、新西兰达尼丁市、智利瓦尔帕莱索市、日本大阪府立大学校长和大阪市立大学校长等友好城市教育代表团来沪参观世博会。世博期间,共编写“世博教育外事(含港澳台)信息”14 期,上海教育工作情况专报 8 期。②新签和续签教育合作协议,加强友城教育交流。签订“上海与魁北克省教育合作备忘录”,以及“上海与智利瓦尔帕莱索教育合作意向书”。与法国罗纳—阿尔卑斯大区续签“上海市教育委员会—罗纳阿尔卑斯大区 2011—2013 年度高等教育合作交流协议”。与澳大利亚昆士兰州教育与培训部续签“2011—2013 年中国上海—澳大利亚昆士兰州教育交流第九期合作备忘录”。与美国加州校董会续签 2011—2015 年度教育交流协议。根据“上海—昆士兰州教育交流第八期合作备忘录”内容,两市州分别选派教师到对方中、小学任教,进行短期交流。9 月,澳大利亚昆士兰州 2 名教师分别到长征中学和风华中学进行为期四个月的任教。同时,选派长征中学和风华中学的 2 名教师到澳大利亚昆士兰州中、小学任教。成功举办第 6 届“昆士兰杯英语演讲比赛”。推进与德国汉堡教师、学生的交流项目,派出 1 名教师赴汉堡中学任教,完成双边学生互访交流项目。加强与新加坡和美国加州校董会的教师交流项目,完成与新加坡的中小学教师交流项目和第三批中小学“影子校长”赴美学习项目。

(陈莉莉)

[邀请港澳台地区青少年参观世博会] 7 月,举办“2010 沪台青少年走进世博千人夏令营”活动。台湾地区 16 所中学的 800 名高中学生应韩正市长邀请来沪参观世博会并举办学生论坛、联欢交流等活动。作为“世博千人夏令营”活动的回访,筹备“台沪携手相约花博”上海中学生赴台参观台北花博会活动,计划 2011 年年初成行。8 月,接待“港澳学生上海世博参访团”4000 人来沪参观世博会。完成参访团 4000 余名港澳师生、300 余名志愿者和工作人员的食宿安排,组织部分中学生在科技馆举行互动交流活动。

(陈莉莉)

区 县 教 育

黄 浦 区

［**2010年概况**］ 全区有市实验性示范性高中5所、区实验性示范性高中1所、完中5所、九年一贯制学校2所、初级中学7所、小学18所，幼儿园20所、特殊教育学校1所、教师进修学院1所、业余大学1所、职业教育学校1所、其他教育机构10个。另有民办中学3所，民办幼儿园1所。教职工5760人，离退休人员13139人，学生46962人。区财政投入13.02亿元。

黄浦教育以“办人民满意的教育，办学生喜欢的学校”为目标，围绕世博主题，推进教育内涵发展，提高教育质量，全面完成区域教育事业发展“十一五”规划的各项任务，做好“十二五”规划的启动工作。

完成基础设施建设项目。继续优化教育资源，市八初级中学综合楼建设项目、荷花池幼儿园置换改扩建项目、光明中学老大楼和地下设施修建项目完工并投入使用。上外黄浦外国语小学扩建项目结构封顶；大同中学学生公寓建设项目完成地下基础建设。

均衡、高质办好学前教育。以促进幼儿健康、快乐成长为目标，推进幼儿园课程方案的实施与完善；以均衡与优质发展为导向，通过公民结对互助，提高民办幼儿园质量；建立“幼儿园优秀教学案例资源库”为教师提供交流平台；开展教师才艺展示，促进教师专业化成长。着眼于良好习惯养成和兴趣培养，开展幼小衔接、质量评价和保育课题的研究。

提高课堂教学质量和效率。贯彻上海市教学工作会议精神，深化课程改革。举办“聚焦课堂、提高质量”专题交流研讨活动。通过专题调研活动和教学视导工作，与名师工作室联手，加强对学校的教学指导。继续加强教育质量管理，关注学校课程计划的实施，关注学生学业负担的减轻。推进“黄浦开放课堂”项目。探索教学质量的监控机制、保障机制和奖励机制。

参与世博，服务世博。开展学生世博文化创意行动、世博文明行动、世博志愿者行动、世博安全行动等“四大行动”，组织学生观博并举行创意实践展示。开展世博文明礼仪宣传和“世博先锋行动”地铁志愿者工作，维护世博期间的安全和稳定。

加强干部师资队伍建设。组织校长研修班学院参与读书交流、研讨、学习课程建设等活动。创新教师培训模式，以理论引领、任务驱动、师生互动、同伴互助为方式，通过观课、评课等手段帮助教师解决教学中遇到的问题。召开第三轮名师工作室导师研讨会。商贸旅游学校成立“张桂芳名师工作室”。召开教职工素质工程推进大会。格致初级中学丰小霞和市八初级中学郭秋娟获上海市第九届金爱心教师一等奖。19件作品分获上海市多媒体教育软件大赛一、二、三等奖，4件作品分获全国多媒体教育软件大赛二、三等奖。

上海商贸旅游学校世博服务团队在世博现场参与售票服务

推行"阳光招生"。制定及实施本年度本辖区幼儿园、小学、初中和高中升学招生方案。平稳完成中考和高考的组织和录取工作，全区共3597名考生参加中考、2799名考生参加秋季高考。完成初三毕业生体育考试工作。

加强交流和对口支援。举行"黄浦杯"上海市班主任基本功系列竞赛。参加京津沪渝四市区第四届教育论坛和上海市教育博览会。第二批选派5名高中教师到新疆叶城参加为期1年半的对口支教。完成赴云南孟连对口支教工作，选派5名中学教师参加为期1年的对口支援。接受普洱市和孟连县教育系统干部、教师60余名来沪培训，接受4名都江堰教师来沪培训。

[启动"科学指导幼儿午餐"研究项目] 1月11日，召开"科学指导幼儿午餐，培养幼儿良好习惯"项目研究启动会。该项目以幼儿在园午餐为抓手，通过因地制宜的环境创设和科学合理的饮食管理，引导幼儿养成良好的生活习惯。11月5日，举行以该项目为主题的幼儿园卫生保健研讨会。荷花池幼儿园、音乐幼儿园、中华路幼儿园、南京东路幼儿园、好小囡幼儿园发布研究成果。

（徐燕雯）

[部署校园安全工作] 1月21日，区教育局部署"两会"和春节寒假期间、世博期间学校安全工作。5月5—6日，区教育局组织人员分别对区属中（职校）、小学、幼儿园进行安全大检查。各校严格贯彻落实校园安全防范工作各项措施，针对在检查中出现的安全隐患进行整改。

（李家寅）

[陈小娅视察格致中学] 2月22日，教育部副部长陈小娅视察上海市格致中学并主持召开"高中多样化办学座谈会"，就高中教育的未来发展走向、高中创新人才培养等问题听取建议。

（沈庆红）

[开展"世博实践年"主题教育活动] 3月，黄浦区开展"我和世博有个约会"全区中（职）小学校"世博实践年"主题教育活动方案征集活动。截至3月底，共收到各类方案147篇。5月5日，举行活动方案征集评选总结表彰会。上外附属大境中学、大同初级中学、市八初级中学、曹光彪小学等学校从方案设计的过程、教育活动与学校诸项活动有机整合、操作实施等方面进行交流。方案征集活动从学生需求出发，注重学生自主参与和自我教育，体现校本特色。

（张　俊）

[成立"张桂芳名师工作室"] 3月8日，"张桂芳名师工作室"成立。张桂芳工作室依托上海市烹饪协会、黄浦职教集团以及其他优秀企业，搭建校企合作平台，以集聚更多行业、企业专家资源，提升学校烹饪专业的教学水平。张桂芳老师从事职业教育烹饪专业一线教学工作28年，担任烹饪班班主任18年，在该专业领域具有较大的影响力和良好的声誉。其工作室有9名成员，6位是来自该区一级幼儿园的营养师、1位是王宝和大酒店的点心师，以及2位上海市商贸旅游学校青年教工。

（仇培芳）

[黄浦学校建校160周年] 4月29日，黄浦学校建校160周年。黄浦学校前身是"裨文女塾"，曾先后更名为"上海市沪南女子中学"、"上海市第九女子中学"、"上海市第九学校"。2003年9月与上海沪南体育活动中心合并，成立上海市黄浦学校。学校为学生的终身发展和幸福奠基，以"管理规范、文化浸润、温馨和谐、人民满意"为办学理念，提出培养"真诚善良、乐观向上、善于合作、学会学习"的办学目标。

（陈　勇）

[获全国"十一五"规划重点课题"特等奖"] 5月27日，全国"十一五"规划重点课题《新课程标准下我国中小学体育教学评价改革的研究》结题，黄浦学校校长张宝琴负责的子课题《定性评价促进初中生体能发展的实践研究》获特等奖。此项研究旨在验证定性评价对学生体能发展的促进作用。

（李　浩　陈　勇）

[获首届全国中职学生技能作品展洽会一等奖] 6月23—27日，由教育部、天津市政府等16个部门共同主办的2010年全国职业院校技能大赛，及首届全国中等职业学校学生技能作品展洽会在天津举行。上海市商贸旅游学校代表上海职教参展，获学生技能作品展洽会一等奖，美术就业班董怡蕾获"影视后期制作"比赛的金牌，'08烹饪班刘文博获热菜项目银牌和冷拼项目银牌。6月27日，国务委员刘延东，教育部副部长鲁昕，全国人大常委会委员、教育科学文化卫生委员会委员吴启迪等观看了上海市

商贸旅游学校的学生技能表演。

（龚红兵）

［**在多项体育比赛中获奖**］ 5月16—26日，在第四届全国体育大会上，金陵中学董芝豆和张怡分获花样轮滑女子单人滑第一名和第三名。6月16日，在上海市第三届“塘桥杯”社区围棋锦标赛上，敬业中学围棋队获青少年组冠军，宋鹏旺获个人冠军，张曜和孙海磊分获第四名和第五名。7月10—13日，2010年“瓦尔特”杯全国中学生射击锦标赛举行。大境初级中学9名选手参赛，获初中组女子气手枪团体第二名、女子气步枪团体第七名和女子气手枪个人第二名。8月1—6日，敬业中学获2010年全国中学生围棋（团体）锦标赛第四名，围棋教练黄浒老师获“最佳教练奖”。8月4—5日，敬业中学游泳队在2010年全国中学生游泳锦标赛中获金牌32枚、银牌24枚、铜牌17枚。8月4—6日，中华路三小张纪龙代表上海花样滑轮队参加第25届全国花样轮滑锦标赛，并夺得冠军。11月26日，金陵中学学生董芝豆代表中国队参加第16届广州亚运会女子花样轮滑比赛，获得银牌。

（曾　强　戴　智　陆瑞琪　李　华）

［**在全国青少年机械埠际赛获奖**］ 7月18日，在2010年中国上海青少年机械奥运埠际赛上，区青少年活动中心张文伟老师指导的立达中学柳洲耀和敬业中学的叶从周、欧阳弘一3位学生分别获得手摇发电机机器人拔河比赛冠军和伺服马达控制机器人武术比赛亚军；光明中学机器人社的赏韡烨、徐赉获机器人格斗比赛季军。

（郑　瑾）

［**参加全国特奥会获奖**］ 9月19—25日，阳光学校部分学生组队代表上海市参加在福州举行的第五届全国特殊奥林匹克运动会游泳比赛。3名学生参加自由泳、蛙泳、仰泳、接力赛等项目比赛，获8枚金牌、5枚银牌、1枚铜牌。

（黄晓敏）

［**举办“乐享世博”区学生艺术节**］ 10月8日，“乐享世博”2010年黄浦区学生艺术节在上海音乐厅举办。本届艺术节以“学校优秀团队建设现场推介展演”和“高雅艺术进校园”的新融合，将艺术节从单纯的展示转向艺术团队现场推介，为基层学校示范引领。

（郑　瑾）

［**举行全国重点中学“激活课堂”数学教研活动**］ 10月22日，第七届全国部分重点高中暨首届知名初中“激活课堂”数学教学研讨活动在格致中学举行。来自全国12个省（自治区、直辖市）的27所重点高中和知名初中代表参加。教学研讨活动分研究课展示和“激活课堂”论坛两个部分。与会教师开展了观摩研究课、听专家点评和参加论坛等活动。

（科瑞逢）

［**市南中学建校150周年**］ 11月6日，上海市市南中学举行建校150周年校庆活动。全国人大常委会副委员长、全国妇联主席陈至立，全国人大常委会副委员长严隽琪分别为校庆题词、致信。市南中学前身为1860年创办的清心中学，李政道、郭秉文、丁聪、沈缦云、夏瑞芳等杰出人才曾在该校就读。学校以“厚德”为核心，提出“严谨、求实、自强、奋进”的办学理念，以“三会”即学会做人，学会做事和学会求知的育人目标。校庆期间，学校开展了校长论坛、学生文艺汇演、青年教师教学展示等活动。

（徐辰超　徐卫娜）

［**成立“幼儿教师青苹果工作坊”**］ 12月23日，“黄浦区幼儿教师青苹果工作坊”成立。该工作室由12个历年来在市、区教育教学比赛中获一、二等奖的获奖者担任主持人，共有60余名青年教师作为学员。

（王爱明）

［**“办学生喜欢的学校”的理论与实践研究**］ 开展“办学生喜欢的学校”行动研究。通过对区内13所学校的52个班级的1577名小学四年级至高中二年级的学生的问卷调查、对40名学生和20名教师的访谈以及对20所学校的课堂观察等三种形式的调研方法，详细研究学生对学校、对教师、对课程和活动、对班级和同学以及对学习这五方面的情感和态度。5月27日，发布调研信息。6月29日，举行“办学生喜欢的学校”黄浦教育论坛。《办学生喜欢的学校的理论与实践研究》被列为上海市重点课题，《区域推进“办学生喜欢的学校”的行动研究》子课题是上海市2010年教育科学研究重点项目。

（杨海东）

［**展示第二期双名工程成果**］ 12月15日，举行展示上海市第二期普教系统名校长名师培养工程基地和学员成果活动。有8位特级教师主持着6个

市双名工程基地，培养全市各区县的60余名学员。在过去两年里，学员在省市级刊物上发表论文70余篇，主持或参与多项课题研究，5位学员被评为上海市特级教师。12月15日，作为成果展示系列活动的“提高学校课程领导力，办学生喜欢的学校”校长主题论坛在市八中学礼堂举行。16日，中小学幼儿园各学科以“关注学生差异、提高课堂教学有效性”为专题，分别在荷花池幼儿园、实验小学、市八中学开设21节教师教学展示课。

（杨海东）

［落实提升课程领导力三年行动计划］ 5月，举行落实《上海市提升中小学（幼儿园）课程领导力三年行动计划》座谈，并以《黄浦区中小学学校课程计划的编制与研究》项目为抓手，深化全区中小学课程改革。5月12日，7所高中校长结合本校课程计划的编制构想，以及高中多样发展等内容进行交流，梳理与分析高中学校的现行课程计划，交流与分享学校课程改革经验。5月17日，8所初中、九年一贯制学校的校长围绕“让学校课程计划体现均衡发展”总结近年来课程改革实践经验；以“办学生喜欢的学校”为目标，交流编制学校课程计划的设想。7所学校的自选项目被确立为“上海市提升中小学（幼儿园）学校课程领导力行动研究”子项目。

（韩立芬）

附：区教育局驻地及负责人

（2010年1—12月）

地址：延安东路300号西15楼
邮编：200001
电话：33134800-21511

区委分管常委、宣传部部长：孙甘霖
区政府分管副区长：张　辰

区教育局党工委书记：蔡　蓉
副书记：王伟鸣（兼）、王秀娟

区教育局局长：王伟鸣
副局长：杨　燕、曹跟林、陈耶明

卢湾区

［**2010年概况**］ 区内有各级各类学校46所，其中高中4所、职业高中2所、初中10所、小学13所、幼儿园14所、特殊教育学校3所，在校学生19798人。在编教工3117人，其中教师1828人。高级职称教师占14.4%，中级职称教师占54%，35岁及以下青年教师占49.5%。现有5名上海市名师(名校长)培养基地主持人、12个区名师(名校长)工作室、10名特级教师(在职)、6名特级校长(在职)、42名区学科带头人、190名区骨干教师，还有48位上海市名师名校长后备人选。

在区教育系统第二批基层单位学习实践科学发展观活动中，调研走访1838人次，组织召开座谈会70多次，面对面谈心2986人次，梳理汇总意见建议679条，确立调研课题184个，查找的突出问题258个，形成破难题、谋发展的共识461条，形成分析检查报告和分析检查材料49份，有1942人次的各方代表参与了评议。

建立和完善了世博志愿者培训、上岗、管理机制，建立起世博志愿者导入系统，划拨了世博实践活动费，确保全区中小学生全部参观世博。有7家基层党组织被评为“世博先锋优秀党组织”，29名共产党员被评为“世博先锋优秀党员”。

世博期间，英国学生到卢湾区学生家中度过“快乐的一天”

对学校专职安保人员和护导老师900余人次进行安保专业培训，重点对“三门两箱一盘”(即校门、食堂门、宿舍门，银箱、水箱，校车方向盘)等部门和设施进行督导检查。组织实施了187次自救逃生演练，参加师生78292人次。列出校园安全隐患和不稳定因素87项，95%已整改落实到位，还有5%在整改之中。

组织学习和讨论国家和上海市两个《中长期教育改革与发展规划》，提出共计十七个方面的修改意见和建议。结合研究制定“十二五发展规划”，进一步狠抓落实推进教育现代化的各项措施，已经完成整改措施138条，启动实验项目12个。

开展学校“阳光体育”活动，学校参与率100%，学生参与率100%，无一例安全事故。获得第十四届市运会青少年组团体总分第二名，共获奖牌264.5枚、其中金牌125.5枚。实施“灯光工程”，完成5年一次的“全国学生体质健康调研”工作，实施中小学传染病防控网络化管理，学生近视发生率和肥胖率有所控制。所有学校配备心理辅导教师，建立心理咨询室，开展“青春健康护航活动”。举办区25届学生艺术节，全区近85%的学生参加比赛活动，组织举办了3场中外艺术交流活动。

全年获得国家级荣誉称号、国家级学科竞赛奖项的集体和个人共计203个；获市级荣誉称号、市级学科竞赛奖项的集体和个人共计 996 个。教育部反馈《2009 年学业质量分析报告》时指出,卢湾区学生学业水平总体优良,其余背景分析指标如睡眠时间、体锻时间、学习内部动机、自信心、师生关系等列全市第一。

制定出台《卢湾区教育系统优秀人才培养管理暂行办法》,开展"区域性促进优秀教师持续发展的综合研究与实践"项目研究,实施"卢湾教育系统优秀人才培养工程"。在特级教师、学科带头人 3 年任期教育教学风采展示活动中,7 位特级教师和 24 位学科带头人举行了 25 场现场展示,近 1500 人次参与观摩。

选派 6 名教师和 1 名干部到对口支援的云南省西双版纳地区和新疆喀什地区支教,完成市教委下达的松江区农村 5 所学校的委托管理工作,进一步完善与松江、奉贤两区的支教合作协议,安排全国各地 10 批 100 多位教师学习和挂职。

创建"全国社区教育示范区",开展区终身教育课程系列推荐活动,优化社区教育"数字化学习港"布点,落实"市民学习基地"建设经费,组织申报"上海市学习型组织(学习型社区)创建单位",终身学习持续发展。

按照市政府有关要求,分 3 年完成全区中小学校舍安全工程建设,达到抗震加固要求,已经开工的 5 所学校正在建设之中。

(孙信浩)

[初步建立学生综合素质评价制度] 根据自愿原则,采取招标形式,向明中学、卢湾高级中学等 14 所中小学成为学生综合素质评价制度试点学校。该制度拟将学生综合素质分解为思想道德素质、人文科学素养、社会实践能力和实际学业水平四个板块,以自我评价、过程评价和多元评价为主要形式,逐步改变以学习成绩为唯一评价标准的模式。

(孙信浩)

[获全国艺术展演活动一等奖] 2 月 23 日,"在阳光下成长"——由教育部和上海市人民政府共同主办的全国第三届中小学生艺术展演活动中,卢湾区青少年民乐团参演曲目《天趣》夺得总决赛一等奖与优秀作品奖。

(孙信浩)

[华建敏视察红十字工作] 3 月 24 日,全国人大常委会副委员长、中国红十字会会长华建敏到卢教院附属中山学校视察红十字工作,观看了学生演练,进行了座谈。华建敏题词:"播扬人道理念,激扬博爱情怀,弘扬奉献精神"。

(孙信浩)

[获"2010 年 VEX 机器人世界锦标赛"总冠军] 4 月 22 日,"2010 年 VEX 机器人世界锦标赛"在美国得克萨斯州达拉斯市举行,共有来自美国、加拿大、巴西、法国、德国、中国等国家和地区的 400 多支参赛队参加了此次比赛,是 VEX 机器人世界锦标赛参赛队伍最多、规模最大的一届。卢湾区青少年活动中心代表队获得本届锦标赛总冠军。

(孙信浩)

[成立区校园安全监控中心] 4 月 23 日,卢湾区校园安全监控中心成立,对全区中小学、幼儿园实行集中统一管理。监控中心配备 53 台监控摄像机和 55 台球形监控摄像机,实施 24 小时全覆盖、全过程监控,监控影像资料保存 30 天。校园安全监控系统与区公安局监控系统直接对接,并纳入全区治安综合治理体系之中。

(孙信浩)

[启动"区域性促进优秀教师持续发展的综合研究与实践"项目研究] 实施"卢湾教育系统优秀人才培养工程",把实践锻炼与专业培训结合起来,把校本培训与专业培训结合起来,以学校为基础,融合了跨学校、跨学科、跨年级等新形式,名师传带,全方位开展教师专业能力培训。该项目于 12 月进行阶段成果展示汇报和专家评议。

(孙信浩)

[俞正声视察思南路幼儿园] 5 月 31 日,中共中央政治局委员、上海市委书记俞正声,市委常委、市委秘书长丁薛祥等市领导视察思南路幼儿园,对该园在孩子综合素质培养上大胆创新、勇于探索所取得的成果给予高度肯定和赞扬。

(孙信浩)

[殷一璀、沈晓明视察区老年大学和社区教育工作站] 6 月 11 日,市委副书记殷一璀、副市长沈晓明视察卢湾区老年大学和淮海社区教育工作站。殷一璀同志充分肯定卢湾区老年大学的做法,强调发展老年教育是提升老年人生活品质的重要途径,是构建"从摇篮到拐杖"的终身教育体系的重要组成部

分，一定要从老年人的学习需求出发，不断提高老年教育的质量和水平。

（孙信浩）

[研究制定“卢湾区十二五教育发展规划”] 卢湾区在专题调研基础上，开展全系统“十二五发展规划”大讨论，确定了以关注热点、破解难点、创造亮点为内容的10个讨论题，召开校长、教师、家长代表、专家及人大代表、政协委员座谈会13次，254人次参与讨论，征求到意见和建议323条。经过专家咨询论证，多次反复修改，历时1年，于12月底完成“十二五规划”的制定。

（孙信浩）

[制定教育发展项目的实施方案] 为细化“卢湾区十二五教育发展规划”，研究制订“十二五”期间区内教育资源盘整、教育经费管理使用预安排、教育人才发展、上海市创新教育实验区创建、全国社区教育示范区建设、教育国际化和教育信息化共7个实施方案，确保“十二五规划”得到全面落实。

（孙信浩）

[区青少年科学研究院取得新成果] 区青少年科学研究院全年收到新课题1600多项，其中被市科学会堂英才俱乐部评为A类课题的有53项，列为科学园五星级课题的有25项。在市青少年科技创新大赛中，有10个项目获一等奖；在全国青少年科技创新大赛上，有2名学生获一等奖，2名学生获二等奖。在新加坡举行的第十四届机器人世界杯青少年机器人比赛中，获得小学组机器人舞蹈项目联队冠军。

（孙信浩）

[区青少年视觉艺术学院学员获多类竞赛奖] 区青少年视觉艺术学院的学生在第十五届全国中小学生绘画、书法作品比赛和上海市“樱花杯”、“真彩杯”学生绘画、书法作品比赛、“我的世博故事”摄影大赛中，有6人获上述各类竞赛的一等奖。

（孙信浩）

[区青少年人文学院学员在文艺评优中获奖] 区青少年人文学院培养的学生在第三届“全国校园艺术节活动”总决赛、第四届“全国青少年文化艺术展评活动”上海选区、第五届“中华青少年文艺英才推选活动”总评选、“2010年上海市学生艺术单项比赛”和“中国艺术新秀电视选拔总评选”中，共有6人获得5个第一名。

（孙信浩）

[获“上海市长奖”] 向明中学陈菲获2010年度“上海市长奖”。8月10日，韩正市长为陈菲颁奖。2007年，陈菲就因一项名为“高效空调热水器”的发明摘得“世界杰出青年发明金奖”，成为当年全球获此殊荣的3位青年人中的一位。

（孙信浩）

[启动“上海市创新教育实验区”建设] 9月1日，向明中学与卢湾中学两校合作的“学生创新素质培养”项目正式运作，聘请校外专家35名，开设创新型课程60门。10月26日，市教委批准卢湾区参加“创新内涵发展机制、高中优特发展、学生健康工程、终身教育体系”等4个市级创新项目。

（孙信浩）

[获国际青少年科技竞赛银奖] 11月，在丹麦举行的国际青少年科技竞赛中，卢湾中学学生刘存的课题《水仙鳞茎提取物对动物学习技艺的影响》获银奖。

（孙信浩）

[完成区“校校通”网络扩容升级] “校校通”网络扩容升级工程于11月完成，所有学校（含民办学校、民办幼儿园）的网络得到扩容升级，区教育人才资源库、党员信息库、学科题库、学生综合素质评价资料库和学籍管理网、财务管理网、专家教学视频网、校园安全监控网等“四库四网”进一步健全，功能得到更好发挥。

（孙信浩）

[“优青项目”取得初步成果] 选拔推荐2位青年校长和4位青年教师为2010年上海市普教系统选拔培养优秀青年校长和教师候选人。选派20名数学骨干教师赴英国进行为时35天的学习培训。与国（境）外20多所学校建立友好合作关系，并分期开展互访和交流。

（孙信浩）

[区第三届“学习节”开幕] 11月5日，上海市第六届“全民终身学习活动周”开幕式暨卢湾区第三届“学习节”在卢湾区体育场举行。副市长沈晓明出席并讲话。他说，上海正进入新一轮发展时期，要为

全社会所有成员提供充分的终身教育服务，促进"人人皆学、时时能学、处处可学"学习型社会建设。

（孙信浩）

［被评为"上海世博会先进个人"］ 中共十七大代表、全国劳动模范、卢湾区辅读学校校长何金娣被中共中央、国务院授予"上海世博会先进个人"荣誉称号。12月27日何金娣校长参加了在人民大会堂举行的表彰大会，并作为受表彰的先进个人代表上台领奖。

（孙信浩）

［上海市学生交响乐团落户卢湾区］ 由著名音乐家曹鹏指挥的上海市学生交响乐团于2010年7月正式落户卢湾区青少年活动中心。7月底在上海音乐学院举行汇报演出。12月28日在上海大剧院举办新年音乐会。

（孙信浩）

附：区教育局驻地及负责人

（2010年1—12月）

地址：重庆南路100号
邮编：200020
电话：63310298

区委分管常委：李　鋆
区政府分管副区长：程霄玉

区教育党工委书记：王伟民（11月离任）、唐海宝（11月到任）
副书记：唐海宝（11月离任）、沈　军（11月到任）、刘寿华

区教育局局长：唐海宝（11月离任）、沈　军（11月到任）
副局长：项兆弘、毛爱群、江伟鸣、颜文生（12月到任）

徐 汇 区

[2010年概况] 全区共有中小学、职校、中专、幼儿园、特殊教育学校及工读学校186所，其中中学39所(包括高级中学8所、完全中学9所、初级中学21所、九年一贯制学校1所)，小学42所，职校2所，中专13所，幼托园88所，特殊教育学校1所，工读学校1所；在校学生11.18万人。区域内共有社会力量办学院校111所，参与学习人员约23万人次。有社区学院1所、社区学校13所、社区学校教学点306个，课程班5138个，开设社区教育课程193门，接受社区教育达105.10万人次。有教职工12342人，其中中学教师3478人，小学教师2279人，幼儿园教师1444人，中专教师1083人，其他教育机构教师226人。3岁—6岁适龄儿童的入园率达到100%，九年义务教育入学率保持在100%，高中阶段教育入学率达98%以上，外来务工农民同住适龄子女10207人免费享受义务教育。

应对幼儿入园(托)高峰，制定《徐汇区2010年托幼园所招生工作方案》，加强教学规范与后勤管理。完成13个社区育儿中心内涵建设项目申报与评审，制定《徐汇区2011年度"启慧杯"亲子活动方案评选办法》。

总结《小学三年建设行动计划》经验并推广，召开有效教学研讨、校本课程建设活动。推进学校特色课程建设。完成徐汇区随班就读网络资源平台建设。推进示范带动和校际联动工作，基本实现校际联动全覆盖。与欧盟教育基金会合作，引进SDP课程在6所学校教学试点。零陵中学青少年体育俱乐部获全国群众体育先进单位称号。聚焦"世博实践年"，组织12万名师生开展世博主题实践活动。汇编出版《小学社会实践活动方案集》、《徐汇区学科德育百题研究优秀成果集》。区初二年级"走进上师大，大学文化体验日"活动成为全国校园文化建设优秀项目。持续推进"光启行动计划"。区教育局获全国第三届中小学生艺术展演优秀组织奖，区青少年活动中心获全国艺术教育先进单位。徐汇区获全国阳光体育先进区。

促进职业教育内涵发展。全面调整和优化中职校专业设置和结构，区教育局所属两所职校制订专业布局结构调整五年工作方案，接受专家评审。完成民办学校入网试点。成立区社会力量办学管理办公室。

推进学习型城区建设。4个街道创建成为全国社区教育示范街道。3所老年大学挂牌成立徐汇区社区教育教研活动基地。徐汇社区教育网改版为徐汇终身学习网。徐汇区被评为全国创建学习型家庭示范区和全国数字化学习先行区。开设徐汇社区大讲堂100余场。

全面提高教育队伍素质。组织推进事业单位岗位设置工作。20所学校被评为教师发展示范校。汇编成《教师研修的五项修炼》一书。完善教师专业发展的四种模式。举办首期保育员大专学历班。评选优秀青年校长后备人选8人、优秀青年教师后备人选14人，推荐选拔第三批区领军人才、区拔尖人才、区学科带头人、区高技能人才。组建第二期学科基地，启动新一轮骨干教师培训。评选"特别奖"4人、"骏马奖"40人、"耕耘奖"36人、"育人奖"37人。对中小幼后勤非编人员实行统一管理，成立员工之家。

率先启动国家教育体制改革试点项目《创新区域教育内涵发展机制》。开展有效教学研究，进一步落实减负增效举措，编写小学《教学从这里起步(作业分册)》、学前教育《幼儿园课程实施规范与活动案例》。组建中等职校学科中心教研组，组织徐汇区示范教研组特色总结和经验介绍。完成中国教育学会教改实验区课题《创建区域性现代化基础教育新体系的教改实验研究》，承办全国教改实验区工作现场会。改版徐汇教师网。评选徐汇区教育信息化示范校8所，区教育信息化项目应用示范校12所。徐汇教育网获首届全国教育门户网站评比地市级五十佳网站。

加强教育交流与合作。区教育局组织国内、国际交流100余次，签订友好合作协议、备忘录6份；全区81所中小学、职校、幼儿园参与300余次交流活动。49所学校、幼儿园与国外89所、港澳台地区25所、国内61所学校、幼儿园建立姐妹校、园。承办首届京津沪渝四城区党建研讨会、世界名中学联盟教育高峰对话、亚太国际教育会议暨国际教师教育论坛和中国教育学会全国教改实验区工作会议等7次大型论坛、研讨活动。与美国陶森大学研究生院、美国太平洋大学联合举办教育学硕士班，104名学员获得学位。开展区小学骨干教师赴台培训、区优秀教师赴英培训。世博期间，累计接待国内、外58批1192人次观博。加强与日本大阪、韩国首尔交流，初步构建三地教育交流平台。成立“国际教育与可持续发展中心”。派出6批30名教师赴云南、海南、都江堰、新疆支教，2批21名教师赴金山支教，接受13批103名外地校（园）长、教师到区学校挂职学习。制定下发《关于加强徐汇区教育系统党政干部因私出国（境）管理的规定》。

加大教育投入。教育经费决算总收入17.04亿元，全年投入1.65亿元，完成校舍修缮、场地绿化等改造项目289项。成立校安工程办公室。为300名小学进城务工农民工子女落实10万元“源恺奖学金”，为117位品学兼优家境困难中小学生落实10万元“美罗奖学金”，为130位品学兼优家境困难中小学生落实8.9万元云华、康乐、蒂伊、神明奖学金。

徐汇区教育局获上海市全民国防教育先进单位称号。徐汇区教育工会获全国模范职工之家称号。

（江　岚）

［出席全国基础教育座谈会］　2月4日，上海中学教师范飚作为8位基础教育发言者中唯一上海教师代表，出席温家宝总理召开的全国基础教育座谈会。

（江　岚）

［合办市二中学(梅陇校区)］　3月10日，徐汇区人民政府、闵行区人民政府合作举办市二中学（梅陇校区）签约仪式在闵行区梅陇镇镇政府举行。市二中学是一所著名的百年老校，首批上海市实验性示范性高中，两区共建市二中学（梅陇校区）发挥中心城区教育资源优势。该校区建筑面积约31000平方米，占地面积近5.5公顷，办学规模24个教学班。签约后，该校区进入建设阶段，预计2012年投入使用。

（江　岚）

［胡锦涛接见徐汇中学教师］　4月29日，生命阳光馆世博之星、徐汇中学教师郑阶平受到胡锦涛总书记接见。作为阳光馆上海代表团中书法家代表，郑阶平向总书记展示书法，受到总书记赞扬。郑阶平是书法教师，年幼时因高压电击伤失去双手。他自强不息，以顽强的毅力克服困难，作为伤残人运动员屡次在国内、外获奖。

（江　岚）

［宛南幼儿园建园30周年］　5月28日，宛南实验幼儿园举行建园30周年庆典活动。宛南实验幼儿园以“生活教育”为办园特色，坚持“面向生活、面向社会、面向未来”的发展理念，把培养“身体健康、习惯良好、活泼开朗、思维活跃、乐于交往的健康人、快乐人、社会人”作为办园目标，为幼儿营造教育环境，为教师提供发展平台，为社区提供早期教育服务。该园是上海市示范性幼儿园、上海市幼儿营养保健基地、上海市教科院园本教研基地、上海市优秀家长学校，徐汇区课改基地园、徐汇区“启慧—开迪”亲子活动基地。

（应雅芳）

［俞正声与师生共度“六一”］　5月31日，中共中央政治局委员、中共上海市委书记俞正声到汇师小学看望孩子们。上海市委常委、市委秘书长丁薛祥，上海市教卫党委书记李宣海，徐汇区委书记茅明贵陪同视察。俞正声勉励孩子们健康快乐地成长，爱父母、爱家庭、爱同学、爱老师、爱学校，努力成长为诚实、勇敢、坚强、文明、积极向上和朝气蓬勃的年轻一代，多学本领，长大后为国家作贡献。

（江　岚）

［在全国比赛中获奖］　6月，全国职业院校烹饪技能大赛在天津举行。徐汇职业高级中学’08烹饪(2)班陈丹在近百人参加的中点比赛和果蔬雕刻比赛中脱颖而出，参赛作品博得评委一致好评，为上海队赢得烹饪技能比赛一金一银，成为全国职业院校烹饪技能大赛开赛以来首位夺金女学生。

（江　岚）

［举办海峡两岸教育学术研讨会］　6月7日、12月3日，由上海市徐汇区教育局、台北市教育局指导，台北市海峡两岸教育学术交流协会和上海市徐汇区教育学会主办，康宁医护暨管理专科学校协办的台北—上海海峡两岸教育学术研讨会，以“幼小衔接”为主题，分别在上海和台北举行。在徐汇专场，双方代表分作题为《徐汇区幼小衔接的实践和研究》、《幼儿教育，精彩创意》主旨报告，15位学前、小学教育专家发言。上海市部分区县小幼教科负责人，小学和幼儿园（所）部分校（园）长120余人参与。在台北专场，区教育局副局长率区部分幼小园长、校长及骨干教师赴台出席幼小衔接课程与教学——创造力教材教法学术与实务研讨会。双方代表分别就“园本课程的开发”和“幼小衔接中的教学节奏”作主

旨报告。

（黄丽玮）

[被授予上海市见义勇为先进分子] 7月14日，徐汇职业高级中学学生屠剑旭勇救来自贵州、在普陀区打工的落水父子。屠剑旭被授予上海市见义勇为先进分子、2010年度上海市普陀区见义勇为先进个人称号，并入选十大年度教育新闻人物。7月27日，区教育局领导到屠剑旭家探望慰问。9月2日，区政法委副书记、区教育党工委书记到徐汇职业高中看望屠剑旭。

（江　岚）

[举办区残疾人“支持世博文明观博”倡议活动] 7月15日，徐汇区残疾人“支持世博、文明观博”倡议活动在纪勋初等职业技术学校举行。纪勋初职是为智障人士开办的职业技能培训学校，被上海市人民政府新闻办公室指定为世博会期间境内外媒体有关中国残疾人权益保障的参访点。活动中，纪勋初职的学生表演获上海市残疾人海宝操比赛一等奖的“海宝韵律操”、小品《世博礼仪对和错》等。到场的百余名领导、残疾人工作者及残疾人在《残疾人支持世博、文明观博倡议书》上签名。

（江　岚）

[承办中英“校际连线”国际合作和课程建设研讨会] 9月13—15日，由英国大使馆文化教育处主办，区教育局和区教师进修学院承办的中英“校际连线”项目国际合作和课程建设研讨会在徐汇区召开。期间，区教育局局长与英国总领事馆文化教育处文化教育领事签署中英校际连线国际合作备忘录。合作内容，一是深化中英区域性教育伙伴合作关系。二是通过课程共建项目开展合作学习。三是通过中英青少年文化语言交流、拓展视野和培养公民意识。四是通过校长领导力项目（着重在教育国际化和课程领导力）、国际交流合作项目负责人培训以及汉语助教等项目促进学校能力建设。五是开展学校国际交流成就认可和合作评估。中英两国教育界人士百余人参会。

（江慧芳）

[与香港保良局签署合作交流备忘录] 9月13—15日，应区教育局邀请，香港保良局教育考察团一行36人来访。13日，区教育局和香港保良局举行教育合作与交流项目备忘录暨姐妹校备忘录签约仪式。双方就今后三年间加强区、局层面交往，校间及师生、家长间的交流等达成共识。上海师范大学第三附属中学和香港保良局李城璧中学，求知小学与香港保良局何寿南小学分别签署姐妹学校备忘录。

（黄丽玮）

[徐汇中学建校160周年] 11月6日，徐汇中学举行建校160周年庆典活动。中共中央政治局委员、国务委员刘延东，中共中央政治局委员、上海市市委书记俞正声，全国人大常委会副委员长、全国妇联主席陈至立，上海市市委副书记殷一璀等发来贺信。11月1日，刘延东在国家文化部部长蔡武、教育部副部长鲁昕、市委副书记殷一璀、市委副秘书长姚海同陪同下视察学校。区委书记、区人大常委会主任茅明贵，上海市教委副主任尹后庆在庆典上讲话。庆典上，举行了颁发“第五届任魏维拉夫人奖学金”、“第九届朱任泉校友清寒优秀奖学金”和“张明为奖学金”仪式。该校被誉为沪上“西学东渐第一校”，累计培养毕业生48000余人。

（江　岚）

[举办区第四届学术节] 11月17日—12月15日，徐汇区教育系统举行第四届学术节。主题活动围绕学科建设和教师发展的探索，分“有效教学”、“课程建设”、“教师专业发展”三个专场，并首次承办学术节职教专场论坛。全区各中小学校、幼儿园根据学术节主题与总体要求，制定校园学术节活动方案，引领“学术”入校，教师成为学术活动参与者及做学者型教师有志者，进一步演绎学术节的思想内涵和学术品位。学术节共举办43个场次，有98个主题发言、93节教学展示及百余场校级活动。

（李　红）

[成立特殊教育医教结合基地] 12月2日，徐汇区特殊教育医教结合基地签约仪式在董李凤美康健学校举行。同时成立徐汇区特殊教育专家咨询委员会，委员会由市教委教研室、华东师范大学、复旦大学附属眼耳鼻喉科医院、交通大学第六人民医院、上海市精神卫生中心等市内教育和医疗专家组成。

（江　岚）

[汇师小学建校140周年] 12月25日，汇师小学举行建校140周年庆典活动。市教委副主任李骏修，副区长周秀芬，区教育局局长等领导出席并讲

话。汇师小学 69 届校友，成都市委副书记、市长葛红林向母校发来贺信。该校是徐汇区历史最悠久的小学，创办初为教会学校。140 年以来，学校积淀深厚文化底蕴和厚德育人兴教传统，坚持“严谨治学、各科并重、中西交融”办学宗旨，培养一代又一代莘莘学子，成为教师成长摇篮。

（江　岚）

［编制与推广规范教学与管理实用手册］ 推进学前教育内涵建设，加强教学规范与后勤管理，完成《徐汇区幼儿园营养员操作指导手册》、《徐汇区幼儿园保健工作指导手册》、《徐汇区幼儿园保育员操作指导手册》、《幼儿园保教指导手册》、《徐汇区幼儿园课程实施规范与活动案例》、《幼儿园基本教育服务项目管理手册》6 本实用手册编制与推广，组织专家到幼儿园解读与指导手册使用。

（应雅芳）

［开展世博主题实践活动］ 组织全区学校上好“世博一课”，做好“一校一策划”。组织“小手牵大手，大手携小手，观摩世博大行动”暑期活动，规范学生文明观博行为。挖掘、运用社会资源，组织科技、文化等专家到校为师生作世博专题讲座。组织 12 万师生开展世博主题实践活动，组织 10 万青少年以“六小”（小导游、小主持、小使者、小博士、小设计、小记者）身份，广泛体验、分享世博盛会。

（江　岚）

［校际联动促教育均衡发展］ 区教育局发挥区素质教育实验校作用，扩大校际联动立项规模，推进示范带动和校际联动工作。开展市实验性示范性高中带动对口初中调研，初步形成 6 所学校“两所学校，一个法人”管理模式。西南位育中学与田林地区 3 所初级中学联动发展签约，基本实现校际联动全覆盖。

（江　岚）

［4 个街道创建成全国社区教育示范街镇］ 加强社区教育品牌建设。徐汇区漕河泾、徐家汇、田林和康健街道创建成为全国社区教育示范街镇，漕河泾、徐家汇、田林、康健和湖南街道创建成为上海市社区教育示范街镇。徐家汇街道和长桥街道老年学校创建成为上海市示范性老年学校，湖南街道武康居委和华泾镇华泾五村被评为上海远程老年大学示范收视点。

（周晓敏）

［获全国社区教育优秀科研成果评比一等奖］ 徐汇区推选社区教育研究论文、研究报告、调查报告等 19 项科研成果，参加由中国成人教育协会社区教育专业委员会主办的全国社区教育优秀科研成果评比。经教育部职成教司审核，17 项获奖，其中康健街道社区学校《“三五工程”社区教育项目实验与营造康乐家园的相关性研究报告》获一等奖，区社区学院、长桥街道社区学校四项科研成果获二等奖，另有三等奖 7 项、优秀奖 5 项。在 2010 全国社区教育实验项目立项中，徐汇区“网上‘静态学习圈’和‘动态学习圈’互动融合的实验”被立为重点项目，另有一般项目 5 个。

（周晓敏）

［加强校园安全］ 区教育局推进校园安全工作。3 月 25 日，召开徐汇教育系统校舍安全工程启动会议，部署在 22 所中小幼学校实施校舍安全工程。6 月 6 日，教育部副部长、全国校安办主任鲁昕到徐汇中学和东三小学视察徐汇中小学校舍安全工程实施、推进情况，了解规划设计、监理施工及抗震设防烈度。全区各校逐步配齐专业保安人员，形成由公安、社区、学校、家长共同组成的校园安保体系，开展安保人员防暴、抗暴技能培训，排查校园安全隐患，添置各类物防装备，对原有技防设施升级改造。暑期，建立有效校园安全保障机制，构筑校园安全坚固防线，实行对学校保安工作统一管理。8 月 15 日，区教育局与徐汇公安分局联手成立徐汇区护校保安大队，使公安的专业化和教育的特殊化得到整合，构筑立体、实效、宽覆盖的校园安全保障网络。

（江　岚）

附：区教育局驻地及负责人

（2010 年 1—12 月）

地址：漕溪北路 336 号
邮编：200030
电话：64879460

区委分管常委、宣传部部长：章卫民
区政府分管副区长：周秀芬

区教育党工委书记：王纪远
副书记：朱龙霞

区教育局局长：王懋功
副局长：杜　俭、沈建华（5 月到任）、沈　韬、朱建华

静 安 区

［**2010年概况**］ 全区共有教育机构50个，其中中学17所，小学12所，幼儿园12所，业余大学、教育学院、逸夫职校、青少年活动中心各1所，其他教育单位5个。全区在校学生28919人，其中中学12731人，小学8846人，幼儿园4560人，职校1378人，业大1404人。在职教职员工3940人，其中专任教师2501人。区学科带头人124人，特级教师13人，离退休7286人。

加强基础性建设。完成教育"十二五"教育规划编制。在听取多方意见的基础上完成教育系统规划的编制。同时指导学校完成了新一轮发展规划的制订，完成静安区特殊教育基础建设三年规划，启动智障儿童个别化教育与蒙氏工作相融合的教育教学研究。做好市西中学改扩建和校安工程，改扩建项目完成预定目标，年底基本完工。校安工程项目按计划有序推进，已完成12所学校的校舍改造。全区新增扩大10个幼儿园班级，解决人口高峰入学难题；切实做好持有《上海市临时居住证》人员子女义务教育阶段招生入学工作。

推进教育研究和改革。开展《提高中小学生学业效能："轻负担、高质量"》的实证研究。举办了"'走向现代教育——为学生的学而教'静安区小学学习设计现场展示活动"、"实施减负增效 提升学业效能——小学课堂增值行动专题论坛"等活动，开展课堂教学增值等六大主要提升行动。6月中旬召开了课题中期汇报会。"静安学生经历N项活动"、"学生健康运动处方"等素质教育实施项目进一步推进。"学生健康运动处方"在全区小学和初中共21所学校全面实施。实施对学校实施素质教育及改革创新项目评估和奖励。共收到项目51项，批准入围实施42项。学校覆盖率近90%。

加强和改进干部教师教育。依托专业培训机构开展"自我管理和行为科学"的第三期专项培训，组织全区21位校级干部参加硕士班学习。加强基层党务工作者的实务培训，组织初任书记和换届单位书记培训，有序做好学校校级干部的考察工作。继续加强对教育领军人才队伍建设和各级骨干教师培养的研究。开展名师名校长的推荐工作，对23位区教育拔尖人才的培养制定成长发展培养方案；下发《关于加强初中领军人才队伍建设的意见》、《关于教师休学术假的若干规定》等文件。健全和完善"优青项目"培养制度和措施，接受市教委对市优青项目的中期评估；在区16位区"优青项目"培养对象中推荐8名市第二批"优青项目"的培养人选，建立培养导师团，全面实施培训培养。进一步完善了中、高级职务评聘结合的评议和评审方法，做好任职考核等工作。在市人保局和市教委的统一部署下全面启动事业单位岗位设置管理。

规范民办教育办学行为。做好民办学校换发许可证工作，从民办学校的招生行为、广告宣传、办学条件、财务管理、课程设置等方面进行梳理，逐步增强学校办学行为的规范性，推优汰劣。紧扣国际静安建设目标，积极推进教育现代服务业的发展。继续引进优质的办学机构落户静安；进一步指导各民办院校结合区域实际，开设具有区域特点的特色课程；继续扶持"教育社会组织联合会"发挥党建、中介、服务、展示等功能。

推进学习型城区建设。整合各方资源，组织开展了"静安学习节"、"静安学习论坛"等活动，不断总结特色项目，推荐学习资源，展示学习成果。拓展静安白领学堂和"静安书友汇"。白领学堂完成了市级实验项目的验收评估工作，继续以国学与文化精品讲座为重点，推出了一系列高品质的讲座，开设专题沙龙活动。办好"静安书友汇"，联系各界文化名人、高校学者和各类社会团体，搭建讲座平台，累计开设了近40场国学、艺术、文化、教育等主题的系列讲座。区业余大学被评为2010年度上海市创建学习型企事业达标单位。

（沈 俭）

［**服务世博保平安**］ 世博期间，区教育系统成立了世博工作领导小组，下设综合协调、安全稳定、教学协调、组织宣传、后勤保障五个工作组。构建了完善、高效的组织体系，进一步加强组织领导，整合各方资源，落实工作责任，做好安全稳定工作和外事接待等世博服务工作。开展以"教育让世博更精彩、

人才为世博添光彩”为主题，组织区青少年活动中心、业余大学、社教办参加“我与世博同行”——2010年上海教育系统教师诗歌散文朗诵比赛；组织450名教师参加“透过世博看世界——2010年上海市中小学教师世博系列讲座”、举办“迎世博，践文明，静安师生(家校)礼仪行”活动等。

(沈　俭)

[成立“做中学”研究所]　3月9日，静安区“做中学”研究所揭牌仪式在静安区教育学院附属学校举行。“做中学”项目发起人、中国工程院院士、中国科协副主席、教育部原副部长韦钰为研究所揭牌。2001年，静安区就率先在幼儿园、小学推广中法合作科学教育改革项目——“做中学”，倡导儿童在课堂上以探究的方式学习、理解核心的科学概念。成立“做中学”研究所后，静安区宣布“做中学”探究式科学教育从幼儿园、小学逐步延伸到初中阶段。

(沈　俭)

[举办师生美术作品展示活动]　4月6日，培明中学举办第六届师生美术作品展，展示学校历年来师生的优秀画作。自2004年以来，培明中学与华山美术教育集团联合承办静安区的初中美术特色班。6年来，美术特色班学生在各类美术、书法作品比赛中频频获奖，10多位同学举办了个人书画展，全校共展出学生作品千余幅。本次活动是配合市教研室组织的“画速写、融两纲、爱校园”课堂教学展示举办的。

(沈　俭)

[复旦大学视觉艺术学院附属中学揭牌]　复旦大学上海视觉艺术学院和区教育局合作签约暨“复旦大学上海视觉艺术学院附属高级中学”揭牌仪式5月6日在上海市逸夫职校举行。全国人大常委会委员龚学平、静安区区长张仁良、副区长朱成钢及市教委副主任印杰等领导出席了签约和揭牌仪式。两校将在专业建设、课程开发等多领域开展深入合作，并在中等美术教育和高等美术教育的衔接上作出更多有益的尝试和探索。

(沈　俭)

[新能源探究馆揭牌]　5月16日，由区教育局主办、区青少年活动中心和一师附小共同承办的区青少年科技节在一师附小开幕。举行了市、区级“明日科技之星”、区“科技奥林之星”、“创新大赛”等颁奖表彰仪式。一师附小科技坊(创智探究园、快乐小工匠)随后启动。

(沈　俭)

[迪奥尼西奥雕塑工作室艺术专业实训基地揭幕]　5月19日，随着一座高1.5米的意大利传教士利玛窦半身雕像的落成，意大利著名雕塑家迪奥尼西奥雕塑工作室在区业余大学艺术专业实训基地揭幕，意大利驻沪总领事文化教育处领事及界内人士参加揭幕仪式。

(沈　俭)

[制订小学四项减负新措施]　5月25日，静安区教育局举行小学学习设计现场展示活动。静安区教育局宣布小学四项新的减负措施：一是实施学生作业校内公示，有条件的也可向社会公示。二是倡导因人而异的作业，逐步推出个性化作业。三是学生教辅资料不进校园。四是培育家长减负志愿者，倡导家校合作减负。这是静安区教育局在2009年推出“一二年级不带作业回家”等措施并取得实效后推出的新举措。

(沈　俭)

[举行首届小学生人文风采展评]　5月，静安区教育局、区教育学院举行了主题为“传承优秀文化，展示少年风貌”静安区首届小学生人文风采展评决赛。本次人文风采展评涉及文史、品德、艺术、行为规范、文明礼仪、世博知识等方面，面向静安区各小学三年级至五年级学生，展演形式为课本剧表演、诗歌朗诵、阳光体育活动(拉拉操、皮筋操和礼仪操3选2)等项目。9所进入决赛的学校各派出了不少于15人(三年级至五年级学生各占三分之一，男生不少于总人数的三分之一)的团队参加。静教院附校(小学部)、上外静小、一中心小学等6所学校分获一、二、三等奖，静安小学、爱国学校(小学部)、万航渡路小学获表演奖。

(沈　俭)

[获全国中等职业学校学生技能展洽会一等奖]　6月25—27日，由教育部办公厅、全国中等职业学校学生技能展洽会大会组委会主办的2010年全国中等职业学校学生技能展洽会在天津国际会展中心举行。静安区逸夫职校与上海市商贸旅游学校代表上海市参加了本次展洽会。在与来自全国的100多

静安区小学生人文风采展示

所学校的2000多件作品(产品)的竞争中,逸夫职校展区采用历史和现代结合手段,各件展品力求体现学校美术设计的历史和教学成果,做到以点带面、动静结合,为全场瞩目。国务委员刘延东、教育部副部长鲁昕先后参观了逸夫职校的展区,对上海的作品给予了充分的肯定。

(沈　俭)

[获联合国世界和谐基金会表彰] 10月,静安区青少年活动中心墨田社、新蕾合唱团应联合国教科文组织邀请,参演联合国65周年华诞庆典和谐文化特别活动。墨田社在名师赵珊珊的带领下,20多名小小书法家在世界贸易中心馆泼墨挥毫,表演中国书法艺术;新蕾合唱团的孩子们与少数民族华人艺术家尤雁子合作,唱响由世界和谐基金会主席刘藩作词的《美丽家园》以及活动的主题曲《和谐世界》。世界和谐基金会主席刘藩、联合国非政府人居委员会秘书长、全球生态恢复与发展基金会主席、约旦大使、黎巴嫩大使等,为静安区青少年活动中心艺术团师生颁发了联合国世界和谐基金会"和谐天使"奖。

(沈　俭)

[实施学生午餐临时补贴] 区教育局对区内的中小幼学生在校就餐进行临时性补贴。本次补贴以国家统计局11月份发布的CPI上涨指标——食品价格上涨指数10.1%为依据,补贴标准按现行就餐收费标准补贴10%。此项补贴暂定从2010年12月1日起执行,补贴至2011年1月份(本学期结束)。同时,区教育局要求学校加强对伙食供应的管理与监督,保障学生在校就餐的品种与数量维持原状,品质不降低,收费不提高,伙食补贴全部用于学生。

(沈　俭)

[举办第二期名校长名师培养工程学员成果展示专场] 12月13日,上海市第二期名校长名师培养工程学员成果展示静安区专场在市西中学举行。28名校长、教师和6个市基地参加本次展示活动。此次展示活动采取集中与分散展示相结合的办法,使他们的学习成果和经验、基地主持人的带教理念和方法在本区得到推广。

(沈　俭)

[获全国社区教育示范区称号] 12月4日,由教育部主办的全国社区教育工作座谈会在杭州召开。会上,静安区获得教育部授牌,被评为全国社区教育示范区。出席会议的教育部副部长鲁昕强调,要创新社区教育的载体平台、资源供给和途径方式,努力把社区教育打造成终身学习的有效平台,形成覆盖城乡的完善的终身学习网络体系。

(沈　俭)

[举办教师"中华诵·2010年经典诵读大赛"决赛] 10月13日,由区教育局、区教育工会、区语委、区教育学院主办的静安区教师"中华诵·2010年经典诵读大赛"决赛在区青少年活动中心多功能厅举行。本次大赛以传统经典和红色经典诗文为主,上海戏剧学院表演系教授赵兵,上海新侨学院副院长、市语协副会长过传忠、市朗诵等级考试艺术委员会委员唐婷婷等专家担任大赛评委。

(沈　俭)

[静安区第一中心小学 80 周年校庆] 11 月 4 日,由著名教育家陈鹤琴于 1930 年创办的静安区第一中心小学迎来 80 周年校庆,海内外的老中青校友与来宾 400 多人出席。原国务院港澳办主任、中国福利会副主席、1938 届校友鲁平发来了贺信。陈鹤琴先生的亲属陈一心,南京警备区原司令员、老校友陈乐扬等到会祝贺。市教委、静安区委、区政府、区政协、区教育局的负责人出席。会上还举行了"上海市百老德育讲师团基地学校"揭牌仪式。

静安区第一中心小学创办伊始,陈鹤琴倡导"爱国、爱人、爱学问"以及"团结活泼,做事勇敢,清洁健康,生活快乐"的育人目标,80 年来成为学校的办校宗旨。近年来,学校将这一宗旨延伸为"关注每一个学生的成长,促进每一个学生的成功"。

(沈　俭)

[在全国车模总决赛上获奖] 12 月,静安区一师附小、静安实验小学和万航渡路小学 6 名选手代表上海市参加了第十五届全国青少年车辆模型总决赛,取得了 1 个一等奖、3 个二等奖、2 个三等奖的好成绩。

(沈　俭)

附:区教育局驻地及负责人

(2010 年 1—12 月)

地址:南阳路 215 号
邮编:200040
电话:62790802(总机)
62581632

区委分管领导:杭春芳
区政府分管副区长:朱成钢

区教育党工委书记:吴丽萍
副书记:陈宇卿

区教育局局长:陈宇卿
副局长:戈一萍、徐　刚、周晓春

长 宁 区

［**2010 年概况**］ 区教育系统共有机构 104 所(个)，其中中学 26 所、小学 25 所、幼儿园 35 所、职业学校 1 所、特殊教育学校 4 所、校外教育机构 2 所，社区学院 1 所、区教育学院 1 所，其他机构 9 个。在校学生 55346 人、教职工 6211 人、离退休职工 7001 人。

编制教育事业发展规划。修改、完善《长宁区教育改革和发展中长期规划纲要(2010—2020 年)》，并通过《长宁时报》公开征求意见；以"凝聚智慧，完善规划，共同绘制长宁教育改革和发展蓝图"为主题举行"长宁教育网议日"活动，在线征求意见建议。组织开展《长宁区教育事业发展"十二五"规划(2011—2015 年)》研究编制工作。

加强基础设施建设。继续实施中小学校舍安全工程，完成抗震加固校舍 9 万余平方米，西延安中学、长宁实验小学等 19 所学校完成加固，投入使用。继续实施中小学教室光环境改善工程，完成 2100 余间普通和专用教室照明改造。哈密路小学总体改造项目完成并投入使用，新建复旦中学图书馆等工程按计划推进实施。

继续扩大优质教育资源。推进托幼一体化，应对适龄幼儿入园高峰。北新泾第二幼儿园和北新泾第三托儿所一体化。基金会幼儿园扩大园区。新剑幼儿园和虹城幼儿园增设分园。向红小学更名为愚一小学向红分校，并保留独立建制。教育学院附小并入江五小学，成为江五小学华阳校区。撤销市三附校建制，校址作为延安初中安化校区。撤销紫荆中学。

深化教育教学改革。以学前教育"主题型运动课程"、小学"快乐拓展日"、初中"阅读领航计划"和高中"主题轴"综合课程为抓手，系统深化课程与教学改革，推进素质教育。成立长宁区语文、数学、英语学科发展中心，成立作业效能监测中心，整合力量，研究推进减负增效措施，促进教育教学质量提升。

推动职业教育和教育服务业发展。成立长宁区教育服务业发展委员会。长宁区人民政府与华东政法大学签署战略合作框架协议，华东政法大学东虹桥法律服务园区、长宁现代职业教育集团、长宁现代教育培训中心和现代职业技术学校华阳综合实训中心同时启动运行。昂立教育总部入驻长宁区。制定《关于加强民非办学机构依法管理的若干意见》和《长宁区促进教育服务业发展的若干意见》，完成市、区两级社会力量办学评估和督查工作，促进社会力量办学机构规范发展。

加强师资队伍建设。继续深化"二名一基"工程，选派 2 名校长参加长三角名校长联合培养计划，6 名中小学校长和教师攻读北美教育学硕士学位。评选出长宁区第二届领军人才 3 名，区第七轮专业技术拔尖人才 8 名。继续推进区学科带头人项目负责制，开展优青项目培养工作。组织第四轮师德十佳暨教育系统感动校园人物、第七届十佳青年教师和 2010 年长宁区模范教师评选，举办教师节庆祝大会，表彰了一批"师德先进集体"、"十大师德标兵"和"百名师德先进个人"。研究制订《教师专业生涯发展规划》。开展长宁区中小幼教师专业素质调研，为"十二五"教师全员培训奠定基础。

深化教育人事制度改革。实施岗位设置改革，实施高级教师评聘结合制度，开展中学高级教师职务岗位跨校评聘工作，鼓励教师流动。制定《长宁区教育系统人员招聘管理办法(试行)》，2010 年新录用人员 190 名，其中，硕士生 23 人，应届生 104 人，在职教师 86 人，二线人员 19 人。根据市教委统一安排，选派 5 名教师开展第十期赴滇支教工作，选派 3 所小学共 3 名校级干部、6 名教师赴海南支教。完成 3 批共 12 名都江堰来沪教师的培养培训，完成 26 名新疆教师汉语培训工作。

保护未成年人。积极研究落实中小学生近视、肥胖等预防工作；全面落实传染病防控措施，完成中小学生及幼儿麻疹疫苗强化免疫工作和学生健康体检工作；组织开展阳光体育活动，促进学生体质健康水平提升。结合上海世博会加强安保工作要求，全面开展校园安全巡查和隐患整治工作，重点管好"三门(校门、食堂门和宿舍门)；两箱(银箱、水箱)；一车(校车)"。全面加强校园安保队伍建设，组织志愿者护校队伍，增强安保力量；组织开展自护自救知识、技能教育和安全应急演练，增强师生的安全防范意识和能力，预防和减少学生校内外伤害事故。

推进学习型城区建设。长宁区被评为全国社区教育示范区。长宁区社区学校师生举办书画作品展、家庭讲故事比赛等活动以及终身学习活动周;长宁区“世博知识”、“世博双语”和“文明观博”培训参与率和考核合格率均居全市中心城区前列;“学在数字长宁”网开通“我眼中的世博”互动版块,为市民参观世博会的征文、视频、图片等作品提供展示平台,并向各街道镇代表赠送“长宁市民学习卡”,为市民提供便利。

[李宣海慰问特级教师] 2月1日,中共上海市教育卫生工作委员会书记李宣海来到上海市特级教师秦璞家进行新春慰问。秦璞是上海市延安中学政治教师,著有《搏动的讲台:我教思想政治课》一书。

(常　矫)

[成立小学作业效能监测中心] 8月,长宁区小学作业效能监测中心(以下简称“中心”)成立。中心旨在通过对作业效能的监测,以编制《学科作业设计指南》为抓手,实现“减负增效”,全面提升学生综合素质。中心的主要任务是:科学理解作业效能,使作业设计具备整体性、针对性、差异性和诊断性;探求作业效能的提升途径;通过建立作业备案制、网上发布制、常态调研制和实时咨询制探索作业效能的监测方法。长宁区小学作业效能监测中心以3所小学为实验基地。

(常　矫)

[接受上海市推进区域教育现代化综合督政组综合督政] 5月27—28日,市教委、市政府教育督导室组织上海市推进区域教育现代化综合督政组对长宁区推进教育现代化工作进行综合督政。市教委主任薛明扬,市政府参事、市教育现代化综合督政组组长夏秀蓉,国家教育督导团办公室副巡视员程锦慧等21人参加了长宁区汇报大会,进行了个别访谈、分组座谈和走访调研。督政报告认为:长宁区基本形成了国民教育体系与终身教育体系资源共享,学校、社区、家庭共同推进教育现代化发展的态势,各级各类学校教育质量稳步提高,为全市率先基本实现教育现代化提供了经验,全区教育现代化发展取得阶段性成效。

(常　矫)

[区少年宫改扩建工程完成并启用] 长宁区少年宫改扩建工程完成,启用仪式举行。长宁区少年宫整体建筑系上海市文物保护单位。2010年初,少年宫整体保护改造工程完成并交付使用。

(常　矫)

[“长宁区教育经费申报审核系统”全面运行] 9月,国家审计署驻沪办和市教委审计室调研长宁区教育局会计结算中心,认为长宁区“教育经费申报审核系统”有利于提高教育系统经费使用效率。区教育局开发的“教育经费申报审核系统”在区教育系统各单位全面使用,该系统将日常经费使用与学校预算编制相结合,用信息化的手段为学校把好经费规范使用关。

(常　矫)

[联合推动“三防”工作] 11月,长宁区教育局、区卫生局和区妇女儿童工作委员会办公室联合发文《关于进一步加强长宁区学生防近视、防肥胖和防龋齿工作的通知》,召开“三防”工作专题会议,合力推进防近视、防肥胖和防龋齿工作,促进学生体质健康。

(常　矫)

[获“全国社区教育示范区”称号] 11月26日,长宁区副区长张连城在上海市学习型社区建设推进大会上以《数字引领　拓展长宁学习型社区建设》为题作交流发言。12月4日,在教育部主办的全国社区教育工作会议上,长宁区获“全国社区教育示范区”称号。

(常　矫)

[开展长宁教育网议日活动] 12月20日,区教育局在长宁教育门户网站开展“长宁教育网议日”在线交流活动。本次网议日主题为“集聚智慧,完善规划,共同绘制长宁教育发展蓝图——《长宁区中长期教育改革和发展规划纲要(2010—2020年)》公开征求意见建议”。区教育党工委、区教育局领导现场回答网友47个问题,网友提出的部分意见、建议,吸收在中长期规划纲要中。

(常　矫)

[召开区第二轮名校长培养工程总结大会] 12月25日,上海市第二期双名工程学院成果展示暨长宁区第二轮名校长培养工程(2006—2010)总结大会召开。参加市第二轮普教系统名校长名师培养工程(2008—2010)的长宁区25名学员,及区第二轮名校长培养工程的30名校长汇报成果。

(常　矫)

[《区域推进高中多样化特色发展行动研究》入选全国规划] 《区域推进高中多样化特色发展行动研究》课题被全国教育科学规划领导小组办公室列为全国教育科学“十一五”规划2010年度教育部规划课题。

（常　娇）

[在全国第三届中小学生艺术展演活动中获奖] 在全国第三届中小学生艺术展演活动中，长宁区选送的6个表演类节目、9件书法、绘画和摄影作品、3篇艺术教育论文分获一、二等奖。区教育局获全国第三届中小学生艺术展演上海市活动优秀组织奖。区少年宫被评为全国艺术教育先进单位。

（常　娇）

[在科技教育竞赛活动中获奖] 长宁区学生在第25届全国青少年科技创新大赛中，获一等奖7个。延安中学学生夏尔凡在全国第十届“明天小小科学家”活动中获一等奖。愚园路第一小学向红分校学生张梦颖、张祢亭的作品“溶液浑浊度测量工具”在全国第七届宋庆龄儿童发明奖评选中获铜奖。在第二十五届英特尔上海市青少年科技创新大赛中，长宁区少科站在各类项目的评选中获一等奖共计34项，长宁区少科站、延安中学获优秀组织奖。在上海市第8届百万青少年争创“明日科技之星”评选活动中，3名学生获“明日科技之星”称号。

（常　娇）

[上海市盲童学校参与上海世博会活动] 在2010年上海世博会期间，上海市盲童学校2位学生参加“生命阳光馆”残疾人技艺能手展示活动；盲人足球队在“生命阳光馆”进行了为期4个月盲人足球表演；在国际盲人节上，部分学生参加了世博会生命阳光馆的演出。10月31日，11名学生参加闭幕式演出。

（常　娇）

[参与上海世博会志愿者工作] 上海世博会期间，长宁区教育系统组织各类志愿者2356名。6所学校的142人参加交通保障工作；区教育局机关干部参与地铁保畅、交通文明宣传49人次；党员参与社区服务51人次；69个团支部163名团员青年教师成为城市站点志愿者；长宁区教育系统青年教工志愿者团队被上海世博会执委会评为上海世博会志愿者工作优秀团队。

（常　娇）

附：区教育局驻地及负责人

地址：长宁路599号
邮编：200050
电话：22050000

区委分管常委：朱国宏
区政府分管副区长：张连城（7月到任）

区教育党工委书记：陈设立
副书记：贾　炜、顾　健、曹智华、姚　期

区教育局局长：贾　炜
副局长：姚　期、吴玉雷、夏惠贤、张健华

普陀区

［**2010 年概况**］　全区有中学 48 所，在校学生 2.92 万人；小学 28 所，在校学生 2.78 万人；幼儿园 71 所，在园儿童 2.29 万人；职校 1 所，在校学生 0.21 万人；特殊教育学校 3 所，社区学校 9 所，社区学院 1 所，业余大学 1 所，职工中专 1 所，教育学院 1 所。此外，有教育中心 12 个，民办非学历教育机构 44 所。

编制规划，推进重点项目建设。总结“十一五”经验与成果，确立“提升每一个学生的学习生活品质”的普陀教育发展核心理念，编制《普陀区中长期教育改革和发展规划纲要(2010—2020 年)》、《普陀教育事业发展“十二五”规划》和 12 个行动计划。落实重点项目建设和教育公建配套。2 所幼儿园建成并投入使用，在建学校 6 所，完成 3 个建设项目的立项等。

参与世博，深化“两纲”教育。组织中小学校开展“小手牵大手，文明世博行”万人承诺、“文明风尚家庭”、“风尚好少年”评选、“礼仪之星”评选展示、“海宝一代”精神大讨论等世博主题教育活动，培养中小学生社会责任感和实践能力。总结评估 5 年来“两纲”实施情况，建立学科德育专管员制度，汇编《普陀区“两纲进课堂”优秀论文与教案集》。开发“伟人教育”的“走进院士”系列，开展“温馨教室”建设演讲，举行区心理活动课大奖赛，开展各层次班主任培训，完成“五五”普法总结。

深化课改，聚焦课堂，提高教学质量。召开区教学工作会议，下发《普陀区学校教学质量改进计划》、《普陀区中小学质量保障手册》等，规范学校课程建设与教学工作。8 所学校获批《上海市提升中小学幼儿园课程领导力行动研究项目》立项。推进有效教学的研究与实践，聚焦“有效教学视野中的课堂规范”，承办全国第五届有效教学理论与实践研讨会。《早期融合教育语言干预的实践研究》等 11 项教育科研成果获第三届市教科院教育科研成果奖。

促进各类教育内涵发展。新增幼儿学额 1747 个，3 所幼儿园通过市一级园验收，1 所成为市示范性幼儿园；对 11 所民办幼儿园进行等级验收，开展第二届“园长论坛”、“普陀杯”幼儿园教师教育教学评比、优秀教研组评选，对保育员、保健员进行全覆盖培训。做好一年 6 次公益性 0—3 岁早教指导服务，服务人次 16500，覆盖率为 98%。医教结合，启动 0—3 岁残障婴幼儿免费服务日工作。召开全区早教工作现场会，出版第一本亲子指导手册。对江宁学校等 12 所义务教育学校进行区“素质教育先进学校”评审。召开区“新基础教育”三年推广研究总结会。进行区实验性示范性高中办学特色展示。扶持民办教育发展，下拨民办义务教育学校生均公用经费补贴、区民办教育专项发展资金共计 1302.21 万元。优化曹杨职校专业结构，重点打造烹饪、会展服务与管理、酒店服务与管理三大专业。完善烹饪实训中心建设。选派 134 位学生参加世博会顶岗服务。组织 16 所中小学校近 1000 名学生开展职业教育启蒙教育，增强职业教育服务能力。完善社区教育三级网络，完成“社区学校(成人学校)标准化建设的实验研究”，出版《社区教育三级网络标准化建设的研究》。区社区学院(老年大学)新校舍落成。长寿等 4 个街镇被评为“第二轮市社区教育示范街镇”。承办首届“上海终身学习论坛”。与上海大学合作开展“终身学习推进员队伍建设”课题研究，建立“终身学习推进员工作站”，对首批 45 名推进员进行专业培训。编制《普陀区终身学习资源手册》。

提升干部教师综合素质。评选师德师能“星光奖”，推进新一轮师德建设优秀项目创建。3 名教师获第九届上海市金爱心教师评选一等奖，14 人获二等奖，47 人获三等奖，31 人获鼓励奖。兴陇中学获得 2010 年上海教育系统师德师风建设优秀项目。启动第二轮教师专业发展团队工作，组建由 14 位特级教师、42 位学科带头人领衔的 56 个工作室，97 位高级教师组成的教师专业发展指导团队和由 597 位教育教学能手、188 位教坛新秀组成的教师专业发展实践团队，约占全区专任教师的 15%。对同济二附中等 14 所学校进行教师专业发展示范(优秀)学校评审。与嘉定区合作培养第一期市“优青工程”后备人选，选拔 12 名教师、6 名校长入选第二期市“优青工程”后备人选。举行上海市第二期“双名工程”成果展示(普陀专场)。完成“十一五”干部教育培训。建立“普陀区优秀青年校长培养工作室”，遴选 10 名青年校长，采用导师带教与指导的模式实施培养。选派20名党政干部出国培训，举办党支部书记专题培训班、幼儿园大教研组长培训班等。实施第二届幼儿园园长和小学校长岗位任期制。

推进教育信息化。完善网上教研机制，深化“家校互动”平台功能建设。加强信息技术与学科教学整合研究。在“十一五”全国教育技术研究规划上海地区课题结题会上，普陀区共有13个课题参加评审，其中8个课题获得全国优良等级。完成普陀教育网、党建网改版，普陀教育网获“首届全国教育门户网站评比”地市级五十佳网站。

（顾文华　包玉全）

［承办第二届“长三角”幼教发展论坛］　1月11日，第二届“长三角”幼儿教育发展论坛暨“追求优质——聚焦幼儿园保教管理”上海市名校长培养基地（学前教育）专场在上海市实验幼儿园举行。江浙沪三地示范性幼儿园园长、市普教系统名校（园）长培养工程幼教基地的部分学员等140余人参加论坛。代表们观摩了实验幼儿园各年龄班的区角活动和集体活动公开课，围绕“预设集体教学活动目标”、“园本教研有效性”等进行研讨。

（顾文华）

［普陀中英教育交流中心成立］　1月12日，上海普陀中英教育交流中心揭牌仪式在长征中学举行。英国总领事馆文化教育处文化教育领事安格文，普陀区副区长景莹等出席，安格文和景莹共同为上海普陀中英教育交流中心揭牌。上海普陀中英教育交流中心由普陀区教育学会举办，以学校师生语言培训、教育文化交流、国际教育论坛、夏（冬）令营、教育科研等为主要项目。

（顾文华）

［承办2010年沪台中小学校长论坛］　3月19日，由台盟上海市委主办、普陀区教育局承办的“2010年沪台中小学校长论坛”在江宁学校举行。台湾屏东县教师代表团和普陀区中小学校长、教师共70余人参加论坛活动。台盟中央副主席、台盟上海市委主委杨健出席。20余位台湾屏东县和普陀区校长结合中华传统文化教育、教职人员素质提升、课外教育、学生心理健康教育等展开交流和研讨。

（顾文华）

［中小学环境教育协调委员会成立20周年］　4月1日，普陀区召开成立中小学环境教育协调委员会20周年座谈会暨2010年年会。普陀区中小学环境教育协调委员会20年来为提高学生环境保护意识作出了贡献。区教育局结合区域规划，加强部门合作、资源共享，与学生素质教育推进相结合，构建课程体系，培养骨干队伍，不断提高环境教育的水平。会议还增补了新一届成员。

（顾文华）

［举办上海市机器人竞赛］　4月25日，由市电化教育馆和普陀区教育局主办、晋元高级中学承办的“第十一届全国中小学电脑制作活动——上海市机器人竞赛”举行。全市14个区178个中小学参赛队共350名选手和指导老师参加比赛。比赛设机器人灭火、机器人足球赛、机器人篮球赛、人型机器人全能挑战赛等11个竞赛项目，产生11支冠军队伍代表上海市参加全国比赛。甘泉外国语中学在“人型机器人全能挑战赛”中折桂，获得参加全国比赛的资格。

（顾文华）

［中日少儿世博展演］　7月24—25日，在上海世博园的绿地博览广场，普陀区和日本爱知县名古屋市的500余名中日少儿共同表演主题为“放飞梦想、童心之旅”的歌舞。上海市教委、普陀区教育局有关领导与日本民间幼儿园联盟会会长藤岡省悟、日本儿童画家飞鸟童、日本儿童音乐家藤本和道等友人一起观看演出。中日少儿以励志音乐剧、交响乐和舞蹈等形式，展现两国少儿的世博梦想和健康向上的精神风貌。普陀区武宁路小学、曹杨新村第三幼儿园、童的梦艺术幼儿园、梅川幼儿园和满天星幼儿园的小朋友参加展演。

（顾文华）

［长征镇优质教育发展共同体成立］　9月6日，长征镇成立优质教育发展共同体。长征镇优质教育发展共同体共有各级各类学校20所，涵盖学前教育、义务教育、高中教育和终身教育。“共同体”将整合校内校外资源，以组团发展的形式共同推动长征地区学校的发展。“共同体”先期项目有“社区点亮生活”等5个。

（顾文华）

［启动教育系统“绿叶讲坛”］　9月21日，区教育系统启动“绿叶讲坛”。“绿叶讲坛”发掘和运用本系统教育资源，以义务巡讲或设点讲座的形式，为

全系统提供高质量的讲座。是区教育党工委、区教育局为推进学习型团队建设,提升干部、教师的综合素质而创建的一个载体。“绿叶讲坛”首批推出8个讲座,涉及时政、国学、美术、书法、茶艺、心理疏导、救生技能、职场礼仪等专题内容。

(顾文华)

[征集“苏州河十八湾”名称] 9—10月,区教育局在全区中小学校开展“苏州河十八湾”名称征集活动,引导广大学生走近、了解苏州河,体验感悟苏州河沿线(普陀)的变化与发展,增强爱家乡、爱祖国的情感和社会责任感。活动历时2个月,各校组织学生“看”苏州河的专题介绍与纪录片,“听”苏州河的故事与传说,“访”苏州河的景观与风貌,“想”治理苏州河的重要性与发挥苏州河的功能等。在此基础上,开展名称征集、交流、评选活动。区教育局通过专家评审、网上投票等,产生了“优秀命名”。

(顾文华)

[获“全国学校艺术教育工作先进单位”称号] 10月11日,上海市曹杨第二中学在全国学校艺术教育工作经验交流会上受到表彰,获“全国学校艺术教育工作先进单位”称号。曹杨二中合唱队2010年2月代表上海赛区参加教育部主办的“全国第三届中小学艺术展演合唱项目总决赛”,获展演活动艺术表演类中学甲组一等奖及展演金奖。长期以来,该校以艺术教育为载体,促进学生博雅品性的养成,凸显“人文见长”的办学特色。

(顾文华)

[启动“千校万班”足球活动] 11月9日,上海市学生阳光体育千校万班足球活动启动仪式在普陀区举行。全市97所校园足球布点学校的校长及教练前来观摩和交流。全区23所学校近2000名学生参与该次活动。活动还对全市青少年校园足球进行表彰。普陀区的延河中学、梅陇中学、金沙江路小学的足球项目受到表彰。

(顾文华)

[与高校共建创新实验室] 晋元高级中学分别与同济大学土木结构学院和上海财经大学金融学院合作共建“结构创新实验室”和“金融创新实验室”。11月11日,举行共建创新实验室的揭牌仪式。与会人员参观了学校创新实验室,观摩了实验项目课程以及学生创新论坛。

(顾文华)

晋元高级中学与高校共建的创新实验室揭牌

[举办TI教育技术国际研讨会] 12月2日,曹杨二中举办以“感受国际技术,培育创新素养,提升学习品质”为主题的2010年数学教学论坛暨TI教育技术国际研讨会。美国、英国、加拿大、新西兰、新加坡等国家的教育专家与国内数学专家共60余人与会。与会专家希望利用技术及时反馈学习中的问题,加强人机、师生、生生间的互动,提高学习的兴趣和效率。与会者观摩了曹杨二中陆杰老师执教的“用TI-Navigator图形计算器网络教学《矩阵的乘法》”的数学课。

(顾文华)

[获“全国社区教育示范区”称号] 12月4日,普陀区在杭州召开的全国社区教育座谈会上受到表

彰，获“全国社区教育示范区”称号。普陀区是全国社区教育的发源地，1986年9月成立了“真如中学社会教育委员会”。2006年7月，被国家教育部命名为“全国社区教育实验区”。普陀区社区教育以“为了每一位社区成员的可持续发展”为理念，走过了一条实体化、标准化、特色化、社会化的探索之路，优质“社区教育资源圈”逐渐完善。

（顾文华）

［举办第二届幼儿园园长论坛］ 普陀区开展第二届幼儿园园长论坛。该论坛以“科学规划，有效实施，促进每一位幼儿和谐发展”为主题，以深化二期课改为主线，以提升园长课程领导力为切入点，从2010年3月启动，分分组交流、互动答辩、现场评审3个阶段展开。第一阶段，全区68所幼儿园的园长分成5组，开展各园新三年发展规划的交流。第二阶段，专家对68所幼儿园的发展规划进行评审，并从中选出10所幼儿园的园长参加专题研究以及与专家的互动答辩。第三阶段，由3所市示范性幼儿园进行现场展示，让全区园长分享市示范园落实基础性课程和特色课程的经验和成果。

（顾文华）

附：区教育局驻地及负责人

（2010年1—12月）

地址：大渡河路1668号2号楼16楼
邮编：200333
电话：52564588（总机）

区委分管副书记：顾顺祥
区政府分管副区长：景　莹

区教育党工委书记：范以纲
　　　　副书记：李学红、丁向荣

区教育局局长：李学红
　　　副局长：方元升、郑建国、赵　平

闸北区

［2010 年概况］ 区内有各级各类学校，其他教育机构及教育事业单位共 141 所。其中公办中小学、幼托园所 104 所（含特教），民办中小学、幼托园所 24 所，其他教育机构和教育事业单位 13 所；按学段分，高中 6 所，完中 8 所，九年一贯制学校 4 所，初中 18 所，小学 34 所，幼托园所 54 所，特殊教育学校 4 所（含彭顺和聋青技），中等职业学校 1 所，全日制高职 1 所，教师进修学院 1 所，其他教育事业单位 10 个。

全区学生 65374 人，其中基础教育 58936 人（高中生 8641 人，初中生 17833 人，小学生 20449 人，幼儿园 13885 人，特殊教育 331 人），职业教育 6438 人（中职校 1156 人，全日制高职 5098 人，聋青技 184 人）。全区在职教职员工 7239 人，其中专任教师 5921 人（高中教师 820 人，义务教育阶段教师 3556 人，幼儿园教师 779 人，其他教育事业单位教师 525 人）。

2010 年，闸北区坚持“以人为本”，注重公平均衡，突出内涵发展，全面推进素质教育。区教育局发挥各级党组织的政治核心作用，教育党工委开展的“今天怎样做学习型、创新型教师”征文演讲比赛，表彰 20 位“学习型领导干部”、25 个“学习型党组织”和 81 位“学习型党员”。完成新一轮小学校长任期制工作，72 名校长书记上岗。

努力打造平安校园，制定下发“2010 年学校安全与稳定工作目标责任书”和“关于加强世博会期间各项工作的通知”，教育局党政主要领导与全区各学校党政负责人签订《学校安全与稳定目标责任书》，签约率达 100%。开展校园安全专项督查，制定“闸北区学校门卫安保人员管理规定实施意见”。区教育局投入近 4500 万元改善学校办学条件，完成 2 所学校的改扩建任务，15 所学校的校舍修缮任务，7 所学校场地维修和近 20 所学校的专项维修任务，缩小了学校间办学条件的差距。

提高德育工作实效。一是广泛开展世博主题活动。二是优化学生成长环境，开展“关爱生命，自主成长”闸北区市生命教育试点学校联合展示活动。三是凸显区域德育特色。举行第 25 届三市一区德育工作研讨会，探索新时期学校德育工作的新机制、新载体、新方法。

提高课堂教学效益。强化教研引领，增强教师课程执行力，举行《上海市小学语文课堂教学设计实证研究》的研究活动，开展教研员研究课展示活动，提升教研员课程研究力和指导力。深化教育科学研究，第二轮星火计划成果推广工作有序进行。组织学校参加教育部和上海市教育科学研究项目的立项申报工作，取得教育部重点课题和上海市重点课题各 1 项、上海市立项课题 3 项。其中，闸北区第三中心小学的《基于积极心理学的小学生学习品质优化的研究》为教育部重点课题，成功教育研究所的《农村义务教育阶段学校委托管理的实践研究》为上海市重点课题。

凸显区域教育特色。一是提高教育信息化水平。在全国第七届交互式电子白板应用优秀课例评选中，大宁国际小学获一等奖。二是打造学前教育品牌。完成第五轮园长任期制签约，启动“准保育员”再就业工程，为幼儿园后续发展提供人力保障。三是提升特殊教育内涵。制订《闸北区特殊教育三年行动计划实施方案（2009—2011）》、《闸北区随班就读支持保障体系试验区研究方案》和《闸北区开展医教结合工作试点方案》，建立了全市第一个学习资源中心。四是深化职业教育改革。全面完成视觉多媒体开放式实训中心和美容美发实训中心建设。五是扩大社区教育的示范效应。承办 2010 年海峡两岸社区教育学术研讨会、教育部“成人继续教育体系建设推进计划”座谈会和上海市第六届“全民终身学习活动周——‘闸北杯’手工艺品制作竞赛”活动。

重视教师专业化发展，师资队伍素质进一步提升。组织艺术、德育骨干教师走进大剧院，走进经典，提高艺术修养。组织新教师走进世博园，使新教师入职教育、教师节主题与世博元素实现互动。开展“四期四奖”申报对象的学科评审和表彰工作，共评出新苗奖 34 名、春蕾奖 48 名、百花奖 216 名和金穗奖 27 名。全市首批 8 个班主任工作室之一的童莹莹班主任工作室工作全面启动。

（丁力强）

［开展“创先争优”系列活动］ 区教育党工委以党组织、党员领导干部、中层干部和教师为对象，开展8大系列活动：“创先争优强教育，多党合作促发展”；“为了每一学生的终身发展，为了每一位教师的全面成长”；“求真务实有作为，奋勇争先攀新高”；“以人为本办教育，创先争优谋发展”；“世博先锋见行动，创先争优促和谐”；“理论创新思想先行，实践创先理论指引”；“世博先锋见行动，创先争优展风采”；“民主办学促和谐，创先争优谋发展”等。

（丁立强）

［举办三市一区德育工作研讨会］ 第二十五届三市一区德育工作研讨会于10月21—23日在闸北区教师进修学院举行。三市一区德育工作研讨会是上海市闸北区和无锡市、杭州市、开封市德育领域交流与合作的常态工作机制。研讨会举办“点亮梦想、引领青春”说课和“600秒德育论坛”活动，在新中中学参加上海市中学生论坛活动。

（丁立强）

［获第三届丘成桐中学数学奖金奖］ 市北中学高三(10)班陈波宇的论文《Weierstrass函数在不可列的稠密集上不可导的一种证明》获得第三届丘成桐中学数学奖的唯一金奖。2010年年内，市北中学学生共获各级奖项近500项。

（丁立强）

［上海市教育发展基金会第九届“自强奖”颁奖］ 11月11日，上海市久隆模范中学举行上海市教育发展基金会第九届“自强奖”颁奖仪式。第十届全国政协副主席、中国工程院院士徐匡迪，上海市教育发展基金会理事长谢丽娟，上海市政协副秘书长、办公厅主任管维镛等出席。

（丁立强）

［回民中学庆祝建校65周年］ 10月9日，上海市回民中学建校65周年。校庆以“凝敦厚之德，聚化育之行，攻坚克难，提升内涵”为主题，举行了各届校友庆祝活动、退休教工庆祝活动、在校教工庆祝活动、学生文艺体育活动、全国民族中学信息技术与课程整合活动、中新(新加坡)中学生联谊活动和上海市台球协会青少年台球培训中心成立10周年庆祝活动。

（丁立强）

［纪念陈鹤琴诞辰118周年］ 5月26日，上海市聋青技术学校举行纪念陈鹤琴诞辰118周年暨学习践行“活教育”思想交流会。全市19所陈研会基地学校、聋校的领导和老师，“陈研会”和闸北区教育局领导、陈鹤琴家属参加活动。

（丁立强）

［主办“从研究到实践——性教育及性与生殖健康研讨会”］ 在世界卫生组织(WHO)和国家人口与计划生育委员会支持下，闸北区与上海市计划生育科学研究所、复旦大学公共卫生学院联合主办“从研究到实践——性教育及性与生殖健康研讨会”。该研究通过专业团队的介入和指导，探索开展以生命教育为主题的青春期教育的途径、方法、载体等，推动中小学的生命教育和青春期教育专业化发展。彭浦初级中学、向东中学在研讨会上做专题交流。市北职高、三中心小学、共康中学、宝山路小学、向东中学等作主题班会展示。

（丁立强）

［安全工作成效显著］ 区教育局在区安委办的年度目标考核中再次被评为标兵单位；回民中学、共康中学获得“上海市教育系统世博安保稳定工作先进集体”，胡伟东等4人获得“上海市教育系统世博安保稳定工作先进个人”，顾晓燕等2人获得“区世博优秀平安志愿者”，李杰获得“上海市世博优秀平安志愿者”称号。

重点加强消防等重要场所重点内容的检查和整治，每月一次开展全员化的应急疏散演练，投入约1.2亿元用于技防设施设备的改善，门岗、校车物防的配备等，完成了18所学校抗震加固工程和13所学校室内消火栓系统的改造；每年投入1000多万元用于学校聘请专职安保，确保学校师生的人身安全。

（丁立强）

［落实区域特殊教育三年行动计划］ 6月，区政府组织区教育局、区发改委、区民政局、区财政局、区人保局、区卫生局、区编办、区残联等八部门，召开特殊教育联席会议。9月，区教育局整合区域优质资源，在止园路小学筹建片区式闸北区学习资源中心，健全了区域特殊教育支持与服务保障体系，满足区域小学阶段特殊教育学生的需求。11月，闸北区启慧学校被国家教育部命名为全国特殊教育学校“医教结合、综合康复”实验基地。

（丁立强）

[两个研究课题获奖]　在全国首届基础教育课程改革教学研究成果评选中，闸北区的《成功教育课堂改革新探索》和《新课程和物理实验改革——中学物理数字化实验系统(DIS)的开发与应用》2个研究项目获一等奖。《艺术教育资源的区域整合与推进》获教育部全国第三届中小学生艺术展演活动艺术教育论文一等奖。

（丁立强）

[打造幼儿教育品牌特色]　区教育局举行《优化幼儿园教育品牌经营提升品牌成长速率研究》的成果推介会，落实上海市幼儿园自制玩教具评选工作。芷江中路幼儿园在第二届全国幼儿园优秀自制玩教具展评活动中获得一等奖；芷江中路幼儿园、彭浦新村幼儿园、大宁国际幼儿园、金鹭幼儿园获2010年上海市托幼机构保育工作先进集体。

（丁立强）

[职业教育取得新进展]　完成视觉多媒体开放式实训中心和美容美发实训中心建设，并承办了两期全国美容美发专业教师师资培训。近三年，区中职毕业生就业率保持在98%以上，就业巩固率达91.2%；高职毕业生就业率保持在95%以上，就业巩固率为95.3%。新闸北职业技能培训中心已承办多期“共享阳光”外来务工人员子女教育就业援助行动，学员累计600余名；先后开展农民工培训1000人次，政府项目培训、艺术类培训共1554人次。

（丁立强）

[学生艺术科技教育成绩显著]　在第六届世界合唱比赛中，市北中学获爵士组金奖和民谣组银奖，市北中学获全国学校艺术教育先进单位称号。在全国第三届中小学生艺术展演活动中，市北中学、新中高级中学获一等奖。在首届中国青少年摄影大赛上，塘沽学校获少年组唯一1个金奖。在第25届“英特尔”青少年科技创新大赛上，彭浦实验小学获1个全国一等奖。在VEX机器人亚太区青少年机器人竞赛、“南海大沥杯”VEX中国青少年机器人竞赛、VEX机器人华东地区青少年竞赛及“西南位育杯”上海市青少年机器人竞赛中，区少科站少年宫、市北初级中学、一中心小学获得国家和市级一等奖6个。在第23届中国上海头脑奥林匹克创新大赛中，和田路小学、大宁国际小学、一中心小学、宝山路小学、市北初级中学、新中初级中学、田家炳中学、新中高级中学均获一等奖。在全国信息学联赛“上中杯”上海赛区比赛中，市北初级中学获10个一等奖。参加第八届全国“中小学信息技术创新与实践活动”上海赛区信息技术基础知识竞赛，区少科站少年宫、永兴路二小、童园实验小学等学校近50名学生获一等奖。

（丁立强）

附：区教育局驻地及负责人

（2010年1—12月）

地址：和田路195号
邮编：200070
电话：56630990

区委分管常委、宣传部部长：张锡平
区政府分管副区长：鲍英菁

区教育党工委书记：孙惠明
副书记：顾筱璞、王万亮

区教育局局长：顾筱璞
副局长：朱正林、袁　园(7月离任)、李国庆、刘新宇

虹　口　区

［**2010年概况**］　区内有各类学校127所，其中高级中学12所、完全中学3所、初级中学19所、九年一贯制学校6所，小学34所、幼儿园51所、职校1所、特殊教育学校1所；在校学生65434人，教职工6509人；区内3—6岁适龄儿童入园率为100%，义务教育阶段入学率和按时毕结业率为100%，高中阶段入学率为95%，其中普通高中入学率为59.7%、中等职业教育入学率为35.3%。

完成“两个规划”编制。完成《虹口区教育事业发展“十二五”规划》、《虹口区中长期教育改革和发展规划纲要》编制工作。明确“十二五”规划期间虹口区教育事业的发展目标、主要任务、具体举措和行动计划；明确今后10年，虹口区从教育大区向教育强区迈进的战略部署、改革和发展重点及十大重点任务和10项重大工程。

做好服务和参与上海世博会各项工作。制订《虹口区教育系统开展和推进“讲台建功、立志成才，科教世博伴我行”活动实施指导意见》、《关于进一步推进和深化虹口区教育系统世博系列工作的指导意见》等，动员和组织教职员工、学生参与世博会各类宣传、服务和志愿者活动。

加强师资队伍建设。推进校长培养专家顾问团工作，探索以学校特色项目创建为载体的培养机制。启动第三期“十一五”后备干部班、中青年干部高级研修班。规范教育系统事业单位招聘与录用工作。制订《虹口区教育系统人员招聘录用工作的试行意见》，下发《虹口区教育局关于做好本系统事业单位工作人员考核的指导意见》。推进义务教育阶段学校绩效工资工作、事业单位岗位设置工作。启动新一轮区学科带头人、骨干教师选拔工作，完成198名新入职教师培训工作，开展第三届“十佳”青年教师评选活动。年内，虹口区高中专任教师研究生学历为6.0%，较上年提高2.1个百分点；初中专任教师本科及以上学历为95.6%，较上年提高了1.2个百分点；小学、幼儿园专任教师本科率分别达到55.9%和42.7%，较上年分别提高4.8个百分点和6.0个百分点。

做好对口支援和帮扶工作。选派6位教师参加第十批援滇（文山州富宁县新华镇）支教工作、选派2位教师参加第二批援疆支教工作、选派5位教师参加与闵行区教育局对口合作交流工作。做好都江堰市骨干教师来沪培训工作，开设相关高级研修班，完成两批共8名都江堰市骨干教师的各项培训工作。

推进“减负增效”工作。结合本市“两纲”教育，打造“三个课堂”（温馨课堂、情趣课堂、有效课堂）；倡导启发式、探究式、讨论式教学模式，提高学生的学习兴趣和学习能力。持续推进“分层递进教学”、“有效作业”、“走班授课”等教育教学改革，满足不同层次学生的个性化学习需求，促进“减负增效”工作。

提高学生综合素养。加快推进“三个一”（保障学生每天锻炼一小时、自主闲暇一小时、多睡一小时）工程。继续开展“人人学游泳”活动及阳光体育大联赛活动。提高学生艺术修养，举办第22届学生欢乐艺术节——虹口区青少年校园集体舞展演、戏剧展演等。增强学生安全防范意识，提高学生应急处置突发灾害事故能力，向全区中学学生、教师发放1.3万个家庭应急包。组织青少年学生参加各类科技竞赛，4名学生获上海市第八届百万青少年争创“明日科技之星”评选活动“科技希望之星”称号，在上海市第25届英特尔青少年科技创新大赛中获一等奖1项、二等奖14项、三等奖31项、专项奖7项、优秀组织奖2项。加强心理教育和辅导，推进“百名心理咨询师进社区”和“百名中学生心理援助”的“双百项目”，召开“笑容——百名中学生免费心理咨询服务项目学术研讨会”。

促进各类教育持续发展。完善全区托幼机构招生实施方案，扩建西街幼儿园、新建三中心幼儿园（四达部），完善托幼一体化管理。推进小学班主任工作室建设，确立课程设置以及导师团队。开展小学教师心理健康支持服务项目。推进“虹口区促进小学教师发展，提高教学有效性”市级课题项目。以复兴高级中学、华师大一附中、上外附中为主要实验基地，推进和实施高中生创新素养培育计划。依托教育组团发展模式，在高、初中探索试点衔接课程，推进“初中教师教学改进提升课堂教学效益”课题及10项子课题研究。完成南湖二分校汽车实训基地、航运专业实训室的建设，开设航运培训等项目。加强中小学随班就读和送教上门工作，完善以区特教康复指导中心为核心的随班就读网络化管理体制和服务机制，探索“医教结合”有效途径，开展个别化教育跟踪指导。完善虹口区社区教育网站建设，健全虹口区成人教育协会的组织体系，整合区域内企事业单位及成人教育组织、成人教育工作者等资源，开展理论研讨、教育培训、学习交流，推进学习型社区教育工作的开展。

加强学校制度建设和科学管理。推进党建督导与教育督导相结合工作。完成33所中小学的发展规划评审和“一校一制度”建设问卷调查。对全区15所高中开展专项调研，召开高中制度建设和项目设计研讨会，编辑并下发《虹口区高级中学制度建设与项目引领文集汇编》等。

（王佳纬）

［参加美国花车巡游演出］ 1月1日，由第三中心小学、民办新复兴初级中学、鲁迅初级中学、民办瑞虹高级中学、继光高级中学和复兴高级中学等学校的学生组成的学生舞蹈艺术团，在美国参加“上海世博玫瑰花车参加美国帕萨迪纳市第121届玫瑰花车元旦巡游活动暨世博美国推介活动”，得到美国民众、世界各国观众和各主流媒体的赞誉。

（王佳纬　裘晴岗）

［“指南针计划”展示活动启动］ 1月15日，“红红的中国年，浓浓的世博情——‘指南针计划’上海市虹口区展示活动启动仪式”在第二中心小学举行，16所学校参与“指南针计划”试点。“指南针计划”是“中国古代发明创造的文化遗产的价值挖掘与展示”的专项文化工程，主要在全国青少年学生中普及中国古代科技文化艺术知识。2009年，区教育局与上海民博会组委会、北京大学考古文博学院、新闻与传播学院，清华大学美术学院，上海市博物馆等单位承担了国家文物局指南针计划的首批课题——中国古代发明创造的价值挖掘与展示专项试点项目、“以古代造纸和印刷发明创造为主的中小学校古代发明创造体验教室试点”，并在虹口区青少年活动中心分部建立“上海市青少年传统文化与技艺传习中心”。

（王佳纬　裘晴岗）

［推进“三个课堂”建设］ 2月23日，区教育局宣布推进“三个课堂”建设的相关举措。即营造心灵相通的“温馨课堂”、创造乐学善教的“情趣课堂”、打造规范优质的“有效课堂”。2010年，虹口区围绕“三个课堂”建设，设计并实施多个教育教学服务工作项目，加强和优化课程管理，加快学校课程改革。

（王佳纬　裘晴岗）

［在“2010年VEX机器人世界锦标赛”上获奖］ 复兴高级中学、民办新华初级中学、上外附中三支学生代表队赴美国达拉斯市参加“2010年VEX机器人世界锦标赛”，与来自美国、加拿大、法国、德国、日本等国家的400多支参赛队比赛。民办新华初级中学、上外附中、复兴高级中学三支代表队分别获得各赛区的冠军、亚军和季军。

（王佳纬　裘晴岗）

［加强中小学幼儿园安全防范］ 5月3日，召开“关于切实加强中小学幼儿园安全防范工作会议”，下发《虹口区教育局关于切实加强中小学幼儿园安全防范工作的实施指导意见》，要求构建上下联动、多元一体、网络覆盖的校园安全防范工作体系。建立健全校园安全防范工作制度、严格访客盘查和登记管理工作、探索设立访客接待区或开辟专门会客室、实行门禁“一三一”制度、组建校园治安巡逻队、畅通上报和联络渠道等。

（王佳纬　裘晴岗）

［“迎世博”师生童谣节闭幕］ 5月12日，虹口区“迎世博”师生童谣节闭幕。该系列活动于2009年底启动，围绕“百年虹口、历史渊源、世博薪火、文明相传”主题，通过“创童谣、画童谣、跳童谣、唱童谣、诵童谣”系列活动，激发广大师生参与世博的热情，并引导师生关注虹口历史、了解虹口名人、自主参与世博。

（王佳纬　裘晴岗）

［参加世界机器人比赛获奖］ 曲阳四小学生代表队于6月18日赴新加坡参加“RCJ2010世界青少年‘机器人’比赛”。来自中国、美国、德国、日本、新加坡等国家的34支队伍参加本次比赛。曲阳四小学生代表队获得总分第三名。

（王佳纬　裘晴岗）

［南湖汽车科普教育基地揭牌］ 5月14日，上

海市南湖汽车科普教育基地在南湖职业学校第二分校揭牌。南湖汽车科普教育基地是面向社会普及汽车知识的科普教育基地，主要分汽车构造展示室、汽车维修展示室、汽车电器展示室三个部分，为市民，特别是青少年学生提供学习汽车科普知识的场所。

（王佳纬　裘晴岗）

[共建上海外国语大学附属外国语学校]　5月27日，上海市教育委员会、上海市虹口区人民政府与上海外国语大学长期合作共建上海外国语大学附属外国语学校签约。副市长沈晓明，市政府副秘书长翁铁慧，上海外国语大学党委书记吴友富，市教委主任薛明扬，区长俞北华等出席仪式。仪式上签订了《上海市教育委员会、上海市虹口区人民政府与上海外国语大学长期合作共建上海外国语大学附属外国语学校协议》和《上海市虹口区教育局与上海外国语大学附属外国语学校长期合作共建协议》。

（王佳纬　裘晴岗）

[郝龙斌参访复兴高级中学]　6月17日，台北市市长郝龙斌在上海市副市长唐登杰，市台办主任李文辉等陪同下到复兴高级中学访问。郝龙斌与虹口区8所高中的师生们进行互动，回答了学生们关于环境保护、城市建设等方面的问题，并向在场的虹口师生们赠送了800张台北花博会的门票。郝龙斌表示，将积极推动台北和上海两地学生的交流活动，进一步增进两地青年人彼此间的了解和友谊，共同学习和传承中华民族的悠久文化传统，不忘"血浓于水"的同胞亲情。

（王佳纬　裘晴岗）

[区教育工会成立60周年先进表彰会召开]　6月18日，虹口区教育工会召开成立60周年先进表彰会。虹口教育工会始终倡导"抽出一点时间去读书、挤出一点时间去运动、腾出一点时间去感受、匀出一点时间去找快乐、留出一点时间去发展"的理念。虹口区教育工会曾获得全国教育工会先进集体、全国先进女职工集体、全国巾帼文明岗及百余个市级以上荣誉称号。

（王佳纬　裘晴岗）

[实施《虹口区特殊教育三年行动计划》]　6月30日，下发《虹口区特殊教育三年行动计划》、《关于进一步加强随班就读工作管理的实施意见》、《进一步加强特教师资队伍建设的意见》等文件。近年来，虹口区特殊教育基本形成了以特殊教育学校为骨干，特殊教育班和随班就读为主体，送教上门、社区教育为补充，学前教育、职业技术教育两头延伸、互相衔接、普特融合的特殊教育体系。

（王佳纬　裘晴岗）

[获全国职业院校技能大赛一等奖]　6月26日，南湖职校学生陈美卉、陆金凤和贺晶晶参加全国职业院校技能大赛，在服装设计制作与模特表演项目的比赛中均获得一等奖。陈美卉是一等奖第一名。

（王佳纬　裘晴岗）

[合作共建"上海市刘行新华实验学校"]　8月26日，新华初级中学与刘行中学合作共建"上海市刘行新华实验学校"签约。协议双方在课程与教学改革、教育科研、教师培养培训等开展合作，将学校建为上海城郊优质义务教育学校。

（王佳纬　裘晴岗）

[启动"小学教师心理健康援助项目"]　9月17日，启动"小学教师心理健康援助项目"。该项目旨在提高小学教师的心理素质，提高自我调节能力。有关单位通过测试、专题讲座、团体辅导、电话咨询对小学教师进行心理健康援助。

（王佳纬　裘晴岗）

[校企合作项目签约]　9月27日，南湖职校二分校和上海华洋海事科技发展有限公司、上海广嘉国际船舶管理有限公司签约航运培训校企合作项目。合作三方根据各自的特点和优势，采取优势互补、资源共享、校企合作的形式，加强南湖职校二分校航运专业建设，培养国际一流水平的航运人才和高级船员。

（王佳纬　裘晴岗）

[心理咨询师下社区义务咨询]　10月24日，区文明办、区教育局及区教师进修学院共同举办"虹口区2010年百名心理咨询师下社区义务咨询活动"。100多名获国家二级心理咨询师资格的教师参与此次活动。咨询内容包括市民心理咨询、少年儿童心理健康咨询、儿童教育发展及学习咨询、家庭教育咨询等。

（王佳纬　裘晴岗）

[澄衷高级中学建校110周年] 10月16日，澄衷高级中学举行建校110周年庆祝大会。市委副书记殷一璀发来贺信，副市长沈晓明、区委书记孙卫国、著名教育家吕型伟为校庆题词。市教卫党委书记李宣海到澄衷高级中学调研并向学校110周年校庆表示祝贺，区长俞北华、市教委副主任尹后庆等出席校庆活动。

澄衷高级中学位于东余杭路800号，有学生708人，教职工113人。1900年，清末企业家叶澄衷先生以"兴天下之利，莫大于兴学"为办学理念，出资创办了"澄衷蒙学堂"。近代教育家刘树屏、蔡元培等曾任该校校长，丰子恺、钱君陶、竺可桢等曾在学校任教。胡适、於崇文、汤德全、陆道培、乐嘉陵、俞梦孙、吴一峰、陆俨少等近现代科技、医学大家及教育、文化、艺术名人曾在该校求学。

（王佳纬　裘晴岗）

[推进"电子书包"项目] 11月8日，虹口区教育局与上海电信、英特尔（中国）有限公司、上海微创软件有限公司、中文在线、华东师范大学出版社、上海外语教育出版社、上海教育出版社签署"项目建设四方协议"与"数字出版三方协议"。虹口区是教育部体制改革试点项目《基于数字化课程环境建设和学习方式变革的探索（"电子书包"）》的唯一试点区，目前进入教学实践和全产业链合作阶段。

（王佳纬　裘晴岗）

[加强校园消防安全] 11月16日，召开校园安全工作紧急会议。次日，区教育局会同区综治委、公安及各街道（社区）等，按照"四个全覆盖"（探头工程全覆盖、专业保安人员全覆盖、平安校园宣传教育全覆盖、校园安全职责体系全覆盖）的工作目标，组织开展校园安全地毯式检查工作；对照区教育局拟定的"虹口区教育系统校园综合检查情况表"中14类104个检查内容，进行重点检查。对各寄宿制学校的宿舍消防安全工作进行专项检查。

（王佳纬　裘晴岗）

[启动青年教师培养项目] 11月16日，市级研究课题《项目引领下的青年教师发展性培养的实践研究》项目启动。该项目通过整合资源，改变传统青年教师队伍"自上而下"的被动培养模式，实行"青年教师自主申报培养项目——团工委统一规划——教师进修学院派员指导——教育局经费保证"的模式，激发青年教师主动精神，增强培养工作的针对性和有效性。

（王佳纬　裘晴岗）

["分层递进教学"实施20周年] 12月1日，区教育局召开"分层递进教学"20周年研讨会，各地的专家、教师代表以及区内教师共400多人出席。1990年，分层递进教学率先在飞虹中学（现华东师大一附中实验中学）试点，经过20年的探索，已经成为在全国有影响的教学方法。（王佳纬　裘晴岗）

[举行"虹口杯"青年教师教学风采大赛] 12月6日，2010年"虹口杯"六校青年教师教学风采大赛开幕。在2009年"北郊杯"基础上，2010年"虹口杯"除语文、数学、英语三门科目进行借班教学评比外，又增加物理、化学、生物、历史等科目，并把主题班会的展示也列为比赛项目。

（王佳纬　裘晴岗）

附：区教育局驻地及负责人

（2010年1—12月）

地址：天宝路1058号
邮编：200092
电话：65756666

区委分管领导：宋　妍
区政府分管领导：华东平

区教育党工委书记：潘惠琴
副书记：王立强（兼）、王　新（1月到任）

区教育局局长：王立强
副局长：屠传信（4月离任）、杨　利、常生龙、周海明

杨浦区

［**2010年概况**］ 区内共有各类学校193所，其中高（完）中19所（民办3所），初中35所（民办8所），小学44所（民办3所），幼儿园75所（民办和社会力量办学27所），特殊教育学校3所，中等职业教育学校1所。教师进修学院、少年宫、少科站等其他教育单位16个。各类学生总数84515人，其中高中12109人（民办1010人），初中23590人（民办6271人），小学26537人（民办3592人），幼儿园20061人（民办和社会力量办学8470人），职业学校1545人，特殊教育学生673人。农民工同住子女在校学生（义务教育阶段）8979人。全区有国际部3个，在校外籍和境外学生525人，占学生总数0.62%。全区教育单位教职工（不含民办）7954人，其中高中1822人，初中2056人，小学2446人，幼儿园1028人，特殊教育107人，教师进修学院155人，少年宫45人，少科站41人，其他教育单位254人。全区共有专任教师6574人，其中高级教师691人，占教师总数的10.5%，中级教师3683人，占教师总数的56%，学历达标率99.8%。

全年财政教育拨款（含区财政拨款、市转移支付和国家专项）145260万元，比上年增长16.11%；教育附加费10350万元；教职工年收入9.69万元，比上年增长8.09%。学校总占地面积1780234平方米，校舍建筑面积1335031平方米。

推进基础教育创新试验区建设。联合高校建立区课程资源建设中心，开发适用于小学生的《儿童哲学》、适用于初中学生的《漫游星空》和满足高中生学习的实验室课程等地方课程；启动上海科技管理学校实训基地课程，开发制冷、航海技术课程；与中国武术博物馆、中国印刷博物馆和中国鱼文化博物馆签订“走进高校博物馆”合作协议。建立上海青少年科学院沪东分院科技导师团高位引领机制，启动建设数码实验室、传感器仿真实验室，与复旦大学图书馆等高校机构实现资源共享。与华师大、上师大等高校合作，共建教师专业发展中心，共同探索教师培养的新机制，积极打造“名师工作室”，开展带教新模式的探索。开展基于学生创新素质现状的中小学各学段调查研究，探索创新评价机制，并通过创建教育联盟体，积极探索体现素质教育要求的学生综合评价标准。召开国家级课题《依托高校合作办学培养创新型人才研究与实践》分课题研究报告会，深入促进基础教育创新试验区建设。

协调发展各类教育。挖掘教育资源，应对入园高峰，组建10个园际联盟，做好控江幼儿园市示范性幼儿园评审工作，完成中原幼儿园、同济幼儿园、2所托儿所一级园复验工作。开展3所市级示范园与宝山城乡带教新一轮签约工作，市东、控四、中原幼儿园与3所托儿所的结对带教。做好本溪艺术园、教师进修学院附属幼儿园新园筹建工作，完成21所民办幼儿园年检初检暨分等评估。

推进小学教育组团工作。控二小学、上理工附小、二师附小开展“集团”内优秀教师柔性流动。打一小学教育集团承担市大型社区公建配套对口办学的任务，在浦东新区联办打一曹路小学。铁岭、六一、民办阳浦托管宝山盛桥等3所农村中小学校。启动初中联组教研活动，12校签约成立8个初中教研联合体。修订特殊教育三年行动计划，优化特殊教育资源配置，改善扬帆、风帆和鞍山幼儿园的特殊教育设施设备。启动资源教室建设项目。

完成同济中学、上体附中区实验性示范性高中总结性评审工作。开展高中特色课程调研，研究学校内涵建设的发展性评审机制，形成区实验性示范性高中内涵建设的发展性评审意见。规范学籍管理，做好对人才引进类居住证子女就读高中的梳理工作。

加强对140所民办非学历院校的常规管理。成立杨浦区教育培训协会，筹建国际教育交流服务中心。12月，被国家教育部命名为“全国社区教育示范区”。

不断提高教学质量。聚焦课程教学管理，开展“加强幼儿园课程管理，深化二期课改”的园长论坛。召开区中小学有效教学推进会，表彰42个区中小学优秀教研组。开展“区校联动、小幼结对”的幼小衔接研究，举行课题中期总结会。

继续办好公益学堂，举办名师辅导20场，名师讲坛5讲，其中，初三考前辅导10场，高三考前辅导9

场，考前心理辅导1场，听课学生总计近9000人，网上点击量超过2万次。开展“互联创造未来”活动，杨浦小学、二师附小、六一小学和建设小学与四川天全县4所小学结对，组织学生开展远程学习研究。

扎实推进素质教育。开展中小学生争当世博“风尚”好少年系列活动，举行禁毒宣教启动仪式暨“青苹果”课堂揭牌仪式，分层开展“亲子观博”和“组织观博”活动。举行中小学德育先进表彰会暨“十佳班主任”颁奖仪式，表彰区德育先进集体51个、先进个人93名，“十佳班主任”及提名奖、风采奖共30名。

组织2000名高一学生观摩2010亚洲极限锦标赛，全区5000余名初一学生开展“人人运动，学会游泳”活动。启动“医生进校园”试点项目，完成86个托幼机构与56个社区团队的对接试点工作。推进义务教育阶段学校课桌椅调整工作。开展幼儿园“一班一保”工作现场观摩研讨活动。承办“阳光下成长”全国第三届中小学生艺术展演器乐专场比赛，获器乐一等奖、舞蹈二等奖、合唱三等奖及民乐优秀奖；参加“上海之春”国际音乐节演出，获少儿音乐舞蹈精品专场比赛一等奖。

提升师资队伍建设水平。与华师大、上师大等高校合作举办初中、小学研修班，300多名骨干教师、校长参加培训。启动职初教师基本功培训活动，对教龄在5年内的职初教师开展分学科分学段的培训。

启动区第一期优秀青年校长和优秀教师培养工作，举行“名学校、名校长、名教师”建设暨优秀青年校长和教师培养工作会议。组织第二期市“双名”对象、优青对象展示活动，展示“名师工作室”、“带教团组”和市名师基地学员学习培训的收获和成果。

开展《上海市义务教育教师实施绩效工资后续政策研究》，启动岗位设置管理工作；制订《杨浦区教育系统事业单位岗位设置管理工作实施意见》，拟订区教育系统中、小、幼学校岗位说明书。开展全区中小幼学校师资发展情况的专项督导调研。

推进平安校园建设。落实400万元资金，为全区托幼机构安装门禁，增加幼儿园所保安人员，建立校园安保和平安护导两支队伍，落实校园安保力量。建立和完善校园安全管理的长效机制，强化“一校一警”护校工作。进一步加强安全教育与演练培训，举行“纪念5.12全国防灾减灾日”紧急疏散演练全区展示活动。加强重点工程的安全监管，完成第一批18所学校加固修复工程，推进第二批校安工程项目。

（言究释）

［完成两个“规划纲要”的编制］ 1月，启动《杨浦区“十二五”教育事业发展规划纲要》和《杨浦区中长期教育改革和发展规划纲要(2010—2020)》编制工作。由区教育局牵头成立上述两个“规划纲要”编制工作领导小组和编写小组，通过专题调研、座谈研讨、专家论证等形式，于2010年底完成编制任务。

（言究释）

［承办全国第三届中小学生艺术展演器乐专场］ 2月23日，杨浦区少年宫承办全国第三届中小学生艺术展演器乐专场活动。全国18个省市及新疆建设兵团的18支西乐代表队、19支民乐代表队参加活动。杨浦区少年宫民乐团获民乐专场的第一名，建设小学民乐团参加开幕式演出并获得一等奖。

（邵南宫）

［举办上海市第七届工读教育论坛］ 2月26日，上海市第七届工读教育论坛举行。全市13所工读学校教师代表共200余人参加会议。此次论坛以“工读学校的课堂有效教学”为主题。

（言究释）

［推进“基础教育创新试验区”建设］ 3月17日，召开推进“上海市基础教育创新试验区”建设大会，颁发《关于全面推进上海市基础教育创新试验区建设的实施意见》，并成立“区课程资源建设中心”和青少年科学院沪东分院科技导师团。

（言究释）

［联合国官员考察同济一附中］ 3月20日，联合国环境教育署官员率领环境教育考察团到同济一附中考察低碳校园建设情况。考察团参观了教室、实验室等低碳设施与低碳文化建设。考察团对低碳校园建设给予高度评价，并初步决定在该校举办世界中学生“低碳论坛”。

（言究释）

［英国师生参访辽阳中学］ 3月9日，英国德比郡西诺门学校师生访问团一行到辽阳中学访问。学校为英国师生安排了弄堂游戏、学说中国话、学中国功夫、学写春联，访问中国家庭等一系列特色活动。双方还开展了以“神话”为主题的课题交流活动。

（橘　办）

[**成立区教育培训协会**] 3月23日,杨浦区教育培训协会成立。近年来,杨浦区教育培训市场快速增长,形成了以新东方进修学校、环球雅思学校、万国进修学校、昂立进修学校等国内知名培训品牌为龙头,中小培训机构积极参与的格局。

(傅无柯)

[**在第25届上海市青少年科技创新大赛中获奖**] 在第25届英特尔上海市青少年科技创新大赛上,杨浦区获得创新成果一等奖14项、二等奖28项、三等奖22项,区少科站、复旦附中获得市优秀组织奖,区少科站瞿璟琰老师获优秀科技辅导员称号。

(邵柯瞻)

[**国家发改委、体育总局考察社区体育**] 4月2日,国家发改委社会发展司、国家体育总局青少年司负责人到延吉第二初级中学考察调研社区体育开放工作。调研组参观了学校乒乓房、篮球场和围棋馆等室内外活动场所,听取校领导对社区体育开放工作的汇报,对学校连续多年被评为"全国群众体育先进单位"给予充分肯定。

(橘 办)

[**在"上海之春"国际音乐节获奖**] 5月16日,上海音乐家协会主办、上海音乐家协会儿童音乐专业委员会承办"上海之春"国际音乐节少儿音乐舞蹈精品专场比赛,杨浦区少年宫民乐团以民乐合奏《达勃河随想曲》作为开场,并获2010"上海之春"国际音乐节少儿音乐舞蹈精品专场比赛一等奖。

(邵南宫)

[**沈晓明调研"医教结合"工作**] 6月4日,副市长沈晓明等到本溪路幼儿园出席"医生进校园"启动仪式,调研"医教结合"工作。沈晓明指出,开展"医生进校园"工作符合育人为本的教育宗旨、预防为主的医学理念、医药卫生体制改革的基本要求、公共卫生的基本规律,要求杨浦探索、完善工作方法和工作内容,总结和积累工作经验。

(言究释)

[**在第31届世界头脑奥林匹克决赛中获奖**] 5月,在第31届世界头脑奥林匹克决赛上,交大附中和上海理工附中两支参赛队入围决赛,交大附中获得了《柱状结构》赛项高中组冠军。

(邵柯瞻)

[**倪夏莲青少年乒乓球俱乐部揭牌**] 6月24日,"倪夏莲青少年乒乓球俱乐部"在控江二村小学揭牌。卢森堡大公国驻沪总领事费瑞朋致辞,市体育局副局长、中国乒协副主席、上海乒协主席陈一平为"倪夏莲青少年乒乓球俱乐部"揭牌。区教育局局长为倪夏莲授聘书,市青少年训练管理中心等领导出席揭牌仪式。

(易教柯)

[**区教师进修学院新校舍启用**] 9月15日,区教师进修学院举行新校舍启用典礼。该院于2008年10月移址新建,实施整体改造。院总建筑面积达1.6万平方米,有教室、多功能厅、演播室、图书室、网络、信息中心等。布局合理,环境幽雅,设备齐全。

(言究释)

[**于漪获"全国教书育人楷模"称号**] 2010年教师节,在全国教书育人楷模评选表彰活动中,于漪获"全国教书育人楷模"称号,并受到胡锦涛总书记接见。9月20日,举行于漪先进事迹座谈会。

(言究释)

[**举行区首届汉字节**] 9月24日,举行"传承中华文化,展现汉字魅力"杨浦区首届汉字节。国家语委副主任王登峰、上海交通大学世界遗产学研究交流中心主任陈英明等出席开幕式。区教育局局长为区首届汉字节专家顾问团的专家颁发证书。汉字节历时3个月,开展多种形式的系列活动。

(语 微)

[**在第25届全国青少年科技创新大赛上获奖**] 8月,在第25届全国青少年科技创新大赛上,交大附中朱博文获得青少年科技创新项目一等奖,区少科站老师瞿璟琰获科技辅导员创新项目科技教育方案类一等奖,同济一附中学生王晨恺获青少年科技创新项目二等奖,打一小学学生朱烨获少年儿童科学幻想绘画项目三等奖。区教育局第四次获得了全国创新大赛基层赛事优秀组织奖。

(邵柯瞻)

[**与上师大教育合作签约**] 10月21日,杨浦区人民政府与上海师范大学教育合作签约。上海师范大学,杨浦区负责人出席签约仪式。上师大将为杨浦中小学校长、教师专业化发展提供指导和支持;杨浦为上师大教育专业学生提供教育实践和职前实

习机会。

（任是柯）

［同济大学第一附属中学50周年校庆］ 11月6日，同济大学第一附属中学（原上海市鞍山中学）举行建校50周年校庆活动。同济大学、市教委、杨浦区委、区政府、区人大、区政协的领导出席庆典。全国政协副主席、科技部部长万钢发来贺信。全国人大常委、教育部原副部长吴启迪为同济一附中作了“明德笃学敦行”的题词。

（言究释）

［两项研究成果获奖］ 12月，在全国基础教育课程改革和教学研究成果报告会暨颁奖仪式上，杨浦区教育局申报的《以“小班化教育”为抓手区域推进义务教育课程教学改革》和上海理工附小申报的《小学生命教育课程实践探索——为男孩女孩开设的性别教育课程》获二等奖。

（言究释）

附：区教育局驻地及负责人

（2010年1—12月）

地址：长岭路91号
邮编：200093
电话：65017733

区委分管副书记：魏伟明
区府分管副区长：吴乾渝

区教育党工委书记：王醇晨
副书记：邓继宏（5月离任）、王　芳（5月到任）

区教育局局长：邵志勇
副局长：干星龙、张文华、陈爱平

浦东新区

［2010年概况］ 全区有基础教育阶段学校571所(42所为2010年新开办学校),其中中学161所,小学173所,幼儿园226所,特殊教育学校3所,工读学校1所,职业中学7所,学生总数为39.48万人;另有国际学校12所,境外学生11845人。教职工3.46万人,专任老师2.77万人。全区现有市实验性示范性高中6所,国家级重点职校4所,市示范幼儿园5所。新区共有38个街镇,1080个村(居)委,建有社区学院1所、街镇社区学校38所、村(居)委教学点1080个。

推进教育管理体制二元并轨。浦东新区和南汇区合并后,对两区原有政策、制度和管理模式进行梳理,新区下发《关于调整浦东新区惠南镇等街镇基础教育管理体制的实施意见》,进行党务、干部、资产、工程和成校管理等管理机制的衔接,基本完成两区有关所属机构和单位的合并,实现融合对接。

做好基础教育招生工作。截至7月底,全区纳入统一招生的中小学共有323所(其中高中26所、初中67所、完中27所、"九年一贯制"学校27所、"十二年一贯制"学校12所、小学164所),幼儿园207所。在籍中小学生300272人(其中:高中37261人、初中100512人、小学162499人),在园幼儿78022人。全区全面实行网络化学籍管理。各学段招生情况:学前教育阶段招生27398人,小学阶段招生29548人,初中阶段招生29059人。新区中考报名人数19776人,高考报名人数13583人。

抓好"迎世博平安志愿者"服务队伍建设。教育系统组建由400多个党组织近5000名党员组成迎世博平安志愿者服务队伍,成立了一支由学校领导、教职工组成的5000人规模的"迎世博平安志愿者"服务队伍,在校园内外开展"我为平安世博作贡献"志愿服务系列活动。

推进教育优质化。新开办42所学校,继续采取优质学校到郊区办校区、引进示范学校到浦东办校等模式,分别与上海交通大学、同济大学等9所高校"共建共管"基础教育阶段学校。现有41所小学、36所中学成为区素质教育实验校,19所幼儿园成为区级示范园。教师信息化应用能力和学生信息化运用素养普遍提升。教师用机比超过2∶1,半数以上学校已达到1∶1,多媒体设备已覆盖到每个教室。

推进教育国际化。全区共有150余名外籍教师在60所学校执教。还选派优秀校园长和骨干教师赴国外实习、深造,2010年选派8名校长和教师参加部、市两级的涉外培训,215名教师赴境外参加不同类型的考察交流。继续推广《国际理解教育》系列读本的学习。支持做好上海纽约大学项目落户浦东的有关土地、校舍、学生公寓,以及浦东源深体育中心和图书馆资源教学共享等各项工作。境外学生在新区就读人数逐年增长。至2010年底,新区共有国际学校12所、3个重点高中国际部和16所有境外直接招生资格的中小幼学校,共有境外学生11845人,比上年增长26.4%。在11845名外籍学生中,有7942人在国际学校就读,占外籍学生总数的67%。

推进教师柔性流动。全年选派40名校(园)长、43名后备干部和303名骨干教师到郊区任职任教;两轮支教共有72名优秀教师到15所郊区薄弱学校任教。

做好农民工子女义务教育工作。新区共有义务教育阶段农民工同住子女93378万人,其中在公办学校就读的有64405人,占农民工同住子女总数的68.97%;在民办学校中就读、享受政府补贴经费的有28973人,占农民工子女总数的31.03%,义务教育阶段农民工子女已经全部免费进入公办学校和享受政府补贴的民办学校学习。几年来,市区两级财政为民办农民工子女小学拨付办学成本补贴累计5338.9万元。中职"电子商务、电子电气"等专业首次招收农民工子女,其符合条件者将继续享受免学费的优惠。帮助改善民办农民工子女学校的教学环境,投入580多万元实施"为民办农民工子女小学配置标准图书室及增配体育运动器材"等实事工程。

新区财政继续加大教育投入。2010年全区教育资金总投入614173.14万元,比上年增长6.76%。教育经费财政拨款484045.65万元,其中:教育正常经费430788.90万元、区财政专项45387.75万元、中央专项7869万元。教育费附加收入44994万元。预算内教育经费财政拨款476176.65万元(未考虑市级转移支付资金因素)，比上年增长12.42%。区财政专项中校舍大修等工程类项目投入21200万元，“校安工程”投入10000万元，设备类项目投入7950万元。生均经费：幼儿园12256.92元，比上年增长6.74%，小学13164.46元，比上年增长1.97%，初中16743.59元，比上年增长5.39%，高中21509.07元，比上年增长5.07%；生均公用经费：幼儿园3756.84元，比上年增长12.69%，小学3875.99元，比上年增长9.99%，初中5148.19元，比上年增长10.78%，高中6449.96元，比上年增长5.06%。生均公用经费定额标准分别提高到高中1000元，示范性幼儿园600元，一、二级幼儿园1000元，小学1600元，初中1800元，工读4000元及辅读5000元。

加强民办教育的扶持监管力度。制定相关的民办非营利制度，包括法人治理制度、机构准入制度、办学保障制度、质量评估监控制度和退出制度等；在民办教育发展基金中安排专项资金用于民办中小学教师分层培训，扶持课程改革、教师专业化发展等；实行民办教育专管员制度，将民办中小学纳入教育署的管理，定期开展督查；完善了民办教育应急机制，及时处理办学中的突出问题。

开展“走千听万”活动。2010年度局机关副处级以上干部先后走访洋泾街道和宣桥镇2个街镇、52个村居，98户困难家庭，召开52个座谈会，收集居民反映的各类意见建议近200条。新区教育党工委、新区教育局处置问题131项。

(成德基)

[开展教育对口合作地区支教、协作工作] 新区年内选派33名优秀学校干部、教师支教，同时，接受来新区培训的对口合作地区的校长和教师46名。选派教师对口支教做到严格选拔，加强管理，提高支教的实效。

(成德基)

[继续实施“名师名校长”工程] 全区有“特级校长”16人、“特级教师”40人、学科带头人和骨干教师2483名。继续要求“名师工作室”和“校长、教师培训基地”，加强对中青年校长和教师的培养，将工作室和基地办成优秀教育管理者和教师的“孵化地”。

(成德基)

[建设公建配套中小学和幼儿园] 年内交付使用校(园)舍40所，其中：幼儿园20所、小学12所、初中5所、九年一贯制学校2所、高中1所。40所校园用地面积约57万平方米，建筑面积约34.5万平方米，新增国有资产约11.4亿元。全年新区财力投资教育基本建设项目中，浦东外国语学校改扩建、唐镇中学改扩建、浦东模范中学食堂改扩建、黄楼中心小学改扩建、园西小学改扩建以及22个学校的“校安工程”等项目顺利竣工。

(成德基)

[上海浦东职业教育集团成立] 6月2日，上海浦东职业教育集团成立暨首届理事会在东辉职校举行。会议通过职教集团组建方案、理事会理事人员、集团正副理事长、正副秘书长名单和《上海浦东职业教育集团章程》。浦东职业教育集团将在服务区域经济建设、中高职教育融合、职教资源统筹、人才培养模式变革、双师型师资建设、校企合作机制创新等六个方面有所突破。

(成德基)

[命名新区第二批实验性示范性高中] 6月9日，浦东中学、建平世纪中学、陆行中学、北蔡中学、高行中学、香山中学、周浦中学、新场中学、南汇一中、大团高级中学等10所中学被命名为新区实验性示范性高中。

(成德基)

[启动“农民工学校学生安全保护教育”活动] 6月21日，举行2010年浦东新区实事项目——“农民工学校学生安全保护教育”活动启动仪式。向浦东新区41所民办农民工子女学校3万多名学生每人发放一顶“安全小黄帽”和一本《安全教育宣传读本》；向全区41所农民工子女学校发放每校5块河道安全警示牌。12月举办民办农民工子女学校师生识险、避险、自护自救技能展示活动。此实事项目总投资为132.2万元，完成时间为1年。

(成德基)

[获知识产权学校示范学校称号] 7月，上海尚德实验学校、上师大附属第二外国语学校、浦兴中学分别获得上海市知识产权示范学校和试点学校称号。

(成德基)

[参与2010年上海国际艺术节活动] 10月，作为上海国际艺术节教育板块，“挪威音乐校园行——中挪青少年音乐周”走进浦东校园。洋泾菊园实验学校、实验东校、惠南镇小学和新区青少年活

动中心的4000余名学生一同参与活动并作现场表演。学生们与艺术家们在校园、在世博园的欧洲广场一同举行了《一起吹响爵士》、《天籁如风》等10场音乐会。

（成德基）

[第三批中小学素质教育实验校签约] 12月15日，第三批浦东新区素质教育实验学校分别在长岛中学与金陆小学召开了两场现场会，共有40所中小学与新区教育局签约。

（成德基）

2010年浦东新区青少年科技节开幕

[举办第一届中等职业学校学生职业技能比赛] 12月18日，新区举行第一届中等职业学校学生职业技能比赛。比赛设现代物流、普通钳加工、餐厅服务等8个项目。新区14所中等职业学校（含中专、职校、技校）的640名学生（占全区中职学生数的2%）参与比赛。上海市教委教研室和市职业教育的专家担任比赛的标准制定、命题、评分等工作。

（成德基）

[成立首批"学校办学联合体"] 12月23日，新区召开加强合作办学、推进教育均衡发展大会。会议下发《浦东新区加强合作办学，促进教育均衡发展的指导意见》，以及《关于加强教育局、镇政府教育合作工作的实施意见》、《关于加强办学联合体工作的实施意见》。并进行"局镇教育合作和推进办学联合体"协议签约。协议规定合作各方的权利和义务，也规定评价机制和奖惩办法。首批签约的"学校办学联合体"有27个，共72所学校；首批签约的"局镇教育合作" 镇是祝桥镇和老港镇。

（成德基）

[设计"世博一课"拓展素质教育时空] 世博期间，新区开展"教师与世博"主题实践活动，向全区中小学教师征集"世博精彩一课"教育教学方案，拓展素质教育的新时空。活动历时5个月，共征集到291个教案，其中优秀教案由设计老师在世博园亲自执教。

（成德基）

[举行"争当世博风尚好少年系列活动"] 新区开展"展示礼仪风尚　奔向精彩世博——浦东新区青少年争当世博风尚好少年系列活动"，倡导中小学生带动家长一起践行世博文明公约，共同参与世博志愿者活动。2010名学生成为了"浦东新区世博风尚好少年"，514名学生被命名为"上海市世博风尚好少年"。

（成德基）

[参与"同享蓝天"爱心捐书活动] 新区开展"做一个有道德的人"——"同享蓝天"爱心捐书活动。活动中，全区225551名学生捐出心中喜爱的书246963册，送往新疆喀什以及其他西部贫困地区。

（成德基）

[成立新区青少年心理健康教育发展中心] 新区现有265所中小学建立了心理辅导室。年内，新区教育局协同新区文明办，成立 "浦东新区青少年心理健康发展中心"，发挥其在区域性研究、服务、管理、指导、培训的功能，建设上海市心理健康指导示范中心。

（成德基）

[举办学生阳光体育大联赛] 共有1193支队伍

参加学生阳光体育大联赛各项目的比赛，参赛学生达36000多人。共获得团体一等奖36个，列全市首位。

（成德基）

［**开展康教结合项目**］ 181名在普通中小学随班就读的轻度智力障碍学生参加了康复训练。智障学生能力测评数据表明，学生的感觉统合能力、学习能力、情绪状况都有明显进步，赢得社会、家长、学生的肯定。新区还开展了自闭症儿童干预康复课题研究。新区教育部门聘请心理教育、特殊教育、医学、自闭症研究等方面的专家，为全区55名中低功能自闭症儿童开展康复训练。

（成德基）

［**社区教育实验项目工作取得新成果**］ 浦东新区"区县社区学院功能建设的实验（社区学院）"等4个项目被评为"上海市社区教育示范实验项目"；"发挥成人学校社区教育功能的实验（新场镇）"等4个项目评为"上海市社区教育优秀实验项目"；上钢、金杨和康桥等5个街镇被评为市社区教育示范街镇。编制出版《浦东社区教育系列丛书》。

（成德基）

［**开展第六届全民终身学习周活动**］ 全民终身学习周期间，全区38个街镇先后组织各类活动近3500场次，参与总数近45万人次，其中居委、村委、企事业单位的参与总数达36余万人次，占全区参与活动总人数的80%以上。上钢新村街道社区学校等16家单位获得优秀组织奖，并受到表彰。

（成德基）

［**农村成人教育培训工作有新进展**］ 新区培训农村劳动力11519人，其中获职业资格证6323人、获上岗证5196人。全年各镇完成农村信息化培训944人。浦东新区获"上海市信息化培训工程优秀组织奖"荣誉称号。新区燎原教育项目也有新进展，共开展51个项目，受培训人数达8520人，为农民增收增效带来成效。

（成德基）

附：浦东新区教育局驻地及负责人

（2010年1—6月）

地址：浦东世纪大道2001号2号楼
邮编：200135
电话：28282466

（2010年6—12月）
地址：浦东大道141号5号楼
邮编：200120
电话：58876321

新区区委分管副书记：张才莲（8月离任）、赵卫星（10月到任）
新区政府分管副区长：张恩迪

新区教育党工委书记：曹锡康
副书记：王晓科

新区教育局局长：曹锡康
副局长：王晓科（7月到任）、杨德妹（2月离任）、倪　明、郁时炼、张锦华（2月离任）

闵 行 区

［**2010 年概况**］ 区内共有各级各类学校教育机构 293 所，教师 14180 名，学生 173762 名。其中，公办中小学 95 所，民办中小学 29 所（含以招收农民工子女为主的民办小学 16 所），公办幼儿园 55 所，集体办幼儿园 2 所，民办幼儿园 86 所，全日制中等职业学校 3 所（国家级重点职业技术学校——群益职校，国家级重点中专——西南工程学校，民办中专——燎原中等专业学校），成教中心 2 所，社区学校 13 所，直属单位 8 家。社会力量举办的非学历教育机构 98 所，境外学校 10 所（外国人学校 9 所，台商子女学校 1 所）。

2010 年新开办完中 1 所（体育职业学院附中），民办初中 1 所（上师初级中学），公办小学 3 所（静安一中心新梅陇小学、浦航小学、福山实验小学），以招收农民工同住子女为主的民办小学 3 所；民办九年一贯制学校（日新实验学校）转公办小学 1 所（日新实验小学），停办 1 所（上海市闵行教研学校）；原民办十二年一贯制学校（上海市燎原实验学校）分离为民办完中 1 所（上海市民办燎原实验学校）和民办九年一贯制学校 1 所（上海市燎原实验学校）；新开办公民办幼儿园 9 所。

全区有特殊教育学校 3 所，其中听障学校 1 所（启音学校），智障学校 1 所（启智学校），以及 1 所民办启英幼儿园康复部（承担学前幼儿听障康复工作）。有 2 所普通学校开设 3 个特教辅读班。全区共有特殊学生 394 人（含特教辅读班就读学生）。此外，有 59 所普通学校接纳轻度残障、特殊少年儿童随班就读，随班就读学生 219 人。

学前教育整体水平持续提升。新开办 9 所幼儿园，缓解入园难。依法整治非法办学，至 12 月底，全区关闭和取缔非法办学点 49 家、临时看护点 77 家，其中 74 家按要求完成整改。规范开办民办三级幼儿园和学前看护点，保障了农民工同住子女入园需求。启动实施第二轮学前教育城郊结对项目，优质园所建设取得成效，虹鹿幼儿园成为“上海市示范性幼儿园”。完善小区生补贴政策。完善学前教育公共服务体系，研究制定低保家庭子女减免管理费政策和非户籍人士子女申请就读幼儿园的积分制政策。

义务教育优质均衡发展。全年新开办 5 所义务教育阶段学校，缓解入学高峰矛盾。优化委托管理项目和校际合作结对项目，加强项目日常管理和绩效评估，提升薄弱学校的办学水平。推进政府实事项目，为民办农民工子女小学配备标准图书室及增配体育运动器材；投入 7099407 元为民办农民工同住子女小学配备多媒体教学设备，提升教师的信息化教学素养和能力，为全区 16 所民办农民工子女小学的 21076 名学生建立学生学籍信息。为民办农民工子女学校教师开展“教育通识”和“学科教学研究”的培训。设立 300 万元的民办学校教育发展基金。规范对民办农民工同住子女学校的管理，开展了办农民工子女学校财务人员的培训，将财务工作纳入区核算中心统一管理。对民办农民工子女学校开展校园安全隐患勘查和抗震检测，整改 13 所学校存在的 70 个急需解决的问题。

加强校长队伍专业化建设。编制区“十二五”校长队伍专业化发展规划及四个附件。举办“以教育家的精神办闵行教育”的主题论坛。选派 15 名校园长赴英国布莱顿大学进行管理培训，44 名校长参加上师大教育硕士班学习。组织开展幼儿园园长科学人文管理培训、中小学分管教学校长、教导主任课堂教学能力实战培训、教育系统干部综合素养培训、中小幼校（园）长暑期培训、初中校长课程领导力专题培训、学习型党组织建设书记专题培训。举行第二届市“双名”工程（闵行名校长后备）展示活动，3 人被录取为上海市普教系统名校长培养基地学员。

依托职教联盟平台，加强与高校在中高职贯通、实训资源共享、专业课程教材建设、师资队伍建设等方面的合作。举办“区域职业教育改革发展与产业结构调整相适应的技能型人才培养论坛”。

推进社区学校标准化建设。6 所学校通过市社区学校（成人学校）标准化建设评估。启动“第二轮上海市社区教育示范街道（乡镇）”创建，七宝镇、华漕镇、虹桥镇、颛桥镇命名为“上海市社区教育示范镇”；七宝镇、颛桥镇被命名为“全国社区教育示范镇”；虹桥镇、颛桥镇被授予“2008—2009 年度上海市学习型社区”先进单位。浦江镇、马桥镇、吴泾镇被确定为上海市成人学校标准化建设达标单位。送审上海市社区教育优秀课程教材13门，其中区本特色文本教材5门，续评教材8门，制作参评全国社区教育专业委员会视频教材2门，引进市、国家级优质视频资源1700门。在2009—2010年度上海市社区教育教学资源征集中，区本系列教材获单一载体教学资源类一等奖1项，三等奖2项。

整合教育资源，优化特殊教育设点布局，在两所学校新设立辅读班，满足中重度智障儿童的入学需求。出台《闵行区特殊教育设点布局改进方案》，保障辖区内特殊儿童能相对就近入学。推进听障、智障和自闭症儿童的医教结合，促进特殊儿童身心全面发展。加强随班就读学生的认定工作，为全区小学二、三年级疑似智障学生提供免费智商检测服务，设立智障残疾儿童专用检测经费。区启音学校成为全国“医教结合　综合康复”实验基地。

区教育局第五年被市教委评为政府信息公开和网站建设先进单位。局政务公开网获得首届全国教育门户网站评比地市级50佳网站。成立了闵行教育事务受理中心，处理各类信访事件和公众诉求。

（许　凌）

[编制区教育改革和发展规划]　按照国家和上海市中长期教育改革和发展规划纲要部署，开展《闵行区中长期教育改革和发展规划纲要》及《闵行区“十二五”教育改革和发展规划》编制工作，明确未来5—10年闵行教育发展的指导思想与战略主题，确立一批新的重大项目和改革试点。

（许　凌）

[启动基础教育统筹管理试点工作]　6月，区政府下发《关于推进闵行区教育事业发展统筹管理机制的实施意见》，确定以虹桥镇和吴泾镇为试点，开展区镇两级基础教育统筹管理制度改革，完善财政投入制度，明确统筹管理内容以及两级政府的管理职责和管理流程，建立工作协商机制，推进教育规划、资源配置、质量保障体系的统筹管理。

（何曙光）

[新开办7所学校]　引进黄浦区蓬莱路二小、静安一中心小学、福山教育集团、上师大附中等优质教育资源，合作开办浦航小学、静安一中心新梅陇小学、福山实验学校和上师初级中学等4所新学校，9月招生开学；设立田园外语实验小学银都路校区。新开办3所民办农民工同住子女小学招生开学。

（彭美华）

[评选德育先进个人]　在全区教职工中开展德育先进个人评选，共评选出班主任名师5名，优秀德育工作者20名，十佳优秀辅导员10名，金奖班主任22名，优秀班主任252名。

（郑菊兰）

[启动第二轮学前教育城郊结对项目]　与虹口区学前教育城郊结对项目第二轮启动。项目实施时间为2010年1月到2013年1月。共有两个结对项目，一是骨干教师结对交流项目，二是幼儿园结对交流项目。由虹口的3所市示范性幼儿园分别带教闵行区6所二级幼儿园（航华三幼、吴泾三幼、颛桥一幼、闵行一幼、金色幼儿园、万源城幼儿园）。

（黄　悦）

[评出首批“区实验性示范性高中”]　9月，上海市闵行第二中学、上海市田园高级中学、上海市文来中学（高中部）、上海市莘庄中学、上海市莘格高级中学等5所学校被命名为闵行区首批“区实验性示范性高中”。

（彭美华）

[民办学校政府经费支助补贴方案通过区人大听证]　对民办学校进行的政府经费支助补贴，按公办学校生均公用经费定额标准，补贴民办小学生均1400元、民办初中生均1600元、民办高中生均1750元，总经费达626.25万元。补贴主要用于学校公用支出经费补充，提升办学特色；建立民办学校教育发展基金300万元，主要用于支持符合条件的民办学校改善办学条件，开展教育改革、奖励先进。全年为民办农民工同住子女小学增配图书、阅览设施设备和体育器材配备，资金总额398.84万元，其中区财政投入238.84万元；为民办农民工同住子女小学配备多媒体教学设备，共投入709.94万元。推进民办学校教师年金制、财务会计制度。区内13所民办学校实行教师年金制。

（汪一欣）

[推进对口支教项目]　选派4名教师赴都江堰市工作，并接受都江堰市骨干教师15名、管理干部11名来沪培训；群益职校接纳都江堰市中职学生61

人。接受湖北省夷陵区、江西省吉安县等地中小学校长来区挂职学习。向云南省双江县派出支教教师5名,向新疆阿克苏市派出支教教师1名,帮助培训新疆少数民族中学双语骨干教师18名。与新疆泽普县教育局签署教育援建和学校结对协议。

(汪　炜)

[完善辅助服务项目] 提高辅助服务项目人员的工资标准。将勤杂工人岗位的工资标准提升到1600元/月,其他技术工人岗位、管理岗位和专技岗位的工资标准也相应提高。改进该项目的管理制度和用人流程,对直属单位的辅助服务项目统一规划,严格控制人员进入。

(汪　炜)

[特教职业学校首届学生毕业] 2008年开办的闵行区群益竟成职业教育培训学校,第一届智障学生在6月毕业。毕业生共18人,6人取得园林花卉及超市理货专业证书,3人获中西面点证书,获证学生就业率达100%。

(周旻琪)

[在多项市青少年比赛中获奖] 承办第25届英特尔上海市青少年科技创新大赛,并在大赛的创意机器人、科技实践活动、科技教师创新、科学幻想绘画、科学DV等板块比赛中获得一等奖21项,二等奖54项,三等奖69项,优秀组织奖4个,1人获优秀科技辅导员称号。此外,获专项奖共计61项。4月10日,在第八届“明日科技之星”评选大会论坛上,获得上海市“明日科技之星”称号4人,获上海市“明日科技之星”提名奖1人,获“科技希望之星”称号8人,获作品创意奖4人、作品演讲奖3人。获得优秀辅导奖4人,获开放式学生论坛三等奖1项,优秀活动成果一等奖1项,贡献奖1项,闵行区教育局获优秀组织奖。

(吴国斓)

[举行区第九届学生艺术节] 闵行区举办第九届学生艺术节。艺术节自5月起,历时7个月,共设戏剧、舞蹈、器乐三个艺术门类比赛。戏剧比赛设“少儿歌舞剧”、“校园剧/课本剧”、“诗歌朗诵”和“戏曲(小戏)”比赛专场,全区有35所小学、34所中学的近800名中小学生参加;舞蹈分“幼儿舞蹈”和“中、小学表演舞”专场比赛,全区有44所幼儿园、35所小学、17所初中和5所高中参加;器乐比赛设西洋乐、民乐和鼓乐三大类七个组别,有64所学校的近1700名中、小学生参加。

(吴国斓)

[落实市“千村万户”农村信息化培训普及工程] 从2008年开始,截至2010年12月1日,各社区学校完成“千村万户”农村信息化培训普及2843人,占三年全部计划数的145%;完成宣传普及54603人,占三年全部计划数的121%。

(谢凯丽)

[发展老年教育事业] 区老年大学开设班级90个,招收学员近1982人。各街镇老年学校办班总计307个,学员9330人,各居村委办学点共开设课程班2162个,学员达44073人次;老年远程教育集中收视人数达25580人,比2009年增加3529人。莘庄、颛桥、七宝、马桥、华漕、虹桥、浦江等七所老年学校分别获得“上海市示范性老年学校”与“上海市特色老年学校”称号。

(谢凯丽)

[教育科研课题立项和评奖] 7月,立项上海市教育科学研究项目1项、规划项目4项。11月,有685项区级课题立项,其中,重点课题50项,一般课题635项。12月,立项国家教育部规划课题1项。12月,第十八届教育科研成果评选,666项成果参评,获奖399项。其中,一等奖33项,二等奖123项,三等奖243项。

(韩金环)

[开展首届教学小课题研究] 闵行区教师进修学院引导教师关注教学中的关键问题、热点问题和急需解决的问题,全区近20%的教师,围绕“情境创设”、“有效作业”、“学法指导”、“潜能开发”课堂教学中的实际问题开展研究。“研究教学小问题,促进专业大发展。”区内学校共申报1855项小课题,审核后立项969项,组织49位学科带头人和研训员进行指导,形成了50多个课题群。6月中旬,完成了首届教学小课题成果评选及展示工作。经学术委员会审核,评出24项一等奖,91项二等奖,167项三等奖,523项合格。

(郑仲仁)

[建立首批区级学科教研培训基地] 在全区16所学校设立学前、小学、初中学段游戏、学习、音

乐、小学语文、小学英语、小学数学、拓展型课程等16个学科教研训基地，以学科课程建设为主要工作载体，通过组织有针对性的主题教研、培训活动，促进教师专业水平主动发展。

（龚耀昌）

［教育经费总投入增长］ 2010年，全区经常性财政收入为1390400万元，比上年增长15.35%。全年教育经费财政拨款201961.7万元，比上年增长19.8%。年生均教育事业费，高中25383.72元/生，比上年增长6.2%；初中23460.41元/生，比上年增长2.9%；小学14958.73元/生，比上年增长3.52%；幼儿园14496.69元/生，比上年增长6.34%；特殊教育生均事业费59933.91万元，比上年减少2.26%；中职校14942.37元/生，比上年增长9.23%。年生均公用经费，高中5088.31元/生，比上年增加6.2%；初中6160.37元/生，比上年增长10.7%；小学3842.77元/生，比上年增长18.49%；幼儿园4793.16元/生，比上年增长10.09%；特殊教育13889.11元/生，比上年减少8.02%，中职校5156.75元/生，比上年增长0.84%。全年教职工年人均总收入93205.75元，比上年增加6570.37元，增长7.58%。合计全年教育总投入268395.26万元，比上年增长17.11%。

（陆 萍）

附：区教育局驻地及负责人

（2010年1—12月）

地址：七莘路400号
邮编：201100
电话：64881398
64983660（总机）

区委分管常委、宣传部部长：赵丹妮
区政府分管副区长：张辰（2月离任），杨德妹（2月到任）

区教育党工委书记：朱雪平
副书记：姚计华

区教育局局长：竺建伟
副局长：王 浩（4月离任）、朱 越、李光华、何美龙（8月到任）

嘉　定　区

［**2010 年概况**］　区教育局以“办人民满意的教育”为目标，坚持均衡发展，优质发展，推进各级各类教育内涵建设。全区共有小学 40 所；中学 31 所，其中高级中学 5 所，完全中学 3 所，初级中学 13 所，一贯制学校 10 所；辅读学校 1 所，工读学校 1 所，青少年业余体校 1 所，幼儿园(所)48 所。全区 3—6 岁幼儿入园率为 99.8%；小学入学率、巩固率、毕业率均为 100%；初中入学率为 100%，毕(结)业率为 98.2%；高中阶段录取率为 99.52%；春秋两季普通高校总计录取 1821 人，秋季高考录取率为 92.54%；全区成人教育年培训总量为 896248 人次。完成农民工同住子女义务教育三年行动计划，公办学校共吸纳农民工同住子女 15859 名，17 所民办农民工子女小学共吸纳学生 15770 名，农民工同住子女 100% 享受免费义务教育。

加强师资队伍建设。举办区优秀骨干教师高级研修班，聘请 9 名上海市名师培养基地主持人导师团一对一带教学员。2 名校长赴美国完成“影子校长”项目培训，2 名校长参与长三角名校长培训，4 名青年校长和 12 名青年教师成为上海市第二期“优青项目”后备人选。名师工作室终期评估，首批学员结业。组织 20 名优秀教师赴加拿大完成两个月的出国培训，选拔 5 位教师到云南香格里拉五中支教。开展教师全员培训，全年共培训教师 25810 名、50178 人次。评选表彰区第五届“十佳师德标兵”，开展向全国教书育人楷模于漪和嘉定区教书育人模范蒋蔚芳学习活动。全年招录教师 272 名，其中硕士占 5.9%。组织实施事业单位岗位设置管理工作，制订《关于专业技术岗位任职条件的指导意见》，完成 95 个单位岗位设置方案的审批工作。实施“阳光收入”政策，完善义务教育学校绩效工资管理。非在编人员纳入区教育后勤中心统一管理。

加强未成年人思想道德建设。开展“小手牵大手　世博引风尚——争当世博好少年”主题系列活动，开展“民族精神月”系列活动；举办区“点亮心灯”中小学心理健康系列活动；开展区“快乐女生拥抱世博　健康青春展现风采”快乐女生项目展示活动，出版《健康陪伴青春》教师指导用书。推进温馨教室建设，举行“师生话温馨　幸福你我他”小故事讲演比赛。开展“禁毒教育八个一”活动。组织试点校开展课程与社会资源利用试点项目研究，编写完成《嘉定区中小学生社会实践活动指南》。组织百名小学班主任参加 2010 年“知行中国—小学班主任教师培训”远程培训，区优秀德育管理工作者评选中有 30 名教师获奖。开发“嘉家乐”区家庭教育指导网上平台。

加强基础建设，扩大优质教育资源。完成清水颐园幼儿园、马陆小学、新城初级中学等 8 所学校的新建或迁建工作，总投资近 2.46 亿元。推进校舍安全工程，完成 18 个项目，竣工面积 13.2 万平方米。完成中小学光环境改善工程，实施中小学教室课桌椅改善工程、防雷设施改造工程。命名上外嘉定实验学校和安亭中学为区实验性示范性高中。华师大二附中在嘉定区承办民办嘉定新城初级中学。参照公办学校生均公用经费定额标准对民办学校进行补贴、并投入 170 万元更新教学仪器设备。落实专项保障经费，为特殊教育学校(成佳学校)学生及随班就读脑瘫学生提供咨询、指导、服务，教师送教，医教结合。扩大校企合作，组建现代物流专业、汽车制造维修专业、机电制造专业、通信与现代信息技术专业、职工教育培训五大专业合作组。

推进课程与教学改革。出台《关于启动“研究学生，做学生喜欢的老师”行动的通知》、《关于加强备课、上课、作业等教学环节一致性的意见》、《嘉定区中小学校长教学管理要求》等文件。成立 8 个教学与课程课题组，加强区域联片教研，整合“教学片”区域资源，发挥各校教学和研究优势，辐射片内学校。以“学习准备期”为主题，组织第十一轮小学校长专题研讨活动，推动幼小衔接。做好课题评审、成果推广等工作，评选表彰区第六届教育科研成果奖。组织参加中央电教馆“技术启迪智慧”、“互联课堂”项目研究，举办“交互式电子白板与互动教学”展示活动，加强信息技术与教学研究的整合。初步构建中小学“悦读人生　书香校园”网站，开展“2010 年嘉定区中小学图书馆网页展评”等活动。

推进学习型社会建设。启动编制《嘉定区终身教育改革和发展“十二五”规划》，组织开展“文明观博”、“市民环保知识培训”、“市民普通话培训”三项专题培训。召开职教集团年会，制定《上海嘉定职业教育集团专项资金管理办法》等文件。召开区成人教育协会年会并进行换届选举，制订《嘉定区成人学校能力建设五年发展规划》。开展社区教育实验，《外来务工人员有效学习模式开发与应用的实验》等 3 个社区教育实验项目被评为市社区教育示范实验项目。开通嘉定终身学习网，编辑出版 3 个系列共 9 套教材并获得市社区教育课程资源评比一等奖。举办区第六届全民终身学习周活动，学习人数超过 17 万人次。

坚持依法行政。做好 2010 年度政府履行教育责任执行情况公示公报，完成对区内 20 所学校教育综合督导，组织校园安全管理、民办农民工子女小学管理和义务教育阶段学校规范招生工作专项督查。开展行风建设达标学校创建，对第一批创建先进单位命名表彰。加大信访查处、化解信访矛盾力度，领导阅批率、办结率、署名信书面告知率、书面答复率和电子邮件答复率均为 100%。

（梁晓峰）

［在体卫艺活动中取得好成绩］ 459 名青少年运动员参加市第十四届运动会青少年组田径、游泳、击剑、皮划艇、足球等 19 个项目的决赛，共获八项团体金牌 18 枚。在市“千校万班”乒乓球比赛中，10 个年级代表队全部获一等奖。落实“三课两操两活动”和“课间跑”，组织区中小学生自编操比赛，开展课间跑展示活动，区教育局被评为“第三届全国亿万学生阳光体育冬季长跑活动优秀组织单位”。做好学校卫生工作，组织参加教育部全国学校预防艾滋病教育教学活动评选，获 1 个全国一等奖、1 个三等奖。举办区首届中小学骨干合唱指导教师培训班、区艺术教师课堂教学评比等活动。苏民学校被教育部授予“全国学校艺术教育工作先进单位”，城中路小学和苏民学校被评为市艺术教育特色学校。

（许海蓉）

［青少年科技创新工程新进展］ 参加 2010 中国上海青少年机械奥运埠际赛，获 9 个一等奖，名列全市第二。区青少年科学研究院培养 21 名小院士中，有 7 人获国际级冠军奖。在第 25 届青少年科技创新大赛活动中共获全国二等奖 1 个、三等奖 1 个，市级一等奖 7 项、二等奖 18 项、三等奖 29 项。参加市第八届青少年明日科技之星评选活动，1 人被评为市明日科技之星。南翔中学获第 31 届世界头脑奥林匹克决赛初中组冠军。

（许海蓉）

［启动“中华诵·经典诵读行动”］ 编写《经典诗文诵读》丛书，开展“中华诵 2010 经典诵读大赛”。开展“推普周”宣传活动、“我爱祖国语言美”系列比赛、“世博心语”传递活动和百万学生“迎世博 学双语”活动。启动中职校学生普通话测试工作，全年参加测试计 1598 人。嘉定一中被评为国家级语言文字示范校，8 所学校被评为市语言文字规范化示范校。

（辛　敏）

嘉定区经典诗文诵读区域推进启动仪式

[召开教育系统红十字会第一次会员代表大会] 1月28日，嘉定区召开教育系统红十字会第一次会员代表大会。选举产生教育系统红十字会第一届理事会19名理事和会长、副会长。

(许海蓉)

[为民办农民工子女小学“献爱心”] 1—3月，开展为民办农民工子女小学“献爱心”系列活动。全区50多所中小学校组织学生到民办农民工子女小学开展图书捐赠活动，共捐“儿童文学”、“中外名著”等20个类别、34578本图书。

(陆咏梅)

[被确定为“全国数字化学习先行区”] 嘉定区坚持社区教育信息化、数字化建设，开通“全国社区教育实验网站”和“嘉定终身学习网”，通过“网上学习论坛”、“网上读书俱乐部”、鼓励市民参与学习。3月，被授予“全国数字化学习先行区”称号。

(张剑锋)

[成立教育系统人民调解委员会] 6月29日，区司法局、区教育局举行嘉定区教育系统人民调解委员会揭牌仪式。嘉定区教育系统人民调解委员会职责是：解答、受理教育系统内纠纷争议当事人的咨询和投诉；及时调处纠纷争议，防止纠纷争议激化；开展法律法规政策法制宣传教育，通过调解工作向当事人普及法律知识；排查纠纷争议信息，收集教育不稳定因素，及时分析汇报，预防重大影响社会稳定的群体性纠纷争议发生等工作。

(姚仁根)

[《中华传统优秀诗词“诗乐启蒙”(第一辑)》面世] 由区教育系统词作家王威尔选诗诠释、作曲家易凤林原创，上海音乐出版社、上海文艺音像电子出版社出版的《中国的“唱诗班”——中华传统优秀诗词“诗乐启蒙”16首(第一辑)》在上海书展上和读者见面。专辑共选择《关雎》、《梅花》、《游子吟》等16首古诗，作为区本教材推广和应用。

(辛　敏)

[韩正接见头脑奥赛世界冠军] 8月25日，市委副书记、市长韩正、副市长沈晓明等在衡山宾馆接见在第31届世界头脑奥林匹克决赛中获世界冠军的嘉定区南翔中学8名师生。该校在柱状结构Ⅱ组长期题比赛中以不足18克的轻柱状结构承压1085磅名列初中参赛队榜首。

(辛　敏)

[举行区首届小学生民防运动会] 10月16日，由区民防办和区教育局主办、区红十字会协办的嘉定区首届小学生民防运动会举行。运动会突出趣味性和团队合作精神，共设火场逃生、救护包扎、家庭煤气泄漏处置三个集体项目。封浜、真新和清水路小学分获团体总分第一、二、三名。清水路和城中路小学进行特色表演，展示学校民防教育的成果。

(许海蓉)

[启动学前教育“新雁计划”项目] 10月21日，幼儿园精细化管理暨嘉定区学前教育“新雁计划”项目启动。“新雁计划”项目下设4个小组，分别是新任园长组、新任业务园长组、青年骨干教师组和青年潜力教师组，旨在培养优秀青年园长和青年教师，优化园长和教师队伍，促进幼儿园可持续发展。

(曹葆红)

[“上海市中医药大学中医药文化传播基地”成立] 10月28日，“杏林春暖”项目实施推进会暨“上海市中医药大学中医药文化传播基地”揭牌仪式在外冈中学举行。外冈中学从“春的孕育”、“夏的耕耘”、“秋的收获”、“冬的蓄积”四个部分介绍开展“杏林春暖”拓展型校本课程。

(许海蓉)

[获第三届全国阳光体育冬季长跑优秀组织奖] 在教育部、国家体育总局、共青团中央共同组织的第三届全国亿万学生阳光体育冬季长跑活动中，嘉定区被评为优秀组织单位。嘉定区积极组织抓落实，领导带头跑，教师跟着跑，学生全员跑，有效提高学生的体质健康。

(许海蓉)

[获“全国学校艺术教育先进单位”称号] 10月，嘉定区苏民学校被教育部授予“全国学校艺术教育先进单位”称号。苏民学校坚持“创美启智、和谐发展”的办学目标，坚持把艺术教育融入校风学风教风建设，融入社会实践活动，融入校园文化建设，并开拓“以美导德、以美载德、以美辅德、以美育德”之路，学校开展的管乐、爵士乐、国画、彩石画等特色项

目取得显著成效。

（吴伟立）

［教育经费总投入增长］ 2010年，全区经常性财政收入为1077399万元，比上年增长16.85％。全年教育经费财政拨款122360.74万元，比上年增加17713.18万元，增长16.93％。教育经费财政拨款增长比例高于财政经常收入增长比例。年生均教育事业费高中21551元/生·年，比上年增长17.48％；初中19642元/生·年，增长4.61％；小学13514元/生·年，增长4.3％；幼儿园14605元/生·年，增长12.8％。特殊教育生均事业费73344元/生·年，比上年增长5.57％。年生均公用经费高中5405元/生·年，比上年增长47.52％；初中4521元/生·年，增长23.8％；小学3070元/生·年，增长38.16％；幼儿园3550元/生·年，增长10.7％。全区教职工年人均总收入92356元，比上年增加3251元，增长3.65％。全年合计教育经费（全口径）总投入152646.09万元，比上年增长16.96％。

（龚文华）

附：区教育局驻地及负责人

（2010年1—12月）

地址：嘉定区嘉行公路601号
邮编：201808
电话：39902000

区委分管副书记：曹一丁
区政府分管副区长：夏以群

区教育党工委书记：姚　伟
　　　　副书记：毛长红、朱　灵

区教育局局长：毛长红
　　　副局长：张德海、俞勇彪、朱　芳

宝 山 区

［**2010 年概况**］ 宝山教育围绕“育人为本、提高质量、促进公平、创新发展”的中心任务，努力提升教育公共服务的能力和水平，顺利完成 2010 年各项工作任务，圆满实现“十一五”目标。

宝山教育事业规模进一步扩大，有教育单位 275 个，学生 14.5 万人，教职工 1.3 万人。各级各类教育实现优质均衡协调发展。3—6 岁婴幼儿入园率达到 99%以上，义务教育入学率保持 100%，高中阶段教育入学率超过 98%，0—3 岁婴幼儿早期教育指导率达 98%。社区教育培训率达 68%，区域内来沪务工人员同住子女 100%享受免费义务教育。宝山教育获“全国阳光体育活动先进区”、“上海市规范教育收费优秀达标区”、上海市教育系统“五五”普法先进单位和上海市学法用法示范机关等称号。

追求优质均衡，推进城乡基础教育一体化发展。促进城区优质资源向农村辐射。启动教育联建体建设，成立 6 个初、高中教育联建体，选派 27 名城区优秀教师赴农村学校支教，推进师资交流；加强与其他区及高中合作。与杨浦区教育局合作推进盛桥中学、共富新村小学的委托管理工作，启动新一轮宝山——杨浦学前教育城郊对口交流；引进虹口区新华初级中学与刘行中学教育合作，建立刘行新华实验学校。推进与华东师大合作开展沪太路沿线新农村教育发展区二期项目；加强高中教育，引导优质发展。继续开展区实验性示范性高中评审，对罗店中学、宝山中学、通河中学进行终结性审评；推进章淳立高三数学研究室工作，整合高中优秀教师团队，加强学科教学研究。

市教委主任薛明扬到上大附中调研新疆内地高中班工作

促进教育公平，保障农民工同住子女教育机会。完成以招收农民工同住子女为主的民办小学配备标准图书室、增配体育运动器材工作。与顾村镇协调，将原刘行中学校舍调整给民办寿沪小学；开展民办农民工子女小学教师暑期全员培训；完成以招收农民工同住子女为主的 16 所民办学校的年检工作。

探索科学启蒙，加强学前教育。实施幼儿课程区本化研究，成立由幼教特级教师、特级园长、教科研专家等参加的项目研究小组，引进华东师范大学“幼儿立体课程”和英国“比比与朋友”幼儿心理健康教育课程，开展试点；确定 11 所幼儿园为学前教育内涵发展基地，开展初任园长、骨干教师和职初教师培训培养；新开办 8 个新幼儿园（含分院），搬迁一个幼儿园，合理设点布局，缓解入园高峰矛盾；重视农民工同住子女学前教育需求，加大非法看护点整治力度，加强政策引导，吸引社会力量举办了 13 所民办三级幼儿园，接纳3000多名幼儿；完善0—3岁散居婴幼儿早教指导工作机制，实施早教记录卡制度，早教指导率保持在98%以上；举办3期育婴师职称培训班，培训育婴师170多名。

突出能力发展，深化职业教育改革。加强职校学生思想道德建设，推进德育工作“员工化”，制定《宝山职校德育课建设实施方案》，编制德育工作“员工化”校本课程，召开中职德育工作推进会；制定《2010—2013年宝山职校教学质量目标》，优化职校专业结构，职校专业布局调整优化结构方案通过市教委论证，确定物流、数控、制冷三个职业教育重点发展专业；推进职业教育能力建设，建成宝山职校物流开放式实训中心，并通过市教委验收；举办宝山职校首届模拟招聘大赛、宝山职校首届技能节，为学生就业搭建平台。

服务社会和谐，完善终身教育体系。开展上海市实验项目的申报和本区实验项目的指导和验收工作。按照“试点推进，以点带面，逐步覆盖”的原则，协调各镇(街道)，加快资源整合，成人师校、宝山成中、庙行成中三所学校通过上海市成校标准化建设的评估；开展群众性学习培训活动，开展全民终身学习活动周，举办以环保为主题的市民世博活动；配合有关部门推进市府实事工程“千村万户”农村信息化培训普及工程。

提高教育质量，增强实施素质教育能力。结合“两纲”教育、“温馨教室”建设和区中小学行为规范示范校创建工作，推进“学子世博行动计划”、“世博志愿服务进社区”等主题活动；推进教学精细化管理项目，启动“国家课程校本化”实施计划和幼儿园课程“区本化”项目；开展学科教学联盟活动，对初三、高三进行教学视导；提升学生创新精神和实践能力，在“全国第25届青少年创新大赛”和“上海市第25届青少年科技创新大赛”上创佳绩；实施上大附中与上海大学联合培养创新型实践人才项目，建立罗店中学气象教育基地和气象创新教育联合体；推进和扩大手球联盟、击剑联盟规模，高境一中荣获全国学校艺术教育工作先进单位。

深化内涵发展，提升教师队伍整体水平。推进“师德专业双发展工程”，继续开展“为人、为师、为学”系列活动、“爱生月”活动；开展学陶师陶典型案例征集、读书征文、走进经典等活动；举办“耕耘与收获——诗文音乐会”第26届教师节庆祝活动和教师节精彩短信征集活动；召开第二次教育系统人才工作会议，命名新一届454名骨干教师，并探索骨干教师“走班带教”培养新教师的模式；成立22个名师工作室，完成新一轮“优青工程”选拔，8名校长、18名教师列入市优秀青年校长、青年教师培养对象；继续开设中小幼职初教师培训班和新教师培训班，推进校本研究和教研组建设，开展第十八届教学月活动。

推进教育现代化，加快教育设施建设。完成市政府新建10所幼儿园的实事工程；推进培智学校迁建、求真中学综合楼建设、泗塘中学改扩建一期工程、淞谊中学综合楼、泗塘新村小学改扩建、行中中学综合楼工程等项目；完成5所学校大修，完成15个学校抗震加固项目。

建设平安校园，构建全方位的校园安全保障体系。为全区学校(含幼儿园)新增保安人员207名，开展811人次保安培训，推进学校保安队伍专业化；完善教育系统分级值班指挥和零报告、巡查、突发事件处置、责任追究、公安教育双向督导六项工作制度，编制了涵盖安全、稳定、卫生等方面工作的8个应急预案，汇编了学校紧急疏散预案；组织全区学生开展“平安2010”校园应急疏散演练和“11.9”消防疏散演练。

(王晓波)

[获全国中小学智能机器人篮球比赛一等奖] 行知中学学生姜闻浩、黎响代表上海市参加第十一届全国中小学电脑制作大赛智能机器人篮球比赛，获全国一等奖。行知中学智能机器人实验室成立于2006年。实验室自成立至今，累计获奖达200多人次。

(倪永培)

[获第二届全国中小学公开课说课评比一等奖] 第二届全国中小学公开课电视展示活动暨说课专场展示活动颁奖典礼在北京大学举行。吴淞中学老师杨静《用发展的观点观察问题》的说课获全国一等奖。

(倪永培)

[完成15所学校抗震加固工程] 区教育局对1990年以前建成的校舍进行抗震排查鉴定。确定海滨小学等15所学校为第一期抗震加固学校，校舍总面积为87795平方米。总投资13292万元，已陆续竣工交付使用。

(倪永培)

[制定区特殊教育三年行动计划] 区教育局制定《宝山区特殊教育三年行动计划》。主要目标为：

①优化特殊教育办学条件。义务教育阶段特殊教育学校校舍与场地符合特殊教育需求，教学与康复设施设备达到《上海市聋校、辅读学校教学与康复设施设备装备标准(试行)》(沪教委基[2007]47号)要求；按照《关于加强随班就读工作管理若干意见》(沪教委基[2006]29号)要求，加强区特教康复指导中心建设，配置随班就读资源教室；改善学前特教办学设施设备，满足学前儿童康复需求。②构建从学前教育、义务教育到职业教育的特殊教育体系，使不同年龄段、不同障碍类型、不同障碍程度的特殊儿童都能受到优质教育。③创建医教结合的特教课程体系。开展特教康复课程研究与开发，为障碍学生提供针对性的康复训练，提高特殊教育质量。④开展特教师资队伍专业化建设。配备巡回指导教师、资源教师和康复专职教师。对所有巡回指导教师、资源教师和康复专职教师，进行特教与康复专业知识与技能培训。⑤建立各部门分工合作、教育与医学相互结合的特殊教育医教结合信息平台、服务网络和运行机制。

(倪永培)

[第二届名师工作室成立] 区教育局组建第二届名师工作室。经本人申报，学校同意，区教育局人才工作协调小组审定，成立了由王凤春、李海平等29位老师领衔的第二届名师工作室。

(倪永培)

[举行“教学精细化管理”论坛] 1月6日，宝山区举行“教学精细化管理”论坛暨2009年项目总结会。宝山区“教学精细化管理”项目于2009年3月启动。该项目目标是提高课堂教学有效性，提高教师专业素养。此次论坛的主题为：整体思维，重点突破，全程优化。全区100余名中小学校长参加论坛。

(倪永培)

[举办2010新春音乐会] 高境一中管乐团成立于1998年。2010年2月4日，高境一中管乐团在贺绿汀音乐厅举办“喜迎世博，高境一中管乐团2010新春音乐会”。中国管乐学会副主任孙铭红等领导和专家出席音乐会。

(倪永培)

[被命名为上海市实验性示范性高中] 3月17日，上海大学附中通过上海市实验性示范性高中评审专家组的终结评审，被上海市教育委员会命名为上海市实验性示范性高中。至此，宝山区已拥有3所上海市实验性示范性高中。

(倪永培)

[英国师生访问吴淞中学] 5月20—26日，英国乔治·华盛中学师生12人对吴淞中学进行为期一周的友好访问。21日下午举行两校师生联谊活动。英国驻上海领事馆领事加文·安德森先生，宝山区教育局领导出席联谊活动。

(倪永培)

[区教育局迁址办公] 2010年5月10日，宝山区教育局由淞滨路28号搬迁至宝杨路158号办公。区教育局新址邮编：201900。(宝山区教育局于1999年9月1日由友谊路42号搬至淞滨路28号办公)

(倪永培)

[集中培训新进学前教育教师] 8月21日，宝山区对学前教育新进教师进行岗前集中培训。培训的主要内容为：师德修养与班主任工作，学前教育新课程标准解读、学前教育教学工作文案工作规范、学前教育区域活动、学前教育主题教育与环境创设等内容。

(倪永培)

[被授予“上海环境友好型城市示范项目”] 10月12日，吴淞中学“绿色教育”项目被授予“上海环境友好型城市示范项目”。“上海环境友好型城市项目”是由上海市环保局与联合国开发和计划署，联合国环境署以及中国国际经济技术交流中心共同开发的项目。

(倪永培)

[宝山中学建校90周年] 10月21日，宝山中学举行建校九十年庆祝活动。宝山中学创办于1920年，创办人管城。创办时校名为宝山甲种师范学校。其间曾更名为宝山县立师范学校、宝山第一中学等，1965年更名为上海市宝山中学。著名儿童文学作家陈伯吹是宝山中学20世纪30年代的学生。

(倪永培)

[“生活教育，与世博同行”征文颁奖] 11月6日，举行第八届“行知·大华杯”全国教师“生活教

育，与世博同行”征文活动颁奖大会。本次征文活动共收到来自17个省市近万篇征文。上海师范大学教育学院俞可等73人的征文分获一、二、三等奖。上海市宝山区教育局、江苏省睢宁县教育局等10家单位获团体组织奖。

（倪永培）

［中小学课外文体活动工程10周年主题展］ 12月28日，以阳光、欢乐、成长为主题的宝山区中小学生课外文体展示活动举行。2010年宝山区被评为全国中小学生课外文体活动工程示范区。展示会上表彰了宝山区中小学课外文体活动工程先进集体、先进个人。

（倪永培）

［获市青年教师教学一等奖］ 在上海市英语新教材青年教师教学大奖赛上，上海大学附中老师周锋凭借流利的口语，新颖的设计，良好的师生互动，获大奖赛一等奖。

（倪永培）

［吹塑版画在市书画比赛中获奖］ 在2010年上海市“樱花杯”书画大赛上，区教师进修学院附中囊括版画类作品一、二、三等奖。该校从2003年开始，将吹塑版画引入学校美术课程，编撰校本教材《吹塑版画绘制技巧》、《美妙的图像图形世界》等。

（倪永培）

附：区教育局驻地及负责人

（2010年1—12月）

地址：宝杨路158号
邮编：201900
电话：66592765

区委分管副书记：陆学明
区政府分管副区长：李　原

区教育党工委书记：张晓静
副书记：楼伟俊、李友钟

区教育局局长：楼伟俊
副局长：张步华、陆荣林、钱学锋、刘　政、蒋碧艳

金 山 区

［**2010年概况**］　2010年，完成中长期教育发展规划制定工作。充实和完善《金山区中长期教育改革和发展规划纲要》（草案），形成了《金山区中长期教育改革和发展规划纲要》，制定《金山区教育事业“十二五”发展规划（征求意见稿）》，明确金山区中长期教育改革和发展的指导方针、目标任务、重大战略和改革措施。

加强中小学课程建设。制定《关于进一步加强中小学课程建设的若干意见》，举行金山区小学“提升课程领导力三年行动计划”教学展示活动。《以课程建设水平评估推进区域中小学课程建设的实践研究》列入上海市教育改革与发展课题。

促进学前教育内涵发展。制定《关于进一步推进金山区优质幼儿园创建工作的实施意见》，举行优质园公开教学展示周、金山区幼儿园园长课程领导力专题研讨等活动。成立5所以招收农民工子女为主要对象的民办三级园。

推进义务教育均衡发展。做好“委托管理”保障工作，完成中期评估。制定《金山区城乡初中组团发展的实施意见》，提升农村学校办学水平。新增金山初级中学与廊下中学、蒙山中学与吕巷中学合作共建，创造性地推进义务教育均衡发展。搭建平台，山阳中学、漕泾中学、朱行中学、钱圩中学组成“四校联盟”，共谋发展。

提升高中办学水平。推进高中特色多元发展，探索高中创新人才培养模式，实施金山区创新素养培育实验项目，金山区成为上海市四个创新人才培养实验区之一。首届新疆班顺利毕业。

推进特殊教育三年行动计划。制定辅读学校和特教康复指导中心的建设方案，为学前特教办学机构配备相应的设施设备，满足学前儿童康复需求。

推进民办教育发展。开展民办教育调研，制定《关于促进金山区民办教育健康发展的若干意见》，加大对民办教育的支持力度。完成对全区29所民办非学历院校规范办学管理的全面评估督查，落实整改措施。制定《金山区加强以招收农民工同住子女为主的民办小学规范管理的若干意见》，规范民办小学的办学行为。

促进职业教育发展。根据区域经济的发展和变化，调整、优化办学结构和模式，开发精品课程。食品科技学校高考班录取率达到100%；石化工业学校牵头组建了上海市化工职业教育集团，并获全国德育先进集体、全国中等职业学校示范校等荣誉称号。

加强成人（社区）院校建设。金山工业区和漕泾镇成人（社区）学校创建成上海市标准化成人（社区）学校。枫泾镇荣获上海市社区教育示范街道（乡镇）称号。

推进学习型社会建设。举办金山区第三届全民学习节。参加上海市第六届全民终身学习周活动，共获1项一等奖、6项二等奖、5项三等奖。石化街道等3个街镇通过上海市学习型社区创建工作验收。

开展文明观博主题培训活动。举办金山区“文明观博”学习培训工作现场推进会，文明观博培训人数357586人，完成计划任务的210%，网上测试合格182180人，完成计划任务的214%。广泛开展培训教育活动，全区全年接受各类培训教育达到70余万人次。

开展小学教育整体改革试点。在海棠小学等3所学校试点小学教育整体改革，从管理模式、课程编制、教学方式、学习方式、教育评价五个方面进行整体改革，探索农村小学教育均衡发展的路径和策略。

教育教学质量进一步提升。全区共有2430人参加高考，本科录取率为78.85%，比去年增加5个百分点。中考成绩总体良好，总平均分为516.2分。

推进“上海市新农村教师专业发展培训项目”的学科培训工作，开展“Intel未来教育与学科整合”培训。做好新教师招聘工作。推进教师招聘工作，共录用297人，其中硕士46名，本科228名，学前教育大专23名。

推进中小学校舍安全工程，制定《金山区中小学校舍安全工程实施方案》，启动张堰中学等学校部分校舍加固项目。

认真做好校园安全工作。召开金山区校园安全工作专题会，对全区校园进行安全排摸，加强安全防范宣传，组建安全志愿者队伍，建立“一校一警”驻守制度，提高校园安保工作水平。

继续规范教育收费工作。坚持教育收费公示制度，落实规范办学与收费的政策。金山区连续6年被评为“上海市规范教育收费优秀区县”。全年完成教育内部审计项目30项，审计资金总额2.38亿元。加强信访工作机制建设。信访总量较上年同期下降19.86%，来信来邮回复率100%，初次重要信访事项办结率100%，重要交办信访事项解决率100%。

（金教宣）

[鲁昕视察上海石化工业学校] 12月3日，教育部副部长鲁昕、教育部职成教司司长葛道凯视察石化工业学校，参观化学工艺开放实训中心、拜耳实训基地、赢创中国化工实训基地、上海化学工业区化工实训基地等，听取学校办学情况介绍，了解学校实训基地建设情况。

（金教宣）

[薛明扬调研金山教育] 3月26日，市教委主任薛明扬等领导视察金山初级中学、金山小学、新城幼儿园，参观廊下现代农业园区规划展示馆、上海农业科普馆金山馆等，听取上海青少年实践活动金山基地建设情况的汇报。薛明扬希望金山教育要进一步提升教师队伍素质，切实促进教师队伍专业化发展；要加快促进学校内涵发展，继续推进金山教育“琴棋书画”、科技、体育等区域教育特色；要建设一支优秀的校长队伍，加强民主作风建设，切实提高校长的专业素养；要依据廊下现代农业园区优势，加快青少年实践活动基地建设，让学生知晓传统农业和现代农业，在更高标准上建设青少年实践活动基地。

（金教宣）

[上海化工职业教育集团成立] 11月22日，上海化工职业教育集团成立大会暨揭牌仪式在上海华亭宾馆举行。上海化工职业教育集团是经上海市教委批准，由上海石化工业学校和上海信息技术学校负责组建的。集团的主要功能是整合化工行业职业教育的资源，实现教育资源集聚；依靠行业优势，促进产教结合；通过院校与企业合作，推进职业院校毕业生的就业工作和科研项目开发。

（金教宣）

[举办2010哈佛大学中美学生领袖峰会] 8月13日，在金山中学举行“华夏基金·2010哈佛大学AUSCR中美学生领袖峰会”，中美学生代表400多人出席开幕式。“哈佛大学中美学生领袖峰会”是哈佛大学每年在中国举办的最大的暑期学生活动，整个峰会持续11天。峰会以培养中国学生的“学术能力，创业精神，领袖气质，公民意识”为主旨，通过哈佛大学日常课程模拟、哈佛峰会世博特别活动等内容帮助学生挖掘自身潜能、提高学术能力、塑造领袖气质。

（金教宣）

[举行区素质教育论坛] 5月21日，举行以“拓展教育时空　促进生命成长”为主题的2010年金山区素质教育论坛。展示金山区探索社区教育资源和课堂教学的衔接和整合，利用校外教育资源开展学生素质教育，构建校内外教育资源联动，整体推进素质教育所取得的成果。论坛分为主论坛、金山中学学生论坛和专家专题报告三个内容。各区县校外教育机构领导，金山区各学校校长、教导主任、政教主任和师生代表350多人出席论坛。

（金教宣）

金山区“素质教育论坛”举办

[开展学习全国育人楷模宣传活动] 9月10日,“爱岗敬业,无私奉献,奠基未来”——金山区第26个教师节暨吴永祥从教50年庆祝活动在山阳镇影剧院举行。会上宣读中共金山区教育局委员会、金山区教育局“关于开展向吴永祥老师学习的决定”。10月28日,举行学习全国教书育人楷模“每月一星”宣传活动启动仪式暨吴永祥老师报告会,观看全国教书育人楷模于漪和市劳动模范吴永祥老师的宣传片,吴永祥老师作报告。学习全国育人楷模宣传活动从2010年10月开始,至2011年7月结束。

(金教宣)

[区第三届全民学习节举行] 11月22日,主题为“学习,让生活更美好”的金山区第三届全民学习节开幕。举行“书法、国画、插花、舞蹈”等全民学习活动决赛。本届全民学习节期间,组织参加市第六届“全民终身学习活动周”九项赛事,获得1个一等奖、6个二等奖、4个三等奖。

(金教宣)

[举行“迎世博”特别行动日活动] 4月15日,“奔向世博,你我同行”金山区8万师生“迎世博”特别行动日暨争当“世博风尚好少年”系列活动启动。21家“世博小使者”主题活动先进组织、41名“世博小使者”受到表彰,宣读金山区教育局《致全区八万师生及家长的一封公开信》,积极倡议做世博微笑的老师,做世博可爱的学生,做世博文明的家长。与会人员在《上海市民世博文明公约》承诺墙上进行了庄重的签名行动。自4月15日起,金山区各学校相继举行了“迎世博”特别行动日活动。

(金教宣)

[启动小学教育整体改革试点] 制定《金山区小学教育整体改革实施方案》,在金山区第一实验小学、第二实验小学、海棠小学开展小学教育整体改革试点。突出“加强课程建设,创办特色学校、培养阳光少年”的主基调,从学校管理模式、学校课程编制、教师教学方式、学生学习方式、教育评价标准五个方面进行整体改革,探索农村小学义务教育均衡发展的路径和策略。

(金教宣)

[成立区学生科普展教中心] 1月30日,金山区学生科普展教中心开馆。金山区学生科普展教中心设立在金山区第一少年宫,总投资500多万元,占地面积约1000平方米。中心由上海市科技艺术教育中心和华东师范大学运用物理学、电子学、光学等多个学科共同开发研制,包括科幻隧道、科技游乐场、科技勇敢者道路、科技学科和科普电影馆五大板块,延伸出太空隧道、丛林探险、电子魔灯等70多个趣味科普展教项目。

(金教宣)

附:区教育局驻地及负责人

(2010年1—12月)

地址:金山区石化金一东路2号
邮编:200540
电话:57944317

区委分管常委、宣传部部长:叶汝强
区政府分管副区长:许复新

区教育党工委书记:孙秀强
副书记:蒋志明、顾宏伟

区教育局局长:蒋志明
副局长:顾宏伟、郑　瑛、盛明秀(4月到任)、陆道德(3月离任)、孙水泉(3月到任、11月离任)

松　江　区

［**2010年概况**］　区内有各级各类教育机构226所。其中基础教育阶段学校149所，包括公办中小学42所（高级中学3所、完全中学4所、初中6所、九年一贯制学校15所、小学14所），民办学校23所（中学4所、小学19所）；托幼园所83所（其中民办44所）；特殊学校1所；职成类学校68所，包括电视大学1所，教师进修学院1所，中职校3所，街镇成校13所，民办非学历办学单位50所；其他公办教育机构9所。至2010年底，全区共有学生11.72万人。其中，公办中小学学生5.97万人（含义务教育阶段外省市户籍学生2.17万人），民办中小学学生2.56万人（含义务教育阶段外省市户籍学生2.16万人），学前幼儿2.70万人，中职学生0.49万人。全区公办学校教职工7162人（其中专任教师5780人），民办中小学、幼儿园教职工2693人。

松江区围绕“均衡、优质、公平、开放”的目标，深化改革，推动各项工作。

学前教育市区两级结对共建机制进一步完善，园长课程领导力不断提升。举行松江区学前教育内涵建设阶段汇报活动，推介学前教育改革成果；与上海市名校长培养基地合作，举办了“学校文化建设与校长文化自觉”、“课程建设与学校发展”两场校长论坛。组建义务教育学校发展共同体，启动数学学科建设工作。以“两心一地”建设为抓手，以统整学校三类课程为突破口，构建并实施体现学校先进理念的自主化、个性化课程方案，提升学校内涵。在“一校一特”建设的基础上逐步构建特色化的校本课程体系；广泛开展体育、艺术、科技、劳技、语言文字等素质教育实践活动，全年共举行各类区级体育赛事20项，科技活动32项，艺术比赛7项。

大力发展职成教育。职业教育就业率达到99%以上，就业对口率达到90%左右，新增校企合作项目17个。上海市城市科技学校学生获2010年全国职业院校技能大赛工程算量项目金牌。新桥职业学校基本达到市百所重点职业学校标准；各级成人教育机构完成培训近70万人次，创历史最高纪录。以区社区学院、15所社区学校和246个居村教学点组成的社区教育三级办学网络已经覆盖全区，办学制度化建设基本形成，广泛开展应用知识普及教育、文化娱乐教育、闲暇教育等培训活动；试行民办幼儿园“优质优价”收费管理机制，开展民办托幼机构办园质量评估工作；依法加强民办非学历教育机构管理，规范审批、变更、终止办学等行为。19所民办农民工同住子女小学成立工会组织。

加大教育资源投入力度。2010年教育总预算支出约12.33亿元，同比增加1.55亿元，增幅14.4%。实现所有公办学校、民办农民工同住子女学校经费统一安排预算编制、统一标准定额、统一由财政局拨至国库集中支付教育分中心进行管理，提高资金使用效益。有1所学校、3所幼儿园、2所幼儿园分部建成并投入使用。它们分别是上海外国语大学松江外国语学校、三湘四季幼儿园、昌鑫幼儿园、白马幼儿园，以及九亭幼儿园分部和教师进修学院附属幼儿园分部。

提高教师准入条件，加大教师培养与干部管理力度，确保教育队伍人才质量。2010年招聘的应届高校毕业生中硕士学历占26%，比上年高出5.6个百分点；师范类毕业生占84.7%，比上年高出14.3个百分点。全年教师参加区级以上各类培训约2000人次；举办各类干部培训班12个，累计培训1238人次。开展幼儿园园长全员竞聘工作，年内各类干部选聘调整125人次。重点加强骨干教师队伍建设，通过学科指导、团队支教、导师带教、专场展示、系列讲座等方式，发挥骨干教师的辐射与引领作用，带动教师队伍整体水平提升。选拔、推荐72名优秀青年教师、青年校长成为“影子工程”、“国家培训计划”、“优青项目”、“双名工程”等项目的培养对象。完成第一届校本研修特色项目展示交流活动，共有10所学校通过专题论坛、教研展示、主题辩论、听课评课等不同方式全面展示校本研修的特色与经验。全面启动教育系统事业单位岗位设置与管理工作，完成前期调查摸底、风险评估、动员培训等工作。

提高教育公共服务水平。加大依法治教、依法治校工作力度，进一步规范办学行为、规范教育收费、推行阳光招生，强化政府信息公开和基础教育机构信息公开。加强标准化建设，顺利通过 ISO9001 质量管理体系认证，推进教育行政职能由管理向服务转变。加大督政与督学工作，推进学校依法自主发展和内涵优质发展。完成市人民政府教育督导室对松江教育综合督政的整改工作，有序开展义务教育阶段学校教学精细化管理等各种专项督导，完善发展性督导评估指标体系，统筹协调教育督导与教育决策、教育执行之间的关系。

（王　楠）

［编制教育事业发展规划］　按照区统一部署，成立规划编制领导和工作机构，抽调骨干力量成立起草小组，广泛征求各方意见和建议，形成《松江区中长期教育改革和发展规划纲要（2010—2020 年）》、《松江区教育事业发展“十二五”规划》，以及基础教育、职成教育、教师队伍建设等 10 个条线的“十二五”专业规划。

（王　楠）

松江区教育局《松江区教育事业发展“十二五”规划》编制工作专题汇报会

［建设义务教育学校发展共同体］　10 月 18 日，区教育局举行共同体成立大会，会议下发《松江区义务教育学校发展共同体指导意见》和《松江区义务教育学校发展共同体实施方案》，全区 42 所中小学成员单位签订了共同体建设“承诺书”。共同体建设以《师生发展服务平台的构建与实践研究》等 8 个研究项目为抓手，每个项目有 5—6 所学校参与，以项目合作为“链”进行捆绑研究，在学校规划、教育管理、教育科研、校园文化、师资建设、教学评价、课程建设等方面促进成员学校紧密合作、共同发展。教育局成立共同体建设工作领导小组，设立专项经费支持共同体的日常运作。区教育督导室拟定共同体建设督导考核细则，实施发展性督导评价。

（王　楠）

［启动数学学科建设］　松江区教育局采取“以点带线，并线成面”的工作策略，以数学学科为突破口，打造区域品牌学科，整体提升学科建设水平。12 月 14 日召开松江区数学学科建设会议，印发《松江区数学学科建设行动方案》，正式启动数学学科建设。数学学科建设以形成中小学数学学业质量评价体系为工作目标，包括建设数学学科基地学校、开发数学学科经典课例、探索跨区县联动合作模式等 10 项工作任务。

（周卫斌）

［实施教育系统国有企业改革］　按照《上海市松江区国有资产监督管理委员会关于公布第一批国有企业关、停、并、转名单的通知》的要求，松江区教育系统完成国有企业改革。本次改革涉及教育系统所有国有企业共 21 家，按照制订方案、清产核资、财务审计、组织实施 4 项工作流程，分作调查摸底、制订方案、人员分流、全面实施 4 个阶段进行。保留 1 家企业（上海师园配菜有限公司），移交给区国资委 4 家企业（上海师园实业投资有限公司、上海师园劳务服务有限公司、上海新城社区四保公益服务社、上海锦绣印刷有限责任公司），其余包括上海松教电脑有限公司等的 16 家国有企业全部关闭。

（王　楠）

[中小学校舍安全工程首期项目竣工] 区中小学校舍安全工程首期项目于5月13日竣工验收。此次验收包括松江六中、新桥职校、茸一中学、天马山学校、实验小学、岳阳小学等6所学校的8幢建筑物,总建筑面积12944平方米。各有关部门在工程通过验收后,迅速做好工程结算、财务审计、资料归档和固定资产移交等工作,对工程配套设施加以完善,9月1日开学交付学校。

(王 楠)

[完成农民工同住子女义务教育三年推进计划] 截至2010年底,全区共有41065名义务教育阶段农民工同住子女接受免费义务教育。公办中小学校的农民工同住子女吸纳比例继续保持在50%以上。制订并实施《松江区教育局关于加强以招收农民工同住子女为主的民办小学规范管理的实施意见》,明确将农民工同住子女学校纳入政府教育管理体系。

(陈 雷)

[举办松江外国语学校] 松江区人民政府与上海外国语大学合作举办松江外国语学校。根据协议,松江区人民政府作为投资办学的主体,负责学校硬件设施的建设和日常管理;上海外国语大学派出专人组成管理团队,担任学校的副校长、教导主任、外语教研组主任等职。合作双方将在办学体制、培养方向、课程设置、教学方法、学校管理等方面作实验性尝试,努力办成一所有外语特色、文理并重、综合发展的高质量学校。

(王 楠)

[松江一中首届内地新疆高中班开学] 8月31日,松江一中首届内地新疆高中班开学。2010年松江一中内地新疆高中班共招收2个班、82名学生,其中维吾尔族学生68名、哈萨克族学生12名、柯尔克孜族学生2名。学校专门设立了新疆部,新疆班的教职工以1∶8比例配备。学校为语文、数学、英语三门学科订了两套教材,一套是上海市的初三教材,另一套是教育部民族教育司组织编写的《内地新疆高中班预科系列教材》。物理、化学学科主要用上海的初三教材,其他学科根据需要自己编制或选用教材。松江一中专门设立新疆部生活楼一幢,建筑面积达4710平方米。学校还与清真餐饮公司签订协议,派驻专业工作人员负责学生的饮食。

(唐建国)

[区教师进修学院建院50周年] 学院创建于1960年3月,建筑面积8418.8平方米,可容纳1800多人同时进行培训。学院内设研训部、干训部、科研部、信息部、办公室五个部门。逐步形成了"研究、培训、服务三位一体"的发展策略和办学特色,成为全区教育教学研究中心、干部教师培训中心和教育技术服务管理中心。

(何佩军)

[被列为首批国家中职示范建设学校] 上海市城市科技学校被教育部、人力资源和社会保障部、财政部列为首批国家中等职业教育改革发展示范学校立项建设单位,从2011年开始为期2年的建设。学校建筑总面积7.8万平方米,现有教职工272人,专任教师220人,其中85%以上具有中高级职称;现有125个班级、5100多名学生;设有建筑工程部、机电专业部、信息技术部、商贸管理部、综合教学部、数控技术部6个专业部。

(赵 东)

[成立松江开放学院] 10月23日,举行上海电视大学松江分校30周年校庆典暨上海开放大学松江开放学院揭牌仪式。上海电视大学松江分校现拥有8个本科专业、12个专科专业、8000多名在校生,在全区设有13个下属教学点和2个合作企业送教上门点。松江开放学院的成立,有助于整合终身教育的各类资源,实现学历教育、职业培训与社区教育等多种教育的互认。

(汪崇德)

[成立上海市语言文字水平测试中心松江工作站] 6月29日,上海市语言文字水平测试中心松江工作站成立揭牌。截至2010年底,该工作站组织测试252场、3065人次,其中包括中职学生测试1500人次、高职学生测试1300人次和社会人员测试265人次。

(张 蓉)

[公开选拔松江二中校长] 由上海市公开选拔工作领导小组统筹协调,面向社会公开选拔处级事业单位松江二中校长。经网上报名、资格初审、笔试和面试、组织考察等程序,决定任用上海交通大学附属中学原副校长、物理特级教师王铁桦为松江二中校长。

(王 楠)

附:区教育局驻地及负责人

(2010年1—12月)

地址:松江区中山中路38号
邮编:201600
电话:37736306

区委分管副书记:居　洁

区政府分管副区长:陈　皓

区教育党工委书记:俞富章
副书记:章高林

区教育局局长:徐界生
副局长:钱秋萍、陈小华、王小君、杨桂龙

青浦区

[2010年概况] 区内共有中小学、幼儿园和特殊教育学校118所，其中中学26所（含九年一贯制、少体校）、小学44所（含民办农民工子女小学）、幼儿园46所（含民办三级幼儿园）、特殊教育学校2所。共有学生89905人。义务教育阶段学龄少儿入学率达100%。全区教育部门办中等职业技术学校2所，共有学生4721人。全区有成人中等文化技术学校12所，社会力量非学历办学37所，全年各类培训人数约33万人次。

2010年教育经费继续稳步增长。全区教育经费财政拨款总数为93088万元，城市教育费附加9921万元，农村教育事业费附加10011.97万元，拨入专款18462.48万元。

编制教育改革和发展规划。完成了《青浦区中长期教育改革和发展规划纲要(2010—2020年)》的编制，基本完成《青浦区教育事业发展“十二五”规划》的编制，明确了下阶段青浦教育事业改革和发展的指导方针、目标任务和政策措施。

完善“两纲”教育体系。开展了“我为世博添光彩，青浦学子在行动”系列活动；举办了“迎世博、讲文明”交通安全宣传活动、“拒绝吸烟、拥抱健康”专题控烟活动、红色经典小故事讲演活动。开展“小手牵大手，世博引风尚——争当‘风尚好少年’系列活动”。落实《上海市中等职业学校学生行为规范》，以“主题教育活动”、“劳动实践周”、“志愿者服务”、“心理健康教育”等为抓手，做好中职校学生德育工作。

扩充教育“硬件”。共投入23785.2万元，实施校舍新建和改扩建项目。推进东航复地幼儿园等公建配套幼儿园以及豫才学校、青少年活动中心建设。9月，大盈学校迁建并更名为博文学校，商榻中学、西岑中学并入金泽中学，新增青浦区早教指导中心、毓秀幼儿园。实施“上海市中小学校舍安全工程”，推进对15所学校校舍的加固、改造任务。加强寄宿制学校、纳民学校和所有幼儿园的技防设施建设。实施万兆环网三期改造；新购置计算机及多媒体设备。

加强师资队伍建设。以实现“三个同步提高”(专业水平、工作质量、生活品质)为重点，强化师资队伍建设，开展新农村教师培训、礼仪培训、240培训、540培训等师训工作。召开了青浦区教师专业发展推进大会，组建了特级教师工作室和学科教师研修基地，并建立例会制度。成立了知识分子联谊会教育分会。招聘教师370名。

提高基础教育质量。继续推进“区域性高质量推进0—6岁婴幼儿托幼一体化”项目的园本实践，全面开展0—3岁散居婴幼儿的早教指导活动。制定了《青浦区教育局关于进一步深化课程教学改革促进学生全面发展的若干意见》和《青浦区教育局关

青浦区课程教学改革现场展示研讨活动

于进一步加强教师队伍建设的实施意见》，严格规范教学常规，进一步完善教学协作制度；探索"单项与综合相结合、随机与定期相结合、过程与结果相结合、诊断与指导相结合"的区域质量监控机制，全面实施行政部门、业务部门人员到学校"两听两看"制度。

提升职业教育品质。调整中职校专业设置与结构，逐步形成与区域经济社会发展相适应的专业布局。其中，上海工商信息学校形成了电子电气、加工制造、财经商贸、旅游服务、计算机等五个专业群以及一个园艺专业的专业布局；青浦职校将汽车运用与维修作为重点建设专业。

健全终身教育体系。规范社区教育实验项目管理，组织社区教育教科研成果评优活动。组织"文明观博"、"百万市民学环保"等各类培训；举办第四届青浦市民读书节、"我学习，我快乐"市民学生网上阅读学习交流、家庭讲故事比赛等各类主题学习活动。促进老年教育规范化发展，举办了2010年青浦区老年教育艺术节活动。开展"特色学习活动"评选和"主题学习活动"征集。

重视体卫艺科工作。实施《国家学生体质健康标准》，组织学生参加市阳光体育大联赛，青浦区第三届运动会踢跳比赛、田径比赛青少年组等；开展"千校万班"乒乓球、篮球活动；联合区卫生局开展常见病和传染病检查，落实晨检和因病缺勤上报制度，对手足口病进行专项督查；开展学校食堂卫生、食品安全大检查，强化了对学生营养午餐的监管。举办青浦区第六届学生艺术节、中小学生书画展、青少年民族文化培训系列活动。青浦区东门小学获全国艺术教育工作先进单位荣誉称号。

（王　良　陆　超）

[举行学前教育课程推进展示周活动]　1月20日，在青浦区实验幼儿园举行主题为"关注幼儿成长，提升办园品质"的展示周。活动展示了9个集体教学、7项经验介绍、356件自制教玩具、28份课程资料，还组织了4场研讨、383多篇论文评审。

（陆　超）

[成人教育获多个奖项]　年初，青浦区练塘成人学校荣获2009年度"全国农村成人教育先进单位"。在"2009年全国社区教育特色课程评比活动"中，区社区学院的《丝网版画》和白鹤镇社区学校的《现代蔬菜园艺》2门课程获"全国社区教育特色课程"奖。

（陆　超）

[推出"每周师德之星"宣传专栏]　2月21日，青浦区教育系统在门户网站上推出"每周师德之星"宣传专栏，展示教师事迹，塑造教师的良好社会形象。共有30多位学生爱戴、家长放心、社会满意的师德模范通过多种途径在全区得到宣扬。

（王　良）

[签订城郊结对协议]　3月3日，长宁区实验幼儿园、愚园路第一幼儿园、天山幼儿园与青浦区的淀山湖幼儿园、赵巷幼儿园、白鹤幼儿园在长宁区实验幼儿园签订了结对协议。三对幼儿园就园本教研、职初教师专业化发展、充分培养幼儿的表现表达能力等几方面作为主打项目，并以此为突破口构建多种形式的结对学习交流互动平台，加强幼儿园内涵建设，促进城郊学前教育均衡、优质发展。

（陆　超）

[推进"校舍安全工程"建设]　"中小学校舍安全工程"是青浦区政府今年推进的教育实事工程之一，分为"全面排查鉴定"、"科学制订实施方案"、"分类分步实施"等环节。2010年，青浦区在全面完成检测鉴定的基础上，按计划推进15所学校（约75000平方米）的校舍加固、改造工作。

（王　良）

[被命名为上海市实验性示范性高中]　3月22日，上海市教育委员会命名上海市朱家角中学为"上海市实验性示范性高中"，这是青浦区的第二所市实验性示范性高中。朱家角中学自2004年易址成为寄宿制高中，确立了"坚持以人为本，致力和谐发展"的办学理念，提出了"一切为了师生和谐发展"的办学思想。学校的"春晖系列社团"和"义务门诊"逐渐形成了两个品牌。在三年的争创行动中，朱家角中学逐步形成了德育有特色、智育有质量、体育有强项、美育有传统的现代化寄宿制高中。

（陆　超）

[创建"青浦教育文明在线"]　3月24日，区教育局党委在上海工商信息学校召开"青浦教育文明在线"创建平台启动仪式暨青浦教育系统文明单位在线创建培训会，19家争创市级、系统级文明单位的学校参加会议。区教育局要求与会单位注重创建

过程，丰富创建内涵，在组织、制度、活动等方面下功夫；创建要有规划，要设计好活动载体，全面提升创建单位和整个教育系统的文明水平。

（王 良）

［美术作品入选世博公众参与馆］ 年初，世博“公众参与馆”筹备组向全市征集宣传口号、事物作品和照片。4月，经过筛选，青浦区7件优秀实物作品入选。其中重固中学6件，这6件作品分别是浮雕“世博与我们同在”和5幅版画。重固中学尝试将艺术人文教育与福泉山文化相结合，以浮雕这一庄重、古朴，又富有视觉冲击力的艺术表现形式开展美术教育。

（陆 超）

［专项督导民办农民工子女小学］ 5月10日，市政府教育督导室对青浦区以招收农民工子女为主的民办小学办学情况进行了专项督导。督导组进行了个别访谈，查阅了相关资料，实地督查了小康小学、育才小学、曙光小学等3所以招收农民工子女为主的民办小学办学情况。

（姚 敏）

［在全国职业院校技能大赛上获奖］ 在6月举行的2010年全国职业院校技能大赛上，上海工商信息学校07级电子专业学生潘麟臻获得了电工电子技术技能大类电子产品装配与调试比赛一等奖，同时取得了电子产品装配与调试技师证书，成为学校首位学生技师。

（王 良）

［校外教育教师业务展示评比］ 7月17日，青浦区少年宫和青少年实践中心两家校外教育机构的教师开展业务评比活动。评比活动分为教学类和活动类两个组别进行。进行了活动方案（教学设计）、交流答辩两个项目，参评教师依次用PPT进行说课（活动），并接受专家评委的现场提问。进行了专业技能的展示，包括艺术表演、书画创作、科技制作、现场活动方案设计等。

（陆 超）

［习近平回信勉励青浦学生］ 2007年儿童节前夕，时任上海市委书记的习近平视察了青浦区徐泾镇的农民工子女民办小学——民主学校，向孩子们送上了节日的祝福。三年过去了，当时见到习近平的孩子们，在2010年的儿童节前夕，联名给习近平去信。7月23日，习近平回信。这令学生们喜出望外。习近平在回信中勉励同学们勤奋学习、提高本领，热爱集体、团结互助，勇敢坚强、诚实守信，快乐生活、全面发展，努力成为中国特色社会主义事业的建设者和接班人。

（王 良）

［上海市博文学校落成］ 8月5日，公立九年一贯制学校——博文学校正式落成。博文学校是青浦工业园区民惠佳苑社区配套项目，设有54班，占地面积47000多平方米，建筑面积24900多平方米，可容纳2400多名学生就读。博文学校是国内首家按照国家标准——“绿色建筑评价标准”进行设计的项目，并申报列入联合国工业发展组织与教科文组织配合中国教育部、住宅和城乡建设部、环保总局在中国启动实施的“节能减排与可持续发展学校—社会行动项目”。按此标准，该校的综合能耗比传统学校降低近30％。

（陆 超）

［获第四届“上海市青少年科技创新市长奖”］ 在8月10日举行的第四届“上海市青少年科技创新市长奖”颁奖仪式上，青浦区实验中学学生曹子安获奖。他发明的“智能防汽车超载装置”受到了专家组评委的一致好评。曹子安是青浦区第一位获得此奖项的学生。

（王 良）

［成立区青少年实践中心地震科普馆］ 9月16日，上海市防震减灾科普教育基地暨青浦区青少年实践中心地震科普馆揭牌仪式在青浦区青少年实践中心举行。2009年，青浦区投资70万元建设青浦区青少年实践中心地震科普馆，于2010年6月完成并进行试运行。扩建后的地震科普馆面积达240平方米。地震科普馆展示的内容主要有：地震知识展板，地球内部构造及板块与漂移模型，构造地震模拟演示器及地震基本知识光电模拟演示器，地震灾难及次生灾害自救多媒体展示仪，地震及自救互救知识抢答系统，地震模拟体验及防震训练小屋，家庭地震安全隐患排查等。

（陆 超）

［实验新成果获教育部奖项］ 教师培训方面的改革探索新成果——《青浦实验：新世纪教师“行动

教育”》，获国家教育部首届基础教育课程改革教学研究成果一等奖。青浦区教师进修学院聘请上海教科院顾泠沅教授为名誉院长。

（王　良）

[成立成人教育协会] 12月24日，青浦区成人教育协会举行成立大会。全体会员审议并通过了《上海市青浦区成人教育协会章程》和协会理事会理事名单，产生了会长、常务副会长、秘书长、副秘书长。区民政局、区教育学会领导也受邀出席。

（陆　超）

[举办区第六届学生艺术节] 区第六届艺术节于5月8日开幕。本届艺术节以“世博年展才艺欢乐和谐共成长”为主题。活动主要包括青少年民族文化系列培训活动；“高雅艺术进校园”艺术赏析活动；戏剧、舞蹈、校园歌曲等专场比赛；“真彩杯”、“樱花杯”美术书法比赛；中小学美术作品展等，同时还组织教师开展“走进经典”——艺术课堂经典赏析活动、艺术教师专项技能培训等。12月25日艺术节闭幕。

（陆　超）

[获全国艺术教育先进单位称号] 12月，青浦区东门小学成为全国艺术教育先进单位。近年来，东门小学以“让校园充满活力，让学生充分发展”为办学理念，以艺术教育为办学特色，架构艺教课程体系，搭建活动平台，改善软硬环境，提升校园文化品位。学校连续两次被评为上海市艺术教育先进集体和上海市影视教育先进集体，“十五”、“十一五”期间两次被命名为上海市艺术教育特色学校。

（陆　超）

附：区教育局驻地及负责人

（2010年1—12月）

地址：青浦区公园东路1155号
邮编：201700
电话：69713664（总机）

区委分管常委：孙　萍
区政府分管副区长：陶夏芳

区教育党工委书记：印国荣（6月离任）、陆文一（6月到任）
副书记：顾　峰

区教育局局长：顾　峰（6月离任）、印国荣（6月到任）
副局长：蒋家敏、朱良俊、王海青、庄惠元

奉贤区

［**2010年概况**］ 全区有普通教育学校135所，各类在校学生101188人，在编教职工8773人(专任教师6629人)。其中，幼儿园59所(包含20所民办三级(转制)幼儿园)，幼儿22760人，教职工2275人，小学33所(包含16所民办小学)，学生30477人，教职工2043人；初中10所，学生10395人，教职工867人；九年一贯制学校20所，小学生15892人，初中生12507人，教职工2341人；高中5所，高中生5584人，教职工712人；十二年一贯制学校1所，小学生515人，初中生212人，高中生581人，教职工99人；特殊教育学校1所，学生120人，教职工51人；中等专业学校1所，学生2145人，教职工191人；其他教育机构5所，教职工194人。成人培训机构35个，其中10个为公办培训机构，成人职业培训学生数为56514人，教职工264人，专任教师218人；25个社会力量办学中等及以下培训机构，成人职业培训学生数为14516人，教职工335人，专任教师186人。2010学年全区义务教育阶段农民工同住子女总共39421人，与上年相比增加3156人，其中公办学校就读人数26810人，比上学年增加1915人，年内农民工同住子女在公办学校就读比例达68.01%。

围绕“提升教育质量，推进均衡发展，满足人民群众日益增长的对优质教育资源的多元需求”目标，强化政府公共服务职能，总结“十一五”，科学谋划“十二五”，促进教育优先发展、科学发展、内涵发展。

加大公共教育的投入力度，落实教育实事项目。2010年，全区教育经费总投入82281.04万元，比上年增长16.50%，教育事业经费拨款占财政总支出比例为12.13%。区义务教育财政拨款56467.95万元，比上年增长17.09%。持续推进校舍标准化建设，全面推进“校安”工程。区教育新建项目共有10个，总建筑面积75271平方米，金额约3.4亿元。惠敏学校、齐贤学校、新寺学校、胡桥学校、光明学校和海湾小学等6个原地改扩建项目和金池塘幼儿园、树园幼儿园、聚贤幼儿园、新南幼儿园等4所幼儿园均如期完工；曙光中学已完成总投资额的70%。

贯彻学习中央和上海市教育工作会议精神，制定《奉贤区教育事业发展“十二五”规划》。

统筹优化教育资源，促进区域教育优质均衡发展。区教育局与均瑶集团(世界外国语中学)、福山路外国语小学签订合作协议；完成第二批7所学校的中期评估，构建8个紧密型办学资源联盟。推广市级重点教育科研课题《运用科学评价手段推进区域教育均衡发展实践研究》。

推进课程教学改革，实施素质教育。编制实施《奉贤区中小幼课程和教学工作三年行动计划(2010—2013)》，召开全区课程改革工作会议，举办了第十五届教学节活动。召开学科德育工作推进会，组织开展世博主题教育活动，召开奉贤区“贤文化”教育现场推进会，打造地域特色的德育教育。加强学生心理健康教育。规范学生文明用语和规范用字。确保开齐课程，加强体卫艺科工作。学生在各类比赛中取得好成绩。在2010年暑期上海市中小学生读书活动中，获5个一等奖、16个二等奖和36个三等奖。在2010年上海市学生艺术单项比赛中，获金奖4个，银奖12个，铜奖13个。

推进各类教育协调发展。新开设4所幼儿园，全区共创市一级园9所，市示范园2所，成功申报全国学前教育先进县市区。围绕南桥新城建设和区域经济社会发展规划，完善职校专业设置，加大实训基地建设。举行区域50多家大中型企业参加的“奉贤区职校优秀毕业生推荐会”，为学生就业提供机会。实施镇成人学校标准化建设，探索企业“订单”、学校培训“菜单”以及政府“买单”相结合的“三单”联动培训模式，增强农民职业技能培训的实效性。制定并实施《奉贤区特殊教育三年行动计划》，改善惠敏学校办学条件，提高随班就读工作质量，加强区特殊教育康复指导中心建设。惠敏学校已做到特教教师持证上岗全覆盖。在奉浦幼儿园设立学前特教班。

加强教育人才队伍建设。提出师德建设“五提倡”(提倡学习修身、提倡专业发展、提倡关爱学生、提倡合作奉献、提倡热心公益)、争当“五表率”活动。组织开展“为人，为师，为学”师德建设暨第八届“师德建设月”活动，出版《“沃土·苗长”奉贤区“百佳”师德案例集》。组织开展奉贤区教师专业发展示范校评比，评选11所“区教师专业发展示范学校”。推进“三力建设”(校长课程领导力、教研员的教学指导力和教师教学执行力），推进“135”职初教师培训工程、“123”教育骨干奖励工程、“128”高级研修培养工程名校长名教师研修工程，提升教师专业素养。召开奉贤区教育系统特级校长工作室首批学员成果展示暨“双名三优”工作推进会，奉贤区教育系统第二期“特级校长（名园长）工作室”工作研讨会，启动“特级校长工作室”第二期学员培养工作，推进“特级校长工作室”建设工作。开设5年以上优秀青年教师高级研修班，继续进行语文、数学、英语“高研班”培训工作，组建物理、化学、生物和学前教育“高研班”，进行为期二年的培养工作。开展第二批名师名校长后备人选的培养成果汇报展示，加强上海市第二批名师（12名）名校长（3名）后备人选的培养工作。积极选送校（园）长、书记参加各级各类培训。第一批优秀青年校长后备人选余雪梅赴“上海——美国加州影子校长”培训，4名校（园）长成为第二批市普教系统优秀青年校长后备人选，选派5位后备干部赴云南支教。

（侯元丽）

［制定《奉贤区教育事业发展“十二五”规划》］ 组建区教育事业改革与发展规划工作班子，分专题对奉贤教育进行规划思考，制定《奉贤区教育事业发展“十二五”规划》。规划明确打造品质优越、布局科学的新城教育，促进统筹协调、均衡发展的教育公平，建设结构合理、素质优良的师资队伍四大重点；制定“学前教育新三年（2010—2012）行动计划项目”、“义务教育推进紧密型办学资源联盟建设项目”、“高中优质化项目”、“德育和课程教学提升项目”、“‘三五’师德建设项目”、“教育人才高地建设三大工程项目”、“教科研和信息化提升区域教育发展项目”、“奉贤市民终身学习促进项目”、“平安校园项目”、“推进教育国际化项目”等十大项目。

（侯元丽）

［制定《奉贤区“十二五”师资队伍建设规划》］ 区教育局制定《奉贤区“十二五”师资队伍建设规划》，明确“十二五”期间的师资队伍重点：一是落实《奉贤区师德规范“五不准”实施细则》和《奉贤区师德建设“五提倡”实施要求》，打造优秀的师德建设示范群体；构建区校联动、整体推进教师育德能力培养机制，强化教师作为德育工作者的意识和能力，有序推进班主任队伍专业化建设，提高教师育德能力。二是培养并优化骨干教师梯队，全面实施教师素质提升工程，重点实施职初教师“135培养工程”、6—10年期骨干教师“128培养工程”和名优教师“123培养工程”，提高教师整体素质。培养5—10名在全国有影响、市内起骨干带头作用校长和教师，培养100个区内名校长和名教师，200个区内优秀骨干校长和优秀骨干教师，300个区内优秀中青年教师。三是明显提高教师队伍高层次学历的占比，小学和初中新增教师学历全部达到本科水平，高中新增教师中研究生学历占比达到10%。到2015年，新增专业教师2500人左右。四是创新促进教师和干部专业发展的机制。优化配置人才资源，明显改善学校之间教师资源不均衡状况，改善学校学科性教师结构紧缺问题。创新实施教师职务聘任制与岗位管理制度。积极鼓励优秀干部和教师支援农村学校建设。

（侯元丽）

［关注农民工同住子女教育］ 区教育局将民办农民工子女小学办学成本补贴由2008年的每生每年2000元提高到2500元；投入资金232万元，实施“民办农民工子女小学配备标准图书室及增配体育运动器材项目”，改善学校办学条件。制定《奉贤区民办农民工子女小学财务管理意见》、《关于规范奉贤区民办农民工子女小学学籍管理的实施意见》等，规范民办农民工子女小学办学。推进16所公办学校与16所民办农民工学校签约结对帮教活动，选派16位公办学校管理干部到民办农民工子女小学支教。区镇联动，规范学前儿童看护点，关闭非法办园点15个。设置民办三级幼儿园20所，吸纳农民工同住子女6183人。

（侯元丽）

［全面推进学科德育］ 4月28日，区教育局召开“加强课程建设、推进学科德育、提高教育质量”的区学科德育推进会，明确落实“333”工程全面推进学科德育的思路，即，“行政部门、进修学院、基层学校”三管齐下、“学校校长、两处主任、学科教师”三力并举以及学科德育“常态课、研讨课、示范课”三课并重。

（侯元丽）

［与优质园结对签约］ 4月15日，奉贤区4所二级幼儿园与普陀区四所优质幼儿园结对签约。阳光幼儿园—曹阳新村第八幼儿园，古华幼儿园—长风二村幼儿园、金贝幼儿园—宜川六村幼儿园、金阳幼儿园—美墅幼儿园。

（侯元丽）

［引进知名学前教育机构委托管理］ 8月23日，浦东区冰厂田幼儿园和区教育局签订委托管理

南桥新城新开办聚贤幼儿园的协议。冰厂田幼儿园是奉贤区首家学前教育托管机构。

（侯元丽）

［举办第十五届教学节］ 9月，举办第十五届教学节，以“开展有效教研，促进主动学习”为主题，开展系列活动：学校校级副职或中层正职干部课堂教学能力展评活动，办学资源联盟工作推进现场展示研讨活动，学校有效教研特色项目展示活动，新一轮区“合格、优秀、示范”教研组三级评选验收活动，骨干教师课程教学高级研修班工作展示活动，五年期青年教师教育技能与课堂教学能力考核活动，“人文课堂·有效教学”教师教育征文评比活动等。

（侯元丽）

［启动实施紧密型办学资源联盟］ 年内，制定《奉贤区建立紧密型办学资源联盟促进区域义务教育均衡发展实施方案》，建立8个紧密型办学资源联盟。联盟推行A＋X模式（“A”是指南桥城区1—3所优质九年义务教育阶段学校，“X”是指一个乡镇的几所九年义务教育阶段学校，同时包含该乡镇的民办农民工子女小学），每三年一轮。联盟内教师流动、教研联动、管理互动、课程共享，实现城区学校与乡镇学校共建、共赢，联动发展。

（侯元丽）

［殷一璀视察爱贝早教中心］ 10月22日，市委副书记殷一璀视察爱贝早教中心，观摩爱贝早教中心1—5个月宝宝的游泳抚触、“宝宝成长屋”的环境创设及宝宝们在各区域的活动情况。殷一璀肯定爱贝早教中心的工作。

（侯元丽）

［区成人职业教育获多项奖励］ 奉贤区被评为“全国职成教育先进县市区”，被教育部批准为“全国新型农民培训联系点”；区教育局被评为“全国农村成人教育先进单位”、“上海市学习型社会建设先进单位”。上海市电大奉贤分校被中央电大评为“全国示范性基层电大”。柘林成校、金汇成校、四团成校等被上海市教委评为“上海市成人学校标准化建设达标单位”。庄行成校的“民间剪纸艺术”、柘林学校的“滚灯文化”被评为全国社区教育特色课程。四团成校创建为“上海市示范性老年大学”。南桥镇杨王村成功创建“上海市远程教育示范收视点”。

（侯元丽）

［在第五届全国特奥会获奖］ 9月19—25日，在第五届全国特奥会上，奉贤区惠敏学校的唐进飞、朱丹丹、梁小元、陈丹红等四名学生参加了轮滑项目竞赛，共获得12金3银。

（侯元丽）

［奉浦幼儿园特教班举行揭牌仪式］ 10月29日，区学前特教工作研讨会暨奉浦幼儿园特教班揭牌仪式在奉浦幼儿园举行。奉浦幼儿园自1999年建园开始就把随班就读工作和社区康复工作纳入教育教学管理之中，并挂牌为“奉贤区智障儿童康复中心”，有个别孩子通过训练，已进入普通小学就读。

（侯元丽）

［启动“特级校长工作室”第二期培养工作］ 11月8日，奉贤区给“特级校长工作室”主持人、专家指导团成员颁发聘书。“金哲民特级校长工作室”、“张大维特级校长工作室”、“翁肇桢特级校长工作室”和“杨连明特级校长工作室”四个工作室招收第二期学员。

（侯元丽）

［召开“早教流动车送教下乡”总结表彰会］ 12月27日，召开“早教流动车送教下乡”总结表彰会。青村镇解放村32户家庭参与本次活动，专家讲座、育儿咨询、区域活动、亲子游戏等项目深受家长欢迎。“奉贤区早教流动车送教下乡”自2009年9月启动以来，共下乡指导28次，受教人数达993余人。

（侯元丽）

附：区教育局驻地及负责人

（2010年1—12月）

地址：奉贤区南桥镇古华路758号
邮编：201400
电话：37597001

区委分管领导：袁晓林
区政府分管副区长：钱雨晴

区教育党工委书记：王森龙
副书记：陆建国、张　杰

区教育局局长：陆建国
副局长：王森龙、朱玉平、褚继平、唐　瑛、施文龙

崇明县

［**2010年概况**］ 全县共有中小学、幼儿园、职校和特殊教育学校113所。其中高中5所，完中3所(含2所民办)，九年制学校3所，初中28所(含民办1所)，小学34所(含民办3所)，幼儿园37所(含民办2所)，职校1所，特殊教育学校2所。在校中学生24503人，小学生19085人，在园幼儿10567人，职校生3737人，特殊教育学生541人。全县共有教职工7580人，其中专任教师5484人。在职教师中，中级以上职称共有2971人，其中中学高级455人，中学一级1250人，小学高级1320人。高中、初中、小学、幼儿园专任教师学历达标率分别为99.36%、99.24%、99.89%、100%。全县教育系统校舍占地面积2230377平方米，建筑面积863678平方米，固定资产总额1627025792.73元。

2010年教育经费继续稳步增长。县财政对教育的投入达到69088.21万元，较上年增长13.7%，义务教育生均公用经费达到小学1400元、初中1600元的市颁标准。

2010年，县教育局围绕县委三年行动纲要，抓紧制定崇明教育事业“十一五”规划，切实推进教育改革，着力提高均衡发展水平，各项工作取得实质性进展。早教指导率达95.34%，3—6岁幼儿入园率达到98.5%；小学毕业考试合格率保持在97%的较高水平；高考本科上线率首次超过50.5%，本专科上线率为92.1%。初中毕业一次性合格率为96.43%，较上年略有上升。体艺科各项成绩均有新突破，2010年被教育部评为全国阳光体育运动先进县。

拓宽干部教育培训的渠道和加强干部管理。实施“优秀青年干部工程”，举办各类干训班、选派优秀青年干部到市区和各部门挂职学习，推进干部在线学习等，开展校长管理培训活动；对8所学校进行党建督导，对部分学校采取蹲点巡查；制定《教育系统信访工作实施意见》、《教育系统党政领导干部问责暂行办法》、《关于进一步深化教育系统干部人事制度改革的若干意见》等。

加强师资队伍建设和管理。做好师资调配工作，教育系统内部流动168人，外流教师人事解聘41人；推进职称改革评聘结合工作，完善教师职务聘任制。完成第一批221人已评未聘教师的聘任工作，完成中、高级职务的全面聘任；完成48名申报教师资格人员的教育教学能力测试工作，25人审定通过；制定《崇明县教育系统师资引进工作管理办法》、《崇明县教育系统师资引进工作程序》，引进各类师资226名，引进会计14名，派遣各类支教人员65名，其中赴云南10名、赴四川都江堰2名、赴新疆1名；开展绩效工资实施情况调研，推进教育系统岗位设置管理工作；继续加强教师培训。举办各类培训班151班共6052人次，完成2批共40人初高中英语教师出国培训工作；全面推进名师名校长工程和骨干教师培养工程。继续推进与华师大合作开展的干部教师跟岗滚动培训。开展第一轮第一批11个名师工作室总结展示活动，开展第二轮报名工作。启动新一轮县级骨干评审工作。

加强中小学生思想道德建设和未成年人保护工作。举行“温馨教室”建设阶段总结会暨“温馨管理”启动仪式，开展“温馨管理”演讲、征文活动，完成2010年度县级班集体建设分组验收工作和中小学校行为规范教育工作评估，开展中小学争当世博“风尚好少年”系列活动以及中小学生“礼仪之星”评选展示活动；完善安全制度，加强安保力量，配置校园技防设备。新招聘校园保安236名，校园保安配置数达到512名。完成未成年人特殊家庭子女排摸工作。举行全县初中行为偏常学生“一日训”活动。联合有关部门加强学校周边环境整治，开展学校隐患排查和整改。

加强学前教育内涵建设。加强0—3岁早教指导工作，举办“与世博同行—崇明县0—3岁亲子嘉年华”大型主题活动，举行0—3岁家教指导员自制教玩具现场评审活动；深化幼儿园城乡结对交流工作，3所农村二级幼儿园与黄浦区3所示范园结对签约，县内7所优质园与农村薄弱园进行新一轮结对；继续开展幼儿园特色创建活动。开展实施园本化新课程研究片级展示活动30次，县级展示5次；加强师资队伍培养。开展“主动·有效课堂”达标与提升工程和“教师信息素养提升工程”培训、营养员自制点心培训、卫生保健教师上岗培训，举办四级育婴师培训班，46人获中级育婴师证书；关注农民工同住子女入园，联合乡镇及有关部门对全县25个非法办园点进行检查，并着手取缔和整改工作。

加强教育精细化管理。制定《崇明县中小学拓展型课程教材管理办法》、《关于开展崇明县中小幼“主动·有效课堂”新一轮达标与提升工程的实施意见》、《崇明县中小学教学常规管理评价标准50条》；成立中小学教学督查组，对学校执行课程计划、教学5环节、课堂教学情况等进行督查；建立中小学校长每月教学工作例会制，并提交工作月报表；举行“主动·有效课堂”研讨活动，召开中小学精细化管理工作交流会；进一步推进实施“今天行动计划”；制定《崇明县特殊教育三年行动计划》。

拓展成职教育受益面。派遣职教教师参加国家级和市级培训，并安排40多名教师下企业第一线实训；做好职校招生就业工作，招收外省市学生400人，2007级毕业生就业率达到95%以上；开展成人职业技能培训和农村实用技术培训，培训超过6万人次；成立学习型社会建设指导委员会，推广市县级实验项目，开展第六届全民终身教育学习周活动，参与群众数万人次；继续办好老年大学和乡镇老年学校，全年接受教育的老人达1.5万人次。开展思想道德、法律法规、健身养生和提高生活质量等各类培训，培训量达3万人次。

推进校舍设施改造。实施第二期中小学校舍安全工程。2010年中小学“校安”工程共29个项目，完成21个纯加固项目、建筑面积52508平方米，6个重建项目中完成1个项目，其余5个完成主体建筑基础工程，2个混合项目顺利推进；推进原农场学校改造。到年底，新海幼儿园长征分园修理改造项目、长江幼儿园前哨分园和东风分园修理改造项目全部竣工，新海学校抗震加固与重建项目完成主体建筑的二层结构，长江小学抗震加固与重建项目完成主体建筑的基础工程。前哨学校抗震加固与重建项目完成各项前期工作；新建实验中学游泳馆主体建筑结构已基本完成。

加强依法治教力度。继续开展争创规范教育收费示范校活动；完成财务收支审计、干部经济责任审计等共139个项目；完成对22所学校办学水平综合督导，10所学校督导回访；开展校园安全、农民工子女学校以及学前教育非法办园点专项督导；依法办理民办学校的审批、变更、解散等手续，依法完成对各社会力量办学单位的年检工作；对3所转民学校定期检查教育教学情况。

（梅湘瀛）

［李宣海、薛明扬到崇明调研］ 9月13日，市教卫党委书记李宣海、市教委主任薛明扬赴崇明陈家镇进行调研。县委书记彭沉雷、县长赵奇及有关部门负责人参加调研。调研中，就引进国内外优质教育资源，提高崇明教育开放程度，推进长兴岛职业教育发展以及解决长兴岛等地区学前教育资源紧缺等问题进行了专题研讨。

市教卫党委书记李宣海就学习贯彻上海市教育工作会议精神作了专题讲话。

（梅湘瀛）

［教育部规划司领导来访］ 3月18日，教育部规划司领导到崇明中学参观访问，希望学校在生态岛建设中抓住机遇，形成自己的办学特色，提升人民的满意度和社会的知名度。

（梅湘瀛）

［开展师德师风建设年活动］ 2010年是崇明教育师德师风建设年，县教育局党委、工会组织全县

崇明县中小学师德师风建设之温馨演讲专场

教师开展了师德征文、演讲比赛、网上大讨论等活动。结集出版了优秀征文集《师爱无垠》;修订完善了崇明教师师德形象20条;评选崇明县教育系统十大师德标兵及10名标兵提名奖。

(梅湘瀛)

[推进政府实事项目] “千村万户”农村信息化培训与普及宣传工程从5月开始至10月底结束,共培训1358人。“百万市民环保培训”从2009年冬季开始至2010年12月结束,共培训考核82764人,6月下旬参加市竞赛获优秀组织奖,8月下旬完成市级科研课题《基于生态建设的市民环保培训研究》,12月上旬参加市环保知识辩论赛,获团体优胜奖。

(梅湘瀛)

[举行“十一五”党训干训展示活动] 12月15日,举行“十一五”党训干训工作总结展示活动。“十一五”期间,教育局党校、干训部培训了26期共1218名(人次)学校干部。其中,培训校园长书记(含副职)485人次,培训后备干部69人次,培训中层干部664人次,培训率达100%。

(梅湘瀛)

[完成公共实训中心建设] 截至3月31日,总投资8600万元的三个市级公共实训中心全部完成,都市农林、商贸旅游和数控机床三方面培训设施得到改善,为解决“三农”问题提供了重要平台。

(梅湘瀛)

[开展第二轮结对托管工作] 开展第二轮市区优质学校对全县薄弱学校的委托管理工作和县内城乡学校的“结对联动,联体评价”工作。第二轮“托管”的学校共7所,参加“结对联动,联体评价”的学校有30所,中、小、幼各5对学校。

(梅湘瀛)

[实施“主动·有效”课堂达标工程] 2月,下发《关于开展崇明县中小幼“主动·有效”课堂新一轮达标与提升工程的实施意见》,明确活动的指导思想、工作目标、活动内容和保障措施。活动时间从2010年2月下旬至2012年5月,历时两年半。2010年2月至7月是宣传启动阶段,制订了活动方案,编制了纲要,成立了领导小组,举行了启动仪式,组织了全员培训。8月份进入组织实施阶段,各校组织教师开展“主动·有效”课堂练武、比武活动。多次组织县级研讨展示活动。

(梅湘瀛)

[被评为全国阳光体育先进县] 4月27日,崇明县被国家教育部授予全国“阳光体育先进县”称号。县教育局拍摄了专题片,涉及17所学校共2500多名学生。9月6日《解放日报》刊登了专题报道。11月,中央电视台教育频道7台播放了专题片。

(梅湘瀛)

[实施第二期中小学校舍安全工程] 加固改造23个项目,重建6个项目,共计29个项目。涉及建筑面积85884平方米,计划投资18756.26万元。竣工21个项目,在建8个项目。

(梅湘瀛)

[承办首届全国少年儿童乒乓球邀请赛] 1月1—3日承办为期三天的首届全国少年儿童乒乓球邀请赛,来自11个省市、15支代表队共130名运动员参加比赛。按年龄分男女甲组和男女乙组4个组别。经过3天700多场比赛,上海曹燕华乒乓球俱乐部、南京市少体校、辽宁少年队分别荣获各组别团体冠军。

(梅湘瀛)

[获全国社区教育特色奖] 在中国成人教育协会发起的全国教育特色课程评比活动中,上海推荐53门课程参加评选,46门课程入围。崇明县申报的两门特色课程《生态崇明》、《农家乐服务》获全国社区教育特色课程奖。

(梅湘瀛)

[第十届教科研成果颁奖] 6月22日,举行第十届教育科研成果和第四届教育科研先进集体及先进个人颁奖大会。共有23所学校被评为第四届教育科研先进集体,26位教师被评为教育科研先进个人,25项科研成果被评为第十届教育科研一等奖。颁奖会围绕课程建设、教师教育、教育改革、学生发展和德育视点等五个主题开展了5个分会场的展示活动,一等奖获得者分别作成果展示。

(梅湘瀛)

[在全国科技比赛中获奖] 建设小学、海洪小

学共14名学生代表上海参加由国家体育总局、教育部、中国科协、共青团中央、全国妇联联合主办的2010年全国青少年电子制作锦标赛，建设小学获电路创新制作儿童组团体第一名，科技创新团体第一名；海洪小学获智能寻轨器儿童组个人全能第一名、第三名。两队获8金、1银、2铜共11块奖牌。

（梅湘瀛）

[金珠幼儿园单立建制] 10月28日，金珠幼儿园举行揭牌庆典仪式。该园于2007年开办，前身为崇明实验幼儿园的金珠分部。因班级不断增多，于2010年9月份独立建制。现有班级8个，幼儿243名，教职工37名。

（梅湘瀛）

[“三园教学”获教育部“全国课程改革教学研究成果”奖] 教育部首次组织“全国基础教育课程改革教学研究成果”征集与评比活动。崇明县选送的“农村初中“三园教学”实践与研究”获三等奖。“三园教学”改革实践已有20年历史，形成了基于初中各学科的大综合的“三园教学”实践体系。

（梅湘瀛）

[被命名为全国中小学生创造力培养示范学校] 12月21—23日，中国教育学会、中国发明协会、中央教育科学研究所联合在北京召开中国中小学生创造力培养成果展示大会。全国50所学校被授予“全国中小学生创造力培养示范学校”荣誉称号，崇明县新光中学进入50所示范校之列，并在会上作主题发言。

（梅湘瀛）

附：县教育局驻地及负责人

（2010年1—12月）

地址：城桥镇新崇北路308号
邮编：202150
电话：59621724

县委分管常委：林　杰
县政府分管副县长：王　菁

县教育党工委书记：姚李超
副书记：黄　强
县教育局局长：黄　强
副局长：陆惠星、黄慧、黄乃华

高 等 学 校

复旦大学

［2010年概况］ 学校现有直属院(系)28个(不含继续教育学院和网络教育学院)，附属医院10所，设有本科专业70个，一级学科博士学位授权点24个，二级学科博士学位授权点154个(其中自设30个，专业学位1个)，硕士学位授权点229个(其中自设51个，专业学位10个)，博士后科研流动站29个，一级学科国家重点学科11个，二级学科国家重点学科19个。在校普通本、专科生13237人，硕士研究生9331人，博士研究生4520人，留学生3805人(其中攻读学位的留学生2706人)。招收普通本、专科新生3286人；招收研究生4666人，其中硕士研究生3488人，博士研究生1178人。有专任教师2346人、专职科研人员267人。有中国科学院、中国工程院院士35人，教育部“长江学者奖励计划”特聘教授58人、讲座教授34人，“国家重点基础研究发展计划(含重大科学研究计划)”项目首席科学家20人。

一、学科建设。完成“985工程”二期国家验收工作，全面启动“985工程”三期建设规划工作；完成“211工程”三期建设项目的中期检查，启动医学学科新增长点建设项目；完成院系学科发展规划，继续推进院系国际评估工作。

二、教育、教学改革。①全年开设本科课程共3142门、5151门次，其中通识教育核心课程六大模块开课208门次。开设全英语课程172门、205门次，初步形成历史与文化、政治与法律、经济与管理、科学与技术四个模块的全英语课程体系。获得国家级奖励项目13项，其中国家级精品课程6门，国家级教学团队2个，第六批高等学校特色专业建设点3个，国家级双语教学示范课程2门；上海市级奖励项目33个，其中上海市精品课程8门，上海市市级教学团队4个，上海市重点课程项目19个，上海市全英语教学示范课程2门。开展国内高校校际本科生联合培养合作，构建全面、立体的学生海外访学体系。整合本科生学术研究资助计划，形成“本科生学术研究资助项目”平台，提升本科生学术研究资助水平。②配合教育部“基础学科拔尖学生培养试验计划”，启动拔尖人才培养计划(望道计划)，并在数学、物理、化学、生命科学4个基础学科率先实施。③本科生招生宣传工作由单一宣传向“宣传＋选拔”模式转变，自主选拔录取工作推进到江苏省，上海自主招生比例进一步提高。④博士生招生名额向科研任务和优秀导师倾斜。逐步扩大专业学位硕士研究生招生规模。博士生招生“申请—考核”制改革推广到所有理、工、医学科，并在历史学科进行大文科招生改革试点和博士生招生改革试点。做好研究生层次对外交流和合作，推进与国外著名大学在CSC项目上的合作。

三、科学研究和科技成果转化。①到款理、医科科研经费10.8186亿元。获立科研项目1393项，其中“973计划”项目和国家科技支撑计划项目各2项；国家科技重大专项课题6项。获批国家自然科学基金482项，其中国家自然科学基金面上项目254项，青年科学基金项目159项，重点项目10项，重大研究计划重点项目2项，国家杰出青年科学基金项目4项。获教育部博士点基金博导类项目资助20项，新教师类项目资助37项；教育部“新世纪优秀人才支持计划”19项；教育部创新团队1项；教育部留学回国人员科研启动基金39项。霍英东教育基金资助立项3项。获财政部、教育部“中央高校基本科研业务费专项资金”4357万元。2009年发表SCI论文1958篇。根据中国科学技术信息研究所历年发布的中国科技论文统计结果，学校自2004—2008年共发表SCI论文7269篇，其中有2419篇论文在2009年被引用，共被引用9106次，平均被引次数1.25次，被引用达10次以上的论文有26篇。国内专利申请数量突破600项，申请国外专利(PCT)近10项。累计有效专利达841项。完成计算机软件著作权登记17项。②文科科研到款经费总数13541.48万元，科研项目立项总数175项，其中国家社科基金项目39项，教育部项目84项，上海市哲学社科规划课题52项。获国家社科基金重大项目4项，教育部人文社科重大攻关项目2项，上海市重大项目1项。在上海市第十届哲学社会科学优秀成果奖暨上海市第八届邓小平理论和宣传优秀成果奖评奖中，裘锡圭、章培恒获学术贡献奖，全校获奖总数达96项，其中哲学社会科学优秀成果奖78项。

获得上海市决策咨询优秀成果奖7项，安子介国际贸易奖1项，有3项成果入选国家社会科学基金成果文库。来自10个部委的14类应用型决策咨询课题立项15项。6人入选2009年度教育部新世纪优秀人才支持计划。获上海市浦江人才项目立项23项。③与地方和企业合作研发项目保持稳定增长，到款1.45亿元，比上年增长25%，共签订合同348个，比上年增长10%，其中合同额大于50万的项目为33个，比上年增长45%。与无锡市人民政府签署全面合作协议，成立"复旦大学技术转移中心无锡分中心"和"复旦大学微系统分析中心无锡分中心"。与企业联合成立"复旦—文创太阳能光伏应用技术研究中心"、"复旦—安捷利全印制电子研发中心"和"复旦—盐城环保与信息化研发中心"。参与建立新型光纤广域监测技术战略联盟、干细胞与再生医学产业技术创新战略联盟、印制电子产学研创新联盟、国家集成电路设计产业技术创新服务联盟、上海下一代广播电视网产业技术创新联盟、上海电生理与康复技术创新战略联盟、纳米生物医药产业技术创新战略联盟、云计算机产业技术创新战略联盟等8个产业联盟。举办科技成果产业化论坛，完善科技成果产业化信息平台。继续做好上海市大学生科技创业基金复旦分基金工作。10月，与杨浦区人民政府签订《关于合作推进国家创新型试点城区建设战略协议》，不断丰富"三区联动"理念的内涵，推动孵化器和科技园发展。

四、师资队伍建设。启动实施《关于全面实施院系(所)人力资源二级管理的意见》和《复旦大学院系(所)人力资源二级管理改革纲要》。实施二级管理综合配套改革，建立复旦大学绩效奖励工资制度，启动实施院系人力资源五年规划论证核准工作。加大中青年教师培养力度，建立连续性、分层次的中青年教师培养机制。重点加快校内杰出人才队伍建设、校内领军人才和校内骨干人才(世纪之星)队伍建设。完善青年教师国际化培养工作，加大公派出国的力度。探索完善人才引进新机制，启动外国青年学者非在编短期全聘岗位聘任。深化区校合作机制，与杨浦区共建海外高层次人才创新创业基地；与浦东新区及张江高科技园区"国家级人才基地"探索建立基地联盟。全年引进各类高层次人才77人，学校共有国家"千人计划"引进人才26人。

五、附属医院工作。共有医院职工15306人，床位8366张。有国家重点学科(含三级学科)27个，卫生部临床重点专业5个，上海市临床医学中心7个，上海市医学重点学科11个，上海市医学重点专科4个，上海市临床医疗质量控制中心20个。有中国科学院院士2人(沈自尹、王正敏)，中国工程院院士4人(汤钊猷、陈灏珠、顾玉东、周良辅)，双聘院士1人(陆道培)，教育部"长江学者奖励计划"特聘教授5人，复旦大学特聘教授10人。全年门急诊服务量14487312人次，期内出院人数307802人，住院手术服务量165850人次。全面推进住院医师规范化培养工作，共招收住院医师429名。做好附属医院世博医疗保障服务工作。

六、深化国际化办学。全年到访各类境外代表团共294批3582人次。派出交流学生1685人，接收各类来华长期交流学生529人。召开国际学术会议51次，来访长期专家101人，各类短期专家600余人，来校接受"名誉教授"等荣誉称号的专家5人。执行国家外国专家局引进海外高层次文教专家计划2个，教育部海外名师项目2个，教育部聘请外籍专家重点项目43个，教育部普通短期专家项目47个，上海市智力引进项目19个，复旦大学海外优秀学者授课项目36个。药学院教授朱依谆(新加坡籍)获2010年上海市白玉兰纪念奖。与香港中文大学、日本早稻田大学签订三校商学院学生交换协议，与台湾大学签订学分互认协议和EMBA项目合作协议，与新竹清华大学签订学生交流协议。与国外知名高中合作推进"21世纪优秀海外中学生留学复旦"项目，鼓励院系和国外名校合作开办双学位国际课程。加强教育国际交流与合作，推进英语授课项目的建设。建立多样性支持体系，优化留学环境，完善服务机制。

七、校友、校董和筹资工作。复旦大学接受捐赠7380.7万元，上海复旦大学教育发展基金会接受捐赠4827万元，复旦大学教育发展基金会(海外)接受捐赠4633.7万元。

八、后勤保障工作。完成马锦明楼重建并交付使用；完成教师、学生宿舍及公寓的一系列大修、改造工作；推动节约型校园建设，完成邯郸、枫林校区部分二级智能水表试点改造工作，完成北区学生公寓供配电系统改造工作，学生公寓全部实行智能电表预付费式管理模式；推进信息化建设。

九、党建工作。成立世博工作领导小组，召开迎世博动员大会，落实志愿服务、医疗保障、安全稳定等相关工作。以"抓基层、打基础，争先进、作表率，促发展、创一流"为主题，在全校基层党组织和党员中开展创建先进基层党组织、争当优秀共产党员活动。"七一"之际，党委召开复旦大学纪念中国共产党成立89周年暨创先争优活动动员大会，全面启动创先争优活动。先后发出向谷超豪教授和于漪校友学习的决定，举办表彰报告会、教育思想研讨会和劳模事迹报告会，大力弘扬先进人物为人为学为师的优秀品格。加强党风廉政建设责任制的落实和检查，对22个院系进行巡查。开展“小金库”专项检查和工程建设领域专项治理，完善重点领域和关键环节的管理制度。承办全国高校统战工作会议，召开首次全校离退休工作会议。落实安全稳定工作责任制，加强校园安全防控和应急管理，举全校之力创建平安和谐校园。

（陈殷华　潘隽炜　甄炜旎）

［志愿者服务世博会］ 上海世博会期间，学校招募、培训和组织4207多名学生作为第一批志愿者进驻世博园区和城市站点提供服务，其中特殊岗位和长期岗位共786人，4月21日—5月16日期间园区志愿者2326人，站点志愿者1095人。志愿者热情周到细致的服务赢得各方面的广泛赞誉。共青团复旦大学委员会被中共中央、国务院授予“上海世博会先进集体”，3个单位和11位共产党员在上海市委“世博先锋行动”中被评为“五好”基层党组织和“五带头”共产党员。

（甄炜旎）

［学生多次获奖］ ①2月6日，在第34届ACM国际大学生程序设计竞赛全球总决赛中，计算机科学技术学院本科生杨溢、李明韫、胡晓诚团队获得铜牌；7月，在2010年英特尔杯大学生电子设计竞赛嵌入式系统专题邀请赛中，2个参赛队分获全国二等奖及三等奖；9月5日，在全国大学生电子设计竞赛——TI杯模拟电子系统专题邀请赛中，2个参赛队分获一等奖及二等奖；9月13日，在2010年高教社杯全国大学生数学建模竞赛上，5个参赛队获得全国一等奖，4个参赛队获得全国二等奖；5月15日，在首届全国大学生数学竞赛上，获全国一等奖1名、二等奖2名、三等奖3名；10月30日，在全国基础力学实验竞赛上，1个参赛队获团体一等奖，3名学生获个人赛一等奖，1名学生获个人赛三等奖。②2月6日，出土文献与古文字研究中心2009级博士研究生蔡伟被授予“中国大学生自强之星标兵”称号。6月29日，蔡伟当选“2009中国大学生年度人物”。③3篇博士学位论文入选2010年全国优秀博士学位论文，另有12篇博士学位论文入选全国优秀博士学位论文提名论文。

（甄炜旎）

［5位教授获得2010年全国先进工作者称号］ 4月27日，全国劳动模范和先进工作者表彰大会在北京人民大会堂举行。上海医学院药理研究中心主任、教授马兰，中山医院副院长、教授樊嘉，华山医院神经外科主任、院士周良辅，金山医院五官科主任、教授徐林根和生命科学学院教授李瑶被授予全国先进工作者荣誉称号。

（甄炜旎）

［牛津大学校长来访］ 4月29日，牛津大学校长安德鲁·汉密尔顿访问复旦大学并发表题为“21世纪的全球一流大学”的演讲。演讲前，副校长桂永浩会见汉密尔顿校长。

（甄炜旎）

［主办“上海论坛2010”］ 5月29—30日，学校主办“上海论坛2010”，主题为“经济国际全球化与亚洲的选择：反思·复苏·重构”。国务院前国务委员唐家璇、巴基斯坦前总理阿齐兹、上海市副市长沈晓明、复旦大学校长杨玉良、韩国SK株式会社董事长崔泰源等出席开幕式并演讲。

（甄炜旎）

［举办《越南汉文燕行文献集成》新书发布会］ 大型文献丛书《越南汉文燕行文献集成（越南所藏编）》由复旦大学文史研究院和越南汉喃研究院历时三年合作编纂完成，并由复旦大学出版社正式出版。6月13日，越南汉喃研究院与复旦大学共同举办《越南汉文燕行文献集成》新书发布会，上海市新闻出版局局长焦扬、复旦大学党委副书记陈立民、复旦大学文史研究院院长葛兆光、越南汉喃研究院院长郑克孟、复旦大学出版社总编辑贺圣遂到会并致辞。来自国内和越南的数十位专家追溯1314年至1884年五百多年间的中越文化交流，研讨东南亚文化的形成与发展。

（甄炜旎）

［加拿大总督来访］ 6月30日，加拿大总督米夏埃尔·让访问复旦大学。校长杨玉良会见总督一行，常务副校长王卫平参加会见。让女士为复旦师生作了关于中加友谊回顾与展望的演讲。复旦大学图书馆馆长葛剑雄，社会关系与公共政策学院院长彭希哲，不列颠哥伦比亚大学教授Diana Lary，加拿大研究会常务理事长Jack Jedweb等作主题发言。

（甄炜旎）

[举办点校本“二十四史”及《清史稿》修订工程第四次修纂工作会议] 7月11—12日，由中华书局主办、复旦大学承办的点校本“二十四史”及《清史稿》修订工程第四次修纂工作会议在复旦大学召开。复旦大学党委书记秦绍德、修订工程工作委员会主任杨牧之、全国高校古籍整理研究工作委员会主任安平秋，中宣部出版局、新闻出版总署出版管理司、中国出版集团等有关单位领导，以及部分曾经参与“二十四史”及《清史稿》点校工作的知名学者、上海出版界专家等出席会议。

（甄炜旎）

[举行一流大学建设系列研讨会暨中国大学校长联谊会] 10月10—12日，“一流大学建设系列研讨会暨中国大学校长联谊会”在复旦大学召开。北京大学、清华大学、复旦大学、中国科技大学、南京大学、浙江大学、上海交通大学、西安交通大学、哈尔滨工业大学等9所内地高校的校长或党委书记，香港大学、香港中文大学、香港科技大学校长以及澳大利亚Go8大学联盟的代表参加会议。上海市副市长沈晓明出席开幕式并致辞，教育部有关司局领导出席会议。与会校长围绕“建设世界一流大学的中国模式”及“大学内部治理”等主题展开交流与讨论。与会的9所内地高校与澳大利亚Go8联盟正式签署战略合作协议，根据协议，双方将充分利用各种资源，在学者互访、学生交流、科研合作、发展战略等多方面开展合作。

（甄炜旎）

“一流大学建设系列研讨会”举行

[召开复旦大学第四届董事会第四次会议] 10月23—25日，复旦大学第四届董事会第四次会议在台北召开，两岸三地20余位校董及校董代表出席会议。校董会秘书长、副校长许征主持会议并作年度工作报告。校董会主席、校长杨玉良发表重要讲话。会议增补王绍堉为本届校董会董事。国民党荣誉主席连战、台湾地方立法机构负责人王金平出席欢迎晚宴并致辞。

（甄炜旎）

[召开复旦管理学奖励基金会第一届理事会第十次会议] 11月15日，该会议在厦门大学召开，会上选举中共中央政治局原常委、国务院原副总理、复旦大学管理学奖励基金会原会长李岚清任基金会名誉会长，中共中央政治局原委员、全国政协原副主席徐匡迪任基金会第二任会长。会议期间举行“复旦管理学杰出贡献奖”颁奖典礼，南京大学教授赵曙明、厦门大学教授吴世农和华中科技大学教授陈荣秋获奖，李岚清为获奖者颁发证书和奖杯。徐匡迪在颁奖典礼上作题为“成功与领导力”的演讲。典礼由基金会副理事长兼秘书长、博鳌亚洲论坛原秘书长龙永图主持。福建省委书记孙春兰，福建省委副书记、省长黄小晶，福建省政协主席梁绮萍，福建省人大常委会党组书记、副主任刘德章，基金会理事长、复旦大学党委书记秦绍德，基金会副理事长、复旦大学校长杨玉良，基金会副理事长、原外经贸部副部长刘山在等及相关单位的领导和代表出席颁奖典礼。

（甄炜旎）

[获2项国家科学技术奖和1项中国高等学校十大科技进步奖] 11月29日，中山医院钦伦秀、叶青海、汤钊猷、关新元、贾户亮团队的“肝癌转移机制的新发现及其意义”项目获2010年度国家自然科学奖二等奖；华山医院沈自尹、王文健、俞瑾、蔡定芳、蔡德培、归绥琪、董竞成、俞建、张新民、黄建华团队的“肾阳虚证的神经内分泌学基础与临床应用”项目获国家科技进步奖二等奖。12月，生命科学学院、生物医学研究院教授赵世民研究团队的科研成果“代谢乙酰化调控机理的发现”入选2010年度中国高等学校十大科技进步奖。

（甄炜旎）

[获 13 项国家级教学相关项目奖] 6 月 2 日，物理学系的"近代物理"，中国语言文学系的"美学"，新闻学院的"马克思主义新闻思想"，管理学院的"概率论"，上海医学院的"医学导论"，国际关系与公共事务学院的"当代中国政治制度"等 6 门课程被评为 2010 年度"国家精品课程"。7 月 17 日，公共卫生学院的"预防医学"骨干课程教学团队，社会科学基础部的"思想政治理论课"教学团队等 2 个团队被评为"国家级教学团队"。7 月 19 日，国际关系与公共事务学院的"国际政治"，核科学与技术系的"核技术"，管理学院的"管理科学"3 个专业被评选为第六批高等学校特色专业建设点。7 月 20 日，国际关系与公共事务学院教授陈志敏的"欧盟政治与对外关系"，生命科学学院教授金力的"人类进化遗传学"等 2 门课程被评为国家级双语教学示范课程。

（甄炜旎）

[3 项成果入选《国家哲学社会科学成果文库》] 12 月，学校 3 项成果入选《国家哲学社会科学成果文库》。其分别是：经济学院教授袁志刚《均衡与非均衡：中国宏观经济与转轨经济问题探索》、经济学院副教授陈诗一《节能减排：结构调整与工业发展方式转变研究》、历史地理研究中心教授王振忠《明清以来徽州村落社会史研究——以新发现的民间珍稀文献为中心》。

（甄炜旎）

[2 份研究报告入选高校哲学社会科学研究优秀咨询报告] 12 月，经济学院副教授章元和副教授徐筱凤等撰写的 2 份研究报告入选教育部 2010 年度高校哲学社会科学研究优秀咨询报告。此次教育部社科司共评出优秀咨询报告 43 份，美国研究中心教授沈丁立、吴心伯与北京大学等单位合作完成的研究报告也入选其中。

（甄炜旎）

[多篇论文在国际顶级学术刊物发表] 生命科学学院、生物医学研究院教授赵世民研究团队的成果"Reversible lysine acetylation of enzymes involved in central metabolism coordinates carbon flow in Salmonella enterica"和"Protein acetylation plays an extensive role in regulating cellular metabolism"发表在《自然》杂志 2010 年 2 月刊上。生命科学学院教授罗泽伟研究团队的成果"Multilocus tetrasomic linkage analysis using hidden Markov chain model"发表在《美国科学院院报》上。生命科学学院教授王红艳研究团队的成果"VANGL2 Mutations Identified in Human Cranial Neural-Tube Defects"发表在《新英格兰医学杂志》上。5 篇学术论文入选 2009 年度"中国百篇最具影响力国际论文"。

（甄炜旎）

附：学校负责人及地址

（2010 年 1—12 月）

校党委书记：秦绍德
副　书　记：陈立民、刘建中、王小林

校　　　长：杨玉良
常务副校长：张一华、王卫平
副　校　长：蔡达峰、陈晓漫、桂永浩、许　征、金　力

邯郸校区地址：邯郸路 220 号
邮编：200433
电话：65642222

枫林校区地址：医学院路 138 号
邮编：200032
电话：54237900

张江校区地址：张衡路 825 号
邮编：201203
电话：51355003

江湾校区地址：淞沪路 2005 号
邮编：200438
电话：51630011

复旦大学上海视觉艺术学院

［**2010 年概况**］ 学校现有设计学院、新媒体艺术学院、时尚设计学院、美术学院、表演艺术学院、文化创意产业管理学院、基础教育学院等 7 个专业学院，院务部、教务部、科研部、产业发展部 4 个管理部门，实训管理中心、图文信息中心、国际艺术交流中心 3 个业务中心，共有教职工 284 人（不含兼职教师），在校学生 3725 人。

教育教学改革。3 月，为加强学生的学习自主性，培养和激发学生的创新能力，培养全面发展、综合素质高的创新型、复合型人才，学校启动学分制改革。学校重点学科建设有新进展，原有 26 个学科专业方向经过整合，归并为艺术设计、工业设计、数字媒体艺术、绘画、文化产业管理、会展艺术与技术、摄影、动画、雕塑、表演、播音与主持、广播电视编导等 12 个艺术类专业、26 个方向，并形成六大学科群。并确定包装传播设计、室内与景观设计、产品设计、数字媒体艺术、玻璃与陶瓷设计、文物修复、文化产业管理与策划等 7 个学科专业方向。

加大人才引进力度，引进一批国内外有一定知名度的教授和业界精英充实教学力量。学校青年教师的艺术教育、科研与交流活动日趋活跃，青年教师在快速成长。1 月 8 日，以“以视觉为名——艺术、设计、教育”为主题的学校首届青年教师学术论坛在学校举行。11 位青年教师申报的项目得到“上海高校选拔培养优秀青年教师科研专项基金”资助，获得各 2 万元的科研基金。时尚设计学院教师邵家瑜、传播演艺学院教师丁鹏分别以“服装低碳再利用方案设计及应用研究”和“新媒体语境下的中国电视剧营销初探”为课题，入选上海市教育发展基金会“2010 年度晨光计划”项目承担人。完成《复旦大学上海视觉艺术学院“十二五”改革与发展规划纲要》编制工作。

积极参与上海世博会工作。教师杨剑平、丁乙、胡介鸣等设计并创作的“生命之树”、“信息时代”、“记忆 · 飞翔”、“泉”等 4 个雕塑作品成为上海世博会永久性雕塑。设计学院教师闵洁设计的世博会门票经过多轮评选，最终被上海世博局确定为上海世博会门票样式。上海世博会期间，学校有 659 名学生担任世博会园区志愿者。学校有多人及团体获得上海世博会“世博先锋行动优秀共产党员”、“2010 年上海世博会教育系统安保稳定工作先进个人”、“上海世博会志愿者工作先进个人”、“上海世博会杰出志愿者”和“优秀志愿者”，以及“上海世博会志愿者工作优秀团队”等荣誉称号。

坚持校企合作。4 月 13 日，学校与上海美特斯邦威服饰有限公司合作建立“教学实习基地”。5 月 11 日，学校与上海家化联合股份有限公司、震旦集团校企合作签约，建立校企联名工作室，探索产品设计开发和项目立项合作机制。10 月 15 日，传播演艺学院与上海电影译制厂有限公司在上海影城举行共建签约仪式暨上海电影译制厂配音老师与 2008 级播音主持专业学生的拜师结对仪式，合力打造“需、学、研、产”一体的教学实践基地。12 月，国际著名软件企业欧特克公司捐赠学校价值 8000 万元的设计与创意软件，同时在学校建立示范实验室，这是欧特克公司在国内艺术院校设立的首家示范实验室。

国际交流和合作。5 月 4—13 日，设计学院师生一行 12 人与爱尔兰都柏林理工大学印刷设计学院师生开展学术交流活动。9 月 16 日，设计学院和爱尔兰都柏林理工大学设计印刷学院合作课程图形创意作品展在世博会爱尔兰馆开幕。6 月 17 日，学校传播演艺学院与夏威夷大学创造性传媒学院在上海影城签订合作谅解备忘录。6 月 7—12 日，时尚设计学院服装艺术设计专业 11 名学生赴韩国釜山，与灵山大学服装设计专业进行毕业设计作品交流。

吸引社会力量办学。11 月，宝矿控股（集团）有限公司投资 1000 万元，成为学校的董事单位。学校与上海复星高科技（集团）有限公司、中欧国际集团、宝矿（控股）集团有限公司、月星集团有限公司和华杰仁爱基金会等多个企业及团体签署协议，在学校成立“复旦视觉复星教育基金”、“复旦视觉中欧奖助学基金”、“复旦视觉宝矿奖助学基金”、“复旦视觉艺术精英人才培养基金”、“华杰仁爱奖助学金”等多个奖助学基金。

（黄　华）

［**举办校庆 5 周年庆典**］ 9 月 6 日，学校 2010 级新生开学典礼暨 5 周年校庆在松江大学城大学生体育

中心举行。全国人大常委会委员、教科文卫委员会副主任委员、中央第六巡视组组长金炳华，全国人大常委会委员、中科协书记处书记冯长根，全国人大常委会委员、教科文卫委员会委员、民进中央副主席朱永新，全国人大常委、学校名誉校长龚学平，中共上海市委副书记殷一璀，中共上海市委常委、宣传部长杨振武，上海市政协副主席朱晓明等出席庆典。著名表演艺术家、学校客座教授奚美娟、成龙、廖昌永等到场祝贺。

（黄　华）

［师生参加国际国内外大赛获多项奖项］　①4月12日，传播演艺学院播音主持专业学生张清渊在2010年“世博公关新星”总决赛中，获得总冠军。②6月，学校选送的动画作品“我要飞”获得第三届上海大学生电视节最高奖“紫丁香”评委会奖，“穿越新闻”、“药·非药”、“重生”分别获得DV短片类最佳电视栏目片奖和最佳表演奖，以及动画类最佳故事创意奖。③9月10日，设计学院2007级产品设计专业学生冯佃强和谢凯完成的“FREE—未来出租车”获第三届中国汽车设计大赛优秀奖。④10月，设计学院2007级视觉传达专业学生陈晓闻获得DAF国际大学生反对皮草艺术设计大赛中国赛区D海报组亚军。⑤11月，传播演艺学院服装表演与推广专业2009级学生任慧在“2010环球国际模特大赛”中，获该项国际大赛的总冠军。⑥11月，传播演艺学院2008级文化策划与管理专业学生吴玉琳在全国大学生校园策划大赛中荣获最佳优胜奖。

（黄　华）

［学校附属高级中学挂牌］　5月6日，学校与静安区教育局协议，在上海市逸夫职业技术学校挂牌成立“复旦大学上海视觉艺术学院附属高级中学”。上海市逸夫职业技术学校与新成立的复旦大学上海视觉艺术学院附属高级中学将在专业建设、课程开发等领域开展深入合作，并对中等美术教育和高等美术教育的衔接开展有益的尝试和探索。

（黄　华）

［召开艺术教育与人才选拔恳谈会］　12月10日，学校召开“艺术教育与人才选拔问题恳谈会”暨全国部分省市中学校长座谈会，来自上海市西中学、华东模范中学、松江二中、复旦中学、华山美校、上大美院附中、大连15中、郑州铁六中、广州美术中学等国内70多所中学的校长参加座谈，并共同就中等艺术教育与高等艺术教育如何更好衔接等问题进行探讨。

（黄　华）

［举办上海文化产业发展高校论坛］　5月28日，学校与华东政法大学共同发起，以“21世纪文化产业人才培养”为主题的首届上海文化产业发展高校论坛在学校举办。全国人大常委、学校名誉校长龚学平出席论坛，并就文化产业人才培养的若干问题发表主旨演讲。论坛还邀请了上海24所高校文化产业及相关专业的教师和国内20多家文化产业相关企业参加，围绕当前文化产业共同面临的一些问题展开深入探讨。论坛最后由学校和华东政法大学共同倡议成立“上海高校文化产业教学研究联谊会”，期待凝聚上海高校的力量，研讨文化产业人才的培养新机制，为我国文化产业人才培养探索新路。

（黄　华）

［德道大师楼动工］　6月20日，学校与北京德

“德道国际艺术传媒大师中心项目”签约

道教育机构签署“德道国际艺术传媒大师中心项目的全面合作意向协议”，同时由北京德道教育机构投资近亿元在学校建设的德道国际艺术大师工作室楼正式破土动工。双方将借助德道国际艺术传媒大师项目这个平台，在国际大师资源、教育资源共享和社会资源支持等方面开展全面合作。9月，国际知名电影特效大师胡陞忠、漫画创作大师荻野真、壁画艺术大师莱茨克工作室在学校挂牌成立。

（黄　华）

［举办第五届国际咨询专家委员会论坛］ 9月4日，学校举办第五届国际咨询专家委员会论坛。来自英国、法国、美国、日本以及我国香港、台湾等著名艺术院校的专家和学者围绕“当代艺术设计人才培养模式”这一主题，就“当代艺术设计人才的培养应该如何改革创新”，“艺术设计专业如何在传统和当代之间设置基础教学的模块和内容”，“面对日新月异的社会需求，当代艺术和设计的专业教学如何开拓”，以及两者之间如何衔接等问题展开交流和探讨。

（黄　华）

［红色经典油画《红旗永在》被学校收藏］ 11月28日，在香港佳士得拍卖行的拍卖会上，美籍华人画家、学校教授张红年的红色经典油画《红旗永在》被学校以86万港元拍得。张红年是我国“文革”结束后“伤痕美术”的代表人物之一，《红旗永在》是张红年早期的代表作。画作以大气磅礴的写实手法，描绘了毛泽东、朱德、周恩来率领红军即将离开苏区参加长征的历史情景。整幅油画全部用画刀刮出，洋溢着一种革命英雄主义的悲壮情怀，被列为中国当代油画名家代表作之一。在流落海外25载之后，该幅红色经典油画终于回归故国，并将成为学校的永久收藏。

（黄　华）

附：学校负责人及地址

（2010年1—12月）

院长：陈立民
党委副书记、副院长：梁晓庄

常务副院长：邵敏华

地址：松江区文翔路2200号
邮编：201620
电话：67822643
传真：67823216

上海交通大学

［2010年概况］ 一、师资队伍建设。①加大海外高层次人才引进力度。新增冠名讲席教授43人、特聘教授45人、特别研究员33人、“千人计划”入选者18人、“973”首席科学家4人，引进院士1人。2008年诺贝尔生理与医学奖获得者吕克·蒙塔尼受聘为学校教授。②实施“青年骨干教师高访计划”、“晨星青年学者奖励计划”、“双语培训”等青年教师培养计划，专任教师中获得海外博士学位的比例由5.4%提高到15.2%。③优化师资队伍结构，推进教师队伍分类发展改革，7个学院的改革方案获通过。探索建立符合一流大学发展需要的职员队伍管理制度，基本形成《上海交通大学校部机关绩效工资制度改革方案》。

二、人才培养。①生源质量稳步提高。推免研究生中，来自“985”高校的博士和硕士生源比例分别较上年提高10%和4%；工程硕士、MBA等专业学位招考成绩名列全国前茅。联合清华大学等开展的自主招生拓展到“七校联考”。②获2010年度全国优博论文5篇、提名奖6篇。③2010届研究生、本科生就业率、签约率均居前列；赴国家重要行业及关键领域就业2510人，比上年同期增长37%。第三次夺得ACM国际大学生程序设计竞赛全球总冠军。④新增国家级精品课程6门、市级精品课程8门、国家级双语教学示范课程2门、上海高校示范性全英语教学立项课程5门、国家级教学团队3个、市级教学团队6个、国家特色专业建设点5个，以及农业部现代农业技术培训基地和上海市创意产业人才培训基地。⑤“实施基础学科拔尖学生培养计划”、“探索校企联合培养工程人才的新模式”和“改革研究生培养模式”等被列入国家教育体制改革试点项目，法律硕士、工程硕士、工商管理硕士等3个专业学位点获教育部批准开展综合改革试点。⑥拔尖创新人才培养特区进入实质性运行。密西根学院办学成效显著，首届158名本科生毕业，71%的学生在国内外一流大学读研深造。成立以培养拔尖创新型领袖人才为目标的致远学院，和以培养未来的企业领袖和产业巨子为目标的创业学院。制定与实施“卓越工程师培养计划”，提出学校工程技术领军人才培养计划实施方案。

三、学科建设和科技创新。①新增10个一级学科博士授权点、7个一级学科硕士授权点，药学等8个硕士专业学位获得国务院学位委员会授权。学科布局进一步优化。进入世界ESI排行榜前1%的学科已达到12个。②全校科研总经费达16.6亿元，比上年增加4.2亿元，“973计划”、国家自然科学基金及上海市等纵向项目经费达5.1亿元，文科科研到账总经费突破3500万元。国家自然基金获资助经费突破2亿元。数字电视国家工程中心正式落户学校，“微生物代谢”教育部重点实验室获评估“优秀”。③围绕创新型人才培养、综合性学科交叉研究、科研基地能力建设等8个专项，建立“上海交通大学科技创新专项资金”资助体系，加大对问题导向的原创性研究的引导力度。④王振义院士获国家最高科学技术奖，另有5项成果获国家奖，其中国家自然科学奖1项，国家科技发明奖1项，国家科技进步奖3项。26项成果通过上海市科学技术奖复评（一等奖6项，二等奖11项，三等奖9项）。获高等学校科学研究优秀成果奖14项。⑤人文社会科学研究获得国家社科基金重大项目2项、重点项目1项、一般项目15项，教育部社科后期资助重大项目等部级项目38项。获得上海市第十届哲学社会科学优秀成果奖28项，其中一等奖1项，二等奖10项，三等奖等17项，获奖数为历年最多。2009年度SSCI（含A&HCI）论文从11篇增长到66篇。新增上海发展战略研究所、谢耘耕工作室和与文化部共建“两岸文化产业研究基地”等文科基地。

四、国际合作。全年接待海外来访者共12480人次（含港澳台地区来访者2029人次）。其中重要接待150批次，包括瑞典国王、泰国公主、欧盟前主席、法国前总理等正部级以上官员13人次，诺贝尔奖及图灵奖获得者12人次，正校长51人次。授予海外专家、学者及友好人士荣誉称号59人。新增与悉尼大学等一流大学的双学位合作办学项目，本科生有海外学习经历的比例增加至29.2%。落实以“国家公派出国留学研究生项目”为主，“博士生国外访学计划”为补充的国际合作培养方式，研究生教育国际化程度大幅提升。建立国家公派候选人才库，136名研究生获得国家留学基金公派出国，超额完成国家计划任务。资助49名博士生赴国外联合培养，超过150名学生赴海外参加国际会议和学术交流等，10%以上的在学研究生拥有海外游学经历。新增4个学院(系)建设全英语教学专业。至年底，共有119名长期来校工作和925名短期来校工作的海外专家。

五、服务社会。①与闵行区政府合作，成立国内第一家以新兴产业为主旨的研究院——上海紫竹新兴产业技术研究院；与内蒙古自治区签署科技合作框架协议；与江苏省无锡市签署合作协议筹建上海交大无锡研究院；与江苏省靖江市政府合作共建产学研合作基地；与江苏省江阴市政府开展科技与人才合作；与唐山轨道客车有限公司、上海电气(集团)、中国工程物理研究院、中国商用飞机发动机有限责任公司等开展实质性合作。继续推进以往与宝钢集团、上海核工程研究设计院、振华重工集团、山东东岳集团等大型企事业单位的合作关系。②整合附属医院临床医疗资源，成立39个专病诊治中心。③组织7525名志愿者，近20万人次服务上海世博会，实现"零事故"、"零投诉"、"零退出"，完成世博志愿服务。

(蔡西玲)

[上海紫竹新兴产业技术研究院成立] 1月10日，上海紫竹新兴产业技术研究院(以下简称产研院)成立暨揭牌仪式在闵行区政府举行。闵行区区长陈靖主持仪式。中共中央政治局委员、上海市委书记俞正声发来贺信，市委副书记、市长韩正为产研院揭牌。上海市常务副市长杨雄到会并发表讲话。产研院依托上海交大，重点聚焦新能源、先进制造和新材料、数字光电技术以及健康医疗4个领域。首批有两岸交大宽带无线通信实验网研发中心、大型铸锻件工程技术中心、大功率海上风力发电联合研发中心、新奥清洁能源(上海)联合研发中心、纳米薄膜太阳能电池研发中心5个新兴产业研发中心入驻，3名中组部"千人计划"入选者加盟。上海交大"长江学者"、新能源项目首席科学家李杰教授担任研究院院长。

(蔡西玲)

[两成果入选2009年中国基础科学研究和科技进展十大新闻] 1月13日，上海交大Bio-X中心的"揭示A-1型短指(趾)症致病机理"和医学院与中科院动物所共同完成的"实验证实诱导性多能干细胞具有发育全能性"两项研究成果，入选2009年度中国基础科学研究十大新闻。1月20日，后者又入选中国十大科技进展新闻。

(蔡西玲)

[获国际大学生程序设计大赛全球总冠军] 2月5日，第34届ACM国际大学生程序设计大赛全球总决赛落幕。上海交大代表队力克麻省理工学院、斯坦福大学、东京大学等世界一流大学参赛劲旅，以总分第一的成绩荣获全球总冠军。这也是学校继2002年和2005年后第三次获得该荣誉。

(蔡西玲)

[一批科研成果获国家和上海市奖励] 1月11日，2009年度国家科学技术奖励大会召开，上海交大9项成果获奖。其中，以第一完成单位获国家奖6项，包括"超支化聚合物的可控制备及自组装"国家自然科学二等奖1项，"高性能尾气净化器柔性制造关键技术及成套装备"等国家科技进步二等奖5项。3月24日，在上海展览中心友谊会堂举行的2009年度上海市科学技术奖励大会上，学校28项成果(第一完成单位)获奖，其中"力学中非线性问题的解析近似方法研究"等一等奖7项，二等奖10项，三等奖11项。

(蔡西玲)

[钱学森图书馆奠基] 6月6日，钱学森图书馆奠基仪式在徐汇校区举行，上海市委副书记、市长韩正，解放军总装备部副政委黄作兴，教育部副部长鲁昕，市委副书记殷一璀，市委常委、宣传部长杨振武，副市长沈晓明等出席奠基仪式，并共同为钱学森图书馆培土奠基。钱学森是上海交大1934届校友，著名科学家。钱学森图书馆2004年筹备，当年2月上海交大成立钱学森图书馆筹备工作专家咨询委员会，3月成立工作委员会。2005年5月18日中宣部下达《筹建钱学森图书馆工作方案》，2008年5月国家发改委正式批准立项建设。该馆由中宣部牵头、教育部主管、上海交大筹建，总面积7718平方米，工程建设总投资6946万元，2012年建成开馆。

(蔡西玲)

[成立致远学院和创业学院] 1月21日，学校在新行政楼举行致远学院成立仪式。该院是为培养拔尖创新人才设立的"实验特区"，将根据国际最新的教学实践经验而制定全新的学生培养计划，并聘请校内外、海内外的高水平教师，包括一批国际知名

教授担任课程主讲教师，为最优秀的学生提供最佳的教育。6月12日，学校在徐汇校区举行创业学院成立大会。全国人大常委会副委员长严隽琪、上海市副市长沈晓明等出席大会，并为创业学院揭牌。上海市政府副秘书长翁铁慧、市科委主任寿子琪、团市委书记潘敏、市教委副主任印杰等出席大会，并共同开通创业学院网站。

（蔡西玲）

［两校合并5周年大会举行］ 7月11日，学校在医学院懿德楼举办与原上海第二医科大学两校合并5周年大会暨“融合·发展·超越”卓越医学教育论坛。卫生部部长陈竺，上海市委副书记殷一璀，教育部党组成员、部长助理林蕙青，上海市副市长沈晓明出席会议。陈竺作《大力实施住院医师规范化培训，为人民健康培养卓越医学人才》论坛报告，殷一璀、林蕙青作重要讲话，副市长沈晓明作《中国的医学离世界一流有多远》的论坛报告。校党委副书记、医学院党委书记孙大麟作两校合并5周年工作回顾。会上，唐仲英基金会宣布将捐助1亿元人民币用于学校转化医学研究院的建设。大会由校长张杰主持，卓越医学教育发展论坛由副校长、医学院院长朱正纲主持。

（蔡西玲）

［参与世博志愿服务］ 9月29日，学校世博会志愿者誓师动员大会举行，市委宣传部、市教卫党委、团市委、上海世博局等部门领导杨振武、马春雷、李宣海、潘敏、许伟国和校党委书记马德秀等出席。会上，杨振武发表讲话；马春雷为世博会园区志愿者总队和城市站点志愿者队伍授旗；5000多名世博志愿者庄严誓师。会上，学校宣布成立世博志愿者临时党委，组建35个临时党支部，校党委副书记徐飞担任临时党委书记。10月19日，中共中央政治局委员、上海市委书记俞正声，中共上海市委副书记、市长韩正，市委副书记殷一璀分赴世博园区视察，看望并慰问学校世博会志愿者。10月20日，教育部副部长李卫红在校党委书记马德秀陪同下，在世博园区慰问学校世博会志愿者。世博会期间，学校近7000名学生参与各项世博会志愿服务工作，累计服务近20万人次。12月27日，学校荣获中共中央、国务院颁发的“上海世博会工作先进集体”称号。

（蔡西玲）

［获上海市第十四届运动会52枚奖牌］ 11月15日，上海市第十四届运动会落下帷幕。学校荣获游泳、乒乓球、篮球、网球、羽毛球、健美操、棒球、田径、足球、定向越野等共14个项目的52枚奖牌，其中金牌27枚，银牌11枚，铜牌14枚。

（蔡西玲）

［原创相声剧获“中国戏剧奖·校园戏剧奖”优秀剧目奖］ 11月18日，由中国文联、教育部、上海市人民政府共同主办的“第二届中国校园戏剧节”在上海戏剧学院大剧场闭幕。学校原创相声剧《交大这些事儿》荣获校园戏剧最高荣誉——“中国戏剧奖·校园戏剧奖”优秀剧目奖。中国剧协分党组书记季国平、上海市人大常委会副主任胡炜、上海市委宣传部副部长陈东、市文联党组书记杨益萍、市教委副主任李骏修等领导出席开幕式并现场颁发奖项。

（蔡西玲）

［实施“卓越工程师计划”］ 7月，学校入选教育部首批“卓越工程师教育培养计划”实施高校。参加该计划的专业有土木工程、机械工程自动化、热能与动力工程、电气工程与自动化专业、信息工程、材料科学与工程等6个。11月3日，学校举行“卓越工程师教育培养计划”宣讲会，计划遴选200名学生参与该培养项目。12月9日，教育部在学校召开推进“卓越工程师计划”研讨会，近20所高校参加。会上，学校宣布全面启动“卓越工程师计划”，通过“4年本科＋2.5年工程硕士”的校企联合培养模式，培养未来企业界领军人物和未来工程领域的设计大师。

（蔡西玲）

［教育部、上海市人民政府继续重点共建学校］ 12月29日，教育部、上海市人民政府继续重点共建复旦大学、上海交通大学、同济大学、华东师范大学签约仪式在衡山宾馆举行。教育部部长袁贵仁与上海市委副书记、市长韩正签署协议并讲话。市委副书记殷一璀出席签约仪式，副市长沈晓明主持签约仪式。根据新一轮“985工程”共建协议，在2010年至2013年期间，学校将获得教育部和财政部按“985工程”中央财政专项资金基本额度下达给学校的经费，以及上海市地方财政按照中央下达四校的中央财政专项资金基本额度控制数总量进行的1∶1配套投入资金。教育部有关部门、上海市有关委办局，以及复旦大学、上海交通大学、同济大学、华东师范大学等4所高校的相关负责人出席签约仪式。

（蔡西玲）

[俞正声视察钱学森图书馆建设工程] 12月30日，中央政治局委员、上海市委书记俞正声在市委常委、市委秘书长丁薛祥的陪同下，到徐汇校区视察钱学森图书馆建设工作。在校党委书记马德秀、副校长吴旦、党委常委李建强等的陪同下，俞正声观看钱学森图书馆的陈展设计效果图，听取关于钱学森图书馆建设情况汇报，并实地视察建设工地等。

(蔡西玲)

附：学校负责人及地址

(2010年1—12月)

校党委书记：马德秀

常务副书记：苏　明

副书记：孙大麟、潘国礼、徐　飞

校　　长：张　杰

常务副校长：林忠钦（1月到任）

副　校　长：陈国强（12月到任）、郑成良、张文军、陈刚、蔡　威、吴　旦、黄　震（1月到任）

闵行校区地址：东川路800号

邮编：200240

总机：54740000

校办电话：34206500

徐汇校区地址：华山路1954号

邮编：200030

上海交通大学医学院

［**2010年概况**］ 学院有教职医护员工20905人，具有高级职称的在职人员2838人。其中中国科学院院士1人，中国工程院院士9人，中组部“千人计划”6人，“长江学者”特聘教授8人，“长江学者”讲座教授5人，国家“973”项目首席科学家9人次，国家杰出青年基金获得者19人，人事部“百千万人才工程”23人，卫生部有突出贡献中青年专家11人，上海市领军人才31人，上海市东方学者14人。学院有专任教师共639人，其中35岁以下教师261人，36—45岁教师218人，46岁以上教师160人，具有高级职称的有241人，具有博士学位的有346人。上海交通大学医学科学研究院引进课题组长5人；医学院王义斌等4人入选第五批“千人计划”；4人入选“东方学者”特聘教授，2人入选“东方学者”讲座教授；5人获上海市领军人才称号。127人获“上海高校选拔培养优秀青年教师科研专项基金”；30人入选交大医学院2010年度“新百人计划”；16人入选上海交通大学王宽诚医学奖励基金项目等。学院进站博士后27人，共有博士后67人，临床医学博士后流动站被评为全国优秀。

学院录取本科生616人，其中上海市新生220人，外省市新生396人。录取研究生1080人，其中博士生359人，硕士生721人。成人教育学院录取新生1791人。网络教育学院录取新生2955人。

2010年医学院共有七年制、本科毕业生750人，其中七年制257人。至11月，2010届毕业生在医疗单位就业的有456人，占毕业生总数的60.53%。签约三级医院的有421人，占毕业生总数的56.13%。1名毕业生参加“三支一扶”计划、1名毕业生报名参军，1名毕业生赴基层就业，1名毕业生参加选调生计划。毕业研究生765人，其中博士研究生278人，硕士研究生487人。授予博士学位254人，硕士学位572人。成人教育2010年春季共有专科、本科和专升本三个层次的13个专业毕业生1622人，其中115名本科毕业生获得学士学位。网络教育学院毕业学生2274人，其中高起本毕业生57人，专科毕业生1485人，专升本毕业生762人，获学士学位11人。学院完成上海市全科医师岗位理论培训和临床技能培训任务。支持云南省、四川省都江堰等西部地区的全科医师岗位培训，共3966名学员参加培训和完成考试。全年被批准继续医学教育项目334项，其中国家级307项，上海市级27项。

学院12所附属医院核定床位总数12704张，实际开放床位13704张，共有执业医师5933人，其中高级职称医师2574人；执业护士7197人，其中高级职称护士101人。全年完成门急诊2008.95万人次，出院病人496397人次，住院手术244291人次，分别比上年同比增长7.37%、9.50%和7.07%。各附属医院圆满完成世博会期间的医疗保障工作任务。学院成立第二批20个专病诊治中心，组织各附属医院申报国家临床重点专科建设项目，共有15个项目入围，获得7300万元建设资金资助。全市实施住院医师规范化培训，各附属医院均建立了完善的住院医师规范化培训制度和工作要求，招收住院医师670人。学院完成2010年度临床住院医师规范化培训阶段性临床技能综合考核工作。共有619名住院医师参加考核，合格501人，总合格率为80.93%。

医学院共获得各级各类科研项目(课题)1478项，合同总经费达37696.78万元，比上年增长25.7%。其中国家级课题331项，经费18450.7万元。国家自然科学基金314项，经费9786万元，项目数同比增长66.1%。获得各级科技成果奖74项(第一完成单位60项)，其中附属瑞金医院教授王振义荣获2010年度国家最高科学技术奖，医学院院长陈国强牵头的《白血病细胞分化与凋亡的新机制》获国家自然科学二等奖。学院获得国家科技进步二等奖6项(牵头3项)，高等学校科学研究优秀成果奖10项(一等奖3项)，中华医学科学技术奖4项(一等奖2项)，上海市科学技术奖16项(一等奖4项)。医学院在SCIE被收录的论文共1036篇，论文数比上年度有大幅度的增长；EI收录论文46篇，ISTP收录论文14篇，在核心期刊总共发表论文5143篇。

学院申请专利137项，其中：中国发明专利81

项，PCT 发明专利 2 项，进入指定国发明专利 3 项，实用新型专利 51 项。授权中国专利 59 项，其中：发明专利 15 项，实用新型专利 43 项，外观设计专利 1 项。6 项科技成果项目分别参加“中国国际工业博览会”、“高交会”以及中国高校技术市场的展示。学院对遗传学、病理学与病理生理学、内科学（血液病、消化系病、内分泌代谢病、心血管病、肾病、风湿病、传染病、呼吸系病）、外科学（整形、骨外）、口腔临床医学、儿科学 14 个国家重点学科和 2 个国家重点（培育）学科（神经病学、口腔基础医学）进行年度建设进展检查，完成上海高校创新团队计划（一期）阶段总结及第二批建设经费下拨 400 万元；人体解剖与组织胚胎学、神经病学、影像医学与核医学、外科学（普外）、眼科学和口腔基础医学共 6 个上海市重点学科（第三期）接受上海市教委的中期考核，获年度建设经费 1080 万元；基础医学、妇产科学、小儿心血管、骨关节外科学、免疫学和肿瘤学接受上海市教委重点学科（第五期）的中期考核，并进行 2010 年度建设进展检查，获年度建设经费 480 万元；完成上海市公共卫生项目专项资金（重点学科完成学科和人才培养计划）使用情况的总结，编制《上海交通大学医学院“211 工程”三期管理文件汇编》；建立“211 工程项目管理信息平台”。学院新建“上海交通大学医学院眼科视觉科学研究所”。

学院及各附属单位共主办或承办国际会议 17 个；新签署或续签协议和备忘录 13 项；接受海外企业和个人捐赠 13 项。与附属医院共同接待了来自 36 个国家和地区的外宾 571 批次，2460 人次。因公短期出访 1707 人次，涉及 57 个国家和地区。共有 237 人次赴国外或港澳台地区培训、进修。其中超过 6 个月的中长期培训 85 人次，占培训总数的 35.9%。授予 15 位海外人士“顾问教授”或“客座教授”称号。医学院 4 位专家获得国外学术团体授予的荣誉称号。学院接受 289 名国际及港澳台地区交流学生，其中近 70% 的学生来自法国、美国、日本、澳大利亚及中国香港。学院选派 208 名学生前往海外合作院校进行学习，包括法国、美国、澳大利亚、加拿大、日本、瑞典、匈牙利、挪威，及中国香港等地区。留学生教育中心共录取本科生 42 人、研究生 7 人、毕业 59 人。目前在校的留学生为 305 人，来自 47 个国家。

学院党组织建有党委 10 个，总支 20 个，支部 291 个。至年底，共有中共党员 7375 人。学院以“世博先锋行动”为主题，开展创先争优活动。医学院系统共 5064 位党员、319 位预备党员、1272 位入党积极分子参加世博网上文明承诺。学院完成参与世博、服务世博、奉献世博的各项任务。在卫生系统关于上海世博会窗口服务的表彰中，附属瑞金医院、仁济医院荣获“先进集体”称号，医学院文明办章维敏荣获“优秀组织者”称号；在卫生系统关于世博医疗保障工作的表彰中，附属瑞金医院、仁济医院、九院、儿童医学中心、精神卫生中心荣获“先进集体”称号，附属一院、附属六院、附属儿童医院等多个科室荣获“先进班组”称号，附属医院 73 名医护人员荣获“先进个人”称号。学院 12 家附属医院全部获得上海市文明单位称号。

（葛鹏程）

[获“第三世界妇女科学组织女青年科学家奖”] 6 月 27 日，第三世界妇女科学组织第四届大会在北京召开。国家副主席习近平出席开幕式，并为获得“首届第三世界妇女科学组织女青年科学家奖”的获奖者颁奖。学院附属儿童医院研究员曾凡一获得此项殊荣，也是亚洲地区唯一一位在生物学领域获得本届奖项的科学家。曾凡一毕业于美国宾夕法尼亚大学，获医学/理学双博士学位，现任上海交通大学医学院发育生物学研究室主任，并兼任上海医学遗传研究所副所长，是国家重大科学研究计划项目首席科学家。主要从事发育生物学、医学遗传学、分子生物学、细胞生物学及生物信息学等交叉学科研究，特别是近年来在哺乳动物早期胚胎发育机制、克隆细胞重编程机理，以及干细胞的研究等方面取得卓越成绩，在 Nature、PNAS 等权威杂志上发表学术论文 40 多篇。此外，曾凡一还获得中国青年科技奖和教育部自然科学一等奖等奖项，及中国青年女科学家奖、上海市巾帼创新奖、上海市三八红旗手标兵等称号。

（王霞芬）

[获整形外科界最高荣誉] 10 月 4 日，2010 年美国整形外科学会年会在加拿大多伦多举行。“973 首席科学家”、医学院附属第九人民医院曹谊林受邀作演讲并荣获 Maliniac Lecture 这一整形外科界的至高荣誉。该奖是为纪念美国整形外科界巨人 Jacques Maliniac 对整形外科作出的重大贡献而创立。每年，Maliniac Lecture 甄选委员会在世界范围内挑选 100 位学术地位顶尖的整形外科医师，采用无记名投票的方式选出 1 名获奖者。

（费　斐）

[治疗急性早幼粒细胞性白血病的分子机制研究获最新成果] 4月，学院附属瑞金医院上海血液学研究所、医学基因组学国家重点实验室(以下简称上海血研所)在国际权威杂志《科学》上发表“三氧化二砷治疗急性早幼粒细胞性白血病(APL)分子机制”的最新研究成果，该研究揭示了癌蛋白 PML-RARα 是砷剂治疗 APL 的直接药物靶点。文章的第一作者张小伟、颜晓菁发现三氧化二砷直接与癌蛋白 PML 端的“锌指”结构中的半胱氨酸结合，诱导蛋白质发生构象变化和多聚化，继而发生 SUMO 化、泛素化修饰而被蛋白酶体降解，癌蛋白的降解最终导致白血病细胞走向分化和凋亡，APL 即成为人类急性白血病分子靶向治疗取得临床治愈的成功范例。

(金 炎)

[获“法国国家功绩军官勋章”] 5月12日，法国国家功绩军官勋章授勋仪式在上海世博园区法国馆内举行。法国卫生体育部长向瑞金医院上海血液学研究所所长、中国工程院院士陈赛娟颁发勋章，以表彰她在中法文化交流和医学研究、教育领域作出的杰出成就。

(金 炎)

[附属仁济医院与上海市肿瘤研究所合并] 10月29日，市卫生局与上海交通大学医学院共建肿瘤所、仁济医院与肿瘤所院所合并签约仪式举行。副市长沈晓明，市卫生局局长徐建光，上海交通大学医学院院长陈国强，党委副书记唐国瑶、副院长章雄等领导出席。大会由市卫生局党委书记王龙兴主持。上海市肿瘤研究所成立于1958年，属上海市卫生局领导的独立研究机构。1980年经世界卫生组织(WHO)确认为世界卫生组织癌症研究合作中心之一。1985年经原国家计委批准建立癌基因及相关基因国家重点实验室。1996年由国家科委与上海市科委共建基因治疗研究中试上海基地。2003年由上海市卫生局与上海交通大学共建上海交通大学肿瘤研究所。此次院所合并，将提升学科与人才建设，满足医疗市场需求，引领未来肿瘤生物学和医学的发展。

(周 密)

[附属第九人民医院90周年院庆] 1月27日，附属第九人民医院(以下简称“九院”)建院90周年庆典大会举行。全国人大常委会委员长吴邦国、副委员长严隽琪，中国工程院院长徐匡迪分别题写贺词。卫生部部长陈竺，全国人大常委会委员吴启迪，国务院新闻办公室副主任王仲伟，上海市市长韩正和市政协主席冯国勤等分别题词或发来贺信。市领导刘云耕、殷一璀、杨定华、蔡威、龚学平、蒋以任、张文康等出席庆典大会。副市长沈晓明出席大会并讲话。庆典大会由九院党委书记简光泽主持，院长张志愿致辞。上海市各委、办、局，黄浦区区委，国内外院校、上海交通大学、医学院领导，及九院教职员工1100余人出席庆典大会。期间，隆重表彰42位终身成就奖、特殊贡献奖和特别荣誉奖获得者。

(费 斐)

[新华医院崇明分院改扩建工程开工] 2月4日，新华医院崇明分院改扩建工程开工。副市长沈晓明以及市政府副秘书长翁铁慧，市发展改革委副主任叶明忠，市卫生局党委副书记黄红，申康中心副主任诸葛立荣，上海交大医学院党委书记孙大麟、副院长章雄，新华医院院长徐卫国、党委书记孙锟，崇明县委书记彭沉雷、县长赵奇等出席开工典礼。崇明县副县长朱建江主持开工典礼。改扩建后的新华医院(崇明)占地面积为7.09万平方米，总建筑面积11.21万平方米，目标建设规模将达1000张床位。

(陈晓勤)

[马耳他总统到瑞金医院接受诊治] 4月30日，前来上海参加世博会开幕式的马耳他总统阿贝拉不慎摔伤，被送往医学院附属瑞金医院诊治。瑞金医院启动应急预案，及时有效地提供医疗服务。5月1日，国家主席胡锦涛出席会见活动后，到瑞金医院看望了阿贝拉总统。经过治疗，阿贝拉总统伤情得到明显好转。5月3日，阿贝拉总统由专机护送回国，瑞金医院骨科主任张伟滨、院办主任胡伟国、老年科副主任医生孙璟、病区护士长荣岚组成医疗小组陪同护送。

(丁燕敏、章米力)

[共建“上海国际医学中心”项目] 5月25日，上海交通大学医学院与上海国际医学园区举行签约仪式，在浦东共建“上海国际医学中心”国际化高端医疗项目。副市长沈晓明出席签约仪式并讲话。市委副秘书长、浦东新区区长姜樑和市政府副秘书长翁铁慧共同为该项目投资建设主体的上海国际医学中心投资管理有限公司揭牌。浦东新区副区长张恩

迪和上海交通大学党委副书记、医学院党委书记孙大麟先后致辞。上海交通大学副校长、医学院院长朱正纲和上海国际医学园区集团有限公司董事长黄俊分别代表各自单位在《上海国际医学中心合作框架协议》上签字。上海市卫生局局长徐建光、医学院副院长黄钢以及市发改委、市规土局、申康中心等领导出席签约仪式。上海国际医学中心预计一期总投资约6亿元人民币,建设综合性医院和2个专科中心,并配备250张床位和一定数量的手术室、公共检验、检测中心以及辅助设施。

(张旦昕)

附:学校负责人及地址

(2010年1—12月)

院党委书记:孙大麟
副　书　记:唐国瑶、夏小和

院　长:陈国强(10月到任)
副院长:黄　钢、陈红专、章　雄

地址:重庆南路227号
邮编:200025
电话:63846590(总机)

同济大学

［2010 年概况］ 基本完成学校“十二五”规划和学校《“985 工程”建设总体规划纲要(2010—2020 和 2010—2013)》的编制工作。学校有直属院(系)33 个，附属医院 6 所。在职教职工 6264 人，其中专任教师 3233 人。专任教师中教授 748 人、副教授 959 人；具有博士学位的教师 1725 人、硕士学位的教师 785 人。全校各类学生总数 79036 人，其中研究生 24636 人、本专科生 19890 人、成人教育学生 12321 人、留学生 2978 人、网络学生 19211 人。当年招收普通本、专科生 4678 人，研究生 7206 人，其中硕士生 6375 人，博士生 831 人。

一、服务上海世博会工作。①承担科技部和上海市世博科技专项等项目 170 余项，完成各类规划、设计任务 90 余项。学校承担世博会主题演绎总策划师、世博会园区总规划师等 8 项总负责任务；主持设计世博园 6 个联合馆、29 个租赁馆，合作设计英国馆、法国馆等 9 个外国国家馆，完成 12 个大型项目的建设监理。主持研发的 173 辆燃料电池车实现园区内交通二氧化碳的零排放，自主研发的净水组合工艺为园区直饮水提供安全保障。学校建筑与城市规划学院党委获得“上海世博会先进集体”称号，吴志强、李光明获得“上海世博会先进个人”称号。②共有 5600 余名世博会志愿者参加志愿服务。其中，200 多名志愿者、20 多个集体获得市级以上表彰。③学校附属东方医院被市政府认定为世博事务协调局唯一保障机构，承担并完成世博园 A 片区和所有世博工作人员的医疗保障重任；学校“关注世博工人青年医疗服务队”成为上海高校首支服务世博的医疗队；学校附属同济医院的世博志愿者服务队成为服务世博的重要医疗队伍。④学校参与组织有关世博会大型国际合作活动 10 多场，接待外宾 6663 人，参加 30 多个国家、国际组织和城市的世博场馆活动。

二、人才培养和教育教学改革。①“创新人才培养综合改革”和“形成双学位培养规模，提高联合培养人才质量和水平”2 个项目获批国家教育体制改革试点。②作为教育部首批实施“卓越人才培养计划”的高校之一，在土木工程等 15 个专业实施“4＋M＋3”的人才培养模式改革，创建多样化卓越人才培养体系，着手构建学校与中学、国内外高水平大学及大中型企业的合作联盟。③联合哈尔滨工业大学等 8 所高校共同签署《卓越人才培养合作框架协议》。启动 2011 年联合自主选拔录取工作。④学校与国内首批实施“卓越计划”的 18 所高校和 12 所欧洲工程教育联盟成员学校共同组成“中欧工程教育平台”，促进中欧工程教育专业互认。⑤构建国际化办学工作架构和网络，启动本科教学模块化试点工作，重点推进中法联合培养双学位项目、联合毕业设计(论文)项目和中芬中心“移动课堂”项目。推进硕士生英文班项目，并依托联合国、政府间和校际合作项目，拓宽联合培养、对等交换学生等多形式的双学位培养合作。⑥学校与上海大众汽车有限公司、中国建筑科学研究院等近 50 家单位开展卓越人才联合培养研讨，共建“工程实践教育中心”。⑦面向 22 个省市开展自主选拔录取，首次在上海试点实施学生自荐和中学校长直荐；采用笔试加综合素质面试选拔方式的省份扩展到辽宁等 10 个省市。⑧实施同济大学 2010 级新的本科培养方案，形成层次清晰、模式多样、制度配套、保障有力的本科人才培养体系。⑨扩大全日制专业学位硕士研究生的规模。当年新增硕士招生计划全部用于全日制专业学位硕士研究生招生。学校汽车学院、土木工程学院、临床医学和口腔医学专业等学院和专业参加教育部和上海市的研究生专业学位教育综合改革试点。⑩获国家级特色专业 4 项；国家级精品课程 7 门，上海市精品课程 7 门，教育部-IBM 精品课程 1 门；国家级双语示范课程 1 门，上海市全英语示范课程 3 门；国家级教学团队 1 个，上海市教学团队 4 个。分别有 66 个和 100 个大学生创新性实验计划获教育部和上海市教委资助；交通运输专业通过全国工程教育专业认证。160 人次学生参加各种学科竞赛获省、市一等奖和国家级二等奖；在第二届全国光电设计大赛、第三届中国大学生(文科)计算机设计大赛、第十一届“挑战杯”全国大学生课外学术科技竞赛(世博专项)等赛事上，都取得好成绩。⑪当年毕业生共 8653 人，至 12 月 10 日，毕业生总体就业率 97.20％。学校被教育部授予“全国毕业生就业典型经验高校”

称号。

三、学科建设。①建立学科建设领导小组办公室。一级学科博士点从17个增加到25个，从原有的3个门类扩展到理、工、管理、医、经济、文、法、哲学等8个门类。②学校接受并通过“211工程”三期中期检查，重点学科建设达到阶段性目标。③学校通过教育部、财政部、上海市组织的“985工程”二期验收。启动“985工程”三期建设的规划论证与实施工作。④学校各附属医院转化医学中心相继成立；附属东方医院晋升为三级甲等综合性医院；附属同济医院实现属地化管理，外科医疗教学大楼开工；附属口腔医院调整院内空间，加大对医疗教学科研活动的投入。

四、人才队伍建设。①出台新的高层次人才引进实施办法。共有11人入选中组部“千人计划”，并从外单位引进1人，学校“千人计划”入选者16人。引进2名长江学者和4名杰出青年。2名教授入选上海领军人才计划，聘任同济特聘教授15人，同济讲座教授7人。②实施“同济大学青年英才系列计划”。首次评选出培育计划人选81人，优青计划人选45人，骨干计划人选27人，攀登计划人选23人。③继续实施正、副高职务的岗位全球招聘，共有478人应聘，经筛选后的校外正式应聘人员83人，其中39人来自海外。

五、科学研究与社会服务工作。①成立同济大学高等研究院。启动下属的转化医学、海洋、环境、基础科学、智能感知网、智能交通等6个专业高等研究院，学校专业高等研究院共7个。②基础科学研究取得进展。4位教授受聘为国家“973”项目首席科学家。学校“973”项目（含重大科学研究计划）首席科学家有10人。承担“863”项目45项、国家重大专项39项、国家支撑项目49项、上海市科委项目123项，总计合同金额超过2.4亿元。获批国家自然科学基金项目272项，同比增长35.3%，批准经费9932.5万元，同比增长63%。获批项目中包括重点项目6项、重大研究计划7项，1名教授获得国家杰出青年科学基金资助。由汪品先院士领衔的基金委重大计划“南海深海过程演变”（1.5亿元）获准立项。学校科研经费到款10.1亿元，其中纵向到款7.67亿元，同比增长9%。③一批重点实验室通过科技部、教育部、上海市科委的评估验收，海洋地质国家重点实验室获得“A”。以汪品先院士领衔的上海海洋科技研究中心批复筹建并揭牌。④同济大学苏州研究院完成注册；同济大学丽水研究院揭牌；与普陀区合作共建“同济大学中国物流研究与培训中心”和同济大学科技园沪西园区。与一汽大众、奥迪等企业建立联合实验室；与贵州神奇制药、山东荣昌制药共建研发平台；与新奥集团共建嘉定校区生态园；沈祖炎院士与南通建筑集团建立院士工作站；与振华重工、申通等多家企业合作承担国家重大科技项目，与相关企业与科研院所共同发起成立多个产业战略联盟。共签订100万元以上的横向项目课题36项，合同总额5867.3万元。⑤获得教育部2010年度社科研究重大攻关项目1项，国家哲学社会科学基金项目7项，上海市哲学社会科学规划15项等。3项成果获得上海市哲学社会科学优秀成果奖。⑥校长裴钢院士获陈嘉庚生命科学奖；项海帆院士获美国土木工程师协会个人最高荣誉奖Robert H. Scanlan奖；范立础院士获“何梁何利科学与技术进步奖”。学校获国家科学技术奖6项（3项主持、3项参与），其中范立础院士领衔的《大跨、高墩桥梁抗震设计关键技术》项目获得国家科技进步一等奖；另有1项获国家技术发明二等奖，1项获国家自然科学二等奖；学校环境与可持续发展学科首席教授克劳斯·托普弗博士获“国际科学技术合作奖”。获教育部科技进步奖4项，自然科学奖1项；主持获得21项和参与获得23项上海市级奖项。申请专利631项，其中发明专利511项；授权专利364项，其中发明专利274项。SCI收录论文859篇、EI收录1374篇，同比增长显著。陈鸿团队获得教育部创新团队。15人获教育部新世纪人才计划，36人获上海市学科带头人、浦江、曙光等各项人才计划。

六、国际合作与对外联络工作。①服务“卓越人才培养计划”，确定100所各国重点合作大学、3个双学位和学生交流计划。在全国高校外事工作中率先提出“模块化专家引进”。②留学生规模创新高，全年留学生3700多人，预科学院结业考试通过率达86%。③学校领导出席联合国人居署伙伴大学圆桌会议、会见德国新任总统，在中外大学校长论坛、亚洲大学校长论坛、上海市高校领导会议、联合国学术影响力论坛等多个重要会议上作主旨发言。授予德国教研部长沙万同济大学名誉博士；授予联合国人居署署长安娜博士同济大学名誉教授。诺贝尔奖获得者、美国能源部长朱棣文等13位著名人士在同济“大师讲坛”作报告。联合国环境规划署成立全球环境与可持续发展大学合作联盟，并推举学校分管副校长、联合国环境与可持续发展学院院长担任理事会主席。学校获得的国家外专局项目数名列前茅，经费增幅超过100万元。④筹备建立联合中德学院和中德工程学院的“中德学部”。与芬兰阿尔托大学联合创建学校第7个平台学院——“中芬中心”。⑤400多名师生赴港澳台地区开展合作和交流，来访交流人数3612人。与港澳台企业和基金会合作紧密，光华基金第二期资助金到账，累计5000多万元。⑥至11月，共接待来访外宾9446人，主办或协办国际会议/双边会议45次，新签/续签合作协议50个，聘请长期外国专家91人，短期专家1440人。学生访学比例增加到17.5%；教师出境1752人次；组织学校重要出访团组20多次。⑦签署各类捐赠协议63份，协议捐赠金额约5300万元。到款捐赠约6300万元，同比增长46.7%。用于学校教学、科研、奖助学、建设等方面的资金约3600万元，同比增长50%。

七、学校管理和节约型校园建设。①全校师生员工基本信息实现系统间的数据实时共享；科技系统的论文、著作等模块改变原来分散管理的状态；设备系统完善设备申请、采购、验收、入库的全过程管理；启用网上报销系统、网上教代会提案系统、网上干部考评系统和新版研究生选课模块等。②图书馆推出新闻、数据库信息定制和邮件推送服务。学校图书馆成为大学数字图书馆国际合作计划成员单位。③至10月，校办产业共实现收入27.68亿元，同比增长15.9%；净利润1.82亿元，同比增长41.4%；上缴5547万元，同比增长16.4%。在中国工业博览会获得8个奖项。继续推进杨浦环同济知识经济圈和上海国际汽车城环同济知识经济圈的建设。与杨浦区政府联手开发“上海国际设计一场”。④同济大厦A楼、建筑城规学院D楼改造、同济建设工程质量检测站、嘉定校区传播与艺术学院大楼和材料科学与工程学院大楼竣工；巴士一汽地块中的设计创意学院大楼、停车库改建为设计院项目、四平路过街地道、嘉定校园节能生态园等项目正在施工。即将开工建设的工程有设计一场项目、彰武路学生公寓、四平路体育场馆、嘉定留学生及专家公寓等。⑤材料科学与工程学院完成整体搬迁。完成教职工的住房补贴发放工作，向7900人发放6.28亿元补贴。⑥接收来自井冈山大学、新疆大学、九江学院、宜宾学院的15位挂职干部和30位进修教师。对口帮扶都江堰市灾后重建工作全面展开，“地震灾后重建同济大学科技特派团”重点承担都江堰市的城市和乡村、基础设施以及农业生产流通的恢复与建设等科技帮扶援建工作。“同济大学都江堰规划设计产业基地”和“上海同济城市规划设计研究院都江堰分院”挂牌。8月，由学校规划设计的都江堰“壹街区”竣工；12月，主持设计的名为“裂缝”的北川地震纪念馆开工建设。青海玉树地震发生后，学校土木工程学院教师第一时间组成“房屋应急评估专家组”赶赴灾区，开展震后房屋评估。全校师生为玉树灾区捐款近100万元。⑦学校校园建筑节能监管体系建设项目通过住房和城乡建设部的鉴定验收，实现各校区远程连接、实时自动采集能耗数据。嘉定校区通过上海市教委、市水务局组织的节水型示范校区的验收；学校节水志愿者获“上海市优秀节水志愿者队伍”称号。

（孙　竞）

[海洋科学技术研究中心成立]　1月30日，同济大学海洋科学技术研究中心成立。校长裴钢与汪品先院士共同为中心揭牌。该中心旨在联合学校相关学科（海洋、土木、电气、自动控制、机械、测量、生命科学等）的科研技术力量，形成多学科交叉的以海洋为中心、科学和技术相结合的学科群，同时在南汇临港新城建设集研发、实验、研究、应用、示范功能为一体的海底观测研究实验基地。同济大学海洋科学技术研究中心挂靠海洋与地球科学学院，由裴钢任领导小组组长，汪品先院士任学术委员会主任。中心基地在浦东临港新城落户，分两期建设。主要包括海底观测与模拟实验室、生物地球化学培养实验室、沉积与现代过程实验室、海上新能源研究与利用实验室、海洋地下水研究与利用实验室，总投资约2亿元人民币。

（孙　竞）

[与昆明市签署全面合作协议]　3月19日，学校与云南省昆明市全面合作协议签约仪式在昆明举行。云南省委常委、昆明市委书记仇和，校党委书记周家伦出席并讲话。昆明市委常委、常务副市长李文荣与副校长董琦代表双方在协议上签字。根据协议，双方将在城市建设管理、重大科研项目、联合研发基地、人才培养等领域开展更高层次、更广领域的合作。双方将重点推进重大科研项目和研发基地方面的合作，将在同济大学设立专门合作教席，以重大工程建设和管理等研究课题和决策咨询为教席设岗内容，聚集相关领域专家，联合攻关昆明重大工程建设与管理中的难题，推动共同申报国家级重大科技项目，搭建“同济—昆明轨道交通建设与管理应用研究所”等创新平台。

（孙　竞）

[173辆燃料电池汽车驶进世博园]　4月15

日，以“绿色出行，让世博更清洁”为主题的上海世博科技——新能源汽车交车仪式在世博园中国馆南广场举行。世博会期间总计投入示范运行的各种类型新能源汽车达到1017辆，其中173辆燃料电池汽车由学校汽车学院团队研发完成，装配3种不同类型汽车。全国政协副主席、科技部部长万钢，工信部副部长娄勤俭，科技部副部长杜占元，上海市副市长沈晓明出席仪式并为新能源车辆示范运行启动剪彩。

（孙 竞）

［学生作品参加太阳能十项全能欧洲竞赛］ 6月17日，太阳能十项全能欧洲竞赛在西班牙马德里开幕。17所世界知名高校组团参赛，其中同济大学和天津大学是首次参赛的中国高校，也是首次代表亚洲高校参赛。中国驻西班牙大使朱邦造、中国住房与建设部科技司巡视员武涌、同济大学副校长陈小龙等出席开幕式。开幕式后，朱邦造大使、西班牙王储费利佩一行在副校长陈小龙陪同下，参观学校参赛作品——太阳竹屋。至6月太阳能十项全能欧洲竞赛闭幕，太阳竹屋共接待观众约1.5万人。

（孙 竞）

［上海世博会低碳世博林项目启动］ 7月16日，由中华环境保护基金会、上海世博局、上海市环保局、上海水资源保护基金会、甘肃省庆阳市政府和同济大学合作在我国西部地区实施建设的“2010上海世博会低碳世博林”项目在校启动。与会领导和嘉宾为项目志愿者队伍授旗，并为项目捐赠单位授证。“低碳世博林”选址于甘肃省庆阳市环县。“低碳世博林”项目计划一期工程建设1000亩林地，投资预算890万元，树种为适合当地气候和土壤条件的新疆杨、国槐、山楂、侧柏、油松、刺槐等，项目建设计划在2011年6月完成。“低碳世博林”项目在未来30年内将可吸收36万吨二氧化碳。学校在庆阳市建立的“甘肃水科学与工程研究院”，将全面负责落实“低碳世博林”项目的具体建设及管理。学校还计划配套建设雨水收集利用系统，将当地有限的雨水资源利用起来，确保这片林地的灌溉用水，另外苦咸水淡化、净化的科技和工程也将在当地推广应用。

（孙 竞）

［上海国际设计中心落成］ 9月17日，上海国际设计中心落成典礼暨业主入驻仪式举行。校党委书记周家伦、常务副校长李永盛，杨浦区委书记陈寅、区长金兴明等出席并致辞。设计中心领导将象征入驻的水晶钥匙赠送给业主。上海国际设计中心是环同济设计主题类办公楼的旗舰之作，作为环同济研发设计服务特色产业基地最新的载体，上海国际设计中心的落成既向社会展示了环同济设计产业发展的最新成果，也向业内展示了同济大学周边独具特色富有影响力的建筑空间。上海国际设计中心现已吸引涵盖规划设计、建筑设计、景观设计、室内设计、舞美设计、工程咨询等多家成长型企业入驻。同济建筑设计研究院、天佑工程咨询两大行业龙头企业对上海国际设计中心的南楼、北楼进行了整栋认购。

（孙 竞）

［“上海国际设计一场”二期改建工程开工］ 作为引领“环同济知识经济圈”新一轮发展的龙头项目，以及上海建设“联合国创意城市·设计之都”核心引擎项目，由同济大学与杨浦区政府共建的“上海国际设计一场”第二期改建工程启动，该项目计划一年后完工启用。校党委书记周家伦、校长裴钢，杨浦区委书记陈寅、区长金兴明、区政协主席李文连，副区长柴尧迅、庄少勤等出席开工典礼并培土奠基。柴尧迅、副校长陈小龙分别代表区校双方致辞。“上海国际设计一场”地处同济大学四平路校门东南侧，位于原“巴士一汽四平路停车场”地块。作为合作推进“三区融合、联动发展”的重点项目，同济大学与杨浦区政府联手旨在将其建设成为集产、学、研、创于一体的上海创意设计产业高地、环同济创意设计产业带的中心旗舰、知识杨浦的国际化高端平台，进而发展成为上海设计创意产业的核心引擎。该项目总建筑面积20.7万平方米。其核心功能将覆盖设计学科与设计教育、设计产业与创意、平台与服务、服务与支撑、节庆与活动五大板块，主要包括上海现代设计博物馆、联合国实训基地、同济大学建筑设计研究院、同济大学设计创意学院、中意设计中心等一批重要项目。

（孙 竞）

［与一汽—大众和奥迪共建联合实验室］ 10月30日，由同济大学与一汽—大众汽车有限公司、奥迪公司三方共同建立的“奥迪同济联合实验室”在嘉定校区汽车学院启动。作为这一合作的第一项成果——一辆名为“都市晨光”的奥迪纯电动原型概念车，在启动仪式现场与代表奥迪品牌最新技术的电动车同时亮相。全国政协副主席、科技部部长万钢，

同济大学校务委员会主任周家伦、一汽一大众汽车有限公司总经理安铁成、奥迪公司管理董事会主席施泰德出席仪式并致辞。

(孙　竞)

[同济世博总体项目管理团队获国际大奖] 11月3日，在土耳其伊斯坦布尔召开的第24届国际项目管理大会上，同济大学乐云教授牵头的《中国2010年上海世博会总体项目管理咨询》课题组，夺得国际项目管理咨询类最高奖——国际项目管理卓越大奖。本届国际项目管理大会以“挑战与机遇”为主题，由国际项目管理协会主办，来自全球的大学、协会、研究机构、大型企业等2000多名项目管理专家和学者参加。土耳其总理埃尔多安到会并发表主题讲话。会议共设45个专题会场和18个项目实践工作坊，汇集了当今项目管理研究的最新热点和最新成果。学校何清华教授、李永奎博士以及博士生罗晟等作主题报告。

(孙　竞)

[新奥一同济生态园揭牌] 11月15日，新奥一同济生态园揭牌仪式在嘉定校区举行。校长裴钢、新奥集团副总裁兼首席科学家甘中学致辞。新奥一同济生态园重点开展4个方面的研究与开发工作：一是生物质能源的循环利用，包括垃圾制沼气及冷热电联产系统、残渣循环利用技术等；二是农业科学与工程研发，包括设施农业技术、工厂种植技术；三是建筑节能及建筑新能源技术研发，包括围护结构、建筑材料、新农村住宅、太阳能住宅、建筑材料、能源监测管理、光伏光热、河水、土壤源热泵等；四是新能源动力开发与利用，如利用沼气的氢能源开发、燃料电池技术开发。在此基础上，创建同济大学新能源应用学科，打造国家级新能源技术研发(工程)中心的重要科研及实践基地，建成向社会开放的公共平台。

(孙　竞)

[与第二军医大学签署合作框架协议] 12月13日，学校与第二军医大学共同签署合作框架协议，双方决定在人才培养、转化医学研究、医疗救治等方面开展合作。根据合作框架协议，同济大学与第二军医大学将联合培养卓越医学人才，实现师资互聘、学生互换、学分互认，相互开放课程、讲座、实验室等资源；同时，积极推进引领生命医学未来发展方向的“转化医学研究”合作，以成立“转化医学联合研究中心”为支撑，推进基础与临床学科融合。此外，双方还将共同实施临床新技术、新疗法，在住院医师、全科医生、专科医生培训中开展广泛合作，共同促进临床救治水平的提高。为此，双方将建立联席工作会议制度，定期协商合作事宜。作为双方共同推进“转化医学研究”的首个重要举措，会上，同济转化医学高等研究院分别与长海医院、长征医院签署合作协议，共建两个“转化医学联合研究中心”。

(孙　竞)

与第二军医大学签署合作协议

[“北川地震纪念馆”开工建设] 12月28日，由同济建筑设计研究院负责设计、名为“裂缝”的“北川地震纪念馆”在北川羌族自治县开工建设，其主体工程预计2011年5月12日前完成。中国地震局副局长刘玉辰、四川省副省长黄彦蓉、同济大学常务副校长李永盛等出席纪念馆建设工程开工仪式。地震

纪念馆选址北川曲山镇任家坪,毗邻北川中学遗址。纪念馆整个区域占地约14.23万平方米,建筑面积14280平方米。

(孙　竞)

附:学校负责人及地址

(2010年1—12月)

校党委书记:周家伦
副　书　记:马锦明、姜富明、李　昕、方守恩

校　　　长:裴　钢
常务副校长:李永盛
副　校　长:陈小龙、郑惠强、伍　江、董　琦、陈以一、蒋昌俊

四平路校区地址:四平路1239号
邮编:200092
电话:65983803　65982200

嘉定校区地址:曹安公路4800号
邮编:201804
电话:69589712

沪西校区地址:真南路500号
邮编:200331
电话:51030050

沪北校区地址:共和新路1238号
邮编:200070
电话:66052637

同济大学同科学院

［**2010年概况**］ 学院现设6个系，14个专业，2007级在校生学籍人数766人。现有专职专任教师44人，其中具有正高级职称教师4人，副高职称教师16人。学院开展“创先争优”和校2009—2010年度文明单位创建、评比活动，提出以“抓学业、促就业，抓秩序、保稳定”为主题；以“爱岗敬业、无私奉献，争创先进党支部和党员示范岗”为主要活动载体的实施方案，通过开展“先进党支部”创建与评选活动、“共产党员示范岗”创建与评选活动、“优秀学生党员”评选活动等使党员干部更好地联系和服务师生，共同为学院平稳过渡发挥作用。

做好世博服务及世博期间的安保工作。由19名学生组成的志愿者服务队参与世博服务，组织教职工参加平安世博安保志愿者队伍，参与社区安保值班。开展“参与世博、服务世博”活动与主题教育活动，组织学生开展形式多样的社会实践活动，举办联欢会、运动会、人文讲座等，丰富校园文化生活。学院党委获得闸北区共和新路社区世博安保工作“平安世博优秀组织单位”称号，朱伟萍被评为上海世博会教育系统安保稳定工作先进个人，李想被评为共和新路社区世博安保工作先进个人。电子与信息技术系系主任程大章主持世博信息通信基础设施建设、重大信息化应用项目建设和出入口信息化作战装备保障工作等，2009年被评为年度世博局优秀工作人员，2010年荣获上海市五一劳动奖章、上海世博工作先进个人和中华全国总工会颁发的全国五一劳动奖章。

完善教学管理，确保教育质量。学院保持稳定的教学秩序，完善教学管理制度，加强教学督导，确保教育质量。在教学检查过程中，学生座谈会、问卷调查的专业覆盖面达100%，学生对教师评价优良率80%以上。学院聘请7位专家进行日常课堂教学的课堂教学质量督导工作，专家共听课138人次，专家对任课教师授课情况评定优良率达91%。当年届学生毕业率98.9%，学士学位授予率80.1%。

学院接受年度新专业评估。学院对网络工程、汽车服务工程、宝石及材料工艺学、工程管理（含房地产经营方向）及建筑环境与设备工程等5个专业（含6个专业方向）进行自查评审，所有参与评审的专业均被评为“合格”。完成学院“一系一课”建设6个项目结题。开展第四期学生创新实践训练活动，活动立项12项，结题10项，参与学生34人，指导教师10人。第四期学生创新实践训练活动评出交通与机电技术系的“钢铁企业工业污水处理系统的自动化控制”项目获创新实践训练活动一等奖，交通与机电技术系的“楼房生活垃圾自动投放器的设计”、电子与信息技术系的“无线网络技术的研究和探讨”项目获二等奖，共有14名学生获奖。

开展教学改革，拓展科研工作。电信系《计算机组网技术与实训》一书获得2010年度同济大学继续与网络教育研究奖励基金。由护理系教师主编及参编的《社区护理》为普通高等教育“十一五”国家级规划教材，本学年度又被评为浙江省重点建设教材。7月，朱静昌教授与同济大学海洋学院合作，荣获国家教育部、财政部颁布的“国家级教学团队（宝石学教学团队）”称号。吴杰副教授参与国家科技支撑计划项目世博科技专项“世博轴超大跨度索膜及单层复杂壳体结构逐项技术研究”和“超高建筑安全施工状态监测与可靠性控制技术研究”。教师许乙弘论文《摩登时代的象征》入选全国第十二次建筑与文化学术研讨会论文集。

实习基地建设。建立60个校外实习基地，并与有关行业单位合作。土木工程专业与上海建工（集团）总公司共同开展实践教学和实习基地建设。加强护理实习基地的师资力量建设，增加生均床位数等条件，满足实践教学的要求。

合作办学与国际交流。完成2010年度与浙江同济科技职业学院、浙江建设职业技术学院和宜宾职业技术学院的合作培养办学。开展与澳大利亚昆士兰科技大学的护理教育合作项目，组织双方的教师交流、学生交流及在教学计划、教学内容和教学方法等方面的交流。11月，澳大利亚昆士兰科技大学派出4位护理专业学生来学院交流。护理系2名教师在赴澳大利亚昆士兰科技大学进修并攻读学位，其中一名已经获得博士学位。

首届毕业生就业工作。学院成立学生就业工

作领导小组和工作小组，召开毕业生就业生工作推进会议，建立毕业生信息库及联络网，制定毕业生就业工作奖励办法，发布就业信息，举办企业招聘会等，帮助学生就业。至8月，学院2010届毕业生就业率为90.07%。网络工程专业学生姜莉莉以创业项目“校园X行”获“2010年度光华创业精神大奖”，并获得创业启动基金。护理学专业62名应届毕业生参加“2010年度国家护士执业资格考试”，通过率100%。

（李　想）

[裴钢到学院调研]　12月30日，同济大学校长裴钢到学院调研。裴钢听取院长吕才明关于学院工作等介绍、召开教师代表座谈会，并参观学院的上海市珠宝首饰技术类公共实训基地、上海市大学生艺术创意设计实训基地、上海市智能化楼宇技术类实训基地和临床护理实训室等。

（李　想）

[召开一届四次教代会主席团扩大会议]　1月19日，学院召开第一届第四次教代会主席团扩大会议。会议听取、审议并通过院长吕才明所作的题为《抓学业，促就业；抓培训，谋发展》的工作报告和副院长沈建洪所作的学院财务工作报告，院党委书记吴兵作的2009年人事工作报告和会议总结讲话。教代会主席团成员、各系教师代表、各系部门负责人20余人参加会议。

（李　想）

附：学校负责人及地址

（2010年1—12月）

董 事 长：丁洁民
副董事长：陈小龙

院党委书记：吴　兵（5月离任）
副书记（主持工作）：朱伟萍（4月到任）、陈　凤

院　长：吕才明
副院长：王国强（9月离任）、沈建洪、吴家正（12月离任）

地址：共和新路1238号
邮编：200070
电话：66052501

华东师范大学

［2010 年概况］ 5 月，《华东师范大学第十二个五年发展规划》编制工作启动。11 月，中共华东师大第十一届委员会第五次全体会议审议通过《关于制定华东师范大学第十二个五年发展规划的建议》并提交学校六届四次教代会审议通过。10 月，《华东师范大学中长期改革和发展规划纲要(2010—2020 年)》经过教代会、党委全委会、校务委员会的审议并正式发布。

学校设置 19 个全日制学院，2 个管理型学院，5 个高等研究院(所)，含 58 个系，70 个本科专业，其中中文、历史、数学、地理、心理和物理 6 个专业是国家文理科基础科学人才培养和科学研究基地。拥有 14 个一级学科博士点，122 个二级学科博士点，8 个一级学科硕士点，178 个二级学科硕士学位授权点，1 个专业博士学位授权点，18 个专业硕士学位授权点，18 个博士后科研流动站。拥有教育学、地理学 2 个一级学科国家重点学科(涵盖教育学原理、自然地理学等 13 个二级学科)，5 个二级学科国家重点学科、5 个国家重点培育学科和 12 个上海市重点学科；拥有 2 个国家重点实验室，1 个国家野外科学观测研究站，7 个教育部重点实验室和工程中心，6 个教育部人文社会科学重点研究基地及 7 个上海市重点实验室和工程中心。学校 2010 年录取全日制本专科生 3657 人；录取学历研究生 3590 人，其中硕士研究生 3021 人，博士研究生 569 人(含专业学位研究生 1041 人)。学校招收博士后研究人员 48 人，出站 26 人。在校全日制学生 24548 人，其中本科生 14802 人，专科生 508 人，硕士研究生 6669 人，博士研究生 2569 人。

加强人才培养机制改革，提高创新型人才培养能力。在本科课程建设与教学改革方面，5 门课程入选国家精品课程；1 门课程入选国家双语教学示范课程；6 门课程入选上海市精品课程；3 门课程入选上海高校示范性全英文课程。体育教育、英语、统计学专业入选第六批国家级高等学校特色专业建设点。2 个教学团队入选国家级教学团队，4 个教学团队入选上海市优秀教学团队。新立大学生创新性实验计划项目国家级项目 40 个、市级项目 60 个，校级项目 309 个和师范生研习项目 174 个。推进“师范生卓越人才培养计划”并选派师范生赴爱尔兰国立大学等多所国外高校交流学习，在四川、云南、江苏、浙江、上海等地为首届免费师范生设立 95 所实习学校。制定并实施“985 工程”拔尖创新人才培养建设项目规划，完善研究生资助体制，创新招生模式，实施推免生专项计划，促进研究生结构调整与培养模式改革。被教育部确定为“博士研究生学术新人奖”试点单位，孟凯等 10 名博士生荣获教育部 2010 年度“博士研究生学术新人奖”。共派出 374 名本科生参加跨国(境)交流和合作培养学习，近 200 名本科生赴国内“985”高校交流学习，接收国内其他高校交换生 133 人。启动与美国科罗拉多州立大学“2＋2”联合培养双学士学位项目，15 名优秀学生赴该校进行为期两年的学习。推荐 3 名优秀博士生参加德国诺贝尔奖获得者大会。15 人被法国高师录取为联合培养博士生。本科生就业率为 94.33%，博士研究生就业率达 98.71%，硕士研究生就业率达 96.26%。

推进科研体系建设，提升科研创新能力。共获得 120 项国家自然科学基金的资助，比上年增加 34 项，获得 1 项国家“973”项目，2 项重大科学研究计划项目，获得 36 项国家社科基金项目。获教育部人文社会科学各类项目 61 项，其中教育部重大攻关项目 2 项。河口海岸学国家重点实验室和精密光谱科学与技术国家重点实验室顺利通过科技部专家评估。脑功能基因组学教育部重点实验室通过教育部专家评估。上海市脑功能基因组学重点实验室通过上海市科委专家评估。“上海数字化教育装备工程技术研究中心”进入上海市工程研究中心的建设行列。6 个教育部人文社会科学重点研究基地顺利通过第二轮评估，其中课程与教学研究所、基础教育改革与发展研究所获得“优秀”。软件学院何积丰院士的团队入选国家自然科学基金委创新群体。全球变化重大科学研究计划首批重大项目“我国典型海岸带系统对气候变化的响应机制及脆弱性评估研究”获准立项。申请国家专利 231 项，其中发明专利 142 项；专利授权 160 项，其中发明专利授权 79 项。54 项成果在上海市第十届哲学社会科学优秀成果评奖中获奖，其中《“生命·实践”教育学引论》等8项获一等奖。3项成果在上海市第七届决策咨询研究成果评奖中获奖，其中《构建和谐自主创新环境，鼓励华侨华人来张江创业的对策研究》获得一等奖。

优化学科专业布局，完善教师队伍结构。上报电子科学与技术、计算机科学与技术等9个一级学科博士点，信息与通信工程、海洋科学等3个一级学科硕士点。新增金融硕士、应用统计硕士和艺术硕士等10个专业学位点。教育硕士、汉语国际教育硕士、工商管理硕士专业学位点获教育部批准开展综合改革试点工作。新增金融工程、环境工程、会计学3个本科专业，开展德语、社会学、教育技术学等10个本科专业评估工作。组建化学与转基因组学研究所，推动构建心理学、脑科学和教育学跨学科研究平台。通过中组部第四批“千人计划”引进林华新、周迅宇、孙东初、W. J. Mitsch、林学民等5位教授；新增“长江学者”6人，总数增至18人；新入选“东方学者”2人；新增国家杰出青年科学基金获得者1人，全职引进1人，总数增至17人；1个团队入选“长江学者和创新团队发展计划”。新聘美国化学家、《美国化学会志》主编为学校名誉教授。张经院士获得“上海市先进工作者”称号，浙江天童森林生态系统国家野外科学观测研究站荣获上海市模范集体。加快实施“青年英才培育计划”和“晨辉青年教师发展资助计划”，共推荐108人申报国家留学基金委资助的各类海外研修项目，派出60余名青年教师进行国际合作交流。20人入选“新世纪优秀人才支持计划”，2人入选“上海市领军人才”，3人入选“上海市优秀学科带头人”，6人入选上海市“科技启明星计划”，18人入选上海市“浦江人才计划”，5人入选上海市“晨光计划”，3名教师入选2010—2011年度中美富布赖特项目；2名教师荣获上海2009年度社科新人称号。

推进国际化办学进程。与纽约大学签署《关于成立上海纽约大学的协议备忘录》并得到上海市政府批准，上海纽约大学筹建工作列入教育部推进国际合作办学改革试点项目。与法国高师集团合作建立联合研究院；与里昂高师和法国科学研究中心合作的社会和科学联合研究院挂牌。俄勒冈大学孔子学院揭牌成立。启动非洲“教育领导与管理”教育专业硕士班，首批19位非洲学生已注册学习。作为“中非高校20+20合作计划”国家项目的成员与坦桑尼亚达累斯萨拉姆大学开展“一对一”合作伙伴关系。选派赴美国、英国、德国、法国、日本等国的交换生参与海外实习项目；接待短期留学项目29个，800多名学生；新开设美国暑期学校项目。入驻国际教育园区的国际教育服务增加到3项。为本校学生提供50门英语授课的专业课程。留学生人数4100余人，比上年增加500人，增长幅度12%左右；新录取学历生近290人，比上年增长22%；在校留学生的国别从上年的92个增加至104个。

参与上海2010年世博会，服务地方经济社会发展。选派4000余名志愿者进驻世博园区、城市站点，作为世博会开幕式内场志愿者的唯一输出高校承担世博开幕式服务工作，组织健美操队、艺术团成员参与世博园演出，选派40名心理、外语、新闻传播、特殊教育专业志愿者承担世博园“生命阳光馆”的讲解与引导工作，接待包括胡锦涛主席在内的党和国家领导人及国内外知名人士。软件学院张卓鹏团队“世博场馆虚拟火灾疏散仿真系统”荣获全国第11届“挑战杯”世博专项三等奖；设计学院参与设计的30余件世博会特许产品获得专利并上市。世博研究院林拓教授等提出“城市生命体思维”和“人·城市·地球”等理念框架和中国馆“城市发展中的中华智慧”主题理念，编导研发《长江第一门户》，出版《上海世博创意读本》等成果，展开世博后发展决策咨询研究，与联合国等部门联合开发建设中国城市全球数据库。设计学院承担“城市足迹馆”的设计项目；承担上海世博会“世博会博物馆”导视系统设计工作。世博研究院的世博高峰论坛筹划方案被评定为A等，主办“后世博的中国影响：人才、传播与合作”论坛。

（王柏俊　李　芸）

[马拉维总统来访并受聘为荣誉教授]　5月2日，非洲马拉维共和国总统宾古·瓦·穆塔里卡访问学校，并受聘为荣誉教授。总统发表了题为《非洲发展机遇与挑战和中非关系》的演讲。

（王柏俊　李　芸）

[获高校校园文化建设优秀成果一等奖]　在高校校园文化建设优秀成果表彰暨专题工作研讨会上，华东师大申报的《在特色展示中促进和谐交流　在和谐交流中提升主题教育——华东师范大学民族文化艺术节》获得2010年高校校园文化建设优秀成果一等奖。

（王柏俊　李　芸）

[《王国维全集》出版]　由华东师大中国史学研究所主持，经过近30年的资料搜集，历时14年的精

心整理，迄今最完整的20卷本《王国维全集》由浙江教育出版社和广东教育出版社联合出版。《王国维全集》共800多万字，不但收录了许多未刊稿，还根据新资料和有关研究成果对已刊著述作订补，具有较高的学术价值，在国内产生重大影响。

（王柏俊　李　芸）

[57项课题获哲学社会科学成果奖]　学校有5项国家社科基金重大项目和2项教育部哲学社会科学研究重大课题攻关项目中标。在2010年上海市第八届邓小平理论研究和宣传优秀成果奖、上海市第十届哲学社会科学优秀成果奖和上海市第七届决策咨询研究成果奖中，华东师大共有57项成果获奖，其中一等奖9项。与上届相比，总获奖数增长46%，一等奖增长300%。

（王柏俊　李　芸）

[紫竹基础教育园区工程启动]　4月15日，华东师范大学紫竹基础教育园区工程开工建设。该项目在闵行区政府的大力支持下，依托华东师大教师教育优势，努力创办一个引领闵行基础教育发展、具有上海乃至国内一流水平的综合性基础教育园区。

（王柏俊　李　芸）

[获国际拉比奖]　一年一度的国际频率控制学术会议将2010年拉比奖授予华东师大教授马龙生，表彰他在“在发展光钟、飞秒激光光谱以及将频率测量精度提高到19位数字的研究过程中做出了决定性的贡献”。拉比奖以1944年诺贝尔物理学奖获得者伊西多·伊萨克·拉比的名字命名，3名拉比奖得主在此后获得了诺贝尔物理学奖。

（王柏俊　李　芸）

[推进免费师范生就业工作]　学校加强和各地教育主管部门联系，首届免费师范生就业推介月共举办5场专场招聘会、近40场宣讲活动和10多场就业沙龙活动，为首届免费师范毕业生就业提供全方位、大密度、高质量的就业服务，制订详细的免费师范生实习方案。

（王柏俊　李　芸）

[参与世博、服务世博工作]　学校师生积极参与世博、服务世博、奉献世博，3829名世博会志愿者完成世博会开幕式志愿者、日常岗位志愿者以及特殊岗位志愿者的艰巨任务。其中，来自学前教育与特殊教育学院的55名“生命阳光馆”志愿者完成184天的工作。设计学院所设计的城市足迹馆和世博特许产品受到高度评价。学校在饮用水安全、食品安全、生态环境建设、数字化互动教育等方面为世博提供科技服务。

（王柏俊　李　芸）

附：学校负责人及地址

（2010年1—12月）

校党委书记：张济顺
副　书　记：罗国振、林在勇、朱　民

校　长：俞立中
副校长：庄辉明、林在勇（兼）、范　军、任友群、陆　靖、陈　群、朱自强

中山北路校区地址：中山北路3663号
邮编：200062
电话：62232214

闵行校区地址：东川路500号
邮编：200241
电话：54344815

华东理工大学

［**2010年概况**］ 学校下设专业学院15个，非专业学院7个，学位授权点覆盖理、工、农、医、法、管、哲、经、文、史、教育等11个学科门类，38个一级学科。在校全日制学生2.57万余人，其中研究生7551人（博士生1359人），本科生18102人。教职员工3594人，其中两院院士2人，双聘院士4人。2月8日，“教育，因你而生动——2009上海教育年度新闻人物”颁奖典礼举行，学校延考生群体荣获上海教育年度新闻人物特别奖。

一、本科教育。学校研究、制定《2010本科教学培养方案》，开展校风、学风、教风、考风建设。实施“卓越工程师计划”项目，推进全面工程教育。推进国家、上海市教育质量工作项目申报与实施，加强精品课程、大学生创新试验计划项目等的建设和组织工作。新增国家精品课程5门，国家特色专业2个，国家教学团队1个；新增上海市精品课程5门，上海市教学团队2个，上海市全英语示范课程2门；新增国家大学生创新试验计划项目40项，上海市大学生创新试验计划项目50项。2010年本科实际招生人数3996人，在调剂新生中尝试采用“自由结对，互换专业”的方式，给新生创造重新选择专业的机会。

二、研究生教育。建立6个全日制工程硕士教学实践基地。研究生全英文授课建设项目通过验收。制订《华东理工大学工程硕士研究生企业导师遴选办法（试行）》，完成硕士生、博士生导师招生审核工作。组织工程硕士（设备监理）培养资质申报工作，获得化学工程领域、控制工程领域、材料工程3个领域的工程硕士（设备监理）培养资质并获授牌。3篇博士学位论文入选“2010年全国优秀博士学位论文”提名论文。国家教育体制试点项目“探索工程科技领军人才中外合作培养模式”获准立项。

三、成人高等教育。学校继续教育招生录取3941人；完成14本学习指导书编写工作、9门课程的网站建设工作，发表6篇成人教育的研究论文，出版教材4本；继续教育学院获得“2006—2010年上海市成人教育先进集体”称号。网络教育共有50家校外教育中心及教学点开展生源组织工作，春季注册学生3930人，秋季注册5308人。年内，设立校外教育中心53个，开展校外教育中心年度考核工作，开发课程课件近50门，建设《基本线路与电子》等实验课程11门，出版网络教育专用教材18本。

四、科学研究。承担各类科研课题1000余项，科研项目经费到款总额37233.76万元（纵向经费24737.54万元；横向经费12496.22万元；人文科学经费1045.66万元）。科研获奖29项，其中获国家科技进步二等奖1项，自然科学一等奖等省部级奖25项，人物奖3项；申请发明专利369项，授权176项，公开447项。王辅臣教授领衔的“大型煤气化及煤基合成反应器应用基础研究”创新团队通过验收。上海市功能性材料化学重点实验室获准立项建设。学校过程系统工程教育部工程研究中心通过验收。2010年度人文社会科学新立项项目142项，合同金额1011.69万元，其中纵向项目75项，合同金额545.45万元，横向项目72项，合同金额466.24万元。

五、学科建设。完成“211工程”三期建设项目中期检查，编制“211工程”三期中央财政投资计划和支出预算，“211工程”三期建设中央专项资金4400万元全部到位，上海市地方政府配套资金本年度到款1370万元。进行“985”平台建设项目的阶段性总结，完成运行费的申报工作。对正在建设的校“卓越计划”一期、二期的18个项目进行中期评估。启动上海市“085工程”申报工作，完成《华东理工大学发展定位规划》和《上海普通高校发展定位规划内容汇总》的组织编制和上报工作。完成对学校第十批增列并立项建设的34个学位点及前9批获授权的12个学位点的验收、评估工作。编制《专业学位研究生教育2010—2015年发展规划》，获批增列药学、中药学、会计、艺术、国际商务硕士专业学位点，成立第四届工程硕士专业学位教育指导委员会。

六、队伍建设。召开2010年校人才工作会议，制定《关于进一步落实人才强校战略的实施意见》和《师资博士后工作实施办法》；胡培君、王平、章文俊等教授入选国家“千人计划”，学校有“长江学者”12人，3人受聘上海高校特聘教授，2人入选上海市领军人才。年内，选录高校毕业生79人，其中教学科研岗教师43人，博士41人。引进、调入教职工62人，其中教授4人、副教授8人，具有博士学位的50人。至年底，全校有专任教师1646人，其中正高级专业技术职务教师338人，副高级专业技术职务教师653人，具有博士学位的教师比例达58.1%，比2009年底增长3.1%。博士后进站29人，2名博士后获国家人力资源与社会保障部博士后科研基金项目特别资助，化学工程与技术博士后科研流动站被评为全国化学工程与技术博士后科研流动站中唯一优秀站点。

七、校办产业。学校制定、修订《公司财务人员委派管理方法》、《货币资金管理办法》等文件，建立财务报表数据库。校办企业上海现代中医药有限公司完成股份公司改制。华昌、华明、安全装备公司、国佳(国强)完成教育部科技发展中心组织的公司上市前的净值调查工作。组建常熟研究院。工程设计院完成资产重组工作。学校与航天四、六院签署产学研合作联盟协议等。

八、国际合作与港澳台交流。召开校外事工作会议，积极参与世博会组委会及各国家馆组织的交流活动，世博会期间接待国外与境外来访团组132批次，共计640人。开展对台交流，与中国文化大学、玄奘大学联合举办“第六届海峡两岸管理硕士学术交流与发展研讨会”。扩大学生交流项目规模，超额完成国家公派留学生的选派任务。与香港理工大学的社会服务管理硕士合作项目获得教育部批准。

九、学生工作。开展“学校—学院—班级”三级教育网络。为全校6531名本科生新生和研究生新生进行心理普测，完成数据分析处理、心理约谈工作，建立心理档案。奉贤校区继续探索实践“家庭式、身心式、自治式、书院式”管理模式。年内，评选各类奖、助学金近1500万元，解决勤工助学岗位1万余人次，学生勤工助学收入达到1600多万元，慈善爱心屋累计发出帮困物资达40万元，受益学生3000余人。推进校园文化建设，举办“汇思想，论学术，展风采”理论学习型社团演讲比赛等活动及“前沿讲坛”、“学术导航”、“汇贤讲堂”系列讲座300余场。举办以“青春·世博·和谐”为主题的第23届文化艺术节系列活动；在第24届思想学术节期间，围绕“传承世博精神，聚焦学术思索”的主题，举办本科生学术论文年会等活动；组织3710名青年师生开展世博会志愿者服务活动。

十、校园建设。学校拆除施工临房3000多平方米，制定《“十二五”校园建设规划》。完成药学院楼、工程训练中心和徐汇青年教师公寓的施工图方案修改工作；完成图文信息中心主体建筑和体育馆土建工程。逐步在两校区所有食堂推进错位经营、错时服务，保证全校餐饮总体菜价水平稳定；推进生态校园建设和节约型校园建设等。信息化、现代教育平台建设有序进行，现代教育技术中心荣获全国ITAT教育工程十周年“突出贡献奖”。

（牛　聪）

［获5项国家科技进步二等奖］ 1月11日，2009年度国家科学技术奖励榜单揭晓，学校获5项国家科学技术进步二等奖。这5项奖项分别为：李春忠领衔的“有机化无机颗粒改性聚合物复合材料制备关键技术”，汪华林领衔的“含硫含碱废液过程减排新技术及在化工行业中应用”，朱子彬领衔的“乙苯脱氢制苯乙烯关键技术轴径向反应器和新型催化剂的研发及应用”，钱锋的“大型乙烯装置优化运行技术与工业应用”，以及卢冠忠的“稀土催化材料及在机动车尾气净化中应用”。

（牛　聪）

［获12项市科技奖励］ 3月24日，上海市科技奖励大会举行。会上，学校作为第一完成单位获一等奖2项、二等奖3项、三等奖4项，作为第二和第三完成单位获奖3项。其中，由李春忠、张玲、黄锐等完成的“无机刚性颗粒和弹性体协同改性耐热塑料及其制备技术”项目和由徐宏、戴玉林、刘京雷等完成的“系列高通量换热器研制及其产业化成套装备技术”项目分获上海市科技进步一等奖；由易建军、季白杨、顾春华等完成的“一种基于VPN的嵌入式新型无线支付终端系统”项目和由吴驰飞、郭卫红、李滨耀等完成的“高性能阻尼材料的基础研究及应用开发”项目获上海市科技进步二等奖；由田禾、王利民、王峰等完成的“高性能有机颜料制备新工艺”项目获上海市技术发明二等奖。

（牛　聪）

［工程硕士研究生联合培养基地揭牌］ 3月26日，全日制工程硕士研究生联合培养基地揭牌仪式举行。副校长于建国与上海华谊(集团)公司、上海电气集团股份有限公司、中国石化集团宁波工程有限公司、中国石化集团上海石油化工研究院、中国石化集团上海工程有限公司、上海张江研究生联合培养基地的代表共同为基地揭牌。全日制工程硕士研究生脱产学习，生源主要是应届毕业生。学校注重

在化学工程、材料工程、生物工程、制药工程、动力工程、控制工程和工业设计工程等7个有特色的领域招收全日制工程硕士研究生。

（牛　聪）

[苏元复诞辰100周年]　4月19日，正值杰出的化学工程学家、化工教育家、中国科学院院士、原副院(校)长苏元复先生诞辰100周年。院士王基铭、费维扬、袁渭康，学校领导以及浙江大学党委副书记郑强，海宁市政协副主席田耘等领导以及苏元复的亲属、同事、学生等30余人齐聚逸夫楼演讲厅，座谈苏元复院士的生平和科学精神，缅怀他在学术、教育事业上作出的卓越贡献。会上王基铭、费维扬为苏元复院士纪念塑像揭幕。同时，学校通过开通专题纪念网站、出版校报纪念专刊、举办学术报告会、展出其生平事迹图片等多种形式纪念苏元复诞辰100周年。

（牛　聪）

纪念苏元复院士诞辰100周年

[新增学位授权点通过评审]　6月17—18日，研究生院召开新增学位授权点专家评审会。评审会分别按理工农医、法学、管理科学与工程、社会学、应用经济学5个小组进行。校党委书记沈伟国，校长钱旭红，党委副书记沈炜，副校长于建国、涂善东分别出席评审会。各个专家组对学校申请新增的7个一级学科博士点(机械工程、轻工技术与工程、数学、社会学、管理科学与工程、药学、应用经济学)和2个一级学科硕士点(物理学、法学)进行评审，最后，本次申请新增学位点均顺利通过评审。

（牛　聪）

[获国家自然科学基金资助]　9月，国家自然科学基金委下发2010年度国家自然科学基金申请项目评审结果的通知，学校共获资助项目118项(平均资助率25%)。其中，面上项目60项(资助率21.58%)，青年科学基金项目51项(资助率35.92%)，重大研究计划2项，海外及港澳学者合作研究基金1项，国际合作与交流项目4项，资助总金额为3135.3万元。资助项目比上年增长49.37%，经费比上年增长24.32%。

（牛　聪）

[承办大学生体育协会乒乓球分会成立20周年庆典]　9月29日，中国大学生体育协会乒乓球分会成立20周年庆典暨表彰大会举行，学校作为大乒协的会址、主席单位，策划并承办本次活动。校党委书记沈伟国应邀出席开幕式，校长钱旭红欣然题词：乒坛励志、育人明德。学校和上海交通大学荣获集体"杰出贡献奖"称号，项伯龙、张玉峰、沈炜、孙麒麟、王跃、石振民获得个人"杰出贡献奖"称号。

（牛　聪）

[启动对口支援青海大学工作]　10月28日，对口支援青海大学工作会议在青海大学召开，支援学校清华大学、西北农林科技大学、中国地质大学(北京)和华东理工大学的有关领导及部门负责人参加会议。会上，副校长钱锋代表学校签订《华东理工大学对口支援青海大学工作协议》。

（牛　聪）

[获德国最佳国际学生荣誉]　10月30日，德国吕贝克应用科技大学举行颁奖仪式，吕贝克应用科技大学为在该校学习的华东理工大学中德工学院学生娄辰颁发荣誉证书。这是德意志学术交流中心

为德国大学设立的专门鼓励和表彰在所属大学就读、并在专业学习和社会工作中表现优异的国际学生的奖项。每所大学每年最多有1名国际学生荣获此奖。

（牛　聪）

［10项成果、4个知识服务团队亮相工博会］ 11月9日，以“科技创新，振兴装备制造业”为主题的2010中国国际工业博览会在上海新国际博览中心举行，学校10项新技术成果、4个知识服务团队亮相。机械学院汪华林教授研制的“含硫含碱废液过程减排新技术及在化工行业中应用”项目获参展高校的最高奖项银奖，材料学院郭卫红教授研制的“反应挤出制备高性能生物质填充再生聚合物基木塑复合材料”项目获中国高校展区优秀产品二等奖，生工学院魏东芝教授研究的“利用氧化葡萄糖杆菌生物催化生产重要产品及其关键技术”项目获中国高校展区优秀产品三等奖。4个知识服务团队入选上海高校首批19个知识服务团队名单。学校第五次获工博会优秀组织奖。

（牛　聪）

附：学校负责人及地址

（2010年1—12月）

校党委书记：沈伟国
副　书　记：严　洁、沈　炜、蒋文文

校　长：钱旭红
副校长：陈英南、于建国、马玉录、涂善东、杨存忠、钱　锋

徐汇校区地址：梅陇路130号
邮编：200237
电话：64252500

奉贤校区地址：奉贤区海思路999号
邮编：201424
电话：33612038

上海外国语大学

［**2010年概况**］ 学校招收本科生1560人、高职生296人、硕士研究生774人、博士研究生106人。本科毕业生1579人，其中1470人确定毕业去向，就业率93.10％。确定去向毕业生中继续读研168人（含研究生支教团项目3人）、出国深造或工作316人、签约846人、合同就业32人、灵活就业67人（含2人自主创业）、定向分配32人、国家或地方项目9人（含“世博武装兵”计划4人，志愿服务西部4人，“三支一扶”1人）。高职毕业生共297人，最终就业人数176人，最终就业率59.26％。最终就业毕业生中78人专升本、37人出国深造、52人签约工作、1人自主创业、8人参加“世博武装兵”计划。研究生毕业生583人，其中硕士生514人，博士生69人，就业人数530人，就业率91％。招收留学生长期生（包括语言生与学位生）2702人；短期生为1188人。学校开展成人教育、继续教育及各种形式的外语专业培训。

精品课程建设。校级课程建设基金资助项目共计18项，其中主干课程7项，一般课程11项；市级精品课程1项；市级全英语教学示范课程3项；国家级双语教学示范课程1项。基础法语教学团队荣获国家级优秀教学团队称号，英语语法教学团队荣获上海市级优秀教学团队称号。加强新专业的建设和管理，完成土耳其语的新专业申报工作；翻译、荷兰语、瑞典语3个专业顺利通过检查。利用现代教学管理信息系统，完善学生网上评教评价机制。加强素质教育，2009—2010学年第二学期开设全校性通识教育选修课程42门，选报人数3877人次；2010—2011学年第一学期开设全校性通识教育选修课程38门，选报人数2430人次。开展“精彩世博，文明先行”大篷车进高校系列活动；完成上海市级语言文字科研立项资助的课题结项工作。

加强国际传播人才培养，与新华社合作共建国际传播人才培养与科学研究基地。“211工程”三期建设的三类项目（重点学科建设项目、创新人才培养和队伍建设项目、校内公共服务体系建设项目）均进展顺利。编制《上海外国语大学教育事业改革和发展第十二个五年规划》，通过校学术委员会全体会议审议。召开校发展定位规划专家互动会议，完善《上海外国语大学发展定位规划（2010—2020年）》。

全年获国家社科基金项目5项、教育部项目6项、上海市哲学社会科学项目13项。获上海市哲学社会科学一等奖1项、二等奖2项、三等奖3项。与教育部社科委员会秘书处合作，承办“教育部2010年语言文学和艺术社科委研讨会”。资助各类会议20余次，资助重点学术讲座35人次。科研成果数量增长，在CSSCI来源期刊和海外刊物发表论文319篇。学术影响力不断提高，在2010—2011年CSSCI来源期刊、扩展版来源期刊、来源集刊遴选中，6份刊物入选。

修订《上海外国语大学引进高层次紧缺人才的实施意见》。续聘1名“长江学者”特聘教授，新增1名“东方学者”特聘教授和3名“浦江人才计划”入选者。深化职称评聘改革，共认定初级专业技术职务7人，认定和评聘中级专业技术职务43人，评聘副高级专业技术职务23人，评聘高级专业技术职务11人。鼓励教师提升学历学位，共14名教师报考博士研究生，24名教师获得博士学位。学校专任教师（含思政教师）和科研人员中具有博士学位的比例达到45％。组织教师申报“海外培训计划”和富布赖特项目16人，组织学生申报留基委和校级交流项目公派留学194人次。加大录用专任教师的力度，共录用新进人员37人，其中专任教师25人，辅导员4人，行政和教辅人员8人。学校现有专任教师和科研人员695人，其中有教授120人，副教授245人。

开拓校际交流与合作。学校与14所国外大学签署或续签交流合作协议。推进外国教师和专家的聘请工作，学校长期外教人数达到60余人，短期专家近30人，一位外籍教授荣膺上海市“白玉兰纪念奖”。学校共接待包括印度尼西亚教育部长、吉尔吉斯斯坦前国务秘书在内的共计77个来访团组、330余位嘉宾；接待台湾文藻外语学院共4批团组80名师生，以及香港城市大学20余名师生的参访学习；支持国际学术交流，主办“音系学国际学术研讨会”

等3个国际学术会议。

全年发放校优秀学生奖学金、单项奖学金和体育类荣誉奖学金共计387.74万元，获奖人次为5391人。81名学生获得国家奖学金，203名学生获得国家励志奖学金，718名学生获得秋季学期国家助学金，发放奖助学金共计272.65万元。开展国家助学贷款工作，2010—2011学年共有84名本专科学生办理国家助学贷款，其中本科生80人，高职生4人，贷款合同金额共计187.2万元。发放往年申请获得的国家助学贷款，共计发放387人，发放金额共计231.4万元。

共派出2921名注册世博会志愿者和600多名城市文明志愿者服务世博会相关事务，累计服务人次超过10万人次，完成上级交付的世博会志愿服务工作。深化暑期社会实践工作并获得多项市级奖项，"四叶草"赴甘肃省甘南藏族自治州服务实践项目荣获最佳项目奖，"彩云之南"上海外国语大学赴云南非物质文化遗产考察项目等9个项目获得优秀项目奖，学校获得上海市大学生暑期社会实践活动优秀组织奖。

（陈敏杰）

[成立俄语中心] 4月21日，学校俄语中心在松江校区揭牌成立。俄罗斯驻沪总领馆总领事沙龙，国际俄语教师联合会主席、"俄语世界"基金会监事会主席、圣彼得堡大学名誉校长维尔彼茨卡娅出席揭牌仪式。

（陈敏杰）

学校"俄语中心"成立

[举行音系学国际研讨会] 5月28—30日，学校举办音系学国际研讨会，会议主题为"重音与声调"。来自美国、英国、荷兰、日本等国家的60余名音系学专家学者参加此次大会。

（陈敏杰）

[举行首届"外教社杯"全国大学英语教学大赛] 6月12—14日，由教育部高等学校外语专业教学指导委员会、大学外语教学指导委员会和上海外语教育出版社共同主办的首届"外教社杯"全国大学英语教学大赛取得圆满成功。全国人大常委吴启迪出席闭幕式并致词。

（陈敏杰）

[承办教育部工作会议] 9月15日，由教育部主办，学校与山东大学承办的教育部社科委语言文学、新闻传播学和艺术学学部2010年度工作会议在学校举行，山东大学曾繁仁教授主持会议。会议主题为：科学规划"十二五"期间我国高校语言文学、新闻传播学和艺术学学科发展，确定"十二五"期间三学科重大研究领域和重点选题，制定学部下一步工作计划和具体实施方案。

（陈敏杰）

[阿拉伯语专业创办50周年] 9月17日，学校东方语学院举行"上海外国语大学阿拉伯语专业50周年庆典"活动，北京第二外国语大学校长周烈教授参加并致词。

（陈敏杰）

[与新华社签署战略合作协议] 10月29日，学校与新华通讯社签署战略合作协议，共建国际传

播人才培养与科学研究基地。双方将在国际传播人才培养、新闻学与国际传播学研究及课程方面展开广泛和深度的合作，为我国国际传播事业培养和输送高端人才。新华社副社长兼常务副总编辑周锡生出席签约仪式。

（陈敏杰）

[举行世博会工作表彰大会] 11 月 25 日，学校举行世博会工作表彰大会。学校有 2921 名学生成为注册世博志愿者，4028 名学生服务世博各项工作，362 名师生担任特殊岗位或长期岗位志愿者，提供超过 10 万人次的志愿服务工作和 20 多个语种的语言类志愿服务工作。出版由学校 30 多位各语种专业教师编写的《中外社会文化与世博会》。

（陈敏杰）

附：学校负责人及地址

（2010 年 1—12 月）

校党委书记：吴友富
副书记：李月松、冯庆华、王　静

校　　长：曹德明
常务副校长：谭晶华
副 校 长：盛裕良、张曙光

虹口校区地址：大连西路 550 号
邮编：200083
电话：65311900

松江校区地址：文翔路 1550 号
邮编：201620

上海外国语大学贤达经济人文学院

［**2010年概况**］ 学院招收本科生1587人，其中上海生源756人，外省市生源831人。在校生总数4733人。毕业生1053人，至9月，就业人数871人，出国续读研究生124人。学院组织教职员工学习《国家中长期教育改革和发展规划纲要（2010—2020年）》和《上海市中长期教育改革和发展规划纲要（2010—2020年）》，成立“十二五”发展规划纲要编制领导小组。开展党支部（含党总支）党建评议工作评议，制定“廉政风险排除防范预警机制”方案；开展党员干部“讲党性、重品行、作表率”专题教育。发展新党员65人，预备党员转正43人。

学科专业建设。开展法语、西班牙语、朝鲜语3个本科专业自查工作，组织专家检查评议，以评促建，提高专业办学质量。完成并通过“学前教育”、“文化产业管理”新专业申报。学院12门课程审批立项，其中重点课程4门，一般课程8门。结合教学实践开展科研活动，课题立项“晨光计划”1个，上海市高等教育学会科研课题4个，“上海市‘优青’项目”8个，校内科研重点课题5个、一般课题11个。5月，《民办独立学院教育工作探索与研究——上外贤达学院教育教学工作论文集》出版。制定本科生导师工作条例、实施细则和考核标准，组织导师接受培训、开展交流，对2010级学生试行本科生导师制。

师资队伍建设。新聘教职员工140人。全院教职工总数315人，其中，专任教师195人，行政人员89人，教辅人员31人，校外教师140人。副高职称以上教师105人。专任教师中具有硕士以上学位的教师151人，占总数的77%。

国际交流与合作。与美国西俄勒冈大学签订“3+1”双学位合作项目。与加拿大菲莎河谷大学、德国施德拉尔松德大学、日本大阪国际大学、埃及艾因夏姆斯大学、台湾德明财经科技大学、美国麦格劳—希尔集团6所国（境）外大学和机构签订校际交流合作协议。接待美国、加拿大、澳大利亚、西班牙、英国、德国、法国、日本、韩国、约旦等10个国家及地区12所大学的高层领导和教授。聘请外国教师和专家14人。由德国学术交流中心资助的与欧福大学合作科研项目1个。派遣学生105人、教师5人出国交流访问。与英国纽卡斯尔大学合作举办首届“纽卡斯尔-贤达杯”英语风采比赛。

学生工作等。①完成《学生手册》的修订，新制订《学生医疗保险参保及理赔流程》、《学生奖学金评比流程》、《国家奖学金、上海市奖学金、国家励志奖学金及国家助学金评定办法》等制度，修订《国家助学贷款流程》、《奖学金评定条例》、《学生违纪处分条例》、《学生违纪计分实施办法》、《学生医疗保障规定》等制度。发放学院奖学金190多万元，1477人次获奖。10人获国家奖学金，11人获上海奖学金，161人获励志奖学金，1人获宝钢奖学金。为122名学生发放国家助学贷款，共计73.2万元。减免98名贫困学生学费，共计20.45万元。为学生提供勤工助学岗位780人次，资助金额30万元。完成新生心理普测，建立心理档案，接待学生、家长心理咨询约90人次。②学生获多项奖项。周文茜、王露分获CCTV“希望之星”英语风采大赛上海赛区一等奖、二等奖，俞闻艺获“韩国国际大学校长杯”华东地区韩国语作文大赛本科组银奖，刘丽质、赵若涵获上海市高校“长江杯”钢琴比赛三等奖，傅伊获全国法语教学研讨会暨“卡西欧”杯全国法语演讲比赛总决赛上海赛区优胜奖。经济管理系获“用友杯”第六届全国大学生创业设计暨沙盘模拟经营大赛（上海赛区）总决赛团体第三名。③组织学生参与社会活动。开展为青海玉树地震募捐活动，86名师生党员和教职工为灾区捐助13950元。5月18日，由新闻传播学系举办的“聚‘贤’之力，‘达’爱无疆”赈灾义演筹集善款14409元。250名师生义务献血。50名学生担任第六届IDSF国际体育舞蹈比赛的志愿服务工作。上海世博会期间，全院有979名学生、9名教师参与世博志愿者服务工作，并获得市、区多项奖项，其中被评为市“服务世博奉献世博”优秀个人1人、市共青团“青春世博行动”优秀个人1人、园区文明标兵4人、园区优秀志愿者17人、城市站点优秀志愿者17人、先进个人1人和优秀团队1个。学院特设专项荣誉奖励优秀志愿者和优秀团队。

学校基本建设。学院崇明新校区一期工程竣工并投入使用。新校区一期工程建筑面积7.53万平方米，包括综合教学楼、语言信息中心、学生公寓、食堂及学生活动中心、风雨操场等固定资产总值近3亿元。10月9日，新校区举行2010级新生开学典礼，上海外国语大学常务副校长谭晶华、崇明县副县长王菁到会并讲话。

（李华萍）

学校校园

［麦格劳—希尔集团总裁来访］ 7月27日，世界500强企业美国麦格劳—希尔集团董事长、全球总裁哈罗德·麦格劳一行来访，学院董事长鲍贤嗣、院长张定铨接待到访客人，双方签署合作备忘录，确立合作伙伴关系。

（李华萍）

附：学校负责人及地址

（2010年1—12月）

董 事 长：鲍贤嗣
副董事长：戴炜栋
院党总支书记：施 桦（5月离任），丁智勇（5月到任）
院 长：张定铨
副 院 长：丁智勇

虹口校区地址：东体育会路390号
邮编：200083
电话：50278000（总机）

崇明校区地址：东滩大道999号
邮编：202162

东华大学

［**2010年概况**］ 年内，完成学校“十二五”规划纲要编制工作。在上海世博会举办期间，学校派出3731名志愿者，完成科技服务世博、志愿奉献世博的重任。全校各类学生近3万人，其中研究生5924人，本科生14879人，留学生3847人，成教生5195人。招收本科生3744人，研究生2101人，成教学历生1228人。至9月1日，研究生就业率97.44%，本科生93.43%。

一、学科建设。①启动“211工程”三期建设项目。编制《“211工程”三期服务地方需求重点建设项目申报书》，4个重点学科建设项目、创新人才培养和队伍建设项目、校内公共服务体系建设项目被上海市发改委批准立项，国家专项经费到位3070万元，上海市配套建设经费到位2515万元。②建设国家、上海市、学校三级重点学科。在建重点学科建设项目19个，完成“211工程”三期重点学科建设项目和校级重点建设学科项目的中期检查。③建设新的学位点。在第11次学位授权审核中，控制科学与工程、化学、机械工程等3个一级学科博士点，马克思主义理论、艺术学、数学、物理、光学工程、化学工程与技术、生物医学工程、动力工程与工程热物理、信息与通信工程、应用经济学、工商管理等11个一级学科硕士点通过上海市审核。

二、人才培养。①“卓越工程师教育培养计划”首批试点启动，涉及纺织、轻化、机械、软件4个工程专业。②学校新增功能材料新专业，本科专业达到53个。③推进研究生培养机制改革。推进产学研结合的研究生培养模式改革，建成校级13个、院级45个校外研究生联合培养和实践基地。录取42人参加国家留学基金委公派留学生项目，设立“211工程”三期创新人才专项，选拔6名博士生赴国外高水平大学开展联合培养。④《应用物理专业》、《环境工程》入选国家特色专业，《非织造学》、《服装结构设计》被评为国家精品课程，“轻化工程专业教学团队”被评为国家教学团队，《针织学》入选国家双语教学示范课程，入选国家大学生创新性实验计划40项。新增上海市精品课程4门、上海市教学团队3个、上海市级教学名师1人、上海市大学生创新活动计划60项。⑤教学成果显著。学生在各类大赛中获国际奖7项，国家奖52项，省市级奖65项。成功举办2010年上海市环境科学与技术研究生学术论坛，2010年上海市等离子体物理研究生暑期学校等学术交流活动。王善元教授指导的博士生学位论文《基于图像处理技术的苎麻和棉纤维纵向全自动识别系统》获2010年全国优秀博士学位论文，另获1篇“全国百篇优博提名论文”、3篇上海市优秀博士论文和1篇上海市优秀硕士论文。研究生发表SCI、EI检索论文共322篇，其中SCI国外源刊214篇，EI国外源刊108篇。计算机062硕士班获“全国先进班集体”称号，计算机学院孙珏玥获“全国三好学生”称号。⑥成人教育面向纺织服装行业拓展现代远程学历教育，成功举办桐乡规模以上纺织服装企业高级管理人员的培训项目。加入“长宁现代职业教育集团”，建设创意产业人才培训基地——“上海市创意产业人才培训基地”。获“上海市2006—2010年成人教育先进集体”。

三、科学研究工作。①学校科研经费达到2.07亿元，其中纵向经费0.80亿元，较上年增长25.9%。②获省部级以上科技奖励26项，其中国家级奖励4项。俞建勇教授主持的“黄麻纤维精细化与纺织染整关键技术及产业化”项目获国家技术发明奖二等奖，孙以泽教授主持的“簇绒地毯织机系列成套装备技术及其产业化”项目、胡祖明教授负责的“聚间苯二甲酰间苯二胺纤维与耐高温绝缘纸制备关键技术及产业化”项目以及作为合作单位、陈南梁教授参与的“数字化经编装备的关键技术研究与应用”项目获得国家科技进步奖二等奖。丁永生教授主持的“生物系统启发的自然计算理论研究”获上海市自然科学奖一等奖。③基础研究方面，46项国家自然科学基金项目获资助，经费达1249万元。④承担国家“973”、“863”课题各1项，获国家科技支撑计划项目4项，经费达968万元。余木火教授作为“973”项目首席科学家，主持“高性能芳纶纤维制备过程中的关键科学问题”获得资助。ITER计划项目继续得到国家科技部立项支持。⑤人文社科获国家社科基金4项。纵向项目51项，比上年增长18.6%；经费达到319.86万元，比上年增长16%。⑥全校发表论文2341篇，SCI收录论文429篇，比上年增长26%；EI收录论文394篇，较上年增长12%。⑦知识产权工作不断深入。申请专利649项，专利授权624项，比2009年增加近2倍。⑧产学研横向合作经费达到1.27亿元，签订横向合同582份，新增共建研发中心或全面合作单位8家，4个团队入选市教委首批19个重点支持知识服务团队。与上海市、长宁区共同建设"环东华时尚创意产业集聚区"。孙以泽教授主持的项目获上海工博会"创新奖"。

四、师资队伍建设。①杨一奇教授入选国家"千人计划"；新增国家杰出青年、长江讲座教授2人，新增教育部"新世纪优秀人才"和上海市各类人才计划14人，引进或调入校专兼职特聘教授和高层次人才29名。王宏志教授获"2010年度上海高校特聘教授(东方学者)称号"，江莞教授、刘晓刚教授2010年入选上海市领军人才，张菁教授入选上海市优秀学科带头人。资助14名青年骨干教师出国深造。②推进人事制度改革。按照"总量控制、按需设岗、分类指导、择优聘任"的原则，完成《专业技术职务首聘工作实施办法及细则》的修订，新增教学副教授岗位、体育副高职务评审资格。完善人才派遣用工制度，在人才派遣人员中选拔录用优秀人员为学校事业编制。制定综合考核评价体系，发布《东华大学2007—2009年二级单位绩效状态白皮书》。完成新一轮的岗位设置和聘任。③改善教职工待遇。职工年收入人均增加10200元。第一、二批教职工住房货币化补贴累计发放3240人次共计2.3315亿元。

五、国际合作交流。①举办6次大型国际学术会议，包括2010上海国际服装文化节国际服装论坛，东华大学第三届国际环境艺术设计研讨会，2010纺织生物工程及信息国际学术会议，第12届国际羊毛会议，2010年应用分析国际学术会议，第三届国际非线性动力学研讨会以及2010年系统科学、管理科学与系统动力学国际会议。②与美国费城大学、德国劳特林根应用技术大学等13所高校签署合作协议。③20多个国家与地区的300多人次来访，因公派出614人次出访29个国家与地区，获批13个聘专项目。④留学生人数达到3847人，其中长期生2770人，学历生464人。⑤入选教育部"中非高校20+20合作计划"教育援非项目，与非洲肯尼亚莫伊大学合作，为非洲国家培养纺织专业高级专门人才。

六、改善办学条件。成立上海东华大学教育发展基金会，启动60周年校庆工作。规范资产管理，优化内部科室设置，实行物资采购岗位全员轮岗。落实政府采购工作机制，完善招投标工作程序，推进校院二级仪器设备资源共享平台建设。推进延安路校区基础设施改造和改建，建设节约型校园，两个校区被命名为"上海市节水型校区"。出版社改制进展顺利，选送的国家"十一五"重点图书——《敦煌丝绸艺术全集》(主编赵丰)出版项目，获得国家出版基金。

七、帮困助学等工作。为174名家庭经济困难新生开设绿色通道，2520人次获得各类资助达871.4万元，1690名学生获得国家助学贷款1014万元。学校协助新疆大学、塔里木大学开展纺织类学科学位点和相关本科专业的建设。编制完成《东华大学干部队伍建设五年规划》。成立东华大学教职工争议调解委员会，校工会被评选为上海市教育系统工会"先进集体"。开展"校长奖"评选、教师节庆祝大会、"东华大学精神文明好人好事项目"评选和"我心目中好老师"评选等活动，成立学校创新创业教育中心，建设积极向上的校园文化。

(高兰兰)

[赵雯、钱景林、薛明扬到校视察] ①5月21日，九三学社上海高校第四十三次会议在东华大学举办期间，九三学社市委主委、上海市副市长赵雯出席会议并参观学校服装学院"中韩日设计师联展"。②4月22日，市政协副主席钱景林来校听取学校市政协委员的履职心得，商讨上海市"十二五"发展规划。校长徐明稚出席并主持座谈会。③4月14日，市教委主任薛明扬来校调研学校世博会筹备工作，校党委书记朱绍中、副书记殷耀出席座谈会。

(高兰兰)

["环东华时尚创意产业集聚区建设"签约] 4月1日，由东华大学、上海市经济和信息化委员会以及长宁区政府共建的"环东华时尚创意产业集聚区建设"举行签约仪式。副市长艾宝俊，市政协副主席钱景林，市政府副秘书长肖贵玉，市经信委主任王坚，市教卫党委书记李宣海，长宁区委书记卞百平、区长李耀新以及学校党政领导出席。仪式由长宁区副区长杲云主持。会上，三方签署合作框架协议并进行剪彩。该项目以服装服饰业为核心，发展时尚创意产品，形成"一轴双核三带四片区"的大产业格局，构筑以"创意上海、设计之都"为宗旨的上海城市发展新亮点。

(高兰兰)

“环东华时尚创意产业集聚区建设”签约

[高感性纳米复合功能纤维的规模化生产及其应用通过验收] 10月28日，由朱美芳教授领衔的上海市科委纳米科技专项——高感性纳米复合功能纤维的规模化生产及其应用项目通过验收。20世纪80年代，学校就开展纳米材料研发原理、纳米技术在纺织领域的应用等研究。近两年来，朱美芳教授组织材料、化学、物理、化工、纺织、服装、染整和机械等90名研究人员，以纤维材料改性国家重点实验室为依托，联合20家知名企业，开发具有自主知识产权的粉体、纤维、纱线和织物四大类14个系列产品。相关指标通过国家纺织制品质量检验中心检测，并达到国家最高级AAA标准。围绕项目研发，发表论文14篇，申请国家发明专利9项，授权1项。至9月底，累计创产值近5000万元，新增利润900余万元、税收300余万元。

(高兰兰)

[召开全球化服装教育和科技国际论坛] 11月19日，由东华大学、法国力克公司主办的“全球化服装教育和科技国际论坛”召开。来自中国、法国、美国、英国、荷兰、意大利、巴西、德国等8个国家24所服装院校的近60名服装教育界专家代表，以及中国服装产业界的代表出席。校长徐明稚致辞。论坛以“服装·教育·科技”为主题，通过与CAD和CAM供应商——法国力克公司合作，促进服装教育与国际著名企业院校的交流，推进“创新型、实践型”国际化服装专业人才的培养。

(高兰兰)

[获2010年全国纺织科学技术奖] 11月19日，在2010年全国纺织科学技术大会上，潘鼎教授的“千吨规模T300级原丝及碳纤维国产化关键技术与装备”等14个项目获科学技术一、二、三等奖，王建萍的“珍珠纤维女性保健内衣面料及合体内衣的研究与开发”项目获针织内衣创新贡献奖，另获若干教学成果奖。

(高兰兰)

[德国汉堡市市长来访] 6月1日，德国汉堡市第一市长欧勒·冯·伯思特率代表团一行13人来校访问。中国驻德国汉堡总领事馆总领事陈红梅陪同。校长徐明稚会见来宾。伯思特市长出席学校与德国汉堡国际传媒艺术与新媒体学院合作协议书交换仪式，并参观学校服装学院视觉传达系。

(高兰兰)

[举办上海市环境科学与技术研究生学术论坛] 6月5日，上海市环境科学与技术研究生学术论坛在学校举行。副校长邱高，中国工程院院士、中国水利水电科学研究院水资源所所长王浩出席开幕式并讲话。论坛包括5场主题报告和4个分论坛。

(高兰兰)

[第三届纺织生物工程和信息学会国际会议举行] 5月28日，第三届纺织生物工程和信息学会国际会议在学校举行。校长徐明稚、纺织生物工程和信息学会会长李翼出席开幕式并致辞。中国工程院院士姚穆、美国佐治亚大学终身教授等200多位专家、学者参会。会议为期3天，以“绿色纺织，健康生活”为主题。会议收到论文300多篇。

(高兰兰)

[举办第十二届国际羊毛会议] 10月19—22

日，由东华大学主办的第十二届国际羊毛会议召开，来自美国、澳大利亚、新西兰、意大利等国家的专家、学者与会。该会议每5年举行一次，本届主题为“低碳时代，生态羊毛，创新科技，美好生活”，大会就羊毛纺织加工及相关领域的最新学术、科技成果，头发护理技术，皮革加工技术等内容进行研讨。会议共收到236篇论文，并评选出优秀青年科学家论文奖一等奖1篇，二等奖2篇，三等奖3篇。

（高兰兰）

[浙江省桐乡市企业人才东华大学培训基地揭牌] 6月28日，受浙江省桐乡市委托，由东华大学成人教育学院、网络教育学院主办的东华大学企业高级管理人员研修班举行开学典礼。校长徐明稚、副校长刘春红，浙江省桐乡市副市长周民等出席典礼。本次研修班主要面向桐乡市纺织服装类企业的高级管理人员。典礼结束后，双方签署东华大学与浙江省桐乡市企业人才培养合作意向书，并为浙江省桐乡市企业人才东华大学培训基地揭牌。

（高兰兰）

[高性能芳纶纤维制备过程中的关键科学问题启动] 12月23日，东华大学作为牵头单位申请的国家重点基础研究项目——“高性能芳纶纤维制备过程中的关键科学问题”项目启动会议举行。项目首席科学家余木火教授介绍了高性能芳纶的研究意义、制备过程中的关键科学问题、研究方法和研究团队。校长徐明稚出席并致欢迎辞。

（高兰兰）

[学生创业成果展示] 12月2日，教育部部长袁贵仁，上海市副市长沈晓明、市教委主任薛明扬等参观上海市大学生科技创业基金会。东华大学2010届毕业生丁建勋作为上海市大学生创业代表出席，介绍创业经历并展示创业成果。2008年，丁建勋创立上海乐程影像技术有限公司。他和他的创业团队发挥各自专长，将专业与创业结合，以创业带就业，先后获得上海大学生基金会、科技部国家创新基金共计60万元的资助，研发多项影像产品，并成功申请国家专利。丁建勋向母校捐助数万元机器设备，支持学校的创新创业教育。

（高兰兰）

附：学校负责人及地址

（2010年1—12月）

校党委书记：朱绍中
副书记：王以刚、浦解明、殷　耀

校　长：徐明稚
副校长：宋立群、俞建勇、陈招应、刘春红、邱　高

松江校区地址：人民北路2999号
邮编：201620
电话：67792000

延安路校区地址：延安西路1882号
邮编：200051
电话：62373678

上海财经大学

［2010年概况］ 学校设直属院系17个，一级学科博士点4个，二级学科博士点38个，一级学科硕士点6个，二级学科硕士点77个（含专业学位），本科专业37个，重点学科14个，其中国家级重点学科（二级）3个，国家重点（培育）学科1个，省、部级重点学科（二级）10个。科研机构55个，其中教育部人文社会科学重点研究基地2个，校直属科研机构2个，校级重点研究基地12个，院系（所）下属科研机构39个。设有高等研究院。定期公开出版3种专业刊物。

一、教育教学。在校学生总数22579人。其中博士研究生1488人，硕士研究生3469人，本科生7937人，留学生1093人，成教生8592人。录取本科生1958人；录取硕士研究生1444人，其中科学学位776人，专业学位668人；录取博士研究生200人，其中硕博连读生39人；录取港澳台博士生6人，硕士生4人，招收教育部少数民族骨干人才专项计划14人。至9月，毕业生就业率为95.73%。其中本科生就业率94.51%，硕士就业率97.40%，博士就业率95.92%。

学校新增国家级精品课程1门、国家级双语示范课程1门、上海市级精品课程3门、上海市全英语教学示范课程3门，政治经济学教学团队获国家级教学团队，工商管理专业获国家级特色专业，市场营销学教学团队和管理会计教学团队被评为上海市教学团队。新增2010年大学生实验创新项目60项，本科生科研创新资助计划129项。学生获全国数学建模竞赛二等奖2个，上海市数学建模竞赛一等奖4个、二等奖4个、三等奖5个，获美国大学生数学建模竞赛一等奖3个、二等奖13个；获全国计算机设计大赛二等奖3项，入围奖1个；获上海市计算机应用能力大赛一等奖1个、二等奖5个、三等奖1项；获全国大学生英语竞赛特等奖2项、一等奖6项；获第七届“挑战杯”大学生创业计划大赛全国铜奖3项、上海市金奖2项、银奖4项和铜奖3项；获全国第二届IMA管理会计案例大赛第二名；获广州亚运会金牌1枚，全国大学生游泳金牌2枚，上海市十四届运动会金牌5枚。学生参与各类志愿服务活动，去西部就业139人，参加“西部志愿者”计划6人，毕业生参加上海市“三支一扶”项目48人，入选上海市“大学生村官计划”13人。10月初，2545名志愿者和701名城市站点志愿者参加16天世博会志愿者服务工作。推进研究生联合培养基地建设，与上海证券交易所、上海市流通经济研究所签订合作协议。建立学业奖学金，助研、助教和助管岗位津贴，专业学位研究生普通奖学金，优秀科研成果奖励基金、创新基金、博士研究生培优基金、研究生出国联合培养专项基金，以及各种社会奖学金和困难补助金在内的全新研究生培养资助体系，6859人次获得各类奖学金，发放金额总计1932.84万元。

学校“上海世博会”志愿者授旗仪式

拓展国际交流新途径，推进人才培养国际化。聘请长期外籍教师 48 人。学生出国访问交流 302 人次，出国留学 30 人。100 余所国(境)外大学和机构 300 余人次来校访问，学校与澳大利亚昆士兰大学、意大利博卡尼大学、西班牙巴塞罗那大学、卡洛斯三世大学、新西兰坎特伯雷大学等国外高校签协议 17 份，比上年增加 13.3%。4 月 27 日，学校加入联合国贸发会议虚拟学院。学校海外考试考点数增至 7 个，学校雅思考点获教育部考试中心“2009 年度优秀雅思考点”称号。

二、学科建设。开展“十一五”执行情况总结和“十二五”规划的编制工作。完成并上报学校“十二五”基本建设规划。完成重点学科建设项目、创新人才培养和师资队伍项目年预算下达和中期调整工作。继续开展“211 工程”三期科研、教学项目滚动结项，继续进行重大课题建设与管理。组建上海财经大学商学院(筹)，将国际工商管理学院、会计学院、金融学院、信息管理与工程学院、统计与管理学院、MBA 学院纳入上海财经大学商学院(筹)，整合资源。开展《上海财经大学 2008—2020 年发展定位规划》论证工作，申报会计硕士、工商管理硕士和公共管理硕士等 3 个专业学位改革试点，制定研究生专业学位教育发展五年规划，金融、保险、税务、资产评估、国际商务、应用统计等 6 个专业的硕士学位授权点获得批准。制定《上海财经大学新增硕士专业学位授权审核暂行办法》，完成 12 个新增硕士专业学位授权点的审核、公示和审批上报工作。马克思主义理论博士一级学科和法学、马克思主义理论、中国语言文学、新闻传播学、外国语言文学等 5 个硕士一级学科通过初审。上海社会调查研究中心上海财经大学分中心主持完成《上海出租车服务质量与形象调查报告》。38 项课题获得国家社科基金项目和自然科学基金项目立项，其中国家社科基金重大、重点项目 4 项，国家自然科学基金重点项目 1 项，23 项课题获教育部人文社会科学研究一般项目立项，2 项获教育部人文社会科学重点研究基地重大项目立项，3 项获教育部博士点基金项目立项，20 项获上海市社科规划项目立项，5 项获上海市决策咨询研究重点课题立项。完成国家级课题 8 项，其中 3 项获优秀评价；完成省部级课题 32 项。教师在 SSCI 发表论文 32 篇、SCI 论文 39 篇。2 项成果入选《国家哲学社会科学优秀成果文库》；25 项成果获上海市第八届邓小平理论研究和宣传优秀成果奖、上海市第十届哲学社会科学优秀成果奖；13 项成果获第七届上海市决策咨询研究成果奖；5 项成果获第十届全国统计科学研究优秀成果奖。《中国财政发展报告》获教育部哲学社会科学研究(发展)报告资助。举办学术报告 392 场，承办教育部社会科学委员会经济学学部工作会议暨世博会、长三角与中国经济发展研讨会、第二届管理创新国际会议、中国会计与财务研究国际研讨会、全球化视野・大学图书馆馆长论坛等学术研讨会 60 场。《财经研究》和《外国经济与管理》获第四届“华东地区优秀期刊奖”称号。《财经研究》被全国高等学校文科学报研究会评为全国高校三十佳社科期刊；《上海财经大学学报》被评为全国高校百强社科期刊。

三、师资队伍。学校教职工 1589 人，其中专任教师 1044 人，正教授 202 人，副教授 366 人。取得海外学位教师 133 人。教师中有 1 人申请转入常任轨，1 人入选引进海外高层次文教专家重点支持计划，1 人入选海外名师项目，2 人入选国家“千人计划”、1 人入选 2009 年度上海“东方学者”，1 人入选 2009 年度“长江学者”特聘教授，11 人入选 2010 年上海市浦江人才计划，“推进高水平建设聘请外教项目”入选学校特色项目。新进教学科研人员 48 人，其中具有博士学位 47 人，有 32 人在海外获得博士学位，教授 1 人，副教授 5 人，常任轨 28 人。研究师资队伍建设中的分类管理，拟定专职科研人员的聘任与考核办法，设立“新聘研究人员”岗位。组织开展第 14 次博士生、硕士生导师的选聘工作。截至年底，博士生导师 213 人(其中 30 人兼职)，硕士生导师 719 人(其中 202 人兼职)。

四、科学管理。《信息化支撑下的高校内部治理结构改革》项目获教育部立项。加强信息化建设工作中的规范、标准和制度建设，举办首届“上海财经大学信息化知识竞赛”。制定《信息化办公室运行维护工作条例》，利用校内外资源，完成 10 个批次 IT 专业技术人员培训。整合各类教学数据，搭建上海财经大学教学状态数据平台；完成学科信息管理、学科规划与学科评估功能模块的开发；启动科研管理系统的招投标工作和学生收费综合管理系统的开发；推进招生管理信息系统建设，改版和扩充研究生招生信息网建设；梳理人事管理信息系统工作流程，完善薪资模块和考勤管理模块的功能需求，完成评奖管理模块的系统设计；开发整合全校信息资源的研究生“三助”工作信息平台；完成档案馆馆藏校报数字化工作；完成数据库、服务器和管理信息系统的日常运行维护和部分系统功能的扩展和调整优化。加强校园网络管理和安全防范体系建设，完善网络应用服务。实施校园网 IPV6 技术升级项目，开通“高校无线通”服务，加入上海高校无线通跨校认证平台，全校楼宇无线网覆盖率达到80%。开展校园网站群网站评选工作。全年完成83个合同签订、118笔付款的审核备案工作。学校通过筹措资金归还全部银行贷款1.4亿元。

五、后勤保障。图书馆全年接待入馆读者163万人次，外借图书16.6万册。启动“遍访学者”——以学科化服务为主题的调研活动，将图书馆的专业优势和学院的学科优势结合起来，实现共建共享。新增图书10万册，数据库17个。图书馆馆藏207.1万册，其中纸本文献161万册（中文图书140万册、外文图书8.6万册），电子资源46.1万册，购入50个数据库。完成毓秀楼保护修缮工程并一次性通过竣工验收，推行节约型校园建设工作，制定《上海财经大学水电收费管理暂行办法》，对院系进行指标定额管理模拟试点。优化校园环境，完成中山北一路校区、武川路校区水管网监测系统、路灯智能管理系统等项目。合理配置学校房产资源，制定《新建和扩建实验室用房选址建议方案》，对6个部门用房进行调整和配置，改善办公条件。上海财经大学出版社有限公司出版图书553种。

六、校园建设。开展2009—2010年度校级“文明单位”、文明窗口和文明岗的评选活动，评出6个校级文明单位、29个文明岗和29个文明窗口；组织开展第六届“教书育人标兵评选”活动，10人获教书育人标兵。完成上海市“文明单位”检查考评工作。完成第六次全国人口普查工作。开展“青春与世博同行”主题团日活动，2009级商务英语1班团支部开展的“彩绘外滩、畅想世博”——新外滩改造调研报告获得市长韩正的肯定。举办以“精彩世博、飞扬青春”为主题的五四系列活动，召开以“世博”为主题的第七届“金翼杯”校园戏剧文化艺术节、第十届社团文化节，编辑出版《志在，愿在，我在——大学生世博志愿者风采录》，推进高雅艺术进校园活动，上海越剧团、上海话剧团、山西省话剧院、荷兰阿姆斯特丹都市舞蹈团来校为师生演出。完成市政府邀请教育部直属高校参观世博会的接待任务，邀请有关兄弟院校参观交流的接待，先后共接待65批次团组、529人次参观世博会。在“世博先锋行动”评选中，1个基层党组织、2名师生党员获得上海市委表彰，2个基层党组织及6名师生党员获得上海市教卫党委表彰。加强干部队伍建设。推荐8名教师到杨浦区委挂职，开展处级干部年度考核网上民主测评工作。

（黄　豪）

［国际教育学院被评为“建国60周年十大品牌国际预科”］ 1月31日，由搜狐网、搜狐教育频道联合主办的“60年，见证教育大国崛起”搜狐教育年度盛典——暨中国教育成就奖颁奖典礼在北京举行，上海财经大学国际教育学院被评为“建国60周年十大品牌国际预科”。该项评奖活动是由600万名网友在线投票，经过专家的评审选举产生。

（黄　豪）

［12项教学成果获上海市级奖］ 2月，学校12项成果获2009年高等教育上海市级教学成果奖。其中一等奖4项：①由戴国强、柳永明、曹啸、胡乃红、叶伟春等完成的“《货币银行学》教学方法的改革与实践”；②由陈信元、王蔚松、潘飞、朱红军、钱逢胜等完成的“开拓创新，培养具有国际竞争力的会计学专业人才”；③由孙铮、陈信元、潘飞、朱红军、钱逢胜等完成的“学术研究与实践教学的有机结合——会计硕士专业学位案例教学探索”；④由田国强、程霖、胡永刚、夏纪军、龚关等完成的“经济学创新平台建设”。二等奖3项：①由刘莉亚、柳永明、谢斐、吴以雯等完成的“金融实验教学的改革与实践”；②由陶国富、徐大建、郝云、范静、钱革等完成的“‘思想道德修养与法律基础’授课中的三个转换”；③由柳永明、叶伟春、胡乃红、吴以雯、胡维熊等完成的“信用管理专业教学体系创建与探索”。三等奖5项。

（黄　豪）

［参加ACCA全球考试获好成绩］ 4月中旬，ACCA全球考试成绩揭晓。会计学院国际会计ACCA方向的5名学生考试成绩名列中国大陆地区前茅。张俊超、薄昳昀并列获《税法》考试成绩第一名；刘海檬、韩文懿并列获P2《高级财务会计》考试成绩第一名；陈倩获P1《职业会计师》考试成绩第一名。

（黄　豪）

［13项成果获上海市决策咨询研究成果奖］ 4月26日，13项成果获上海市决策咨询研究成果奖。其中一等奖1项：《世博会与上海社会经济发展系列研究》。二等奖8项：①毛程连的《非经营性国有资产监督管理对策研究》；②孙铮的《中国2010年上海世博会项目财务管理研究》；③王洪卫的《上海建设未上市股份公司“股权交易市场”的探索与研究》；④胡怡建的《两税合一对上海影响及对策研究》；⑤王克强的《上海市广场集市试点研究》；⑥方芳的《上海市城乡一体化进程中农地规模经营实现途径研究》；⑦干春晖的《“十一五”我国产业结构优化与升级的自主创新战略研究》；⑧刘小川的《上海财政转移支

付制度研究》。三等奖4项:①徐国祥的《上海财经大学上海市社会经济指数系列研究》;②王玉的《上海国有工业企业集团发展生产性服务业的方式和措施研究》;③吴方卫的《上海农业的生态功能及其作用研究》;④陆世敏的《关于推进上海国际金融中心建设的建议》。

(黄　豪)

[成为联合国贸发会虚拟学院会员单位]　4月27日,上海财经大学获批准成为联合国贸发会虚拟学院的会员单位。该学院依托联合国贸发会议的资讯和专家优势,拥有向世界各学术机构提供查阅利用联合国研究及分析报告的权力,成员之间建立网络联系,利于知识共享与交流。

(黄　豪)

[学生团日活动受到市长赞扬]　5月,2009级商务英语专业(1)班团支部董文馨等9名学生在校团委组织的"青春与世博同行"团日活动中,以"彩绘外滩、畅想世博"为主题,对外滩综合改造后公众满意度进行了实地问卷调查。他们通过电子邮件就外滩改造后存在的"缺少文化气息浓厚的娱乐活动,高峰时段交通拥挤,部分游客反映外滩的厕所数量少和缺少避雨与遮阳场所"等问题提出建议,发送到"市长信箱"。市长韩正看信后作了批复:"这样的团日活动很有意义!"他请黄浦区政府认真研究、吸纳学生所提建议,并请团市委书记潘敏转达谢意。

(黄　豪)

[上海发展战略研究所王洪卫工作室成立]　6月23日,经市政府发展研究中心批准,以上海财经大学副校长王洪卫命名的"上海发展战略研究所王洪卫工作室"成立。该工作室以世界华人不动产学会、亚洲房地产学会的专家为依托,以房地产调研与发展为研究内容,建立以数据库为主的房地产信息系统,即房地产交易信息系统、房地产价格评估信息系统、房地产贷款风险预警系统、房地产信贷压力测试系统、房地产价格指数系统,为政府决策咨询作出专家判断与建议。

(黄　豪)

[殷一璀来校调研]　7月22日,市委副书记殷一璀以及市委副秘书长姚海同、市委研究室副主任傅爱明、市教卫党委书记李宣海、市教委副主任李骏修、市教卫党委副秘书长谢一龙等来校就师资队伍建设进行考察、调研。校长谈敏汇报工作。

(黄　豪)

[《上海财经大学老教授谈老年人理财》出版]　8月,受上海市老教授协会委托,学校老教授协会组织编写的《上海财经大学老教授谈老年人理财》一书出版发行,并参加2010年上海书展。该书集通俗性、知识性、实用性于一体,共分13个部分,即老年人与理财、理财规划、养老方式与理财、银行储蓄与理财产品投资、股票投资、债券投资、基金投资、外汇投资、黄金投资、保险投资、房地产投资、收藏投资、理财中陷阱骗局的防范,为老年人的理财提供了理论指导和操作指南。

(黄　豪)

[上海发展战略研究所赵晓雷工作室揭牌]　11月19日,经市政府发展研究中心批准,在校行政大楼五楼会议室举行上海发展战略研究所赵晓雷工作室揭牌仪式。该工作室以上海财经大学教授赵晓雷命名,其研究方向是城市经济规划及城市群经济。上海发展战略研究所所长周振华等领导和有关专家应邀出席。周振华和谈敏为赵晓雷工作室揭牌。

(黄　豪)

[上海财经大学金融家俱乐部两周年庆典]　12月4日,在豪生酒店举行"上海财经大学金融家俱乐部两周年庆典"。副市长屠光绍出席,并就"上海建设国际金融中心的发展前景"做主题演讲;中国证监会研究中心主任祁斌博士做题为"中国资本市场的改革与发展"的演讲;中央金融监管部门驻沪机构领导、金融研究领域的专家学者与60余位上海市金融行业的高层管理人员进行圆桌对话。校长谈敏、副校长等参加庆典活动。

(黄　豪)

附:学校负责人及地址

(2010年1—12月)

校党委书记:马钦荣
副　书　记:刘永章、孙海鸣

校　长:谈　敏
副校长:孙　铮、丛树海、周仲飞、黄林芳、王洪卫

地址:国定路777号
邮编:200433
电话:65903505

上海理工大学

[2010年概况] 学校设有一级博士点5个，一级硕士点20个，本科专业58个。学校全日制本科生16781人，研究生4811人，专任教师1275人。本科、高职毕业生就业率97.43%。

学校3300余名学生参与上海世博会志愿者服务工作。国家副主席习近平亲切慰问学校志愿者并给予高度评价。学校成立世博接待服务工作领导小组，组织协调学校世博接待服务的各项工作，接待的调研考察团和代表团达55批次约410人次，涉及多名国家部委领导、外国政要、5位院士及30余所国内外高校领导。学校获中国2010年上海世博会志愿者工作优秀组织奖。

学校编制《上海理工大学"十二五"事业发展规划》和10个专项工作规划。完成职能部门和部分学院公用房调整以及"公共服务中心"建设规划和"职能部处办公楼"建设实施方案，完成工程实训中心、公共基础实验中心等施工建筑面积近60000平方米的建设工作，完成管理学院大楼，理化实验楼等建筑面积近35000平方米的大修工程。学校支持医疗器械高专、出版印刷高专创建国家示范高职院校建设，做好两个专科学校新校区建设的协调工作，与杨浦区共建成立"上海理工大学附属初级中学"，附属学校涵盖小学、初中、高中全部学段。

学科专业建设。①本科教育。光信息科学与技术专业获批国家级特色专业，成为学校第3个国家级特色专业。申报教育部高等工程教育改革项目"卓越工程师教育培养计划"试点学校通过初审。获上海市优秀教学团队2个，教学名师1人。首届第二专业学位175名学生顺利毕业。启动核心课程建设，第一批共39门公共核心课程立项建设，获上海市精品课程4门，组织申报2010年度市重点课程建设项目获批立项17门，向市教委申报2010年度全英语教学课程建设项目获批2门。修订本科课程教学大纲，3076门课程教学大纲供师生网络共享。课程中心建有课程网站2069门，校内外点击率达280万人次。学校工程实训中心和公共基础实验中心交付使用。刊印大学生《创新通讯》、《大学生创新活动计划论文集》和《创新创业教育资料汇编》，搭建学生创新活动交流平台。承办、举办的"第二届创新型创业教育与实践国际研讨会"、"上海大学生创新活动计划优秀项目表彰大会"以及"学校2010年学生创新成果表彰大会"等。②研究生人才培养。招收研究生4811人，比上年增长12%。制定《上海理工大学选拔硕博连读研究生的试行办法》。修订研究生培养、管理文件，增设实践课程，优化课程体系。重视培养全过程质量监督，完善论文检测网上办理系统，2010年学位论文异议率降至2.7%。推进研究生课程体系改革，制定《上海理工大学研究生核心课程与全英教学课程建设项目管理办法》，启动建设15门研究生核心课程和13门全英语教学课程。实施研究生创新计划，实施第4期研究生创新基金项目，先期资助项目45项。研究生创新能力和学术水平显著提高，获省部级二等奖以上奖项15项，获上海市优秀博士学位论文1篇，获上海市优秀硕士学位论文3篇。③教育国际化水平不断提高。国际经济与贸易等3个中德合作专业无条件通过评估认证，学生不出国门，就能获得德国大学的学士学位证书。与加拿大等7国10所大学签订教育合作协议，与联合国开发署南南合作局全球技术产权交易所签署合作备忘录。举办学校与汉堡应用技术大学合作25周年庆典大会暨面向实践的卓越工程教育论坛。学校留学生及港澳台学生数量稳步增长，年内接受60个国家各类留学生650人。首次招收中国政府奖学金留学生，在校学历留学生达56人，比上年增长1倍以上，学历留学生生源国比上年增加7个国家。在校港澳台侨本科生138人，有8个学院27个专业接受港澳台学生培养。

教育教学工作。①修订并出台《二级管理部门岗位业绩津贴额度核拨试行办法》、《二级管理部门年度办学绩效评估试行办法》、《二级管理部门年度考核暂行办法》等，进一步简化指标体系，优化资源分配，学院自主管理、自我发展、自我监督机制初步形成。完成上海市深化事业单位人事制度改革的试点单位任务。②学校专任教师中具有博士学历比例达到41%。引进长江学者1人，新到位东方学者2人，获批东方学者4人，获批市优青57人，市优青项目连续三年被市教委评为优秀。专业技术职务评聘形成新的教学、工程、学术三大擂台赛政策体系。③新增公共管理、工程管理、国际商务、翻译4个门类专业学位授权点及食品工程、环境工程等5个工程硕士专业学位，硕士专业学位基本覆盖学术型硕士学位点的相关学科领域。机械工程和生物医学工程2个一级博士授权申报和9个一级硕士授权申报通过评审并上报国务院学位委员会审批。实现4个博士学位点资源共享共建。④学校全年科研经费3.5亿。获国家自然科学基金项目36项，比上年增加71%；获国家社科基金项目3项；获"973"、教育部霍英东基金项目，教育部人文社科项目3项，教育部博士点基金项目5项和教育部留学回国人员基金项目4项，入选2010年度"曙光跟踪"计划和"曙光计划"各1项。专利申请与获得授权数量较上年增长20%以上。成立"国家数字印刷工程研究中心"。⑤学校4个团队入围市教委"上海高校知识服务团队"先行先试工作，成立"国家技术转移服务联盟"，"数控机床优化技术服务平台建设"成为上海市专业技术服务平台。光电学院与上海三鑫科技发展有限公司研发的"微型激光投影仪"获2010年中国工博会创新奖。与杨浦区市东医院建立联合培养临床工程师基地——"理工医创新基地"。科研项目获机械工业科技一等奖、二等奖和上海市科技进步二等奖。

学校基本建设。完成大学生体育活动中心及学生发展中心建设、职能部门和部分学院公用房调整、课程建设工程、建设公共基础实验中心、建设大学生创新实训中心、师生综合信息一站式服务框架建设、建设南校区综合阅览室、学校宣传平台建设工程、第五学生公寓阳台封闭工程等9项实事工程。推进数字校园建设，完成教学大楼配套网络建设。完善图书情报服务工作，开展档案征集和研究工作。启用南校区综合阅览室、开放图书馆6楼科技图书阅览室，开发并推出学校"文献信息检索与论文写作"课程在线系统。成立沪江文化研究所。完成"优秀历史建筑群"网站制作及《上海理工大学卓越工程教育百年史》、《刘湛恩文集》编撰工作。学校教育发展基金分会组建工作有序推进，基金募集捐赠款物计199.85万元，较上年增长21.4%。

（董剑戟）

[中德第一届双硕士班毕业典礼举行] 1月28日至2月2日，校党委书记燕爽一行6人专程赴德国出席学校与德国科堡科技应用大学"测试计量技术及仪器"专业双硕士学历教育项目第一届学生的论文答辩和毕业典礼，并访问了德国各层次行政教育官员和师生，就相关专业开展学术合作与交流及研究生培养等一系列问题进行深入探讨。

（董剑戟）

[理工医创新基地成立] 2月8日，学校与杨浦区市东医院"理工医创新基地"合作协议签约及揭牌仪式举行。"理工医创新基地"是学校与杨浦区签署"加强全面合作联手推进自主创新"框架协议后实施的一项实质性的战略合作。仪式上，副校长丁晓东介绍了与市东医院的合作情况，副校长郑刚与市东医院院长陈允硕代表双方签署合作协议，学校党委书记燕爽与杨浦区委书记陈安杰为基地揭牌，校长许晓鸣，杨浦区委副书记、区长金兴明分别讲话。仪式由杨浦区委副书记魏伟明主持。杨浦区副区长吴乾渝，市食品药品监督管理局、区政府及区卫生局等相关部门负责人，以及学校相关职能部处负责人和市东医院领导出席签约仪式。

（董剑戟）

["湛恩大道"命名揭牌仪式举行] 4月7日，在原沪江大学（上海理工大学前身）首任中国籍校长刘湛恩烈士殉难72周年之际，"湛恩大道"命名揭牌仪式在军工路校区举行。校党委书记燕爽、刘湛恩烈士之女刘光坤女士及沪江大学校友会代表出席仪式。刘光坤与燕爽共同为"湛恩大道"揭牌，燕爽向刘光坤颁发《刘王立明年谱》等9份珍贵历史资料的捐赠证书。

（董剑戟）

[韩正来校调研] 6月10日，市长韩正，副市长杨雄等到上海理工大学国家大学科技园调研。在学校党委书记燕爽、校长许晓鸣以及科技园负责人的陪同下，韩正一行实地考察科技园积极培育打造的"医疗检验"和"虚拟制造"两个公共技术服务平台。陪同参观的还有杨浦区委书记陈寅、区长金兴明等。

（董剑戟）

[国家数字印刷工程研究中心揭牌] 7月30日，"国家数字印刷工程研究中心"揭牌仪式举行。国家新闻出版总署署长柳斌杰、副署长孙寿山、科技与数字出版司、出版产业发展司有关领导出席揭牌仪式。柳斌杰与校长许晓鸣共同为"国家数字印刷工程研究中心"揭牌。

（董剑戟）

［与汉堡应用科技大学合作25周年庆典大会举行］ 10月22日，学校与汉堡应用科技大学合作25周年庆典大会举行。出席庆典的领导主要有：教育部国际合作与交流司副司长徐永吉、教育部国际合作与交流司政策规划处调研员王道余、上海市教委主任薛明扬、校长许晓鸣、汉堡应用科技大学校长等。学校1985年与汉堡应用科技大学达成合作办学意向，签订两校合作协议。在长期合作交流的基础上，1998年9月，双方签订关于成立“上海—汉堡国际工程学院”的合同，并招收首届学生。

（董剑戟）

［学校美国文化交流中心成立］ 12月2日，沪江国际文化园的美国文化交流中心成立暨“美国文化节”开幕式举行。校长许晓鸣、杨浦区副区长吴乾渝、美国驻上海总领事馆总领事等出席。美国北达科他大学 Jennifer Tarlin 教授受聘为学校美国文化交流中心主任，许晓鸣颁发聘书。

附：学校负责人及地址

（2010年1—12月）

校党委书记：燕　爽

副书记：白苏娣、张仁杰、何建中（1月离任）

校　长：许晓鸣

副校长：白苏娣（常务）、陈敬良、郑　刚、丁晓东、陈　斌

军工路校区地址：军工路516号

邮编：200093

电话：55277040

复兴路校区地址：复兴中路1195号

邮编：200031

电话：64725420

拱极路校区地址：拱极路3800号

邮编：201300

电话：58017529

营口路校区地址：营口路101号

邮编：200093

电话：65485551

水丰路校区地址：水丰路100号

邮编：200093

电话：65673587

上海海事大学

[2010年概况] 一、重点学科和研究基地建设。①完成市重点学科(第三期)、市教委重点学科(第五期)、校级重点学科(第二期)的年度考核。②海商法研究中心通过上海市教委中期检查;集装箱供应链技术教育部工程研究中心通过上海市专家预评审。③至12月,获得科技合同经费1.37亿元;科技总经费达到2.47亿元。获国家级项目19项,其中国家自然科学基金项目16项;省部级项目90项,其中教育部人文社科项目13项;100万元以上的工程项目和50万元以上的非工程项目24项。④发表学术论文1033篇,其中检索论文346篇,SCI1区论文3篇。出版著作14部;申请专利518项,其中发明专利80项;授权专利221项,其中发明专利17项。⑤获得各类科技奖励13项,其中省部级及以上6项:"内河船舶电力推进系统研制"获云南省技术发明奖一等奖;"完善上海国际航运中心建设推进机制及资源整合研究"和"上海市虹口区北外滩"航运产业集群区域功能定位与发展研究分获第七届上海市决策咨询研究成果奖二、三等奖;《I·A·理查兹"美学基础"中的中庸思想》获上海市第十届哲学社会科学优秀成果奖三等奖。⑥完成新一轮博士点、硕士点申报工作。翻译、工程管理、工程(软件工程领域)获硕士专业学位授权。⑦招收全日制硕士研究生1147人、博士研究生36人。落实研究生创新基金资助项目和创新基地建设工作。⑧与上海高校技术市场联合主办"上海海事大学科技成果发布暨科技合作洽谈会",与上海海事局、上海振华重工(集团)股份有限公司、中远集装箱运输有限公司等政府部门、港航企事业单位签订产学研合作协议。⑨挂靠学校的上海航运研究中心理事单位达到178家,加入交通运输部"水运经济运行分析工作机制",成为上海国际航运中心建设推进小组成员单位,承担政府咨询和规划课题17项、企事业单位咨询课题10项。"上海国际航运研究中心研究基金"被列入上海市政府发展研究中心专项科研基金。⑩各杂志的论文水平和编校质量提高。期刊《集装箱化》获教育部科技司"第三届中国高校特色科技期刊奖"。

二、实施教学质量与教学改革工程。①航运管理专业新增为国家级特色专业建设点。学校现有物流管理、航海技术、机械设计制造及其自动化、轮机工程、航运管理等5个高等学校特色专业建设点。②新增第四期教育高地建设项目7个,投入经费650万元。学校共有上海市本科教育高地建设项目17个,总计投入经费达5775万元。③新增上海市精品课程2门、上海市教委重点建设课程11门、上海高校示范性全英语教学课程1门。学校现有国家级精品课程1门、上海市精品课程14门、上海市教委重点建设课程67门、上海高校示范性全英语教学课程2门。新立项2010—2012校级三年规划教材28本。出版"十一五"期间立项的国家级规划教材2本。新增校级优秀教学团队9个。④2009级学生大学英语四级考试一次通过率达82%。2006级学生大学英语四级通过率为96%,六级通过率为60%。英语专业2006级学生专业英语四、八级考试一次通过率为99.16%、81.83%。⑤30个大学生科技创新项目获得市教委资助,17个项目获学校立项。学生在学科和科技竞赛中取得优异成绩,在国家级、全国性和上海市比赛中有100多人次获得奖项。在"第四届全国大学生机械创新设计大赛"中获二等奖1项;在"第五届全国大学生交通科技大赛"中获二等奖1项、三等奖2项;在"2010年全国高等院校企业模拟竞争大赛"中获一等奖1项;在"2010年全国大学生管理决策模拟大赛"中获特等奖1项、一等奖2项;在"第五届全国大学生'飞思卡尔'杯智能汽车竞赛"中获华东赛区三等奖5项等。⑥高水平运动队竞赛获奖。游泳队破1项世界救生记录,在第十届世界短池游泳锦标赛获1枚铜牌,在2010年广州亚运会上获1枚金牌,在全国水上运动会上获2枚金牌,在全国大学生游泳比赛中获6枚银牌;武术队在全国武术冠军赛上获得1枚金牌,在全国大学生武术比赛中获得6枚金牌、4枚银牌。⑦坚持校企联合人才培养模式。上海国际港务集团港口机械班已连续招生

5年，两届毕业生大部分已进入上海国际港务集团就业，成效显著。与沪东中华造船(集团)有限公司合作培养船舶与海洋工程专业学生项目进展顺利。⑧推动本科生教育国际化。中荷合作3+1本科项目进展顺利，首届毕业班中有53名学生赴荷兰继续完成第四学年的学业。会计专业ACCA方向教学改革试点班运作正常。学校与美国麻省海运学院之间的本科生校际互派交流合作项目进行顺利。商船学院和交通运输学院首期航海技术、航运管理2个国际班成功举办。⑨加大实践教学力度。除继续安排航海技术、轮机工程两个水上专业学生乘“育锋”轮前往韩国进行航行实习外，还安排热能、法学、经济、交运、日语等专业954名学生登上“新鉴真”轮到日本进行为期一周的航行实习。学校各实验中心承担实验课程294门，实验项目1798个，其中综合性、设计性实验课程208门，约占70%。⑩明确职业教育办学定位，鼓励学生参加相关技能大赛并多次获奖。继续教育和培训规模保持良好态势。

三、人才引进与师资队伍建设。①拓宽引进人才渠道。学校投入师资队伍建设经费1000万元，从国内外引进、录用专任教师等146人，其中博士60人、教授8人。3个学科的上海高校特聘教授(东方学者)已走上岗位，长江学者尹衍升教授加盟学校。学校现有专任教师906人，其中，35岁以下青年教师占38.2%；36岁至50岁教师占46.8%；具有博士学位的教师357人，占39.4%；硕士及以上学位的占84.3%；教授129人，占14.2%；副教授279人，占30.8%。②重视中青年教师的培养。选拔学科带头人培养对象9人，骨干教师培养对象25人。考核学科带头人培养对象30多人、骨干教师培养对象70多人。制定《上海海事大学教职工在职培养、培训、进修管理办法》，鼓励青年教师到重点高校攻读博士学位。157名教师攻读博士学位，100余名教师、管理干部攻读硕士学位。学校有关青年教师培养的制度、措施与方法得到上海市教委的肯定，67名教师获得上海市高校优秀青年教师专项资金资助。选派教师、干部出国进修。参加国际学术会议的教师103人次，出国访学、学术交流的教师55人次。上海振华重工资助学校办学骨干出国进修项目进展顺利。③注重培养理论与实践相结合的教师。在航海类专业教师专业技术职务聘任中明确规定海上任职资历要求，鼓励教师上船实践。8名青年教师随“雪龙”号科学考察船赴北极、南极考察。商船学院教师邬惠国受交通运输部派遣参加中国海军第五批护航编队。

四、学生服务与管理工作。①在全国29个省(市)招收本科生4017人、高职生802人，自主考试招收专升本学生235人。②实施“1010”计划，推进大学生就业。依托大学生职业发展实践团，开展多项职业发展教育与就业指导活动，参与学生3000多人次。组织招聘宣讲会104场。毕业生4585人，其中研究生964人、本科生2733人、高职生888人。至11月，本专科就业率98%。研究生就业率超过95%。③加强学生思想品德和文化素质教育。开展学生日常教育活动近500场，大型主题素质教育活动60多场，形势政策教育讲座219场。④设立教书育人示范岗，建立学院学业指导室，组织“优秀毕业生成长报告会”，激发学生学习兴趣和主动性。⑤完善“奖、贷、助、补、减、免”和“绿色通道”在内的多元化资助体系，执行奖励及资助金额3980多万，受奖励及资助的学生达11685人，占学生总数的77%；发放勤工助学费用265万元；为301名困难学生减免学费，共计40万元；为56名少数民族贫困学生提供专项资助；给予来自灾区的73名学生专项补助；累计有2200多名学生获得不同金额的临时性困难补助；1683名学生获得国家助学贷款，占全校学生总数的12.9%，贷款总金额1000余万元。⑥在学生社区内设立公寓管理部，实施社区辅导员制度，创建文明、健康、和谐的学生社区。⑦加强学生心理危机干预力度，形成专兼职心理咨询师的专家团队与学生值班志愿者团队共同接待学生的预约来访制度，实施心理案例督导制。⑧加强辅导员队伍职业化专业化建设。依托“上海市高校辅导员培训基地”，开展各种培训和调研活动，提高辅导员的综合素质与业务水平。选派近20名辅导员参加职业咨询师和心理咨询师的培训和考证。

五、对外交流与合作。①学校主办、承办STCW公约马尼拉修正案亚太地区研讨班、第33届世界海洋和平大会、国际海事教师联合会第18次会议；协办“国际航运租船及货物保险研讨会”、“利物浦——上海海运物流研讨会”等学术会议；出席“第三届中日韩运输物流部长会议”、“2010年世界出口发展论坛”等国际会议。学生参加在土耳其举行的第一届国际航海学生大会。与日本创价学会波涛会合作举办“中日海员航海生活摄影展”。②与荷兰马斯特里赫特管理学院、美国圣马丁大学续签中外合作办学项目合作协议；首批赴韩国仁荷大学交换生、赴英国斯旺西大学3+1项目学生圆满完成学业顺利返校，首批美国麻省海运学院交换生来校学习；与西班牙拉斯帕尔马斯大学、俄罗斯涅维尔斯基国立海事大学、联合国国际海事组织所属国际海事法学院等国外院校建立了交流合作关系。③与英国皇家特许船舶经纪人协会、壳牌船舶油品公司签署战略合作伙伴协议；与丹麦诺登轮船公司签署第二个5年合作协议；与波罗的海国际航运公会、挪威船级社、希腊高士曼航运公司、施耐德电气集团等的合作不断深入。④至10月，共有93批622人次境外宾客来校访问或进行学术交流。与加纳中西非地区海事大学合作举办颁发中国文凭的“物流管理”专业获教育部批准。⑤来校学习的各类长、短期外籍留学生252人次。举办第二届上海海事大学留学生国际文化交流节。⑥除中外合作项目有外方教师35人次来校授课外，另有25人次的专家来校短期讲学。

六、基本建设。基本完成新校一至三期工程的结算审价、工程备案、工程维保、工程档案验收等工作。第五期3万平方米学生公寓开工建造。创建节约型校园，完成南苑学生公寓太阳能淋浴及智能控制系统的改造，完成新校分体式空调节能控制系统的改造。至10月底，校本部共有固定资产总值56527.7万元，其中教学、科研仪器设备31726.1万元，24832台/件。学校筹集实验室建设资金1688.89万元，立项建设17项。学校教育部科技查新站全年完成查新600余项。年内，校办产业共获得校外合同8000多万元，实现毛利润400多万元。

七、为上海世博会作出贡献。4月30日，396名师生完成世博开幕式水上旗船表演项目。完成北京、天津、新疆等全国25个省（自治区、直辖市）近1300人次世博志愿者的接待工作。8月23日至9月5日，学校2316名世博园区志愿者、475名城市站点志愿者完成世博服务工作。学校荣获上海市精神文明建设委员会等联合颁发的“迎世博贡献奖”；校团委和5名师生被市委、市政府授予“服务世博、奉献世博”先进集体和先进个人称号；商船学院党总支和5名师生被市委授予“创先争优，世博先锋行动”“‘五好’基层党组织”和“‘五带头’共产党员”光荣称号；学校外省市志愿者接待工作团队荣获市总工会、上海世博局等联合颁发的“世博园区保障服务先进集体”光荣称号；浦东工商管理学院杨芳梅老师荣获团中央和中国青年志愿者协会颁发的第八届中国青年志愿者优秀个人奖。

（胡志武、李　萌）

［国际航运上海论坛举办］　3月24—25日，“国际航运上海论坛2010”举办。会议由交通运输部、上海市政府主办，学校与上海市城乡建设和交通委员会、上海市虹口区政府、上海交通大学承办，上海国际航运研究中心、上海航运交易所协办。论坛主要围绕“国际航运中心建设”和“上海国际航运中心建设”这一热点问题展开。会议分五个专题，分别是全球化时代的国际航运中心发展、上海建设国际航运中心的展望、全球经济和贸易展望、航运市场、航运服务。上海市市长韩正出席并致欢迎辞。交通运输部党组书记兼部长李盛霖就“中国航运事业发展与上海国际航运中心建设”作演讲。国家发展和改革委员会副主任徐宪平发表演讲。交通运输协会会长钱永昌就未来上海国际航运中心建设提出建议。学校党委书记兼校长於世成作题为“鹿特丹规则和中国航运业”的演讲。

（李　萌、苏　娅）

［召开学校科技成果发布暨科技合作洽谈会］　7月13日，学校与上海高校技术市场联合主办的“学校科技成果发布暨科技合作洽谈会”举行。会议主题是加强科技合作，服务航运中心。市教委副主任印杰出席并致辞，学校党委书记兼校长於世成发表主旨演讲。出席发布会的有交通运输部东海救助局孙富民局长，原上海市人民检察院检察长、上海市法学会会长吴光裕，杨浦区政府副区长唐海东等。上海市建交委、上海海洋局、上海市交通运输和港口管理局、上海地方海事局、上海海事法院等有关领导以及《解放日报》、《文汇报》、上海电视台、上海教育电视台等媒体共300余人参加会议。

（李　萌、苏　娅）

［承办中国航海院校大学生夏令营］　7月20—23日，由交通运输部科技司主办，学校承办的2010年“精彩世博，魅力航海”中国航海院校大学生夏令营活动在学校临港校区举行。来自大连海事大学、武汉理工大学、集美大学、青岛远洋船员学院和学校等5所航海院校的近150名学生参加本次夏令营。

（李　萌、苏　娅）

［全国航海类院校二级学院院长会议举行］　7月28日，由学校主办、商船学院承办的全国航海类院校二级学院第四次院长会议在民生路校区

举行，来自全国航海类院校的有关院系负责人50多人出席会议。副校长蔡存强作“航海教育的思考”主题发言。会议主要围绕《中华人民共和国船员培训管理规则》的实施、航海类专业师资队伍建设、船员培训相关问题、航海人才培养方案、航海类院校“十二五”建设的设想与展望等主题展开研讨。

（李　萌、苏　娅）

［全国第21届计算机技术与应用学术会议举行］ 8月21—22日，由中国仪器仪表学会微型计算机应用学会主办、学校和合肥工业大学承办的“全国第21届计算机技术与应用暨全国第2届安全关键技术与应用学术会议”在临港新校区召开。

（李　萌、苏　娅）

［学校附属北蔡中学举行更名揭牌仪式］ 9月2日，学校附属北蔡中学更名揭牌仪式暨网上航海馆开馆仪式在北蔡中学莲园路校区举行。浦东新区副区长张恩迪，浦东新区教育局党工委书记兼教育局局长曹锡康、北蔡镇镇长沈春雷，校党委书记兼校长於世成、副校长蔡存强以及学校相关部门负责人参加仪式。

（李　萌、苏　娅）

［承办第33届世界海洋和平大会第二阶段会议］ 9月5—8日，由国际海洋学院主办、学校承办的第33届世界海洋和平大会第二阶段会议在学校举行。大会主题为“沿海城市面临的挑战”。海洋领域的专家学者、国际海洋学院各地业务中心代表以及学校相关学院的教师等共70余名国内外代表出席。

（李　萌、苏　娅）

［举办全国交通系统高校党建研究会年会］ 10月9—11日，全国交通系统高校党建研究会2010年年会在临港新校举行。大连海事大学、东南大学、长安大学、重庆交通大学、武汉理工大学、长沙理工大学、山东交通学院、黑龙江工程学院、青岛远洋船员学院、内蒙古大学交通学院、辽宁省交通高等专科学校等15所交通系统高校的55名代表出席年会。

（李　萌、苏　娅）

［与阿法拉伐公司合作成立培训基地］ 10月11日，学校与阿法拉伐公司建立合作培训基地，在人才培养、教育培训和资源共享等方面开展长期、稳定的合作。阿法拉伐亚太区总裁、中远集运副总裁韩成敏、副校长蔡存强以及部分师生代表出席培训基地揭牌仪式。

（李　萌、苏　娅）

［举办国际海事教师联合会第十八届会议］ 10月20—23日，国际海事教师联合会第十八届会议在学校举行。本届会议主题为“海事教育与培训：迎接全球挑战”。国际海事教师联合会成员、国内外海事教育院校和培训机构的专家及学校相关学院的教师等共80余人参会。

（李　萌、苏　娅）

［举办港口发展高端圆桌论坛］ 12月8日，由学校和世界海事大学共同主办，上海国际航运研究中心承办的“2010年港口发展高端圆桌论坛——港口未来发展战略转型”举行。论坛采用开放式圆桌讨论的形式，以“港口未来发展战略转型”为主题，分为“港口的跨地域发展战略”、“港口经营和管理发展展望”和“港口业务拓展实践”三大议题。交通运输部水运局、组合港管委会、上海市交通运输和港口管理局、上海市城乡建设和交通委员会等部门的领导，上海港、天津港、宁波港、南京港、厦门港等十多家港口和中远太平洋、中海码头发展有限公司等单位的负责人，国家发改委综合运输研究所、交通运输部科学研究院、中国港口协会、学校、世界海事大学、武汉理工大学等单位的专家学者，以及纽约新泽西港务局上海代表处、EUROGATE欧洲集团上海代表处、荷兰驻上海大使馆、意大利拉斯佩齐亚港务局、韩国海洋水产研究院等机构的专家出席论坛。

（李　萌、苏　娅）

［与中国海运集团签署合作协议］ 12月16日，学校与中国海运集团签署深化校企项目合作协议暨4.8万吨级教学实习船建造合同。中国海运集团总裁李绍德，中国海运集团党组书记马泽华，市教委秘书长蒋红，上海海事局局长徐国毅等以及学校党政领导於世成等出席签约仪式。

（李　萌、苏　娅）

与中国海运集团签署合作协议

附:学校负责人及地址

(2010年1—12月)

校党委书记:於世成

副　书　记:孔凡邨

校　长:於世成(兼)

副校长:金永兴、黄有方、肖宝家、蔡存强、孔凡邨(兼)

民生路校区地址:浦东大道1550号

邮编:200135

电话:58855200(总机)

临港校区地址:临港新城海港大道1550号

邮编:201306

电话:38282000(总机)

上海音乐学院

[2010年概况] 年内，学院积极参与服务世博活动。院长许舒亚担任上海世博会开、闭幕式音乐总监，赵光教授创作世博会主题歌《致世博》，学院师生参加入世博会音乐创作、演出、接待服务及志愿者服务工作，共计1000余人次，获得国家、上海市表彰20余项。

学院设有14个系(部)及上海音乐学院附中(含附小)。年内，学院获批2个中外合作办学项目——“多媒体设计”和“音乐与传媒”。学院在校本科生1325人，博士研究生58人，硕士研究生500人，附中附小学生共520人。至12月，本科毕业生就业率达到78.7%。学院开展高雅艺术进校园、学生社团节、秋季运动会、各类讲座等活动，同时，学院做好各类奖、助学金的评审和发放工作，全年共有646人次获得国家级、市级、社会、个人及慈善基金会等提供的26类奖、助学金。

推进专业建设和课程建设，提升人才培养质量。年内，“作曲与作曲技术理论专业”成功获批第六批国家高等学校特色专业建设点；《管弦乐配器法》获批国家级精品课程；《曲式与作品分析》、《二胡演奏艺术》获批上海市级精品课程；《单簧管演奏艺术》、《电子音乐》及《大学英语》获批上海市重点课程；“小提琴演奏教学团队”获批上海市级教学团队。全年共有63人次本科生在国内外各类表演或创作赛事中获奖。学院启动研究生教材及课程建设，编制《研究生教育教学体制机制优化完善方案》，规范招生制度，促进研究生教育培养。全年共有26人次研究生在国内外各类表演或创作赛事中获奖，6人次获上海市研究生优秀成果(学位论文)。

深化学术科研建设，推进知识创新体系。学院的上海市高校音乐人类学E—研究院、上海普通高等学校人文社会科学重点研究基地·上海音乐学院“中国仪式音乐研究中心”、周小燕大师工作室、钢琴艺术创新平台工作室等重点学科点建设全面进行；2010年学院获国家年度课题(一般项目)2项，上海市教委创新项目9项，曙光学者1人，晨光计划2项，教育科学项目1项，并有1篇论文获上海市第十届哲学社会科学优秀成果一等奖。学院发挥艺术院校的特色和优势，将艺术实践与专业教学相结合。参演上海之春国际音乐节、上海国际艺术节的多场音乐会，12月，与上海学生交响乐团合作上演“2011新年音乐会”，并参与世博会各个场馆及广场的文艺演出。学院举办“EMS国际电子音乐研讨会”、“第29届国际音乐教育年会分会”、“第七届国际钢琴大师班”、“首届‘巴洛克’室内乐大师班”、“‘新上海’第三届当代音乐周”、“全国音乐艺术院校二胡新作品比赛”、“蔡元培、萧友梅逝世70周年纪念活动”、“第二届[百川奖]作曲比赛暨论坛”等学术活动。

加强师资队伍建设。学院完成对第二轮18名学科带头人、21名学科梯队成员、18名青年骨干教师的年度考核和任期期满考核，遴选产生第三轮学科带头人22人、学科梯队成员15人和青年骨干教师25人。学院加强青年教师的培养，提升他们的学术和业务能力，有8名青年教师获上海高校选拔培养优秀青年教师科研专项基金资助。1名教师获得2010年度宝钢优秀教师奖。

学院与世界各国著名音乐院校、艺术团体及音乐家加强合作。全年共接待21个国家和地区的400余位外国音乐家、师生代表团、音乐院校长、机构负责人以及使领馆专员，学院21批共55名师生赴美国、澳大利亚、加拿大、法国等国家进行各类文化交流、访问及演出。12月，院长代表团访问美国、加拿大等6所国际知名音乐院校，学习经验，交流、商谈合作。学院开展国家留学基金委艺术类人才培养特别项目，鼓励师生留学深造，通过在世界一流音乐院校的学习交流，拓宽自身视野，提高专业水平。

(顾　邹)

[与云南省文化厅签订合作交流框架协议] 3月17日，学院与云南省文化厅签订合作交流框架协议。学院党政领导，云南省文化厅党组书记、厅长黄峻，上海市文广局党委副书记刘健以及沪滇合作办、云南省驻沪办事处等领导出席仪式。上海音乐学院

与云南省文化厅将在培养艺术人才方面开展全方位的合作与交流，合作内容包含：开展高层次学历教育、接受访问学者进修学习、对云南优秀艺术人才多层次的培养、建立“上海—云南·中国民族音乐研究创作基地”、“云南—上海·民族音乐人才培养实习实训基地”等5个方面。院长许舒亚与云南省文化厅厅长黄峻代表双方在合作交流框架协议书上签字。

（顾　邹）

［举办数字音频大赛及研讨会］ 3月29日—4月1日，学院与中国录音师协会共同主办首届数字音频大赛决赛及研讨会。本次大赛分设录音艺术、歌曲编曲、多媒体配乐、原创电子音乐、声音设计、音响评鉴6项比赛内容，邀请国际、国内重要艺术家担任评委，参赛选手来自美国，加拿大，法国等国家及全国各地等50多个地区。近200位专家、学者及数字音频爱好者参加研讨会。

（顾　邹）

［举办中国竖琴学会年会］ 4月15—18日，由上海音乐学院、中国竖琴学会共同主办，美国莱恩希利竖琴公司协办的中国竖琴学会年会暨“2010中国竖琴艺术周”在学院举行。活动由开、闭幕式音乐会，2场大师讲座，2场大师班，2场大师独奏音乐会，以及美国莱恩希利竖琴公司奖学金面试等活动组成，邀请俄罗斯“荣誉音乐家”及莫斯科大剧院竖琴首席娜塔利亚·沙梅叶娃、阿根廷竖琴才女玛利亚·路易莎·拉扬-福雷罗、世界竖琴协会理事及美国《竖琴专栏》杂志资深音乐评论编辑简·詹宁斯等来自世界各地的竖琴演奏大师，并吸引来自全国各地的120多位竖琴学习者、教师以及爱好者的踊跃参与。

（顾　邹）

［举办第七届国际电子音乐研讨会］ 6月21—24日，学院与EMS国际电子音乐协会共同主办第七届EMS国际电子音乐研讨会。来自中国、法国、加拿大、智利、韩国等16个国家和地区的80余名专家参加研讨会。本次活动共研讨论文约80篇，分别就电子音乐的各个方面进行交流与探讨；两场音乐会则充分展现了当今电子音乐的最新发展水平。

（顾　邹）

［召开第29届世界音乐教育大会专业音乐家教育分会］ 7月27日，由国际音乐教育学会、中国教育学会音乐教育分会主办，学院承办的“第29届世界音乐教育大会专业音乐家教育分会”召开。专业音乐家教育分会主席迈克尔·汉南、中国教育学会音乐教育分会理事长杨瑞敏、学院教授江明惇和国际音乐教育学会理事维克多·冯教授分别为大会致辞。来自世界各地的30余位音乐教育专家在为期3天的学术研讨会中，对20篇论文进行学术探讨。

（顾　邹）

［高等音乐艺术院校二胡作品比赛结束］ 为弘扬民族音乐文化，传承、繁荣和推进二胡作品的创作与探索，发掘优秀的二胡曲目，学院2010年高等音乐艺术院校二胡作品比赛经广泛征集，至8月20日共收到来自全国的稿件45部，大赛组委会通过初审、复审评选出10部作品，并于11月27日举行决赛。最终，作品《旋叶》获得第一名，同时决出二等奖2名，三等奖3名。

（顾　邹）

［举办云南省少数民族声乐进修班］ 10月13日，学院举行云南省少数民族声乐进修班开班典礼。12位云南少数民族声乐培训班学员以及市委宣传部、云南省文化厅领导，学院院长许舒亚以及云南省民委、上海市文广局等负责人参加。许舒亚代表学院与云南省文化厅签署“合作培养少数民族声乐人才协议”。

（顾　邹）

［举办巴洛克室内乐大师班活动周］ 10月24—30日，由学院主办，学院附中承办，上海文艺人才基金资助的“首届巴洛克室内乐大师班活动周”举行。“巴洛克”是西方音乐史上“里程碑”式的重要时期，诞生了如巴赫、亨德尔、维瓦尔蒂等大师级作曲家，本次活动特别邀请美国奥柏林巴洛克室内乐团成员以及国内知名的专家教授，共举办50场大师班、16场专题讲座及5场音乐会，不仅演绎巴洛克风格的音乐作品，还展示巴洛克时期的古乐器(如：古钢琴、古提琴等)，并用古乐器来演奏该时期的音乐。活动周中举办的“校长论坛”，邀请全国五大音乐院校附中的领导、室内乐学科带头人以及教师，围绕“如何建设和完善室内乐课程”的主题进行探讨和研究。

（顾　邹）

举办首届巴洛克室内乐大师班活动周

［赴北美6所音乐院校访问］ 12月5—15日，院长许舒亚、副院长张显平率团赴美国、加拿大等国，访问了美国旧金山音乐学院、朱利亚音乐学校、曼哈顿音乐学院、新英格兰音乐学院、伯克利音乐学院及加拿大多伦多皇家音乐学院等6所音乐院校，就学术交流、合作发展、校园建设等方面进行商谈，达成合作交流共识，签署有关合作项目协议。

（顾　邹）

［与上海学生交响乐团联袂上演新年音乐会］ 12月28日，学院与上海学生交响乐团在上海大剧院联合举办"2011上海音乐学院·上海学生交响乐团新年音乐会"。韩正、殷一璀、杨振武、沈晓明、蔡威等市领导及市教委主任薛明扬等出席音乐会。音乐会以演奏中西方经典交响乐曲目为主，上半场由曹鹏指挥上海学生交响乐团演奏了《威风堂堂进行曲》(埃尔加)、《小巫师》(丢卡)以及合作乐曲《百鸟朝凤》；下半场由叶聪执棒上海音乐学院交响乐团演奏《节日序曲》(肖斯塔科维奇)，以及学院打击乐团、青年合唱团参演的打击乐作品《伟大与荣耀》(罗素派克)和《布兰诗歌》(奥尔夫)等。音乐会上，学院廖昌永等分别演唱院长许舒亚为2010年上海世博会创作的《星空下告别》和赵光教授为2010年上海世博会创作的《致世博》。

（顾　邹）

附：学校负责人及地址

（2010年1—12月）

院党委书记：桑秀藩

院　　长：许舒亚
常务副院长：徐孟东
副 院 长：杨燕迪、华天礽、张显平

地址：汾阳路20号
邮编：200031
电话：64312000（总机）

上海戏剧学院

［**2010年概况**］ 全年招收本科新生入学484人，研究生88人，留学生87人。全日制在校生人数为2178人，其中研究生246人，本科生1932人。成人教育在校生共908人。2010届毕业生本科人数为448人，研究生55人。全校教职工共544人，其中专任教师285人，外聘教师180人。

教学工作。推进结构学分制改革工作，根据学校“主体学分制是结构学分制，兼有柔性学分制和互换学分制”的改革思路，完成“初步探索、逐步推进、深入完善”3个阶段改革方案。试行主讲教师负责制。启动工作室建设工作，作为试点工作室，余秋雨大师工作室和国际喜剧表演工作室分别主持戏曲音乐剧和喜剧表演两个教学实验班教学。推行课堂行为规范管理。制订《上海戏剧学院教学管理规章制度补充细则》。出版《上海戏剧学院精品重点课程汇编》一书，共收录31门课程。

学科建设。“化妆设计创作与体现”课程获2010年度国家级精品课程荣誉称号。“戏剧戏曲学研究与实践”项目获批中央财政支持地方高校发展项目。新编化妆造型艺术系列8本教材《妆写舞台》、《妆塑影视》、《妆描戏曲》、《妆绘歌舞》、《妆饰生活》、《妆扮发型》、《妆点礼仪》、《妆秀时尚》被评为高等院校纺织服装类“十二五”部委级规划教材。《朝鲜族民间舞(女班)》、《电影名片分析》、《导演基础理论》荣获上海市级重点课程。“舞蹈教学创新教学团队”获得上海市第三届高等学校市级教学团队荣誉称号。全年新立项院级重点建设课程13门；新立项院级规划建设教材18本；建设课程中心6门。

师资队伍建设。全年学校共聘请名誉教授1人，客座教授5人；引进国家一级演员2人和一级摄影师1人；续聘3名客座、兼职教授；完成1名东方学者的申报及3名“千人计划”申报。完成“上海外国专家局引进外国技术、管理人才项目”申报工作，共向外专局申请21个项目。完成6个项目的结项工作。完成3名教师的“浦江计划”申报工作。完成1名博士后的出站工作。全年共16名教师申报“上海文化发展基金会资助项目”，其中7名教师获优秀文艺人才奖和教师奖；3名教师申请到“优秀青年教师科研基金”资助。6名教师完成2007年“优青”项目结项工作。2名教师赴奥进修工作。年内，学校舞蹈学院院长、上海市舞蹈家协会副主席陈家年获“上海市德艺双馨文艺工作者”荣誉。教授叶长海、陈钧德被聘为上海市文史研究馆馆员，教授朱国庆、厉震林的论文获首届全国戏剧文化奖论文一等奖。教授丁罗男获第三届中国戏剧奖·理论评论奖。教授张善元、张敏智获第二批“上海市非物质文化遗产项目代表性传承人”的“京剧项目代表性传承人”称号。

科研工作。全年获得教育部哲学社会科学研究重大课题攻关项目1项，国家社会科学基金艺术学一般项目1项，教育部人文社会科学研究专项任务项目1项，文化部科技创新项目2项，市教委各类科研项目14项。全年科研项目共办结21项，其中上海市哲社办项目1项，上海市教委项目14项，上海优青专项基金项目6项。创办并启动青年学术沙龙，筹资设立学校“中青年科研项目”和“中青年科研预研究项目资助”，制订《上海戏剧学院科研经费管理办法》(试行稿)和《上海戏剧学院科研专项经费财务管理规定》(试行)。

外事工作。全年外事出访团51批，422人次，出访涉及27个国家和地区。全年共有16个国家和地区的35批艺术院校及文化机构来校访问，商谈演出合作、学术交流。学校与9所院校和文化机构签署或续签合作协议，协议涉及合作演出、师生互派等。20余位外国专家来院授课、举办讲座等。年内共举办18次大型国际活动，包括联合国教科文亚太局校长论坛、泰国电影研讨会、中欧文化对话会议等。学校作为联合国教科文组织国际剧协戏剧院校亚太局执行机构所在单位，策划建设新版亚太局网站，并于5月11日启用。

教学演出工作。服务世博。先后举办“上海戏剧学院世博志愿者”出征仪式和“上海戏剧学院学生党员服务日”授旗仪式。7月中旬起至世博会闭幕，学院师生在中国国家馆广场累计演出近700场次，参演2000余人次，服务观众200余万人次。学校完成各类实习剧目、毕业剧目、重大剧目共80多台近

600场次，主要有话剧《玻璃动物园》、《六个寻找作者的剧中人》、《悲悼》、《雷雨》、《高加索灰阑记》、《一仆二主》、《女人的一生》、《步步高》、《瞬间不是永远》，大型芭蕾舞蹈诗《四季》、《杨贵妃》，京剧《死水微澜》、《封神榜》、《连环套》，大型服饰造型《着色》等。其中学校原创音乐话剧获得“第二届中国校园戏剧节”专业组优秀剧目奖和最佳编剧奖，并在2010年度“上海文艺创作新品优品精品评选”中获得上海文艺创作优秀单项成果奖。作为2010年重大剧目的大型原创芭蕾舞诗《四季》获第七届中国舞蹈“荷花杯”校园舞蹈大赛“作品奖”，上海市新作品比赛“优秀作品奖”、2位主要演员荣获“新人奖”。2010年学校荣获教育部颁发的年度“全国学校艺术教育先进单位”称号。

毕业生工作。拓宽学生择业就业渠道，推荐学生就业。组织实施“选聘高校毕业生到村任职工作”、“三支一扶计划”、“大学生西部志愿者服务计划”、高校毕业生入伍服兵役等国家基层就业项目。召开校内招聘会6场，发布150条就业信息，提供1000多工作岗位。2010届毕业生就业率97.14%。

完善困难学生长效跟踪服务机制，对重点困难学生进行重点服务，鼓励学生参与校内外实践活动。年内共计有224名学生受到资助，金额总计为49.44万元。43名家庭经济困难学生享受国家助学贷款。开辟勤工助学岗位，共有50余个固定勤工助学岗位与众多临时性的勤工助学岗位，全年参与勤工助学的学生1000余人次，共计发放280余万元。

图书档案工作。全年采集3000多种专业图书。购入大型中文图书数据库与外文期刊戏剧影视数据库，对原有的中文期刊硕博论文数据库进行扩容，在原有的文史哲部分基础上增加精品文艺作品和精品文化作品部分，基本完成图书馆数字资源基本构架的建设。华山路佛西楼话剧馆陈列厅竣工，并于12月初揭幕试开馆。档案室完成“南大之星”档案系统和办公自动化系统对接，初步实现公文网上归档工作。

（李　莉）

[**师生获各项大奖**]　①1月，学校《戏曲人才培养模式创新》荣获2009年国家级教学成果奖二等奖、上海市级一等奖，《人物造型设计教学的拓展与创新》获得市级二等奖，《打造戏剧领军人才——戏剧导演人才培养教学创新体系》获得市级三等奖。②4月，第二十届上海白玉兰戏剧表演艺术奖颁奖晚会在上戏实验剧场举行，毕业生陶思婕荣获白玉兰奖新人主角奖。上戏青年京昆剧团演员石晓珺、孙建弘分获白玉兰戏剧艺术新人主角奖和白玉兰新人配角奖。③12月，2010年度全国戏剧文化奖·话剧金狮奖颁奖。学院副教授、硕士生导师吴小钧荣获编剧单项奖。

（李　莉）

[**学院老教授协会成立**]　1月28日，学院老教授协会成立大会暨揭牌仪式举行。市老教授协会常务副会长项伯龙，市老教授协会副会长江晨清，学校有关党政领导及学校老教授代表出席大会。学校党委书记楼巍与项伯龙共同为学院老教授协会揭牌。

（李　莉）

[**附属舞蹈学校50周年校庆**]　3月18日，学院附属舞蹈学校50周年校庆庆典仪式在上海大剧院举行。全国人大常委龚学平，市委副书记殷一璀，市人大常委会副主任胡炜，副市长沈晓明，市政协副主席钱景林、文化部文化科技司副司长王丰，市政府副秘书长翁铁慧，市政协副秘书长、办公厅主任管维镛，市教卫党委书记李宣海，市委宣传部副部长陈东及市教卫党委、市教委、市文联、文广集团、有关区委、区政府领导和部分老领导，学校党政领导等，全国51所艺术高职、中专院校的校长，上海各文艺院团、兄弟院校的领导，中国舞蹈家协会主席、校友及部分舞校师生出席庆典仪式。为庆祝校庆，附属舞校举办一系列活动：推出《上海舞蹈学校建校50周年系列丛书》8本专业教材，举行首任校长李慕琳铜像落成仪式，成立上海市舞蹈开放实训中心等。

（李　莉）

[**举行国际剧协戏剧院校亚太局校长会议**]　5月22—23日，“联合国教科文组织国际剧协戏剧院校亚太局第三届校长会议”在学校举行。中国、日本、韩国、新加坡、泰国、印度、马来西亚、菲律宾、新西兰、澳大利亚以及台北、香港等国家和地区16所戏剧院校参加。文化部文化科技司司长于平，联合国教科文组织国际剧协文化教育部主席杜米楚，上海市教委负责人及学院党政领导出席开幕式。本次校长会议重点讨论议题为：印度国立戏剧学院在新德里主办第二届亚太戏博会相关细节；讨论并通过由学院主办的亚太局网站的总体规划、确认各校联络员的具体职能；各院校间师生交换项目，各国及地区交流大师课程等。

（李　莉）

[举办表演学暨教育戏剧国际研讨会] 6月4—6日,第二届人类表演学暨教育戏剧国际研讨会在学院新空间剧场举行。院党委书记楼巍、上海话剧艺术中心总经理杨绍林出席会议开幕式并致辞。会议以进一步加强对教育戏剧等领域的研究为主要目的,邀请来自英国皇家戏剧学院、美国纽约市立大学、新加坡戏曲学院、香港演艺学院、台湾艺术大学、中国戏曲学院、南京大学、吉林延边大学、云南艺术学院、上海大学、上海师范大学、上海杉达学院、上海市三女中等单位的众多专家、学者探讨新形势下教育戏剧发展的路径、方法等。

(李　莉)

[上海市创意设计工作者协会成立] 9月11日,上海市创意设计工作者协会在学院成立。中国文联副主席冯远、上海市委常委、宣传部部长杨振武,上海市文联党组书记杨益萍等出席大会。院长韩生当选为上海市创意设计工作者协会副主席。

(李　莉)

[举办纪念挪威戏剧家比昂逊逝世100周年国际研讨会] 9月23—24日,由上海文化发展基金会支持,上海戏剧学院主办的"跨文化的比昂逊——纪念挪威戏剧家比昂逊逝世一百周年国际研讨会"在学院举行,来自挪威与全国各地的专家、学者从多个角度对比昂逊的戏剧、小说、诗歌等作品进行研讨。院党委书记楼巍和挪威驻沪总领事诺和平发言。研讨会期间,由学校教师导演的比昂逊戏剧《超越人力》同时公演,学院图书馆也为此次国际交流活动举办比昂逊小型图片展展览。

(李　莉)

[举办中国校园戏剧节] 11月9日,第二届中国校园戏剧节开幕式在学院举行。中国文联党组书记、副主席胡振民,中国文联党组副书记、副主席李牧,教育部副部长陈小娅,文化部艺术司司长董伟,教育部体育卫生与艺术教育司司长杨贵仁,上海市委、市人大常委、市委宣传部、市教委以及市文联、市教卫工委、市教委、市文广局的有关领导出席开幕式。11月18日,学院举行第二届中国校园戏剧节闭幕式。中国剧协分党组书记季国平、市人大常委会副主任胡炜、市委宣传部副部长陈东、市文联党组书记杨益萍、市教委副主任李骏修等出席闭幕式并为获奖剧目及个人颁奖。学校参演的《瞬间不是永远》获专业组优秀剧目奖;教师郭晨子获优秀编剧奖;学院与上海文化广播影视集团、上海大剧院艺术中心共同承制的多媒体公益话剧《我们的2010》获特别奖。

(李　莉)

[院庆65周年] 12月1日,学院65周年校庆主题晚会举行。市委宣传部、市教委、市文广局、静安区政协、学院党政领导等以及著名学者余秋雨、校友和全体师生出席晚会。为庆祝学院65周年华诞,学院举行"舞美系教师与研究生绘画作品展"、"向奠基者致敬"——纪念熊佛西诞辰110周年活动,举行雨果、莫里哀雕像落成仪式,成立简尧芳基金,召开国家级特色专业与写作教学研讨会等。

(李　莉)

附:学校负责人及地址

(2010年1—12月)

院党委书记:楼　巍
院　长:韩　生
副院长:葛　朗(2月离任)、刘志钢、孙惠柱、黄昌勇(2月到任)、宫宝荣(5月到任)

院本部地址:华山路630号
邮编:200040
电话:62481866

莲花路校区:莲花路211号
邮编:201102
电话:64800099

虹桥路校区:虹桥路1674号
邮编:200336
电话:62757585

上海体育学院

［**2010年概况**］ 学院设体育教育训练学院、武术学院、体育人文学院、运动科学学院、经济管理学院、体育休闲系、继续教育学院和国际文化交流学院8个系(院)以及1所附属竞技体校，共有体育教育、运动训练、社会体育、民族传统体育等14个本科专业，拥有体育学一级学科和下属所有4个二级学科的博士学位授予权以及10个硕士专业。在10个省市设立20个成人教育教学站点，开办各类国家级和市级职业教育培训。招收全日制本科生1042人，硕士研究生260人，博士研究生54人，非学历教育研究生100人，招收8名世界三大赛事冠军运动员。在校全日制本科生4008人，各类研究生1095人，成人本专科生1473人。

一、教学质量。体育教育专业成为国家级特色专业，新增市级教学团队1个、市级精品课程1门、市级全英语课程1门和市级重点建设课程4门；出版教材9部；新申报表演专业(武术演艺方向)通过市级专家认证，报教育部审批。对39门主干课和40余门任选课进行摸查调研后，形成《主干课、任选课现状摸查结果综合报告》；召开第二届全国体育学院教学督导工作研讨会；编印《学生信息参考》和《教学督导信息》，开展“青年教师大奖赛”、“学生心目中的好老师”等活动。

二、学科科研。体育赛事研究中心、运动技战术诊断与分析实验室和蔡龙云大师工作室等重大项目通过市第三期重点学科、市教委第五期重点学科中期检查。获各类课题121项，其中国家级和省部级课题39项，其中科技部支撑计划、国家社科基金和国家自然基金课题7项。发表SCI论文5篇。获国家科技进步二等奖1项，上海市科技进步一等奖1项、三等奖1项。启动学术专著专项资助，全年资助6部学术专著；《上海体育学院学报》获全国高校“三优”科技期刊评选活动“精品”科技期刊奖。

三、竞技体育。获武术散打世界杯金牌1枚，全国锦标赛和冠军赛金牌27枚、银牌18枚、铜牌31枚，1名教练员和1名运动员分别获得“国家体育运动荣誉奖章”。在第四届全国体育大会上获2个一等奖、7个二等奖和13个三等奖。本届市运会上，学院选派的241名运动员、25名教练员参加了13个项目的比赛，获得37枚金牌、39枚银牌、35枚铜牌和总分1236分。学院参与2010年奥运科技攻关服务工作，获2012年奥运科技攻关项目6项。参与广州亚运会的赛事管理和裁判工作，并承办散打、击剑等国家集训队备战重大国际赛事任务。5月26日，在安徽省合肥市举行的第四届全国体育大会上，学院代表上海市参加比赛的3个运动队和其他各项目共获一等奖4个、二等奖9个、三等奖14个。

四、管理体制。制定《上海体育学院进一步做好基层党组织领导班子成员公推直选工作实施办法》、《上海体育学院党代表大会代表任期制试行办法》，召开第八次党代会第四次全会。发挥民主党派人士参政议政作用，坚持民主党派双月座谈会，院领导向各党派通报学院事业发展情况，听取意见和建议，邀请各党派主委和委员参加学院各类重大会议。支持各党派建设工作，举办1期民主党派骨干成员培训班，推荐1名民盟年轻干部参加市教卫党委系统党外中青年干部理论研修班、1名九三学社干部参加杨浦区民主党派中青年干部培训班、1名致公党会员参加市委第15期中青年干部培训班、2名农工党骨干参加上海市社会主义学院培训、8位教授入选杨浦区统战学者信息库。贯彻实施《上海体育学院机关部(处)、直属单位部门目标管理考核暂行办法》和《上海体育学院二级系(院)目标管理考核办法》。

五、人才队伍建设。新录用23人，其中6人具有博士学位，14人具有硕士学位，引进人才2人。获得“新世纪百千万人才工程国家级人选”、浦江人才资助计划、曙光计划、晨光计划、“上海市先进工作者”、宝钢教育基金优秀教师奖各1人，7名青年教师获得上海市高校优秀青年教师专项科研基金。11人获得国家留学基金委员会公派留学项目资助，其中5人为全额资助；选派9名教师出国进修，3名教师参加上外出国英语培训，26名专任教师入选2011～2012年教师出国选派计划。创新研究生导师遴选办法，新增16名博士生导师(含合作培养单位)，20名硕士生导师。

六、学生工作。成立上海体育学院辅导员协

会，参加市级专题培训24人次。参与世博、服务世博，开展“体育让生活更精彩，运动让身体更健康”世博专项活动，举办世博知识竞赛、“千张笑脸迎世博”笑脸墙等主题活动。以“青春世博健康生活”为主题，组建暑期社会实践团队106支、学生参与958人次，获市级优秀项目奖5项，市级先进个人4人、市级优秀指导教师2人，学院被授予“优秀组织奖”。成立大学生科学技术协会和大学生创业研习社，获得第六届上海市大学生创业计划大赛金奖2项、银奖2项，第七届中国大学生创业计划竞赛铜奖1项，第四届全国体育院校学生科创论坛一等奖、三等奖和优秀奖各1项，第六届上海市高校学生科技创新作品展示评优活动三等奖1项。有8名志愿者赴西藏、云南、重庆、四川、新疆服务，组织师生参与F1世界锦标赛志愿服务、国际田联钻石联赛志愿服务，并参加春运、上海科技馆和青少年社工等类型志愿服务。上海体育学院青年志愿者服务总队、上海体育学院特奥志愿者团获“上海市志愿者服务先进集体”称号，1名学生被评为“上海市优秀志愿者”。2010届毕业生综合就业率为97.7%，超过上海市平均水平。11名学生应征入伍，学院被评为上海市“征兵工作先进单位”。

七、社会服务与对外交流。全程参与2010年上海市国民体质监测工作，承担监测培训班教学工作，组织研究生和本科生间接或直接参与测试工作；抽取4350名上海市青少年(初、高中生)进行问卷调查，初步建立适合上海市青少年体质特征的理想体质综合评价模型和相应的方法体系，开发适合青少年锻炼的运动项目，并对其增强体质的锻炼效果进行评价；完成《青少年体育锻炼指南》撰写工作。举办“全国运动心理学学术会议暨第二届华人运动心理学研讨会”、“第四届上海国际运动与健康高层论坛暨中日研究生论坛”、“第二届体育产业青年学者论坛”和“全国武术论文报告会”。与越南胡志明市体育师范大学、越南北宁体育大学联合培养研究生工作进展顺利。长、短期留学生达到1245人，其中长期生432人，短期生923人，硕、博士研究生达到152人。体育科技园入园企业达53家，体育类、文化类和科技类企业占70%，开通科技园网站。加速研发转化进程，“全国体育科技成果转化与产业化综合服务平台”项目获总局科教司立项。

八、网络信息等工作。新购中英文图书2万余册，订购中英文期刊、报刊1000余份，推出7个试用数据库，新购3个外文数据库；面向本科生开设《文献检索》课程，开展信息检索技能大赛；进行中文图书采购招标，加强图书馆自动化管理系统维护，开设教师研究室，建立学科馆员制度。完善信息化一期工程建设和二期工程中政府集中采购招标，制定校园网络和机房改造方案，实行上网实名认证，升级改造学院邮件系统，完成“文明在线”、“十二五”规划、“创先争优”等专题网站建设。

九、学院基本建设。完成排球馆大修、室外网球场和篮球场扩建改造项目；制定完善中国乒乓球学院基建项目书；节能减排设立专项经费，为办公楼宇、教学楼宇和训练场馆安装空调温控器、更换节能荧光灯，平均节电率30%，节气率20%。对技防设施进行升级扩建，学生公寓、校园周界围墙安装周界报警装置，公寓安装门禁系统，档案室、电脑教室、计算机网络中心、财务室等重点部位安装防盗门、远红外线入侵报警装置并有专人值班，建立平安校园建设长效机制。年内，学院获上海市“文明校园”、“周边环境整治先进集体”和“市教育系统‘五五’普法先进集体”。

(朱成磊)

[召开首届“国家体育科技示范园”发展座谈会] 6月7日，首届“国家体育总局体育科技示范园”发展座谈会召开。国家体育总局科教司司长蒋志学、经济司副司长陈恩堂，杨浦区副区长唐海东、学院领导虞丽娟、戴健、陈佩杰、平杰出席，来自国家体育总局科研所、国内各体育院校、体育产业领域相关企业负责人共百余位代表参加。主题围绕体育院校产学研一体化建设和体育科技示范园的发展。上海体育学院科技园是“产、学、研”、“训、学、研”人才培养模式创新实验区，2010年入园企业53家，体育类、文化类和科技类企业占70%。

(朱成磊)

[体育事业“十二五”规划会议召开] 6月28日至7月2日，体育事业“十二五”规划第四次会议在学院召开。国家体育总局政法司司长张剑、副司长梁晓龙出席。课题共分为1个总课题和13个分课题，总课题挂靠上海体育学院，学院另承担体育产业和体育科技、教育、人才“十二五”规划两个分课题。

(朱成磊)

[市体育局领导来校调研] 7月7日，市体育局党委书记、局长李毓毅，副书记刘建胜，副局长韩秀芳、郭蓓，上海职业运动技术学院党委书记黄卫方到学院附属竞技体育学校(体院项目训练中心)调研

考察竞训工作。院党委书记戴健、院长章建成等陪同调研。

（朱成磊）

［**市大学生志愿服务西部计划志愿者出征仪式举行**］ 7月25日，2010年上海市大学生志愿服务西部计划志愿者出征仪式在学院举行。共青团市委书记潘敏、市教委主任薛明扬、市财政局副局长田春华、市人力资源和社会保障局副局长毛大力、团市委副书记夏科家、上海体育学院党委书记戴健等出席，全市170名大学生志愿者在当天分批启程离沪，前往西藏、新疆、云南等地开展支教、支医、支农服务。

（朱成磊）

［**上海国际运动与健康高层论坛举行**］ 11月5—7日，学院与中国体育科学学会运动医学分会共同主办的第四届上海国际运动与健康高层论坛暨中日研究生学术论坛举行。论坛主题为“运动与健康”，就社会老龄化、青少年体力活动、疾病预防、运动损伤等问题开展讨论、研究。

（朱成磊）

［**中国乒乓球学院成立**］ 4月19日，市政府审议通过中国乒乓球学院筹建方案。9月17日，国家体育总局副局长蔡振华和上海市副市长沈晓明共同签署共建共管中国乒乓球学院协议书，国家体育总局局长刘鹏和上海市市长韩正为中国乒乓球学院揭牌，副市长赵雯向徐寅生颁发中国乒乓球学院名誉院长聘书。12月31日，召开中国乒乓球学院首届理事会会议，表决通过中国乒乓球学院理事会理事、特邀理事成员名单。

（朱成磊）

中国乒乓球学院理事会第一次会议举行

［**获市科技进步二等奖**］ 3月24日，在2009年度上海市科学技术奖励大会上，学院虞丽娟教授、张辉教授等完成的《竞技体育隔网对抗项目致胜因素关键技术研究与北京奥运会中的应用》研究项目获2009年度上海市科技进步二等奖。

（朱成磊）

附：学校负责人及地址

（2010年1—12月）

院党委书记：虞丽娟（6月调任）、戴　健（6月到任）

副书记：戴　健（6月提任）、庄起民、杨培刚（6月到任）

院　长：章建成

副院长：戴　健（兼）（6月离任）、陈佩杰、平　杰、叶蓓伦（4月离任）

地址：长海路399号

邮编：200438

电话：51253000

华东政法大学

［**2010年概况**］ 学校开展创先争优活动，加强党的建设。落实党代表任期制，建立二级党代会、党员大会制度。组建党总支（直属党支部）3个，完成2个党总支改建党委和换届选举工作、3个二级党委（党总支）委员增补工作。现有基层党委11个、党总支7个、直属党支部2个、党支部206个。发展党员1085人，预备党员转正911人。启动学生党建工作手册修订工作，优化党校管理体制。召开9次党委中心组（扩大）学习会，开展反邪教宣传教育活动。

完成世博志愿者服务工作。3181名志愿者参与上海世博会志愿者服务工作，并有5名教职工参与办博工作。成立世博会志愿者工作领导小组、世博会志愿者工作站。学校13个基层党组织、59名党员分别获评市级、市教卫党委、校级世博先锋行动先进基层党组织和优秀共产党员；有28个集体、876人次获评上海世博工作优秀集体、优秀个人等上海市、市教育系统、团市委等授予的各类世博荣誉称号；有8个集体、708人获得校级世博工作先进集体、优秀个人等荣誉称号。

编制发展规划，强化社会服务功能。修订2008—2020年发展定位规划、学科建设规划、师资队伍建设规划，启动“十二五”发展规划编制工作。主动对接上海发展战略，成立国际金融法律研究与人才培养中心、国际航运法律研究与人才培养中心。与长宁区政府合作，共建华东政法大学—新虹桥法律服务园区。举办首届全国政法高校书记、校长论坛，与中国政法大学、西南政法大学、中南财经政法大学、西北政法大学共同成立中国政法高校立格联盟。连续第6年承担国家司法考试阅卷工作。

引进人才。聘任正高职称教师7人、副高职称教师19人。聘任东方学者1人、韬奋学者20人。新聘用80人，其中专业教师及研究人员46人、辅导员14人、管理教辅人员20人。分别有1人获评全国先进工作者、上海市领军人才、上海市节水优秀组织者、长宁区第二届领军人才，1个科室获评松江区先进集体，4个集体、46人获得各类奖教金，3人获评校优秀主讲教师，5人获评校优秀本科教学管理工作者，10人获“上海高校选拔培养优秀青年教师科研专项基金”资助。

学校招收各类研究生1564人、全日制本科生3171人，继续教育录取新生1755人。毕业生中本科生3110人、研究生800人、成教生2579人、自考生800人，有158名学生获评上海市优秀毕业生、264名学生获评校优秀毕业生。本科生就业率为94.87%，研究生就业率为95.6%。

深化教学改革，提高教学质量。《司法鉴定概论》课程获得国家精品课程称号。学校获特色专业建设点项目1个、教学团队1个，市级精品课程3门、示范性全英语教学课程建设项目2个、教学团队2个、本科教育高地项目2个。开展校级教材立项、教育部重点教材项目申报工作，拓展校外实习基地，加强实验室和实务课程建设。推进教学信息化建设，网络课程已达953门，课程种类覆盖所有院系、专业。34个大学生科学研究项目获得资助、65名优秀本科生获推荐免试攻读硕士学位。

优化学科布局，提升科研实力。开展一级学科硕士点申报工作，政治学、公共管理、应用经济学、马克思主义中国化4个一级学科进入国务院学位委员会终审程序。开展中央财政支持地方高校建设专项申报工作，法律史、刑法学、经济法学、国际法学、司法鉴定、民法与知识产权、法学专业实验实训平台等获中央财政专项资助，法律史学科获中央财政特色重点学科项目资助。

科研课题申报。立项各级各类课题179项，其中国家社科基金项目19项、教育部人文社科项目19项、上海市哲社规划课题10项。获得上海市哲社优秀科研成果奖等省部级以上奖项23项、上海市法学会优秀成果奖15项，评出校级科研成果奖60项。

国际交流与合作。与美国威斯康星大学合作办学项目、与新加坡国立大学以及香港城市大学合作项目延期获教育部批准，与英国利兹大学签订“3+1”合作交流协议。汉语语言生招生实现零的突破。海外合作院校达到85所。85名中青年教师、32人次教师及行政管理人员赴境外院校进修、访问。选派长期公派学生83人，50名学生参加暑期培训项目。在校长期外国留学生有183人，其中学位生占55%。

学校管理工作。启动岗位设置工作。规范财务、审计、资产和设备管理工作，提高办学效益。开展长宁校区居民区动迁工作，对长宁、松江校区教育教学设施进行改造、改建。启动新一轮物业服务单位招投标工作。学校被评为上海市节约用水示范学校。

（马　超）

［**成立国际金融法律学院和国际航运法律学院**］年内，学校成立国际金融法律学院（国际金融法律研究与人才培养中心）和国际航运法律学院（国际航运法律研究与人才培养中心），围绕“两个中心”的战略目标设置课程、制定教学计划，并确定两个学院的本科生培养方案和研究生培养方案。

（马　超）

［**举办首届政法高校书记、校长论坛**］　5月30日，学校召开以“培养具有国际视野的法律高端人才”为主题的首届政法高校书记、校长论坛。司法部司法鉴定管理局局长霍宪丹，上海市教委副主任王奇，中国政法大学党委书记石亚军、校长黄进，西南政法大学党委书记张国林、校长付子堂，中南财经政法大学副校长陈小君，西北政法大学校长贾宇，中央司法警官学院副院长王明泉及学校党委书记杜志淳，党委副书记、副校长张智强，副校长叶青，校长助理、组织部部长应培礼等出席论坛。中国政法大学、西南政法大学、中南财经政法大学、西北政法大学等学校就建立合作机制、共享先进办学理念和优质教育资源、共同推进我国法治建设达成共识。

（马　超）

［**举办“全球化视野下的亚洲法的变革”国际学术研讨会**］　8月23日，“全球化视野下的亚洲法的变革”国际学术研讨会在学校召开。来自日本东京大学、北海道大学、九州国际大学，以及北京大学、中国人民大学、中国政法大学、复旦大学、上海社会科学院、法律出版社、商务印书馆等20余所高校及出版单位的60余位国内外专家学者出席会议。会议围绕“全球化视野下的亚洲法的变革”的议题，主要讨论“亚洲法的国际化、趋同化研究”、“法律移植和法律本土化”、“法律史学科的发展与进步”3大问题。校长何勤华为研讨会作总结发言。

（马　超）

［**校“大学生社会法律援助中心”成为全国志愿助残示范基地**］　经上海市残联推荐，学校“大学生社会法律援助中心”被全国文明办、民政部、中国残联联合授予“全国志愿助残示范基地”称号。12月23日学校举行“华东政法大学大学生社会法律援助中心全国志愿助残示范基地”揭牌仪式。学校“大学生社会法律援助中心”自成立之初就一直致力于助残扶残的事业，10余年来一代又一代的华政学子薪火相传，在维护残疾人合法权益、保障残疾人劳动就业等方面作出努力并取得成绩。

（马　超）

［**东虹桥法律服务园揭牌**］　12月1日，学校与长宁区政府联手打造的东虹桥法律服务园揭牌。东虹桥法律服务园依托华东政法大学法学教育资源，采取多元主体联合投资的方式，构筑产、学、研为一体的教育服务工程，致力于打造法律人才培养、法律咨询与服务产业的高端品牌，为上海经济、金融、贸易、航运建设提供完善的法律服务。东虹桥法律服务园的发展，将纳入长宁区“十二五”规划。

（马　超）

与长宁区政府签定战略合作框架协议

附:学校负责人及地址

(2010 年 1—12 月)

校党委书记:杜志淳
副　书　记:童西荣、张智强

校　长:何勤华

副校长:王立民、顾功耘、叶青

长宁校区地址:万航渡路 1575 号
邮编:200042

松江校区地址:松江区龙源路 555 号
邮编:201620

上海海洋大学

［2010 年概况］ 学校现有 13 个学院(部)，拥有 1 个国家级重点学科，10 个省、部级重点学科，9 个上海市教育高地和 1 个上海市高校 E 研究院，拥有 2 个博士后科研流动站，1 个一级学科博士学位授权点，7 个二级学科博士学位授权点，2 个一级学科硕士学位授权点，23 个二级学科硕士学位授权点，7 个同等学力申请硕士学位点，43 个本科专业及方向，10 个高职专业。拥有普通本专科生 12000 余人，研究生 1700 余人；全校在职教职工 1040 人。招收本专科新生 3506 人，研究生新生 601 人，其中硕士研究生 572 人，博士研究生 29 人。至 9 月，毕业生就业率为 95.23%。

教学工作。学校召开第七次本科教学工作会议，贯彻落实国家和上海市中长期教育改革和发展规划纲要。新增农林经济管理国家级特色专业；环境科学、海洋技术、热能与动力工程、食品经济管理、物流管理、信息管理与信息系统、电子电工实验基地等 7 个上海市教育高地项目；农林经济管理专业、食品冷冻冷藏系列课程 2 个上海市教学团队；渔业法规与渔政管理、计算机应用基础 2 门上海市精品课程；遗传育种学、机械制图、会计基本技能训练、商务信息系统、数据库应用基础、毛泽东思想和中国特色社会主义理论体系概论、食品安全学 7 门市教委重点建设课程项目；空间信息与数字技术本科专业和海洋技术(海洋测绘)专业方向。学校教师胡麦秀《技术—环境壁垒与中国企业国际竞争力研究》、邹晓的《上海钱业公会事业史》、曾誉铭的《政治与哲学之间：卢梭政治哲学研究》等项目获国家社科基金资助。

学科建设。学校启动“085”工程。召开学科建设工作会议，明确学校“十二五”学科建设主要任务。开展“085 工程”先行先试工作，启动 4 个项目的试点建设工作。李思发教授领衔的“罗非鱼产业良种化、规模化、加工现代化的关键技术创新及应用”项目获国家科学技术进步二等奖，成永旭主持的“中华绒螯蟹育苗和养殖关键技术的研究和推广”项目荣获 2009 年度上海市科技进步奖一等奖，“中国 2010 上海世博后滩公园”项目获美国景观设计师协会年度最高奖——综合景观设计杰出奖。组建海洋科学研究院，集聚一批国际化、开放型的研究中心、研究所和重点实验室，聘请一批拔尖人才加盟，整合校内外资源，提升海洋学科的研究水平。完善、启动“海洋学者计划”、“海燕计划”、“柔性引进高层次人才计划”和“青年教师培养工程”等各类计划，李伟明教授入选国家“千人计划”，陈新军入选“新世纪百千万人才工程”国家级人选，新增陈兰明、王永杰、鲍宝龙、张云等 4 名东方学者。组织教授博士服务团开展渔业科技服务“夏季行动”，共派出 8 支队伍 100 多名教授博士服务团成员，分别奔赴江苏、安徽、上海、浙江、四川、辽宁、新疆和宁夏等 8 个省、自治区、直辖市，开展渔业科技下乡。

党建工作。学校颁布《关于推进学习型党组织建设的实施意见》，建立健全干部学习制度。在“创先争优”活动第一阶段，党员志愿者率先垂范，围绕“世博先锋行动”开展“多站一班岗”、“党员示范岗”、“党员流动锦旗”等活动。建立健全党组织和党员联系、服务群众的机制、体制，实现和维护师生利益，推进基层党建信息化工作，年内发展新党员 951 人，学生和教师中的党员比例分别达到 14.6%和 55.12%。

学生工作。学校思想政治理论课深化中小班教学改革，开展“精彩一课”评选。开展学生心理健康教育。学校实施创新“易班”模式，学生思想教育不断增强。学生网络互动社区——“易班”激活会员 16780 人，建立基层学院和职能处室一级群组 35 个，建立班级、党、团支部、学生社团组织和世博会志愿者等二级群组 730 个。创新“易班”模式荣获“全国高校文化建设成果特等奖”。

文明单位建设。与芦潮港镇党委、泥城镇党委签署结对协议，促进新农村建设与和谐城镇、和谐社区建设。加大对芦潮港镇汇角村的帮扶力度。学校获得市委“城乡结对，携手共进”荣誉证书。推进制度建设，开展“废、改、立”工作，废止目录 118 项，沿用文件 183 项，修订完善文件 42 项，新建文件 52 项。推进民主管理，定期向教代会、教代会团长会议通报情况，重大事项提交教代会讨论；各民主党派、群众团体工作得到进一步加强，形成民主管理、民主监督有效机制。推进校务公开工作和校院二级管理，增强办学活力。加强督查工作，重点对学校年度党政工作要点、学习实践活动的整改落实方案、阶段性重要工作等加强督查督办。开展节约型校园建设，实施校区公共资源使用收费制，调整优化各单位耗能基数的测算。

（何爱华）

［国家海洋局与上海市政府共建上海海洋大学］ 12月10日，国家海洋局副局长张宏声、上海市副市长沈晓明分别代表国家海洋局和上海市人民政府签署共建上海海洋大学协议。根据共建协议，到2020年，争取把上海海洋大学建设成为我国海洋科技创新和海洋科技人才培养的重要基地，成为一所世界知名的高水平海洋大学。

（何爱华）

［获国家科技进步二等奖］ 学校教授李思发主持的"罗非鱼产业良种化、规模化、加工现代化的关键技术创新及应用"项目获国家科技进步二等奖。"罗非鱼产业良种化、规模化、加工现代化的关键技术创新及应用"项目把握良种选育、养成规模化、加工升值三个核心环节，通过引进、消化、吸收、创新，研制出适合我国国情的可供规模化生产的优良品种，提高良种覆盖率。项目实施以来，形成了贯穿罗非鱼产业上、中、下游的种源产业、养殖产业及加工产业，保证了我国罗非鱼产量全球第一、加工出口全球第一、产业链规模全球第一的地位。目前，我国罗非鱼产业为30万人左右提供了就业岗位，为农业产业结构的改造和农（渔）民的生产致富提供了保障。该项目共培养博士生3人，硕士生6人，培训推广应用人员300余人。授权发明专利7项，申请专利13项；发表论文150篇，其中SCI 7篇；制定国家标准3项，制定省部级标准9项；曾获部省市一等奖1项，三等奖3项。

（何爱华）

［百年校庆工作启动］ 11月2日，建校98周年校庆文艺晚会暨百年校庆启动仪式举行。根据百年校庆工作规划，学校将完成文化建设、书籍出版、校友信息库、百年校友寻访、百年老建筑复制、校园美化、实训基地建设、捐赠发展、教育科技成果展示、百年学术论坛、百年校庆文体系列活动和百年校庆典礼等12项工作。

（何爱华）

［获"上海世博工作优秀集体"称号］ 年内，学校成立世博会志愿者工作站及10个志愿者工作分站，共有2364名园区志愿者，2316名志愿者服务于世博园区的13个片区管部，46名语言类志愿者和2名内宾接待志愿者作为特岗志愿者服务于园区。学生志愿者积极参与世博、服务世博。学校获得市委市政府颁发的"奉献世博、服务世博"优秀组织奖和上海世博工作优秀集体荣誉称号。

（何爱华）

［赴南极参加大洋生态科考工作］ 11月5日，承担我国第27次南极科学考察工作的"雪龙号"由上海启程开赴南极。学校水产与生命学院青年教师霍元子，跟随"雪龙号"开展四个月的南极科考。

（何爱华）

［海洋科学研究院成立］ 9月18日，海洋科学研究院成立大会举行。全国人大教科文委委员吴忠泽、国家海洋局科技司副司长雷波出席会议，并为海洋研究院揭牌。该研究院下设有数字海洋研究所、中美海洋遥感及信息研究中心、海洋生态系统与环境实验室等12个国际化、开放型的研究中心、研究所和重点实验室。海洋科学研究院聘请两位双聘院士，并柔性引进美国麻省大学、美国NOAA、美国马里兰大学等专家加盟。研究院现承担国家"973"、"863"计划、国家科技支撑计划、国际合作及省、部级等各类重大重点科研项目100多项。

（何爱华）

附：学校负责人及地址

（2010年1—12月）

校党委书记：叶　骏（3月离任）、虞丽娟（6月到任）
副　书　记：吴嘉敏、黄晞建

校　长：潘迎捷
副校长：黄晞建（兼）、黄硕琳、封金章、程裕东

临港新城校区地址：沪城环路999号
邮编：201306

军工路校区地址：军工路318号
邮编：200090
电话：61900296

上海电力学院

［**2010 年概况**］ 学校招收全日制本专科学生 2689 人，其中本科生 2647 人，高职学生 42 人，本科招生专业 28 个。文科在 12 个省份招生。首次在黑龙江和海南招生，日语、经济学、光电信息工程三个新专业为首次招生。本科毕业生毕业率 97.0%；学位率 95.6%；至年底，本科毕业生就业率 96.71%。录取硕士研究生 134 人，学校首届研究生毕业生 76 人全部就业(含博士攻读)。成人教育招生本专科生 1647 人，其中本科 1494 人，专科 153 人。新增输变电工程新专业。

一、教学工作。学校自动化专业成为第六批国家特色专业建设点。校内课程建设和教学改革项目共立项 54 项，其中精品课程 7 门，课程建设项目 6 项，重点教改项目 12 项，教改项目 29 项；《传热学》、《发电厂电气主系统》两门课程被评选为 2010 年度上海高校市级精品课程；《化工原理》等 7 门课程被确定为 2010 年度市教委重点课程建设项目；《电气设备绝缘与试验》、《管理学原理》被批准为 2010 年上海高校示范性全英语教学课程建设项目。评审立项市大学生创新活动项目 40 个，组织参加第二届上海大学生创新活动论坛并向论坛推荐优秀项目 6 项、优秀论文 6 篇，学生在各类学科竞赛中多次获得全国一、二等奖。学校作为教育部在全国首批卓越工程师教育培养计划启动的 61 所院校之一，有电气工程及其自动化和热能与动力工程 2 个专业进入首批试点专业。学校申报的电气工程、动力工程及工程热物理、化学工程与技术 3 个一级学科硕士学位点通过上海市学位委员会评审。学校举办“现代电力技术与节能减排”研究生暑期学校，共录取来自复旦大学、上海交大、华北电力等 20 余所高校的 116 名研究生学员，聘请来自政府、高校、企业的 10 余位专家开设 12 场相关学科领域发展动态和最新研究成果的学术讲座。举办上海市“现代发电技术与节能”研究生学术论坛，收到各高校及科研院所的研究生论文 63 篇。

二、科研与产业工作。建成包括“电力系统动模/数模一体化实验室”在内的性能先进、功能完备的科研平台，取得包括国家科技进步二等奖、国家“973”和“863”计划、国家自然科学基金在内的科研成果。学校紧抓国家和电力行业大力发展智能电网的契机，成立智能电网技术研究院，组织参与杨浦区智能电网示范区的筹建和国家“863”项目的申报工作，与上海电力公司签订联合建设上海市工程技术研究中心的协议，与中国华电集团新能源发展有限公司江苏分公司等多家企业签订战略合作协议。获得国家自然科学基金项目 10 项(其中 1 项重点项目)，1 项项目获国家社科基金支持；参与的科研成果荣获国家科技进步二等奖；共有 4 项科研成果获得上海市科技进步奖(技术发明奖)；与其他单位联合申报的两个上海市工程技术研究中心获得上海科委的批准；全年在国内外学术期刊和会议上发表论文超过 1400 篇，近 140 篇的论文被国际检索机构和国内检索机构收录；共申请国家发明专利 64 项，获授权国家发明专利 7 项，申请软件著作权和实用新型专利共 9 项；全年签订横向科技服务合同 93 项；承办包括全国高校电力系统与自动化专业学术年会、中国动力工程学会专业学术年会等 4 个高水平的全国性学术会议。学校在 2010 年中国国际工业博览会上参展的“手机可视化远程家居监控系统”项目获得高校展区优秀展品三等奖，学校获得高校展区组委会颁发的“优秀组织奖”。学校科技园被科技部、教育部授牌为全国“高校大学生科技创业实习基地”，成为全国首批 66 家高校大学生科技创业实习基地之一。

三、师资队伍建设。学校制定四大人才计划。首批 25 名“培英计划”人选承担国家自然科学基金等各类科研项目 40 余项，申请国家发明专利 10 项，获得省部级科技奖项 7 项；“光明计划”和“百人计划”稳步推进；作为“双师计划”实施的基础，学校在多家电力企业建立教师培养基地，资助更多的青年教师下厂实习实践和进行“产学研”合作。多位教师分别入选“浦江计划”、“启明星计划”、“晨光计划”等上海市高层次人才计划。2 名教师入选年度上海市特聘教授(东方学者)。学校连续第三年被评为上海市“优青”工作A级单位。

四、学生工作。学校与国家电网人才交流中心合作，承办第八届全国电力人才招聘大会(上海站)；与上海市就业促进中心、公共职业介绍中心合作举办上海市毕业生公共就业服务进校园活动。据统计，学校就业信息网为毕业生提供653家单位，发布1255个职位，需求学生15609人，供需比为1：5.9；召开3场大型招聘会和71场小型招聘会，共549家单位需求学生8767人。59.84%的毕业生通过学校提供的就业信息就业。学校大学生素质拓展教育第二课堂全年共开设选修课117门次，1575课时，选修人次达3921。在市教委推进的大学生创新活动计划中获得市级立项的项目达到70项。成立世博志愿者工作站，做好志愿者选拔、培训、管理、保障、宣传等各项工作，共有上海世博会园区志愿者1700余人，分别服务于世博园区10个片区、上海市4个区县的近千个岗位上。学生实践队伍分赴全国9省市开展暑期社会实践服务。学生干部、学生党团员2308人赴城区、街道、企事业单位进行挂职锻炼。暑期参与社会实践的学生超过在校生总数的35%。学生在第五届全国大学生“飞思卡尔”杯智能车模竞赛中获全国一等奖；在全国大学生数学建模竞赛上海赛区比赛中获一、三等奖；获得上海市“迎世博宣传贡献奖”、上海世博会志愿者工作优秀组织奖、优秀团队等。在第25届中国大学生手球锦标赛上校男女手球队双双获得亚军；校击剑队在第十六届全国大学生击剑锦标赛上获得两金一银一铜的成绩；校男子足球队在上海市学生阳光体育大联赛足球比赛中获得亚军。

五、国际交流与合作。学校与英国格拉斯哥斯特拉斯克莱德大学、德国勃兰登堡科特布斯科技大学、美国西肯塔基大学、美国桥港大学、越南电力大学、津巴布韦国立理工大学、南非沃尔特西苏鲁大学签署国际合作协议，并与德国、俄罗斯、英国、澳大利亚、越南等国的大学达成本硕合作教育以及联合培养硕士研究生的合作意向。学校聘请长期外国文教专家6人、短期和顺访科技专家10多人在校任教和合作科研。招收蒙古国留学生9人来校学习，学校共有外国留学生20人。组团出访、教师参加国际会议28人次，32名学生赴英国攻读学位。接待来校讲学、访问等专家30多人次。

六、学校建设。学校完成同声传译实验室、语音实验室、电子工艺实验室二期、电力综合实训平台、物理化学实验、分布式能源系统实验室、分布式风力发电实验室、网络安全实验室等实验室的招标建设工作。全年学校各部门共申报18项中央与地方共建实验室项目。新购置图书4.29万册，订阅中外文期刊、报纸1191份，馆藏纸质文献累计达到97万余册。新增“读秀”数据知识库及文献传递平台，师生可以检索和提交中外文献的全文传递。学生工作管理系统、迎新系统、毕业离校系统等上线及升级。办公自动化系统与人事管理系统也上线，为数字化校园功能的进一步拓展奠定基础。

七、和谐校园建设。学校启动“十二五”规划的编制工作，形成《上海电力学院“十二五”发展规划建议(草案)》。确立指导学校“十二五”事业发展和改革的指导思想以及“育人为本、人才强校、优化学科、强化特色”的十六字工作方针，明确学校五年发展的总体目标、发展任务(包括重点建设项目)与实施保障。学校获得“上海市职工最满意的企事业单位”和“全国厂务公开民主管理先进单位”、“上海市群众体育先进单位”等荣誉称号。

(胡花玉)

[市研究生教育创新计划实施情况报告与交流会召开] 3月29—30日，上海市研究生教育创新计划实施情况报告与交流会在学院召开，会议是上海市学位办对近五年来全市研究生创新能力培养实施情况进行绩效考察的重要环节。复旦大学、上海交大、同济大学等24所高校的研究生部门负责人参加会议。

(胡花玉)

[举办研究生暑期学校] 7月19—26日，上海市“能源清洁与高效利用”研究生暑期学校在学院举办。来自复旦大学、上海交大、同济大学、西安交大、东南大学、武汉大学、华北电力大学和上海电力学院等20余所高校热能工程、电力系统及其自动化、应用化学等学科的116名学员参加学习。

(胡花玉)

[学校教育发展基金会成立] 9月17日，学校召开上海电力学院教育发展基金会成立大会。基金会是经上海市教委和上海市民政局审核并正式批准成立的非公募基金会，基金主要来源于校友和社会各界的自愿捐赠。

(胡花玉)

学院教育发展基金会成立

[**学院智能电网技术研究院揭牌**] 9月27日，学院智能电网技术研究院暨校企战略合作协议签订仪式举行。杨浦区区长金兴明、副区长唐海东，上海市电力公司、上海市经信委、市科委社会发展处、市教委科技处，通用电气商业（上海）有限公司、中国华电集团新能源发展有限公司江苏分公司、中天科技集团有限公司领导应邀参加仪式。揭牌仪式后，学校分别与上海电力公司签订联合建设上海市工程技术研究中心的协议，与通用电气商用（上海）有限公司、中国华电集团新能源发展有限公司江苏分公司、中天科技集团有限公司签订战略合作协议。

（胡花玉）

[**中国动力工程学会九届三次理事会召开**] 10月11—13日，中国动力工程学会九届三次理事会议暨2010年锅炉、透平行业总师研讨会与专业委员会年会在学院召开。全国政协常委、中国动力工程学会理事长蒋以任出席开幕式并致辞，来自全国各地的专家学者参加多场研讨会和学术会议。中国动力工程学会是以发电热动力机械设备的研究、设计、制造为中心的多专业综合性学会。

（胡花玉）

[**中国高等学校电力系统及自动化专业学术年会召开**] 10月16—17日，中国高等学校电力系统及自动化专业第26届学术年会、中国电机工程学会电力系统专委会年会在学院召开。中国科学院院士、中国电力科学研究院名誉院长周孝信，中国工程院院士、国网电力科学研究院名誉院长薛禹胜，高校电力学院及自动化专业学术年会发起人天津大学贺家李，上海市教委副主任印杰，国家电监会华东监管局局长、党组书记丘智健，中国电力科学研究院总工程师印永华，上海市电力公司总工程师滕乐天，国家自然科学基金委丁立健，校党委书记周光耀、校长曹家麟等出席开幕式。来自全国各地的近600名专家、学者、高校师生、相关部门领导参加年会。

（胡花玉）

附：学校负责人及地址

（2010年1—12月）

院党委书记：周光耀
副　书　记：石奇光、李国荣

院　长：曹家麟
副院长：石奇光（兼）、万　峰、姚秀平、张　浩

平凉校区地址：平凉路2103号
邮编：200090
电话：65430410（总机）

国东校区地址：国顺东路25号
邮编：200433
电话：65492136

南汇校区地址：南汇科教园区学海路28号
邮编：201300
电话：68029912

上海大学

［**2010年概况**］　完成学校“十二五”教育事业发展规划编制初稿。学校对“211工程”三期经费采取对重点学科建设项目“成熟一个，启动一个”的支付方式。学校上报市教委的11项项目中，5项通过专家评审。学校制定《上海大学关于设立重大重点项目校内子课题的管理办法》、《关于跨院（系）研究人员科研工作量统计及计算方法》，鼓励教师之间的交流合作，推进学科交叉融合。

师资队伍建设。实施高层次人才培养计划，提高师资队伍水平。环境与化学工程学院教授吴明红获国家杰出青年科学基金。新入选“东方学者”6人。2人入选上海市“领军人才”。聘请名誉博士1人，名誉教授、兼职教授、自强教授等121人。组织实施2010年高级专业技术职务聘任工作，晋升聘任正高级人员24人、副高级人员61人，破格晋升聘任正高级人员10人、副高级人员7人。加快对青年教师的培养力度，121位青年教师获“上海高校选拔培养优秀青年骨干教师科研专项基金”资助，总经费达299万元。34名教师赴国外知名大学进修学习，其中24名青年教师获国家留学基金委资助。

人才培养工作。学校实施大类招生和通识教育的教育教学体制的总体改革。机械工程与自动化专业和金属材料工程专业入选“卓越工程师教育培养计划”。“工程力学”被列为国家精品课程，5门课程被列为上海市高校精品课程，20门课程被列为市教委重点课程建设项目。以陈立群教授为带头人的“工科专业基础力学教学团队”获第三届上海高等学校市级教学团队称号。语言文字工作获得“双语活动优秀组织奖”及“上海市语言文字规范化示范校”称号。8个全日制硕士专业学位点审批通过，全日制硕士专业学位点达13个，9个硕士学位一级学科授权点审批通过，硕士学位一级学科授权点达33个。中国机械工程学会“工业设计师”职业资格认证工作机构挂靠上海大学。36名研究生通过国家留学基金委国家公派研究生选拔考试赴欧美知名大学攻读学位，其中博士生23人，硕士生13人。

学生工作。完成教育部关于“六个为什么”进高校思想政治理论课试点任务。学生在各项学科竞赛中获得国家级一等奖5项、二等奖5项、三等奖4项；上海市级一等奖5项、二等奖12项、三等奖28项。获得国家级大学生创新性实验资助项目40个，上海市级大学生创新活动资助项目100个。启动“钱伟长教育思想实践丛书”的出版工作。近8000名师生参与上海世博志愿服务工作，学校团委被中共中央、国务院授予“上海世博会先进集体”称号，孟祥栋等10人获“世博先锋行动优秀共产党员”称号，学校被评为“2010年上海世博会教育系统安保稳定工作先进集体”，教师余洋、陈永刚获“2010年上海世博会教育系统安保稳定工作先进个人”称号，沈晓昀等14位师生获“上海世博工作优秀个人”称号，勾金华等14人被评为世博会志愿者工作先进个人，周舟等315人被评为世博会优秀志愿者，刘晓明等31名学生被授予“世博园区文明服务标兵”称号，上海大学嘉定区世博志愿者工作站获上海世博志愿者区校联动工作奖。学校暑期社会实践获上海市“优秀组织奖”和“最佳项目奖”。学校连续七年被评为上海科技馆志愿者先进集体。学校完善资助体系，通过各种渠道资助学生64244人次，资助资金总额达5656万元。学校心理辅导中心再次获得全国“大学生心理健康教育工作先进集体”称号。

对外合作交流。学校接待来访团组152批次，外宾365人次，院系接待来访团组280余批次，来访专家学者750余人次。与美国密苏里大学、法国技术大学集团、澳大利亚悉尼科技大学、越南河内社科人文大学等22所海外院校或机构签署合作协议。新签署67个科研合作项目，总数达235个。举办8个国际学术会议。中外合作办学项目9个，办学机构4个。合作共建海峡大学孔子学院、肯塔基孔子学院，上海大学与国外高校合作共建的孔子学院数增至4所。在第五届全国孔子学院大会上，上海大学与泰国宋卡王子大学合办的普吉孔子学院荣获“先进孔子学院”称号及“优秀HSK海外考点”。

科技工作。获国家自然科学基金132项，经费4376万元，比上年增长15.5%，经费增长10.5%。国家社科基金项目14项、教育部人文社会科学研究一般项目（含专项项目）44项，上海市哲学社会科学规划项目(含专项项目)13项,其他部委项目7项。获得上海市科技进步一等奖2项,二等奖2项、三等奖11项;获得教育部科技进步二等奖1项;获得中国钢铁工业协会和中国金属学会冶金科学技术一等奖1项。学校被收录论文2857篇,其中国际三大检索收录论文1684篇,中国科技论文与引文数据库收录论文1173篇。SCI收录论文648篇,EI收录论文648篇,ISTP收录论文388篇。中国科技论文被引用2579次。申请专利675项,其中发明专利565项。授权发明专利211项,同比增长32.8%。签订技术合同410项、技术转让合同15项。组建东莞上海大学纳米技术研究院。与海隆石油集团公司、浙江久立特材股份有限公司建立工程研究中心。军工科研生产新立项14项,经费836万余元。

和谐校园建设。①优化内部管理工作。推进校院二级管理体制改革,基本形成"一级核算,两级管理"的预算管理格局。②文化建设。开展"大学精神与大学文化"大讨论活动,荣获教育部艺术教育委员会颁发的十年一次的"全国学校艺术教育先进单位"称号。组织各类学术报告会1800余场次,东方讲坛107场次。③校园基础建设。实施学校东区二期和延长校区科技园主要建设项目,完成"十二五"校园建设规划的编制工作。④优化后勤综合服务体系。学校后勤集团成为上海市学校后勤协会校园管理专业委员会主任单位;完成世博志愿服务后勤保障任务,后勤集团党委被上海市委评为"创先争优"世博先锋行动"五好"基层党组织。年内,学校被评为"上海市节水型校区"。

学校设28个学院和2个校管系。共设有71个本科专业、131个学术型硕士学位授权点、13个专业硕士学位授予类别(其中工程硕士学位授予类别中含18个专业领域)、35个二级学科博士学位授权点、5个一级学科博士学位授权点、19个自主增设二级学科博士专业、13个博士后科研流动站;拥有4个教育部重点学科、9个上海市重点学科;拥有2个科技部与上海市共建的国家重点实验室培育基地,1个国家体育总局体育社会科学重点研究基地,1个教育部重点实验室,1个教育部省部共建重点实验室,1个教育部工程研究中心,1个教育部特色专业建设点,2个上海市人文社会科学重点研究基地。现建有国家大学科技园和高新技术开发区,还有各类研究所、研究中心100多个。现有专任教师2752人,其中具有博士学位的教师1312人,教授486人,副教授842人。现有中国科学院院士、工程院院士9人,博士生导师400余人;入选中组部"千人计划"4人,教育部"长江学者"4人;获得国家自然科学基金委员会"杰出青年基金"6人,国家级有突出贡献的中青年科技专家5人;享受政府特殊津贴专家51人。学校现有学生38728人,其中研究生8860人,本科生25819人,高职生4049人。成人教育学生12000余人。留学生2800余人。校园占地面积近200万平方米,校舍建筑面积100余万平方米,图书馆建筑面积5.47万平方米,馆藏图书近360万册,中外报刊3450余种。

(郭　秀)

[李长春为海峡大学孔子学院揭牌]　4月14日,中共中央政治局常委李长春与土耳其海峡大学校长卡迪里一起为上海大学与海峡大学共建的海峡大学孔子学院揭牌,国家汉办副主任赵国成、校党委书记于信汇等出席揭牌仪式。

(郭　秀)

中共中央政治局常委李长春为土耳其海峡大学孔子学院揭牌

[社会学系恢复建系30周年大会召开] 5月15日,上海大学社会学系恢复建系暨《社会》杂志创刊30周年纪念大会召开。社会学系的历史可以追溯到20世纪20年代,曾经培养了大批革命家、学者和将军。1980年3月,上海大学文学院(时为复旦大学分校)在全国率先恢复重建社会学系。1981年10月,社会学系创办社会学专业学术刊物——《社会》杂志。

(郭　秀)

[殷一璀、沈晓明来校调研] 6月3日,市委副书记殷一璀、副市长沈晓明等到学校调研思想政治理论课建设工作。校党委书记于信汇汇报学校思政课工作。复旦大学、上海交通大学等高校领导在座谈中分别就思想政治理论课改革探索情况作交流。

(郭　秀)

[钱伟长逝世] 7月30日6时20分,我国近代力学奠基人之一,著名的科学家、教育家,杰出的社会活动家,中国民主同盟的卓越领导人,中国共产党的亲密朋友,中国人民政治协商会议第六届、七届、八届、九届全国委员会副主席,中国民主同盟第五届、六届、七届中央委员会副主席和第七届、八届、九届名誉主席,中国科学院资深院士,上海大学校长钱伟长因病在上海逝世,享年98岁。8月7日,校长钱伟长遗体告别仪式在上海龙华殡仪馆举行。

(郭　秀)

[陈希来校视察] 9月8日,教育部副部长陈希来校视察指导工作。教育部学生司司长王建国、市教委副主任王奇等陪同视察。校党委书记于信汇、常务副校长周哲玮汇报工作。副校长李友梅、叶志明、汪敏等参加。

(郭　秀)

[李肇星受聘为名誉教授] 10月15日,学校举行全国人大常委、外事委员会主任委员、外交部原部长李肇星聘任为"上海大学名誉教授"仪式。校党委书记于信汇、常务副校长周哲玮出席仪式。

(郭　秀)

[上海宝山国际民间艺术博览馆开馆] 10月16日,国内规模最大的世界非物质文化遗产展览馆——上海大学与宝山区合作建设的上海宝山国际民间艺术博览馆正式开馆。联合国国际民间组织副主席伊廷,上海市委统战部部长杨晓渡,校党委书记于信汇,副书记、副校长李友梅等出席开馆仪式。

(郭　秀)

[上海大学翔英学院成立] 10月21日,上海大学与唐翔千专项教育基金会联合组建上海大学翔英学院,市委统战部部长、上海海外联谊会会长杨晓渡出席翔英学院签约仪式。校党委副书记、常务副校长周哲玮和唐翔千先生分别代表上海大学和唐翔千专项教育基金签署协议。

(郭　秀)

[上海大学中国书画研究中心揭牌] 11月17日,上海大学举行中国书画研究中心成立仪式,市委宣传部长杨振武出席仪式并为中心揭牌,中心首席专家陈佩秋致辞并向美国弗利尔美术馆中国书画部主任傅申、旧金山亚洲艺术博物馆资深研究员张子宁颁发特聘专家聘书。

(郭　秀)

附:学校负责人及地址

(2010年1—12月)

校党委书记:于信汇
副　书　记:周哲玮、李友梅、忻　平、鲁雄刚

校　　　长:钱伟长(7月30日逝世)
常务副校长:周哲玮
副　校　长:李友梅、叶志明、汪　敏、吴　松、唐　豪

地址:上大路99号
邮政编码:200444
电话:96928188

上海中医药大学

［2010年概况］ 学校贯彻《国家中长期教育改革和发展规划纲要（2010—2020年）》和《国务院关于深化医药卫生体制改革的意见》的精神，推进各项工作。学校引进人才5人，入选第三批“千人计划”1人，东方学者2人，政府特殊津贴1人，卫生部有突出贡献中青年专家1人，上海市领军人才2人，宝钢奖1人。制定并实施“上海中医药大学教师教学能力促进管理办法”，启动“中青年教师外语培训计划”、“中青年骨干教师教学能力提升资助计划”。利用博士后制度平台为学校学科建设、师资队伍建设服务，制定并实施“上海中医药大学师资博士后管理工作暂行办法”。

教育教学。教师房敏负责的《推拿学》与丁年青负责的《中医英语》新增为上海市精品课程。教师余小萍领衔的“中医特色示范病房教学团队”获上海高校市级教学团队。教师沈云辉负责的《药理学》成为上海市全英语示范课程。“中国医学史”、“医学统计学”等6门课程列为上海市教委重点课程。加快康复学科专业建设，优化整合教学、科研、医疗资源，成立康复医学院。增加青浦区中医医院、枫林社区卫生服务中心为实习医院、预防医学社区教学基地。学校落实上海市“住院医师规范化培养”政策，推进中医住院医师规范培训工作，5家附属医院被认定成为“中医住院医师规范化培训工作基地”。成立上海中医药大学毕业后医学教育委员会，领导、协调学校住院医师规范化培训工作。重视研究生教育的质量。新增中药学硕士专业学位授权点。成立研究生培养机制改革领导小组和工作小组。实施“关于研究生在校期间发表与本专业有关学术论文的若干规定”。1篇论文入选全国优秀博士学位论文提名奖，3篇论文获得上海市研究生优秀成果奖。

科学研究。在研项目达774项，总经费2.7亿元，承担国家级项目172项，包括国家重大新药创制9项，传染病专项4项，国家自然科学基金项目106项。学校中标国家自然科学基金项目51项，总经费1379万元，中标率为15%。教师房敏中标国家杰出青年科学基金，教师王峥涛获得国家自然科学联合基金重点项目资助，附属龙华医院和曙光医院分别中标1项重大新药创制科技重大专项和“十一五”计划中药医院制剂新药开发项目。教师谢家骏获国家重大新药创制“十二五”计划平台项目资助，教师王群获教育部人文社科基金资助。学校获得各级各类科技奖项34项，教师胡之璧、王峥涛领衔的“中药质量控制综合评价关键技术创新及其在国家标准中的应用”获国家科技进步奖二等奖。此项目将中药资源——形态鉴定——理化分析、DNA分子标记——活性（毒性）评价——化学对照品批量制备各单元先进技术有机整合，构建了全国首家具有中医药特色的现代中药质量控制与综合评价技术创新体系。教师施杞、王拥军领衔的“‘舒经理筋正骨、调和气血脏腑、恢复脊柱平衡’法在脊柱筋骨病中的应用与发展”获得上海市科技进步奖一等奖，另有2项成果获二等奖，5项成果获三等奖。学校还获中国中西医结合学会科学技术奖一等奖2项、三等奖1项，高等学校科学研究优秀成果奖二等奖2项，中华医学科技奖2项，上海药学科技奖2项，上海医学科技奖4项，上海中医药科技奖12项，上海中西医结合科技奖5项，明治乳业生命科学奖2项。2010年共发表论文1963篇，其中SCI收录论文84篇，编写各类专著、教材168部，发表学术会议交流论文492次，在报刊科普杂志上发表文章466篇。学校调整学科建设的整体布局。初步完成中医学、中药学、中西医结合三个一级学科的中长期规划。校“中医药文化研究与传播中心”成为“上海市普通高等学校人文社会科学重点研究培育基地”，逐渐形成中医药传统文化研究的特色。新成立中医儿科研究所、中西医结合肿瘤介入研究所、特色诊疗技术研究所、中医标准化研究中心等机构。加强与企业的合作，学校与绿叶集团有限公司签署产学研合作意向书，联合成立的项目研究公司入驻山东国际生物科技园，并在园区建立联合实验室。与湖南汉森制药有限公司联合申报的“十二五”重大新药创制项目获得立项。

国际交流合作。与日本冈山大学、日本大阪滋庆学园、韩国圆光大学、韩国东义大学、韩国大邱韩医科大学、美国圣马丁大学签订合作协议书，与欧洲教育学院、以色列SHEB医学中心签订合作备忘录,在学生交换、教职员工交换、研究合作、教学与文化项目交流、研究信息交换等方面开展合作交流。学校有4个团组分别赴英国、美国、日本和印度进行文化交流,学生参加的人数达48人。共接待外宾40批次,400余人次来学校进行参观访问。

开展"创先争优"活动,以服务世博、当好东道主为载体,创建精神文明。共有1634名学生投入世博志愿服务。学校组织校武术艺术基地和校民乐团的文化志愿者参与各类文化活动。学校世博会志愿者工作站获"上海世博会志愿者工作优秀组织奖",学校海宝园区志愿者服务团队与海宝城市志愿服务站点志愿服务团队被评为"上海世博会志愿者工作优秀团队",蒋素霞获"上海世博会杰出志愿者"称号,孟慎之等53名学生获"上海世博会优秀志愿者"称号。上海中医药大学世博会志愿者工作站郑芬、吴平和世博会志愿者培训师徐琳分别被评为"上海世博会志愿者工作先进个人"。学校加强两个文化基地的建设:做好上海高校十大民族文化博物馆——上海中医药博物馆的宣传,做好上海高校十大文化艺术基地——武术艺术基地的建设工作。继续与"东方讲坛"的合作,开展中医药科学养生知识的普及工作,结合世博主题开展69场讲座。上海市社联第九届科普活动周期间,开展26场健康养生讲座。

注重培养学生创新和实践能力。开展上海中医药大学大学生创新活动计划"创新学分"的申请、认定与授予工作。组织学生参加大学生科学创新计划,学校创业作品"上海透明生物技术有限公司"获第六届上海市大学生创业计划大赛银奖,另获铜奖4项,学校获"优秀组织奖"。学校作品"日本常用语中的中医药元素"获第六届上海市高校学生科技创新作品展示评优活动二等奖,另有三等奖1项。学校作品"低碳生活"获第二届上海市大学生计算机应用能力大赛三等奖。

学校在校生共计6534人(不包括成人教育、留学生)。本专科生5026人,其中当年招生1060人;硕士生1087人,其中当年招生357人;博士生421人,其中当年招生140人;成人教育1959人,其中当年招生723人;长期留学生895人,其中当年招生266人。2010年,学校毕业学生数1678人(不包括成人教育、留学生),其中本专科生1222人,硕士生328人,博士生128人。成人教育毕业学生数410人,长期留学生毕业学生数154人。2010年,校部教职工1250人,其中专任教师675人;具有中级专业技术职务的532人,副高级以上专业技术职务的289人。

(全　瑾　施鸣捷)

[召开八届一次教代会等]　4月9—16日,学校召开八届一次教代会、十二届一次工代会暨校本部三届一次教代会。291名正式代表,48名列席代表,10名特邀代表参加这次"三代会"。代表们表决通过《关于〈第七届教代会、校本部第二届教代会主席团暨第十一届工会委员会工作报告〉的审议意见》、《关于〈第十一届工会财务工作报告〉的审议意见》、《关于〈2009年度学校行政工作报告〉的审议意见》、《关于〈2009年学校财务工作报告〉的审议意见》,并通过大会决议。大会还选举产生校第十二届校工会委员会、校工会经费审查委员会委员。

(全　瑾)

[被评为全国先进工作者]　4月27日,2010年全国劳动模范和先进工作者表彰大会在北京人民大会堂举行。会上,学校附属龙华医院教授王拥军获全国先进工作者称号。王拥军现任龙华医院副院长,学校脊柱病研究所所长,学校博士生导师,博士后指导老师。他提出并证明"舒经理筋正骨、调和气血脏腑、恢复脊柱平衡"的预防与治疗学思想,为各种非手术疗法防治脊柱与骨关节退行性病变以及"围手术期"康复治疗提供了理论依据。

(全　瑾)

[中医数字化四诊仪入选世博会城市未来馆重点展示项目]　4月,学校研制的、集中医问诊、面诊、舌诊及脉诊于一体的中医数字化四诊仪,入选为上海世博会城市未来馆的重点展示项目。中医数字化四诊仪实现一次性客观采集、存储中医四诊信息,并将所采集的信息按照中医理论进行综合分析,经过脏腑、八纲辨证和体质分析给出个性化中医健康处方。中医数字化四诊仪在上海世博会城市未来馆两个区域展示,一是以产品实物方式在家庭未来智能医疗展区展示,二是以多媒体视频方式在社区未来智能医院展示。

(全　瑾)

[裘沛然逝世]　5月3日凌晨5时,国医大师、上海中医药大学和上海市中医药研究院专家委员会主任委员、终身教授、博士生导师裘沛然因病经医治无效,在上海逝世,享年97岁。裘沛然1913年2月1日出生,原名维龙,汉族,浙江慈溪北乡裘市镇人。我国著名中医学家、中医教育家,现代中医药高等教育的先驱者之一,中国中医药高等教育"南方学派"的杰出代表,诗人。5月14日,裘沛然追悼会举行。

裘沛然的亲属、朋友、相关单位领导、学校师生代表以及患者等近千人参加追悼会和悼念活动。

（全　瑾）

［李宣海来校调研］ 5月12日，上海市教卫党委书记李宣海、上海市教委副主任王奇来校调研，考察“085工程”项目落实执行情况。会上，李宣海、王奇听取项目执行情况汇报后，与校党政领导进行交流互动，对学校“085工程”的建设推进情况给予肯定。

（全　瑾）

［中医药文化研究与传播中心成为重点研究基地］ 5月24—25日，市教委在上海师范大学召开上海市高校人文社会科学重点研究基地工作会议。会上，上海中医药大学“中医药文化研究与传播中心”经市教委与专家组的考察与论证，成为上海市普通高等学校人文社会科学重点研究基地，市教委主任薛明扬为基地授牌。

（全　瑾）

［主办第二届海峡两岸中医药传承与发展论坛］ 6月12—14日，第二届海峡两岸中医药传承与发展论坛在学校开幕。论坛由学校与台湾“中国医药大学”联合主办，香港大学医学院中医药学院协办。150多名来自海峡两岸和香港的代表参加论坛，就中医药高等教育进行广泛深入的研讨，并就继续定期举办“海峡两岸中医药传承与发展论坛”、加强两岸中医药界的交流与合作达成共识。香港大学医学院中医药学院与上海中医药大学签署合作协议。

（全　瑾）

［康复医学院成立］ 7月13日，学校康复（医）学院启动大会举行。为适应康复医学人才培养发展需要，加快学校康复学科专业建设，优化整合教学、科研、医疗资源，提升办学效益，学校成立康复医学院。会上，宣读组建康复医学院的决定，任命褚立希为康复医学院院长、周强峰为支部书记。并发放启动经费50万元人民币。

（全　瑾）

［龙华医院建院50周年］ 7月18日，学校附属龙华医院举行建院50周年庆典仪式。副市长沈晓明出席庆典仪式并讲话。庆典仪式上，龙华医院为医院医德双馨的老专家颁发终身贡献奖和突出贡献奖，并为第二批“中青年名中医”授牌。庆典仪式后，医院50名各科专家在医院门诊大厅为市民举行大型义诊，以纪念龙华医院1960年开诊日和庆祝《上海市人民政府关于进一步加快上海中医药事业发展的意见》颁布。

（全　瑾）

［全国大学生针灸操作技能大赛举办］ 11月18—21日，由学校与中国针灸学会主办，中国针灸学会针灸教育专业委员会和学校针灸推拿学院承办的“2010华佗杯全国大学生针灸操作技能大赛暨第九届全国中青年针灸推拿学术研讨会”举行。会议的主题是“继承与创新——加强实践教学，促进人才培养”。这是中医教育历史上首次举办的全国性针灸操作技能大赛，107名选手参赛，共产生72项个人奖，其中包括9个全能奖和63个个人单项奖；28个团体奖。在研讨会上，共交流100多篇学术论文。

（全　瑾）

［上海市中医医院中医老年病转化医学研究中心成立］ 10月15日，由上海市中医老年医学研究所与上海市中医医院联合组建的上海市中医医院中医老年病转化医学研究中心成立。中心以提高老年病中医临床诊治能力为目的，以集成资源、聚焦临床、创新机制、注重实效为原则，优势互补、资源共享，逐步开展以中医特色诊疗技术研发为主要任务的中医老年病转化医学研究和中医老年病临床学科建设，共建研究部门—临床—社区—企业—教学“五结合”的中医转化医学研究合作高端平台。

（全　瑾）

［曙光医院获世博会先进集体荣誉称号］ 12月17日，中国2010年上海世界博览会总结表彰大会在人民大会堂举行，学校附属曙光医院被中共中央国务院授予“上海世博会先进集体”荣誉称号。曙光医院作为唯一一家入选的世博定点医院的中医医院，完成世博会的各项医疗保障任务，服务世博、为世博增光添彩。

（全　瑾）

［举行全国中医青年发展高峰论坛］ 12月28日，由全国高等中医院校青年研究会、学校、浦东新

区中医药事业发展联席会议办公室联合主办的全国中医青年发展论坛暨全国人大代表、政协委员与共青团面对面活动在学校举行。上海市卫生局、共青团上海市委、浦东新区卫生局等政府主管部门领导，北京中医药大学、南京中医药大学、广州中医药大学等兄弟院校领导，全国高等中医药院校青年研究会、上海市慈善基金会等机构的领导，以及国内众多中医教育专家、青年研究专家、人大代表、政协委员、学校青年代表近400人参加会议。论坛以"青年·中医·未来"为主题开展研讨。论坛还评选出首届全国高等中医药院校优秀青年。

（全　瑾）

附:学校负责人及地址

（2010年1—12月）

校党委书记:谢建群
副　书　记:何星海、王　群

校　　　长:陈凯先
常务副校长:谢建群
副　校　长:刘　平、余小明、黄文龙、施建蓉

地址:浦东新区蔡伦路1200号
邮编:201203
电话:51322222

上海师范大学

［**2010年概况**］ 学校重视党建工作，推进党内民主建设。干部管理新做法获评“市教卫系统党建创新最佳案例”。完成校部机关处级管理岗位第五届公开竞聘暨二级单位领导班子换届调整。基层组织开展学生党员“三评”活动，开展以“世博先锋行动”为主题的“创先争优”活动，在团中央“创先争优”工作调研中得到好评。学校做好上海世博会服务工作，在世博园场馆展览设计、世博论坛、世博礼仪、世博推介等方面做出成绩，荣获“上海世博会文明礼仪教育杰出贡献奖”；荣获上海市总工会授予的“工人先锋号”称号。学校抓好新生入学教育，推进校园文化活动，加强学风建设，提升大学生综合素质和核心竞争力。学校荣获全国高校思想政治教育优秀成果一等奖。荣获“全国大学生心理健康教育工作先进单位”称号。荣获市大学生暑期社会实践活动、上海高校青年教师心理健康教育课程大赛、剧汇世博年——上海高校心理情景剧邀请赛的优秀组织奖。学校连续第三年荣获上海市高校毕业生“三支一扶”计划先进集体称号。学生获国际摄影展“新锐摄影师”奖、全国大学生数学建模竞赛上海赛区一等奖和全国本科组二等奖。学生参加“知行杯”上海市大学生社会实践大赛的奖项总数在全市高校名列前茅。获宝钢奖学金特等奖和优秀奖各1名。获全国百篇优秀博士论文提名奖1项。至8月30日，本科毕业生初次就业率为98.38％。学校营造健康文明的校园文化氛围，科普开放日活动荣获教育部校园文化建设优秀成果奖，高雅艺术出校园活动荣获市校园文化优秀项目奖。《上海师大报》被评为全国以及上海市高校优秀校报。学校“学思湖畔”BBS当选“全国高校百佳网站”。

教学改革与科学研究工作。学校推进教学“质量工程”，组织第八届教学质量月活动，启动精彩课堂专家评审，教风学风建设取得显著成效。优化师资队伍结构，引进和录用新教职员工84人，其中教学科研人员61人，具有博士学位的占75％。引进教授7人，其中“东方学者”获批1人，“申江学者”获批1人，为学科点建设和专业布局增添重要力量。推进人才培养工作，获教育部优秀人才计划1人、上海市优秀学科带头人计划1人、上海市浦江人才计划3人、晨光计划3人、曙光计划5人、启明星计划3人等。学校提升教师国际化水平，鼓励教师出国访学，全年公派出国教师163个团组共302人次，同比增长14％。学校新设3个一级学科博士点和14个一级学科硕士点，待教育部批准。已获批翻译、应用统计、应用心理、公共管理4个专业硕士学位点。学校建成“教师教育学”新二级学科。首次成功申报国家社科重大招标课题和上海市重大研究项目。学校获得上海市自然科学二等奖1项、三等奖3项，上海市哲学社会科学奖16项，获得教育部人文社会科学三等奖1项。“扩大并完善免费师范生教育”教学项目获国家教育体制改革试点项目。国家级双语教学示范课程实现零的突破。旅游管理获第六批高等学校特色专业建设点。学校获批市级精品课程4门，上海高校示范性全英语教学课程1门，市教委重点课程17项，上海市级教学团队1个，上海市第四期本科教育高地建设项目6项。被授予“全国学校艺术教育先进单位”称号。“名刊工程”建设成效喜人，《上海师范大学学报》(哲社版)入选“全国高校三十佳社科期刊”，《高校文科学术文摘》获全国高校社科期刊唯一“特别贡献奖”。另外，学校获上海市古籍保护工作优秀组织奖。

国际合作与交流。引进国外优质教育资源。全年共有31个国家和地区157个高校和组织的1050人次来访，总人次比上年增长近七成。共有342名学生分赴13个国家和地区的54个学校或机构学习和实习，近130名学生赴国外参加短期学术交流、艺术活动、文化体验或实习实践等。招收57个国家的2017名留学生，共有130余名外国留学生获得各类奖学金。位于日本和非洲博茨瓦纳的两所孔子学院运行良好，第三所孔子学院即将揭牌。成功入选“中非高校20＋20合作计划”并已启动。作为学术交流品牌项目的“学思湖海外名师讲坛”，邀请来自9个国家的30余位知名专家和教授登台演讲。成功举办13场国际以及两岸四地学术研讨会。

服务社会。首届“教师教育创新班”硕士毕业生走上工作岗位。出版《教育领导学》、《解读校长专业标准》等专著。全国心理学年会、中国高教年会在校召开。完成教育部和上海市对口支援和培训工作，培训校长教师近万人次。落实上海师大服务基础教育行动计划，开拓与金山、徐汇、浦东、青浦等4个区的基础教育合作。推进"上海新农村教师专业发展培训项目"，完成小学语文等130多门课程建设以及相关培训。承担国家级教师培训项目——"国培计划"。启动"面向国际化人才培养的中小学拓展型课程开发与实验"重大实验项目。

创建和谐校园。投入预算资金突破1000万元完成"十件实事"工程。完成兑现357名新老教职工的住房补贴621万元。加强新教工过渡性安居保障，认真解决新进校且符合入住条件的教职工、博士后进站人员及引进人才在徐汇校区住宿困难。共向9750人次困难学生发放各类奖助学金和困难补助1200万余元。成立慈善工作站，探索新的帮困模式，丰富帮困载体。教育发展基金会积极争取校外支持，设立校内奖优助学项目9项，开展校外教育扶贫公益项目8项，捐赠支出91万余元。后勤管理水平、服务质量全面提升。节约型校园建设成效显著，引入风光互补太阳能路灯照明和教学场所节能新光源；启动能源监管体系建设，初步建成能源管理平台电力监控子系统。开展校园控烟活动和东部"学思湖"水质、生态环境综合治理。校园信息化和图书馆建设得到加强。学校公共数据平台涵盖人事、财务、设备等多类信息，为构建学校"大信息"共享环境奠定坚实基础。加快图书馆的信息化工程建设，增加10个左右数据库，图书情报信息功能达到国内领先水平。创建"平安世博、平安校园"，校园治安措施有力，全校未发生影响稳定的突发事件和群体性事件。设立上海唐君远少数民族优秀师范生奖学金。上海市阳光体育大联赛高校组健美操比赛蝉联第一。组织"华侨华人创业讲坛"系列讲座和音乐会。荣获市统战系统"纪念新中国成立60周年"征文优秀组织奖。开设爱心学校128所。与上海市纳米科技与产业发展促进中心联合建立纳米科普工作站并对外服务。学校的生物标本馆成为"科普之旅"成员单位。学校成功开展向青海玉树大型捐赠活动。

（宋莉莉）

[获国家科技进步二等奖] 1月11日，国家科学技术奖励大会在北京人民大会堂举行，学校生环学院副教授赵梅君、教授李利珍的著作《多彩的昆虫世界》荣获国家科技进步二等奖。中共中央总书记、国家主席胡锦涛以及全体政治局常委出席大会并为获奖科学家颁奖。

（宋莉莉）

[爱心学校获"上海市志愿服务优秀品牌"称号] 4月上旬，由上海市精神文明建设委员会和上海市志愿者协会共同举办的"2008—2009年度上海市志愿者活动先进集体、优秀个人"评选落幕。学校爱心学校荣获"上海市志愿服务优秀品牌"，学校志愿者服务总队荣获"上海市志愿服务优秀集体"称号，学生徐渊荣获"上海市优秀志愿者"称号。

（宋莉莉）

[全国小学语文课程与教学研讨会召开] 5月28—31日，全国小学语文课程与教学研讨会暨全国高等教育研究会小学语文教学法研究中心第15届学术年会在学校召开。来自香港理工大学、首都师范大学等全国40多所师范院校的近80位代表参加。

（宋莉莉）

[博茨瓦纳副总统受聘荣誉教授] 7月20日，博茨瓦纳副总统蒙帕蒂·梅拉费到校受聘学校荣誉教授。博茨瓦纳贸工部长多卡斯·马卡托·马苏雷、博茨瓦纳驻华大使娜奥米·马金达和我国外交部非洲司副司长曹忠明、外交部非洲司参赞王新民，上海市外办有关人员与校长李进、副校长陆建非等出席仪式。

（宋莉莉）

[世博会与都市发展国际学术研讨会召开] 10月28—29日，"世博会与都市发展国际学术研讨会"在学校举行。市人大常委会副主任周禹鹏、市教委主任薛明扬、市政府发展研究中心副主任朱金海、加拿大文化更新研究中心院长梁燕城、校长李进、副校长李和兴分别致辞。会议由上海市人民政府发展研究中心、上海师范大学都市文化研究中心、加拿大文化更新研究中心和上海市高校都市文化E-研究院主办。来自美国、加拿大等国家的70多位学者共同参加研讨。

（宋莉莉）

[获"服务世博全国先进集体"表彰] 学校8000余名服务世博志愿者累计服务上海世博参观者逾1100万人次，获世博园区参观者98.4%的高满意度。党中央、国务院授予学校服务世博全国先

进集体称号。市委、市政府授予学校“服务世博、奉献世博”先进集体。学校作为获奖集体代表参加党中央、国务院在人民大会堂举行的中国2010上海世界博览会总结表彰大会。

（宋莉莉）

［获习近平接见］ 11月18日，学校非洲研究中心主任舒运国在中国驻南非大使馆与其他中国学者受到国家副主席习近平的亲切接见。舒运国教授于11月18日至19日应中国驻南非大使馆邀请赴南非比勒陀利亚和约翰内斯堡参加“纪念中非合作论坛成立10周年研讨会”并作大会发言。学校非洲研究中心于1999年成立，该中心已成为我国非洲学研究的重要基地之一，并为世博会非洲联合馆的设计和建设作出重要贡献。

（宋莉莉）

［中国高教学会高教学专业委员会召开年会］ 12月13日，中国高等教育学会高等教育学专业委员会第五届会员代表大会暨2010年学术年会在校召开。大会主题为“现代大学制度”。会议由中国高等教育学会高等教育学专业委员会主办，学校承办。中国高教学会高等教育学专业委员会第四届理事会副理事长谢安邦教授主持。上海市政府部门、全国高校及高等教育研究机构约200位专家、学者参加大会。

（宋莉莉）

附:学校负责人及地址

（2010年1—12月）

校党委书记:周鸿刚
副　书　记:黄　刚、王莲华、茅鼎文

校　长:李　进
副校长:王莲华、陆建非、李和兴（12月离任）、丛玉豪、袁　雯（12月离任）、高建华

徐汇校区地址:桂林路100号
邮编:200234
电话:64322881

奉贤校区:海思路100号
邮编:201418
电话:57122472

上海师范大学天华学院

[2010年概况] 全年下达招生计划1900人，其中招收春季生、“三校生”243人，完成率和报到率为100%；招收秋季生1657人，实招1722人，完成率103.92%，报到率95.11%。在校学生6412人，178个教学班，开设课程407门。学院全年共录用新教师25人，其中博士3人，硕士22人；选拔毕业留校生8人，专任教师总数310人，兼职教师112人。学校毕业生共1226人(含春季毕业生190人)，毕业率达到98.9%，经上海师范大学审核批准，学位授予率79.02%。有14人被国内大学录取、5人被国外大学录取攻读硕士研究生。本届毕业生就业率95.27%，其中签约率46.41%。

学科专业建设。加强学科专业建设，学院新增德语和小学教育两个专业，本科专业总数共22个。建立科研处，设立科研基金。开展学科和专业特色定位的讨论。制订各专业未来五年发展规划。建立学科建设网页和课程中心。成立“天华学院专业建设指导委员会”。完成《天华教育研究》杂志年度出版任务，四期杂志共发表文章83篇，其中民办教育研究类文章12篇，占14.5%；学术论文32篇，占38.6%；教学研究论文19篇，占22.9%；学生工作文章10篇，占12%；其他特色专栏文章10篇，占12%。学院财务管理、数字媒体艺术与通信工程3个专业顺利通过评审和复审。

师资队伍建设。5月中旬，由董事长邹荣祥率团考察访问美国百年太平洋大学，双方签订合作培养天华学院师资力量的协议。协议规定，由天华学院分批选拔75名优秀青年教师赴美攻读博士学位，第一批经太平洋大学考试录取，35名攻读教育学博士的教师已开始上课。学院4位中层干部，于9月初至12月底，赴太平洋大学跟岗实习、考察，学习国外大学教育与管理经验。

参与上海世博会服务工作。学院派出99名世博会志愿者和420名站点志愿者，为上海世博会做好服务工作。学院世博会工作站荣获“中国2010年世博会志愿者工作优秀组织奖”称号；学院世博园区志愿者团队荣获“中国2010上海世博会志愿者工作优秀团队”称号。学院2008级学生梁喆昊作为上海民办高校学生代表赴北京出席世博总结表彰大会。学院保卫处被市教委评为世博安保工作先进集体。42位师生获世博先进个人称号。

校园文明等建设。年内，学院举办第二届校运动会。学院第二届“天华骄子”评选结束，28人获选，在校内进行了事迹演讲。学院编撰出版《让爱洒满天华每一个角落》的师德风范征文集。学院慈善工作站成立，“爱心小屋”开始运作。12月，学院申报市文明单位工作完成评审。学院“建设传统文化长廊，打造国学育人平台”被评为2010上海市校园文化优秀项目。9月中旬，学院受工业和信息化部委托，第二届“天华杯”全国电子专业人才技能大赛在学院举行。来自全国165所院校的700多名师生参加了决赛，评出特等奖1人，一等奖27人，二等奖90人，三等奖140人。学院参赛总数38人，获一等奖2人，二等奖2人，三等奖3人，优胜奖7人。12月16日，解放军总参谋部和教育部在成都召开全国大学生军训工作会议，学院自配军训教官，开展常态化军训的经验，得到工作会议充分肯定。学院全年发展新党员308人，其中教工新党员14人，学生294人；转正107人，其中教工党员12人，学生党员95人。举办新党员培训班两期，培训290人。全校已有党员487人，设党总支8个，党支部24个。

改善办学条件。学院全年新增公共机房1间，总数达到12间，计算机新增55台，总数达1093台；固定资产新增7047万元，总数达到29998万元，其中建筑及绿化23927万元，各类设备5929万元，其他142万元。增加纸质图书9.9万册，纸质图书总藏书量达到36.9万余册。租用各种电子图书50万册，合计87万册。

(谢吕法)

[设立食堂补助基金] 9月1日起，为平抑物价，确保师生就餐质量，学院从学生学费中每生每年提取200元，总计每年提取150万元，设立食堂补助基金。同时，成立食堂管理和监督协调小组，负责基金的调拨使用，确保食堂的正常运营。

(谢吕法)

[举办第二届校运动会] 10 月 19 日,学院第二届运动会举行。576 名运动员参加比赛,39 人打破校运会记录。同时,学院组建学生运动队、大学生艺术团。校艺术体操队和女子长跑队分别夺得上海市大学生阳光体育大赛团体项目一等奖。

(谢吕法)

[慈善工作站成立] 11 月 24 日,学院慈善工作站成立大会召开。上海市慈善基金会副理事长郭开荣、崔善江出席会议。高校慈善工作站是上海慈善事业在高校深入发展和不断拓展的新形式,是慈善育人的新载体。"上海师范大学天华学院慈善爱心屋"和"上海师范大学天华学院经常性捐助接收点"同时揭牌。

(谢吕法)

附:学校负责人及地址

(2010 年 1—12 月)

院党委书记:郭天成
副　书　记:邹荣庚、龚春蕾(兼任纪委书记)

院　　　长:石伟平
常务副院长:叶才福
副　院　长:郭伟奇、陈新斌

地　址:嘉定区胜辛北路 1661 号
邮　编:201815
电　话:39966266

上海对外贸易学院

［**2010年概况**］ 学校制定了《上海对外贸易学院十二五事业发展规划》。新增2个专业硕士学位授权点；4个一级学科硕士点已通过上海市评审，进入国务院学位委员会批准程序；获得推荐优秀应届本科毕业生免试攻读硕士研究生资格。新增教育部质量工程项目3个，新增上海市第四期本科教育高地建设项目4个、市级教学团队1个、市级精品课程1门、市教委重点课程8门、上海市高校示范性全英语教学课程2门，新增上海市级教学成果奖7项。

师资培养与引进人才工作。学校引进学科建设急需的副教授、博士20人。加大骨干教师的培养力度，年内有57名教师被聘任为高级专业技术职务。构建和拓展教师培养平台，教师学历层次进一步提升，新增攻读博士学位15人，23位教师出国进行课程进修。学校获得每年30个国际旅费资助名额，5名教师获得资助。启动骨干教师海外访学计划，年内有109人次的教师出国、出境短期访学、参加学术活动。学校加强东方学者特聘教授、浦江计划学者、百千万人才计划、国家“千人计划”和上海市领军人才等项目的选拔和推荐力度，1名教师入选“新世纪优秀人才支持计划”；1名教师被教育部聘为创业教育指导委员会委员；3名教师分别当选为中国国际贸易学会全国商务英语研究会主任、常务副主任、副主任；4名教师被聘为上海市学科评议组成员；7位教师分别当选上海市世界经济学会副会长、常务理事、理事会成员和顾问；17位青年教师获得2010年度优青专项资助；2位教师获“宝钢优秀教师奖”称号；4位教师获双语教师“教学质量奖”称号；8位教师获校第五届青年教师“教学质量奖”称号。

学术水平和决策咨询能力进一步提高。学校获得各级纵向科研项目78项，其中国家级项目6项(其中国家社科基金项目3项，国家自然基金项目2项，科技部星火计划项目1项)，省部级项目41项；获得横向课题45项。1名教师获得上海市第八届“邓小平理论研究和宣传优秀成果奖”著作类三等奖，1名教师获得第十六届“安子介国际贸易研究奖”优秀论文三等奖，1名教师获得“黑龙江省社会科学优秀科研成果奖”二等奖。学校作为上海市高校人文社科基地，承担“十二五”时期上海虹桥商务区重大问题研究课题、参加编制浦东新区外经贸“十二五”时期发展规划。学校被市委组织部确定为首批上海市干部教育培训的高校基地。学校召开学术研讨会20余次，其中国际学术研讨会10余次。学校《国际商务研究》和《WTO动态与研究》杂志被评为“上海市优秀学报”、“全国高校百强社科期刊”、“全国高校优秀社科期刊”。

教育教学研究等工作。学院国际商务实验教学中心重点项目“全球运营中心”项目建设初具规模。学院举办“第十一届全国高校经济管理类实验室建设研讨会”。学院与英国大学生创业工作委员会合作，编写面向全体大学生的创业素质教育教材，并承办教育部创业教育教学法骨干教师高级研修班。5月，学院国际经济与贸易专业0607班被共青团中央、教育部授予“全国先进班集体”称号。1名学生获“全国三好学生”称号。1名学生获得宝钢优秀学生特等奖。在市委宣传部、团市委等联合表彰2010年大学生暑期社会实践活动中，学校获得优秀组织奖1项、优秀项目奖12项、优秀个人奖5人、优秀指导教师2人。学校学生在2010年度全国大学生英语竞赛中共获3个特等奖、6个一等奖、6个二等奖、24个三等奖；在第七届“挑战杯”中国大学生创业计划竞赛决赛中，学校学生团队获全国银奖；在“e路通”杯第三届全国大学生网络商务创新应用大赛总决赛中，学生获单项一等奖2项。

国际交流与合作。学校拓宽与国外大学在教学科研方面的合作与交流，与巴黎第十大学、美国奥尔巴尼法学院、英国特许公认会计师公会等58所学校与机构签订合作协议。与瑞士公共管理学院签订联合培养公共管理专业博士研究生的合作协议和联合培养国际公共管理专业硕士生的备忘录。在斯洛文尼亚卢布尔雅那成立商务孔子学院，学校派出教师担任中方院长。学校被推选为上海市高校外国留学生教育研究会常务理事单位，承办2010年度上海市高校外国留学生教育研究会年会，并获批上海市教委国际交流重点建设项目——“上海市外国留学生服务中心”。学校外国学历生招收各类留学生448人。学校国际合作院校新增4家，其中国别上新增两个国家。

WTO教席工作。7月，世界贸易组织总干事拉米亲临学校松江校区启动中国世界贸易组织教席计划。学校鼓励教师进入世界贸易组织的核心学术圈，开展具有国际水准的WTO研究。学校保持与美国乔治城大学、西班牙巴塞罗那大学WTO与区域一体化中心和瑞士世界贸易学院等世界上三所最主要的WTO研究教育机构的合作关系，并与美国普度大学、联合国世界知识产权组织、国际劳工组织、瑞士洛桑大学、瑞士公共管理学院等新建或深化合作关系。学校提升研究生办学层次，与瑞士公共管理学院达成博士项目合作协议，开展共同培养WTO与国际经济治理、国际公务员管理、国际组织管理等方向的博士研究生。世界贸易组织总干事拉米，WTO首席经济学家、总干事办公厅主任、世界贸易组织条法司司长Human，瑞士世界贸易学院副院长、商务部世贸司司长柴小林，中国常驻WTO使团参赞卢先堃和WTO上诉机构成员张月姣教授等来访。1名教师被聘请为世界知识产权组织仲裁与调解中心仲裁员。

WTO教席计划中国启动仪式举行

学校完成基建、修缮、采购等各领域和部门的经济责任、财务收支、基建修缮和专项审计共12项。制定和修订《基建审计管理办法》和《基建修缮工程审计实施办法》，成立招标办公室。7月，学校启动第六次人口普查工作，成立"上海对外贸易学院第六次人口普查领导小组"，此次普查，学校共涉及2个普查区、19个普查小区，覆盖1485户，共计4681人，其中户籍人口3238人。10月16日，学校举行50周年校庆庆典。校庆前后学校共收到12份上级领导题词，收到教育部、中共上海市委、上海市政府等发来的贺信，共有53家国内外院校代表及1684位校友参加庆典大会。

（陈　成）

[设立常州外经贸人才实训基地]　1月8日，学院与常州世界贸易中心合作设立的"上海对外贸易学院—常州外经贸人才实训基地"在常州世贸中心举行开业典礼并正式挂牌。院长孙海鸣与江苏省贸促会副会长肖铁军为基地成立揭牌。该基地是集教育培训、企业咨询、产学研相结合的校企合作智力服务机构，学院将面向常州为中心的"长三角"地区各类中小外贸企业提供服务，开展对外经贸教育培训。常州世贸中心为实训基地提供800平方米的教育培训场地。

（陈　成）

[斯洛文尼亚卢布尔雅那大学孔子学院成立]　5月26日，学院与卢布尔雅那大学共同建立的孔子学院在斯洛文尼亚卢布尔雅那正式挂牌成立。中国驻斯大使馆临时代办杨建中、副院长徐小薇、卢布尔雅那大学经济学院院长杜尚·穆拉默尔等百余人出席挂牌仪式。这是全球第284家孔子学院，也是继伦敦和哥本哈根之后第三家商务孔子学院。

（陈　成）

[国家精品课程和市重点课程]　8月19日，"国际贸易实务"课程被评为国家精品课程。另外，"国际投资"课程被评为上海高校市级精品课程。"宏观经济学"、"国际技术与贸易"、"综合英语"、"个人理财与银行零售业务"、"民法"、"PowerBuilder

数据库程序设计"、"政治经济学"和"创业计划与实践"等8门课程立项为市教委重点课程。

（陈　成）

［完成世博会志愿者工作］　8月21日—9月5日，学校2432名世博会志愿者和611名城市站点志愿者分别在上海世博园区和上海市各区县站点开展志愿服务活动。在全市开展的"服务世博，奉献世博"竞赛第二次评比表彰活动中，学校评上先进集体1个，先进个人8人。在共青团上海市委组织的"青春世博行动"优秀个人和优秀集体评比表彰活动中，学校有1个优秀集体和1名优秀团员获得表彰，1名学生获"五四"青年奖章。在上海世博局的总结表彰中，学校有3个优秀团队，7名先进个人，1名杰出志愿者，136名优秀志愿者获得表彰。在第九批园区志愿者服务工作测评中，学校志愿者服务的13个片区中有8个片区获得满分。另外，学校有2名世博女兵获得三等功。

（陈　成）

［举行建校50周年庆典大会］　10月16日，学校建校50周年庆祝大会在上海大学生体育中心体育馆内举行。来自全国各地50多所高校的领导出席庆典大会。英国、美国、加拿大、德国、澳大利亚、荷兰、斯洛文尼亚等国10所院校的校长或代表参加庆典大会。庆典大会由院党委书记武克敏主持。院长孙海鸣讲话，回顾50年来学校取得的成绩。

（陈　成）

［韩素音翻译竞赛颁奖典礼举行］　10月23日，"传神杯"第二十二届韩素音青年翻译竞赛颁奖典礼在松江校区举行。院党委书记武克敏、中国翻译协会副会长施燕华、副会长兼传神联合信息技术有限公司总裁何恩培、会长助理黄长奇、原大连外国语学院院长汪榕培、上海交通大学外语学院负责人以及专家学者、部分获奖选手出席典礼仪式。本届竞赛共计85名参赛者获得奖项。

（陈　成）

［主办《联合国国际货物销售合同公约》国际学术研讨会］　11月6—7日，由学校主办，上海市法学会国际法学研究会和上海市教委国际贸易法重点学科联合承办的"《联合国国际货物销售合同公约》诞生30周年：回顾与展望"国际学术研讨会召开。院党委副书记、副院长陈洁，商务部条约法律司原司长、WTO争端解决机构专家组成员、中国国际经济贸易仲裁委员会仲裁员张玉卿，联合国国际贸易法委员会前秘书长、美国佩斯大学教授，商务部条约法律司副司长吴振国，上海仲裁委员会副主任兼秘书长方雄，中国国际经济贸易仲裁委员会上海分会副秘书长黄文和上海市法学会副会长陈金鑫出席会议。来自美国佩斯大学、日本东北大学、香港中文大学、香港城市大学、中国政法大学、对外经济贸易大学、武汉大学、中南财经政法大学和复旦大学等中外高校的学者，司法部门和中外律师事务所的法理实务专家等近两百人参加本次会议。会议就《联合国国际货物销售合同公约》的历史、现状和发展、适用范围等相关议题进行讨论。

（陈　成）

［市政协领导视察学校］　12月8日，市政协副主席朱晓明率团视察学校。院党委书记武克敏，党委副书记、副校长陈洁，副校长叶兴国、俞光虹陪同视察。武克敏汇报学校工作。朱晓明等参观了学校校史馆、国际商务实验中心、金融实验室和模拟法庭。

（陈　成）

附：学校负责人及地址

（2010年1—12月）

院党委书记：武克敏
副　书　记：夏斯云、陈　洁

院　　　长：孙海鸣
副　院　长：陈　洁（兼）、叶兴国、俞光虹、徐小薇

松江校区地址：上海市松江区文翔路1900号
邮编：201620
电话：67703000

古北校区地址：上海市长宁区古北路620号
邮编：200336
电话：62748250

上海工程技术大学

［**2010年概况**］ 学校被教育部批准为全国首批“卓越工程师教育培养计划”试点高校之一。获得“工商管理”、“材料科学与工程”、“机械工程”和“纺织科学与工程”4个一级学科硕士学位点。大学科技园被科技部、教育部认定为国家大学科技园。参展中国国际工业博览会，有8个参展项目，签约合同金额总计2500多万元，被授予“优秀组织奖”，获得优秀展品二等奖1项。

为“参与世博、服务世博”作出贡献。学校中法埃菲时装设计师学院师生赴美国帕萨迪纳，参加该市新年玫瑰花车巡游，宣传世博会，推介世博会特许产品；时装模特专业的学生参加展现“创新”、“时尚”、“活力”元素的世博会上海活动周创意服装方阵演出；服装学院教师参与世博园区工作人员服装设计竞标，他们设计的5大职业类别的服装均成功被世博局选中、入围，尤其是安保服装直接被国家公安部选定为世博安保服装。中韩多媒体设计学院创作的多媒体打击乐《司岗里的呼唤——本真与前卫的对话》与《多媒体京剧音乐剧场——爱情四季·白娘子》入选2010年世博会项目。共有3234名教师、学生担任世博会志愿者。教师李静获“上海世博工作优秀个人”称号；校团委被授予上海世博会志愿者工作优秀组织奖、优秀团队奖；2名志愿者获世博会“杰出志愿者”称号；122名志愿者获“优秀志愿者”称号；3名教师获“世博志愿者工作先进个人”荣誉称号。至2010年底，学校毕业生签约率74.1%，就业率为98.14%。

制定《上海工程技术大学事业单位岗位设置方案》、《上海工程技术大学岗位设置管理实施办法》等文件，初步构建校岗位设置管理的基本框架。优化师资队伍结构，师资队伍的硕博比例达到85%；完善引进海内外高层次人才的措施和办法，制定并实施创新团队培育和引进方案。学校推进车辆工程、飞行技术2个专业，本科、硕士2个层次，飞行技术、汽车工程、轨道交通工程3个专业方向的“卓越工程师教育培养计划”试点专业项目建设。完成“工商管理”、“艺术设计”和“交通运输”等第三、第四期市教委教育高地的建设验收工作。“机械设计基础”、“物流信息技术”和“汽车理论”被评为上海市精品课程，7门课程被评为市教委重点课程，1门课程获批上海市外语课程建设项目。“工商管理”获得了国家级特色专业称号，“车辆工程”专业团队获得了上海市教学团队的称号。

组织大学生参加“上海市大学生工程训练综合能力竞赛”、“全国大学生数学建模竞赛”、“全国大学生广告艺术大赛”、“飞思卡尔杯全国大学生智能汽车竞赛”、“全国大学生节能减排社会实践与科技竞赛”、“上海高校大学生化学实验竞赛”、“上海市职业技能竞赛”等全国和上海市的各类知识竞赛与技能竞赛。共获得国家级二等奖7项，三等奖2项；上海市特等奖2项，一等奖13项，二等奖66项。

全面提升科研创新能力。建成“上海市社会调查研究中心工程技术大学分中心”和“上海市人文艺术创新研究中心”。学校全面推进了大学科技园建设，成为上海第11家国家大学科技园。学校各类纵向科研项目立项210项。其中国家自然基金项目11项、省部级项目56项。学校共获得省部级及以上奖励10项，其中上海市科技进步三等奖3项、上海市邓小平理论优秀成果二等奖1项、上海市哲学社会科学内部探讨优秀成果奖2项、上海市决策咨询研究成果一等奖1项、二等奖1项、三等奖2项。

研究生教育教学水平跃上新的台阶。“工商管理”、“材料科学与工程”、“机械工程”和“纺织科学与工程”4个一级学科硕士学位点，通过市学位委员会的审核，并获得教育部批准。学校成功举办“中国社会保障前沿问题”2010年上海市研究生学术论坛和“车辆工程”研究生暑期学校，全国各高校的上百名研究生参加论坛和暑期学校。

国际合作与交流工作。学校与美国圣克劳德州立大学签订两校工业工程—工程管理专业学位项目合作招生协议、与爱尔兰沃特福德理工学院、瑞士西北应用科技大学、德国施马卡尔登大学、澳大利亚科廷大学签订两校建立友好合作关系协议书，与日本小松产业机械（上海）有限公司签订产学合作协议。全年组织53个团组487名师生赴国外进行国际合作与交流，其中教师120人，学生367人。先后派出12个师生团组分赴意大利、美国、英国、德国、韩国、日本等国进行短期教学交流、课程学习、实践教学。14位优秀毕业生分赴瑞典西部大学、瑞典哈姆斯塔德大学攻读硕士学位。首次组织英语骨干教师16人赴美国圣克劳德州立大学参加为期1个月的英语培训。

继续教育和高等职业教育持续发展。高职学院加强“机电一体化”和“模具设计与制造”2个重点专业建设，进一步推进“数控机床与编程”、“模具制造工艺”、“电工技术”这三门市级精品课程建设。重点建设“模具设计与制造公共实训基地”、“数控技术应用开放实训中心”、“商品储运与配送实训中心”等实训基地。高职学院85％的毕业生获得技能证书。继续教育学院完善“技能培训＋学历教育＋岗位实习”的“三结合”培养模式，开设北大青鸟国际软件工程师证书、中国物流职业经理资格证书、劳动与社会保障职业资格证书、数控机床操作与维修资格证书等5个“三结合”培训项目。

（张健明　冯　洁）

[韩正、殷一璀到校调研]　①5月12日，市长韩正在校党委书记滕建勇、校长汪泓等校领导的陪同下到学校调研。韩正到学校图文信息中心观看了“全球化关系中的设计展望2020”国际学术交流展示会。在现代工业工程实训中心，韩正察看了城市轨道交通学院中心实验室、汽车工程学院中心实验室、航空运输学院中心实验室及其相关实训设备等。并听取了城市轨道交通学院、汽车工程学院、航空运输学院院长的工作汇报。松江区区委书记盛亚飞、区长孙建平等领导陪同参与此次调研。②7月26日，市委副书记殷一璀在市委副秘书长姚海同、市委研究室副主任傅爱明、市教卫党委书记李宣海、市教委副主任王奇、市教卫党委副秘书长谢一龙的陪同下到学校调研。殷一璀听取学校领导关于对接产业的办学模式、卓越工程师培养计划、产学合作教育的人才培养模式、国际交流与中外合作教育等工作汇报。她充分肯定学校近年来所取得的成绩，并希望把学校办成一流的工科大学。

（冯　洁）

[与长宁区政府签订战略合作的框架协议]　1月22日，学校与长宁区政府举行“区校大联手，共建东虹桥战略合作暨进一步提升区校战略合作的框架协议”签约仪式，成立上海工程技术大学科技园；同时与国家宽带网络与应用工程技术研究中心签约，联合推进中国下一代广播电视网（简称NGB）仙霞产业园建设工作。全国人大常委龚学平、市政协副主席朱晓明、市委副秘书长李逸平、市教卫党委书记李宣海、市教委副主任印杰、市经济信息化委副主任邵志清以及长宁区领导等出席。上海工程技术大学科技园将以“数字动画”、“互动设计”、“媒体规划”、“信息与通信工程”、“电子与通信工程”等学科对接长宁区多媒体产业园、对接“数字长宁”产业；以中法埃菲时装设计师学院、中韩多媒体学院、服装学院、艺术设计学院的服装、艺术、会展等学科对接“时尚长宁”创意产业；以管理学院的经管、财经、国贸、物流等学科对接长宁经贸功能提升；以继续教育学院、对外文化教育交流中心，为人才培训提供强大支持。双方将大力推进科技部、国家广电总局和上海市关于简称NGB的“市部局”合作项目建设，建设NGB上海示范项目，打造面向全国的NGB人才基地。

（王　镇）

[上海数字贸易与现代物流工程技术中心成立]　12月7日，由民建上海市委、上海市经济信息化委和长宁区政府联合举办的“上海民建浦江论坛——‘十二五’信息产业发展与展望”在长宁区举行。全国人大常委会副委员长、民建中央主席陈昌智，上海市副市长艾宝俊，市政协副主席周汉民等领导出席论坛。论坛举办期间，由长宁区政府、上海工程技术大学、上海亿通国际股份有限公司3方共同推进的虹桥贸易功能性平台——“上海数字贸易与现代物流工程技术中心”揭牌入驻上海工程技术大学国家大学科技园。上海数字贸易与现代物流工程技术中心将依托上海工程技术大学在应用科学、管理科学的优势，依托学校国家创新型卓越工程师培养计划，建设国际贸易与现代物流的专业人才的聚集和培养高地，为虹桥贸易中心建设培养高端应用型人才。

（王　镇）

[获上海市级教学成果奖]　3月12日，市教委、市人力资源和社会保障局、上海公务员局联合召开上海市2009年度教学成果奖表彰大会，学校荣获一等奖2项、二等奖5项、三等奖7项。由校长汪泓领衔的“构筑产学研战略联盟，打造优秀工程师摇篮——地方工科大学应用型创新人才培养模式”和副校长郝建平领衔的“创新工程训练平台，培养工程技术人才——国家级实验教学示范中心建设”2项成果获得2009年度高等教育上海市级教学成果一等奖。

（王　镇）

[获上海市职业技能竞赛金奖等奖项] 3月18日，上海市职业技能竞赛组委会在学校召开2009年上海市职业技能竞赛表彰大会暨2010年上海市职业技能竞赛启动仪式。市教委副主任王奇、市人力资源和社会保障局、市总工会、共青团上海市委员会、市经济和信息化委员会、市国有资产监督管理委员会等6个委办局领导出席大会。工学校高职学院学生参赛的“维修电工”荣获团体金奖，“数控机床工(车工)”和“数控机床工(铣工)”荣获团体银奖，学校获得优秀组织奖。

(王　镇)

[举办第四届服装科技与艺术创新国际学术论坛] 4月7日，第四届服装科技与艺术创新国际学术论坛开幕式举行。此次活动由上海工程技术大学、上海国际服装文化节组委会以及上海市纺织工程学会联合主办。英国伦敦时装周的三大创始人之一，曾为众多顶级设计师度身制作时装发布会的英国著名时装周导演John Walford出席开幕式，并为学生作了题为《如何利用时装周培育新一代的设计师》的专题讲座。此次论坛为期一个半月，来自英国、比利时、德国、法国、韩国和国内著名教授、时尚设计师、企业教授级高工，围绕纺织服装科技创新、服装创新理念与设计、服装品牌发展战略、服装创新人才培养等多个主题进行演讲。

(王　镇)

[开展产学研合作] ①4月22日，学校与郑州市轨道交通有限公司举行校企合作签约仪式。5月18日，上海工程技术大学服装学院产学研基地工作平台在海宁揭幕。8月24日，学校与中国东方航空股份有限公司举行飞行技术专业产学合作签约。10月21日，学校与上海纺织控股(集团)公司在上海国际时尚中心举行研究生联合培养和联合创意平台建设签约启动仪式。12月11日，上海产学合作教育协会第四届会员大会召开，校长汪泓当选为上海市产学合作教育协会常务副会长，同时上海市第四届理事会一致同意上海市产学合作教育协会常设秘书处继续设在上海工程技术大学仙霞路校区。大会表彰了上一届产学合作教育理论研究项目和课题，学校分别获得优秀成果奖和优秀论文一等奖、二等奖、三等奖各1项。②10月26日，上海科技成果转化促进会、上海市促进科技成果转化基金会和上海市教育发展基金会举办“2010年产学研结合优秀项目颁奖暨技术转移创新论坛”，全国政协常委、科促会名誉会长蒋以任出席并致辞，市政协副主席钱景林出席会议。学校机械工程学院程武山教授及其领衔的科研团队与上海电器股份有限公司人民电器厂合作的“塑壳式断路器智能测试台的研究和开发”项目获得大会唯一一项产学研结合优秀项目奖。

(王　镇　冯　洁)

[轨道交通国际论坛举行] 5月18日，学校与同济大学《城市轨道交通研究》杂志社、上海国际展览中心有限公司共同主办的“2010中国(上海)轨道交通国际论坛暨《城市轨道交通研究》理事会年会”举行。校长汪泓出席开幕式。参加此次大会的有两院院士周干峙、中国工程院院士刘建航，上海市交通港口局副局长周淮，同济大学党委书记周家伦，全国轨道交通行业的相关领导和专家以及来自德国、法国、日本及台湾地区轨道交通行业的专家和学者等。

(王　镇)

[参加全国职业院校技能大赛获奖] 6月23日，2010年全国职业院校技能大赛高职组在天津开赛，学校“模具——零部件3D测量与制造”项目荣获该竞赛项目二等奖；“数控技术——复杂部件造型、多轴联动编程与加工”项目荣获该竞赛项目三等奖。

(王　镇)

[与美国州立大学签署合作协议] 8月14日，美国圣克劳德州立大学校长厄尔·波特一行到访，校长汪泓，副校长陈力华、程维明会见了波特一行，汪泓和厄尔·波特共同签署上海工程技术大学和圣克劳德州立大学“3＋2”专业合作协议。

(王　镇)

[中国社会保障问题研究生学术论坛举办] 11月20日，由上海市学位委员会主办，上海工程技术大学、上海社会保障问题研究中心承办的“中国社会保障问题研究生学术论坛”在松江校区举行。市教委副主任王奇、松江区区长孙建平、市人力资源和社会保障局副局长鲍淡如、中国社会保障论坛秘书长蒋德理等专家、领导参加论坛。来自北京大学、武汉大学、中国人民大学、复旦大学等全国知名高校的近200名学者和研究生出席论坛。

(王　镇)

[在全国大学生和研究生数学建模竞赛中获奖] 12月，学校组成4支参赛队在全国大学生数学建模

竞赛中获得全国二等奖 1 项,上海赛区二等奖 2 项、三等奖 1 项。12 月 24 日,学校参加在中山大学举行的第七届全国研究生数学建模竞赛颁奖典礼。全国 32 个省、自治区、直辖市的 230 所高校参赛,共评出一等奖 2 个,二等奖 3 个,三等奖 1 个。学校被授予"优秀组织奖"。

(王　镇)

[获 4 项上海市决策咨询研究成果奖]　12 月 23 日,第七届上海市决策咨询研究成果奖颁奖会召开。市长韩正出席会议并为获奖者颁奖。校长汪泓教授主持完成的"基金良性运营的控制系统研发——社保基金运营动态仿真的对策研究"项目获得市政府决策咨询研究成果一等奖;航空运输学院魏建主持完成的"重大产业科技攻关项目的合作机制及投融资机制研究"项目获得二等奖;汪泓的"进一步完善上海社会保障体系研究"项目和管理学院吴清的"积极推行住房逆抵押贷款模式"项目获得三等奖。

(王　镇)

附:学校负责人及地址

(2010 年 1—12 月)

校党委书记:滕建勇
副　书　记:田信灿、褚劲风

校　长:汪　泓
副校长:郝建平、孙培雷、陈力华、程维明

松江校区地址:龙腾路 333 号
邮编:201620

仙霞校区地址:仙霞路 350 号
邮编:200336

上海应用技术学院

［**2010 年概况**］ 学校完成主体搬迁至奉贤校区的工作。

教育教学改革。立项建设第十批校级重点课程 34 门，获批市级精品课程 2 门，市级重点课程建设项目 8 项。“食品工艺学”教学团队和“市场营销”教学团队被评为上海市级教学团队，学校市级教学团队达到 4 个。“应用化学”教学团队被推荐参加国家级教学团队的评审。学院香料香精实验中心被推荐参加国家级实验示范中心的评审。学校申报的“化学工程与技术”、“机械工程”两个一级学科硕士学位授予权通过上海市学位委员会的评审，并上报国务院学位办审核。化学工程领域专业硕士学位授权点获得教育部批准。完善研究生教育和管理制度建设。

加大校企联合培养应用型人才力度。聘请 23 名行业专家充实到各级教学委员会等组织中，参与各专业人才培养计划的修（制）订、专业建设等工作，形成稳定的企业行业教师队伍。在 2010 届毕业设计（论文）工作中，聘请校外指导教师 285 人，校企联合指导毕业设计（论文）796 项，占总数的 36.8%，比 2009 届增加 11%。试行毕业学年 2＋1 学期制。学校被教育部批准为第二批“卓越工程师教育培养计划”试点工作学校。与西门子（中国）有限公司合作，建成上海应用技术学院—西门子（中国）先进自动化示范实训中心。成立指导教师团队，指导学生参与全国和上海市科技创新类的比赛。工程创新学院探索与国际接轨的创新型、应用型人才培养体系。

高职教育探索创新教育模式。完成 2010 年首届 10 个专业 538 名毕业生的双证书教育，学生就业率 99.81%。初步形成“教考分离、学生双证、师资精良、校企合作、机制健全、管理有序”的办学模式。继续教育拓宽办学领域。开展多项高端合作教育项目，在与企业联合办学和中外合作办学方面取得进展。

注重学科引领作用。及时调整专业方向，优化专业结构，加大工科类特色品牌专业的建设和扶持力度。年内，获上海市及国家学科建设专项经费 1062 万元。中央财政支持地方高校建设特色项目三年建设规划获得批准，经费 8000 多万元，一期启动工程训练中心和特色艺术实践中心建设。“视平面”人文艺术创新工作室启动运行。组织第四期校级重点学科建设项目的验收和第五期校级重点建设学科的遴选。组织申报新专业以及与战略性新兴产业相关专业，新增材料物理、交通工程、信息显示与光电技术 3 个新专业。会展经济与管理、园林、绘画 3 个专业通过市教委学士学位授予权审核。制药工程、软件工程、热能与动力工程 3 个专业通过市教委新专业检查。轨道交通学院完成首届轨道通号技术、机辆工程、轨道工程 3 个专业、6 个班新生及轨道通号技术专业专升本 1 个班共 267 人的招生计划。承办教育部高等学校轻化工程专业教学指导分委会第六次会议、第七届中国技术管理学术年会、中国草学会草坪专业委员会 2010 年学术年会等。年内，学校获省部级及以上科研计划项目 57 项，比上年增加 72.7%，其中，国家自然科学基金 12 项，科技部“973”重大专项 1 项，教育部人文社科研究项目 5 项，铁道部科技项目 4 项。学校科研经费达到 1.1 亿元，全年发表学术论文近 800 篇，申请发明专利 133 项，获得授权发明专利 37 项。

产学研工作。与江苏如皋市、浙江桐乡市、浙江东阳市、安徽绩溪县、上海化工研究院、中铁 4 局、中铁 24 局等签署全面合作协议并积极洽谈具体合作项目。与企业签署科技合同 165 项，其中，与浙江创业钢带有限公司签署的共建联合研发中心协议，第一期签订 5000 万元的合作经费；与日本大阪煤气化学公司开展了项目合作。在上海市工业博览会上，学校获得二等奖 1 项，优秀组织奖 1 项。联盟计划产学研奖励 1 项。

人才引进与师资队伍、干部队伍建设。①引进教师 126 人，其中博士 85 人，教授 5 人，副教授 15 人。组织教师进行学位进修、教学培训、工程实践、出国进修等工作，设立专项资金加强思政课教师的培训。5 名教师获得博士学位，12 名教师出国进修，25 名教师参加教育部组织的精品课程培训，9 名教师和辅导员参加心理咨询师职业资格培训。53名青年教师获上海市2010年“优青基金”，获资助经费103万元，比上年增加一倍。学校共有教授89人，副教授(副高)276人，高级职称比例达38%；具有博士学位的教师280人，硕士以上学位教师达到专任教师总数的80%。②完成中层干部聘任工作，从教学科研岗位选拔干部19人，配齐二级学院领导班子，机关干部交流调整达17.4%，院部干部交流调整达21.2%。新聘中层干部中，具有硕士以上学位的占55.3%，具有副高级以上专业技术职务的占62.1%。

学生工作。①学生积极参与各级各类学科技能竞赛项目，共获得市级以上竞赛奖290项。其中全国特等奖1项、一等奖1项、二等奖74项、三等奖121项，市级一等奖7项、二等奖19项、三等奖26项。组队参加“第五届上海设计双年展景观设计”大赛，获得团体金奖。组队参加“美国大学生数学建模竞赛”。承办由教育部高等学校自动化专业教学指导委员会、中国系统仿真学会和西门子(中国)有限公司主办的2010年“西门子杯”全国控制仿真挑战赛决赛。②提升学生综合素质。举办报告会、座谈会、演讲比赛等活动，帮助学生树立正确的世界观、人生观、价值观。举行以“知晓世博、关心世博、参与世博、投身世博”为主题的系列教育活动。举办以“科技世博与大学科学精神的培育”为主题的世博征文比赛等。校团委开展教育活动，评选出7个红旗团总支和10个优秀团干部。开展以“立志、养成、奋斗、成就”为主题的“学风月”系列活动。学校开展百个“学习型寝室”、“学习型标兵”评选及表彰活动。组织各类学科、课程、科技竞赛，鼓励学生申报科技创新项目。开展校园文化艺术节、社团文化节、寝室文化月、辩论赛、新生节、新年晚会等活动，丰富学生的校园文化生活。学生团队“拾雅队”夺得“中智杯”上海市青年人文经典竞赛冠军，并获得电视挑战赛资格。③选拔招募世博园区志愿者1207人、城市文明站点志愿者345人、校园外建站志愿者97人。283名志愿者成为“世博志愿者之星”，50名师生被评为市优秀志愿者，31个小组被评为“世博会志愿者优秀团队”，世博工作站站长丰晟被评为市“杰出志愿者”，校世博志愿者工作站荣获市世博志愿者工作“优秀组织奖”，校团委被推荐为“上海世博工作优秀集体”。大学生社会实践工作更加注重科技创新，3个实践项目获得上海市大学生社会实践优秀项目奖。奉贤校区有学生社团63个，社员人数超过10000人。④开展文明学院、文明组室、文明岗和文明寝室评选活动。开展第5届“师德标兵”、精神文明建设“十佳”好事评选等活动。颁发第十届“忠诠—尔纯”思想政治教育奖。组织上海科技馆志愿者965人，第4次被市文明办和市教卫党委授予“上海科技馆志愿者活动先进(表扬)集体”称号。学校被评为上海市“高雅艺术进校园”活动先进工作集体。

完善经济困难学生资助体系。共发放各级各类助学奖学金1745万元，受助人数66700多人次。595名学生获国家励志奖学金，5565名学生获国家助学金，34名学生获詹守成奖学金，200名学生获校励志奖学金，1537名学生获校帮困奖学金，28名学生获“手拉手”慈善基金助学金和中华慈善(晨兴)助学奖学金，68名学生获社会爱心人士捐赠的助学金，发放一次性困难补助11404人次，为230名新生办理绿色通道手续，4000多人次参加校内外勤工助学岗位，814人办理国家助学贷款，全校没有一个学生因为家庭经济困难而辍学。

招生工作实行“阳光工程”。招生新生5365人，其中本科生4105人，高职生908人，专升本学生352人。招生省(自治区、直辖市)增加到26个，外省市生源比例为54.58%，比上年提高4.23%。招生种类有所增多，除普通本科、高职高专、专升本、特教、艺术类、空乘专业外，招收新疆内地班学生14人，面向云南、新疆、贵州、四川等地招收本科民族预科生34人。2010届毕业生就业率98.50%，8名毕业生赴西部进行志愿者服务，23名毕业生参加村官计划和“三支一扶”计划，72名毕业生应征入伍，学校被教育部评为“全国应届高校毕业生应征入伍先进集体”。

成立“世博会”平安志愿者领导小组和迎接世博工作领导小组，围绕世博会做好各项工作。学校资产经营有限公司经理李胡生获得“上海世博会先进个人”荣誉称号。全校1600名师生志愿者承担世博园9月6—16日运行期间的志愿者服务工作。世博会开幕式上，学校100名女生参加了合唱演出活动。学生志愿者承担圣马力诺国家馆184天的参展接待志愿者服务工作。化工学院圣马力诺展馆临时党支部获上海市教卫党委系统“世博先锋行动”先进基层党组织称号；机械工程学院谈理、外语学院韩磊、艺术学院吴斐、化工学院顾燕获上海市教卫党委系统“世博先锋行动”优秀共产党员称号。

(程秀岐)

［举办奉贤校区落成暨合校10周年庆典活动］ 学校开展奉贤校区落成暨合校10周年庆典系列活动。举办庆典大会、应用型本科院校发展战略中外大学校长论坛等会议。举办学术报告10余场。编撰出版《上海应用技术学院合校10年史》和《上海应用技术学院合校10年成果汇编》。拍摄“上海应用技术学院合校10年”专题片。举办奉贤校区建设成果展、师生书画作品展等展览活动及部分校园文化景观建设揭幕等活动。庆典期间，陈至立、严隽琪、厉无畏、徐匡迪、韩正、刘云耕、冯国勤等领导分别题词或发贺信表示祝贺，市委副书记殷一璀到校视察，副市长沈晓明等出席学校庆典大会并讲话。

（李晓晶）

市委副书记殷一璀视察学校奉贤校区

［厉无畏受聘为名誉校长］ 6月11日，全国政协副主席、民革中央常务副主席厉无畏应邀到奉贤校区视察，并受聘担任学校名誉校长。厉无畏视察了奉贤校区工程训练中心、特教学生艺术作品展示室等。并以“创意产业”为题作演讲。

（程秀岐）

［承办“西门子杯”全国大学生控制仿真挑战赛决赛］ 8月24—28日，由教育部高等学校自动化专业教育指导委员会、西门子（中国）有限公司（工业自动化与驱动技术集团）主办、北京化工大学协办、学院承办的第五届“西门子杯”全国大学生控制仿真挑战赛决赛在奉贤校区举行。来自全国各地高校的20支队伍参加比赛。大赛名誉主席、全国人大常委会委员、教育部原副部长吴启迪教授，大会主席、教育部高等学校自动化专业教育指导委员会主任委员、中国工程院院士吴澄，大赛委员会主席、中国系统仿真学会理事长中国工程院院士李伯虎、上海市教委副主任王奇等领导、专家分别出席大赛开幕式和闭幕式并讲话。大赛开幕式上，还举行“上海应用技术学院—西门子先进自动化与驱动技术联合示范实训中心”签约及揭牌仪式。

（李晓晶）

［举办中外大学校长论坛］ 10月23日，学院举办“应用型本科院校发展战略中外大学校长论坛”。市教委副主任王奇、美国中密西根大学校长罗斯、《中国高等教育》杂志总编辑陈浩、加拿大汤姆逊河大学副校长戈登·塔兹韦尔、上海理工大学校长许晓鸣、日本关东学院大学副校长中岛正夫、西门子工业自动化有限公司技术总监范书中、长沙理工大学党委书记王耀中以及校领导祁学银、卢冠忠、康年、宋敏娟、刘宇陆、陈东辉、叶银忠等出席论坛。卢冠忠致欢迎辞并主持论坛。

（程秀岐）

［举办中国技术管理学术年会］ 6月19—20日，学院与中国技术经济研究会联合主办的以“低碳经济、产业转型与技术创新”为主题的第七届中国技术管理学术年会在学院召开。市人大常委会副主任郑惠强出席开幕式并致辞，党委书记祁学银出席开幕式，校长卢冠忠在开幕式上致辞，中国技术经济研究会副理事长吴贵生，国务院学位办学科评议组成员、上海交通大学校长特聘顾问王方华、中国技术经济研究会秘书长郑琦出席本次学术年会。来自全国70余所高校的学者及知名企业家共200余名代表参加年会。

（程秀岐）

附:学校负责人及地址

(2011 年 1—12 月)

院党委书记:祁学银

副　书　记:朱国强(1 月离任)、康　年(7 月到任)、宋敏娟

院　　长:卢冠忠

副院长:朱国强(兼,1 月离任)、康　年(兼,7 月到任)、祝永康、刘宇陆、陈东辉、叶银忠

地址:奉贤区海泉路 100 号

邮编:201418

电话:60873530

上海金融学院

［2010年概况］ 学院招收新生2307人，其中本科生1860人、专科生337人、专升本学生110人。招生涵盖保送生、特长生、少数民族预科生等类别，范围覆盖全国24个省市。2010届毕业生1923人，一次就业率98.75%，面向金融行业就业学生50%左右。

参与世博、服务世博工作。学院组织1262名志愿者，包括650名园区志愿者和612名城市站点志愿者参与志愿服务。46名志愿者荣获市“优秀志愿者”称号，128人获得“园区志愿者之星”称号，109人次获得“志愿者之星”、“最佳服务奖”。1人被上海世博会事务协调局授予嘉奖。12个团队获“园区优秀志愿者团队”。开展各类参与服务世博活动，“我为世博做贡献”创先争优活动受到市委表彰，承办“学子书法大赛”获“迎世博优秀创意项目贡献奖”，“书法艺术秀”园区展演获得优秀展演团队荣誉。参加“看世博、讲科学”市民节能科普知识竞赛活动获决赛团体一等奖。

学科专业建设。根据“大金融、国际化”的学科专业发展战略和“通专结合，以专为主”的人才培养目标，推进学科专业建设。现有24个本科专业32个培养方向，其中金融类方向13个，占40.6%，国际化方向10个，占32%。年内新增教育部特色专业建设点1个，2个本科专业通过市教委的新专业检查；新增5个本科专业获得学士学位授权。年内获中央财政支持地方高校发展专项支持项目立项3个，争取资金600万元。金融学作为市教委重点学科接受中期检查。

科研工作。全年申报各类纵向课题228项，获得立项31项，其中获国家社科基金规划项目1项、全国教育科学规划教育部重点项目1项、教育部社科规划项目5项、市社科规划项目2项、市科委软科学项目2项、市教育科学规划项目2项。新增横向课题项目18项，经费179.4万元。3项研究成果获得上海市哲学社会科学优秀成果奖。成功举办“上海国际金融中心建设论坛”、“第十九届矩阵与统计国际学术会议”、“《中国城市财政发展报告2009/2010》首发式”暨“经济发展方式转变进程中的财税政策研讨会”等会议。落实《服务上海“两个中心”建设的行动计划》，国际金融研究院决策咨询研究成果受到上级领导重视并获奖，编撰出版的《上海国际金融中心建设蓝皮书》、《中国城市财政发展报告》等著作获得决策层、理论界、实务界好评。

人才培养体系逐步完善。启动本科人才培养模式改革，推进教学改革与质量工程建设。新增市级精品课程1门，市级教学团队1个，市教委重点课程5门，教育部双语教学示范课程1门，上海示范性全英语课程1门。立项校级重点课程48门，评选校级优秀教学成果奖18项。财政部专项资金资助实验室建设2个，新增编著出版教材21部。加大双语教学建设，全年开设本科全英语课程29门、双语课程27门。完善主辅修制，探索“双证书”人才培养模式。第三期和第四期本科教育高地的实验班顺利开班，教育高地班培养学生累计达350人。实验教学取得突破，完成现代服务业和现代金融实验教学中心、高校示范金融实验室、高水平项目（二期）理财中心实验室的建设。成立9大实验中心。学生社会实践活动有序开展，全校社会实践项目达103个，近6200人次参与实践。建立创新创业学院，加强创新创业教育。全年资助学生科创活动4批74项，荣获市级以上奖励57项。学校击剑队获得全国击剑锦标赛个人进前3名以及全国青年击剑锦标赛个人进前3名的好成绩。

师资队伍建设。遴选推荐3人为上海市东方学者候选人，1人获得市高校特聘教授（东方学者）讲座教授称号。全年新进教职工45人，其中教师29人；新增外聘教授2人。教职工总数650人，其中具有副高以上专业技术职称183人，具有博士以上学位的教师占专任教师的比例达三分之一。加强应用型和国际化师资的培养，选派10名教师赴企业参加实践锻炼，8名教师参加出国培训。加强人才项目选拔推荐，1人获晨光学者，1人获阳光学者，21人获得上海优秀青年教师科研专项基金资助。

产学研工作。学校申报的《产学合作教育基地建设的实践探索与要素研究》项目获得市产学合作教育“十一五”规划项目优秀成果奖。与新华社上海分社、上海物流学会、上海物流协会、有关政府部门及金融界等签订多项合作协议。启动大学生科普志愿者服务社(科学商店)建设。继续开展与浦东新区法院、上海金融仲裁院的三方合作,普及金融法制知识。与浦东新区金融服务局合作举办市民金融大讲堂,推动金融生态环境建设。参加“2010首届滇池泛亚股权投资高峰会”,与昆明市政府、云南财经大学共同探索对接昆明泛亚金融中心建设的产学研合作。与金融企业合作参与金融人力资源开发,开展上海烟草集团、浙江兰溪合作银行、江苏红豆集团和浙江余姚农村合作银行等相关人员培训。大力推广国际标准的金融理财规划师项目培训,为金融机构培训金融理财规划师15000多人,其中培训国际金融理财规划师900多人。

国际交流与合作。全年聘请外国专家36人次,国际金融、国际贸易、会计3个专业实现全英语教学。组织教师出访、进修、参加国际会议和国际赛事等74人次,选派学生参加国际交流和办学项目85人。全年留学生共354人。接待来访外宾54批412人次,新签订合作协议和谅解备忘录9个。中丹合作办学项目通过市教委评估认证。启动友城项目,与巴西圣保罗国际商学院、蒙特利尔商学院、马赛商学院和美国太平洋大学等高校建立合作意向。承办第19届矩阵和统计国际学术会议,主办2010上海国际金融中心建设论坛、2010中美证券期权论坛、2010台商论坛和征信管理论坛。

思想政治教育和学生工作。加强大学生思想政治教育,形成推进思想政治理论课教学方法改革总体框架。挖掘世博资源,开展“我们一起看世博”主题宣传教育和主题实践活动。改革新生教育和培养工作,制订覆盖全体新生、贯穿全学年的新生教育活动方案。创新网络思想政治教育载体,推进“易班”建设。组建9支心理健康教育与心理危机预防队伍,形成“学校—健康教育中心—学院(系、部)—班级—宿舍—个人”6级纵向心理健康教育及心理危机预防网络体系。做好帮困助学,全年共发放各类奖学金383.7万元,国家助学金231.5万元,勤工助学金68万元,提供校内勤工助学岗位400个。

学校管理。制定实施《上海金融学院关于实施校内两级管理体制改革的总体方案》、《上海金融学院二级学院党政联席会议制度》等,推进分层管理、学术管理和民主管理等工作。成立岗位管理与内部收入分配改革领导机构和工作机构,启动改革的实施工作。完成岗位设置管理工作方案的制订工作并经党委审议后上报审批,完成新一轮“三定”工作,制订岗位聘用方案和内部收入分配调整方案。

校园建设。实施106地块建设项目、联毛厂地块改建项目、中群河连通桥建设项目建设,其中两栋学生宿舍、食堂、运动场投入使用。推进数字化校园建设和图书档案建设工作。学校管理信息系统达到10个,纸质图书达到83.39万册、报刊1400多种、中外文数据库7个。新档案馆施工和仪器设备配置接近尾声。荣获2010年“上海市节水型学校”称号,参评上海市“花园单位”获得初审通过。

党的建设和精神文明建设。学校创建学习型党组织,抓好党员干部和广大教职工的理论学习。以“世博先锋行动”为主题,开展“五好五带头”创先争优活动,组织基层党组织和广大党员以实际行动参与世博、服务世博,推动学校发展、服务群众、凝聚人心、促进和谐,涌现出一批先进组织和个人。完成学习实践科学发展观活动的整改、“回头看”等工作。召开党员代表会议,推进党内民主和党务公开。全年新发展党员491人,其中教师党员13人,学生党员478人,比上年增长9.6%。年内评选校级文明单位6个、优秀项目提名奖6个、好人好事3项、文明示范岗5个。加强师德师风建设,邀请“全国教书育人楷模”于漪老师作专题报告。学校获得2010年世博会教育系统安保稳定工作先进集体称号。

(李威利)

[与新华社上海分社签订战略合作协议] 4月2日,学校与新华社上海分社战略合作签约仪式在富豪环球东亚酒店举行。校长储敏伟,新华社上海分社社长、党组书记慎海雄分别代表本单位在协议书上签字,双方将在共建新华08示范实验室、金融信息技术开发、教学合作、金融研究、宣传推广等方面开展合作。副市长屠光绍,新华社副社长鲁炜,新华社上海分社副社长姜微,院党委书记郑沈芳,副院长贺瑛等出席仪式。同日,在上海市政府金融服务办公室、上海银监局、上海证监局、上海保监局与新华社上海分社联合召开“新华社金融信息平台建设推进大会”上,学院被授予“推进新华社金融信息平台建设先进单位”称号。

(李威利)

与新华社上海分社签署战略合作协议

[主编《中国城市财政发展报告》] 4月24日，由院长储敏伟任主编的《中国城市财政发展报告2009/2010——促进"两个中心"建设的上海城市财政》首发式暨"经济发展方式转变进程中的财税政策论坛"在学院举行。财政部科学研究所副所长刘尚希、院长储敏伟共同为《中国城市财政发展报告2009/2010》的首发揭牌。中国社会科学院财贸所、上海市财政局、上海市税务局、中国财政经济出版社等负责人分别在首发式上致辞。

（李威利）

[与市立法研究所合作签约] 5月10日，学院与上海市立法研究所举行合作签约仪式。市人大法制委主任委员、市立法研究所所长张凌，市人大法制委副主任委员、市人大常委会法工委主任丁伟，院党委书记郑沈芳、院长储敏伟等出席签约仪式。双方签署了《上海市立法研究所与上海金融学院合作框架协议书》。

（李威利）

[矩阵与统计国际学术会议召开] 6月5—7日，主题为"矩阵、统计及其在金融中的应用"的第十九届矩阵与统计国际学术会议在学院召开。来自23个国家和地区的186位数学家、统计学家和金融学家参加会议。会议邀请新加坡、瑞典、美国、澳大利亚、新西兰以及香港地区等数十位著名数学家、统计学家和金融学家作报告。

（李威利）

[举办台商论坛] 6月8日，学院与中华征信所、台湾金融研训院等共同主办的2010台商论坛（第三届）举行。市台办副主任顾洪辉、市金融服务办副主任范永进等两岸金融界企业界和行政部门的高层领导共计300多人出席会议。会议讨论了海峡两岸经济合作面临的机遇和挑战，探索了适合两岸市场的发展与实务操作战略思路和发展模式。

（李威利）

[学院击剑队参赛多次获奖] 7月，学校击剑代表队赴香港科技大学参加第九届国际大学生击剑邀请赛，获得包括男子花剑团体、女子重剑团体和个人等8个项目的冠军。10月，市第十四届运动会击剑（高校组）比赛在学院开赛，153名运动员和教练员参加赛事，学院运动员获得7枚金牌、4枚银牌、3枚铜牌。11月，第十六届全国大学生击剑锦标赛在学院开赛。学院击剑运动员共获得12枚金牌、9枚银牌、8枚铜牌。学校与市体育局联合培养上海市击剑（花剑）运动员，代表上海市参加13项国际和国内比赛，获得奖牌8枚。

（李威利）

[上海国际金融中心建设论坛举办] 7月25日，学院与上海金融学会、麦克马斯特大学、密苏里大学圣路易斯分校、美国道富银行信托公司、德国德意志交易所股份有限公司联合主办2010年上海国际金融中心建设论坛，主题为"金融市场发展与上海国际金融中心建设"。浦东新区区委书记徐麟，中国社会科学院副院长李扬，加拿大驻华使馆公使衔参赞柯马克，中国人民银行研究局局长张健华，中国人民大学校长助理吴晓球，国家开发银行顾问刘大为，清华大学中国金融研究中心联席主任宋逢明，美国道富银行信托公司执行副总裁柯杰瑞，台湾金融研

训院院长许振明等近60位政府官员、金融业界高管和专家、学者参加论坛。

（李威利）

［**中丹合作办学10周年庆典举行**］ 10月15日，学院举行中丹合作办学项目十周年庆典暨项目论证授牌仪式。哥本哈根商学院院长以及学院党委书记郑沈芳出席并致辞。市教育评估协会会长郑令德向中丹合作项目授牌。中丹合作办学项目于2000年成立，设国际金融、市场营销2个专业，以“依托行业、主动适应、打造品牌、办出特色，满足需求，服务地方”为办学思路，10年来共培养7届1500多名具有国际化视野经济金融专门人才。6月，该项目接受上海市中外合作办学机构（项目）认证。

（李威利）

［**物流金融产学研基地揭牌**］ 12月13日，学校与上海市物流学会和上海市物流协会共建的物流金融产学研基地揭牌。浦东新区人大副主任、副校长吴大器，市物流学会会长李厚圭、市物流协会专职副会长杨石根代表合作三方签署《关于建立“物流金融产学研基地”和加强物流金融研究与物流人才培养的战略合作协议》。三方将合力促进上海物流与金融的结合，推动上海物流业向高端化和专业化发展。

（李威利）

附：学校负责人及地址

（2010年1—12月）

院党委书记：郑沈芳
副　书　记：何乐年（11月离任）、鲁海波

院　长：储敏伟
副院长：何乐年（12月离任）、吴大器、贺　瑛、陈小冰、王宏舟（12月到任）

地址：浦东上川路995号
邮编：201209
电话：50218899（总机）

上海立信会计学院

［2010年概况］ 编制学院"十二五"规划。完善各项规章制度，理顺机关职能部门职责，建立科学管理制度，提高教育质量。金融学专业获批教育部"第六批高等学校特色专业建设点"。共资助校级重点专业5个、特色专业5个。完成财政学、数学与应用数学、汉语言文学3个本科新专业检查工作。资产评估、房地产经营管理、计算机科学与技术、社会工作、日语5个专业通过学士学位评估，获得学士学位授予权。共有19个专业获得学士学位授予权，22个专业通过新专业检查。会计学、国际贸易和金融学3个市教委重点学科通过市教委中期考核。"金融信用知识创新体系建设"经终期评估验收结项。学校5个特色学科基本完成建设任务。开展第三期校级重点学科遴选工作。经管智能网络计算、公司治理与资产评估、财政(税务)、企业管理4个学科列为第三期校重点学科。思政教研部、文法学院、外语学院、体育部等四个院(部)的学科基础建设三年规划顺利通过校学术委员会的专家审议。

教学管理。开展精品课程、重点课程、全英语课程以及教研项目的评选工作。获批建设2门市精品课程，5门市重点课程，1门上海市示范性全英语教学课程。立项建设的校级建设项目包括：精品课程10门，重点课程21门，全英语课程5门；教学研究项目46项。深化实践教学改革，明确实践教学的建设任务和要求。坚持以会计学科实验教学内涵建设为龙头，带动主干专业的实验教学内涵建设；以研发同步实验教学软件为突破口，推动综合型、创新型实验项目的开发。研发"会计学基础"、"中级财务会计"、"成本会计"等课程的实验教学软件。学校代表队在2010年"'用友杯'大学生创业设计暨沙盘模拟经营大赛"全国总决赛中，取得创业论文比赛和创业经营比赛二等奖。

创新人才培养模式。学院确定"大类招生+特色班"的人才培养模式。新的人才培养模式以"招生—培养—就业"一体化的系统培养为基本思路，以培养"厚基础、宽口径、重应用"的具有创新精神和就业竞争力的多样化应用型人才为目标，探索大口径招生、大平台培养和特色班建设的新路子，争取优质生源，提升就业质量。结合学校人才培养模式改革，启动新一轮本科各专业人才培养方案制定工作。

学院共有普通本专科在校生10114人，其中本科8349人，专科1765人；成人本专科在校生5528人，其中本科4021人，专科1507人。年内，学校面向全国26个省市招生，共录取本科生2084人，专科生619人。成人本科生1164人，其中专升本1033人。海外留学生4人。至8月31日，学院2010届毕业生的就业率96.76%，签约率66.77%。

科研工作。学院各类纵向课题立项共38项，其中省部级以上课题达22项。立项的纵向课题中，国家社科基金2项，教育部人文社会科学研究课题16项(含1项思想政治工作专项任务课题)，上海市哲学社会科学规划课题1项，上海市科委软科学课题1项，上海市教育科学规划课题(市级)2项，上海市"晨光计划"课题1项，上海市教委创新项目重点课题4项，上海市教委创新项目一般课题11项。各类横向课题立项25项，外来科研经费总额400多万元。发表科研论文393篇，其中A级1篇，B级83篇，C级(CSSCI期刊)96篇；核心期刊级及以上累计发表学术论文287篇。出版专著和教材28本，其中学术专著14部。全年举办立信讲坛19场。学报荣获第四届全国高校优秀社科期刊奖，完成"财政部会计学术领军人才"专栏的组稿工作。

联合培养研究生工作。学院与云南财经大学达成合作意向，在计算机应用技术、管理科学与工程、统计学和数量经济学4个专业开展联合培养研究生工作。扩大与华东师范大学的研究生联合培养专业范围，新增企业管理专业。学院共与4所院校在10个专业开展联合培养硕士研究生工作。

师资队伍建设。实施"高层次人才建设计划"、"优秀人才引进计划"，推进师资国际化招聘，共引进、招聘39人，其中博士18人，硕士15人。"会计学"和"国际贸易"两个"东方学者"讲座教授到岗工作。新增硕士研究生导师11人。学院硕士研究生导师总数达41人。加强教师产学研践习，79名教师参加产学研践习，教师的实践应用能力显著提升。

开展青年教师能力提升培训，为16位新进校青年教师配备了导师，引导青年教师提高教学科研能力。24位青年教师获批优青科研专项基金。重视对在职教师的继续教育，5位教师出国进修或攻读博士学位，2位教师申请国内访问学者获得教育部资助，10人取得硕士学位或博士学位，12人考取博士研究生。

国际化办学与对外交流合作。学院招收本科学历留学生4人。与丹麦罗斯基尔大学、美国西北理工、加拿大温哥华岛大学等高校建立了校际联系。与迈阿密戴德学院、普利茅斯州立大学、圣安瑟姆学院、温哥华岛大学、千叶商科大学开展学生交流。通过校际协议选拔选派优秀学生赴海(境)外学习50人，首次实施海外交换生项目(除中外合作项目外)。

学生工作和校园文化建设。提高学生工作队伍的职业化、专业化、专家化建设水平。推行辅导员导师制，选聘理论水平高、经验丰富的领导和资深辅导员与2010年选拔录用的11名新辅导员结对，对其进行专业辅导和个人成长的贴心指导。投入专项经费，开展辅导员培训。选派多名辅导员参加教育部辅导员高级研修班培训和市教委主办的职业化培训、心理健康咨询师培训。

校风、学风建设。开设75场大学生人文讲坛。共有20个班集体获"先进班集体"称号，34个班集体获"优良学风班"称号，1085名学生获"三好学生标兵"等称号。共向部队输送优秀青年大学生兵11人。举办首届大学生诚信教育论坛、设立诚信考试档案、与新生签署《诚信承诺书》、推进免监考、毕业诚信宣誓等形式。抓住助学贷款等契机，不断加强诚信教育的理论研究与实践探索，提升诚信教育理念。

完善帮困助学三级网络，做好助学贷款工作，开设绿色通道为困难学生提供便利服务。2010年在校困难生在库总人数为1001人，学院核拨和社会各界资助款项累计近19万元。拓展勤工助学渠道服务贫困学生，共开辟170多个校内勤工助学岗位和近百个校外勤工助学岗位。

资产管理与后勤保障工作。完成建设工程项目29项，新增教师办公室116间，增加办公建筑面积5204.96平方米。对实验楼进行改造、更新，增加外语实验室、数信实验室、社会工作情景模拟实验室和网格实验室，改善学校教学实验用房。完成科技会展中心建设的审批并开工建设。学校图书馆藏书150多万册，其中纸质图书100多万册、电子图书50万余册、多媒体光盘2000余张。立信会计出版社实现发行码洋7000多万元，比上年增长11%。获国家级、上海市级以上图书奖励10多项，有5种图书入围国家级"十二五"重点规划图书，有15种图书入围上海市"十二五"重点规划图书，有3种图书被列为上海市文化基金资助项目。《潘序伦文集》被评为中华优秀出版物奖提名奖。《中国经济运行风险研究报告2008》荣获2007—2009年度"上海图书奖提名奖"、"华东地区大学出版社第八届优秀教材学术专著一等奖"。

(李延绍　王海兵)

[潘序伦会计事业基金会迁沪]　3月，学院召开第十次潘序伦会计事业基金会理事、监事会议。会议总结上一届理事会的工作，选举新一届理事会成员和监事人员，会议决定将潘序伦会计事业基金会由无锡迁至上海，主要由学院负责基金会的运作。

(涂苏中)

[举办中国商务发展上海论坛]　6月，首届中国商务发展上海论坛在学院举行。市人大常委会副主任胡炜、商务部国际贸易经济合作研究院院长霍建国、学院院长唐海燕等出席并致辞。市政府副秘书长、上海市商务委员会主任沙海林作主旨报告。出席论坛的还有商务部政策研究室、商务部国际贸易经济合作研究院、厦门大学、北京师范大学、天津财经大学、华东师范大学、上海立信会计学院等高校的60多位专家、学者。中国商务发展上海论坛由学院与商务部国际贸易经济合作研究院联合举办，是双方长期战略合作的一项重要内容，每年定期举办。

(王　亭)

[复校30周年]　6月，学院举办复校30周年主题系列活动，主办"探索立信教育发展之道"——立信复校30年回顾与展望论坛，弘扬和传承学校在办学历程中积淀的深厚文化和精神文脉。

(王　亭)

[中国会计博物馆理事会成立]　7月24日，全国政协副主席厉无畏出席学院召开的中国会计博物馆理事会成立大会。会议讨论建设规划、章程和"中国会计名人"的提名和评选办法等。

(王海兵)

附:学校负责人及地址

(2010 年 1—12 月)

院党委书记:董金平
副　书　记:楼军江、朱坚强

院　长:唐海燕
副院长:朱坚强(兼)、邵瑞庆、李延臣

松江校区地址:松江区文翔路 2800 号
邮编:201620
电话:67705200(总机)

徐汇校区地址:中山西路 2230 号
邮编:200235
电话:64390390(总机)

上海第二工业大学

[2010 年概况] 学校获国家自然科学青年基金项目 2 项、教育部新世纪人才计划项目 1 项、“晨光计划”项目 1 项、上海市自然科学基金项目 1 项、上海市科委基础研究重点项目 1 项、上海市教育科学研究项目 2 项，以及上海市教委科研创新项目 14 项等。学校被授予上海市红十字工作达标学校、上海市群众体育先进单位、上海市征兵工作先进单位等称号。完成《上海第二工业大学“十二五”教育改革和发展规划》的编制工作。

教学改革。①创办“德国 IHK-ZM 数控与切削机械师”专业项目高职试点班，计算机学院启动计算机专业一级学科试点班建设，继续推进“3＋6”教改项目。②完成第三期机械工程及自动化、物流管理 2 个市级教育高地项目的验收工作。工业设计、网络工程、国际商务、会展经济与管理、公共关系学等 5 个专业完成学士学位复审工作。完成日语、数字媒体艺术、交通运输等新专业检查的自评工作。接受市教委对“数字媒体艺术”新专业的抽查。5 门课程获 2010 年度上海市重点建设课程立项。对 2008 年立项的 4 门上海市重点建设课程进行验收。对 2009 年度立项的 5 门上海市重点建设课程进行中期检查。新增校内立项重点建设课程 24 门。完成 2008 年 22 门立项课程的验收和 2009 年 20 门立项课程的中期检查。“应用型本科自动化专业教学团队”和“数控技术教研室教学团队”分别获得 2010 年本科和高职的上海市教学团队称号。“软件工程”被评为第五批国家级特色专业建设点，“物流管理”被评为第六批国家级特色专业建设点。“互换性与测量技术”、“操作系统”2 门课程被评为 2010 年上海市精品课程。软件工程、工业自动化训练中心、应用型本科创新人才培养模式改革 3 个项目被批准为上海市第四期教育高地。“国际经济学”被评为 2010 年上海市全英语示范课程建设项目。举行 2010 年上海第二工业大学教学成果奖的评选，共评选出校教学成果奖一等奖 4 项，二等奖 8 项，三等奖 11 项。③推进实验实训建设。制定《实验实训工作管理规程》、《实验实训技术成果奖评选办法》等文件。完成 16 项实验室专项建设的计划与实施工作。学校获批立项的学生“创新项目”30 项，学校批准立项的大学生“科技项目”140 项，参与学生达 541 人。学校“创新项目”完成结题 29 项、“科技项目”完成结题 137 项。评选出优秀“创新项目”3 项，优秀“科技项目”9 项。学生在全国及省部级各类竞赛中共获三等奖以上项目 104 项。其中，获全国性竞赛一等奖 6 个、二等奖 12 个、三等奖 9 个。

学科建设。①与长三角多个县市开展产学研对接活动。参加 2010 中国国际工业博览会，3 个知识服务团队和多项技术成果亮相工博会，其中 2 项成

学校科技信息发布会举行

果分获工博会高校展区优秀展品二等奖、三等奖。②举办学校科技信息发布会，机电、电子、计算机和环境学院科技服务团队与长三角有关政府部门、企业进行洽谈合作项目。年内，学校驻武义工作站签约、揭牌仪式举行。③学校被确定为首批知识服务团队建设项目试点单位，“机电一体化”、“测控和信息技术”、“电子废弃物与环境功能材料”等3个团队被确定为上海高校知识服务试点团队，并通过工博会、成果推介、技术洽谈等平台开展知识服务活动。④学校电子产品与环境工程、机械制造及其自动化、测控自动化3个市教委重点学科到校经费240万元。起草《上海第二工业大学学科建设专项经费使用细则》(讨论稿)，制定《上海第二工业大学代培研究生(专业学位)教育管理条例》。⑤全年获批国家自然科学青年基金项目2项、教育部新世纪人才计划项目1项、“晨光计划”项目1项、上海市自然科学基金项目1项、上海市科委基础研究重点项目1项、上海市教育科学研究项目2项，以及上海市教委科研创新项目14项等。环境学院教授谢华清主持的《纳米流体优化制备、强化传热性能及能量输运机制》项目获2010年度上海市自然科学奖三等奖。本年度共完成四技合同90项，合同金额1078万元，横向科研到校经费952万元。2010年核心期刊以上的论文数量452篇，申请专利和软件著作权124项，专利授权217项。共发展技术经纪人5名。

师资队伍建设。①学校续签聘用合同539人，续签岗位职责书823人。全年引进与录用各类人员47人，其中副教授3人，博士11人，硕士27人。推动产学研践习计划，共有30人完成访问工程师项目结题。完成教师参加社会实践教育的调研工作。②开展新教师培训工作。56名教师参加课程进修以及各类岗位培训，其中新增在职攻读博士学位2人，新增在职攻读硕士学位1人。2人获得博士学位，6人获得硕士学位，2名教师作为访问学者学校公派出国。开展“东方学者”、“宝钢奖”、“人才发展资金项目”的申报工作，1人获“宝钢奖”。

产学研合作与国内外合作交流。①校企合作取得进展。现有获批预备技师培训项目13个，涉及6个学院。至年底，共有40个班级，1551人参加培训。12月底，技师学院顺利通过由市人保局组织的专家组评审。学校与浦东新区研发联合研究会、上海飞机制造有限公司、徐汇区工程师协会等研究机构、行业协会和企业签订合作协议。校院两级新缔结合作协议共80个。②10月，学校留学生办学资质获市教委批准。学校与美国桥港大学等多所国外高校建立新的合作关系，共缔结校际交流协议5个，新开展合作科研1项，近40名师生赴境外进修学习。昆士兰学院通过教育部审查复核，并与澳大利亚合作方签署第三期合作协议。③学校组团赴台湾地区参加“2010年海峡两岸应用性(技术与职业)高等教育学术研讨会”，提交交流论文10篇。举办全国CDIO试点工作组2010年度第二次工作会议暨全国CDIO工程教育模式实施专题研讨会。与上海市会展行业协会共同举办“2010上海会展论坛”。举办“世博与女性人才的美好生活”全国女性论坛。全年共有59人因公出访，17人次外教来校执教；接待22批216名境外贵宾来访。

招生、就业、帮困资助等工作。①组织“上海市美术类专业统考二工大考点”的考试工作。完成“专科层次自主招生”、“专升本招生”、“三校生技能考”等招生类考试、报名工作。自主招生录取新生250人。5月，“三校生”招考录取229人，秋季高考录取2808人，“专升本”录取248人，共录取新生3535人，实际报到3349人。②2010届学生就业率超过95%。③建立学生档案，为帮扶工作提供依据。完善“银、校沟通机制”，做好学生助学贷款工作。努力拓宽勤工助学渠道。开展心理健康辅导等工作，解决学生心理健康问题。

参与世博志愿者服务等工作。①学校2876名世博会园区和418名城市站点志愿者及多名教师完成接待和服务工作。学校团委在2010世博表彰大会上获得“服务世博、奉献世博”“上海世博工作优秀集体”光荣称号。②7月和12月，学校分别向部队输送3名士官和22名士兵，超额完成本年度征兵任务，学校被评为“上海市征兵工作先进单位”。③开展阳光体育活动，参加各类全国及省市级体育活动和竞赛。学校被评为“上海市群众体育先进单位”。

学校管理工作。①合理安排财力，全年教育经费拨款(含其他经费拨款)收入完成预算102.25%，积极争取预算外专项教育经费拨款。按批准的收费项目和收费标准规范做好各类学生的收费工作。完成年事业收入，学费收缴完成率97.64%。增加学校其他收入，年度其他收入完成率132.31%。2010年度财政拨款收入预算同比递增8%；其他收入同比递增32.31%。教育收费、财务管理等工作得到规范。②贯彻落实中央、国务院关于进一步加强社会治安综合治理的意见精神，以世博、校庆、招生考试、校园招聘会等重大活动为重点，加大工作力度，强化安全教育。全年未发生重大治安、刑事案件，未发生火灾和各类伤亡责任事故，确保学校工作有序开展。③审计工作完成财务收支审计9项,审计金额4425.33万元。开展经济责任审计23项,涉及金额279939万元。完成基建、维修等工程结算审计41项,审计资金总额1431.57万元。通过审计,直接为学校节省开支143.48万元。④图书馆(网络中心)全年购置中外文图书近9万册,续订或新增电子资源24种,总经费462万元。完善公共数据平台建设功能。开展第四届读书服务月活动。⑤参与各级各类红十字公益志愿活动。超额完成2010年献血任务;143人加入中华骨髓库。学校被上海市红十字会命名为"上海市红十字工作达标学校"。⑥学校政府采购计划金额1876.8万元,学校配套资金541.88万元。签订合同294份,合同金额2383.53万元。完成教学楼、实验室、校史陈列馆、"劳模墙"等改造和新建工程。

(顾贤凯)

[建校50周年庆典] 9月28日,学校建校50周年庆典大会举行。市委副书记殷一璀出席庆典大会并讲话,市老领导龚学平、市人大副主任胡炜、副市长沈晓明、市政协副主任李良园、浦东新区区长姜樑、市人大原副主任包信宝、市政协原副主席赵定玉、市教卫党委书记李宣海、市教委主任薛明扬等领导出席庆典大会。北京联合大学与企业代表致贺词,校党委书记徐佩莉主持庆典大会,校长胡寿根作题为"50年光荣与梦想"的致词。

(顾贤凯)

[技师学院通过专家组评审] 12月29日,由上海市人力资源和社会保障局组织的"2010校企合作项目(技师学院)实施情况督导检查会议"举行,校长胡寿根出席会议并致辞,会议由副校长瞿志豪主持。专家组抽查了项目资料,并分别对相关专业教师、学生进行访谈。经过检查,专家组一致认为,校企合作项目(技师学院)的实施是成功的、有特色的。

(顾贤凯)

[全国工程教育试点工作会议召开] 12月24—25日,全国工程教育试点工作组2010年度第二次工作会议在学校召开,全国各地近30所高校的120多位代表参加。会议就工程教育模式在国内的推广和实施进行专题研讨。教育部高教司有关负责人出席并讲话。校长胡寿根致欢迎辞,副校长王刚作题为"工科教育模式的改革和实践"的专题报告。

(顾贤凯)

[中高职贯通合作框架协议签订] 10月29日,浦东职业教育集团一届二次理事会议在上海市群星职业学校召开。会上,副校长王刚代表学校与上海市东辉职业技术学校、上海振华外经职业技术学校签订中高职贯通合作框架协议。浦东新区副区长张恩迪出席签约仪式。协议明确双方将在专业建设、师资培养、学生培养等方面展开合作,并将选择试点专业进行课程接轨,探索"3+2"教学模式。

(顾贤凯)

[获批高等学校特色专业建设点] 学校"软件工程"和"物流管理"专业被教育部、财政部批准为第五、六批高等学校特色专业建设点,分别支持资金80万元、20万元。上述2个专业的教师参加教学改革与创新,承担多项国家级或省部级教学改革项目。

(顾贤凯)

[获上海市科技进步三等奖] 3月24日,2009年度上海市科学技术奖励大会召开。学校教授王增豪、高级工程师王孝聪完成的项目《大型造纸机液压气压传动与控制系统》获上海市科技进步奖三等奖。

(顾贤凯)

[化工物流工程实验中心揭牌] 4月28日,学校经管学院(中外运国际物流学院)"化工物流工程实验中心"揭牌仪式在上海化工区中外运化工国际物流有限公司基地举行。中外运长航(集团)总公司党委副书记、中外运国际物流学院副理事长李建章,中外运华东有限公司副总经理王玉龙,校党委书记徐佩莉,校长、中外运国际物流学院理事长胡寿根等出席揭牌仪式。化工物流工程实验中心拥有百万余元的各种仪器设备,面积180平方米,可进行适应于企业需要的各类专业实验,为专业教学、科学研究和社会服务。

(顾贤凯)

[与昆士兰学院三期合作框架协议签署] 7月22日,澳大利亚昆士兰州教育和培训部副部长一行到访,校长胡寿根会见澳洲客人。双方共同签署《上海第二工业大学与布里斯班北部TAFE学院昆士兰学院合作办学协议(2010—2015)》。副校长王刚、市教委代表等与昆士兰州政府、TAFE集团有关负责人出席签约仪式。

(顾贤凯)

[举办上海航天局“劳模班”] 11月17日，上海航天局工会主席吴海中、副主席张爱娣、全国劳模唐建平等到学校金桥校区，对学校成功举办“劳模班”表示感谢，并赠送题有“提升劳模技能、共铸航天伟业”的锦旗、最新的“风云三号02星”卫星模型及感谢信。校长胡寿根、校党委副书记胡晟、副校长王刚等出席赠旗仪式。举办航天局“劳模班”是学校通过校企合作培养新时期“智慧劳动者”的成功实践。

（顾贤凯）

附：学校负责人及地址

（2010年1—12月）

校党委书记：徐佩莉
副　书　记：李世平、胡　晟

校　长：胡寿根
副校长：莫惠林、王　刚、瞿志豪、邹龙飞（7月到任）

地　址：金海路2360号
邮　编：201209
电　话：50215021（总机）

上海电机学院

［**2010 年概况**］ 编制并颁布《上海电机学院中长期改革和发展规划纲要（2010—2020 年）》。总结“十一五”规划的完成情况，制定《上海电机学院“十二五”发展规划（2011—2015 年）》。全院师生共计1660 余人参与世博服务工作，得到市委、市政府、市总工会、市国资委、上海世博局、闵行区及上海电气（集团）总公司等上级单位和领导肯定。学院获上海市“五一”劳动奖状，上海市世博工作先进集体称号，10 人获上海市世博工作先进个人。获市级、区级、集团级等各级优秀集体 18 个、优秀个人 400 余人。

学校获上海市“五一”劳动奖状

临港校区一期项目进展顺利。①学院临港校区一期工程完成 80％土建工程。全年完成工程总投资 26754 万元，实际支付各类工程款 22870 余万元，累计完成工程总投资 43097 万元。全年实现工程无重大安全事故和质量事故。②成立临港校区搬迁工作领导小组和办公室，制定搬迁方案，搬迁工作有序开展。

专业建设。学校“国际经济与贸易”专业获准为国家特色专业建设点。“电机电器智能化”、“产品质量工程”2 个专业获教育部批准设置。学校通过“机械电子工程”、“通信工程”、“汽车服务工程”、“财务管理”、“工业工程”、“德语”等 6 个专业学士学位授予权的审核和“自动化”、“测控技术与仪器”、“软件工程”、“市场营销”、“英语”等 5 个新专业的检查。学院 2 门课程成为上海市精品课程、5 门课程成为上海市重点课程、2 门课程成为上海市全英语课程、“机械创新设计”团队获上海市教学团队。

科研工作。学院与上海理工大学签订“联合培养全日制专业学位研究生”合作协议。开展“085”工程学科专项项目的申报工作，“能源装备制造管理”专项获准立项。学院获准国家自然科学基金项目 4 项、教育部人文社会科学研究专项 1 项、教育部人文社科高校思想政治工作（辅导员专项）1 项、上海市基础研究项目 1 项、上海市人才发展资金资助项目 1 项、浦江人才计划项目 1 项。签署横向项目 78 项，申报专利 331 件，217 件获得授权，转让 5 项实用新型专利，科研成果转化实现零的突破。学院获教育部科学技术进步奖二等奖 1 项、上海市科技进步奖三等奖 1 项、上海电气（集团）总公司科技进步奖三等奖 1 项。组织 8 个项目参展 2010 年“工博会”，获中国高校展区优秀展品一等奖 1 项，二等奖 1 项，并被授予优秀组织奖。参加第八届中国海峡项目成果交易会获高校优秀项目二等奖。学院被市教委授予“上海高校技术合同管理先进集体”称号，并被闵行区知识产权局授予“闵行区专利申请优胜奖单位”。《上海电机学院学报》获中国高校特色科技期刊奖。

师资队伍建设。学院专任教师557人，其中正高级职称教师占7％、副高级职称教师占24.4％，具有博士学历教师占17.6％、硕士学历教师占58.3％。共选派4名教师赴国内知名高校访学，选派7名青年骨干教师赴国外访学。1名教师获上海市人才发展资金资助。1名教师被评为2010—2011年上海电气(集团)总公司科技项目带头人。24名教师获得上海高校选拔培养优秀青年教师科研专项基金。

对外合作交流。①学院与美国北爱荷华大学合作的“国际经济与贸易专业”本科合作办学项目获教育部批准。与法国、越南、俄罗斯等国家的大学签署学分互认、科研项目交流、师生交流互换和派遣境外访问学者等方面的合作协议。举办“高等教育国际合作高层论坛”、“海峡两岸技职教育课程与教学研讨会(经管类专场)”和“海峡两岸技职教育课程与教学研讨会(机电类专场)”3场论坛，共有来自全球5大洲、9个国家和地区、14所高校的代表参加。②承办上海电气“李斌杯”职工技能大赛，李斌技师学院荣获“全国职工教育培训优秀师范点”称号，被中国职工技术协会批准列入首批十家“全国职工职业(工种)技能实训‘数控机床装调维修工’基地”，获2009—2010年度上海市职业技能鉴定所(点)等级评估A级、质量评优一等奖。学院推进技术工人培训工作，开设6门企业自主课程。举办桂林中职管理干部高级研修班、江川街道待业人员技能培训班、创业能力培训等项目。③8月19日，学院领导与太仓市有关部门就合作创建大学生实习基地洽谈合作事宜。

学生工作。开展大学生科创及文化活动，获上海市大学生创新计划项目30项。在第七届“挑战杯”一汽—大众中国大学生创业计划竞赛、“张江高科杯”上海市大学生创业计划大赛、“用友杯”第六届全国大学生创业设计暨沙盘模拟大赛、全国三维数字化创新设计大赛、全国“高教杯”数学建模大赛、全国大学生英语竞赛等竞赛中获得国家级、市级奖46项。举办第三届“卓越杯”大学生科技文化节暨第五届“自强杯”技能大赛等活动。

(王　遥)

[与临安、靖江科技工作站签署合作协议]　3月15日，学院与临安科技工作站进行科技协作洽谈，并举行“上海电机学院—临安科技合作交流洽谈会”。3月25日，学院与靖江市政府签订《靖江市人民政府—上海电机学院全面合作协议》，双方在共建产学研合作基地、共同开展科研项目合作等方面开展全面合作。

(王　遥)

[为玉树地震灾区同胞献爱心]　4月21日，为悼念青海玉树地震遇难同胞、帮助地震灾区人民渡过难关，重建家园，学院开展以“一方有难，八方支援”为主题的爱心系列活动，全院师生踊跃捐款，以实际行动支援灾区人民抗震救灾。学院校园广播台，第一时间转播抗震救灾的最新动态；在校园醒目位置，学生采用“许愿墙”形式，传递对玉树同胞的祝福。

(王　遥)

[李宣海来院调研]　5月7日，市教卫党委书记李宣海、市教委副主任王奇到临港校区就学校深化内涵建设、服务世博、推进临港校区建设等进行调研。

(王　遥)

[与浦东电信局举行建设项目合作协议签约]　7月12日，学院与中国电信股份有限公司上海浦东电信局举行校园“翼机通”建设合作协议签约仪式。“翼机通”项目建成后，广大师生员工在学校范围内，凭手机便可实现身份确认、网上支付、电话通信等各项功能。

(王　遥)

[与上海重型机器厂有限公司签约共建]　10月11日，学院与上海重型机器厂有限公司举行共建“大型铸锻件制造技术应用研究所”签约仪式。共建的“大型铸锻件制造技术应用研究所”将重点开展大型铸锻件生产制造过程中的加工工艺、数字化设计与制造技术以及大锻件制造专用设备设计的研究与应用等。

(王　遥)

[参展2010年上海工业博览会]　11月9—13日，学院组团参展2010年上海工业博览会。学院参展的多功能护理床机器人获高校展区项目优秀展品一等奖，木琴演奏机器人获二等奖。

(王　遥)

附:学校负责人及地址

(2010 年 1—12 月)

院党委书记:李健劲
副　书　记:夏建国、胡际青(6 月退休)

院　长:夏建国
副院长:徐余法、吴志清(10 月退休)、焦　斌、杨若凡、王也仿

闵行校区(总部)地址:闵行区江川路 690 号
邮　编:200240
总　机:64300980

闵行校区(西区)地址:闵行区文井路 88 号
邮　编:200245
总　机:64306661

杨浦校区地址:军工路 1100 号
邮　编:200093
总　机:65480455

上海商学院

［**2010年概况**］ 编制学校“085”规划，制定学校“十二五”规划。年内，学院引进教师18人。学校毕业生共3182人，至10月31日，毕业生就业率为95.16%。学校奉浦校区被评为“上海市节水型校区”。

教学改革。学院新增上海市本科精品课程1门、市级重点课程5门；新增上海高校示范性全英语教学课程建设项目1个；新增学士学位授予权专业5个；新设置并开始招生的本科专业2个；新增校级本科重点建设课程11门；批准立项2010年度校级教学团队3个。

重点学科建设和教学科研工作。完成各类科研课题和项目的申报工作，获批国家项目4个，上海市教委创新项目立项5项，上海市教育科学研究项目立项1项。《商务传播学》课程通过中期检查。确定商业企业管理(含连锁经营管理)、电子流通学、商业信息管理3个学科为校级重点学科建设项目，服务经济、食品营养与安全2个学科为校级一般学科建设项目。拟定硕士研究生专业学位教育发展规划。评选学院优秀教材21本。开展校级教学研究课题检查、验收工作。新增校级教学研究项目12个。开展优秀科研成果奖评选，评选出一等奖6人、二等奖8人、三等奖18人。邀请校内外知名专家来校举办各类学术讲座30多次。新建设实验室8个、商贸类实训中心1个、酒店管理实验实训基地1个，扩建多功能实训室1个，改建实验室4个。

学生工作。修订《辅导员管理暂行办法》、《班主任管理暂行办法》、《关于完善辅导员请假制度的规定》等文件，加强学生思想政治工作。62项学生科研课题结题，并在学院学报刊出。启动2010—2011学年学生科研工作，共有550余名学生申报课题166项，确定立项92项。学生在全国商科院校技能大赛、“中华会计网校杯”第二届校园财会实务大赛等比赛中获得佳绩。

为上海世博会服务工作。学校1703名师生成为世博志愿者，分别在园区、城市站点、试运行媒体接待、外省市志愿者接待、开闭幕式外事演练、世博论坛、高峰岗等八大类志愿者岗位上参与服务。学校获得上海世博外事工作优秀集体、共青团“青春世博行动”优秀集体、上海世博会志愿者工作优秀组织奖、“世博宣传教育贡献奖”、上海世博会教育系统安保稳定工作先进集体等多项荣誉。

对外合作交流。①学校与美国、德国、澳大利亚、韩国、日本等国高等院校的交流合作，与韩国国际大学签订交流协议书，与韩国江南大学建立姊妹友好学校，与日本关西大学签订合作办学备忘录等。②学校与上海荷仙姑生物科技股份有限公司、联华超市公司等开展人才培养方面的合作协议，与市教

与上海烟糖集团签署合作协议

育科学研究院、市糖业烟酒(集团)等签订战略合作关系。1月8日,上海市西南片高校联合办学成立15周年大会召开,学校被评为上海市西南片本科联合办学优秀单位。

(邵小平)

[市法学会商法研究会年会召开] 3月27日,上海市法学会商法研究会学术年会暨上海商学院校庆60周年商法论坛在徐汇校区召开。会议由上海市法学会商法研究会主办,学院与华东政法大学经济法律研究院承办。来自高校、科研院所以及政府部门、司法部门等实务部门的百余名专家、学者参加,围绕"后危机时代的公司治理"主题,开展研讨与交流。

(邵小平)

[召开60周年院庆座谈会] 5月18日,学院召开60周年院庆座谈会。市教委副主任王奇等出席并致辞。王奇等还参观了校史陈列室、学生艺术作品陈列展,观看院庆专题片《甲子华彩》。

(邵小平)

[建院60周年10件大事评选揭晓] 5月,学院举行建院60周年10件大事评选活动。经评选,这10件大事分别是:成立中央税务学校华东分校;成立中共上海市财贸党校;成立上海市财贸管理干部学院;成立上海商业职业技术学院;连续四届获"上海市文明单位"称号;建设奉浦大道123号新校址;被批准为"上海市示范性高职院校"建设单位;成立上海商学院和中共上海市经济工作委员会党校;首次列为学士学位授予单位;建立上海商贸职业教育集团等。

(邵小平)

[举办全国高校连锁经营管理教学研讨会] 7月24—26日,由学校主办的首届全国高校连锁经营管理教学研讨会暨高层论坛举行。全国16个省市的高等院校、出版单位及企业代表约80余人出席。会议开展连锁经营管理教学研讨和学术交流。学院教授就中国连锁经营发展实践与趋势、后金融危机时代上海连锁商业的发展与挑战以及连锁经营管理特色专业建设等作主题演讲。北京工商大学、南京财经大学、东北财经大学等近30所院校的专家学者就连锁经营管理专业的学科竞争力、人才培养模式、教学体系、校企合作、实践教学以及实验室建设等问题进行研讨。会议期间,中国高校连锁经营管理研究会成立,院长方名山被推举为第一届理事会理事长。

(邵小平)

[第十三届国际商业论坛召开] 11月11日,由上海市商务委员会、上海市外国专家局主办,《国际商业技术》杂志社承办,学院与百联集团等协办的2010·第十三届国际商业论坛在锦江饭店举行。市政协副主席周太彤出席开幕式并致辞。来自美国、英国、日本等12位海内外专家学者、商界精英和政府官员围绕"世博会,造就新商机"、"后世博,开拓商贸新天地"、"十二五,加快建设国际贸易中心"、"上海商业服务业在后世博大有作为"等主题展开研讨。

(邵小平)

附:学校负责人及地址

(2010年1—12月)

院党委书记、院长:方名山(12月离任)
副书记:吴延风

院　长:朱国宏(12月到任)
副院长:冯伟国、朱铮宸(12月离任)、楼文高

徐汇校区地址:中山西路2271号
邮　编:200235
电　话:64870020(总机)

奉浦校区地址:奉浦大道123号
邮　编:201400
电　话:67102976(值班)

上海政法学院

［**2010年概况**］ 学院编制《上海政法学院教育事业“十二五”发展规划（草案）》。年内，教育部专家组对学院本科教学工作进行合格评估并提出整改意见和建议。学院“以评促建、以评促改、以评促管、评建结合、重在建设”，成立教学质量管理办公室，强化对日常教学的监控，教学工作正常开展。注重实训场所及实践基地的建设与维护，新建实训实验室6个，实践教学基地总数达到167个。推进二期重点学科建设，院内研究中心总数增至26个。2项重点学科项目获中央财政专项资金支持，获教育部科研项目16项。《上海政法学院学报》被评为“全国高校优秀社科期刊”；《上海政法学院学报》“法治上海”栏目被评为特色栏目。年内，学院社会工作专业获国家级特色专业建设点立项。同时，在教育部公布的人文社会科学研究一般项目立项结果中，学院有13项获批准立项，其中规划基金项目5项，青年项目7项，后期资助项目1项。

学院2000余名世博园区志愿者、城市站点志愿者完成世博园区内外的志愿服务工作，荣获上海市精神文明建设委员会颁发的“迎世博宣传教育贡献奖”。学院荣获“上海世博工作优秀集体”称号。

学生工作。注重思政教育的针对性和有效性，宣讲优秀学生事迹，激发学生学习自觉性。注重马克思主义中国化研究与思想政治工作的结合，形成思想政治教育课理论教学与经常性思想政治教育的合力。注重校园文化建设，“挑战杯”、“一系一品”等活动富有特色。注重发挥思想政治教育在第二课堂的作用，成立“杨宝珍工作室”，解决学生日常生活方面的思想问题。注重把对学生违纪行为的教育作为有效开展思想政治教育工作的切入点。

和谐校园建设与党建工作。①学院涌现出一批精神文明先进集体和先进个人。构筑校园安全防范体系，出台《关于进一步加强平安世博、平安校园工作及责任的意见》，实施网络化的值班巡查制度等。重视食品质量及卫生安全。完成学院各项建设工程。学院扩建四期工程可行性研究报告获市发改委审批通过。市司法学校动迁安置工作取得进展。②党建研究6项课题被市教卫党委重点立项。完成11个党总支和5个直属支部的党总支委员增补和党支部换届调整工作。开展学院党政班子集体廉政谈话活动。

（冯晓岗）

［**李昌钰受聘为名誉教授**］ 6月11日，著名国际刑事科学鉴识专家李昌钰博士来学院为广大师生作题为“法律与人生”演讲。市人大常委会主任、学院名誉院长刘云耕到学院会见李昌钰。此前，李昌钰博士接受学院院长金国华颁发的聘书，受聘为学院名誉教授。

（张茹蓉）

［**监狱学专业应用型高级专门人才培养研讨会召开**］ 7月10—12日，监狱学专业应用型高级专门人才培养研讨会在华夏宾馆召开。中央司法警官学院、山东政法学院、部分省市司法警官职业学院和监狱实务部门等50余名领导、专家学者以及学院部分教师出席研讨会。研讨会分为“本科监狱学专业应用型人才培养探讨”、“监狱学专业人才培养模式改革探讨”、“监狱学专业人才培养教学方法改革探讨”等3个专题。副院长闫立在研讨会闭幕式致辞。

（张茹蓉）

［**沈晓明来学院调研**］ 7月22日，副市长沈晓明在市教委副主任王奇和市司法局副局长郃荀等陪同下来学院调研。学院全体党政领导出席调研会。院长金国华汇报学院教育教学工作。沈晓明一行还参观了学院新图书馆、报告厅和新学生公寓等。

（张茹蓉）

副市长沈晓明视察学院

［中国科学技术法学会学术年会召开］ 9月23—25日，由上海政法学院、上海交通大学和华东政法大学共同承办的中国科学技术法学会第六届会员代表大会暨2010年学术年会“创新国策与法制建设”峰会在上海交通大学召开。来自全国人大教科文卫委员会、科技部、最高人民法院的有关领导，以及高等院校、科技法律服务组织的专家学者企业家代表150多人出席会议。中国科学技术法学会会长段瑞春、上海市政协副主席蔡威、上海交通大学副校长郑成良出席开幕式并致辞。会议听取、审议中国科学技术法学会第五届理事会工作报告，选举产生第六届理事会理事、常务理事、副会长、会长。会议还进行了第二届“科技法学奖”评选，学院教授蒋坡的《科技法学理论与实践》获优秀著作奖。

（张茹蓉）

［中美关系学术研讨会召开］ 10月30日，学院与上海国际关系学会联合主办的“未来十年中美关系与中国国际战略”学术研讨会。会议就中美关系的现状与前景、未来10年中美战略关系，以及未来中国国际战略3个议题展开研讨。来自上海高校和研究机构约30位专家学者出席研讨会。

（张茹蓉）

［澳大利亚客人来院访问］ 11月17日，澳大利亚查尔斯特大学校长罗斯·詹博斯来学院交流访问。副院长闫立等与来宾进行会谈。双方互相介绍各自学校的发展历程、学校特色、教学科研等情况。双方就合作办学、师资培训、学生交流等项目达成初步共识，并协商起草上海政法学院与澳洲查尔斯特大学合作意向书。澳大利亚查尔斯特大学是一所国立综合性大学，其警察学院是澳洲唯一一所具备提供全学位警务专业的专业性学院，与世界许多国家高校建立了合作关系，联合培养、培训新警员和在职警官。

（张茹蓉）

附：学校负责人及地址

（2010年1—12月）

院党委书记：刘江江
副　书　记：胡　军

院　长：金国华
副院长：闫　立、曹文建、关保英

地　址：外青松公路7989号
邮　编：201701
电　话：39225000（总机）

上海杉达学院

［**2010 年概况**］ 学院被市委授予“创先争优，世博先锋行动”“五好”基层党组织称号。院党委荣获 2009—2010 年“推进民办高校健康科学发展先进党组织”称号。年内，学院招收新生 3097 人，其中本科 2567 人，专科 530 人。在校生共 11136 人，其中浦东金海校区 7849 人，嘉善校区 2473 人，沪东工学院 814 人。本科占 83.97%，专科占 16.03%。毕业生 2659 人，其中本科生 2120 人，专科生 539 人，2110 人获得学士学位。

完成金海校区土地划拨初始登记和土地契税纳税申报工作。完成人防地下车库的建设。完成学生活动中心室内篮球场改造、教学楼连廊门窗改建、体育运动场改造等工程。完成杉达嘉苑验收、资料归档和备案、房产证办理等工作。10 月，启动嘉善光彪学院图书馆建设工程。完成同声传译室、环幕室、货币展示陈列室等建设。学校固定资产达 43460.3 万元，图书馆新增纸质图书 5.11 万册，共有纸质图书 82.45 万册，电子图书 10030 GB。

教学改革。学院新增酒店管理和西班牙语 2 个本科专业。沪东工学院迎来首届学生毕业。获得 5 项上海市民办高等教育政府扶持资金项目，5 门上海市重点课程，3 项上海市高等教育教学成果奖，2 项上海市全英语示范性课程建设，2 项上海市第四期本科教育高地建设项目，2 项上海市民办教育高地建设项目。制定《上海杉达学院课程考核管理办法》和《上海杉达学院关于教学事故认定和处理的暂行办法》，规范教学管理。学院与塔塔信息科技(中国)股份有限公司、上海陆家嘴金融城人才发展中心签署了合作培养人才协议。

师资队伍建设。引进具有副教授以上职称人才 4 人，具有硕士以上学位的海归人才 8 人，专职教师增至 541 人，其中具有副高以上职称 252 人，硕士及以上学历占 54.71%，40 岁以下的中青年教师占 47.69%。完成教师及专业技术职务评聘 58 人，6 人通过五校联合评议，被聘为副教授。新教职工培训 32 人次。10 名新老辅导员结成 5 个对子，签署“结对共进”协议。学院与美国瑞德大学合作项目教师被市教委授予特聘讲座教授(东方学者)称号并获得资助。教师黄俊燕参加首届“外研社杯”全国大学英语教学大赛上海赛区比赛获视听说课组三等奖。教师李青参加全国“创新网络人才杯”实践教学大赛获 TOP20 创新价值奖 1 项，优秀课程奖 1 项。副校长贾巧萍被市政府侨务办公室、市归国华侨联合授予“2010 年上海市归侨侨眷先进个人”光荣称号。人力资源管理处被评为上海市教育人才交流协会人事人才工作先进集体。

科研工作。申报科研项目中标共 41 项：优青项目 26 项、晨光项目 1 项、创新项目 3 项、民办高教协会 6 项、横向项目 1 项、德育研究项目 1 项、上海学校体育科研项目 3 项。结项项目 29 项，其中 2007 年优青项目全部通过，优良率过半。学校池田大作教育思想研究中心常务副主任陈立新应邀参加由日本创价大学和中山大学联合主办的“构建 21 世纪之新文明”第六届池田大作思想国际学术研讨会，并提交“文明的物质性和文化的精神性探讨”论文。举办第三届双语教学研讨会。学院荣获上海市民学双语活动优秀组织奖。

对外合作与交流。学院与英、美、日 10 余所高校和教育机构保持交流合作关系。与英国埃塞克斯大学英语应用语言学硕士生和联合培养博士生项目签约启动，10 月初学校 2 名青年教师赴该校攻读英语应用语言学博士学位。与美国 UNLV 续签合作协议。与美国瑞德大学合作项目的第七批 4 名青年教师和 19 名学生获得签证。6 名学生赴英国赫尔大学留学；1 名学生赴英国中央兰开夏大学留学；2 名学生赴日本东京经济大学留学；2 名学生作为交换学生赴京都外国语大学学习。年内，有学历留学生 1 人，聘请外籍教师 28 人，接收第二批来自日本惠泉女子大学的短期留学生 5 人。3 月，学院与上海大学建立结对合作关系。

学生工作。学生中有 552 人参加义务献血，18 人应征入伍，37 名世博女兵退役回校，4 人入选 2010 年大学生志愿服务西部计划。学校被评为 2010 年上海市“三支一扶工作”优秀高校。学生中有 21 人获国家奖学金，247 人获国家励志奖学金，25 人获上海市奖学金。890 人获国家助学金，73 人

杉达—瑞德第四届毕业典礼

申请到助学贷款。学校为102人办理学费缓缴手续，安排164人勤工助学。学校成立大学生心理发展协会。学生会当选为第二十五届全国学联委员单位，校学生会副主席曹静赴京出席大会。学校“人文名家讲座”成为上海市大学生经典读书社团联盟的成员。94名学生辅导员助理上岗。成立“大学生自律志愿者”服务队。实施“学风建设百日计划”，以文明礼仪教育和诚信教育为重点推动学风建设。9月，开展“大学生生涯规划”项目。举办反邪教专题报告会。举行“五四”表彰大会，610名个人和56个集体受表彰。举办2场高雅艺术进校园。开展“维权零距离”咨询活动、电子废弃物有奖回收活动。举办纪念“一二·九”运动75周年歌咏会、校园歌手大赛、第四届校园主持人风采大赛、“和乐酬韵”友谊音乐会、第二届活报剧比赛。举办首届职业规划大赛、第二届市场营销决策大赛、首届大学生创业计划大赛、第二届英语演讲比赛暨2010“外研社杯”全国英语演讲大赛校内选拔赛、“文明礼仪在我心，和谐世博校园行”主题演讲比赛。组织“希德讲坛”、“世博会与文明礼仪”、“走进世博会”、“世博会与上海发展的机遇和挑战”讲座等。504名志愿者为上海世博会服务。10月，学校举行世博服务总结表彰大会。学校志愿者1人被评为上海科技馆志愿者活动“优秀组织者”，3人被评为上海科技馆志愿者活动“积极分子”。58名志愿者参与2010中国国际房车街道赛的服务工作。200名学生志愿者参加以“我为世博保平安，共享世博促发展”为主题的嘉善县世博平安志愿者招募注册暨迎世博志愿者环城跑活动。学校世博志愿者工作站获“中国2010年上海世博会城市志愿服务站浦东新区第二轮外建站工作优秀组织奖”，9名学生荣获“上海世博会浦东新区外建站优秀志愿者”称号。学生论文《杉莱圆舞曲》被市教卫党委评为“海宝一代”世博志愿者精神网络论坛优秀论文。学校获迎世博贡献奖——志愿服务贡献奖。年内，组织2场校园招聘会。与中国（上海）创业者公共实训基地大学生创业示范园签署共建协议，4名毕业班学生参加第二期创业训练营活动。

学生在各类比赛中获得佳绩。学生参加第二届上海市大学生计算机应用能力大赛，获得二等奖1项、三等奖1项。学生参加全国三维数字化创新设计大赛上海赛区复赛，获特等奖1项、一等奖7项、二等奖4项和三等奖3项，学校获得“优秀组织奖”。学校代表队在2010年两岸校际国际贸易模拟商品展竞赛中获得“新产品发布”和“展场模拟洽谈”佳作奖。学校代表团获得上海市国际英语创业辩论大赛二等奖。学生作品参加中国电视教育协会主办的第二届全国校园DV、摄影作品展示活动，获得二等奖2项。在第二届全国大学生电子商务“创新、创意及创业”挑战赛中，获上海赛区1个一等奖、2个二等奖、12个三等奖和多个单项奖。学生作品参加第八届（2009—2010）中国大学生广告艺术节学院奖评选，获得佳作奖10项，学校获得“最佳院校组织奖”。学生作品参加“祝福世博·上海市学子书法大赛”，获得三等奖1项，学校获得“优秀组织奖”。学生作品参加全国第三届助学政策伴我成长征文活动，获优秀奖1项。学生参加2010年上海市学生阳光体育大联赛高校组武术操比赛夺得一等奖，参加嘉善县第十二届运动会乒乓球比赛夺得女子单打冠军。

精神文明建设。召开文明单位（和谐校园）建设工作会议，启动文明创建活动的申报工作。开展文明创建工作交流会，申报校文明单位的8个学院和15个处室展示其工作亮点与成效。嘉善光彪学院校党政领导和师生员工首次在网上以“文明创建大家谈”为主题进行在线交流活动。学院师生为玉树地震灾区捐款。在上海市教育系统纪念“三八”国际劳动妇女节100周年暨先进表彰会上，学院大学英语部等5个集体、2名个人受到表彰。学生吴敏蕾因热心社会公益事业受到浦东新区高行镇团委表扬。

（顾　夏）

［民办高校就业服务论坛举行］　1月8日，由上海市民办高校党工委、市教委民办教育管理处、市高校毕业生就业指导中心主办，学院与市民办高校就业协作组承办的“新形势下民办高校就业服务”论坛在学校举行。全市21所民办高校80余人参加会议，交流就业服务工作成果，研讨存在的问题和解决方法。市民办高校党工委、市教委学生处、市高校就业指导中心培训部等负责人出席开幕式。

（顾　夏）

［二届三次教代会暨工代会召开］　4月7—14日，学校召开第二届教职工代表大会暨工会代表大会第三次会议。正式代表、特邀代表和列席代表共150余人参加。代表们听取2009年度学校工作总结和2010年工作计划，学校财务预决算通报、工会工作、关于教职工“年金制”工作等报告。审议通过《关于成立上海杉达学院劳动、人事争议调解委员会的报告》、《上海杉达学院劳动、人事争议调解委员会工作规则（草案）》，选举增补陈玮为第二届校工会副主席。

（顾　夏）

［学校董事会四届四次会议召开］　4月16日，校董事会召开第四届第四次全体会议。12名董事会成员和1名荣誉董事出席会议。在董事长李储文主持下，审议通过学校2009年工作报告、2010年工作计划、2009年财务决算、2010年经费预算框架方案、2008—2020年发展定位规划等。

（顾　夏）

［杨槱在校设立奖学金］　7月8日，学校第一任校长、中科院院士、我国杰出的船舶与海洋结构物设计制造专家杨槱向学校捐赠10万元设立奖学金。

（顾　夏）

［学院陆家嘴学院成立］　7月7日，学院与上海陆家嘴金融城人才发展中心签署共建上海杉达学院陆家嘴学院合作协议。该中心隶属于浦东新区陆家嘴功能区域管理委员会。学院与之共建的陆家嘴学院属虚拟教学学院，业务运作由校商学院与该中心承办，招生指标纳入招生计划。以学校资源为依托，引入国际最新课程设置和教材，旨在培养实践型、复合型、创新型人才。

（顾　夏）

［浦东两个中心建设与会计服务研讨会召开］　11月18日，浦东两个中心建设与会计服务研讨会在学校召开。浦东新区财政局、会计学会、浦东新区高校会计院系负责人及教师代表应邀出席，副院长张增泰发言。研讨会就如何提升会计人才素质、推动学科发展、促进校际合作进行交流和探讨。

（顾　夏）

［易班网络互动试点工作启动］　6月11日，院党委举办“易班（E-class）”网络互动试点工作启动仪式暨技能培训会。市教卫党委组织干部处、市教育系统网络文化发展研究中心、市民办高校党工委以及院党委副书记施福升、朱莉莉等出席。全体党支部书记、辅导员参加会议。

（顾　夏）

［5个项目获市政府扶持资金］　学院图书馆多媒体阅览室、新闻传媒实验中心（演播厅部分）、阳光体育工程、师资培养与奖励专项资金、安全技防设施等5个项目获上海市民办高等教育政府扶持资金，共计1070万元。

（顾　夏）

附：学校负责人及地址

（2010年1—12月）

董 事 长：李储文
副董事长：强连庆、袁　济

名誉院长：古胜祥、曹光彪、杨　槱、倪维斗
副 院 长：薛兴国、张增泰、贾巧萍

院党委书记、院　长：袁　济
副　书　记：施福升

地　址：浦东新区金海路2727号
邮　编：201209
电　话：50210894

上海建桥学院

[2010年概况] 学校获准实施普通高校“专升本”教育。首批6个本科专业获得学士学位授予权。学校“十二五”发展规划编制工作启动，确定实施多层次的高等职业教育，把学校建设成一所有特色的、与地方经济社会发展紧密结合的、能培养高素质应用型人才的国内有影响的多科性民办大学发展目标。学校计算机科学与技术专业列入全国第6批高等学校特色专业建设项目。

学校1099名学生参与上海世博会园区、售票及城市站点志愿者工作，万余师生参加城市文明志愿活动。校党委荣获中共上海市委“创先争优，世博先锋行动‘五好’基层党组织”称号，上海世博志愿者工作获得17个先进集体奖项、182个优秀个人奖项。学校被中国民办教育协会评为中国民办高等教育优秀院校，董事长周星增、副董事长黄清云被评为中国民办高等教育优秀个人。校工会被评为2010年上海市教育系统优秀工会，连续7年被市教委评为上海市教育信息工作先进集体。学校击剑队在全国大学生击剑锦标赛上卫冕女子佩剑团体冠军并获二金二银一铜成绩，国际跳棋队获2010年全国国际跳棋团体赛冠军，队员刘沛摘得个人赛女子64格冠军超快棋赛桂冠。学生参加全国信息化核心技能大赛、全国大学生英语竞赛、全国网络商务创新应用大赛等多项赛事并获奖。

学校招收本专科全日制学生3222人，在校生10569人，其中本科生占70%。招收夜大学学生101人，接收各类培训人数总计6869人次，毕业生2281名，就业率97.8%。学校在校教职工544人，其中专任教师361人，具有高级职称的教师占35.7%，具有研究生学历的教师占47.3%。学校现有20个本科专业，16个高职专业，涵盖管、文、工等多个学科门类，设有商贸系、管理系、信息技术系、机电工程系、电子工程系、文化传播系、艺术设计系、外语系、汽车工程系等9个院系和基础教学部、思想政治理论教学部等2个教学部；设管理部门11个、党群部门5个、业务部门6个。

召开教学工作会议，围绕树立“促进人的全面发展、培养适应社会需要的人；尊重教育规律和学生身心发展规律，为每个学生提供适合的教育”两个观念，努力使“优化课程体系、优化教学过程、优化学生评价”的改革理念贯穿应用型人才培养过程。开展“四个一工程”建设、“三优化”说课等活动，新闻学、微电子学、电子商务、工程管理、宝石及材料工艺学等5个新本科专业通过市教委检查。完善国家级-市级-校级三级重点课程建设体系，107名教师创建122门网上课程，课程中心网站总点击量超过14万次。

全年共有上海高校选拔培养优秀青年教师科研专项基金项目24个，总额达53万元，另有创新项目3个，上海市教育科学研究项目1个，晨光项目2个，高教学会重点项目1个，上海市民办高教协会项目5个等。

开展第二、三届“文明工程”创建月活动，共有5200名大学生参与文明修身活动。学生社团达到94个，学生参与人数达6000人。17名本科生赴美参加DSU-Disney项目。安排学生分赴台湾环球科技大学、台湾昆山科技大学等学校进行交换学习。

学校与上海大学签约共建合作协议；与英国Chester大学签订合作协议。

(徐皓刚)

[举行建校10周年庆典] 9月18日，学校举行建校10周年庆典活动。全国人大常委会副委员长、民盟中央主席蒋树声，全国政协副主席郑万通题词祝贺。市长韩正发来贺信。市委副书记殷一璀、市委统战部部长杨晓渡、副市长沈晓明、市政协副主席王新奎等出席庆典活动。

(徐皓刚)

[雷锋塑像揭幕] 学院在校园中心落成一座高5米的雷锋铜像，市委副书记殷一璀，市委统战部长杨晓渡等为铜像揭幕。

(徐皓刚)

建校10周年庆典暨雷锋像揭幕仪式

[举办第三届海峡两岸民办(私立)高校校长论坛] 5月10日,学院与台湾昆山科技大学、上海市民办高等教育协会共同举办第三届海峡两岸民办(私立)高校校长论坛,市人大常委会副主任郑惠强出席开幕式,市教卫党委书记、中国民办教育协会副会长李宣海发来贺信。海峡两岸37所高校、共80名嘉宾参加。

(徐皓刚)

[承办全国民办教育协会工作会] 6月26日,全国民办教育协会工作会在学院举行。副市长沈晓明,国家总督学顾问、联合国教科文组织协会世界联合会副主席、中国民办教育协会会长陶西平,全国人大常委、科教文卫委员会副主任、民进中央副主席、中国民办教育协会常务副会长王佐书出席会议并发表讲话,市教卫党委书记李宣海致辞。会议由中国民办教育协会主办,上海市民办高等教育协会和上海市民办中小学协会协办,上海建桥学院承办。

(徐皓刚)

附:学校负责人及地址

(2010年1—12月)

董 事 长:周星增
副董事长:黄清云、郑祥展

院　长:黄清云(10月离任)、江建明(9月到任)
副院长:张家钰、蒋威宜(兼)

院党委书记:蒋威宜
副　书　记:陈生根(12月离任)、夏　雨(12月到任)

地　址:浦东新区康桥路1500—1700号
邮　编:201319
电　话:58137788

上海海关学院

［2010年概况］ 学院设海关管理系、海关经济系、海关法律系、海关外语系、公共基础教学部等5个教学系(部),设报关国际货运、应用英语等2个专科专业,及海关管理、法学、税务、物流管理、审计学、国际商务和行政管理7个本科专业。学院全日制在校生1829人,其中本科生1464人,专科生365人。现有教职工267人,专任教师143人,教授16人,副教授36人,具有高级职务教师占专任教师的比例为36.36%;具有硕士以上学位教师占专任教师的比例为75%。

学院以"海关管理"本科专业招生为契机,以法学专业和税务专业国家特色专业建设为抓手,统筹规划7个本科专业布局,优化人才培养方案,合理调整课程设置,探索建立特色鲜明的学科专业体系。加强校内外学院教学督导队伍,实施检查、反馈、整改、再检查闭环式质量监控,逐步形成科学的教学质量保障体系。国际货运、海关估价两门课程成功申报2010年度上海市教委重点课程项目;关税制度荣获2010年度市级精品课程称号。根据本科实践教学体系特征,施行本科专业实习新方案,提高本科实习质量和经费使用效率。学院通过法学、税务、物流管理本科新专业检查。

学院发表论文159篇,教材18部,参编14部,其中2篇论文获得海关学会类优秀论文奖。论文数量较上年增长17.8%,著作数量增长33.3%。学院成立的海关税收研究中心、海关法研究中心、海关风险管理研究中心、报关研究中心和国际贸易研究中心等学术性组织,逐渐形成科研团队,不断加深专业领域研究,研究成果初现。学院2009年院级课题顺利结项,省部级以上课题结项3项。学院获准各类科研项目立项13项,其中,国家级2项,省部级9项,委办级2项,共获得院外经费资助共计105.3万元;5位青年教师获得上海市高校优秀青年教师科研专项基金项目资助。学院加强与海关和企业的合作,主办多次研讨会,包括"多边贸易体制:贸易便利化与海关"学术研讨会、"促进贸易便利化海关监管制度研究"课题报告专家意见咨询会、"'三区三港联动'与上海国际贸易中心建设"学术研讨会、"俄白哈海关同盟对我国海关国际合作影响及对策"署级课题研讨会、2010年度上海海关学院海关学会暨"海关学本体理论研究"课题研讨会等。学院开展"关院百家讲坛"和"海关学术沙龙"活动,创设"教师读书会"。召开首届大学生科研创新论坛,培养学生创新能力。学院2部著作获"上海海关学院学术文库"出版资助出版,2部著作获"上海海关学院学术著作出版基金"出版资金资助,学院"海关高等教育教材系列"共出版教材11部。全年共举办各类培训班144期,参训人数7155人次。

学院承办各类国际培训及会议共计达11项,培训(研讨)人数454人次,所涉国家和地区近30个。其中包括商务部委托举办的发展中国家海关官员研修班,来自15个发展中国家的39名海关官员参加了本次培训;世界海关组织委托举办的合成药物与化学前体培训班税则研讨会和中日韩三国知识产权研讨会,来自23个国家的80余名代表参加会议。

学院参与上海世博会服务工作,以弘扬"海关精神"和"我与世博同行"主题教育活动为载体,把社会主义核心价值体系、海关精神体现在学院实际工作中,开展征文、摄影、DV大赛等各种活动。学院推进党务公开、校务公开,关注群众利益,妥善处理改革发展中所遇到的各种矛盾,营造团结、和谐的校园氛围。举办校园文化建设等活动,育人环境进一步优化。

制定《关于进一步加强学风建设的实施意见》,规范学生学习行为。开展学生综合素质测评活动和评奖评优活动,营造良好的学习氛围和育人环境。学院表彰校级"优秀学生"69人,优秀学生干部31人,11人次荣获"特等奖学金",34人次荣获"一等奖学金",114人次荣获"二等奖学金",270人次荣获"三等奖学金",10人获国家奖学金,4人获上海市奖学金,46人获国家励志奖学金,242人获国家助学金,金额共计111.8万元。学院成立职业发展与就业指导服务中心,帮助学生树立正确的就业观,提升学生就业的各项技能与实力。学院获得市教委"上海高校毕业生就业工作创新基地建设"10万元资助。学院修订《关于进一步加强辅导员队伍建设的若干意见(修订稿)》,提升辅导员工作的效果和满意度。做好大学生入伍的各项工作,5名学生光荣入伍,学院被上海市浦东新区人民武装部评为"2009年度征兵工作先进单位"。学院荣获2010年上海市大学生暑期社会实践活动组织奖,两名学生获得2010年暑期社会实践"先进个人"称号。学院弘道学社赴云南贫困山区暑期社会实践项目和"海关及海关政策如何更好的服务世博"项目荣获上海市社会实践优秀项目奖。学院228名志愿者参加上海世博会接待工作,其中73人获得"世博先锋行动"优秀共产党员、世博工作优秀个人等市级荣誉称号;11个团队获上海世博会园区青年文明号、"世博先锋行动"先进基层党组织等多项荣誉称号;69人获得校级"世博优秀志愿者"荣誉称号。

(成　竞)

[李昌钰、王政到学院开设讲座]　3月30日,全球知名刑事专家李昌钰、王政博士到学院开设反走私专题讲座。海关总署人教司、教培中心、上海海关学院领导,全体反走私培训班学员以及学院部分师生共计300余人参加讲座。

(成　竞)

[举行新专业检查专家评审会]　5月18日,学院举行新专业检查专家评审会。海关总署教培中心副主任林永森、上海市各高校和上海海关的15名专家出席评审会。评审期间,专家组听取汇报,查阅自查报告、实地考察图书馆、实验室,召开师生座谈会并听课。经过评议讨论,专家组对学院法学、税务、物流管理3个新建本科专业建设各项工作给予充分肯定。

(成　竞)

[召开学术研讨会]　6月29日,学院召开"'三区三港联动'与上海国际贸易中心建设"学术研讨会。院党委书记郑建民,上海市发展研究中心主任周振华、副主任朱金海,浦东新区党委副书记、常务副区长戴海波,浦东发展与改革研究院院长万曾炜,浦东新区商委主任贺毅群,上海海关外贸处处长张葛德出席会议,会议由学院副院长石良平教授主持。与会代表分别作主题发言。上海发展研究中心主任周振华作总结发言。

(成　竞)

[驻华海关专员访问学院]　9月15—17日,驻华海关专员(参赞)俱乐部第三季度活动在学院举行,来自德国、法国等14个国家的27名海关专员及助理参加此次活动。活动期间,来自瑞典、荷兰等国的海关专员举办专题报告会并与在场师生进行交流,海关总署国际合作司副司长赵儒霞出席此次活动。

(成　竞)

[新西兰海关部长访问学院]　10月28日,新西兰海关部长莫里斯·威廉姆森、新西兰驻华大使伍开文等访问学院。院长肖建国会见新西兰客人,国际司以及学院相关部门负责人参加会见。会后,莫里斯先生应邀以"海关现代化与中新海关"为学生演讲。

(成　竞)

附:学校负责人及地址

(2010年1—12月)

院党委书记:郑建民
副　书　记:肖建国(兼)

院　长:肖建国
副院长:丁海蒙、石良平

地　址:浦东新区华夏西路5677号
邮　编:201204
电　话:28992899

上海医疗器械高等专科学校

［**2010年概况**］ 学校招收全日制专科新生1434名，其中自主招生400名，全年在校生4138人；招收成人教育专科生129名，在校生414人。

制定“十二五”事业发展规划，确定在“十二五”期间，通过大学系统、国际合作等途径，打造高职立交桥，推进示范性骨干院校建设。加大核心课程改革力度，医学影像设备教学团队获得国家级教学团队，医用电子仪器教学团队获得上海市级教学团队；“医用电子仪器分析与维护课程”和“人体机能替代装置课程”2门课程被列为上海市级精品课程；“工业制剂技术”、“模拟电子技术应用”、“超声诊断设备及维修”、“医疗器械监管法规”等4门课程被列为上海市级重点课程；“医学影像设备管理与维护专业实训基地”被列为国家级高职教育实训基地建设项目；新增“康复器具装配调试”、“数字化医疗信息工程”、“医疗器械监管职教公共实训基地”3个市级职教公共实训基地。

开展校企订单式培养、设立企业奖学金、共建培训中心等多种合作形式。与11家单位新签订校企合作协议书。制订技师学院调整方案，变预备技师培养项目为企业内高技能人才培养项目。与合作企业新签约8个校外实训、培训基地。获批中央与地方共建实验室2个、上海市公共实训基地项目6个。“医疗器械质量监督检测监管信息资源平台”获批“央财支持地方高校发展专项资金2010年项目”。医学影像设备管理与维护专业获批中央财政支持的职业教育实训基地。

科研工作取得新成绩。签约校外科研项目35项，引入外部资金241.16万元，其中横向课题29项，签约经费201.66万元，纵向课题6项，签约经费25.95万元。教师全年在国内刊物上发表论文86篇，其中核心期刊16篇，权威期刊5篇，EI收录8篇，出版著作6本，实用新型专利授权13件，发明专利2件。

开展各类职业教育与培训。受国家食品药品监督管理局、各省市食品药品监督管理局委托，举办国家医疗器械监管培训5期，与上海市卫生局、上海市医疗器械行业协会等单位合作，举办ISO9001:2000和ISO13485医疗器械国际质量安全管理体系内审员、医疗器械注册师等各类培训班，1104人参加学习。

完成事业单位岗位设置以及115名教职工的晋升聘任工作。学校教职员工参加各类业务培训、岗前培训和学历进修114人次，使用培养经费61万元；引进和招聘人员4人，其中硕士2人；11人申报高级职称学术水平、技术能力评议，18人申报中级职称，转正定级7人；11人获上海市教委青年教师科研专项基金；14人获高校教师资格证。

加强对外合作交流，学校与日本大阪滋庆学园签订补充协议，增设临床工程技术医疗电子工程方向；推进与加拿大、英国相关院校进行合作办学项目。接待外国师生来校13批89人次，派出2位校领导参加教育部赴海外研修培训项目。派出10批29人次赴日本、新加坡、德国、台湾等国家（地区）进行教学管理培训。

以就业为导向，学生工作取得新进展。推行学生公益劳动制度，评出国家奖学金3人、上海市奖学金4人、国家励志奖学金205人、国家助学金943人，办理学生贷款1181人，安排勤工助学岗位57个。学校有43个学生社团，志愿者团队5支，长期志愿者人数100名左右。构建三级心理健康教育工作网络，建立学生心理健康和职业心理全套档案1438份；组织团体心理训练5次，参与学生千余人次。学校获高职院校心理健康教育工作先进集体。做好学生职业规划和就业指导工作，提高学生创业能力。2名学生的创业项目获批上海市慈善基金会“觉群大学生创业基金”项目；推行毕业综合实践教学环节与学生就业挂钩的改革，建立学校社会“五方联动”模式；学校获批上海市教委“就业工作创新基地建设”项目，成为首批基地建设单位。毕业生就业率为98.93%。

学生获奖成果丰硕。组织师生参加全国职业院校技能大赛、“e路通”杯第三届全国大学生网络商务创新应用大赛、全国大学生数学建模竞赛、中国机器人大赛、第七届（新加坡）国际市场营销大赛中国区选拔赛、“首届全国职业院校民政职业技能大赛”、全国大学生高职高专沙盘经营大赛、全国电子专业人才设计与技能大赛、全国板球联赛等全国性大赛，获得全国一等奖9项、二等奖7项、三等奖6项、优秀奖8项；参加“全国高职高专英语写作大赛”、“2010全国大学生三维数字化创新设计大奖赛”、

“全国电子专业人才设计与技能大赛”、第二届全国电子商务“创新、创意、创业”挑战赛、阳光体育联赛等5类上海赛区比赛，获得上海市特等奖5项，一等奖6项，二等奖5项，三等奖4项，优秀奖4项。

（龚瑞怡）

［**获国家级、市级教学成果奖**］　“校企医监研——全方位合作教育模式专业改革与实践”获2009年高等教育上海市级教学成果一等奖，2009年国家级教学成果二等奖。“医用电子仪器与维护专业改革与实践”获2009年高等教育上海市级教学成果三等奖。

（龚瑞怡）

［**建校50周年校庆**］　10月16日举行建校50周年校庆庆典。全国人大常委会委员、教育部原副部长吴启迪，全国人大常委会委员龚学平、民进中央副主席蔡达峰分别题词祝贺；教育部、全国人大常委会副委员长、民进中央主席严隽琪，卫生部副部长、国家食品药品监督管理局局长邵明立，上海市教卫党委书记李宣海，上海市教育委员会、国家食品药品监督管理局培训中心、中国医疗器械工业公司等发来贺信。全国人大常委会委员龚学平、国家食品药品监督管理局副局长边振甲、杨浦区区委书记陈寅等社会各界人士、医专校友、师生员工千余人参加大会。

（龚瑞怡）

建校50周年庆典

［**示范性骨干高职院校建设项目通过专家论证**］12月23日，上海市教委、市财政局联合组织专家，对学校《国家骨干高职院校建设方案》和《任务书》进行论证。专家组就建设目标、内容、预算与可监测指标进行论证，认为上述“建设方案”和“任务书”总体符合教育部、财政部文件要求，资金结构和项目预算合理，建设方案思路清晰、预期目标和监测点具有可操作性和可监测性，同意学校“建设方案”和“任务书”通过论证。

（龚瑞怡）

［**被评为全国高职大学生心理健康教育先进集体**］　12月25日，“全国高职院校心理健康教育2010学术年会暨先进表彰大会”在昆明召开。学校党委书记江才妹被聘为中国心理卫生协会大学生心理咨询专业委员会全国高职院校心理健康教育工作委员会第一届副主任委员，学校被聘为第一届副主任委员单位。学校被评为“全国高职大学生心理健康教育先进集体”。（龚瑞怡）

附：学校负责人及地址

（2010年1—12月）

校党委书记：江才妹
副　书　记：江孝渔

校　长：郑　刚
副校长：张学龙、丁岳伟

地　址：营口路101号
邮　编：200093
电　话：65483431

上海出版印刷高等专科学校

［**2010年概况**］ 学校招收全日制专科新生1464人，成人学历教育新生204人。全日制在校生4600余人；成人学历教育在校生639人。2010届毕业生1207人，就业率99.01%，专升本率16.32%。

学校通过教育部、财政部评审，被确定为“国家示范性高等职业院校建设计划”骨干高职院校立项建设单位，“印刷技术”、“印刷图文信息处理”、“出版与电脑编辑技术”、“艺术设计”等4个专业被列为教育部重点建设专业。

学校在教学质量工程建设中，获国家教学成果二等奖1项，上海市教学成果奖二等奖1项；新增国家级精品课程2门、省部级精品课程3门；被评为国家级优秀教学团队1个、上海市优秀教学团队1个；上海市教学名师1名；获上海市教委科研创新项目2项，上海市自然科学基金研究课题1项，4项上海高等教育学会研究课题结题。经国家新闻出版总署批准，在上海理工大学和上海出版印刷高等专科学校建立“国家数字印刷工程研究中心”。

不断增强服务社会、服务行业的能力。与《咬文嚼字》杂志社合作开展汉语言文字数字化传播建设项目，获上海市经信委100万元科研经费支持。承办第二届全国印刷行业职业技能大赛总决赛、2010上海国际印刷周印刷专业人才交流会；承办上海市新闻出版局“世博六百天”行动计划数码印刷产品质量检测工作、“2010年上海印刷行业职业技能竞赛”工作、数字印刷国家标准制定、柔性版印刷国家标准制定和撰写《国家职业资格（柔性版印刷工）培训教程》等。与中国印刷技术协会柔性版印刷分会合作举办柔性版印刷等级工（五级）培训班。参与国家出版职业资格考试的组织、考题终审和阅卷工作。

学生在各种大奖赛中取得优异成绩。在新闻出版总署、人力资源和社会保障部主办的第二届全国印刷行业职业技能大赛中，学校在《平版制版工》、《平版印刷工》、《网版印刷工》等三项工种竞赛中获得一等奖5项、二等奖9项，三等奖17项；在上海市职业技能竞赛“高级多媒体作品制作员”决赛中，学校获团体金奖及个人一等奖1名，二等奖2名，三等奖2名，5名同学获得“高级多媒体作品制作师”国家职业资格证书；在全国数学建模大赛上海赛区中获三等奖3项；在全国大学生广告艺术大赛中获一等奖1项、三等奖1项；在“上海市高职高专实用英语比赛”中获一等奖2名、二等奖4名、三等奖3名；在“2010构建和谐社会·大学生先行”全国数字艺术设计大奖赛中摘得银奖；在全国商科院校技能大赛会展专业竞赛总决赛中获一等奖1名、二等奖3名、三等奖6名以及最佳院校组织奖；在第六届“曼·罗兰印刷技术人才奖”中获得二等奖1名、优秀奖1名；在“科印杯”数码印刷作品大奖赛中获得新秀铜奖2名。学校成立“心理健康教育指导中心”，并举办心理健康活动月系列活动。

学校实施高层次创新型人才培养与支持计划。全年新进教师24人，其中海外留学人员1人、具有高级技术职务的2人、硕士以上学历17人（其中博士5人）。柔性引进上海市东方学者1名。学校专任教师近200名，其中具有高级职称的占27%，拥有博士、硕士学位的占51%。

拓展国际交流与合作。全年接待国外及港澳台来访团组32批137人次。主要包括澳大利亚维多利亚州职业教育代表团、美国罗切斯特大学、英国中央兰开夏大学、莫斯科印刷大学、瑞典跨媒体学院、加拿大雪瑞丹学院、新加坡南洋理工大学、新加坡国际印业科技学院、爱沙尼亚艺术学院、台湾德明财经科技大学等。接受莫斯科国立印刷大学20余名同学、台湾德明财经大学30余名同学到学校进行实习交流。组织60余名学生赴俄罗斯莫斯科国立印刷大学、新加坡南洋理工大学、台湾德明财经科技大学进行暑期实习交流活动。

积极参与和服务世博会。按照世博局部署，学校选拔276名园区志愿者，118名城市站点志愿者和61名校内外建站志愿者。共有136名志愿者获“世博志愿者之星”的称号，7支团队获“世博优秀服务团队”的称号，91名同学获“校世博杰出志愿者”称号，77名同学获“校世博优秀志愿者”称号，1名同学获市委市政府“世博工作优秀个人”称号，1名同学获上海市“志愿者工作先进个人”。

（孙丽炜）

[柳斌杰来校视察] 7月30日，国家新闻出版总署署长柳斌杰、副署长孙寿山、科技与数字出版司司长张毅君、出版产业发展司司长范卫平等总署领导来校视察并为“国家数字印刷工程研究中心”揭牌。柳斌杰一行实地考察学校数字印刷实训中心，同时听取学校印刷实训中心建设情况的汇报。

（孙丽炜）

[承办第二届全国印刷行业职业技能大赛总决赛] 8月21日，由国家新闻出版总署、人力资源和社会保障部主办，中国就业培训技术指导中心、中国印刷技术协会、中国报业协会承办的第二届全国印刷行业职业技能大赛总决赛启动仪式及平版制版工全国总决赛开赛仪式在学校举行。国家新闻出版总署、上海市教委、上海市新闻出版局、上海印刷协会等有关领导和相关企业代表、参赛选手、裁判员、各地区领队等300多人出席了启动仪式。

（孙丽炜）

[与金山工业区管理委员会签署合作协议] 10月11日，校长陈敬良赴金山工业区出席“国家绿色创意印刷示范园区揭牌仪式暨绿色创意印刷国际论坛”，与金山工业区管理委员会签署战略合作框架协议。双方将在绿色、创意、印刷、数字技术等方面开展决策咨询、教育科研、技术服务、人才培养和就业指导。

（孙丽炜）

承办“第二届全国印刷行业职业技能大赛总决赛”

附：学校负责人及地址

（2010年1—12月）

校党委书记：朱南勤
副　书　记：顾　凯

校　长：陈敬良

副校长：滕跃民、曾　忠

地　址：水丰路100号
邮　编：200093
电　话：65673587

上海旅游高等专科学校

[2010 年概况] 至 2010 年底，学校（院）在校专科生 3037 名，本科生 1606 名，研究生 223 名（上海师大旅游学院），学历教育夜大学生 947 人，非学历培训 976 人次，在读学历境外学生 14 人，其中专科生 3 人，本科生 7 人，专科进修生 1 人，交换生 3 人。

推进国家示范性高职院校建设和教学质量工程建设。探索"校企合作、工学结合"人才培养模式改革与实践，调整人才培养方案，完成市级、校级精品课程、重点课程等教学质量工程项目的验收评审，启动全国高职高专酒店管理专业教学资源库项目申报。举办全国酒店管理专业课程建设师资培训班，推进高职高专酒店管理专业建设，5 门课程获上海市教委重点课程立项，3 门课程通过市教委重点课程验收。烹饪工艺与营养教学团队获市级教学团队，旅游管理专业获教育部、财政部第六批高等学校特色专业建设点的立项，现代饭店公共实训基地六期建设项目获得市教委立项。

学校获国家自然科学基金 3 项：国家旅游局项目 6 项，上海教育基金会"晨光计划"资助 1 项，上海市教委创新项目 2 项。学校教师全年发表论文 65 篇、著作 15 部，研究项目 83 项，其中新增项目 32 项，含国家级项目 4 项，省部级项目 2 项，教委级项目 11 项，核定经费 414.1 万元。"旅游资源与文化创新基地"制订期刊 30 种目录，完成资助项目的评审立项。学校资助"科研基金项目"21 项，提升中青年教师的科研能力，与上海市旅游局合作承办"东方讲坛 · 上海旅游论坛"13 期，启动与美国塞勒姆州立大学联合培养地理信息系统硕士专业"2＋1"项目，承办第五届全国地理学研究生学术年会。期刊建设再创佳绩，《旅游科学》再度入选中文科学引文索引 CSSCI 目录，获得"全国百强学报"称号。

开展酒店管理、烹饪工艺、旅游管理、会展策划与管理、电子商务、西餐工艺、旅游英语、应用韩语、旅游会计、旅游日语等重点专业及共计 10 个专业群的师资队伍建设。全年引进培养专业带头人 14 名，引进培养骨干教师 32 名、培养双师型教师 34 名、聘请兼职教师近 80 名，培训双语教师 5 名。培训教师近 90 人次，建立美兰湖国际会议中心师资培训基地；实行内聘高级职称的晋升制度，拓宽教师晋升渠道；聘请资深学界业界专家带教青年教师，提升青年教师科研教学水平。

完成学校心理期刊的印刷出版工作，共出版《心旅》期刊 5 期。及时处理新生心理危机事件近 10 起。做好家庭经济困难学生认定和帮困指导，与校外中小型企业、用工市场联系结对子，为贫困生谋求合适的校外固定岗位。举办第一届上海市高校"学生职业发展协会"交流会和"上海市高职高专大学生可持续就业竞争力发展"论坛，承办"为梦想起航"创业节活动。

全年共接待 20 批来访团组，与国外、境外高校和组织签订 12 份合作协议。推进与美国肯特州立大学"3＋2"本硕连读项目、澳大利亚昆士兰大学"3＋2"双本科学位项目、韩国汉阳大学专升本等项目。共选派 13 名学生赴友好学校交流学习，接待 30 名留学生来校短期留学。学生海外实习项目进一步拓展，学校共选派 22 名学生参加迪斯尼半年实习项目，6 名学生参加迪斯尼中国馆一年期文化交流项目，27 名学生参加美国黄石公园、酒店、主题公园等企业实习项目。

探索校际合作新模式。与浙江大学、南开大学、中山大学等国内 10 家重要旅游院校组建"中国旅游名校 T10 联盟"；牵头"五星联盟"图书馆旅游特色数据库建设，举办中国旅游院校"五星联盟"定向越野邀请赛，承担国家旅游局"旅游行业职业分类标准研究"课题。

完成地学博物馆、欧式和拉美一体化实训教室、现代教育技术一体化实训教室等项目建设，完成全校范围内的无线网络覆盖，启用内部校园数字信息平台，规范各类校园管理规章制度与流程。

（袁怡琴）

[召开第一次党代会] 1 月 8 日，学校召开中国共产党上海旅游高等专科学校第一次代表大会，选举产生中国共产党上海旅游高等专科学校第一届委员会委员和新一届纪律检查委员会委员。

（郭飒飒）

学校第一次党代会举行

[研制高职高专类专业规范] 受教育部高职高专旅游类教学指导委员会委托，学校牵头研制2项高职高专类专业规范。一项是受教育部高职高专旅游管理专业类教学指导委员会委托，由朱承强老师等负责研制“高职高专酒店管理专业指导性建设规范”；一项是受教育部高职高专餐旅管理与服务类教学指导委员会委托，由朱水根老师等负责研制“高职高专餐旅管理与服务类专业规范”。

（郭飒飒）

[承办课程开发与教学资源库建设协作组会议] 4月9—11日，学校承办全国示范性高职院校酒店管理专业课程开发与教学资源库建设协作组会议，示范校酒店管理专业协作组成员单位、中国旅游院校“五星联盟”成员单位以及其他省市旅游院校共计34所院校60余名酒店管理专家参加会议。

（王培来）

[与法国保罗·博古斯学院签订合作协议] 4月25日，学校与法国保罗·博古斯学院签订合作协议。学校共派120名酒店管理、烹饪专业的学生，在世博最佳实践区的法国罗阿展馆参与法国西餐厅的营运和展示，为世博游客提供正宗的法国大餐和餐饮服务。双方表示在学生交流、学者互访等领域开展交流与合作。

（王培来）

[师生为世博提供专业服务] 学校参与上海世博会开幕式、闭幕式以及世博园区、城市站点、城市足迹馆、世博博物馆、法国案例馆、比利时馆、荷兰馆等场馆服务的世博志愿者有1800余人次。学校教师发挥专业优势，用GIS技术研究成果完成的“上海文化电子地图在线服务平台”为参观世博会的广大市民和中外游客提供全新的文化信息服务，以图片、视屏、文字、电子图书等多种形式，全方位、多角度展示上海文化风采。

（郭飒飒　陈　能）

[学报入选“全国高校百强社科期刊”] 2010年，学校学报——《旅游科学》入选“全国高校百强社科期刊”，实现办刊质量和学术影响的大幅度提升。

（邓　屏）

附：学校负责人及地址

（2010年1—12月）

校党委书记：张国凤
副　书　记：杨卫武、杨荫稚

校　长：杨卫武
副校长：高　峻、朱承强、张建业、贾铁飞

地址：奉贤区海思路500号
邮编：201418
电话：57126268

上海公安高等专科学校

［**2010年概况**］ 学校完成世博安保参战和培训任务，通过国家和上海市组织的示范院校创建验收两级评审，成为全国公安院校中唯一一所国家示范性高职院校。

学校共举办各类培训班129期，累计10500余课时，培训学员13800余人次。其中，受公安部委托，举办全国国保业务骨干和教官专业培训班3期，240人参训；举办世博园区入园民警安保专项培训班3期，2500余人参训，其他世博安保专业岗位培训班57期，8340余人参训；各警种专业岗位警衔晋升培训班10期，504人参训；各警种专业岗位“轮训轮值”培训班4期，731人参训；配合市局职能部门开展各类考试125场，25100余人次参加。学校录取2010级（春、秋季班）第二专科学员1475名，毕业2010届（春、秋季班）第二专科学员923名。

接待加拿大、澳大利亚、荷兰、新加坡等国家和香港等地区警方代表团来访考察12批次，全国兄弟省市公安机关、公安院校等来访交流88批次；组织10批32名教官教师赴美国、新加坡等境外10个国家和地区培训、进修。

世博安保备战训练成效显著。学校重点对9个公安分局2500余名入园参战民警开展强化集训，并组织5000余人次民警参加世博基础知识、世博安保知识技能等专项考试。学校开设90余门各类安保课程，参与编写5个系列33册精炼实用、贴近实战的世博安保系列教材和《评案例、讲理性、长睿智——科学执法典型案例评析》等案例教材，举办17期世博安检搜爆培训班，编制4本世博安检搜爆专业教材，培养输送了720余名安检搜爆专业人才，“安检搜爆培训项目”通过ISO9001质量管理体系贯标认证，成为全国公安院校中第一个通过该项国际质量标准认证的警察培训项目。此外，对增援世博安保的8400余名外省市公安院校学警开展“送教上门”，在世博园区、轨道站点、市境道口等安保岗位设立163个教学点，对22400余人次的民警开展“短平快、小专灵”的“边战边训”；同时，配合市公安局政治部开展“岗位业务标兵”和“精品案例、优秀战法”评选活动，评选表彰50名“岗位业务标兵”，总结世博安保实战中601个典型案例和105个工作方法，评选出20个精品案例和12个优秀战法。根据市公安局部署，启动派出所图像监控值守人员培训，开发建设相关课程和教材，举办4期160人参加的派出所图像监控值守人员培训班。

启动民警职业资格鉴定体系建设。学校参照《国家职业资格鉴定标准》，编写《上海公安民警职业资格鉴定指导手册》，完成《理论知识鉴定题库》、《操作技能鉴定题库》建设和5项职业开发技术文本的编制工作。

修订《科研工作考核与奖惩办法》，组织申报校外科研项目15批次，30个项目获得立项，申报成功率60％。34项科研项目结项，是全国公安院校中唯一一所100％完成项目结项的院校。科研成果广泛应用于公安教育和实战，成果转化率达95％。

加强校园信息化建设。自行设计开发包括战时培训需求在线征集系统等在内的5个信息系统。建设公安远程教育平台，完成“上海公安网络学院”课程更新，新开发5门符合SCORM标准的网络课程，并新增网络课程100余门，使网络课程总数达到1600余门，内容涵盖23个类别。此外，学校制订《远程教育网络课程开发标准与制作规范》，启动《远程教育课程中心管理系统》项目设计与研发，完成“远程教育在线考试系统”升级、数据库迁移、备份等工作。全面更新、升级和维护数字图书馆自建数据库，完成25万册电子图书的安装和非书资料的整理、上架，电子图书总量已达到38.6万册，公安电子图书库升级为“读秀”知识库。学校建立“外警资料网站”，完成了“上海交警总队案例学习平台”专题案例汇编工作，试用“知识视界”和“正保—法律”等视频教育资源库。

加强战时队伍管理保障。开展非领导干部岗位梳理设置和聘用工作，行政教辅岗位比上年度减少15个；学校制订《文职人员“三定”（定编、定岗、定责）工作规范》。

（陈海荣、杨国华）

[孟建柱慰问参与世博安保的学员] 7月9日，国务委员、公安部党委书记、部长孟建柱在副市长、市公安局党委书记、局长张学兵，上海世博局局长洪浩等领导的陪同下，到上海世博园区视察安保工作，慰问参加世博安保工作的学校第二专科学员。

（陈海荣、杨国华）

国务委员、公安部党委书记、部长孟建柱看望学校参与世博安保的师生

[陆昊慰问参与世博安保的学员] 5月11日，共青团中央书记处第一书记陆昊在上海世博局党委副书记许伟国的陪同下，到世博园区视察安保工作，慰问参加世博安保工作的学校第二专科学员。

（陈海荣、杨国华）

[为世博安保民警提供心理健康服务] 学校构建"心理训练、咨询服务和危机干预""三位一体"的民警心理健康服务工作体系，学校心理教官教师和全局83名具有国家二级心理咨询师资质民警成立"世博民警心理健康志愿者服务队"，设立14个心理健康服务网点、7个民警"心理放松室"，开通"24小时心理热线"、"心理服务短信平台"。学校还制作了2.8万余张"心灵加油站"、"心理健康小贴士"。

（陈海荣、杨国华）

[课程与专业建设实现新突破] 学校2门课程被评为国家级精品课程，2门课程被评为省部级精品课程，总数分别达到7门和10门，是同时期获国家级精品课程数量最多的公安院校。学校开展校级优质核心课程评审，评选出30门校级优质核心课程。此外，学校与市高级人民法院签约，开设法院司法警察专业，首次为法院系统培养50名第二专科法警人才。

（陈海荣、杨国华）

[师资队伍建设取得新成效] 学校交通管理专业教学团队被评为国家级教学团队，使学校国家级教学团队总数达到2个，占同时期全国公安院校中被评为国家级教学团队（共4个）的一半。学校形成一支由9名专业带头人和40名教学骨干组成的专业化师资队伍。全年新增高、中、初级职称共14人，有9名教官教师分别被市局评为"优秀教官"和"优秀教师"。

（陈海荣、杨国华）

[首创"公民警校"] 3月，学校借鉴世界发达国家"公民警校"运作模式，在全国公安系统中首创"上海公民警校"，举办4期培训班，250余名学员参加。同时，学校指导各区县建设区县级"公民警校"，建立健全"上海公民警校"长效运作机制，进一步完善了"上海公民警校校友协会"。

（陈海荣、杨国华）

[被评为"全国公安教育训练工作先进集体"] 11月25—26日，公安部召开"全国公安教育训练工作会议"，总结10年来全国公安教育训练工作。上海公安专科学校被评为省属公安院校中唯一一个"全国公安教育训练工作先进集体"；学校党委书记、常务副校长、市公安局政治部副主任郑万新被授予"全国公安模范教育训练工作者"称号，另有4人被授予"全国公安优秀教育训练工作者"称号；《警察心理训练》等5门课程被评为"公安部精品课程"，《中国2010年上海世博会安保工作系列培训教材》等4套教材被评为"全国公安机关优秀培训教材"。

（陈海荣、杨国华）

附:学校负责人及地址

(2010 年 1—12 月)

校　　长:张学兵(兼)

校党委书记:郑万新

副 书 记:于海生

副校长:郑万新(常务副校长)、于海生、张　君(2 月离任)、许　敏、邹向曙、刘　民

浦东校区地址:浦东新区凌桥崇景路 100 号

邮编:200137

电话:28957000(总机)

莘庄校区地址:闵行区沁春路 179 号

邮编:201100

电话:64987070(总机)

上海东海职业技术学院

［**2010年概况**］　学院在校生4783人，教职工359人，占地126589平方米。专任教师146人，其中副高以上高级职称78人。学院建有3个二级学院，5个教学系，2个教学部，共33个专业。并有12个教学实训中心和75个实训室。图书馆有纸质藏书31.38万册，电子图书480GB。

学校共有307名师生参与上海世博票务、园区和社区工作。在世博工作中，1名教师受到市委表彰，88名师生和7个集体受到市教委和世博会执委会表彰，35名师生受到学校表彰。

学院完成了系主任责任制、工资改革、专业结构布局的调整和优化、教学实习、实训基地建设、十二五规划起草和修订、就业工作、教学经费合理使用规则、二级学院组建工作、学校基础设施改造等工作。

学校确定6个重点建设专业和10余门重点建设课程。基本构建"一体两翼"的专业结构框架、"技能教育2+1"的人才培养教学模式，形成实训中心建设计划。上半年，学校整合成立经管、商贸、艺术3个学院，建立经济、航运、国商、艺术设计4个大专业平台，商贸学院成立国际商务大专业，把商务英语、商务日语归入其中，成为特色方向；经管学院在整合的专业平台上准备出版系列实训教材；艺术学院将环境设计、平面设计、室内设计等合并成大专业，构建公共专业平台。建筑、法律、新闻等专业停招，其余26个专业投入招生。

推出考试改革措施。根据学生的实际情况，适当降低单纯理论考的不及格率，把书面考的唯一方式改变为平时出勤考核、实训能力考与期终理论考三部分组成。学校在实行系主任年薪制后，9月首次进行了系主任的述职考核，评出3名优秀，5名良好和2名合格。

疏理专业主任的岗位，鼓励专任教师担任专业主任工作，专业主任岗位大多数由本校教师和系部领导兼任，职能到位，工作落实。每年节约几十万元的开支。

重视师资队伍建设、课程教材建设与实训室建设。共招聘教师干部29名，其中高级职称2名，中级职称8名，具有硕士以上学位11名。辞退和辞职的教师16名，招聘工人24名，辞退和辞职18名。目前全校专任教师123名，占教师总数283名的43.5％。学校落实补发初级职称聘书、中级职称申报、学历资助、各类教师培训工作，稳定了教学工作。今年全校申报了11项优青项目，获批8项；1项"晨光项目"立项。

进行实训室建设。学校护理实训中心(一期)建设全面竣工；电气工程高地项目经方案论证和实施，建设内容基本完成，部分投入使用；物流二期高地项目部分功能投入使用；模拟海关，硬件全部到位；模拟银行证券部分软件到位，整个项目已完成并投入使用。

当年学校计划招生1980人，完成计划1908人，实际报到1591人，完成计划和报到率分别是96.97％和82.86％，其中上海生源1024人，报到率97.46％，外省市生源884人，报到率67.48％。2010届学生由学校安排的实习率为98％，70％的毕业生与用人单位签了四联单，就业率97.36％，比上年的94.05％提升3.31％。同时，学校与通用汽车等大型企业签订了长期合作意向。

学校由浦发银行代替建行、农行的贷款，年利率为基准利率，相较于原来的银行利率，当年可减少利息支出86万元。

学校投入大笔资金进行基建和维修，包括学校路灯系统、广播系统、监控系统、教二楼学生宿舍的改造，同时增加了八号宿舍楼、报告厅、体育馆等处的应急维修。

学校党委被评为上海市"推进民办高校健康、科学发展先进党组织"、学校被评为上海市平安校园、上海市文明单位。

（邹培庆）

［**召开第三届校董事会第三次会议**］　3月17日，学校召开第三届董事会第三次会议，全体董事到会。会上，学习了《国家中长期教育改革和发展规划纲要(2010—2020年)》，院长项家祥作行政工作报告，院党委书记赵佩琪从党建工作、加强和改进大学生思想政治工作和2010年工作思路向全体董事作了党委工作报告。本次董事会形成了改建学生寝室、制定学院"十二五"规划等决议。

（邹培庆）

学校“校史馆”落成

[**校史馆落成**] 9月11日，学院校史馆落成揭牌。校史馆位于图文信息大楼7楼，占地300平方米，分为创业篇、建设篇、成果展示篇，记录学院的从无到有、从小到大的发展历程。

(邹培庆)

[**沈晓明来院视察**] 12月3日，上海市副市长沈晓明、市教委副主任张民选一行来院视察、调研。沈副市长一行参观“东海医院”、“东海银行”等一系列东海品牌的仿真实训室，还参观校史馆。沈副市长一行就东海学院落实法人财产权后的进一步发展问题作了调研。

(邹培庆)

[**获政府扶持资金**] 学院共获政府扶持资金494万元，用于改善学校教学条件，提高教职工福利待遇等。

(邹培庆)

附：学校负责人及地址

(2010年1—12月)

董　事　长：曹助我

院党委书记：赵佩琪
副　书　记：项家祥、王 玉

院　　　长：项家祥
副　院　长：赵佩琪、程龙根

地址：虹梅南路6001号
邮编：200241
电话：64505555

上海新侨职业技术学院

［2010年概况］ 学院20个专业共招收1660人，在校生5188人，毕业生1647人，就业率99.46%。落实市委统战部关于学院同上海工商学院合并的决定，提出学院整合方案，启动学院教育事业发展“十二五”规划的编制工作。协调徐汇、嘉定、青浦三个校区的教学管理、学生管理、招生就业、后勤管理等工作。

加大校企合作力度。珠宝专业贵金属首饰手工制作（国家职业资格四级）被市职业技能鉴定中心授予上海市职业技能鉴定单位。机电“液压传动与气动”被评为上海市精品课程。5月，学院完成汽车电子技术新专业申报，以及机电实训高地第五期建设项目。

学校世博志愿者

组织学生参加上海市高职院校第二届国际商务单证职业技能竞赛、会计技能比赛、职业技能竞赛、计算机专业“国信蓝点杯”全国软件专业人才设计与开发大赛、全国高职高专英语写作专业组公共英语组竞赛、全国大学生数学建模竞赛等比赛，获各类奖项20余项。

获上海市优秀毕业生52人。学院评出校先进班级10个，优秀团支部20个；校优秀学生114人、校优秀学生干部88人、校优秀毕业生152人、优秀团干部92人和优秀团员135人。

学生中，助学贷款299人，获助学贷款179.10万元；勤工助学240人，计13.67万元；4人获国家奖学金，计3.2万元；5人获上海市奖学金，计4.0万元；166人获国家励志奖学金，计83.0万元；936人获国家助学金，计96.9万元；获校内奖学金439人，计17.34万元。

（宋锋梅）

［中福会宋庆龄基金会领导来院视察］ 11月2日，中福会宋庆龄基金会党组书记、常务副主席常荣军、副主席齐鸣秋等到学院徐汇、嘉定、青浦3个校区考察调研，参观珠宝与艺术系、汽车工程系、机电工程系等实训基地。

（宋锋梅）

［贵金属首饰手工制作工国家级鉴定站对社会开放］ 9月，学院《贵金属首饰手工制作工》鉴定站经上海市职业技能鉴定中心审核批准建立。这是上海市民办高校中第一个正式对社会开放的国家级职业技能鉴定点，承担该工种全市社会化技能鉴定考核工作。该鉴定站的设备、工位、工具等硬件设施达到全市先进水平。

（宋锋梅）

［嘉定校区落实学院法人资产权］ 2010年，学

院嘉定校区对所征土地和所建用房办齐了产权证，完成了市教委关于落实学校法人资产权工作。

（宋锋梅）

［加强安保技防设施建设］ 截至2010年12月，学院嘉定、徐汇两个校区又投入50万元进一步完善校园周界报警装置、重要场所监控录像、防盗装置等技防设施，连同往年投入计180万元，建立了学院安全防范体系。

（宋锋梅）

［学生就业工作首次名列高职院校前列］ 2010年，学院加大与企业、行业的联系力度，利用参加信息技术、旅游、商管等职教集团和嘉定职业教育集团的优势，在深化工学结合、专业拓宽的同时推荐学生，使当年就业率达到99.46%，首次名列全市高职院校前列。

（宋锋梅）

［加强校企合作］ 7月至12月，学院经贸管理系旅游专业学生在华亭宾馆、建国宾馆进行为期半年的“酒店企业顶岗实习”。部分优秀学生还被选派到世博园区进行服务。

（宋锋梅）

附：学校负责人及地址

（2010年1—12月）

院党委书记、院长：忻建国
副院长：过传忠

徐汇校区：天等路465号
邮编：200237
电话：64773208

嘉定校区：外冈镇冈峰路68号
邮编：201806
电话：59587329

青浦校区：华新镇新凤北路565号
邮编：201708

上海行健职业学院

[2010年概况] 2010年,学院以创建"和谐行健、特色行健"为目标,保持学院持续、健康、和谐、稳定的发展。

学院改革人才培养模式,坚持以德育为本,以学生为本;以就业为导向,让学生成才;以能力为目标,助学生成功,深化人才培养模式。推进专业改革建设,优化专业结构,加强特色专业建设,加快精品课程建设。坚持校企合作,推进工学结合,编制以专业为单位的"学生实训手册"集;以岗定教,推进实践教学,编制以专业为单位的"课程实训大纲"集;以学生为主,改进教学模式,编辑出版"高等职业院校课程改革探索与实践"案例汇编。

加强培训,规范师德师风,对新教师进行"如何做一个合格的大学教师"、"高职教育"、"课堂教学艺术"、"教育教学管理制度"和"掌握学生心理,搞好教育教学"等五个方面系统培训。完善教师"双师"结构,有81位教师获得职业资格证书,"双师型"教师占教师总数的72%。

提高教科研水平。以课题建设为引领,申报阳光计划课题1个、晨光计划课题2个、优青科研专项基金课题6个。以校本教材为平台,全年教师出版教材12种。除市级课题以外,学院申报全国教育科学规划课题2个,中国教育学会教育机制研究分会课题1个。

继续承担教育部人才培养状态数据采集平台课题。完善管理体系,服务区域经济和社会。学院"两中心"承担全区社区教育工作。协助区教育局起草和修订《闸北区社区教育"十二五"发展规划(2011—2015)》。承担多个社区教育实验项目研究,完成《开展学分银行社区教育部分的调研报告》、《闸北区社区学院参与老年教育工作情况调研报告》、《对"关于上海开放大学'乐龄学习苑'的内容基本设想"的修改建议》和《对"关于组织全市社区学院进一步参与上海老年教育工作的指导意见"的修改建议》等调研项目。开展电子商务中级、育婴师中级、网页制作等中高级以上层次培训,共计591人。社会培训年培训量为1872人,中高级以上层次培训1828人,占97.65%。

学院根据《国家中长期教育改革和发展规划纲要(2010—2020年)》,编制《上海行健职业学院"十二五"发展规划(草稿)》。

(王　欢)

[获2009年上海市高等教育教学成果奖] 上海市人力资源和社会保障局、上海市教育委员会、上海市公务员局公布2009年上海市高等教育教学成果奖评奖结果。由学院负责的《高等职业院校人才培养工作评估方案及知识管理平台创建与实践》获上海市一等奖;由纵瑞昆副教授主持完成的《高职英语教学职场化模式的创建与实践》获上海市三等奖。

(王　欢)

[朱屺瞻艺术馆教学实践基地揭牌] 1月15日,学院朱屺瞻艺术馆教学实践基地揭牌。基地为学生提供更多实践机会的同时,将成为朱屺瞻艺术馆普及推广高雅艺术、提升专业形象、构建和谐社会的组成部分。

(王　欢)

[联通创业中心揭牌] 6月2日,学院信机系与中国联通公司联合成立的联通创业中心在学院演讲厅举行揭牌仪式。与国内三大运营商之一的联通会合作,为学院师生提供新的实践与工作机会。

(王　欢)

[数字化市民学习港启动试运行] 10月,学院数字化市民学习港首次试运行启动。"数字化市民学习港"运用"资源+服务+导学"的模式,为市民提供数字文献与视频资料浏览、国产学习软件在线体验、数码影像合成技术、旅游电子商务咨询、婴幼儿启蒙教育、汽车检测与保养、语言文化与交流等多方面、全方位、高层次服务,为社会各类人群搭建终身学习的"立交桥"。

(王　欢)

[成为“中国商飞总装制造中心创新人才培养合作伙伴”] 12月27日，学院与中国商飞公司签约。学院将作为上海飞机制造有限公司的技能人才输送基地和员工教育培训基地，也将为学院教师提供顶岗实习、参与民机科研生产的机会。签约双方优先在民机总装制造高技能人员培养的专业研究、课程设置上开展合作。

（王　欢）

附：学校负责人及地址

院党委书记：徐炽强（2010年9月离任）
　　　　　　黄　群（2010年10月到任）
副　书　记：马毅鑫（2010年12月到任）

院　长：袁允伟
副院长：蔡　红

地址：原平路55号
邮编：200072
电话：56075555（总机）

上海城市管理职业技术学院

[2010 年概况] 学院首次参加上海市依法自主招生，计划招收 451 人，报名 1180 人，录取 451 人，报到率 100%。秋季高考计划招收上海学生 179 人，录取 179 人，报到率 100%；计划招收外省市学生 670 人，报到 594 人，报到率 88.7%。学院招收 2010 级全日制高职新生 1300 人，实际报到 1224 人，完成计划 93.3%，在校高职生总数 3522 人。全日制高职毕业生共计 1175 人，一次就业率 95.3%，其中，房地产经营与估价、建筑工程项目管理、市政工程技术、城市园林、环境艺术设计、旅游管理、电子商务等 7 个专业的就业率为 100%，全院毕业生就业签约率为 65.6%。学院成人岗位培训开设 43 种类型 143 个班次，共计培训 13050 人次。招收成人学历教育专科生 451 人，专升本生 162 人，电大生 297 人，网络教育生 823 人，中专自学考生 54 人；在校生共计 4351 人。学院附属中专（园林学校）录取新生 229 人，毕业生 224 人，有 127 名学生考入各类高等院校，在校生 779 人。

继续深化顶岗实习的实践性教学。学院依托行业内骨干企业，建立 17 家校外实践教学基地，组织职业鉴定的项目增加到 7 项。有 11 个专业 555 名 08 级高职级学生参加技师学院组织的校企合作实习实训；326 名 07 级高职学生通过职业技术鉴定，分别取得绿化工（高级）、智能楼宇管理师（高级）、室内装饰设计师（高级）、工程测量师（预备技师）、调酒师（高级）等职业资格证书，学院获政府 65 万元奖励。学生参加上海市计算机应用能力考试连续第 7 年获得好成绩。3 名学生参加全国数学建模大赛（上海赛区），分别获一、二、三等奖。1 名学生在第三届全国高等院校广联达杯软件算量大赛中获三等奖。由学生组成的参赛队获全国楼宇智能化技能大赛优胜奖。1 名学生获首届全国高职高专英语写作大赛（上海赛区）公共英语组三等奖。学院建筑与房地产管理、物业与智能化管理、建筑技术等 3 个市级公共实训基地安排实训学生近 5 万人次。学院通过教育部新一轮高职院校人才培养工作评估专家组的评估。

师资和教学科研水平不断提升。共有 6 项市级课题立项，出版著作和教材 19 部，公开发表论文 181 篇，其中核心刊物 22 篇。《工程造价控制》课程被评为上海市精品课程，学院的市级精品课程增加到 7 门。6 名教师获得硕士学位，1 名教师获得博士学位，7 名教师获得高级技术职称。5 名青年教师参加市教卫党委、市教委举办的"上海高校选拔培养优秀青年教师科研专项基金"培训。张姣入选 2010 年上海市普通高等学校青年骨干教师国内访问学者。老教师组成的《建筑工程技术》专业教学团队获得上海市第三届优秀教学团队称号，使学院的市级优秀教学团队增加到 3 个。张金玉、袁媛两名教师入选 2010 年度上海市"晨光学者"，使学院获得"晨光学者"称号的教师达到 7 名。学院首次举办教师"说课"竞赛和优秀教案评比活动。学院设立的国家职业技能鉴定所不断完善园林绿化工程序化考核工作，年内完成 1314 人次的绿化、花卉、机泵三个工种初、中、高级工及技师的职业技能考核工作。

学院修订和完善《关于进一步加强学生思想政治教育工作的实施意见》。加强以博雅讲堂文化讲座为主要形式的学生人文素质教育，组织新生心理健康普查，并建立档案，开展心理健康宣传月活动，建立朋辈心理辅导小组，定期开办讲座。学院完成上海高校心理咨询中心达标资助建设的申报，通过评审并获得市教委的经费资助。召开 23 次学生管理工作专题会议和辅导员工作研讨会，选派辅导员 38 人次参加专题培训和岗前培训。

学院有研究生、专科起点本科（业余、函授、网络）、高中起点本科（网络）、专科（业余、电视、网络）、中专自学考等 10 多种成人学历教育类型，形成 40 个专业、10 多个教学点、96 个班级、4300 多名学生的成人学历教育规模。学院开展造价工程师、监理工程师、注册安全工程师、建造师等执业资格的考前培训，开展建筑行业岗位资格培训、技术工程职业技能培训等继续教育。举办新疆喀什地区城乡建设及规划管理干部培训班。上海市建设行业第五职业技能鉴定站挂牌运行，首次培训 434 名建筑类农民工。

国际合作交流不断深化。学院与美国纽约州立大学科布尔斯基农业与技术学院举办中美合作城市园林专业，首届招收 66 名学生。20 名中加建筑工程项目管理专业 2010 届毕业生赴加拿大乔治布朗学院深造，实现中外合作办学专本科、境内外的学业贯通。

学院新配置资产设备 1514 台(件)，其中计算机 358 台、实训设备 314 台(件)、网络设备 3 台、其他固定资产设备若干台(件)。学院重点做好上海市建筑技术公共实训基地、上海市建设工程机械运用与维护公共实训基地、上海市物业与智能化管理公共实训基地以及各二级学院实训基地项目建设的设备配套工作，共配置设备 282 台(件)，其中，建筑技术实训基地 73 台(件)，工程机械实训基地 1 台(件)，物业与智能实训基地 126 台(件)，环境艺术实训工场 47 台(件)。新建一座 2554 平方米的学生宿舍，增加床位 308 个。扩充对外网络信道，一期带宽增加为 70M。

(张伟民　何　光)

[举办第十一届城市管理世纪论坛]　12 月 16—18 日，第十一届城市管理世纪论坛在学院举办。论坛按照“创新、参与、和谐、魅力、推广、持久”的标准，评选出 6 个“最成功的城市管理实践案例”，即上海市公安局闵行分局《建立覆盖全区的城市综合管理“大联动”新机制》、江苏省扬州市城市管理局《市容管理路段承包责任制》、《市区道路清扫保洁、绿化保洁、“牛皮癣”清除“三位一体”市场化综合运作》、江苏常州市溧阳城市管理执法大队《城管执法进镇(区)工作的实践》、江苏常州市城市管理行政执法支队钟楼大队《公众参与为民城管——城市管理行政执法实行“先罚后返”》、河北保定市城市管理行政执法局《强化能力建设给力依法行政实现市容面貌“大变样”》。

(张伟民　何　光)

[建立二级学院管理体制]　根据“扶强、扶特”、优势互补、精简高效的原则，对系、专业进行调整和重组，形成 7 个二级学院和 1 个附属中专(上海市园林学校)的管理体制。7 个二级学院分别是：土木工程与交通学院、建筑经济与管理学院、园林与环境学院、人文与信息技术学院、旅游管理学院、国际交流学院和成人教育学院。

(张伟民　何　光)

[举办首届“说课”竞赛和优秀教案评比]　首届“说课”竞赛在各二级学院开展“说课”活动的基础上，8 位教师参加“说课”决赛，园林与环境学院教师高珏主讲的《居住空间室内设计》课程获得一等奖。首届优秀教案评比活动中，68 份参评教案有 10 篇优秀教案分别被评为公共课、专业基础课和专业课的一、二等奖，黄丽萍的《函数的最值及最值的实际应用》、孙耀龙的《家具设计与人体工程学》、朱红霞的《种植设计》分别获得公共课、专业基础课和专业课的一等奖。

(张伟民　何　光)

附：学校负责人及地址

(2010 年 1—12 月)

院党委书记、院长：谢卫平
副书记、副院长：喻晓荣
副院长：陈锡宝、李冠东、朱迎迎、丁为民

军工路校区地址：军工路 2360 号
邮编：200438
电话：65743348(总机)

虹漕南路校区地址：虹漕南路 123 号
邮编：200233
电话：64367400(总机)

河南北路校区地址：河南北路 301 号
邮编：200085
电话：63250475(成教学院)

杨树浦路校区地址：杨树浦路 2219 号
邮编：200090
电话：65433273(附属中专学校)

上海交通职业技术学院

［**2010年概况**］ 上海交通职业技术学院占地面积约27万平方米，建筑面积14.48万平方米。在校生4468人，专任教师266人。学院设有10个专业系部、24个专业，其中《汽车运用技术》与《集装箱运输管理》专业为国家级教改示范专业，《报关与国际货运》专业为上海市特色专业。学院是“上海市高校学生物流管理类职业技能鉴定所”和“国家技能型紧缺人才汽车运用与维修专业培养基地”，设有校内外实训基地110余个。

学校成立校企合作工作机构，制订《深入推进校企合作的实施意见》，明确“校企合作项目管理细则”和“校企合作项目培训协议书”。制订《中高职教育贯通培养模式的学生学籍管理暂行规定》等一整套教育教学制度，编制相关课程标准8个、校本教材7本。

继续开设丰田营销班、大众班、奔驰班、邦达隆飞班等4个专门化班。汽车专业在奔驰班、大众SCEP班试行“项目课程”选修制（或称走班制）。完成《会计学》新专业的申报。组织教材评比展示、教材开发等工作。开展2010年度学院优秀教材评比活动，13部教材参与评比。“奔驰教育项目”教学团队从教学中开发若干适用教材。

国际化合作取得实质性进展，学院与荷兰STC职教集团合作组建STC-SCP班，21名08级经管系学生参加为期两周的培训，其中5名优秀学生将于2011年3月赴荷兰深造。

教科研工作成效显著。申报上海市“优青”项目18项、晨光计划2项、阳光计划1项、青年项目4项、高教学会2项，共计申报课题27项，立项22项；申报院级课题25项。学院市级以上课题21项，结题6项；完成校内课题18项；完成市级课题《上海市职教集团管理体制、运行机制与绩效评价研究》（沪评研200813）、上海市教委课题《中、高职一体化衔接课程方案设计》、《“订单式”校企合作高技能人才培养模式研究》、交通部教指委《交通高职物流管理专业教学标准和课程标准研究》、中国职业教育学会《推进上海职业教育校企合作的实践研究》、院级课题《学院教育科研现状分析及其对策研究》等的结题报告。承担交通部教指委项目《高职教育校企合作模式研究与个案分析》、《开展组织双师型教学团队的研究》等课题研究工作。编辑《上海交通职业技术学院学报》第8卷第1期、第2期，共42篇文章，约15万字。

抓好招生工作。学院依法自主招生，新增《飞机制造技术》专业，使自主招生专业达到8个。组织“三校生”统一招生考试。当年计划招生1750人，录取1816人，实际报到1601人。招收本市高中生计划200人，录取208人，实际报到199人；三校生计划630人，录取690人（其中依法自主招生390人，上海市统一招生300人），实际报到688人（其中依法自主招生390人，上海市统一招生298人）；外省市计划23个省、920人，录取918人，实际报到714人。

抓好就业推荐工作。共组织300余家单位来校开设专场招聘会，提供岗位千余个，应聘学生2000余人次。共有16个专业1402名毕业生，就业率为90.44%。

抓好教育培训服务工作。开展职业技能鉴定与考核。全年培训2万余人次。在各校区开设业余大专班、大学远程教育。成人业余大专目前全院在校生355人。

持续增强教学团队实力。1月组建奔驰教育项目、航空机务维修等6个教学团队；逐步形成以教学科研功能特色为主的教学团队，如T-TEP组，FSEP组、教具研发组。职称评聘方面，1人获教授职称，2人获副教授职称；完成学院新一轮专业和学科带头人聘任工作，20人被聘为专业带头人，8人被聘为学科带头人。

持续改善办学条件。学院本部完成“师生文体活动中心”改造工程等20余项工程的建设；完成交通物流综合实训大楼的总体规划。北校区完成汽车实训中心布局调整，完成420平方米钣金实训室整修工程、服务实训室建设工程；完成会计实训室改造工程、通用汽车实训室改造工程。南校区建成航空服务开放实训中心，面积为6462.2平方米。

坚持“奖贷助减”帮困助学。学院共有296名学生获得助学贷款，共计金额177.4万元；460名同学参加各类勤工俭学，共计42万余元；3人获国家奖学金,4 人获上海市奖学金,125 人获国家励志奖学金,1248 人获国家助学金,共计 1380 人,累计发放金额 2306350 元。489 人次获春秋季伙食费补贴,计 90780 元。学院落实高职学生医保制度,保障学生的基本医疗,完成全院学生的年度体检工作。

在 2010 年第四届全国职业院校技能大赛汽车维修类比赛上,学院首次参赛获团体二等奖。经管系参加上海市高等职业院校“远恒杯”第二届国际商务单证职业技能竞赛获团体二等奖。2 名学生入选上海队,参加 2010 年全国交通运输行业“卡尔拉得杯”机动车检测维修职业技能竞赛。4 月 24 日,在全市 33 所高职院校 200 多名学生参加的上海市非英语专业第三届高职高专实用英语(词汇)比赛中,1 人获一等奖,1 人获三等奖。

(陈一鸣　王晓红)

[成为首批中高职教育贯通培养试点单位]　4 月,学院成为全市 7 所“五年制中高职贯通培养”首批试点单位之一。9 月,首次招收汽车技术服务与营销、航空机电设备维修专业共 159 人,其中前者招收 77 人,后者招收 82 人。

(陈一鸣　王晓红)

[完成高职人才培养工作评估]　6 月 22—25 日,上海市教委、上海市教育评估院专家对学院进行人才培养工作评估。专家组对学院的办学作出肯定意见,认为学院的办学指导思想和办学定位明确清晰,积极探索大交通集团化办学模式,创立交通物流职教集团,为学院的发展注入新的活力;注重实践教学和实训基地建设,实训设施设备处于国内领先、上海一流的水平;毕业生就业率保持在较高水平;专业布局结构得到优化,基本形成以综合交通为核心的专业体系。

(陈一鸣　王晓红)

对学校人才培养工作进行评估

[校企合作取得新进展]　7 月 2 日,学院与上海邦达隆飞物流有限公司校企合作项目签约暨揭牌仪式在学院本部举行。上海邦达隆飞物流有限公司是专业从事国内物流业务大型综合性物流企业,校企双方将在学生顶岗实习、课程开发及实训教材编写、教师培训指导、专家现场指导教学等方面开展合作。

10 月 30 日,学院与美国 PPG 工业集团合作建立全国首家 PPG 绿色环保水性漆喷涂培训中心,学院将与 PPG 公司在高端汽车喷涂人才培养方面有更进一步的合作。

(陈一鸣　王晓红)

附:学校负责人及地址

(2010 年 1—12 月)

院党委书记:陈龙伟(2010 年 8 月离任)
副书记(主持工作):俞景平(2010 年 8 月到任)、鲍贤俊

院　长:鲍贤俊
副院长:于　再、张佳敏、汤定国、张伟国、武　勇

校　址:呼兰路 883 号
邮　编:200431
电　话:56993234

上海海事职业技术学院

[2010年概况] 2010年,学院开设专业22个,在校生4309名,其中航海类专业在校生1202名。成人教育开设专业5个,在校生364名,其中航海类专业在校生165名。2010届毕业生1411人,就业率95.5%。共开办各类船员培训班402期,培训总人数11770人次。

学院加强专业课程建设,继续推进航海类、航运管理类和航运工程类三大专业群的建设;根据"爱中海,英语好,技能优,执行强"的航海类专业学生培养规格要求,完善人才培养方案,提高学生的专业核心能力、综合应用能力和职业特殊能力;加强实践实习环节的管理,学院共安排387名2009级航海类专业学生进行航行实习。下半年,学院还举行教师说课竞赛,制订《教学优秀奖评选办法(试行)》。完善各类教学管理制度,修订《教学督导工作条例》。

推进教学团队建设。借助集团"首席培训官"平台,制订《培训师聘任与管理办法》,吸引优秀船员来校从教。实行教师引进、招聘与培养相结合,强化师资队伍。招聘航海类专业教师10人;4名航海类专业教师到集团大型船舶上见习,4名航海基础英语教师在暑期到国际航运船舶实习,航管系教师到中海集运顶岗实习。

学院有18项课题结题。《航海学》、《航海气象与海洋学》申报国家级精品课程,《国际航运管理》申报上海市级精品课程;学院课题《高职航海技术专业人才培养规范与评估标准研究》获首届全国交通职业教育课题优秀成果奖、一等奖;学院选送的论文《未来十年我国高职航海教育发展趋势探索》和《有效落实新颁〈船员培训管理规则〉师资规范的探讨》分别获得中国交通教育研究会职业教育分会第十四届教育科研优秀论文一、二等奖;在第二届黄炎培职业教育奖评选中,李勇院长和肖建农老师分别获得黄炎培杰出校长奖和黄炎培杰出教师奖。

7月,国家海事局对学院进行了船员教育培训质量体系再有效审核,下半年,学院通过了国家海事局对学院进行的船员培训机构资质现场核验。

推进船员培训。开设液货更新培训、海进江知识更新培训等项目,并承担海事局高级消防师资培训和世博会水上安保官兵培训。学院还制订了《船员培训成本费用使用管理办法》,调整继续教育部的管理机制。

采取多种形式开展学生政治思想工作,加强学生人文素质教育。航海类专业学生重点强化企业文化和对企业忠诚度的教育;航海技术系青年志愿者服务队被授予"上海市志愿服务先进集体称号";开展"捐赠一瓶水,献一份爱心"支援灾区抗旱捐款活动和为玉树地震灾区捐款活动;共有370余名学生参加义务献血。开展"第三届大学生心理健康宣传月"活动,举行第六届"红五月"歌会;开展迎世博系列活动并组织学生参加世博志愿者服务;在第五届校园文化节中,开展多种形式的活动;在"2010年上海市学生阳光体育大联赛"高校组冬季长跑比赛中获得专科组男子团体一等奖;在上海市第十四届大学生运动会篮球赛中,学院篮球队获得了大专院校组的第一名和高校组(含本科)第九名。学院共有3名同学获得国家奖学金,4名同学获得上海市奖学金,187名同学获国家励志奖学金,1168名同学获国家助学金。

完成普通高校专科招生,"三校生"高考招生,以及上海本市和江苏、重庆等外省市的中专招生工作。大专新生录取1719人,实际报到1496人,平均报到率87%。基本完成成人专科招生任务。进一步落实《毕业生就业推荐工作管理办法》,专门开设就业指导邮箱,开设就业指导讲座,走访用人单位。此外,还参加全国航海类专业毕业生就业工作组2010年年会,与近10家用人单位签订2011届航海类专业毕业生的就业意向协议书,高职毕业生1411人,就业率95.5%。

加快实训中心建设,进一步改善校园教学环境。轮机智能化仿真实训中心建设通过一期验收,二期工程正在进行;向市教委申请的085工程项目获批。配合推进海事信息图书综合大楼工程建设项目,完成信息图文中心楼的内部装修设计工程单位选定工作。

(王　月)

[**通过船员教育和培训质量体系再有效审核**] 7月4—6日，国家海事局专家组对学院船员教育和培训质量体系进行再有效审核。审核组专家依据《中华人民共和国船员教育和培训质量管理规则》及其实施细则和ISO9001等有关法规和规定，对体系文件进行了审核；深入学院19个受控部门进行访谈和现场审核。经审核，专家组认为：上海海事职业技术学院质量体系文件符合《中华人民共和国船员教育和培训质量管理规则》的要求，质量方针能够满足航运市场对船员质量的期望，符合国家教育方针和有关法规。

（王　月）

[**开展纪念“航海日”系列活动**] 6—7月，学院开展以“热爱祖国、睦邻友好、科学航海”为主题的纪念“航海日”系列活动。活动为期一个月，内容包括半军事管理成果汇报、航海知识竞赛、航海知识报告会、上海世博会航海博物馆志愿者服务、“我爱航海”主题班会等活动。

（王　月）

开展纪念“航海日”系列活动

[**开办世博会水上安保官兵培训班**] 学院在上海世博会期间开办世博会水上安保官兵培训班。此次培训班共100余名学员参加，88课时，历时两个半月。培训内容包括：船舶的基本知识、船舶安全生产中的个人安全及社会责任的权利和义务、船舶防火与灭火知识、水上常用的急救技术、水上遇险求生知识，救生设备的作用、水手日常工作技能等。

（王　月）

[**“十二五”规划成稿**] 学院《教育改革和发展规划（2011—2015年）》形成初稿，经院长办公会讨论通过后形成征求意见稿。将学院“十二五”规划（征求意见稿）挂到内网征求意见。并于11月16日召集部分教职员工代表召开学院“十二五”规划征求意见座谈会，形成学院“十二五”规划（审定稿），提交明年教代会通过。

（王　月）

[**通过培训许可证核验工作**] 12月21—22日，国家海事局船员培训机构资质现场核验专家组，对学院进行为期二天核验和检查。核验专家分别对学院开展的27个船员培训项目的场地、设施和设备进行现场核验，并对师资和管理人员情况进行了解和核验，多方面、多渠道地收集数据和信息，并进行了讨论、分析和研究，最终形成了核验意见。

（王　月）

附：学校负责人及地址

（2010年1—12月）

院党委书记：孙欣欣
副　书　记：李根新、沈志华

院　　　长：李　勇
常务副院长：姚张平
副　院　长：孙　琦、张卫亮

学院地址：上海市浦东新区源深路158号
邮编：200120
总机：021-58312059
传真：021-68670908

上海电子信息职业技术学院

［2010年概况］ 学院位于奉贤区奉城镇，占地26.67公顷，建筑面积15万平方米，实践教学基地3.5万平方米，建有教学中心、实训基地、图文信息中心、室内外运动场、中德合作教学区和生活园区等。至年底，学院设有电子工程系、通信与信息工程系、机电工程系、计算机应用系、经济与管理系、思想政治理论研究部、公共基础部、外语教学部等7个教学系部和中德职业技术学院、动画学院、继续教育学院3个二级学院，共设27个专业、2个专门化，其中国家级教改试点专业1个、上海市级教改试点专业2个、申报新专业"汽车电子技术"。全日制在校生6880人。毕业生2329人，就业率97.55%。12月6日，教育部和财政部公布学院为"国家示范性高等职业院校建设计划"骨干高职院校立项建设单位。

开展大学生"职业目标规划行动"、"学生职业技能大赛"、"职业素质教育案例集"等"六个一工程"项目建设，推进大学生职业素质教育。完善资助工作体系，开展奖、勤、助、贷、补、减工作。开展校内助学活动，发放家庭经济困难学生伙食补贴11811人次，投入资金1191860元。继续做好困难学生学费减免工作，减免金额64400元。

加快专业改革与课程建设，成为上海首批中高职教育贯通培养模式试点学校。申报新专业"汽车电子技术"。另有两门课程被评为上海市精品课程。学生参加全国职业院校技能大赛及各级各类职业技能比赛获得全国性奖项：全国职业院校技能大赛二等奖2个、三等奖1个；全国电子专业人才设计与技能大赛三等奖1个；全国大学生数学建模比赛二等奖1个；第二届"全国普通高校信息技术创新与实践"比赛一等奖1个、三等奖2个；全国软件专业人才设计与开发大赛三等奖1个。建设校外实训基地，建成上海市教委高职五期建设项目——上海市通信与信息技术公共实训基地建设项目。申报2010年中央财政支持项目——电工电子职业教育实训基地、上海市教委高职六期建设项目——上海市通信与信息技术和计算机网络技术职教公共实训基地建设。开拓校外实训实习基地34个。

加强"双师"团队建设。双师素质教师比例占68%。教师发表各类期刊论文133篇，其中核心期刊33篇，比上年增加14篇；出版教材31本；获各类成果奖15项，知识产权2项；获批教育部人文社科项目1项、市教科研项目1项、上海教育发展基金会"晨光计划"项目1项、上海市高校选拔培养优秀青年教师科研专项基金项目7项、市高教学会课题3项、市职业教育协会课题2项。科研处开发"高职院校科研评价与管理系统"获"计算机软件著作权登记"证书，开创学院先例。校本教材《自动线安装与调试》获全国机械职业教育优秀校本教材一等奖。

"西部地区职教系统管理干部培训专题研修班"开班

探究校企合作长效机制，设立校企合作联席会，在上海仪电系统内组建校企合作联席会议制度。召开上海电子信息职教集团常务理事会、校际、校企和校协恳谈会，新发展6家成员单位，联合4所中职校制定新一轮中高职贯通培养方案。联合新侨职业技术学院、上海科技学院等院校探索“技师学院”校际合作新模式；与联想集团合作筹备组织“联想杯”计算机维护与维修技能大赛；与集团内院校、上海市人保局鉴定中心、通信行业技能鉴定中心合作开发通信技术新工种的职业鉴定标准。

改善校园办学条件，基本完成基础支撑平台中公共数据平台、统一身份认证平台、数据交换平台的基础建设；完成覆盖奉贤校区（教学园区）、徐汇校区和长宁校区的无线校园网建设；电子邮件系统、财务查询系统投入使用；档案管理系统、办公自动化系统、人事管理系统进入试运行阶段。

发挥服务功能。承办西部地区职教系统管理干部培训专题研修，来自新疆、西藏、云南等西部地区的50名职教干部参加研修。在外省市招生计划达到52.5%，招生省份增加至24个，完成各级各类培训1772人次、技能鉴定2908人次。提高国际合作水平，与英国巴斯斯帕大学合作人才培养模式不断完善，出国留学学生逐年增加。

（陈卫炉）

［举办首届全国软件人才设计与开发大赛上海预选赛］ 6月6日，举办由教育部计算机教指委协办、工信部人才交流中心主办的全国软件专业人才设计与开发大赛上海分赛。上海师范大学、上海金融学院、上海行健职业技术学院、上海新桥职业技术学院等高校近60名学生参赛。大赛为软件和电子信息行业提供全国性人才选拔与培养平台。

（陈卫炉）

［参加2010年全国职业院校技能大赛获奖］ 6月，在2010年全国职业院校技能大赛上，学院学生的电子设计—嵌入式产品开发、楼宇智能化系统安装与调试、网络组建与安全维护等3个竞赛项目，获二等奖2个、三等奖1个。

（陈卫炉）

［举办校庆50周年庆典］ 10月23日，建校50周年庆典大会召开。上海市委副书记殷一璀发来贺信，上海市副市长沈晓明、上海市教委主任薛明扬、上海仪电控股（集团）公司董事长、党委书记蒋耀以及德国驻沪总领事芮悟峰出席。来自海内外的历届校友、全国80余家兄弟院校、7个行业协会（学会）、60余家企业代表和在校师生近3000人参加庆典。

（陈卫炉）

附：学校负责人及地址

院党委书记：杨秀英
副　书　记：顾剑峰

院　长：杨秀英
副院长：顾剑峰（兼）、靖素忠、徐松鹤、严晓华

学院本部（奉贤校区）地址：奉贤区瓦洪公路3098号
邮　编：201411
总　机：57131333、57132333
网　址：http://www.stiei.edu.cn

徐汇校区地址：中山南二路620号
邮　编：200032
电　话：64172394（总机）

长宁校区
地　址：玉屏南路560弄18号
邮　编：200051
电　话：64598344（总机）

上海济光职业技术学院

［**2010年概况**］ 学院设有建筑系、建工系、经管系、机电系、外语系、护理系、基础部、思政教学部等8个系部，招生专业25个。教职工231人，其中行政管理及后勤人员95人，教师、辅导员和教学辅助人员136人。学院推进依法办学规范管理、稳步提高教育教学质量、创建文明单位和谐校园。学院被评为中国民办高等教育优秀院校。

当年招生计划总数为1870名，上海地区招生计划900名，外省市招生计划970名。录取1836名，录取率为86.7%。到校报到注册1624名，报到率为86.9%，录取报到率为88.84%。学院继续做好学生就业工作。举办了校园招聘会，实行毕业班辅导员月例会制度。一年来，100余家单位提供岗位1000多个，用人单位有录用意向400多人。截至2010年8月31日，学院毕业生签约率48.71%、就业率97.68%，比上年同期有较大提高。

学院制订《关于学院内部实行高级专业技术职务聘任的暂行办法(试行)》和《关于教师进修管理的暂行规定(试行)》，并启动内部高级专业技术职务聘任工作。新聘12名中级、13名助理级专业技术职务人员；2名管理人员转聘为专职教师，奖励8位2010年度学院优秀教师和3个市级精品课程的教学团队(《景观设计》王云才团队、《外贸单证实务》童宏祥团队、《建筑设计基础——建筑初步》马怡红团队)。

学院根据人才市场和考生需求，新增3个专业，停招3个专业，优化调整专业结构。同时加强了优势、特色专业群建设，检查2008年度精品课程建设项目5项，教材建设项目7项，教改课题项目13项，审查通过2009年度院级精品课程建设项目7项、教研教改项目7项及教材建设3项。

学院突出实践性教学在培养计划中的地位，强化过程管理；提高毕业(顶岗)实习的质量，开展对校外实习基地的回访调研活动，并有选择地与部分企业续签合作协议。

以马怡红为负责人的《建筑设计基础——建筑初步》课程被评为2010年度上海高校市级精品课程，获得专项建设经费4万元。以王叶梅为负责人的《民办高职院校学业困难学生的个性特征分析和对策研究》项目成为市教委、市教育发展基金会2010年度“晨光计划”社会科学研究项目，获得2万元资助。市教育评估院对学院2006年度5个项目的综合评价等级为“良好”；评为“优秀”的有丁亮的《21世纪室内设计课教学改革和建构主义教学的研究》和王芳的《高职院校校企合作办学模式探索》，并列入“推荐成果”项目。

依法办学规范管理。学院聘任上海市中信正义律师事务所两律师作为常年法律顾问；及时向市教委、市社团局报送《关于2009年度检查的自查报告》、《2009年度财务审计报告》；向市规范教育收费联席会议办公室提交《2010年上海市高校规范教育收费专项检查自查表》和《关于2010年秋季教育收费自查及整改情况的报告》；按照市教委统一布署制定公布学院《信息公开实施细则(试行)》、《信息公开指南》等实施学校信息公开、接受社会公众监督的规范性文件。通过市民办高校的2009年度检查，市高校教育收费开展的专项检查，市教委民办教育处委托上海天城会计师事务所对学院2009年度的财务情况检查等。学院获得中央和地方财政拨付的专项资金882万元。其中，上海市民办高等教育政府扶持资金480万元，奖助学金等290万元，选培优青科研专项基金18万元，精品课程4万元，“晨光计划”项目资助2万元。

拓展合作育人空间。学院接待7批24人次的国外校级来访，包括日本冈山科技专门学校来访商谈两校合作交流；日本日建工科专门学校集团负责人来访并举行合作签约仪式；英国博尔顿大学代表来访商谈协议；日本樱美林大学日本语言文化学院来访并举行签约仪式。香港专业教育学院青衣分校《航空及客运服务》高级文凭课程师生团48人访问学院，并与经管系旅游专业师生20余人开展专业教学交流活动。学院于9月被批准成为中国民办教育协会高等教育专业委员会常务理事单位；院长陈成澍当选为第二届上海市民办高等教育协会副会长；学院签约成为上海建筑职业教育集团成员单位。

实施多项基建项目。学院完成11项基建项目施工扩建、修缮和改建，投入经费480万元。按预算立项，扩建风雨操场1634平方米；建成标准化篮球场，翻修改善排球场；实施了教学大楼外墙翻刷、走廊墙面铺贴瓷砖；武东校区教学楼部分内墙修缮等项维修及改造工程，消除安全隐患；改善学生住宿条件，满足护理专业扩大招生规模的需求；完成阶梯教室舞台拓宽、设立更衣室等功能设备，满足学生活动需要。现已启动筹建面积约6500平方米的学生活动中心。

（周 颖）

［**规划五大重点工程**］ 学院编制"十二五"教育事业发展规划，明确"十二五"期间确保完成的五大重点建设工程项目是：一是特色专业建设工程。通过5年至10年的努力，建设土木建筑类、汽车类专业群等一批特色鲜明、教学质量、毕业生就业率高、社会评价优良的特色专业，其中有3—4个专业力争成为上海市高职重点专业建设项目。二是实训基地建设工程。"十二五"期间，扩建实训大楼裙房1000平方米，做到每个专业都有基本的校内实训室。三是骨干队伍建设工程。"十二五"期末，全院专职教师队伍达到70人左右。硕士及以上达70%；中级职称达70%；副高及以上达15%并成为重点专业或专业群的带头人；兼职教师中从企业来的能工巧匠达30%。每年增加投入200万元，用于引进40岁至50岁左右具有"双师素质"，又有一定社会知名度、副高及以上职称的专业骨干教师4—5名；设立"济光学者"岗位，每年选派3—4名有突出业绩和培养潜力的青年骨干教师为国内访问学者，2—3名重点专业有发展潜力的中青年骨干教师到国外学习考察；专业教师每五年到企业生产服务一线实践5—6个月，每个系部每学期安排2—3名专业教师到企业顶岗实践。力争实现国家精品课程零的突破；市级精品课程4—5门；市级教学团队2—3支；市级教学名师2—3名；市优青项目30项；市晨光计划6—7项；承担国家级、市级课题1—2项，并出版专著和自编高职教材。四是全方位育人建设工程。坚持抓好"思政"教师、开展社会实践活动、建立学生社团活动、心理健康教育活动、辅导员队伍等全方位育人的五大建设项目。在原来经费投入的基础上，每年增加投入52万元。五是校园文化建设工程。建设"创业济光、和谐济光、成功济光"。

（周 颖）

［**推进实训基地建设**］ 学院投入专款，完成校内护理专业实训基地建设；启动建筑、建工类专业校内室外实训基地建设；新增19个校外实训基地。

（周 颖）

附：学校负责人及地址

（2010年1—12月）

董 事 长：夏克强
副董事长：曹善华

院 长：陈成澍
副院长：潘洪祺 姚健敏 谢陪俐

院党委书记：潘洪祺
副 书 记：陈成澍 姚健敏

学院本部地址：水产路2859号
邮编：201901
电话：66761065

武东校区地址：武东路51号
邮编：200433
电话：65108907

上海工商外国语职业学院

[2010年概况] 全院学生总数6657人，其中全日制高职学生6356人，业余成教生301人。全年引进教师31人，其中硕士研究生以上学历17人，副高级职称3人。高职招生2027人，毕业2242人，一次就业率99.42%，就业签约率89.86%。

推行劳动人事制度改革。在德语系、商务系、韩语系和实训中心等4个单位试点基础上，学院董事会投入100万元，31名教师获低职高聘，其中副教授7名，讲师24名。

创建上海市教育系统文明单位。学院成立组织领导机构，开展基层文明创建评比，9个系部获“文明教学系”称号，12个处室获“文明处室”称号，21个教研室获“文明教研室”称号，14个班级获“文明班级”称号，37个学生寝室获“文明寝室”称号。

推进教育教学改革。学院邀请校内外专家组成评审团，对9个系的22个专业分四大类型全面评审，明确重点专业、特色专业、扶持专业项目，完成2010级专业人才培养指导性计划的修订。文秘、网页制作设计和计算机程序设计员3个专业通过上海市人力资源和社会保障局审核，成为校企合作技师学院项目。开展首届教学成果奖评审，8个项目分获一、二、三等奖；启动教学团队建设，5个团队获立项；制订并颁布《关于教师指导学生参加职业技能竞赛获奖奖励条例》，13位教师获得奖励。经申报、答辩、审批，30个教改科研项目获课题立项，12名教师获上海市优秀青年教师科研专项资金资助项目，1名教师获“晨光计划”项目，4名教师获上海市民办高教协会科研项目。《商务英语沟通》、《秘书实务》被评为上海市精品课程。学生获第七届全国实用英语口语演讲比赛上海赛区专业组一等奖、非专业组特等奖，全国秘书职业技能竞赛最佳团队奖等，全年获各类职业技能、文体比赛活动团体奖项9个、个人奖项30个，其中全国性竞赛活动获奖5项。

党建和素质教育取得新成效。学院召开首次党建研讨会，成立党建研究会，选举产生第二届党委会和党的纪律检查委员会，选好、配齐基层党支部党务干部，加强党员及入党积极分子的培养教育工作，全年业余党校培训学员1156人，发展入党163人，2010届毕业生中学生党员比例达到6.35%。

开放办学、服务社会。一年来，学院接待国外访问院校13批次，新签订合作协议5项，接待兄弟院校、企事业单位参观考察12批次，组织干部教师出访5次。承办建行宁波分行“中小企业走进世博”活动，并联合举办第一期对公资深客户经理培训班，与云南玉溪商业银行联合举办银行实务技能提升培训班，上海航天集团公司第八研究院新进毕业生集训班，联合美国考试服务中心(ETS)和全美测评软件系统有限公司(ATA)推进托业考试培训等。

学院举办方上海新世纪教育发展有限公司和学院董事会推进民办高校法人财产权落实工作，除学院中区因历史遗留问题尚在协调解决外，南区、北区86569平方米土地、96563平方米建筑资产全部过户至学院名下。

(周春林)

[与德国欧富大学签订合作项目协议] 1月5日，学院与德国欧富大学合作项目协议签署。德国欧富大学校方代表朱开富博士和国际项目部主任Rainer Turck博士代表德方，朱懿心院长代表学院出席了签字仪式。此次签署的协议是关于学院派送学生赴德方进修两个学期的德语和商务专业课程的项目细则。签字仪式后，德方代表为德语系学生做了关于项目留学的说明讲座。

(周春林)

[制订示范性高职建设项目方案] 3月，学院成立示范性高职建设领导小组和办公室，制订工作计划和任务书；6月，撰写完成示范性高职建设方案并参加市教委第二批骨干高职遴选汇报；9月，学院董事会原则通过建设方案，着手制订项目建设细化方案；年底，邀请专家对项目方案进行评审。

(周春林)

[举办2011级毕业生校园招聘会] 11月18日，举行2011届毕业生校园招聘会。155家在沪企业为学院2240名毕业生提供2948个工作岗位。现场

共收取求职简历3972份，其中2666人次进入下一轮复试，121人达成初步就业意向。此次招聘会集职业教育、指导，就业、咨询为一体，向用人单位展示学院的办学理念、办学特色及学生的精神风貌和职业素养，并作为“职业指导与就业服务课程”内容之一，组织大一、大二学生分批进行现场观摩，达到多赢效果。

（周春林）

［在全国秘书职业技能竞赛总决赛上获奖］ 9月22—25日，全国秘书职业技能竞赛总决赛在北京青年政治学院举行，全国各地25支代表队的106名选手参加总决赛。学院由涉外文秘专业08级4名学生组成的参赛队，以团体总分最高的成绩获最佳团队奖和最佳组织奖。其中，外秘0802班盛晓燕、骆佳以及外秘0803班柯原分获个人赛一等奖，外秘0802班冯益庆获个人赛二等奖，李兰英获最佳指导教师奖。比赛共设个人赛一等奖10名，学院占据3席。

（周春林）

［院党委换届选举］ 12月24日，中共上海工商外国语职业学院委员会换届选举党员大会召开，144名正式党员参加会议，以无记名投票的方式和差额选举的办法，选举产生第二届院党委会和党的纪律检查委员会；表决通过大会决议。经投票选举，王一鸣当选院党委书记，朱懿心、黄平当选副书记，周春林当选纪律检查委员会书记。

（周春林）

附：学校负责人及地址

（2010年1—12月）

董 事 长：钱 莹

院党委书记：王一鸣

院 长：朱懿心

副院长：董大奎、黄 平、陈 昊(1月到任)

地址：浦东新区惠南镇观海路505号

邮编：201300

电话：68020621(院办)

上海科学技术职业学院

[2010年概况] 学院围绕"特色强校、人才兴校、开放办学"的战略,抓内涵建设、深化教学改革,实现"十一五"规划的目标。学院现有通信与电子信息系、机电工程系、经营管理系、商务流通系、人文与社会科学系和基础教学部6个系(部),开设安全防范技术、应用电子技术、通信技术、机电一体化技术(数控机床维修)、数控技术、应用英语、社会工作、计算机网络技术、人力资源管理等22个专业。全日制高职在校生4202人,当年招生1482人,报到率为96.9%;2010届毕业生1334人,就业率达95.5%。

通过加强人事制度改革和健全管理制度,促进两支队伍建设。修订、补充教学管理文件,提高教师的职业素养和教学质量;完善对系(部)和教师的绩效考核机制,面向社会推出了10多个岗位20多个专业带头人和骨干教师。

根据上海市和嘉定区"十二五"规划中战略性新兴产业规划内容,学院将安全防范技术、创业管理、电子商务、社会工作等专业确定为重点专业。第七期教学成果的培育建设工作启动,至此有校级精品课程26门。年内,《电气控制与PLC技术》被评为2010年上海市精品课程,至此已有6门市级精品课程。学院正在筹建"创业管理"专业,并列入"085工程"重点建设专业。

面向市场办学有新进展。学院与嘉捷通电路科技有限公司合作,在安防专业开设产、学、研一体化的"嘉捷通实验班";学校进驻企业办学,与上海国际信息产业园区合作成立3131电子商务学院,由上海齐家网CEO担任院长。电子商务学院办在信息产业园区,立足企业的人才需求,培养紧缺型电子商务人才。与3131信息产业园区的投资管理公司签订校企合作协议,为园区内100家企业提供电子商务急需人才的委托培养和招聘工作。

(王　影)

[举行团体心理活动] 5月,举行"心动、行动、健康齐动"的团体心理活动暨第二届大学生心理健康教育活动月,共有13场共计450名学生参加活动。在高校心理剧比赛中,由学院心理咨询中心指导的心理剧获三等奖。院、系、班三级心理危机预警干预机制,可定期、多渠道地获取学生的心理信息,成功干预了几起学生心理危机。

(王　影)

[创业教育再获全国性荣誉] 李肖鸣、袁圣东老师分别被中华全国青年联合会、共青团中央光华科技基金会和诺基亚(中国)投资有限公司授予"全国青年创业教育先进个人"称号;由李肖鸣主编,董事长朱建新和兼职教授郑捷合著的《大学生创业基础》在2010年"首都大学生读书节"活动中获"大学生最喜爱图书奖";在由中华全国青年联合会、中国光华科技基金会、中国青年报和诺基亚(中国)投资有限公司联合举办的"第三届诺基亚青年创意、创业计划大赛"中,彭敏同学获创业金奖,黄侃同学获铜奖。

(王　影)

[高职高专创业教育专业委员会成立] 12月7日,由学院牵头发起的上海市高等教育学会高职高专创业教育专业委员会成立大会在学院举行。科技学院董事长朱建新当选专业委员会主任,创业教育专业主任李肖鸣当选专业委员会秘书长,秘书处设在科技学院。上海市高等教育学会高职高专创业教育专业委员会是上海市第一个创业教育的学术型组织,将为高职高专的创业教育提供研究、合作与交流的平台,促进上海高职高专创业教育的发展。

(王　影)

[学生参赛获奖] 在"2010年高教社杯全国大学生数学建模竞赛"中,学院共有4个队获奖,其中1个队获得全国二等奖和上海赛区一等奖,1个队获得上海赛区二等奖,2个队获得上海赛区三等奖。在"第七届全国高职高专实用英语口语大赛"中,1名学生获专业组一等奖,1名学生获非英语专业组二等奖。在"2010年上海市高职高专汽车类专业职业技能竞赛"中,学院获团体二等奖,1名学生获个人二等奖,3名学生获个人三等奖。在"上海市第三届高职高专实用英语竞赛(词汇)"中,应用英语专业

7 名学生分获一、二、三等奖，成为全市参赛院校中获奖人数最多的院校。

（王　影）

［**举办大学生社团活动月**］　在“大学生科技节”这一品牌基础上，校团委于 5 月 4—31 日举办“2010 年上海科学技术职业学院大学生社团活动月”活动。本次大学生社团活动月以“展现学生社团魅力，舞动青春和谐校园”为主题，涵盖科技、文化、艺术、体育、社会实践等方面内容。社团活动月系列活动包括专业社团活动和普通社团活动两大类，共有 1000 余名学生参加 31 个社团（18 个专业社团、13 个普通社团）组织的各类活动。

（王　影）

附：学校负责人及地址

（2010 年 1—12 月）

董事长：朱建新

院党委书记、院长：庄顺根

副书记：周财宝

常务副院长：马德埒

副　院　长：王云飞、俞　伟

地址：嘉定区金沙路 280 号

邮编：201800

电话：69990010

上海农林职业技术学院

[2010年概况] 学院设有园艺园林系、动物科学技术系、商务旅游管理系等五系一部和12个教学单位22个专业，在校学生4002人，专任教师198人。在全国24个省市录取新生1557人。实际报到1329人，按照1400人的计划规模，完成规模数的94.9%，较上年增长3.2%。当年毕业生1370人，其中1357人就业（签约1254人），就业率99.05%，签约率91.54%。

加强内涵建设，教学改革进一步深化。制订《2010年专业布局调整工作方案》，完成植物病虫害防治、农业技术推广、动物疫病防治、畜牧生产、农（畜）产品检测、农业生态与污染治理、农产品物流与营销、生态旅游、农业信息管理等9个新增涉农专业新方向和农业经济管理新专业开发工作。完成7门院级精品课程的建设立项，6门课程获得基于工作过程的项目化课程改革评审立项。《园林树木》课程被评为2010年国家级精品课程，《园艺植物保护》课程被评为上海市精品课程。制订《学院教学成果奖评审和奖励办法（试行）》。申请市职教协会课题4项。获得第二届中国职业技术教育科学研究成果三等奖（中国职业技术教育学会）2项、教育部高职高专计算机类教学指导委员会2010年优秀教材一本、第七届全国农职教学会优秀论文奖6篇，市职教协会优秀论文奖1篇。

落实教师参加企业顶岗实践制度，安排8名青年教师参加3个月以上的企业生产实践，62人次参加教育部全国高职高专教育培训基地的“双师素质”培训和其他培训。2名教师获得上海市2010年“晨光计划项目”，9位青年教师获得2010年“上海高校选拔培养优秀青年教师科研专项基金”资助项目。园艺园林系参展作品在第二届中国绿化博览会插花花艺展览会上获特等奖。

增进国际交流与合作。严格按照外事工作规范，派出各类出访团组6批37人次，其中组织18名师生赴韩国济州高等学校代表团、日本岛根县立松江农林高等学校、法国圣·日耳曼农业学校代表团出访交流；组织7名教师赴法国、荷兰、德国、新加坡等地考察学习。接待法国圣·日耳曼农业学校师生、韩国济州高等学校师生、荷兰教育集团主管、澳大利亚驻沪领馆人员来访。

参与世博、服务世博。成立世博志愿者服务队，1000多人参加，服务对象累计超过上万人次；4人获“服务世博、奉献世博”先进个人称号，后勤保障处获先进集体荣誉称号。校园“花酿”景点获上海高校“迎世博”首届校园景点评选三等奖。2名学生分获“中国2010年上海世博会优秀志愿者”、首批“地铁世博志愿者之星”称号。

关心困难学生和教职工生活，做好奖、勤、贷、助、补工作。完成454位学生的国家助学贷款发放工作；有706位学生获国家和上海市奖学金、国家励志奖学金和国家助学金；对27位灾区学生进行一次性补贴；对家庭困难学生发放各类补助金5229人次，比上年多1191人次。

发挥实训基地的作用。有6项市级科研项目和4个院级科研课题在实训基地实施。全年接受实训学生4286人次，社会培训3196人次，参观学习230人次，完成职业技能鉴定4622人。接纳组团参观人数7615人。安排工学结合和勤工俭学的岗位30个，获市职业技能农业类职业技能（站）点等级评估第一名，市职业技能鉴定站所质量评比二等奖。

（张和平）

[组建成立上海现代农业职业教育集团] 由学院和上海市农业学校牵头，组建成立上海现代农业职业教育集团，邀请和吸纳国家级和市级农业龙头企业等43家单位加入。职教集团为学院完善农林职业教育产学研结合，构建对接行业、校企结合的办学机制，为学生提供生产性、真实性的实习基地和实习场所，建立良好的体制机制保障平台。学院同时设立校企合作办公室。

（张和平）

[在全国职业院校职业技能大赛上获奖] 在农业技能大赛上，学生在中高职组比赛中获二等奖3项、三等奖2项。在第三届全国大学生广告艺术大赛中获1个全国优秀奖、1个上海市一等奖。在“第

七届全国高职高专实用英语口语大赛”上海地区比赛中,1名学生获专业组特等奖,1名学生获非专业组三等奖。学生在上海市第二届国际商务单证职业技能竞赛中获得一等奖1名,三等奖5名。

(张和平)

[理顺上农培训中心管理体制] 根据事业单位改革的有关规定,“上农培训中心”建立完善法人治理结构,建立章程,独立核算,实行董事会领导下的主任负责制,明晰与学院、农广校在业务活动中的人、财、物关系,建立有效的管理制度与董事会和监事会。同时,完成农校100个事业单位编制及70名农校职工划转工作。办理26幢房屋的房地产权证,其中土地使用面积8.95万平方米,房屋建筑面积9.07万平方米。

(张和平)

[服务新农村建设] 学院与青浦区金泽镇王港村签订新一轮3年结对共建协议书,帮助王港村规划设计村貌绿化,对绿化草坪进行修剪。与光明食品集团上海五四有限公司沟通,签订校企合作协议书,为光明食品集团上海五四有限公司的28名技术骨干人员举办农业技术培训班。为广西环江毛南族自治县30名乡镇干部举办农业经济干部管理培训班,并援助一批教学设备和图书,其中学院捐赠电脑25台,投影仪2台,图书800多册;市农广校捐赠电脑15台。为新疆生产建设兵团农九师职业技术学校赠书2510册。

(张和平)

附:学校负责人及地址

(2010年1—12月)

院党委书记:吴乃山
副　书　记:卓丽环、俞锦禄

院　长:卓丽环
副院长:俞锦禄、仲肇森、谢锦平

地址:松江区中山二路658号
邮编:201600
电话:57822666

上海建峰职业技术学院

［**2010年概况**］ 2010年，学院落实市教委关于构建中高职教与课程、培养模式和学制贯通的“立交桥”要求，与上海市建筑工程学校联合申报中高职教育“3＋2”贯通培养“建筑施工技术”专业人才计划，建立土木相关专业的专业指导委员会；深化与企业的合作层次，实现校企间在培养目标、教学内容、教学方法上的互动。土木系与集团内安装公司达成订单培养合作意向，并谋求与其他企业合作。

学院采取多种措施促进青年教师整体素质和能力的提高。选派青年教师参加不同层次的培训学习，依托建工集团，利用与企业联合办学，制定专业教师技能考核制度和采用下企业挂职锻炼的方法等，培养提高专业教师的实践教学能力。2010年完成国家、市级课题共9项，在国家核心期刊和省部级刊物上公开发表学术论文12篇，申报了高职高专“十二五”规划教材8本，6名青年教师获上海市“优青项目”，1名青年教师的科研项目入选上海市“晨光计划”。

学院综合楼内医学护理、口岸物流、艺术设计、语音教学等各类实训室已建成并投入使用，各系实训条件得到改善。各系加强各专业实践性教学环节，强化学生的职业技能训练。8月，医学护理系在建工医院的支持下建立了医学检验实验及实训室。学院申报中央财政支持的大型建筑机械施工技术实训项目，成为获得中央财政支持的上海市7所高职院校之一。供热通风与空调技术专业配套实训项目也获得上海市职业教育实训基地建设项目财政支持。

学院开展各专业职业技能竞赛活动，提高学生职业能力和教师的实践教学水平，实现“以赛促学，以赛促教”。学院在上海市国际单证操作技能比赛中获得1个二等奖，3个三等奖，2名老师获得“优秀指导教师”称号。在2010年全国大学生数学建模竞赛中，学院参赛的两支队伍分别获得上海赛区一等奖和三等奖。2名学生参加由中国建设教育协会主办的首届全国高等院校建筑类专业优秀学生夏令营，荣获“全国建筑类专业优秀大学生”荣誉称号，其中1人被评为“高等院校建筑类专业校园之星”。

学院完成了自主招生、三校生高考招生和高中生高考招生三个阶段的招生工作，共招收新生1192人。其中自主招生招录比例达到3.5比1，秋季招生文理科录取分数线在本市高职院校中均排名前列。学院毕业生就业率继续保持在97％左右。

学院拓展校内和社会两个市场，拓宽培训内容。在完成建造师、监理师报名、辅导、考试组织工作基础上，取得了上海市一、二级建筑师的报名点和考点资格，并获市教委批准正式成立上海交通大学医学院上海建峰职业技术学院学习中心。

学院开展学习型校园、文明校园、和谐校园创建活动，围绕迎世博、办世博，学院开展了“精彩世博、文明先行”系列活动，组织了“文明岗”、“安全文明班级”、“安全文明宿舍”的检查评选，组建安全文明行为倡导学生志愿队伍，提高了师生在校园内外倡导文明和践行文明的自觉意识，被评为2009—2010年度建工集团文明单位。

（沈绣卿）

［**上海建筑职业教育集团成立**］ 由建峰学院和建筑工程学校发起的上海建筑职业教育集团，8月26日经上海市教委批准正式成立。建筑职教集团涵盖上海市及新疆、四川等对口支援地区建筑类的5所高职院校，6所中专校，22家企业及4个行业协会。建筑职教集团是以专业为纽带，资源共享为目的，在自愿、协议的基础上，在成员单位产权、所有制和人事行政隶属关系不变的前提下建立的非独立法人组织。

（沈绣卿）

［**开设“建筑施工技术”和“工程造价”教育专业**］ 上海市建筑工程学校和上海建峰职业技术学院根据院校优势，结合专业特色，在深入调研的基础上申报了中高职教育贯通培养“建筑施工技术”和“工程造价”专业人才计划。

（沈绣卿）

［**建设建峰学院实训基地**］ 学院在建工医院的支持下建立了医学检验试验及实训室。同时，医学

护理、口岸物流、艺术设计、语音教学等各类实训室已建成并投入使用。2010 年学院申报中央财政支持的大型建筑机械施工技术实训项目，成为获得中央财政支持的上海市七所高职院校之一，供热通风与空调技术专业配套实训项目也获得上海市职业教育实训基地建设项目财政支持。

（沈绣卿）

[举办首届 NFTE 大学生创业培训班] 学院联合上海市慈善教育培训中心，开展 NFTE 大学生创业培训系列活动。共选拔 48 名学生参加，历时一个半月，通过理论与实践的有机结合，使学员把握创办小企业的实用知识和技能，增强学员适应社会的能力。培训合格的学员将获得由美国国家创业指导基金会和北京光华慈善基金会共同签署的结业证书。

（沈绣卿）

附:学校负责人及地址

（2010 年 1—12 月）

院党委书记:朱玉龄
副　书　记:徐　辉、杨光辉

院　长:徐　辉
副院长:朱玉龄、崔　进

地址:宝山区漠河路 800 号
电话:56601258

上海邦德职业技术学院

［**2010年概况**］ 学院下设8个分院，开设26个专业，在校学生3980人。学院现有教职工272人，其中专任教师149人，专任教师中青年教师92人，具有正副高级职称的30人，具有中级职称的39人，具有研究生以上学历的57人。在专任教师中，“双师”型教师21人，学科带头人和学术骨干61人，学院同时拥有一支英、日、西、阿等多语种的外教队伍。学院拥有健全的教学工作委员会和各专业指导委员会。学院形成以财经类为主，工文管相互支撑，外语、艺术、旅游类专业协调发展的专业群。

学院贯彻落实国家、上海的中长期教育改革和发展规划纲要，完成学院“十一五”规划的各项工作任务，编制完善学校的“十二五”规划。学院坚持科学发展的指导思想，优化调整专业结构，加强内涵建设，提高教学质量，促进教育教学工作。学院开展“完善发展定位规划、加强专业建设”的专业建设大调研和启动“专业布局与结构优化”的相关工作，开展“说专业”活动，推动教学内容及教育方法改革。学院优化调整专业结构，开办4个新专业，停办5个弱势专业，确定《物流管理》、《汽车技术服务与营销》两个强势专业和《酒店管理》、《应用英语》、《乐器维护服务》、《影视动画》、《应用西班牙语》、《中澳合作物流管理》等6个特色专业，确认《社会工作》、《计算机信息管理》、《模具设计与制造》、《会计与审计》、《资产评估与管理》、《汽车运用技术》等6个急需专业。

学院制订“2010年专业人才培养计划改革方案”，确定14项教学项目通过专家组评审确认。深入开展“第二届教学质量月活动”，抽阅41门课程教案，听课、评课232节，问卷调查1666份，抽查期终试卷4139份，召开13个师生座谈会，组织学生对128位教师承担的394门课程进行评教，规范教学秩序。

学院继续教育规模逐渐扩大，同上海交大、上海财大和华师大合作，开展专升本办班工作；学院成人学历教育办学规模每年稳定在200人左右。

学院学生积极参加国家、上海的各类职业技能比赛，获得“第七届全国高职高专实用英语口语大赛上海地区赛”二等奖、三等奖和特等奖；“首届全国高职院校汽车营销技能大赛”团体第三名和优秀组织奖；“第二届国际商务单证职业技能竞赛”三等奖；“全国大学生数学建模竞赛”三等奖和“第五届中国青少年艺术节上海赛区”A组钢琴演奏铜奖等。

努力做好学生工作。公开进行资助评奖工作和为贫困学生开辟上学绿色通道。学生获国家奖学金3人，上海市奖学金4人，国家励志奖学金123人，国家助学金482人；学生获学院2009—2010学年各等级奖学金209人。有80名学生获48万元的国家

学校世博志愿者为参观者提供服务

助学贷款,21名新生获12.6万元的生源地助学贷款。学院拓宽校内勤工助学岗位,为53名困难学生提供勤工助学机会,并健全困难学生勤工助学的长效机制。学院制订推进就业工作的八项措施,细化就业考核的量化标准,推动和促进了学院的就业工作,学生就业率达到97.7%,签约率达到59.4%。

(沈乐华)

[完成校内设备和教学资产清查] 学院现有5个上海市高职教学高地、5个职业技能鉴定站,拥有钢琴实训室、计算机房和语音室等,占地面积6252平方米,共计设备1236台(套),总资产745万元。学院新建酒店管理实训中心OPERA实训室和健全完善汽车实训室(二期项目),当年投入使用。

(沈乐华)

[开展第三轮校企合作培训项目] 学院技师学院开展汽车、物流、钢琴、酒店、动画、计算机及应用艺术等7个专业,含8个"高级技能鉴定"项目的考证工作。2008级611名毕业班学生参加技能考试鉴定。在成绩已下达的4个项目考证中,有209人参加考试鉴定,110人考试合格,合格率为51.5%。在原有36家校外实训基地的基础上,又为相关专业新开拓13家校外实训基地。毕业生的毕业实习率为65%。落实"以就业为导向"、"一张文凭,多张证书"的人才培养目标,2007级1370名学生人均获得职业资格证书1.77张;2008级1319名学生人均获得职业资格证书2.32张。

(沈乐华)

[院党委成立] 8月29日,中共上海邦德职业技术学院委员会正式成立。首届院党委由刘彬、任淑淳、张敏明、吴国芳、郑星旺、潘映华、戴孟厚等人组成;刘彬任院党委书记,任淑淳、张敏明任院党委副书记。首届院纪委由张敏明、李曼、傅炳荣等三人组成;张敏明任院纪委书记。

(沈乐华)

[举办全国钢琴调律技术研讨会] 9月18日至19日,举办全国钢琴调律技术研讨会。中国乐器协会秘书长曾泽民、中国乐器协会调律师分会原会长金先彬、中国音乐家协会钢琴调律师学会常务副会长王兴龙、中国乐器协会调律师分会副会长陈重生、陈惠庆等及朱德炎董事长等学院领导出席。研讨会就国内调律师关心的钢琴调律理论知识、调律技巧、调律方法和三角钢琴触感调整等问题做了专业讲授。来自全国各地的50多名专业钢琴调律师参加了研讨会。

(陈惠庆)

[学院图书馆新馆开馆] 11月18日,学院图书馆新馆开馆。目前,学院图书馆馆藏中外文图书20多万册,新建的图书馆藏书4万多册,其中有中外文刊186种、报纸36份;有阅览座位200多个;并有两台检索机能提供读者图书馆资源信息的检索,基本上实现图书流通借还、期刊阅览等校园一卡通的管理与服务。

(沈乐华)

[学院空手道选手在上海赛中夺冠] 在2010年上海市空手道锦标赛中,学院空手道队派出5名学生选手参加。其中,王佳燕夺取女子个人形冠军、屈晨晨夺取亚军;沈焱磊夺取男子个人形冠军、杨坤和张文俊并列季军。在代表上海市队参加2010全国空手道的两个项目比赛中,屈晨晨获女子个人形铜牌、王佳燕获第五名;杨坤获男子个人形第五名、沈焱磊获第七名。

(沈乐华)

附:学校负责人及地址

(2010年1—12月)

董　事　长:朱德炎

院党委书记:刘　彬(8月到任)
院　　　长:任淑淳(4月到任)
常务副院长:刘　彬
副　院　长:朱安健

地　址:锦秋路299号
邮　编:200444
电　话:56680657

上海托普信息技术职业学院

[**2010年概况**] 学院位于上海市浦东新区大学城，创办于2001年4月，现有在校学生近3000人，教职工200多人，设信息安全、数字媒体、网络商务3个分院，信息安全、电子商务等10个专业。当年共招新生655人，毕业生1612人，就业率达96.84%。校舍建筑总面积109050.89平方米。

完成学院"十二五"教育工作规划纲要的编制及"十二五"教学建设计划的制订。学院重新制定发展战略思想，确立了学院发展目标，走强化专业特色的道路；调整了行政和教学机构，顺利完成了资产过户工作，完成了学院更名工作。

内部结构进行调整。在原有的19个专业基础上，停招10个专业，增设一个专业，目前的10个专业全部围绕信息技术，走"特而精"的发展道路；按专业内涵组建三个分院，实行专家治学，人、财、物权下放，在管理上采取条块结合、以块为主的模式。

加强课程建设。在新生中组建了"创新实验班"，挑选了3个专业方向共70名学生作为创新班学员培养；建立了全院103门课程库，启动6门课程冲刺市级精品课程的工作，同时启动了"兴韦杯"学生双技竞赛。

加大投入，继续改善办学条件。投入600多万新建两个实验室，全面整修了教学楼；装修了分院办公场所和学院报告厅等，为学生学习提供了良好条件。

组织教师参加上级单位举办的各项师资培训；加强教师职称评审和上报，有7位教师晋升为讲师；完成了校内职称聘任工作。同时，在学院转型期，基本完成了人员分流工作，并为学院骨干教师缴纳了2010年年金。

（郭　莉）

[**心理健康教育课程获奖**] 4月17日，在第一届上海市高校心理剧大赛上，学院参赛剧目"快乐在哪里"荣获大赛三等奖和最佳表演奖。6月4日，学院心理咨询中心组队参加上海高校青年教师"'增爱杯'心理健康教育课程大赛"初赛，王斌老师进入决赛并获三等奖，黎莉被评为最佳潜质奖，学院获优秀组织奖。

（郭　莉）

[**举行第三届职业规划大赛**] 6月4日，学院举行第三届职业规划决赛，主题为"拓展职业空间，规划精彩人生"。经过多轮筛选竞赛，有11名选手晋升本次决赛，其中6名学生分别获得此次大赛的一、二、三等奖。

（郭　莉）

[**心理艺术中心通过验收达标**] 4月14日，上海市教委有关部门检查学院心理中心达标建设工作。经过领导汇报、专家提问和实地考查三个模块的综合检查，对学院心理工作成绩给予了充分肯定。验收达标顺利通过。

（郭　莉）

[**完成资产过户工作**] 4月，正式开展资产过户工作。11月底完成办理房屋产权证的所有手续，并取得房屋产权证，12月底完成了呈送市教委的资产过户所有报告，在市教委所要求的时间节点完成了相关工作。

（郭　莉）

[**完成课程库建设**] 从8—11月，学院根据"滚动建设、分批实施"的思路，至11月底基本完成了首期103门课程库建设。目前，该批课程已纳入学院课程库，正式投入使用。

（郭　莉）

[**学院聘请客座副教授**] 11月15日，院长曹德超向台湾南台科技大学蔡华龄副教授（博士）授予聘书，特聘蔡华龄副教授为院客座副教授。聘请仪式结束后，蔡华龄副教授为学生作了"职业生涯规划"的专题讲座。

（郭　莉）

[**签署校企合作项目**] 12月31日，学院与微创公司双方领导签署上海托普学院与微创公司校企合作协议书，创新学生培养模式。

（郭　莉）

附:学校负责人及地址

(2010年1—12月)

董事长:陈公白

院党总支书记:杨　桦

副　书　记:陈晓群

院　　长:曹德超

副院长:刘　健

地址:浦东新区惠南镇勤奋路1号

邮编:201300

电话:68020823

上海中侨职业技术学院

［2010 年概况］ 2010 年，学院校园占地面积 154880 平方米，建筑面积 118430 平方米。设有外语系、经济系、管理系、应用技术系、应用艺术系和人文社科部、继续教育部 5 系 2 部。招收全日制高职学生 1445 人，成人教育学生 76 人，全日制在册 5023 人。毕业学生 1604 人，比去年增加 469 人。截至年底，就业率和签约率分别达 97.13％和 90.03％，比上年增加 1.01％和 24.83％，其中广告专业 2010 年就业专业对口率达 73％。

学校从 2010 年开始试行学年学分制改革，推进学生自主学习。设 58 门拓展人文素质公共选修课，并在网上选课。学院连续三年组织学生网上评教，2010 年有效参与率 98.5％，并对学生满意度前 3 名进行表彰，前 40 名实行奖励，后 20 名进行原因诊断。坚持考试成绩区分度和“进口三率”（报名率、报到率、录取率）和“出口三率”（就业率、签约率、专业对口率）统计。开展校内精品课程的遴选立项工作（12 门课程）；开展 2010 年度上海精品课程申报工作，新设“工程造价”和“多媒体设计与制作”2 个专业。至此，学院共设置 29 个专业（方向）。2010 年第一次全国计算机考试合格率达 72.2％，上海市商务英语口试合格率达 83.3％。

规范学生学习、作业、考试、实训等教学环节，推进教育“八化”工程，即：教学内容信息化、教学资源共享化、生产现场模拟化、训练过程职业化、学习练习在线化、诊断考核人机化、考勤全程数据化、学业评定综合化。学院已在基础外语、计算机基础等部分课程中开始推行“八化”工程，新建物流实训室按“八化”要求推进。

壮大师资队伍，引进录用人员 52 人。现有专任教师 173 人，研究生学历占 36.4％。完善教师专业技术职务聘任评审工作，11 人参加上海市高职高专评审委员会评审，9 人评上中级职称；内聘副教授 3 人，内聘讲师 7 人。

科研工作。13 人获得上海市教委的优青科研专项基金，共获得 26 万资助经费。完成 9 个优青项目结题工作。出版 2 期《教育教学研究》学院期刊。公开发表 16 篇论文。经济系至 2010 年底已正式出版《海关报关实务》、《金融理论与实务》等 8 部经济专业教材，并公开发行 4 万余册。学院还出版《统计学原理》、《居住空间设计实训》、《商业摄影与实训》、《会展布置技术》、《居住空间设计实训》、《职业秘书英语》等教材。

加强学生工作，制订《上海中侨学院学生综合素质学分测评办法》和《评分标准》，完善学生综合素质测评体系。每周召开一次辅导员会议，对每位新进辅导员进行岗前培训。健全奖、助、贷、勤体系，9 人获得国家和市府奖学金，172 人获国家励志奖学金，15 人获致达奖学金，582 人获学院一、二、三等奖学金及鼓励奖学金。5 月，致达集团在学院设立“致达助学金”，每学年将资助 15 名品学兼优且家庭经济困难的学生。

采用多种模式与国外学校合作。与英国诺桑毕亚大学成立国际商务双语试点班，首届国际双语班成功招生 20 名。41 名学生赴美进行 3 个多月的短期实习。开辟赴日实习渠道，12 名学生参加赴日一年交流实习项目。另有 4 人参加英国诺桑比亚大学、巴斯斯帕大学专升本项目；4 人参加新加坡亚奥管理学院专升本项目；20 人参加日本别府大学等大学的校际交流及专升本项目；7 人参加西班牙巴塞罗那自治大学、阿尔卡拉大学专升硕项目。

按照“三圆梦想”（职场就业、专本套读、出国深造）的方针，学院现开设的培训项目有华东政法大学金融管理专业本科助学班、企培班、国际贸易单证员技能证书考前辅导班、全国大学英语四级能力考试考前辅导班等项目，为在校学生和其他社会人员提供各类培训，培训人数达上千人，培训班级规模近 20 个。

（俞春英）

［院党委成立］ 3 月 9 日，学院党委成立大会召开。会上，宣读市教卫党委“关于成立中共上海中侨职业技术学院委员会及张玉峰等同志任职的通知”，市民办党工委“关于成立中共上海中侨职业技术学院党委、纪委和张玉峰等同志任职的通知”。

（俞春英）

［《现代广告设计》入选上海市精品课程］ 《现代广告设计》课程以其优秀的教学与管理团队、系统完整

的项目引领课程体系、符合职业岗位特点的教学设计、独具课程特色的"模拟公司教学法"和以"钱"换"分"的三方考核评价体系入选2010年上海市精品课程，这是自国家启动精品课程评选以来，学院实现零的突破。

（俞春英）

［首次获中央财政资助］ 学院"计算机应用与软件技术实训基地建设"项目获2010年中央财政支持职业教育实训基地建设项目经费300万元，为学院的校内实训基地建设、有效满足校内实践教学需求和推进"八化"教学平台工程打下基础。这是学院自建校以来首次获中央财政资助。

（俞春英）

［签订校企合作协议］ 年内，与万家物流、上海伟圣商务咨询有限公司、上海宝祯通计算机信息科技有限公司、中国青旅等多家企业签订实训合作协议，至此共有校外实训基地33个。12月22日和10月21日，学院分别与昌硕科技（上海）有限公司、上海爱谱华顿电子工业有限公司就订单式人才培养签订校企合作协议，协议规定在校生"订单式"培养、"订单式"招生培养、企业职工在职培训、共创校企合作实训与教育基地等方面内容。学院将推进"政府、行业、企业、学院"四位一体的办学机制，确定订单招生、订单培养、订单分配，并以生产过程和生产方式组织教学。

（俞春英）

校企合作签约

［学生参加各类比赛屡次获奖］ 首届全国高职高专英语写作大赛上海赛区获1个英语专业组一等奖和1个公共英语组二等奖，第三届高职高专实用英语（词汇）比赛获1个英语专业组三等奖和1个非英语专业组三等奖，上海市第二届韩国语大赛获团体赛季军，上海市高等职业院校第二届国际商务单证职业技能竞赛获1个一等奖和2个三等奖，"用友杯"第六届全国大学生沙盘模拟经营比赛上海总决赛获团体第三名，2010年"昆山杯"全国大学生优秀创业团队大赛获四等奖，2010年全国商科院校技能大赛市场营销专业竞赛暨第七届（新加坡）国际市场营销大赛中国赛区总决赛获中国赛区三等奖，2010全国三维数字化创新设计大赛获上海赛区3个特等奖、1个二等奖和优秀团队奖，第二届导游服务技能大赛获1个优胜奖。

（俞春英）

附：学校负责人及地址

（2010年1—12月）

董　事　长：严红娟

院党委书记：张玉峰（3月到任）
副　书　记：潘日芳（兼）（3月到任）、黄赓麟（3月到任）

院　长：潘日芳
副院长：陈鹤琴、何根祥（4月到任）、黄赓麟（4月到任）

地址：浦东川周路2788号
邮编：201319
电话：58132788

上海工艺美术职业学院

[2010年概况] 2010年,学院完成国家示范性高职院校建设的9个建设项目、212个子项目。2010年教育部、财政部发文宣布上海工艺美院示范校建设项目验收获得通过。11月,经国家教育体制改革领导小组办公室批准,学院《创新政府、行业、企业、高职院校办学体制、机制》被列为国家教育体制改革试点项目,成为国家教育体制改革试点高职院校和国家20个高职教育综合改革试验区之一。

努力将教学方式从知识本位转为能力本位,通过工艺美术原创中心的建设,组建各类工作室64个,初步实现学做一体化。探索建立教学质量评核体系,基本完成艺术类课程评核系统建设,开展以学生作业作品为主的教学质量评价工作。为满足学生需要,学院开设了"第二专业",拓展学生的培养空间,受到学生的欢迎。

深化与中国黄金集团、台湾浩汉公司的校企合作,同时与上海云丽莎艺术装饰设计有限公司、上海现代建筑环境设计研究院合作,成立"云丽莎艺术设计中心"、"现代环境艺术中心";与水晶石数码科技有限公司、上海证大文化发展有限公司、喜马拉雅美术馆合作,成立"水晶石数码学院"、"喜马拉雅综合艺术学院"。学院以合作企业的真实设计项目作为课程内容,成立产学研一体化职业教育基地,并在校企合作的基础上,制定新的课程体系和培养方案,探索校企合作的体制机制创新。

和德国柏林高等职业教育集团、瑞典国立艺术设计学院、荷兰鹿特丹ZADKINE职业技术学校、澳大利亚昆士兰州南岸学院、新西兰奥塔哥理工学院、日本杉野服饰大学、日本东京阿佐谷美术专门学校、美国FIDM时装设计与展示学院、韩国济州观光大学开展或计划开展多种形式的合作与交流。学院与瑞典国立艺术设计学院合作,选拔学生,由中瑞教师共同任教,进行专业设计和英语强化训练,择优选拔学生和作品,参加在瑞典斯德哥尔摩举行的北欧家具设计展,取得成功。

学院调整招生计划,结合市场需求调整专业,增加外省市招生数。2010年,招收新生1371名,报到率89.61%。

全力做好毕业生就业工作。截至年底推荐就业1338人,就业率为98.74%。就业率和报到率分别比上届提高6.5%和9.08%。毕业生就业质量和专业对口率明显提高,大类专业对口就业1095人,占总人数81.9%;毕业生实际收入上升,75.2%的毕业生达到或超过2010年市毕业生工资指导价位中位数标准。

(石　群)

[殷一璀、沈晓明来学院调研] 12月16日,市委副书记殷一璀、副市长沈晓明在市委副秘书长姚海同、市教卫党委书记李宣海等领导陪同下,就创建高职教育综合改革试验区工作来校进行调研。殷一璀、沈晓明一行参观了学院"中国工艺美术原创中心",考察了中国黄金创意产业中心、工业设计工作室、上海市数码艺术公共实训中心和上海工艺美术公共实训中心,了解学院在工作室化教学、产学研合作等方面取得的成果。

(石　群)

[长三角16+N城市工艺美术产学研研发中心揭牌] 12月27日,长三角16+N城市工艺美术产学研研发中心揭牌。上海市经济和信息化委员会、中国工艺美术协会、长三角16+N城市工艺美术行业协会联合体有关领导和联合体各成员,华东师范大学、同济大学、中国美院上海设计分院、华东理工大学等高校的学者和部分工艺美术大师,相关行业协会及相关企业的代表出席。院长姜鸣表示,要积极贯彻国务院发布的《长三角区域规划》,实现长三角16+N城市工艺美术行业的联动和优势互补,把产学研研发中心做好。南京工艺美术行业协会、中国美院上海设计分院、同济大学、上海海星银器有限公司和华东师范大学艺术设计学院等单位的专家分别作主题演讲。

(石　群)

[获批两项国家教育体制改革试点项目] 国家教育体制改革领导办公室于2010年11月1日下发

通知，经国家教育体制改革领导小组办公室批准，学院的两个项目被列为国家教育体制改革试点项目。它们分别是《创新政府、行业、企业、高职院校办学体制、机制》和《开展地方政府促进高等职业教育发展综合改革试点》。《创新政府、行业、企业、高职院校办学体制、机制》项目的总体目标是：借鉴国际职业教育先进理念和现代企业管理制度，抓住上海文化创意产业迅猛发展的契机，探索地方政府与行业企业共建高等职业院校的体制机制，在上海率先建成学校主体、政府主导、行业指导、企业参与的办学体制和育人机制。《开展地方政府促进高等职业教育发展综合改革试点》的主要内容包括：推动行业企业和社会参与高等职业教育发展；政府主导，企业参与，院校联动，推动上海国盛集团、上海工艺美术职业学院完成校企合作试点项目，建设创意产业实践园区；建立高职领域全市性的校企合作平台。

（石　群）

［**举行办学50周年庆典**］　2010年12月26日，走过50年办学历程的上海工艺美术职业学院，以举行启动国家教育体制改革试点项目仪式作为50岁生日的一份礼物。市委副书记殷一璀发来贺信。仪式上，市教委主任薛明扬宣布国家教育体制改革试点项目启动。市教委副主任印杰宣读2010年“东方学者团队”名单，学院教师沈成旸、卢蕙卿被上海市教委选为2010年上海高校特聘教授（东方学者）团队成员。

（石　群）

附：学校负责人及地址

（2010年1—12月）

院党委书记：姜　鸣（9月到任）
副　书　记：郭　琴、张天启（9月到任）

院　长：姜　鸣
副院长：潘家俊、张天启、王　敏

地址：嘉定区嘉行公路851号
邮编：201808
电话：69977807　69977814

上海震旦职业学院

［2010 年概况］ 学院现有三院六系二部，即新闻传媒学院、公共卫生与护理学院、东方电影艺术学院、商务贸易系、管理系、机械电子工程系、艺术设计系、外语系、计算机信息系及思想政治理论课教学部、基础教学部。设 25 个专业。毕业生 1315 名，到 7 月底，毕业就业率达 97.2％，签约率 81％，高于上年水平。调查了 189 名毕业生今年的就业情况，用人单位反馈称职率达 95％，反映毕业生综合素质较好。

2010 年，学院推进校企合作和学历证书与职业资格证书并重的人才培养模式，做到“知识、能力、做人”三位一体，研讨实行职业培训模块可叠加的“学分银行”制度等改革措施，让学生成为适应工作变化的知识型、发展型、创造型和技能型人才。在各系、部门学习讨论的基础上，完成了院、系两级“十二五”教育改革和发展规划的编制工作。

学院以世博为契机，打造校园文化品牌。开展《世博·校园大演艺》系列活动，在市教委、市演讲学研究会主办的《我的世博情·城市梦想》上海市大学生演讲比赛中，2009 级学生陈岩羚荣获三等奖。

深化课程改革。完成了 2009 级、2010 级教学计划和大纲的修订工作，强调理论教学以“够用”为度，确定 5—7 门核心课程，突出实践性、专业性、规范性，将考证纳入教学计划。加强精品课程建设，优化自编教材，管理系王妙教授率领教学团队精心建设《市场营销学》课程，成为上海市精品课程。学院鼓励教师编写各类教材，尤其是校本教材。当年以该院教师为第一作者出版的教材有《维修电工初中级》、《电气控制与 PLC 实训教材》等，完成的校本教材有《食品卫生学》、《新闻采访实用实训教材》、《大学语文》等。

远程专题培训动员会

提升教育教学的有效性。11 月，学院开展第三届“教学质量月”活动，开展中青年教师课改“讲课”比赛、主干课程的“说课”比赛，以及系主任（或专业主任）的“说专业建设”比赛等一系列活动，并评出了一、二、三等奖。

做好“教书育人”工作。学院制定《关于教师“教书育人”的规定》，要求教师做到“三坚持，六做到”。杨德广院长提出了“三带三不带”（上课带笔、带课本、带笔记本，不吃零食、不玩手机、不做与教学无关的活动）的要求。学院做出了《关于进一步加强学生思想教育和管理工作的规定》。组织辅导员 80 多人次参加市级各类学习培训，建立辅导员（班主任）例会制度；开展“震旦学生军训营活动”，成立了学生自律队、控烟小分队，增设了负责宿舍管理的楼长、层长等岗位；学院加强心理健康教育，为大一新生开设心理健康教育课，开通了“日冕心光”心理互助热线和“心相汇”心理信箱，提高学生的心理素质。

认真做好评优扶困工作。评出国家奖学金、上海市奖学金、励志奖学金共121名，评出学院等级奖学金573名。为35名2010级学生办理助学贷款，为411名学生申请到国家助学金。为200多名学生提供勤工助学机会，为经济困难学生发放棉衣、火车票等补助。

2010年，新进教师23名。学院目前有专任教师134人，其中青年教师占33.5%，具有高级职称的教师占43.0%。10名教师获得2010年度“上海高校选拔培养优秀青年教师科研专项基金”22万元。有5名青年教师参加了教育部培训基地组织的职业资格培训考试并获高级证书。学院为骨干教师缴纳年金和增资，为系部带头人和评上中级职称的教师增资。实行导师带教制。评选出3名院师德标兵、13名院优秀园丁。对不能胜任教学工作的教师不再延聘。

加大基础建设，完成了裙房改建和房顶翻修、教学楼墙面翻修、运动场维护保养、下水管网疏导、门房间改扩建、消防通道整修等项目。利用集团投入的270万元和市教委资助的50万元，改建了学校的技防设施，初步实现了学校监控全覆盖。

（霍利婷）

[主办“民办高校教育教学有效性”研讨会] 1月9日，上海市民办高等教育协会、中国民办教育研究院、上海震旦职业学院主办的“民办高校教育教学有效性”研讨会在震旦召开。会上宣读了批准中国民办教育研究院震旦职业教育研究所成立的批复。

（曹士勋）

[数控技术实训项目获国家财政资助] 2010年7月，“数控技术实训基地”项目获中央财政400万元资助。学院已按教育部和市教委要求，与相关供应商签订了合同，机器设备2011年3月到校安装。

（曹士勋）

[杨德广捐资助学] 2月5日，院长杨德广教授的《杨德广教育文选》、《我的教育人生》首发式暨杨德广从教45周年学术座谈会举行。会上，杨德广院长将自己的稿费和房产共计300万元捐出，设立助学基金。杨德广院长的这一善举感动了全体师生。

（曹士勋）

[首届学生军训营] 3月16日，举行首届学生军训营开营仪式。军训营活动自3月17日至6月30日，每周一、三、五早晨7:00至7:30进行军事化队列操练、初级军事技术等训练。240多名学生接受军训。

（曹士勋）

附：学校负责人及地址

（2010年1—12月）

董　事　长：张惠莉

院党委书记：郭伯农
副　书　记：夏　臻

院　　　长：杨德广
常务副院长：杜飞龙
副　院　长：来碧云、许中杰

地址：宝山区罗店镇市一路88号
邮编：201908
电话：66866920

上海民远职业技术学院

［**2010 年概况**］ 学校现有国际航运管理、现代物流、现代服务、应用技术、外语、艺术等 6 个系。根据社会经济发展及学生的需求，增设国际航运保险与公估和市场营销专业。招生 1032 人，生源遍及全国 21 个省、自治区、直辖市，非上海户籍学生达 699 人。当年毕业生 1030 人，就业率 95.8%。教职工 272 人，专职教师 164 人。学校团委连续第二年被共青团上海市委评为上海市五四特色团委，后勤保卫处被评为世博安保先进集体，青年教师傅志军被评为世博安保先进个人，2008 级现代物流系学生陈安旭被授予上海市新长征突击手称号。

重新修订学校 21 个专业的教学计划，删减了不适宜高职教学的理论性过强的课程，突出技能训练，增强实际技能训练操作能力培养。《集装箱多式联运》被上海市教育委员会评为 2010 年度上海高校市级精品课程。《集装箱码头业务管理》、《国际通关实务》、《现代物流学》、《模拟导游》、《商务英语精读》列入学校重点课程建设，《集装箱运输管理》专业列入学校重点专业建设。

加强教学科研工作。上海市高等教育学会研究课题《高职高专“平台式”英语教学研究》、《民办高校合并重组相关法律问题研究》以及上海市青年工作课题《3G 时代青少年动员模式的研究》、《上海民办高校学生就业观念现状及对策研究》通过专家评审、结题。有 6 名青年教师入选获得上海市教育委员会 2010 年“上海高校选拔培养优秀青年教师科研专项基金”科研项目。青年教师编写的《国际集装箱码头实务法规与案例》、《国际航运实务法规与案例》、《21 世纪大学实用英语导学 3》(第二版)、《公共关系理论与实务》等教材，已正式出版。

加强教风、学风、校风建设。学校制订了《关于加强教风、学风和校风建设的若干意见》，修订了《教师教学工作基本规范》、《教学管理工作流程》、《教学督导工作条例》以及期中教学检查和师生评教评学工作制度化等，开展了青年教师说课竞赛。建立了校风、学风督导制度，以抓课堂纪律为突破口，辅导员、团委和学生会、督导人员，分别督查，增强学生自觉学习意识。2010 级学生上课出勤率达到 95%以上。2010 级学生在国际物流师考证中，证书获得率达到 90.7%，汽车维修高级工考证通过率达 90%以上，全校各项考证通过率平均达 91.8%。有 140 名学生分别获得国家、上海市各类奖学金及嘉奖，289 名学生获得学校三好学生、优秀学生干部称号。

以世博会为契机，进一步开展文明单位、和谐校园建设。学院调整了创建文明单位领导小组，制订创建工作规划，开展创建文明校园工作。青年教师傅志军身残志不残，在世博会生命阳光馆担任志愿者，用英语给美国等学校的 18 名教授做了专程讲解，还给

汽车专业教师进行实训教学

世界残奥会主席做了全程讲解被评为世博安保先进个人。后勤保卫处被评为世博安保先进集体。

做好维稳工作。发布《关于加强消防安全工作的通告》、《关于加强安全用电工作的规定》等。校长和每个单位负责人签立了《安全稳定责任书》,学工部辅导员和每个学生签订了安全工作条约。

抓好基层党组织建设。推出了《关于推进党务公开促进党内民主的实施意见(暂行)》、《党支部工作规范》、《发展党员工作规范》以及《关于加强对要求入党青年学生培训的意见(试行)》等基本工作制度;成立了中级党校,对要求进步的学生进行党的知识专题培训,有21%的学生提出了入党申请,有38名学生被批准为中共预备党员。

(张胜利)

[成立校企合作实践教育部] 4月14日,院长办公会讨论决定成立校企合作实践教育部,主要职责是负责全校产学结合、校企合作,实践教学管理工作,建立校内外实训基地策划、组织、管理工作。

(张胜利)

[专业书库建立] 2月,校图书馆建立了专业书库,包括经济类、电工电子技术类、交通运输类、艺术设计类、语言文字类,内容涉及学院开设的21个专业,有书籍4万多册。书库内设立了阅览区,资料复印区,为教师教学科研查阅资料创造了条件。

(张胜利)

[建立辅导员助理制] 为了帮助一年级新生尽快适应大学生活,在2010级学生班级,推行辅导员助理制,首批24名由大三学生中党员或入党积极分子的辅导员助理到岗,协助辅导员开展工作。辅导员助理具体任务有三项,一是协助辅导员对一年级学生进行思想教育和管理工作;二是通过自身的经历引导新生尽快适应大学生活,搞好学习;三是及时掌握学生动态,协助辅导员有针对性地对学生进行帮助教育。

(张胜利)

[建立大学生德育发展记录评价体系] 为直观、生动记录学生成长发展轨迹,帮助学生认识自我、增强自信,促进学生全面、持续地发展,学院建立了大学生德育发展记录评价体系,内容包括学生本人承诺、入学教育、政治理论学习、社会实践(含志愿者活动)、诚信记录、奖惩记录、社团活动情况、政治追求、校园科技文化活动情况、早锻炼、公益活动、道德行为、操行等第、院系认证等十五个部分。系统注重过程性、反馈调节性、激励性、互动性原则,注重学生成长发展的过程。每月在辅导员(班主任)指导下进行一次整理交流。

(张胜利)

附:学校负责人及地址

(2010年1—12月)

董 事 长:陈 彭
副董事长:陈立东

院党总支书记:丁训言
副　　书　　记:蒋兴康

名誉院长:邓旭初
院　　长:陈 彭
副 院 长:陶 敏、丁训言、朱 天(11月离任)

地址:浦东新区唐陆路3892-3928号
邮编:201210
电话:58960052

上海欧华职业技术学院

［2010年概况］ 学院2010年招生计划770人，上海学生360名(其中“三校生”200名，高中生160名)，外省市计划410名。录取学生778名，报到入学605名，报到率77.76%。其中上海“三校生”录取205名，报到入学205名，报到率100%；高中生录取204名，报到入学187名，报到率91.67%；外省市学生录取369名，报到入学213名，报到率57.72%。

学院建立组成职业教育教研室，重新制订三年一轮的职业生涯指导课程，已见成效。2007级481名学生，全部拿到毕业证书。截止到9月份就业率达97.91%，签约率达64.44%，是近几年来就业率最高的一年。学院获得上海市毕业生就业工作创新基地建设项目，资助费5万元。

坚持以市场为导向，充实调整人才培养计划，优化专业结构，推进以项目为主的模块式课程体系改革。侧重于职业岗位能力培养，强调情景教学、仿真教学、案例教学、角色扮演和实习，配上教师的演示和学生实践动手操作，融教、学、做为一体。形成由职业素质、专业技能和综合职业能力培训课程(项目)的教学内容体系。目前已在200余门课程中遴选出7门校内重点课程。

完善“2+1”工学结合的人才培养模式，与多个企、事业单位签订实习实训协议，新建5个实习实训基地，为学生提供各专业的技能培训和技能考证平台。2007级护理专业277名学生100%参加全国护理执业资格考试，通过率达97.83%，比上年提高0.8个百分点，超过全市平均通过率10个百分点；2008级康复治疗技术专业39名学生参加了保健按摩师(中级)培训与考核，合格率为100%，在上海市职业资格鉴定合格排行第一；2009级全体学生参加《计算机应用基础》强化班，合格率为59.22%，高于全市专科合格率2.21%；2009级汽车检测与维修技术专业48名学生参加了汽车维修工(中级)的培训和考核，其中45名学生通过了考核，合格率为93.7%。

学生在上实训课

做好学生帮困和资助工作。获得国家奖学金1人，上海市奖学金1人，励志奖学金40人，国家助学金158人，合计45.3万元。组织校内外勤工助学活动和实施临时帮困措施，建立了贫困学生信息库，232名家境贫困学生得到不同程度的资助。

引进与培养并举，优化教师队伍。新增教师43名，其中高级职称8名，中级职称6名，研究生23名，党员19名。现有专任教师99名，其中，高级职称23名，讲师21名，研究生学历41名。组织专业教师到专业对口单位实践进修和参与各类培训，鼓励教师参与科研与社会服务工作。2010 年获得市教委优青科研项目 8 个，其他领域项目 4 个，当年结题项目 6 个；全年撰写论文 14 篇。教师参与由复旦大学出版社出版的“0—3 岁婴幼儿卫生与保育”系列教材，由学院主编的《学前与卫生》一书即将发行。基础部唐艳梅老师获得“晨光计划”项目；管理系宣美娟老师申报上海财大访学计划获得成功。

尝试素质教育学分转换。学院开设多门选修课程，以满足不同专业学生的兴趣爱好和个性发展，发挥团委学生会在校园活动中的主导作用，加强对 25 个社团的指导。

（何文隽、严佩斐）

［签署建立实习基地合作协议］ 4 月 28 日下午，欧华职业技术学院与复旦大学附属上海市第五人民医院建立校外实习基地合作协议的签字仪式，双方就开展专业办学、学生实习等情况，进行深一步的沟通与交流。

（何文隽、严佩斐）

［推进国际交流与合作］ 5 月 26 日，李维奇教授率领由美国密歇根大学弗林特校区的优秀师生组成的代表团一行 13 人到校访问。两国学生就学习、生活、娱乐等各个方面展开交流。8 月 3 日，阿联酋 Sharjah 大学校长一行来访。参观了奉贤新校区，并就双方的合作意向进行初步交流。

（何文隽、严佩斐）

［项目入选“2010 年度上海市晨光计划”］ 10 月，青年教师唐艳梅申报“上海民办高校‘80 后’思想政治理论课教师的思想行为特点与职业素质培养研究”项目，经过校内申报、评选以及上海市教育委员会和上海市教育发展基金组织专家的严格评审入选“2010 年度上海市晨光计划”，并获得项目资助金 2 万元。

（严佩斐）

附：学校负责人及地址

（2010 年 1—12 月）

董事长：金扣干

院党总支书记：朱国强

院　长：金扣干

副院长：朱国强、沈晋源、范　兴、夏寅荪

地址：田林路 418 号

邮编：200233

电话：54902167

奉贤五四公路 3451 号

邮编：201422

上海思博职业技术学院

[2010年概况] 学院全日制在校生5343名，计划内成人教育大专生286名。教职工268人，其中专任教师191人。专任教师中49人具有高级职称，研究生以上学历的有63人，"双师"素质教师36人。2010年，学校招生计划数2090人，实际报到数1882人，报到率90.05%，毕业生1513人，就业率98.08%，签约率82.22%。学校于2010年9月成立建筑工程与管理学院，设建筑工程技术和建筑工程管理2个专业，招收第一届新生264名。新建生产型建工类综合实训基地，新增教学面积4178平方米。

学校重点建设护理专业和国际商务专业。2010年，信息化护理实训基地被评为"国家级重点建设实训基地"，获得中央财政资助。信息化护理实训基地教学团队被评为2010上海高等学校市级教学团队。《病理学》课程被上海市教委确定为市级精品课程。2010年8月学校被吸纳为中国职业教育研究会双证书工作委员会副主任单位。

学校启动中青年教师培养工程，实施"专家结对培养项目"、"国内外进修培训项目"、"青年教师教科研建设项目"、"人才第三梯队培养项目"、"考核与绩效挂钩的奖金改革项目"等，制定了相应的资金支持和奖励政策。

2010年5—7月，学校有246名世博志愿者服务世博，校世博志愿者工作站被授予"志愿者工作优秀组织奖"，城市志愿者团队被授予"世博志愿者工作优秀团队"和"优秀组织"荣誉称号，12位世博志愿者获得了"优秀志愿者"称号，1名工作站长期志愿者被授予"先进工作者"称号，护理学院获得"浦东新区统战系统服务世博先进集体"称号。

学院上海世博会志愿者参加票务中心运行工作

2010年学校获"上海高校选拔培养优秀青年教师科研专项基金"立项6项；市学会、协会立项4项。教师在校外发表期刊论文49篇，其中核心期刊论文23篇，主编参编教材18本。

（邱　晴）

[吴启迪到校视察] 1月25日上午，全国人大常委会委员、教科文卫委员会委员、教育部原副部长吴启迪教授专程到校视察"信息化护理实训基地"、经过二期扩建后的"国际商务综合实训基地"以及工程技术实训基地，还巡视了思博学院校区。

（邱　晴）

[进行用人单位满意度调研] 4月和12月，校领导，教务处、就业办等负责人及专业教师走访东方国际物流有限公司海运分公司(现场部)、复旦大学

附属华山医院、电巴新能源、上海依佳装饰工程公司(同济装潢设计)等50余家用人单位,对校企合作和顶岗实习管理进行调研。

(邱　晴)

[举办青年教师沙龙]　2010年共举办三届。6月18日,以"科研开创青年教师发展之路"为主题的首届青年教师沙龙举行。在10月26日的第二届青年教师沙龙上,三位在校博士就如何关注学术前沿和保持学术热情,如何选题以及个人科研成长转型的经历,与青年教师作了分享。12月24日,以"高职院校科研定位与管理模式的探索"为主题,举行了第三届青年教师沙龙。

(邱　晴)

[成立建筑工程与管理学院]　在学校专业结构布局调整中,思博学院成立建筑工程与管理学院。学院下设建筑工程技术和建筑工程管理两个专业,招收第一届新生264名。盛高置地集团董事局主席、上海思博学院董事长、建工学院名誉院长王伟贤和盛高集团总裁谢世东为建筑工程与管理学院揭牌。建工学院与盛高置地集团共建共管专业,共建校内实训基地,并制定了"322"人才培养方案。盛高置地集团董事长王伟贤设立伟贤奖学金,奖励家境贫困,但品学兼优的学生。

(邱　晴)

[首届校友会成立]　10月22日上午,上海思博学院首届校友会成立大会召开。会议通过了上海思博学院校友会章程,选举26名校友代表为首届校友会理事。校友会将为学校的招生、就业、校园文化建设等方面提供支持与帮助。

(邱　晴)

[创新人才培养模式]　国商学院通过开展"校企合作一家亲"项目,以"冠名班"为载体,实现教学做一体化和学习、技能、就业无缝对接,2010年,成立了"全家连锁营业管理人才冠名班"、"嘉里大通物流冠名班"、"香格里拉冠名班"、"裕景酒店班"。护理学院与浦东新区卫生发展研究院在教学、科研、培训三方面进行合作,成立浦东新区卫生信息化班,实行订单培养。

(邱　晴)

[在多种技能竞赛中获奖]　2010年,获全国职业院校技能大赛"中诺斯"杯现代物流技能大赛三等奖,上海国际护理大赛学生组冠军、第四届全国商科院校技能大赛市场营销专业竞赛暨第七届(新加坡)国际市场营销中国区选拔赛二等奖、第三届"鹏达软件杯"全国职业院校学生外贸技能竞赛高职组三等奖,全国商科院校现代物流技能大赛总决赛二、三等奖,第四届全国商科院校技能大赛会展专业竞赛总决赛二、三等奖,上海市大学生体育大联赛乒乓球比赛高职高专组团体季军、上海市高职高专汽车类专业职业技能竞赛三等奖。

(邱　晴)

附:学校负责人及地址

(2010年1—12月)

院党委书记:张建中

院　长:顾仲坚
副院长:皋玉蒂、姚大伟、沈小平、潘立本

地址:浦东新区惠南镇城南路1408号
邮编:201300
电话:68029005

上海立达职业技术学院

［**2010 年概况**］ 学校设航运物流系、护理系、艺术设计系、旅游会展系、现代传媒与计算机系、机电工程系、商贸系和基础教学部，7 系 1 部共 22 个专业。撤销计算机系，增设信息传播与策划、装饰艺术设计 2 个专业。毕业学生 1613 人、就业率为 96.76%，招收新生 1513 人，在校学生达 4728 人；占地面积 26 万平方米，校舍面积近 12 万平方米。藏书 25 万余册，电子图书 1199GB 合 20 万册。

加强内涵建设，不断提高教师队伍素质和教育教学质量。制订《关于制订 2010 级培养计划的原则意见》，修订《兼职教师管理办法（试行）》、《关于教师调课管理的规定（试行）》、《关于毕业综合实践工作的规定（试行）》、《学籍管理规定（试行）》，实施年度教学工作会议和双周教学工作例会制度，推行巡课制度，促进教师规范课堂行为。制订《关于实施学年学分制的规定》、《选课办法》。完成在校生电子学籍注册工作，已开通学生网上学籍查询工作。做好教学质量监控平台数据库的维护和更新工作。围绕学校中心工作编辑出版学校刊物《立达教学与研究》，编辑印发《高职教育信息》。根据学校发展定位规划，调整专业结构，申报会计专业、传媒策划与管理（网络传播）2 个新专业，获得批准，并将列入 2011 年招生计划。

制订《选拔中青年骨干教师认定与培养试行办法》、修订《选拔培养专业带头人的试行办法》、《青年教师导师制实施暂行办法》、《双师素质教师认定和培养的暂行办法》等制度，加强师资队伍建设。申报并通过评审批准中级专业技术职务教师 10 名，申报并认定初级专业技术职务教师 30 名。应用艺术设计专业教学团队获第三届上海高等学校市级教学团队称号，李斌《艺术采风》课程评为 2010 年度上海市精品课程。获上海市 2010 年度晨光计划资助 1 项。学校组织优青项目、晨光计划专项基金项目和校内教科研项目申请共 33 项，进行开题答辩、申报，获上海市 2010 年度晨光计划资助 1 项。获上海市优青基金资助 14 项，学校教科研启动项目 14 项。确定校级重点建设课程 6 门。

开拓校外实习基地。新建的教学高地建设项目酒店旅行社管理实训基地投入使用，新增 6 家企业成为学生阶段性实习的实训基地，校外实习实训基地达到 48 家。

广泛开展校际合作交流。与上海理工大学签订结对合作协议。与澳大利亚巴拉瑞特大学、日本国滋庆教育集团签订校际合作交流协议书，与英国博尔顿大学达成合作交流意向，与英国诺丁汉大学、挪威科学技术大学、美国田纳西社区大学商谈合作交流事宜。

继续教育为学生搭建多通道学习平台，实施健

院董会与院领导商议学校发展规划

康管理师、营养美容师、导游、高级国际贸易业务员、中级 Pro-E 等培训项目。组织 2008 级和 2009 级学生约 3000 人参加普通话测试,学校被评为 2010 年度上海市普通话测试工作先进集体。

完成因特网出口带宽升级优化、办公自动化系统安装调试等工作,开发了文明创建、继续教育、精品课程、毕业生档案网上查询等服务功能。网络电子资源总访问量达 11 万余次,是上一年度的 3.7 倍。

学生中获国家、上海市奖学金 8 人;获国家励志奖 144 人;获国家助学金 651 人;获学校奖学金 757 人。办理获助学贷款 185 人,金额 111 万元。学生临时困难补助 74.5 万元。安排勤工助学 84 人,金额 5.7 万元。组织 152 人参加世博园区志愿者服务、598 人参加城市站点志愿者服务。3 个团队、184 人获奖。校心理咨询室开始为师生提供咨询服务,完成新生入学心理测试。心理健康教育三级网络运行正常,心理委员培训 60 次,团体辅导 6 次。

制订《上海立达职业技术学院职业发展教育实施方案》与《立达〈大学生职业发展与就业指导〉教学大纲》,开展职业发展教育。举办校园招聘会和小型招聘会,为学生就业搭建平台。毕业生就业率为 96.76%,签约率为 62.24%。贯彻大学生志愿服务西部计划,组织 43 名参加"三支一扶计划"考试,录取 8 人。

严格执行经费收支两条线管理。接受上海市教委对国家下拨专项经费的审计,接受上海天意会计师事务所对学校 2009 年财务收支状况、学校法人离任、艺术设计系和护理系办学成本等项目的审计。建立健全安全工作领导责任制和事故责任追究制度,增加设备投入,提高技术防范水平,加强学生安全教育,做好卫生防疫工作,确保世博会期间的校园安全。

(吴元骠)

[院党委成立] 11 月 4 日,上海立达职业技术学院党委举行成立大会。何建中任党委书记,郦鸣阳任党委副书记,罗忆儿任党委副书记、纪委书记。

(吴元骠)

[编制"十二五"规划] 4 月,建立院系两级编制"十二五"规划领导小组,完成了《上海立达职业技术学院"十二五"发展规划》编制和《上海立达职业技术学院 2008—2020 年发展定位规划》修订工作。在各系部拟订十二五规划的基础上,于 12 月完成《上海立达职业技术学院"十二五"规划》的编制工作,并经院教代会审议通过。

(吴元骠)

[与上海理工大学签订结对合作协议] 3 月 31 日,学院与上海理工大学签订公办民办学校结对合作协议书。5 月 7 日,上海理工大学校长许晓鸣,副校长陈敬良、丁晓东到学院考察,就两校合作项目作深入探讨。6 月,学院派遣 6 名管理干部到上海理工大学校办、网管中心、档案馆、校报编辑部学习取经。

(吴元骠)

[与醒吾学院签订合作协议] 1 月,学校与台湾台北醒吾技术学院签订合作协议,促进双方文化与教育交流,教师交流、学生交换。9 月,学院选送 25 名大二学生到醒吾学院就读 1 个学期。立达学院与醒吾学院的创办人都是原籍江苏射阳的顾氏家族,两院于 2009 年签约建立合作关系。醒吾学院地处台北县,拥有近 50 年办学历史,是岛内颇具影响的高职教育学院。

(吴元骠)

附:学校负责人及地址

(2010 年 1—12 月)

董　事　长:山兆辉

院党委书记:何建中(11 月起)
副　书　记:郦鸣阳　罗忆儿(11 月起)

院党总支副书记:罗忆儿(主持工作,1—10 月)

院　长:郦鸣阳
副院长:罗忆儿　杨新志

地址:松江区车亭公路 1788 号
邮编:201609
电话:57805678

上海电影艺术职业学院

[2010年概况] 学院坚持以培养“具有创新精神和实践能力”的艺术人才为目标，在错位竞争中探索可持续性发展的办学之路，准确定位，对接市场、融入产业、服务社会，社会影响力不断提升，2010年招生1045人。

学院引进了24名教师，其中博士3人、硕士11人，改善了师资队伍的结构。学院鼓励教师投身教学改革实践，《影视后期特效制作实践》课程被评为上海市级精品课程；4名教师获得上海市教委的优青项目；1名思政课教师获得第四届民办高校思政课教学比赛二等奖；3名老师获得助理研究员和讲师资格。学院坚持发挥学院督导组、各系(部)专业督导员、各班级学生信息员三支队伍的作用，做到了督导组听课和听说课常态化、督导员和学生信息员会议汇报制度化，有效保证教学质量。

创新“五分钟德育形式”，教育部两次转发了学院秉持“先学做人后学艺”理念、创新大学生思想政治教育途径的做法。11月，“五分钟德育教育”又获教育部第二届高校德育发展研究成果评选优秀奖。学院继续抓好每年为期一周的“上电大讲堂”，邀请了60多位国内外著名的电影、动漫、音乐等艺术方面的顶尖人物讲学。学院党总支先后2次组织了基层党支部骨干的学习培训，做好新党员培养发展工作，选送了130名教师学生中的入党积极分子参加上海市教卫党委组织的培训；在学院举办了2期中级党校培训班，培训329名入党积极分子，其中281人取得了合格证书；在积极培养、深入考察的基础上，发展了11名新党员，有5名预备党员转正。

加强辅导员的培训和管理，每年都组织为期半个月的培训；学院通过每周四的辅导员会议，同时还建立了辅导员对学生宿舍区的轮流查夜制度，以便及时了解情况，帮助学生解决实际问题。

把毕业生作为“一把手工程”，把职业素质、专业技能、就业指导三个层面作为一个系统工程来抓，扩大与专业实践有关的教学安排和内容，拓展了专业考证、职称考级的培训渠道。2010年来自上海、北京等海内外170余家用人单位招聘，其中提供就业岗位3000多个，平均每位毕业生有3个岗位可供选择。2010届毕业生就业率达97%，其中数字新媒体专业的行业就业率100%，游戏美术设计专业行业就业率达96%，影视动画专业行业就业率为93.6%。

2010年，有2名学生应征入伍。另有学生1人获国家奖学金、88人获国家励志奖学金、3人获上海市奖学金。

坚持院长向“教代会”报告工作制度和院务公开制度。在教代会上就课酬发放、《教学事故认定和处理暂行办法》的修订等问题进行民主讨论，取得教代会通过后执行。

学院投入90多万元，建立校园监控系统，重要部位安装了电子眼，加强和改造了防盗设施，并进一步抓好消防器材和设施的配备及维修。进一步修订完善了《教育安全管理制度》以及处置各种突发情况的7个应急处置预案。

(董有福、杨怿璐)

[发挥专业优势服务世博] 在2010年上海世博会举办期间，学院发挥艺术类高校的优势，组织学生用自己的专业所学所长为世博的各项文艺工作服务、奉献。影视表演、主持与播音、音乐表演、流行音乐、文化事业管理专业近200名学生参与了近百天、每天两场的世博欢乐盛装大巡游演出；舞蹈专业60多名学生参加了近20多场世博专场演出；编导专业近百名学生参加了世博期间中国教育电视台关于世博期间新闻报道拍摄与制作；来自各专业的50名学生担任世博开幕式中的举旗手。

(董有福、杨怿璐)

[承办2010国家原创动漫高级研修班] 1月9日—15日、5月24日—6月1日，学院承办了2010国家原创动漫高级研修班(动漫市场方向)，全国各地100余位动漫企业高级管理人员参与了研修班，主要研讨了“动漫企业资本运作”、“动漫形象的国际化与市场开发”、“动漫品牌授权”，“国外动漫作品投资规划、决策与管理”等内容，还包括了文化创意企业上市、企业私募融资、企业债权融资、中国资本市

场最新概况及多层次资本市场建设等金融方面的课题。

（董有福、杨怿璐）

[成立"优秀青年教师联谊会"] 6月，院"优秀青年教师联谊会"成立，18位院历届"优青基金"获得者参加了成立大会。"优秀青年教师联谊会"鼓励青年教师为学院的改革和发展献计献策；推动青年教师参与教学科研工作；增强青年教师群体的凝聚力；当好学院党政部门和工会联系青年教师的桥梁和纽带。

（董有福、杨怿璐）

[全国人大调研组来院视察] 9月7日，全国人大常委、教科文卫委员会副主任金炳华，国家广电总局电影管理局副局长毛羽，全国人大教科文卫委员会文化室副主任徐国宝等全国人大调研组来院视察调研。调研组一行实地考察了学院师生拍摄影视剧、制作影视动画作品、排练国标舞等教学和工作现场。

（董有福、杨怿璐）

[承办第九届"桃李杯"舞蹈大赛国际标准舞比赛] 学院承办2010年第九届"桃李杯"国际标准舞比赛。本届比赛由文化部主办，这是学院第二次承办"桃李杯"国际标准舞比赛。学院学生表演的《世博畅想》、《没有新郎的婚礼》、《马戏团的眼泪》分获艺术表演舞标准编队舞、艺术表演舞标准双人舞、艺术表演舞拉丁双人舞一等奖。

（董有福、杨怿璐）

[投拍多部电视连续剧] 学院与中央电视台等单位合作，投拍了多部电视连续剧。与央视合作摄制40集电视剧《远古的传说》，是一部描述上古时期华夏文明的列传，学院各专业上百人全程投入实践。该剧2010年8月央视一套黄金时段首播。学院投拍的30集电视连续剧《中国家庭之母爱》2010年在上海电视剧频道、江苏卫视、北京卫视、山东卫视等全国电视台热播，收视率高达7%。30集电视连续剧《牡丹亭》2011年将在中央电视台率先播出。为向建党90周年献礼，学院投拍了大型革命史诗题材电视剧《红军东征》，学院影视表演、编导等专业师生开展现场实践长达3个月。

（董有福、杨怿璐）

附：学校负责人及地址

（2010年1—12月）

院党总支书记：梁大立

院　　长：江　泊

地址：南校区：张江高科技园区达尔文路188号

　　　北校区：张江高科技园区松涛路、景明路口

邮编：201203

电话：50271101

上海中华职业技术学院

[2010年概况] 2010年,学院坚持"以服务为宗旨、以就业为导向"的办学指导思想,规范办学,加强内涵建设,提高教学质量,开拓就业渠道,创建和谐校园。

2010年,学院加强制度建设,规范学院管理。对学院教学管理和学生管理规定进行了订立和增补。全年完成了教学7项制度、学生工作4项、人事2项制度的制定与修订,进一步规范了学院的管理工作。各系部修订了各专业教学计划,优化系部架构建设。加强实习实训,加强校企合作,特别加强了与轨道交通企业的校企合作。

加强双师型教师和青年教师的培养力度,全面提升教师的职业道德素质和业务水平。建立和健全教师聘任、考核等制度,完善激励机制和考核体系。完成了2010年度学院初级职称评审工作及中高级职称上报评定工作。各系部努力提高教学水平,加强教风建设,开展教学交流活动,培养青年教师,多名教师获得了双师型教师证书。加强辅导员队伍自身的职业素养及工作技能的培养与交流,全年共安排14人次辅导员参加外训、7次校内培训。按照《辅导员工作条例》及《辅导员量化考核办法》进行管理,保证了各项日常工作的质量,提升了辅导员队伍的整体工作能力。

丰富校园文化生活。开展第六届运动会、第八届五月歌会、第四届游园会、"世博中华行"辩论赛、"一人一元钱抗旱救灾献爱心"等活动。27个学生社团活动蓬勃开展,各具特色。申报创建上海市教委委级文明单位,完成"在线创建"网站的建设,上传1000余份文明创建的文字及图片材料。

2010年,师生在多项竞赛中取得好成绩。外语系教师张文娜指导2008级国际商务专业陈瑶同学参加2010卡西欧杯英语演讲赛荣获三等奖。学生张建、章恺扬、武春坤组队获得"2010高教社杯全国大学生数学建模大赛"二等奖,何志跃、许娟娟、张子夫组队获得三等奖。学院获"高校科研实力与考生择校"2010年高考招生咨询大型公益系列活动优秀组织奖。学院获中国教育网颁发"2010年度十佳优秀高职院校"奖。学院保卫部获2010年上海世博会教育系统安保稳定工作先进集体表彰,魏莲蓉、奚修文获先进个人表彰。学院还获得《上海市民办高校就业服务研究论文集》和《上海市民办高校毕业生创业案例》优秀组织奖。

(王　芳)

学院学生参加上海世博会西班牙语读书周活动

[开展教师交流及说课活动] 5月12日—6月9日,各系部开展教师教学交流及说课活动。经过各系部内部交流后,8名教师进入最后决赛。决赛按教学交流、说课、专家提问、现场答辩的程序进行。

机电工程系李曦获得说课比赛的第一名。

（王 芳）

［**获上海市高校武术比赛一等奖**］ 6月20日，在上海市学生阳光体育大联赛——上海高校组武术比赛中，学院武术社获集体武术拳一等奖。武术社教练程生龙获“上海市高校优秀教练员”光荣称号，2008级轨道与交通控制专业的沈矢韫同学获“上海市高校优秀运动员”光荣称号。

（王 芳）

［**改革思想政治课教学**］ 基础教学部探索思想政治课教学的新思路、新教法，从2008年开始，把思政课的前十分钟交给学生，让学生讲社会热点、评国际国内大事，引导学生关注社会，关心时事。11月2日，基础教学部组织公开课，分别由4名学生就《上海市第一人民医院假药事件》、《超级台风“鲇鱼”》、《智利矿工大营救》和《河北大学校园撞人事件》等当前的国内国际热点新闻进行了演讲和评述。所有主题均由学生自主选择，在讲述新闻事件来龙去脉的同时，加入自己对于这些事件的思考，分别从“个人诚信”、“社会公德”、“集体互助”、“民族精神”的角度进行了分析。

（王 芳）

［**推进学风建设**］ 10月13日，学院召开了第二次学风建设总结暨动员大会，本学期的学风建设重点为：提高自修的出勤率和自修效果，要求老师进行学习方法的指导和同学间的交流，推广各类岗位证书的考试。院团委、学生会向全院团员青年发出倡议书。学院学风建设活动第一阶段从2009年12月开始启动。

（王 芳）

［**加强就业指导和服务**］ 学院对毕业生就业工作高度重视，在新生入学教育中，安排了职业生涯规划讲座。进入二年级开设《职业生涯规划》和《就业指导》课程，三年级时通过就业办和毕业班辅导员重点辅导与个性化指导，提高学生的就业能力。从9月份开始，就业办积极联系用人单位，3个月内先后举办10场“企业进校园”专场宣讲会，为100多家企业推荐了上千名毕业生。全年共举办三次大型校园招聘会。2008年、2009年、2010年，学院毕业生就业率分别达到96.33％、97％、98.75％。

（王 芳）

附：学校负责人及地址

（2011年1—12月）

院党支部书记：吴宗华

地址：奉贤区大叶公路5225号
邮编：201404
电话：57480000（总机）

上海医药高等专科学校

[**2010年概况**] 2010年,学校共招收全日制学生1212名、三校生考试182名和自主招生350名学生,增加了对广西省的招生,17个外省市生源数占全部招收数的38%。全日制在校生数达4357人,夜大学在校生数达840人。毕业生数总计1315人,就业率为98.71%。

上海世博会期间,学校共有459名师生参与志愿服务,共获得世博会相关市级荣誉集体1个、个人22个、项目奖2个。27名世博兵服役期间,表现优异,12月,又有5名新兵入伍。发放各类奖助学金6724人次,共计556.50万元。首次以上海医药高等专科学校申报上海市文明单位(和谐校园),并通过评审。

引领卫生职业教育。护理专业"课程开发与教学资源库建设"项目框架和建设方案通过教育部和财政部专家评审,获得国家级项目立项。护理系、基础部各专业教师和行政、教辅人员承担13门核心课程的单元建设,并在全国范围领衔主持其中5门核心课程的资源建设。牵手人民卫生出版社,组织全国共计200余所院校共同参与,牵头制定全国卫生职业院校护理学专业"十二五"教材规划。承办全国医学高职高专教学改革及教材建设研讨会,全国86个各医药类高职高专院校203名院校长参加会议。

提升内涵。6月,学校成立思想政治理论教学部,获得教育部人文社科研究专项任务项目(高校思想政治理论课)1项;获得4项市教委重点课程建设立项、2项上海市学生健康促进工程重大委托课题立项、2项市教委科研创新项目立项;5名教师获得2010年"上海高校选拔培养优秀青年教师科研专项基金"项目。2008级口腔工艺技术(中日合作)专业师生荣获2010年"日进杯"全国口腔工艺技术展评团体亚军。

校企合作办学有新进展。依托上海现代护理职教集团,紧抓"国际化"和"职业化"两个支撑点的建设,集团成员单位达到36个,对16名护理专业骨干特聘教师培训交流,举办"第二届上海现代护理职业教育集团护理英语大赛"。上海八大行业职业教育集团组建上海市行业职教集团协作组,学校任理事长单位,秘书处设于上海医药高专。与上海市东方医院建立"院校合作、工学结合"战略合作伙伴关系,以冠名"东方班"的方式订单培养具有"双语"能力的高素质护理技能人才。与上海交通大学医学院附属第三人民医院签定医学影像专业临床教学基地合作协议。

作为我国专科院校中首家获准招收长学制留学生的高校,有来自美国、韩国、印尼共6名长学制留学生在校攻读护理专业学历。香港中文大学分子生物学专家彭智培教授成为学校东方学者特聘教授。护理系外方主任、上海市高校"东方学者"、美国鲍勃琼斯大学护理学教授Mary Lamb博士荣获2009年全美医疗卫生管理杰出人物称号,并且当选2010上海教育年度新闻人物。接受中、短期国际合作交流留学生127名,参加护理、医学检验技术、社区服务、医学影像技术、康复医学、解剖学学习和临床实践。接待外事来访73个代表团363人次,来自美国、澳大利亚等国家的学校师生率团来访。

(张毅婷)

[**首届临床医学专业(乡村医生方向)学生毕业**] 1月12日,校首届临床医学专业(乡村医生方向)45名专业学生在完成规定学业和实习任务,并通过考核具备乡村医生的基本素质后,奔赴本市8个郊区县从事基层卫生工作。副市长沈晓明发来贺电,向首届临床医学专业毕业生表示祝贺。

(张毅婷)

[**举办中荷合作社区卫生项目成果展示会**] 5月2日,"中荷合作社区卫生项目成果展示会"在上海世博会园区荷兰馆举行。会上,上海医药高专、闵行区卫生局、荷兰威斯特斯可得职业教育集团、荷兰佐格萨姆医疗集团四方共同签署《战略合作备忘录》,将继续进行中荷两国政府支持的"中荷教育卫生合作项目"。

(张毅婷)

[**鲁昕来校视察**] 6月5日,教育部副部长鲁昕在教育部职成教司副司长刘建同,上海市教委主任薛明扬、副主任印杰等领导陪同下来校视察,重点参观了校护理实训中心、远程多向交互式多媒体教

室、眼视光技术实训中心。

（张毅婷）

［承办教育部中德职教师资培训班］ 6月14日—21日，由教育部与德国国际继续教育与发展协会主办，2010年度中德职教师资进修项目—高职教师（医疗卫生）国内培训班在学校开班，来自全国7个省市的医药卫生类高职高专院校的22名骨干教师接受教育部指派的德国专家的培训。培训班授课时间为8天，由德方专家授课。

（张毅婷）

［与东方医院签约合作办学］ 7月15日，学校与上海市东方医院签订“院校合作、工学结合”战略合作伙伴协议，以“东方班”的方式订单培养具有“双语”能力的高素质护理技能人才。东方医院以“东方奖”名义，设立奖励教师及学生的奖金，互聘教学和临床专家Mary Lamb教授和彭幼清主任，在教学计划、课程设置、实习大纲、学生评价等领域渗透各自的教育理念，把院校双方的国际化发展、服务理念落到实处。

（张毅婷）

与东方医院签订合作办学协议

附：学校负责人及校址

（2010年1—12月）

校党委书记：贾万樑

副　书　记：巫向前（兼）、胡　敏、郑忆文

校　长：巫向前

副校长：胡　敏（兼）、杨卫平、沈岳奋、施晓谋、唐红梅

地址：浦东新区周祝公路279号

电话：33759000（总机）

邮编：201318

上海工会管理职业学院

［**2010年概况**］ 2010年，学院以内涵建设为核心，围绕“做优、做特、做强”，进一步加强专业建设、课程建设、师资队伍建设和校园文化建设，提高教学质量和管理水平。录取外地新生的报到率达到78%，比上年提高3个百分点。2010届毕业生就业率达99.88%，签约率达85.53%，均为历史最高。

推进项目化课程建设。学院结合专业建设对2010级人才培养方案初步实施了项目化改造。对核心专业技能课程的项目化设计，将社会项目、企业任务引入教学内容，有24门课程通过学院重点建设课程初期审核，劳动与社会保障专业教学团队被评为上海市教学团队；文物鉴定与修复专业《古籍装帧与修复技术》课程被评为上海市精品课程。

加大公共实训室建设。学院年内共投入456万元，初步完成了劳模育人实训基地、社区事务受理中心、危机干预情景模拟实训室、安全技术、食品营养检测和商贸流通一体化等15个实训室建设项目。另外，设立了童芷珍、邵国田等4位大师级专家工作室，成立了文博艺术品修复公司，扩建了陶艺雕塑艺术品工场，对艺术品保护技术实训中心内部结构进行优化调整，实训教学效果明显转变。

用劳模品质引领学生的价值追求。劳模导师进校园上讲台，给新生讲授大学教育的第一课，开展学习劳模征文活动、组织劳模精神学生宣讲团，启动劳模博物馆的筹建工作，编辑著名劳模的影像教材，承接市教委以劳模就业导师为特色的“毕业生就业工作创新基地”项目，建立公交49路车大学生劳模德育实践基地，聘请了一批行业专家型劳模指导相关专业建设。

推进学生自我管理教育。结合上海举办世博会，学院积极开展“服务世博、奉献社会”的志愿者活动，学院被授予“奉贤区2010年上海世博会世博志愿者工作先进集体”荣誉称号，其中58名同学分别获“世博会优秀志愿者”、“优秀城市站点志愿者”和“志愿者之星”奖项。举办“五个一”的校园安全教育系列活动，加强学生的安全责任意识；成立学生文体社团组织、英语角、手语社、古玩鉴定、文物修复兴趣组及参加市级以上各种专业竞赛等活动，提高学生的职业技能。2008级会展策划与管理专业5名同学在全国商科院校会展专业策划与设计大赛上分获一、三等奖，2008级物流管理专业15位同学参加了上海市高等职业院校第二届国际商务单证职业技能竞赛，其中有11名同学分获一、二、三等奖。

强化教师能力培训。学院举办了“高职教学改革理念、人才培养方案设计、课程教学设计”教师能力提升培训，全院130余名专兼职教师参加了培训。举行了9个专业22人次参加的“教学比武”，进行了院系两层面的重点课程交流学习会，出台《关于进一步加强骨干教师队伍建设的试行办法》，加强骨干教师培训，目前，已有包括专业负责人在内的25位中青年教师被列入学院骨干教师培养计划。2010年学院先后组织了28项课题向外申报，其中有19项课题获得市级课题立项。学院首次获得2项上海市学校德育实践研究课题，1人获得上海市教育基金会“晨光计划”项目，13人获得“上海高校选拔培养优秀青年教师科研专项基金”项目。

（兰宇新）

［**校企合作**］ 社会工作专业和奉贤星火开发区合作，共同开发企业社工服务项目；安全技术管理专业与奉贤区安监局合作建设地方安全联动机制；连锁经营管理专业与上海统一星巴克咖啡有限公司签订校企合作培养协议，使学生在校3年里每年有3个月的企业顶岗实习；酒店管理专业和医药营销专业进一步推进饭店服务技师证书和医药购销员证书的校企合作考证项目；文物鉴定与修复专业与上海市档案局建立档案人才培养和技术合作关系。

（兰宇新）

［**与市档案局签署合作协议**］ 9月19日，学院和上海市档案局签署《档案人才培养和技术合作协议》。市人大常委会副主任、总工会主席陈豪为上海工会管理职业学院大学生实训基地和档案在职教育实训基地揭牌。

（兰宇新）

与上海市档案馆共建实训基地揭牌

[获联合国开发计划署"文物保护与传承贡献金奖"] 12月19日，联合国开发计划署执行机构国际信息发展组织、中国智慧工程研究会在北京联合举办了"联合国千年发展目标公益主题活动周"活动。鉴于陈逸民老师对中国收藏文化和民族文化保护与传承事业所做出的贡献，联合国千年发展目标公益主题活动中国组委会特别授予了陈逸民"文物保护与传承贡献金奖"。

(兰宇新)

[《古籍装帧与修复技术》被评为市精品课程] 经专家组资格审查、专家网上初审、会议评审和网上公示，并经上海市教委决定，人文艺术系文物鉴定与修复教学团队申报的《古籍装帧与修复技术》被评为2010年度上海高校市级精品课程。

(兰宇新)

[举办第二届女生节] 3月3日，学院第二届女生节开幕。本届女生节为期一周，包括女生协会自护自救专题讲座、女生关注的生活情感话题系列论坛、"我眼中的魅力女生"评选、活动经典语录网络展播、"最佳成功女生方案"有奖征集等活动。

(兰宇新)

[在第四届全国商科院校技能大赛会展专业总决赛上获奖] 在由教育部高职高专旅游管理类专业教学指导委员会主办，中国商业联合会商业职业技能鉴定指导中心承办的"2010年(第四届)全国商科院校技能大赛会展专业竞赛总决赛"上，学院6名会展专业学生有2组会展创意设计类作品参加决赛，获得大赛一、三等奖(何锴、张秋云、陈城的《"和居艺术"城市艺术展示系统》获一等奖，王佳骏、傅亦薇、李朦的《城市·艺术摄影展》获三等奖)。此外，学院还荣获"最佳院校组织奖"，教师郭甜、王宇靖以及刘颖分获"优秀辅导教师奖"。

(兰宇新)

[劳模宣传教育实训基地落成] 11月，由学院和奉贤区总工会共同挂牌的"劳模宣传教育实训基地"正式投入使用。基地建筑面积为550平方米，可容纳200名学生，主要分为劳模风采展示区、劳模精神在线教育区、学习成果展示区3个主体区域，配有网络多媒体等设施。

(兰宇新)

附:学校负责人及地址

(2010年1—12月)

院党委书记:谢幼书
院党委副书记:陈必华

院　长:傅小龙
副院长:陈必华、张　炜、赵　伟

地址:奉贤区南亭公路2080号
邮编:201415
电话:57460188

上海体育职业学院

[2010年概况] 上海体育职业学院坚持“立体思考，整体规划，系统设计，重点突破”的整体发展指导思想，制定了《上海体育职业学院“十二五”事业发展规划》，制定了《上海体育职业学院普通高等职业教育教学计划制定标准(试行)》。上海市第二体育运动学校成为上海体育职业学院附属中学，一兆韦德、领先、星之、华夏、翼立实训基地成立。

针对2008级高职生形成以证书课程为抓手，以校企合作为方式的三阶段教学培养模式。第一阶段为证书课程阶段，为2008级高职生安排了4门证书课程的学习，提高他们今后参加工作的资质和技能。第二阶段为实训期，安排139位同学到企业(实训基地)进行上岗前的培训。第三阶段为实习期，安排2008级高职生进行定岗实习，完成将来就职的预测。2009级、2010级高职生的教学，增加术科的教学时数与理论课教学中的互动内容以及案例教学。

学院大专部专职教师26名，2008学年共15人次参加了上海市各类各级教师培训。学院2010年共获得13项市教委、市体育基金会、市体育局等单位组织的科研课题。发表论文18篇。主编《健美操教练员(初级)》等5本教材，出版3本，并翻译了美国体能协会NSCA-CPT和CSCS 2本教材。研发了健美操、体育场所管理员和体适能教练员3种职业资格证书。同时，编撰完成健美操(初级)、体育场所管理员(中级)题库。

上海体育职业学院获得举办篮球羽毛球等6项裁判员证书考试的资质。6月中下旬在2008级高职班中开设了篮球和羽毛球裁判员的证书班；对129名高职生进行营养师、体育经纪人的培训，考试合格率为72.86%。另有8人获得国家励志奖学金。同时，对优秀运动员进行职业技能培训，共举办运动员职业技能培训班11期，培训人数达到了443人，合格率在80%左右。培训的内容分别是计算机、体育场所管理、创业培训、企业信息管理、数码摄影技术等。此外，还与上海体育学院合作开展在职体育硕士的培养，首批29名学员参加了10月的入学考试。

拓展新职业、新证书的培训，新增的是：健美操、体适能教练员、体育场所管理员、办公自动化、计算机软件应用、网页设计员、创业能力培训，职业资格证书培训总人数超过800人次。还与美国体能协会(NSCA)合作，承办了CSCS证书的考前辅导班和考试。

为备战2012年奥运会、2013年全运会，上海体育职业学院调整竞赛格局，增设篮球手球运动中心、拳击跆拳道运动中心，分别管理篮球、手球与拳击、跆拳道项目；撤销水电路训练中心，棒球、垒球、柔道项目划属上海市体育运动学校领导；女子足球项目由上海市足球运动管理中心管理。

在第16届亚运会上，上海体育职业学院共有45名运动员与12名教练员参赛，获得22枚金牌，38枚奖牌。其中，刘翔在男子110米栏决赛中以13秒09的成绩夺冠。

加强教练员队伍建设，学院7个训练中心共聘任了135名教练员，并组织2010年度市体育局系统新任教练员岗位培训，涉及局系统9个运动中心、18个运动项目的34名教练员。

改进队医队伍管理。改革队医单一跟队形式，整合资源、引入竞争激励机制，以先试点后推进的方式，组建队医团队(学院田径中心试点)，由主管队医统筹合理安排各项医务保障任务，形成分层管理、逐级考核的管理模式。

(王春鸟)

[学院附属中学成立] 2月5日，上海市第二体育运动学校挂牌上海体育职业学院附属中学。上海体育职业学院附属中学实行市和区两级政府两级管理，以区为主的管理体制，学校教育教学工作隶属于闵行区教育局管理。上海体育职业学院附属中学的成立借力闵行教育的优质资源，弥补全市优秀运动员文化教育的短板，创建既有教育特点、又有体育特色的运动员培养新模式。

(王春鸟)

[中国游泳协会上海训练基地成立] 4月16日，中国游泳协会上海训练基地在上海东方绿洲体育训练基地——上海市游泳运动中心内宣告成立。上海市副市长赵雯、国家体育总局游泳运动管理中心

副主任尚修堂共同为中国游泳协会上海训练基地揭牌。这是国家体育总局批准成立的中国游泳协会专项训练基地，也是中国游泳协会在全国省区市设立的首个综合性训练基地，拥有世界先进水平的游泳水槽实验室、低氧身体训练房以及综合身训房。

（王春鸟）

［**赵雯来学院调研**］ 8月18日上午，上海市副市长赵雯到上海体育职业学院汇丰训练基地调研，市体育局党委书记、局长李毓毅等领导陪同。赵雯提出了“思路、创新、突破、跨越”的八字要求。

（王春鸟）

副市长赵雯看望选秀营学员

［**短池世锦赛夺冠**］ 北京时间12月16日凌晨，2010年第十届国际泳联短池世界锦标赛在阿联酋迪拜的第一个决赛日上，上海体育职业学院游泳选手唐奕、朱倩蔚代表中国队出战，在女子4×200米自由泳接力决赛中，以7分35秒94的成绩夺冠，并且打破荷兰队保持的7分38秒90的世界纪录。国际泳联认为，此次胜利堪称“卓越”，这也是自2010年1月1日国际泳联强行取消快速游衣以来，在短池和长池比赛中所创造的第一个世界纪录。

（王春鸟）

附：学校负责人及地址

2010年（1—12月）

院党委书记：黄卫方
副　书　记：马玉生

院　　　长：沈富麟
常务副院长：黄卫方
副　院　长：顾承锷、陆嘉璞、王益民、朱学雷、姜　军

地址：百色路1333号
邮编：200237
电话：64770058

上海健康职业技术学院

［**2010年概况**］　学院创建于1957年，前身上海职工医学院是一所独立设置的医学成人高校。2010年2月，经上海市人民政府批准转型更名为上海健康职业技术学院，并于4月通过国家教育部备案并列入当年招生计划，成为全国第一家以“健康”冠名的高等职业技术学院。

学院设基础一部、基础二部、护理系、医疗系、公共卫生系、生物医药系等；开设护理、中美护理、医学影像技术、生物技术及应用、医学营养、药学、康复治疗技术、卫生信息管理等专业，建有现代护理、医学生物技术、医学影像技术、口腔医学技术等实验实训室。学院与上海的各大医疗卫生机构建立了校企合作的关系，现有100余家实践教学基地。

学院启动了“十二五”规划编制工作，梳理和调研制约学院发展的21个重点问题，基本形成新学院发展规划、新学院基础设施建设等4个分规划，专业建设、师资培养、提高教学质量等8个行动计划。在崇明县人民政府支持下，崇明校区东西侧202.5亩土地作为学院的发展用地得到保留。同时，新学院第一期4亿元左右的基础设施建设列入了上海市卫生系统重点工程建设项目库。

学院2010年招生计划超额完成。高职计划招收300人，实际招收306人。成人大专招收了852人。现有学生3508人，其中高职710人、成人大专2808人。2010年学生就业推荐工作得到进一步的巩固和加强，共毕业学生194人，平均就业率为96.4%。

推进教育教学改革。分别与复旦大学附属肿瘤医院、同济大学附属市第一妇婴保健院合作，申报“医学检验技术”和“助产”2个上海紧缺人才培养的新专业。与市残疾人联合会的上海阳光康复中心合作设立康复治疗技术专业教学实践基地。与普陀区人民医院签约，启动了第一所非直属附属医院建设工作。学院启动“085工程”，医学影像技术、康复治疗技术和生物技术及应用等3个专业申报市级重点专业。9门校级精品课程建设得到有序推进，2010年护理专业学生护士执业资格考试继续保持100%的通过率。

教研、科研获2项市级课题立项，2010—2011年11项校级科研课题立项，2009—2010年28项校级课题顺利结题，由美国Dreyfus卫生基金会资助的PSBH(解决问题、促进健康)项目第六期20项课题结题。新开展由美国Dreyfus卫生基金会支持、与金山和青浦卫生局合作的“社区中老年志愿者参与居民常见急性健康问题照护模式及其效果评价研究”课题。2010年共发表论文22篇。

落实师资队伍培养三年规划。招聘引进教师6名。17名教师晋升职称，其中高级职称6名。进修培训122人次。选定17名教师作为专业(学科)人

副市长沈晓明为学院成立揭牌

才梯队第一轮培养对象，聘请了22位校外专家和校内资深教师担任学院17位专业（学科）人才梯队培养对象的导师。学院现有教师185名，其中高级职称64名，研究生以上学历70名，有国外3个月以上研修经历的教师近30名。

推进信息化建设，第一期投入100余万元引进了数字化管理软件，新增一间计算机实训室，改建了中心机房。

（王　成、石月红）

[举行学院揭牌仪式]　7月8日，上海健康职业技术学院揭牌仪式在上海展览中心友谊会堂宴会厅隆重举行。副市长沈晓明、市教委主任薛明扬、各委办局领导和各方面的专家学者、各兄弟院校领导和上海各大医疗卫生机构、区县卫生局主要负责人共300余人参加。卫生部部长陈竺为学院题词"为全民健康培育优秀应用型人才，促深化医改构建和谐防治康体系"，并发来贺信。副市长沈晓明为上海健康职业技术学院揭牌。

（石月红）

[网络教育学院实践教学基地挂牌]　8月25日，与中国医科大学、中央电大奥鹏学习教育中心合作的医学网络教育首个实践教学基地在健康职业技术学院挂牌成立。

（石月红）

[与上海阳光康复中心签约]　9月26日，与上海阳光康复中心签约，成立康复专业的第一家教学实践基地。张钢院长和阳光康复中心刘骏主任分别在协议书上签字，正式启动双方在人才培养、专业建设等方面的深层次合作。出席签约仪式的其他领导还有上海市残联康复处虞慧炯处长、学院党委书记曹蓉蓉、阳光康复中心党支部书记乐永林等。

（石月红）

[签订附属医院协议]　12月21日，与普陀区人民医院建立非直属附属医院关系的签约仪式在普陀区人民医院举行。郑步勇院长和张钢院长签署了两院合作的协议书。

（石月红）

附：学校负责人及地址

（2010年1—12月）

院党委书记：曹蓉蓉
副　书　记：夏国兴（12月离任）
　　　　　　贺　勇（12月到任）

院　长：张　钢
副院长：余剑珍（12月离任）、冷益民（12月离任）、季伟苹（12月到任）、徐一新（12月到任）、詹昌明（12月到任）

徐汇校区地址：梅陇路21号
邮编：200237
电话：64773528

崇明校区地址：长江公路258号
邮编：202178
电话：59666661

上海电视大学

[2010年概况] 上海电大开放教育招生44038名，占全国699所普通高校在上海招生总人数的77%，占上海成人高考招生总数的74%；上海电大注册生规模达到112111名，其中本科29814名，专科82297名；有32840名学生毕业，其中本科7034名，专科25806名；有4484人获得学士学位；开放教育学院招生2307名，注册在籍人数6830名；上海电视中专中等学历教育招生2344名，在校生人数4713名，浙江大学远程学历教育学生数为860名。学校非学历教育板块在竞争中求发展，达到79.9万人次的培训规模，与国家教育部考试中心首次合作，承担上海交通大学、清华大学、中国科学技术大学、西安交通大学、南京大学等五所高校的“五校联考”和大学预修课程(“AP”考试)考试；启动首届上海新生代农民工初级工商管理(EBA)培训；成功申报并成立托福和GRE网考站点。国际交流学院举办了澳大利亚南十字星大学工商管理学士学位第八次授证仪式。社区教育着力推动全市各区县社区教育快速发展，为学习型社会建设服务。

学校教学资源建设成效显著，《财务案例研究》、《管理学概论》、《人力资源管理概论》、《应用文写作》、《英语视听说(1)》、《证券投资分析》6门课程全部入选全国广播电视大学精品课程，占55门精品课程总数的11%，其中《管理学概论》、《人力资源管理概论》、《应用文写作》、《英语视听说(1)》4门课程入围教育部网络教育精品课程；《英语视听说(2)》、《统计学原理》、《社会调查研究与方法》、《贸易实务》4门课程被上海市教委立项建设成重点课程；在工商企业管理、会计、机电一体化3个专业品牌建设的基础上，进行城市轨道交通运营管理和行政管理两个专业的品牌建设。学校开展系统“第二届中青年教师远程教学基本功大赛”；组织学生案例与设计大赛，并申报全国电大学生案例与设计大赛；申报广播电视大学第四届“教学创新奖”评选，3名教师荣获“教学创新奖”；启动“名师名课”项目。

完成第二批和第三批全国示范性基层电大的评选和申报工作，目前已有7所分校成为全国示范性基层电大。同时，为促进各分校在终身教育体系构建中发挥积极作用，在全系统开展“达标评优”工程。

学校完成15类170人次课题申报工作，获得立项10类52项，其中部级课题1项，市级课题13项。《开放教育研究》杂志全年收稿约1183篇，发稿111篇，采稿率9.4%，杂志影响因子达到1.068，在全国教育技术类期刊中排名第3位，在全国教育学类期刊排名第11位。在第十届全国多媒体课件大赛、第十四届全国多媒体教育软件大赛、中央电大多媒体课件大赛和学生案例与设计大赛中，获得一批奖项。

(王月艳)

[开展“达标评优”工程] 1月，上海电大开展“达标评优”工程。本次评定覆盖上海电大系统2008—2009年度招生的44所分校(工作站、教学点)。8个工作组分别进校开展领导深度访谈、教师座谈会、管理人员座谈会、学生座谈会、辅导员座谈会以及随堂听课等，梳理了分校的教学和管理工作中的薄弱环节。经过试评、评定、整改和“回头看”四个阶段，按照达标评优指标体系，共有10所分校被评为优秀，19所分校被评为优良，12所分校被评为合格，3所分校不再续办并降格为相关分校的学习点。

(王月艳)

[表彰百佳学习型家庭] 为展现上海电大系统“人人学习、家家学习”的学习氛围，激励夫妻、姐弟、兄妹、姑嫂等以家庭为单位共同在电大学习进步，4月17日，上海电大在教育电视台演播厅举行“我们是同学——上海电大首届百佳学习型家庭表彰活动”。250余人参加了表彰会。本次活动共收到上海电大系统36家分校1406份学习型家庭申报材料，对100个学习型家庭进行表彰并授予“百佳学习型家庭”荣誉称号。

(王月艳)

[向青海玉树、新疆电大和中央电大西藏学院捐款] 5月20日，在上海电大庆祝建校50周年之际，上海电大向青海玉树电大、新疆电大和中央电大西藏学院共捐款50万元。其中向青海玉树电大捐

"我们是同学——上海电大首届百佳学习型家庭表彰活动"举行

款30万元，这是上海电大及全市系统4万名师生共同捐赠；还分别向新疆电大和中央电大西藏学院捐款各10万元。青海电大党委书记、校长陈永贵，新疆电大党委书记牛小波，中央电大西藏学院副院长刘旭明作为代表接受捐赠。

（王月艳）

［举行建校50周年庆祝活动］ 5月21日，上海电大迎来五十华诞。中共中央政治局委员、上海市委书记俞正声，全国人大常委会副委员长陈至立、严隽琪，全国政协副主席厉无畏，中国工程院院长徐匡迪，国家教育部，中共上海市委副书记、市长韩正，市人大常委会主任刘云耕、市政协主席冯国勤，中央电大等发来贺信或题词。发来贺信和题词的还有：龚学平、吴启迪、沈晓明、周慕尧、谢丽娟、王荣华，联合国教科文组织(UNESCO)、国际远程教育理事会(ICDE)、英联邦学习共同体(COL)、全球远程教育大学协会(GUIDE)、亚洲开放大学协会(AAOU)、欧洲远程教学大学协会(EADTU)、巴西远程教育协会(ABED)、英国开放大学、荷兰开放大学、韩国开放大学、泰国开放大学和哈佛大学教育研究生院等。上午，由联合国教科文组织、中国联合国教科文组织全国委员会和上海电大联合主办的非洲国家高级教育官员研修班暨国际大讲堂开幕，联合国教科文组织助理总干事等学者作专题学术报告。下午，由上海电大近5万名师生共同捐款修建的"为了一切学习者，一切为了学习者"办学宗旨雕塑落成揭幕。现场还举行了上海电大总校向19所电大分校赠送别克商务车的赠车钥匙仪式。晚上，上海电大建校50周年庆祝大会在上海大剧院举行。中国教育发展战略学会会长郝克明、全国人大常委会委员龚学平、中共上海市委副书记殷一璀等领导出席大会，参加非洲国家高级教育官员研修班的学员也一同参加了庆典活动。殷一璀代表市委、市政府向全市电大系统的师生员工表示祝贺。中央电大党委书记阮智勇、联合国教科文组织助理总干事也在会上讲话。

（王月艳）

［举办2010年非洲国家高级教育官员研修班］ 5月21—26日，由联合国教科文组织巴黎总部、中国联合国教科文组织全国委员会和上海电视大学共同主办的"2010年非洲国家高级教育官员研修班"在上海电大召开。中国教育部副部长郝平在研修班举行前专门会见了部分国际专家和非洲代表。来自佛得角、埃塞俄比亚、肯尼亚、莫桑比克、尼日利亚、塞内加尔、南非、坦桑尼亚、突尼斯、赞比亚等10个非洲国家的12名高级教育官员、大学校长，联合国教科文组织、非洲教育发展协会、非洲远程教育理事会、全球法语大学联盟等国际组织官员代表，以及法国、俄罗斯、加拿大、爱尔兰、美国、泰国和中国教育信息通讯技术领域的专家学者参加了会议。研修班通过专题讲座、实地考察与圆桌讨论等多种方式，就"开放远程学习与信息通信技术：全民教育新动力"的主题进行研讨。

（王月艳）

［承办2010年华东地区电大协作会］ 7月8—9日，2010年华东地区电大协作会在上海电大召开。来自江苏、浙江、安徽、福建、江西、山东、上海及南京、宁波、厦门、青岛等11家华东地区省级电大的校领导共30余位代表参加了会议。会议主题是交流

各校“十二五”规划制定的情况及基本思路。

（王月艳）

［校园一卡通系统启用］ 8月1日，上海电大校园卡系统完成切换，正式上线启用。校园一卡通系统以CPU卡为载体，依托信息基础设施，融入教学、学习、生活和科研过程，服务师生员工，方便学校管理，实现以卡代证、以卡代币。校园一卡通系统作为学校“十一五”信息化规划的重点项目，于2009年立项，2010年投入建设，可支持校园消费、上课考到考离、教室多媒体设备取电以及水控、电控、门禁管理等功能。

（王月艳）

［表彰百个优秀学习小组］ 9月12日，上海电大举行“电大有我一个家——第二届百个优秀学习小组表彰活动”，对100个优秀学习小组和七个优秀指导教师予以表彰，其中重点表彰了闵行一分校邓芬学习小组、南汇分校金姬学习小组等15个优秀学习小组。表彰会以事迹短片、动作表演、优秀指导教师访谈、小品、演唱和诗朗诵等形式展示学习小组的学习成果。

（王月艳）

［启动新生代农民工EBA培训工程］ 10月25日，由上海市总工会、上海市慈善基金会、上海电视大学联合主办的首届上海新生代农民工初级工商管理（EBA）培训开学典礼举行。市慈善基金会向新生代农民工捐赠培训资金。参加培训的千余名农民工学员，来自全市16个区县及造船、电子、机械、服装、城建、餐饮等多个行业，大多为具有高中及以上文化程度、年龄35岁以下的基层管理者和优秀农民工骨干。他们将通过为期3个月的业余学习，接受《管理学概论》、《经济学概论》、《法学概论》等工商管理课程的培训。学员培训期满考核合格即获得相应学分，并可进入上海电视大学工商管理专科继续学习。

（王月艳）

［第三届奖助学金颁奖典礼举行］ 11月7日，上海电大在上海教育电视台举行第三届奖助学金颁奖典礼。典礼上，以事迹短片、现场访谈、诗朗诵、歌舞和锣鼓书等形式再现上海电大奖助学金获得者的事迹。上海电大本年度共4041名品学兼优或家境困难的学生获得奖助学金，其中奖学金获得者3752名，助学金获得者289名。随着三年1000万元奖助学金工程的落实到位，共有11684名学生受益于此项奖金，以在校生11万人计，平均每10名电大在校学生将有1人获得各种形式的奖助学金。会上，张德明宣布上海电大启动第二轮三年1000万元奖助学金工程。

（王月艳）

附：学校负责人及地址

（2010年1—12月）

校党委书记：张德明
副　书　记：李惠康

校　长：张德明（兼）
副校长：王　民、陈　信、徐　皓、王连华

地址：阜新路25号
邮编：200092
电话：65834279

教育科研与
考试、评估机构

上海市教育科学研究院

［**2010年概况**］ 全年开展各类科研项目近250项，结题130余项，结题率超过50％；承接党政领导机关委托研究项目160余项。申报并获准立项的各类规划项目15项，其中省部级及以上项目10项。申报并获准立项的全国教育规划项目5项，其中国家青年课题、教育部重点课题各1项，教育部青年专项课题2项。全国教科规划办公室公告称，2010年度全国教科规划项目的平均申报立项率为7.5％。教科院的申报(17项)立项率为29.4％。申报并获准立项的上海教育规划项目7项，其中市级重点项目3项，占市级重点项目立项数(18项)的17％，申报立项率为58.3％(申报数为12项)。承接的11项教育规划项目基本完成。

科研项目形成约400万字成果。著、编、译(或参与)专业书籍40余种，其中《中国义务教育公平推进实证研究》、《中国教育现代化进程研究》、《冲突·建构·融合——农民工子女就读城市公办学校的文化冲突与融合研究》等30余种书籍已出版。孙崇文所著《学生生活图景：世俗内外的教育冲突》获上海市第十届哲学社会科学优秀成果奖。在上海市第十届教育科学优秀成果奖评审中，3项科研成果获一等奖提名。编辑出版期刊4种，分别是《教育发展研究》、《思想理论教育》、《上海教育科研》、《中国高等教育评估》。《光明日报》网、《中国新闻出版报》网、中国人民大学网、书报资料中心网等媒体发布“2010年度‘复印报刊资料’转载学术论文指数排名”，在“教育学”学科期刊转载学术论文转载量(率)排名中，《教育发展研究》以62篇的转载篇数排名转载量第一，以15.66％的转载率排名转载率第五(发文396篇)，综合指数排名第二。在“马克思主义理论”学科期刊转载学术论文指数转载量(率)排名中，《思想理论教育》以18篇的转载篇数排名转载量第四，以3.42％的转载率排名全文转载率第十三(发文527篇)，综合指数排名第七。

参与上海和全国“十二·五”教育规划研制，承担、完成与实施中长期教育改革和发展规划纲要相关的研究任务。受市教委委托，参与上海“十二·五”教育规划的研制工作，完成高等教育、基础教育、职业教育、学前教育、师资队伍建设等方面的规划建议方案及相关研究。受市教委委托，承担《迈向现代化的上海教育：上海教育蓝皮书2010》编撰工作。由陈国良主持的2010年度上海市决策咨询研究重点课题《建立长三角教育综合改革试验区》成果在长三角教育协作座谈会上被认可。

受教育部发展规划司委托，承担《教育现代化发展研究》。为实施《国家中长期教育改革和发展规划纲要》，受教育部人事司委托，完成对未来10年全国各级各类学校教育人才需求进行测算。受教育部财务司委托，承担课题“中央财政支持职业教育实训基地项目建设与绩效评价研究”，成果投入应用。受教育部师范司委托，承担《民族教育的师资队伍状况分析》课题研究，为形成正确的判断并采取有针对性的举措提供了基础数据。

“国际学生评估项目上海研究中心”(SHPISA)12月8日公布上海2009年国际学生评估项目(PISA)测试结果。上海学生在此次测试中获得三项第一。

(印成君)

［**受聘为国家教育咨询第一届委员会委员**］ 陈国良院长、胡瑞文研究员出席全国教育工作会议，被国家教育体制改革领导小组聘为国家教育咨询第一届委员会委员。

(朱　涛)

［**市教育决策咨询委员会成立**］ 陈国良院长等6名专家被聘为委员。上海市教育决策咨询委员秘书处办公室设于教科院，承担日常工作，编辑《教育决策参考》24期。

(朱　涛)

［**2010年海峡两岸中小学教育学术研讨会举办**］ “2010年海峡两岸中小学教育学术研讨会”于9月14日至15日在上海举行，主题为“基于学生发展的学校教育与变革”。这是自1997年以来第十四次海峡两岸交流活动。台湾地区教育代表35人和上海的学者、研究人员200余人与会。

(张文周)

举办“2010 年海峡两岸教育学术研讨会”

[市教育信息调查队完成 10 余项调查研究项目] 常规调查两项：2010 年上海市中小学生学习生活调查，2010 年上海基础教育满意度调查；市教委委托调查 8 项：上海市普通高中办学特色现状调研，上海市普通中学、职业中学生涯发展指导现状调研，上海市中小学团队辅导员队伍现状调研，上海市中小学多语种教学情况调研，上海市高中学业水平考试的影响调研，上海市中小学校课程领导力调研，及上海市普通中小学劳动技术课落实情况调研等。“2010 年上海市中小学生学习生活调查”调查学生、家长各 1355 名，调查教师共 760 名，样本覆盖 19 个区县。

（张文周）

[职教科研成果获奖] 在第二届中国职业技术教育科学研究成果奖的评选中，马树超等的《中国高等职业教育——历史的抉择》、郭扬的《中国高等职业教育史纲》获得一等奖，张晨的《在沪农民工同住子女中职毕业后报考高职的政策研究》、胡秀锦等的《职业教育评价》获得二等奖。

（顾晓波）

[完成《2011 年市属高校拨款模式调整建议方案》研究] 受市教委委托，教科院及部分市属高校组成课题组，对北京市教委、教育部高校拨款方式进行深入调研，借鉴成本分析方法，探索财政综合定额拨款模式，分学科门类制定生均公用经费和生均内涵建设经费定额。课题组提出 2011 年市属高校拨款模式调整建议方案，在 2011 年高校预算编制中已经得到采用。

（付　炜）

[《上海高等教育志》出版] 《上海高等教育志》2010 年 9 月出版，分 9 编，共约 108 万字。12 月 23 日在上海教育科学研究院举行首发式。该志由教科院主持完成。

（罗东海）

[举办第七届“黄浦杯”长三角征文活动] 第七届“黄浦杯”长三角城市群征文活动主题：“教育中的创意”。长三角地区 27 个城市 973 名教师参加了本次征文活动。活动历时半年，评出 15 个一等奖，59 个二等奖，277 个三等奖。

（张文周）

[《2009 上海市中等职业学校毕业生就业状况与分析》编撰完成] 5 月，《2009 上海市中等职业学校毕业生就业状况与分析》（主要承担后期的编辑工作）如期完成。该工具书主要包括总体情况、就业质量状况、就业趋向分布、就业变化趋势分析、一些重要指标的就业统计、各学校分专业就业分布和各专业分学校就业分布等内容。该书在往年的基础上增加了毕业生就业质量等相关指标的统计分析。

（顾晓波）

[《上海教育科研》被评为“2010 年上海市中小学优秀期刊”] 经上海市期刊协会、上海市教育学会中小学图书专业委员会评选，《上海教育科研》杂志被评为“2010 年上海市中小学优秀期刊”。

（张文周）

[教育事业统计分析] 受教育部发展规划司委托，围绕 2009 年全国教育事业整体发展情况，针对

各级教育事业发展的热点与难点问题,①编制2009年教育事业发展统计快讯,②编制2009年教育事业简明分析材料,③编印《全国教育概览、分省教育概览》,④开展专题研究,⑤完成UIS世界教育指标中国年度数据填报和教育统计调查工作。这是中国政府向国际社会提供的有关中国教育的数据指标。

(付　炜)

[完成2020年国家基本普及学前教育资源需求测算]　受教育部基础教育二司委托,承担《2020年国家基本普及学前教育资源需求测算》的课题研究。对未来10年各目标年我国各地区学前教育规模增长对校舍、师资等办学资源及经费需求进行了测算,提出相关政策建议。

(付　炜)

[《办学体制改革:多元化的教育诉求》出版]　该书是全国教育科学规划"十五"重点课题"我国办学体制改革及相关政策研究"研究成果汇集,包括办学体制改革理论研究、办学体制改革实践研究、办学体制改革政策研究、区域办学体制发展研究等成果,也反映了近年来我国办学体制改革过程中出现的重要实践活动。

(金　兵)

[《关注职业教育》国家教育督导报告基本框架形成]　受国家教育督导办委托,教育部基础教育监测中心《关注职业教育》国家教育督导报告项目组2010年完成的重要工作主要包括:①对32万份调查问卷进行的单向分析、交叉分析和18个专题的分析,汇总形成了一本近500页的问卷调查分析报告。②处理分析教育事业发展及经费统计数据,分全国、东中西部地区、各省份、城乡、学校等多个维度,分析教育事业指标120多个、教育经费指标30多个。③形成督导报告的基本框架。

(付　炜)

[研究编制《上海市教育系统合作交流与对口支援"十二五"规划》]　受市教委委托,就编制《上海市教育系统合作交流与对口支援"十二五"规划》作了专题研究。报告提出上海开展教育对口支援和合作交流的四个方面的主要任务,包括提升对对口地区的人才培养规模及质量,创新校长、教师队伍培训工作机制,推进教育援建项目,促进受援地区教育基础能力建设,完善区域合作协调推进体制机制,引导区域教育合作一体化、务实化发展。并在组织、制度和经费三个方面,提出各项保障措施。

(付　炜)

[完成《多样化:新时期普通高中教育发展的战略要求》研究]　受教育部基础教育二司委托,开展《多样化:新时期普通高中教育发展的战略要求》课题研究。研究报告指出,我国普通高中办学模式同质化严重、办学体制多样性不足、课程体系选择性不强、多样化发展所需资源配置水平较低。课题组借鉴世界各国普通高中教育多样化发展趋势和主要改革路径的经验,提出了新时期推进我国普通高中多样化发展的政策建议。

(付　炜)

附:院负责人及地址

(2010年1—12月)

院党委书记:江彦桥
副　书　记:陈国良、陆　勤

院　　　长:陈国良
常务副院长:江彦桥
副　院　长:张　珏、马树超、胡　卫

地址:茶陵北路21号
邮编:200032
总机:64167677

上海市教育考试院

［**2010年概况**］ 据统计，不包括英语口语、各项专业考试，全年承担各项考试共计40多次，参加考试的考生175万多人次（科次）。报考普通高校89628人，报考硕士研究生105906人，报考成人高校71606人，参加初中毕业生统一学业文化考试9.05万人，高等教育自学考试、中英合作开考专业考试及学历与职业资格证书相结合考试共开考526554科次，报考各类社会考试860628人（科）次。

共录取考生26.13万多人。普通高校录取新生77093人，完成计划的104.13%，总录取率为86.01%；录取硕士生32439人，为国家核定招生规模的98.19%，占报考总人数的30.63%；成人高校录取新生59361人，完成招生计划的85.80%，录取率为82.90%；高中阶段各类学校录取新生8.68万余人，升学录取率为96.00%。

严格公示制度，规范特殊类型招生，对高校上报教育部并在教育部"阳光高考"平台上公示的名单进行认真审核，严格按照教育部时间节点要求在"上海招考热线"和《东方教育时报·高招周刊》上给予及时公示，公示项目齐全，公示总人数达13158人，占全部考生总数的19.52%。

复旦大学、上海交通大学继续实行"深化高等学校自主选拔录取改革试验"；复旦大学、上海交通大学、同济大学、华东师范大学、华东理工大学、上海外国语大学、上海财经大学、东华大学8所部属高校继续参加"高等学校自主选拔录取改革试点"；上海大学继续在沪实施"高等学校自主选拔录取改革试点"；高职（专科）层次的"依法自主招生改革试点"招生院校扩大为24所。

高中阶段学校招生进一步完善推荐和选拔相结合的中招录取制度，以学业考试成绩为基础、参照综合素质评价，兼顾推荐和选拔。

完成春、秋季高考，应届"三校生"高考，初中学业水平考试、高中学业水平考试及其他考试命题工作；进一步提高考试结果的信度和效度，为题库建设及多元评价等做好理论和实践准备；秋季普通高校招生考试的语文、数学、英语（主观题部分）、历史、政治科目和初中毕业生统一学业文化考试的语文、数学、外语、理化科目实行网上评卷，客观把握评卷质量，促进招生录取工作公平、公正。

（阮　培）

［**普通高校招生**］ 普通高校招生共计报名人数89628人（含秋季高考、非集中录取、春季高考、"三校生"高考），招生总计划为74037人，共计录取新生77093人，完成计划的104.13%，总录取率为86.01%。其中录取本科生44654人，占录取总数的57.92%，比2009年的58.27%下降了0.35个百分点；录取高职（专科）生32439人，占录取总数的42.08%。

春季招生考试报名的考生有4542人，比2009年增加25人，增幅为0.55%。参加本市普通高校春季入学招生的有上海大学、上海师范大学、上海工程技术大学、上海商学院、上海师范大学天华学院、上海工商外国语职业学院、上海农林职业技术学院、上海思博职业技术学院等8所高校，计划招生580人，实际报到录取了545人，完成招生计划93.97%。本科5所院校计划招生360人，录取报到356人，完成招生计划98.89%；高职（专科）3所高校，计划招生220人，录取报到189人，完成招生计划85.91%。上海师范大学、上海师范大学天华学院、上海农林职业技术学院、上海工商外国语职业学院增加了招生计划。

699所普通高校在沪招生（含2所香港地区高校和14所军事、武警部队高校），其中上海院校67所，外省市高校632所，首次在沪招生的外省市院校72余所。除西藏、台湾、澳门外，全国其他省市均有高校在上海安排普通高校招生计划。全市参加普通高校秋季统一招生考试的人数为67411人（含复旦、交大两校"深化自主选拔录取改革试验"录取的参加高考的1008人和内地新疆班、西藏班考生528人），报考人数比2009年减少约10%。招生计划总数54799人（含艺术类专业招生计划，但不含未编制分省招生计划的艺术类高校招生计划数）。共录取新生57337人，完成招生计划的104.63%。集中录取阶段前录取新生：复旦大学和上海交通大学"深化自主选拔录取改革试验"录取1008人；24所高校高职（专科）层次实行依法自主招生改革试点录取10660人；保送生255人;运动训练、民族传统体育新生142人。

上海市招收应届“三校生”的普通高校共26所，计划招生5651人(不含上海应用技术学院20个听力残障单独招生计划)，其中本科招生计划305人，专科计划5346人。非艺术类专业计划招生4763人(文科2804人，理科1959人)，艺术类专业计划招生888人(文科750人，理科138人)。报考人数10617人，共录取新生6336人，其中非艺术类专业录取5096人(文科2907人，理科2189人)，艺术类专业录取1240人(文科1151人，理科89人)。

(汪成辉)

［普通高校招生有关数据统计］

一、报考普通高校生源数89628人(含秋季高考、非集中录取、春季高考、应届“三校生”高考)。

(一)按招生类别分。

1. 参加春季入学招生考试人数为4542人。

2. 参加秋季高考报考人数为65875人(不含复旦、交大两校“深化自主选拔录取改革试验”录取考生)。

3. 其他类别人数为19211人，其中，复旦大学和上海交通大学“深化自主选拔录取改革试验”录取1008人，普通高校招收应届“三校生”录取6336人，保送生255人，双学位58人，上海公安高等专科学校第二专科672人，运动训练142人，24所高校高职(专科)层次的“依法自主招生改革试点”10660人，上海应用技术学院、北京联合大学等录取聋哑生24人，体育单招56人。

(二)按文、理科分。

文科考生34481人(占38.47%)，理科考生50605人(占56.46%)，春季入学招生不分文理考生4542人(占5.07%)。参加秋季统一高考考生中，文科考生22301人，理科考生43574人。

(三)按性别分。

男生44201人(占49.32%)，女生45427人(占50.68%)。

参加秋季统一高考的男生32044人(占48.64%)，女生33831人(占51.36%)。

参加普通高校招收应届“三校毕业生”考试被录取的考生中，男生2585人(占40.80%)，女生3751人(占59.20%)。

(四)按生源分。

1. 应届高中毕业生63748人(占71.13%)，其中:参加秋季统一高考58046人;复旦大学、上海交通大学“深化自主选拔录取改革试验”录取1008人;保送生255人;24所高校高职(专科)层次“依法自主招生改革试点”录取4439人。

2. 往届毕业的高中生和“三校生”(含在职人员)12477人(占13.92%)。

3. 应届“三校生”13403人(占14.95%)，其中参加普通高校招收应届“三校生”考试6336人(按实际录取数);参加秋季统一高考2035人;24所高校高职(专科)层次“依法自主招生改革试点”4952人(按实际录取数);体育单招56人(按实际录取数);聋哑生24人(按实际录取数)。

二、普通高校在沪招生计划数74037人(不含艺术类不作分省计划的院校招生数)。

(一)按招生类别分。

1. 除秋季集中录取阶段外，招生计划19238人，其中:(1)保送生255人(按实际录取数);(2)春季入学招生计划580人[本科360人、高职(专科)220人];(3)招收应届“三校生”计划5651人[文科3554人、理科2097人，本科305人、高职(专科)5346人];(4)双学位58人(按实际录取数);(5)上海公安高等专科学校第二专科672人(按实际录取数);(6)运动训练142人(按实际录取数);(7)复旦大学、上海交通大学“深化自主选拔录取改革试验”计划1000人;(8)24所高校高职(专科)层次的“依法自主招生改革试点”招生计划10800人;(9)上海应用技术学院、北京联合大学等录取聋哑生24人(按实际录取数);(10)体育单招56人(按实际录取数)。

2. 集中录取阶段招生计划54799人，其中:普通专业计划49956人，艺术类专业计划4531人(不含全国统招数)，体育类专业计划312人。

(二)按文、理科分。

文科计划29819人，理科计划43638人，不分文理的春季入学招生计划580人。集中录取阶段(含艺体类)文科计划19341人，理科计划35458人;招收应届“三校生”文科计划3554人，理科计划2097人。

(三)按本、专科分。

本科计划42230人(含招收应届“三校生”本科计划305人)，高职(专科)计划31807人[含招收应届“三校生”高职(专科)计划5346人]。其中:集中录取阶段(含艺体类)本科计划40032人，高职(专科)计划14767人。

(四)按本市、外省市高校分。

本市高校计划61930人，外省市高校计划12107人。其中:集中录取阶段(含艺体类)本市高校计划42825人，外省市高校计划11974人。

三、实际录取考生数77093人，录取率86.01%。

（一）按招生类别分。

1. 除秋季集中录取阶段外，共录取19756人(占录取总数的25.63%)。其中：(1)保送生255人，占录取总数的0.33%(本市高校145人，外省市高校110人)；(2)春季入学招生545人，占录取总数的0.71%[本科356人，高职(专科)189人]；(3)招收应届“三校生”6336人，占录取总数的8.22%[本科360人，高职(专科)5976人]；(4)双学位58人，占录取总数的0.08%；(5)上海公安高等专科学校招收第二专科672人，占录取总数的0.87%；(6)运动训练142人，占录取总数的0.18%；(7)复旦大学、上海交通大学“深化自主选拔录取改革试验”录取1008人，占录取总数的1.31%；(8)24所高校高职(专科)层次“依法自主招生改革试点”录取10660人，占录取总数的13.83%；(9)上海应用技术学院、北京联合大学等招收聋哑生24人，占录取总数的0.03%；(10)体育单招56人，占录取总数的0.07%。

2. 秋季集中录取阶段录取57337人(占录取总数的74.37%)。其中：(1)艺术类专业录取5039人，占录取总数的6.54%[本科3799人，高职(专科)1240人]；(2)体育类专业录取330人，占录取总数的0.43%[本科255人，高职(专科)75人]。

（二）按本市、外省市高校分。

本市高校录取66838人(占86.70%)，外省市高校录取10255人(占13.30%)。其中：集中录取阶段本市高校录取47215人，外省市高校录取10122人。

（三）按文、理科分。

文科录取32043人(占41.56%)，理科录取44505人(占57.73%)，春季入学招生(不分文理)录取545人(占0.71%)。集中录取阶段文科录取19863人，理科录取37474人。

（四）按本、专科分。

本科录取44654人(占57.92%)，高职(专科)录取32439人(占42.08%)。其中集中录取阶段本科录取42397人，高职(专科)录取14940人。

（五）按性别分。

男生录取36147人(占46.89%)，女生录取40946人(占53.11%)。其中集中录取阶段男生录取26577人，女生录取30760人。

四、完成计划情况。

实际录取数与计划数相比增招了3056人，完成招生计划数的104.13%。其中集中录取阶段增招了2538人，完成招生计划数的104.63%。

五、录取率。

（一）总录取率为86.01%。

（二）应届高中毕业生的录取率为89.49%。

（三）集中录取阶段录取率为87.04%。

（四）春季入学招生录取率为12.00%。

（五）应届“三校生”高考录取率为59.68%。

六、1995年至2010年集中录取阶段外省市院校在沪招生完成计划情况。

年份	招生计划	实际录取	减招人数	完成比例
1995	2385	1907	478	79.96%
1996	2585	2075	510	80.27%
1997	3342	2993	349	89.56%
1998	3558	3360	198	94.44%
1999	4006	3786	220	94.51%
2000	5586	4528	1058	81.06%
2001	6934	5981	953	86.26%
2002	7443	6661	782	89.49%
2003	8177	7131	1046	87.21%
2004	8955	8046	909	89.85%
2005	9351	8095	1256	86.57%
2006	9689	8875	814	91.60%
2007	9954	9246	708	92.89%
2008	10938	9365	1573	85.62%
2009	11584	9337	2247	80.60%
2010	11974	10122	1852	84.53%

七、集中录取阶段外省市高校共录取10122人。其中：提前批录取556人，第一批本科录取2258人，第二批本科录取5279人，高职(专科)录取1386人，艺术类专业录取604人，体育类专业录取39人。集中录取阶段前，被外省市高校录取保送生110人、运动训练13人、聋哑生5人、体育单招5人。

八、应届“三校生”报名录取情况。

（一）报考数17684人，其中报名参加秋季高考2035人、报名参加普通高校招收应届“三校生”考试人数10617人、24所高校高职(专科)层次“依法自主招生改革试点”4952人(按实际录取数)、体育单招56人(按实际录取数)、聋哑生24人(按实际录取数)。

（二）录取情况。

1. 录取率：12947人被普通高校录取，占“三校生”报考人数的73.21%。

2. 本科录取1392人，占被录取“三校生”人数的10.75%；高职(专科)录取11555人，占被录取“三校生”人数的89.25%。

3. 被录取的12947人中，参加普通高校招收应届“三校生”考试录取6336人[本科360人，高职(专科)5976人]、24所高校高职(专科)层次“依法自主招生改革试点”录取4952人、体育单招录取56人

(全部为本科)、聋哑生录取24人[本科22人,高职(专科)2人]、集中录取阶段录取1579人[本科954人,高职(专科)625人]。

九、报考外省市高校,经济补贴优惠政策执行结果。

属于一次性经济补贴发放范围的外省市高校共有243所,录取考生1959人,占在沪招生外省市高校录取人数的19.35%,其中一、二、三批平行志愿首轮投档录取1532人,征求志愿投档录取427人,应发放一次性补贴共计174.55万元。实际报到考生1794人,实际发放一次性补贴163.2万元。

(卢致杰)

[研究生招生] 硕士研究生招生:①报名:105906人报考本市各硕士生研究生招生单位,比2009年增加了9450人,增幅为9.80%。按考生来源统计:普通高校应届本科生65132人,占61.50%;科技人员、高校教师、中学教师2360人,占2.23%;成人应届本科生241人,占0.23%;其他人员38173人,占36.04%。按学历层次统计:研究生学历387人,占0.37%;本科毕业101985人,占96.30%;本科结业457人,占0.43%;高职高专毕业3077人,占2.90%。按考试方式统计:参加全国统考的有84837人;推荐免试生6753人;参加单独考试的有631人;参加管理类联考的有10285人;参加法律硕士联考的有3372人;专项计划28人。按考生选择的研究方向统计:选择学术型研究方向的考生有88049人,占报考人数的83.14%;选择应用型专业研究方向的考生有17857人,占报考人数的16.86%。报考人数居前5位的高校依次是:同济大学、上海交通大学、复旦大学、上海财经大学、华东师范大学。报考人数居前5位的科研院所依次是:上海生命科学研究院、上海药物研究所、上海有机化学研究所、上海医药工业研究院、上海社会科学院。报考人数居前5位的专业依次为:工商管理硕士、金融学、法律硕士(非法学)、英语语言文学、企业管理。②参加本市硕士研究生招生的高校和科研院所共54个,实际录取硕士生32439人(含全日制专业学位9537人、少数民族骨干培养计划151人),比2009年增招1103人,增幅为3.5%,报名人数和录取人数之比约为3.26∶1。具体录取情况:录取的硕士研究生中,统考考生20573人,单考考生228人,工商管理硕士3922人,公共管理硕士407人,法律硕士663人,推荐免试生6635人,强军计划5人,农村师资计划6人。按录取类别分:非定向录取23651人,占72.91%;定向录取370人,占1.14%;委培生录取2369人,占7.30%;自筹经费生录取6049人,占18.65%。

博士研究生招生:①报名:本市博士研究生报名人数为17244人,比2009年增加229人,增幅为1.35%。按考生来源统计应届硕士毕业生4727人,占27.41%;硕博连读考生1448人,占8.40%;本科毕业生直接攻读博士学位考生456人,占2.64%;未就业人员661人,占3.83%;科研人员672人,占3.90%;高等教育教师4761人,占27.61%;商业、服务业人员200人,占1.16%;其他教学人员402人,占2.33%;行政办公人员584人,占3.39%;其他人员3333人,占19.33%。②录取:2010年参加本市博士生招生的高校和科研院所共有23个单位,实际录取5554人,比上年增加93人,增幅为1.70%。录取的博士生按报考类别分:非定向录取3870人,占69.68%;定向录取739人;占13.30%;委培录取888人,占15.99%;自筹经费录取57人,占1.03%。

(张亚萍)

[成人高等学校招生] 在本市招生的成人高校共75所,其中本市成人高校65所,外省市成人高校10所。录取59361人,完成招生计划的85.8%。实际参加考试的人数少于计划数,包括专科起点升本科(以下简称"专升本")、高中起点升本科(以下简称高起本)在内的成人高等学校招生计划均未完成。

报考人数及招生情况如下:

招生类型	公布计划数	与2009年相比		报考人数	与2009年相比		录取人数	与2009年相比	
		计划数	比 例		人 数	比 例		人 数	比 例
专科起点升本科	38594	-1102	-2.8%	42785	-5128	-10.7%	34271	-3668	-9.7%
高中起点升本科	6802	-249	-3.5%	7786	-1632	-17.3%	5770	-275	-4.5%
高中起点升专科	23799	-951	-3.8%	21035	-3277	-13.5%	19319	-2830	-12.8%
合 计	69195	-2302	-3.2%	71606	-10037	-12.3%	59361	-6773	-10.2%

注:计划栏内为公布计划数,不含体育单招计划和高校在招生过程中的调整计划。

(黄 琦)

［中等学校高中阶段招生］ 本市初中毕业统一学业考试有效报考人数为9.05万人，其中8.68万人升入高中阶段各类学校，录取率为96％。普通高中与中职校录取人数比例为61∶39，基本实现年初预定的目标。高中阶段各类学校执行计划情况如下：

学校类别	招生计划数	实际录取数
普通高中	53464	52528
综合高中	909	927
中专	26310	23369
职校	10910	8137
技校	2670	1849
合　计	94263	86810

不断加强招生录取管理，通过提升科技水平，提高工作效率，实现工作目标。2010年首次初步实现所有提前批次网上报名、网上填报志愿、网上投档录取。

加强中等职业学校的招生宣传工作。第一次将中等职业学校所有提前批次统一下达计划书和职业学校宣传资料直接下发到每位考生手中。

改进网上评卷的方法，进一步精确评卷尺度，对阅卷教师进行严格培训，保证阅卷的质量和公平公正。

（程新圩）

［高等教育自学考试］ ①4月和10月分别举行了第56、57次高等教育自学考试。第56次高等教育自学考试由18所主考学校开考了96个专业，其中专科专业47个、本科专业49个，开考课程358门（不包括学历与职业资格证书相结合的证书考试）；报考人数为95907人（其中报考本科专业考生为43327人，报考专科专业考生为52580人），报考科次数达到228059科次（不包括学历与职业资格证书相结合的证书考试）。本次考试全市实际参加考试166266科次，实考率73.00％，平均合格率52.03％，有78445人次取得单科合格证书。第57次高等教育自学考试由18所主考学校开考了96个专业，其中专科专业47个、本科专业49个，开考课程362门（不包括学历与职业资格证书相结合的证书考试）；报考人数为89071人（其中报考本科专业考生为37744人，报考专科专业考生为51327人），报考科次数达到212334科次（不包括学历与职业资格证书相结合的证书考试）。本次考试全市实际参加考试146394科次，实考率67.54％，平均合格率52.61％，有73517人次取得单科合格证书。经毕业审核统计，2009年10月第55次高等教育自学考试后，3341人取得专科毕业证书，2390人取得本科毕业证书；2010年4月第56次高等教育自学考试后，2546人取得专科毕业证书，2161人取得本科毕业证书。②中英合作开考的商务管理和金融管理两专业共考两次，报考数为37735科次。③学历与职业资格证书相结合的证书考试开考两次，其中报考中国物流职业经理资格考试为13831科次；报考调查分析师资格证书考试为200科次；报考中英合作开考的采购与供应管理职业资格证书考试为31265科次；报考劳动和社会保障资格证书考试为3130科次；餐饮职业资格证书考试处于停考过渡阶段。

（孙长庚）

［各类非学历证书考试情况］ 各类非学历证书考试共有10项，具体是：①在职攻读硕士学位全国联考。由国务院学位办公室和教育部学位中心主办，要求报考对象获得学士学位3—5年以上、具有一定的工作经验且必须经本单位人事部门或有关主管部门推荐。2010年共设有14个硕士学位类别，报考人数为12857人。②同等学历人员申请硕士学位全国统一考试。由国务院学位办公室和教育部学位中心主办，要求报考对象获得学士学位后工作满3年以上，且已通过学位授予单位培养方案规定课程的考试。2010年报考人数为4914人。③全国计算机等级考试。由教育部考试中心主办，考生不受年龄、职业和学历限制，测试考生计算机应用知识与能力的等级水平考试，设一级、二级、三级、四级4个等级，考生一次限报一个等级，每年开考两次。2010年报考人数为36461人。④上海市高等学校计算机等级考试。由市教委和市高等学校计算机等级考委会组织的全市高校统一教学考试，报考对象为本市普通高等院校本科、专科、研究生在校生，共设有一级、二级、三级3个等级9个科目的考试。2010年报考人数为111753人。⑤全国中小学教师教育技术水平中级考试。由教育部考试中心主办，以全面提高教师教育技术应用能力，促进技术在教学中的有效运用为目的，对象为已完成中小学教师教育技术水平中级培训并获得合格证书或已完成英特尔未来教育项目7.0及以上版本培训并获得合格证书的教师，每年组织两次考试。2010年报考人数为12812人。⑥全国大学英语四、六级考试。由教育部考试中心主办，报考对象为全日制普通高等院校本科、专科、研究生在校生；各类全日制成人高等院校本科、专科在校生。大学英语四、六级考试每年考两次，上半年四级开考英语、日语、德语和法语，六级

仅开考英语，下半年四、六级都仅开考英语。2010年报考人数为646565人。⑦全国英语等级考试。由教育部考试中心主办，报考者不受年龄、职业、学历和地域限制，一次限报一个等级，测试考生听、说、读、写能力的英语等级水平，每年两次考试，设一级(含一级B)、二级、三级和四级4个等级。2010年报考人数为21942人。⑧剑桥少儿英语考试。由教育部考试中心中英中心和剑桥大学考试委员会(UCELS)主办，该项目适合6—12岁少年儿童学习，开考预备级、一级、二级和三级，每年两次考试，考试合格者由教育部考试中心中英中心和剑桥大学考试委员会(UCELS)联合签发写实性证书。2010年报考人数为12665人。⑨剑桥英语五级证书考试。由教育部考试中心海外处和剑桥大学考试委员会(UCELS)主办，报考者不受年龄、职业和学历限制。上海目前共开设KET(英语入门)、PET(初级英语)、FCE(第一英语)等三个级别证书考试，每年两次考试。2010年报考人数为498人。⑩中国市场营销资格证书考试。由教育部考试中心和中国市场学会合作主办，考生无年龄、职业或受教育程度等方面限制，证书分三种：中国市场营销总监资格证书、中国市场营销经理资格证书和中国市场营销经理助理资格证书，每年两次考试。2010年报考人数为161人。

(柏伟民)

[市领导视察普通高校招生工作] 6月12日，市政协主席冯国勤率部分政协常委、市人大常委会副主任胡炜率部分常委会人员及人大代表分别前往华东师范大学和复旦大学高考评卷点，视察2010年秋季高考评卷工作。8月4日下午，市委副书记殷一璀、副市长沈晓明等到普通高校招生录取现场检查招生录取工作，慰问录取现场工作人员。

(阮　培)

[完善平行志愿的实施办法] 在2008年和2009年两年实行平行志愿的基础上，总结经验、广泛调研、多方听取意见，进一步完善平行志愿的实施办法，第二批本科志愿填报院校数量从4个增至6个，考生志愿满足率和满意度得到较大提高。

(阮　培)

[部署世博年高考工作] 2010年上海市普通高校的招生考试录取等各项工作都在世博会期间进行，为确保世博之年高考的平安、平稳、平静，上海市教育考试院加强考务安全管理，周密部署各项考务工作，规范操作，对黄浦、卢湾、徐汇和浦东四个涉博考区的考点设置做了相应调整，撤销世博管控区附近的考点，新增或重新启用远离管控区的考点，同时加强与交通、公安部门协调，为考生创造了良好的考试环境。细化工作流程，完善投档录取软件，确保录取工作在技术保障、设备配置、安全环境运行上万无一失；开展安全保密教育，录取指挥部与全体招生工作人员都签订了保密协议，与各区县招考部门签订“加强高校招生信息管理责任书”，从领导机制、思想认识、人员管理、规章制度、监督监察和责任追究等方面明确安全保密责任；加强技术研究，加大对考生信息的保护力度，避免泄露考生信息，维护考生利益。

(阮　培)

[提高考试技术防范水平] 继普陀、闵行、金山

考生及家长代表参观高校招生录取工作现场

3个区成功开通网上巡查系统的基础上，年内又有崇明、徐汇、黄浦、大屯四个考区的部分考点、考场实现了与本市以及教育部考务指挥中心对接，考试全程可实时查看7个考区的试卷保密室。考试期间，网上巡查的考点增至16个，网上巡查的考场增至449个，所有考试监控资料均保存半年备查。全程实施专项电磁环境监测，以防范和打击非法利用无线电设备舞弊的行为。2010年秋考违规7人，违规率为万分之一，低于全国万分之二点零三的违规率。

（汪成辉）

［考生及家长参观招考工作现场］ 继续邀请8位考生家长参观评卷现场，并首次邀请8位考生参观录取现场，向社会有限度地开放评卷及录取等招考工作现场，增加高招工作透明度和公信力。

（阮　培）

［普通高中学业水平考试首次开考］ 2010年是上海市普通高中学业水平考试开考第一年，5.8万余名具有本市普通高中学籍（含综合高中）的2009级学生参加了地理、信息科技两门学科的考试。

（阮　培）

［继续推进本市普通高校自主招生改革］ 本科和专科层次的自主招生改革继续推进。复旦大学、上海交通大学“深化自主选拔录取改革试验”计划招生1000人，与2009年相同；实际录取1008人，比2009年增加55人。参加本市高职（专科）层次“依法自主招生改革试点”招生院校2005年为3所，2006年为6所，2007年为11所，2008年为16所，2009年为21所，2010年扩大为24所，新增院校为：上海建峰职业技术学院、上海城市管理职业技术学院、上海电影艺术职业学院。招生计划10080人（含招收退役士兵计划80名），比2009年减少2290人；实际录取10660人，比2009年减少1479人。

（汪成辉）

［承办的主要考试项目数据统计］ 据不完全统计，2010年上海市教育考试院承担的各项考试共计40多次，参加考试的考生175万余人次（科次）（不包括英语口语、各项专业考试及普通高等学校联合招收华侨、港澳地区及台湾省学生上海考点考试等考生数），录取考生26万多人。主要考试项目的考试和录取人数如下：

考　试　内　容	报考人数（人次、科次）	录取人数（人）
全国普通高校招生统一文化考试（秋季）	67411（人）	57337
上海市普通高校招生统一文化考试（春季）	4542（人）	545
本市应届“三校”毕业生报考普通高校统一文化考试	10617（人）	6336
保送生、小语种、自主招生等		12875
硕士学位研究生入学全国统一考试	105906（人）	32439
博士研究生招生	17244（人）	5554
成人高校招生全国统一考试	71606（人）	59361
本市初中毕业生统一学业文化考试	90500（人）	86810
高等教育自学考试	440393（科次）	
高等教育自学考试中英合作开考专业考试（商务管理和金融管理）	37735（科次）	
学历与职业资格证书相结合考试（物流、餐饮等7项）	48426（科次）	
本市高等学校计算机等级考试	111753（科次）	
在职攻读硕士学位全国联考	12857（人）	
同等学历人员申请硕士学位全国统一考试	4914（科次）	
全国大学英语四、六级考试（含小语种）	646565（人次）	
剑桥少儿英语学习系统全国统一考试	12665（人次）	
全国英语等级考试（PETS）	21942（人次）	
全国计算机等级考试（NCRE）	36461（人次）	

（续上表）

考　　试　　内　　容	报考人数(人次、科次)	录取人数(人)
全国中小学教师教育技术水平中级考试	12812(人)	
剑桥英语五级考试	498(人次)	
中国市场营销资格证书考试	161(人次)	
合计	1755008	261257

（阮　培）

附:院负责人及地址

(2010年1—12月)

院党委书记、院长:李瑞阳
副　书　记:姚梅乐、王静怡
副　院　长:沈本良、雷新勇、申相德

地址:钦州南路500号
邮编:200235
电话:64511200(总机)

上海市教育评估院

[2010 年概况] 市教育评估院实施“抓科研、上水平、树品牌、讲服务、求质量、显能力”的发展方针，努力提高服务能级和服务质量，推进教育评估“专业化、现代化、国际化”的进程。

共完成市教委委托的评估项目近 70 项，涉及市教委基教处、高教处、人事处等 10 多个处室。此外，积极开拓经营性评估项目，2010 年全年共承接经营性评估项目近 10 项。

新设重点评估项目近 10 项，如“085 工程”项目跟踪与评价、地方高校财务管理绩效评估、上海市大学生高水平运动队评估等。在开展教育评估科研的基础上，试点专业认证和质量审核模式。

密切与教育部、兄弟省市评估机构的联系，促进评估合作和资源共享，主办了“2010 教育评估研讨会”(上海)，参与发起成立了全国高教质量保障与评估机构协作会，此外还与境外评估机构合作，参加 APQN 和 INQAAHE 年会、派员赴菲律宾交流学习。

加强教育评估科学体系建设，提高服务能级与水平。根据《教育评估文库》的出版计划，2010 年组织出版了《教育评估案例精选与评述》、《中外合作办学认证体系的构建与运作》等 4 部专著。

年内，首批通过了市教卫党委“创建学习型单位达标单位”验收。通过实施“46810 创建计划”(即建立四项保障，完善六项制度，搭建八个平台，实施十个项目)；24 人次参加了五项岗位能手比赛项目，其中在文案处理、打字速记和双语能力项目中共 5 人获奖，评估院领导班子 2010 年度考核为“优秀”。

(刘苹苹)

[举办 2010 教育评估研讨会] 9 月 26 日举办“2010 教育评估研讨会(上海)”。来自北京、天津、重庆、江苏、广东、黑龙江、山西等省市，和香港、台湾等地区的教育评估机构，以及上海市教育科学研究院、APQN 秘书处、《高教发展与评估》杂志负责人及相关研究人员等共 30 多名代表与会。

(郭朝红)

[开展高校分类绩效评估] 受市教卫党委、市教委的委托，教育评估院 2010 年承担了“上海市高校分类绩效评估”的研究与实践工作。针对“985”高校、“211”高校、老本科、新本科、高职高专等五类高等院校分别设计了五套评估指标体系，在评估理念、评估技术与方法、评估结果的处理等方面都较以往的评估有所突破和发展。

(郭朝红)

[完成新增博士(硕士)学位授权一级学科点初审(审核)] 根据《上海市学位委员会关于现有学位授予单位开展新增博士学位授权一级学科点初审和硕士学位授权一级学科点审核工作实施细则》(沪学位办〔2010〕7 号)的文件要求，受上海市学位委员会的委托，完成了上海市普通高校博士(硕士)学位授权一级学科点初审(审核)工作。共受理 24 家研究生培养单位的 45 个一级学科博士点和 131 个一级学科硕士点的申报材料，完成了 2010 年新增博士(硕士)学位授权初审(审核)的申报材料受理、形式审查和报教育部学位中心并在其网站公示、专家通讯评议的组织实施、学位点建设与学校发展定位规划的契合度审查、申报单位答辩及学科评议组评审等组织实施工作。

(胡 莹 杨 雪)

[检查普通高校本科新专业] 受市教委委托，9 月至 11 月实施并完成本年度普通高校本科新专业检查工作。这次检查是本市普通高校 2007 年秋季首次开始招生的本科新专业，共涉及 27 所高校共 73 个专业，其中“211”高校 6 所 9 个专业；老本科高校 8 所 18 个专业；新升本高校 13 所 46 个专业。新升本高校是本次检查的主要对象，占 63%。本次新专业检查中，目录外专业和试点专业数(包括控制专业)共达 41 个，占全部受检专业的 56.2%，其中新升本高校(含民办)24 个，占本次新升本高校专业检查数的 52.2%。

(林江湧)

[评价市属高校财务管理绩效] 根据《上海市教育委员会关于在市教委所属高校试行财务管理绩效评价工作的通知》(沪教委财〔2010〕84 号)的文件

要求，受市教委委托，2010年11月组织专家开展市教委所属高校财务管理绩效评审工作。

评审工作共涉及22所高校（2所211高校、11所老本科院校、5所新升本高校及4所高职高专院校），时间段为2009年的财务管理工作。从高校的预算编制、预算指标管理、预算执行、年度决算、专项经费管理及综合管理等六个方面进行全面评价。

（胡　莹）

［评审新一轮市级示范性幼儿园］ 受市教委委托，开展新一轮市级示范性幼儿园的评审。从2009年11月至2010年5月，对各区县推荐的17所幼儿园进行了现场评估，首批通过评审的幼儿园有10所。

（叶令仪）

［评估学生农村社会实践基地］ 受上海市青少年学生校外活动联席会议办公室和市教委委托，2010年12月对上海市学生农村社会实践基地试点进行评估。有9个农村社会实践基地申报评估，其中教育系统的基地有5个。

（严　芳）

［评议中高职教育贯通培养模式试点院校申报方案］ 根据《上海市教育委员会关于2010年开展中高职教育贯通培养模式试点工作的通知》要求，受市教委委托，1月至3月对7所学校申报的4个试点专业进行汇报、答辩。对试点院校的申报方案作出评价并进行修改。

（杨长亮）

［遴选国家中等职业教育改革发展示范学校建设计划项目学校］ 根据《教育部　人力资源社会保障部　财政部关于实施国家中等职业教育改革发展示范学校建设计划的意见》、《教育部办公厅、人力资源社会保障部办公厅、财政部办公厅关于申报2010年度国家中等职业教育改革发展示范学校建设计划项目的通知》要求，受市教委委托，9月开展了2010年度国家中等职业教育改革发展示范学校建设计划项目学校预审遴选工作。对11所申报学校进行评审。上海石化工业学校等前6名作为上海市拟推荐的“2010年度国家中等职业教育改革发展示范学校建设计划项目学校”。

（杨长亮）

中职教育改革发展示范学校建设计划项目学校预审

［进行民办非学历教育院校（机构）办学评估和专项督察］ 受市教委委托，对本市的民非院校开展办学评估和专项督查工作。全年共评估18个区县的102所学校，289个教学点。

（王　欣　刘　妍）

［民办教育信息管理系统正式启用］ 受市教委有关部门委托，评估院研发“民办教育信息管理系统”，并经教育部认可向全国推广使用。目前，上海市纳入民办教育管理系统的各级各类民办学校已达1885所。上海市民办学校办学许可证的申领及其评审工作均通过系统平台进行，基本实现网络化规范管理。

（王　欣　吴新林）

［评审2010年领军人才］ 依据《关于开展2010年上海领军人才选拔工作的通知》（沪人社专发〔2010〕817号）的文件精神，对2010年上海市教育系统“领军”人才进行评审。来自35所高校的56位申

报教师接受评审，有30位教师作为推荐人选，经市教委审核认定后，报上海市人力资源和社会保障局。

（陈滔宏）

［认定市级语言文字规范化示范校］ 根据《上海市教育委员会、上海市语言文字工作委员会关于开展第二批语言文字规范化示范校创建活动的通知》，受市语委、市教委委托，2010年10月至12月对申报市级语言文字规范化示范校（2007—2010年）的93所学校进行了认定，遴选出90所学校成为“上海市市级语言文字规范化示范校（2007—2010年）”。

（汪建华　李　钰）

附：院负责人及地址

（2010年1—12月）

院党总支书记：陈效民

院　　长：王　奇（3月到任）、张伟江（3月离任）
常务副院长：陈效民
副 院 长：李耀刚（12月到任）、冯　晖（12月到任）

院址：陕西南路202号
邮编：200031
电话：54041332

教育电视、报刊与教育集团

上海教育电视台

[2010年概况] 上海教育电视台抓住“世博”契机，强化节目创新，提升荧屏形象，先后推出了《世博一课》、《世博每日谈》等栏目，承办“迎世博学双语比赛”等社会大型活动。改造播出机房电源柜、修订规程、强化管理，创造了连续395天安全播出无事故的教育台史上新纪录。

全台开展业务大比武，编导、摄像、灯光全员投入，强化创新思维，提高电视制作整体水平。召开“817创新研讨会议”、“凝聚、创新、奉献”全员大会，健全了“817创研工场工作室”机制。

在节目制作方面，坚持“大事面前不缺位”的指导思想，继续赴京报道两会、全国教育工作会议，结合《国家教育改革和发展中长期规划》的出台，组织具有教育台特色的相关报道。继续打造“帮女郎”、“特别传真”、“市民大学堂”、“高考咨询大直播”，及“上海教育年度新闻人物”等广受市民喜爱的品牌节目。

积极参与远程教育集团成立10周年、上海电视大学建校50周年双庆工作，策划制作了“学习，让城市更美好”校庆主题活动。承办了“绿色城市·环保家”2010年上海市百万市民学环保辩论赛、上海读书节农民工故事大赛、市民诗文朗诵大赛、红色经典小故事等社会大型文化活动。

上海教育电视台的《魅力社区行》获中国教育电视优秀节目特等奖；《帮女郎》获教育电视栏目类一等奖；《蔡文学：实验成“痴”的物理老师》获教育电视新闻类一等奖；《特别传真》获全国十佳法制栏目提名奖；主持人德众获选全国十佳法制节目主持人。

（刘　君）

[策划制作世博节目] 上海世博会期间，策划制作了《世博每日谈》、《世博一课》以及《特殊的教师节》等节目。其中，《教育新闻》特别节目——《世博每日谈》系列访谈，从5月1日到10月31日，每周一至周六，共播出164期。市政协副主席、上海世博会执委会副主任周汉民，世博园区总规划师吴志强等名家、学者，走进演播室谈世博。《世博一课》是在全市教育系统征集教案的基础上评选出来的，于8月启动拍摄工作。语文特级教师于漪、上海博物馆馆长陈燮君等讲解多元的世博知识。共摄制完成15集，赶在世博年新学期如期播出。“奉献世博，奠基未来——2010上海教师节主题活动”由教育电视台独立创作拍摄，展现各地教师的世博情缘以及世博会给予教育工作的启迪，具有鲜明的世博特色和教视特点。

（刘　君）

[为世博会提供技术服务] 中国2010上海世博会期间，世博园区特设立国际广播电视中心(IBC)，负责制作世博会官方公共信号和为境内外广播电视注册媒体提供技术服务。上海教育电视台专门抽调13名专业技术人员，作为上海世博会专业志愿者，参与IBC的运营，承担了一个4讯道高清演播室的全部工作，承担世博会官方活动的广播电视节目制作、传输和为境内外媒体提供技术服务的工作。从前期安装开始，坚持工作222天，完成42场直播任务。

（刘　君）

[新包装全面上线] 2010年1月1日始，上海教育台脱去延用近10年的包装设计，以全新形象与观众见面。新包装涵盖了台标、演绎、片头片尾等线上元素；信封、名片等线下元素，清新、时尚。

（刘　君）

[《身边的奥秘》完成千集制作] 由上海教育电视台投资并牵头，集全国教育电视节目制作联合体50多家电视机构之力，经过5年努力，大型科普系列电视节目《身边的奥秘》完成一千集制作，并由上海教育音像出版社出版《身边的奥秘百集优秀作品选》，为科普影视的典藏之作。节目得到了教育部、中国科协、新闻出版总署以及上海市教委、科协、新闻出版局的充分肯定。中国科协还将“联合体”以及《身边的奥秘》等科普电视节目摄制工作列入发展计划，希望上海成为中国的“科普影视制作基地”。

（刘　君）

[**制作《中国之最》**] 2010年内，全国教育电视联合体启动大型人文电视系列节目《中国之最》的制作。节目选题范围涵盖自然、地理、人物、历史、工程、技术、文化、艺术等方面。以中国的世界之最为优选对象，尽量兼顾中小学目前使用的地理、语文、乡土教材等课本所含的内容，为中小学课堂教学提供参考资料。

（刘 君）

[**《名医大家》系列专题片获奖**] 上海教育电视台与上海市卫生局等联合制作的《名医大家》系列专题片拍摄完成，于4月25日开播，裘沛然、吴孟超等名医故事跃上荧屏。专题片同时由上海高教音像出版社出版发行。该片获第15届中国教育电视学会专题片二等奖。

（刘 君）

[**《高考咨询大直播》举办第四年**] 由上海教育电视台主办的《高考咨询大直播》进入第四年，成为有一定知名度和影响力的公共社会服务品牌节目。2010年的《高考咨询大直播》将播出时间由两天简化为一天，减少访谈区域，增加与考生、家长的互动时间，提升服务量。节目播出期间，解答考生和家长各类有关高考问题上万个。

（刘 君）

[**引入蓝光技术，打造媒体资产管理库**] 教育电视台为抢救片库5万余盘珍贵电视资料，引入蓝光技术，建设“媒体资产管理库”。将急需抢救的传统磁带、老式录像带上的珍贵节目，整理并保存到不可改变的介质——蓝光盘上，从而通过蓝光盘库实现对节目资源的共享和快速调用。

该系统具有传统磁带数字化、节目资料规范化分类和索引、节目资料准确检索和快速定位、节目资料自主迁移、拷贝、发行和交流、实现媒体系统和现有光电行业系统的无缝衔接，存储一体化等功能。目前系统平台进入实验性操作阶段。

（刘 君）

[**老年学习网受欢迎**] 由上海教育电视台建设管理的“老年学习网”受到广大市民，特别是老年市民的欢迎，首页点击率超42.6万次，上传新闻3540条，“专家咨询”回复47万字。网上“视频课程”已达103门，1847节。

（刘 君）

附：台负责人及台址

（2010年1——12月）

台　　　长：张德明
台党总支书记：张道玲
副　台　长：邵蓓萍　张伯安　陆　生

台址：大连路1541号
邮编：200086
电话：65834001（总机）

上海教育报刊总社

[2010年概况] 2010年，上海教育报刊总社以“聚焦发展、攻坚克难、坚韧协作、创新突围”为主线，继续推进“加快事业发展、加强自身建设”两大任务，完成了年初制定的各项任务。本年度总社共有13个教育媒体品种荣获中国教育期刊优秀作品金、银、铜奖，获奖总数名列各省市前三名。年底，总社被评为市教卫党委、市教委直属单位2010年度学习型单位创建达标单位。

突出宣传重点，提升舆论引导能力。开展“教育工作会议与规划纲要”和“世博与教育”专题宣传。《上海教育》杂志推出了《教育工作会议特刊》、《规划纲要学习辅导读本》。区长谈教育专题报道整理成专报呈市委、市政府主要领导。上海教育新闻网“规划纲要”公开征求意见网页的访问数达12万人次，《东方教育时报·新闻周刊》推出教育工作会议系列特别报道20多个。《上海教育》杂志最早推出《我们的世博会》特刊，《奉献世博　奠基未来——庆祝教师节特刊》成为2010教师节教师宣誓活动的材料。《少年日报》推出世博小观察员系列报道，公开选拔组织了150余位来自全市的小学生进入世博现场采访，从儿童独特的视角观察和宣传上海世博会，受到韩正市长的肯定。《上海中学生报》承办“世博文明礼仪之星评选”、“中学生世博论坛”、“中小学生风尚好少年”等活动，吸引全市18个区县数百万中小学生参加。

以新闻网建设为契机，推动媒体业态转型。如期完成上海教育新闻网“新闻、服务、社区”三大板块的基本形态建设，手机报、校园视频推送系统同时试点成功，创办了《东方教育时报·新闻周刊》，探索“网站、手机、校园视频推送系统”三位一体的全媒体发布模式，构成了上海教育新闻网、《东方教育时报》和《上海教育》杂志“一网一报一刊”互为联动的崭新模式，实现“一次生成，多元发布；深化报道，放大影响”的传播效应。

以制度建设为重点，加强内部管理。重新调整了总社领导成员的职责分工，明确了领导成员分工联系分社制度。建立和完善了党政班子联席办公会、书记办公会、社委会、编委会、经管会的职能定位、议事程序和运作方式。对存在的相关问题进行了有理有节的查处，厘清责任。对容易滋生腐败行为的关键部位和薄弱环节，组织开展调查研究，在发行费管理、重点项目管理、合同管理、资产管理、财务管理等方面建立健全了相关制度和操作流程，加强监督制约，将制度建设融入管理运行的全过程之中。

（龚　晨　金习群）

[上海教育新闻网开通运行] 2月，由市教卫党委、市教委主管，上海教育报刊总社主办的上海教育新闻网（www.shedunews.com）正式开通。网站以“发布权威资讯，引导教育舆论，提供教育服务，推动素质教育，优化网络生态”为己任，建设目标是成为上海权威教育新闻资讯发布的“主平台、主出口、主门户”。

（洪卫林）

[探索新的生产方式和传播方式] 2月，创办《上海教育手机报》，并按分众模式推出了校园视频推送系统，形成“网站、手机、视频推送系统”三位一体的“数字新媒体”。至此，上海教育报刊总社已拥有16个媒体品种，其中包括3种报纸、10种杂志（其中2种为合作办刊），3种数字新媒体，开始探索“报刊网”联动的新的生产方式和传播方式。

（金习群　洪卫林）

[承办2010第七届上海教育博览会] 4月，由市教卫党委、市教委主办，江苏省教育厅、浙江省教育厅特邀主办，上海教育报刊总社承办的2010第七届上海教育博览会在上海展览中心举行。本届教博会主题为“奉献世博，规划未来”，集中宣传与展示上海教育内涵建设和中长期教育发展规划。本届教博会共设14大展区、240多个展位，展示面积1.3万平方米；组织了50多场主题活动；300余所院校和教育机构参展，参观人数超过10万人。教博会还特别设置迎世博馆、校本教材馆和《百年荣耀，薪火相传——上海普教系统历史名

校档案展》。

（项秉健　邹子凌）

［举办第七届少儿新闻大赛］　4月，由少年报社和上海市红领巾理事会主办、《时刻准备着》编辑部承办的上海市第七届少儿新闻大赛第一阶段“走近世博会，争当小记者”颁奖，评选出10名“世博小记者”和百名“百佳小记者”，并启动了大赛第二阶段“走进世博会，万人大采访”。

（郭　莹　盛志云）

［《东方教育时报·新闻周刊》创刊］　5月，《东方教育时报·新闻周刊》正式创刊。该周刊以“观察教育生态，倾听教育声音”为己任，全口径报道上海以及全国教育发达地区的教育改革成果与经验、问题与对策，主要的读者对象为教师和教育工作者。

（周　慰）

［成立教育新闻传播研究中心］　6月，教育报刊总社与华东师范大学签署协议，合作成立教育新闻传播研究中心。该中心将探索如何培养教育新闻专业人才，并开展相关的理论与实践研究，组织教育系统干部师生接受媒介素养和教育新闻从业人员专业能力培训，推进高校与教育专业媒体的产学研合作。

（金习群　沈祖芸）

［举办第二届“鲁迅青少年文学奖”大赛］　7月，上海教育报刊总社与上海鲁迅文化发展中心、上海市中小学幼儿教师奖励基金会、中国少儿报刊协会、上海市海外交流协会、同济大学鲁迅研究中心等单位联合主办，家庭教育报刊分社、新读写杂志社等承办，光明乳业股份有限公司等协办的第二届“鲁迅青少年文学奖”大赛颁奖。第二届大赛新增了海外组和网络人气奖的评选，吸引了100多万名青少年参与。海外组收到了来自美国、加拿大、新加坡、瑞士、西班牙等国家众多华人学生的投稿。

（周俊峰　石达平）

［举办2010未来科学家夏令营］　7月，上海教育报刊总社、复旦大学、卢湾区教育局共同主办“2010未来科学家夏令营”。夏令营探索高中创新教育与大学教育对接的经验，为学有余力、对科研感兴趣的高中生走近大学科研，接触前沿、尖端的科学研究提供机会，为青少年创新人才的培养探索新路。

（孙　宏）

［“世博小观察员的接力报告”活动获市长肯定］　8月，市长韩正给《少年日报》回信，认为《少年日报》推出的“世博小观察员的接力报告栏目办得很有意义，肯定了小记者们对文明观博提出的建议和设想。上海世博会期间，《少年日报》开辟专栏“世博小观察员的接力报告”栏目，召集150多名世博小观察员进世博会各个场馆进行采访，并给市长写信提出自己的建议。

（朱　慧）

［韩正、沈晓明接见头脑奥林匹克参赛队］　8月，市长韩正、副市长沈晓明接见了参加2010年第31届世界头脑奥林匹克决赛的上海头脑奥林匹克参赛队。此次比赛于5月在美国密歇根州立大学举行，上海有6支参赛队参加了决赛，其中上海市曹光彪小学、上海交大附中和上海市南翔中学参赛队获得了世界冠军。

（姚惠祺）

市长韩正、副市长沈晓明接见头脑奥林匹克竞赛获奖学生

[举办2010全球华人中学生阅读征文大赛] 8月,由上海市人民政府新闻办公室、上海市作家协会、上海教育报刊总社联合主办,少年报社、商务印书馆(香港)有限公司、《澳门日报》、《新民晚报》等联合承办的第十一届"沪、港、澳与新加坡"中学生阅读征文暨2010全球华人中学生阅读征文大赛(上海赛区)落幕。本届大赛以"不一样的生活"为主题,让青少年通过读书,体验和发现平凡生活中的不平凡。全球有超过38万名学生参加,上海赛区收到来自全国的征文作品25万篇。

(姜丽军　孙　宏)

[获"世博"立功竞赛活动优秀集体荣誉称号] 9月,《少年日报》被中共上海市委、市政府授予"服务世博、奉献世博"立功竞赛活动(第二批)优秀集体荣誉称号。在整个上海世博会期间,《少年日报》通过"世博小观察员的接力报告"系列活动、"童眼看世博"专版等,向少年儿童宣传了世博,向世界展示了中国少年儿童的素质和风采。

(谭杨红)

[上海教育新闻网被评为世博会公众参与馆优秀合作网站] 11月,上海教育新闻网被中国2010年上海世博会公众参与馆授予优秀合作网站荣誉称号。上海教育新闻网与上海教育报刊总社文化中心共同承担了公众参与馆"绘出心生活"和"精彩瞬间"展项活动的组织、征集、展示、评选、技术等工作,共收到青少年绘画作品近万幅,摄影作品4000多份,网友留言8300余条,征集数量在公众参与馆合作网站中名列前茅,PV浏览量超过76万次。

(洪卫林)

[举办第四届上海家庭讲故事和市民优秀诗歌创作比赛] 12月,由市教委、市文明办、市新闻出版局、市妇联、市作家协会、东方网、上海教育报刊总社共同举办,家庭教育报刊分社承办的第四届上海家庭讲故事比赛和市民诗歌创作比赛活动颁奖。本次活动以"精彩世博、和谐上海"为主题,有来自9个区的14个家庭获得家庭讲故事比赛的奖项,26名市民获得诗歌奖。

(石达平　沈荣明)

[评选2010上海教育年度新闻人物] 12月,由上海教育报刊总社、上海教育电视台和上海市中小学幼儿教师奖励基金会共同主办,《上海教育》杂志、上海教育新闻网、《东方教育时报·新闻周刊》、上海教育电视台新闻部承办的"2010上海教育年度新闻人物"评选活动正式启动。上海教育新闻网共收到有效投票45万多张,上海音乐学院副教授安栋等10人当选年度新闻人物,思南路幼儿园教师蔡志刚等10人获得"2010上海教育年度新闻人物"提名奖。

(吴志科)

附:总社负责人及社址

(2010年1—12月)

社　长:曹荣瑞
社党委书记、副社长:仲立新(1月到任)
副书记:张一群　唐洪平
副社长:金志明、施清平、徐　勇

社址:长宁路491弄36号
邮编:200050
电话:62525555(总机)

上海远程教育集团

［2010年概况］ 2010年，上海电视大学开放教育全年招生44038名，占全国699所普通高校在上海招生总人数的77%，占上海成人高考招生总数的74%；注册生规模达到112111名。年内有32840名学生毕业，有4484人获得学士学位；电视中专中等学历教育招生2344名，在校生人数4713名，浙江大学远程学历教育学生数为860名。集团非学历教育达到79.9万人次的培训规模。举办澳大利亚南十字星大学工商管理学士学位第八次授证仪式。组织开展市学习型社区创建工作评估，涉及全市17个区县共74个街镇；组织举行"上海市第二轮社区教育示范街镇申报评选"工作，51个街镇当选为上海社区教育示范街镇；组织"2009—2010年度上海社区教育教学资源"征集评比活动，九个环保课件获得好评；开展"第二批全国社区教育示范区申报评选工作"，上榜数全国第一；挂牌成立全国首家全民终身学习(体育—乒乓球)测评中心；与市环保局联合组织"迎世博百万市民学环保"项目，超过125万名市民接受环保知识培训；组织并举办"市民环保知识竞赛"及"绿色城市·环保家——2010年'上海市百万市民学环保'辩论赛"；完成建设并出版全国首本省市级社区教育课程大纲——《上海社区教育课程指导性大纲》。

继续以重大项目为抓手，整合内外资源打造终身教育公共服务品牌。以上海教育资源库为基础的《探索教学资源共建共享机制　促进区域基础教育均衡发展——上海市教育资源库支持课程教材改革的创新实践》获得全国首届课程改革教学研究成果一等奖；启动上海市终身学习网百万市民学习资源系统，已有2061门课程，日均网上点击量97000余次；上海党员干部现代远程教育网络体系建设项目顺利通过验收；支持新疆莎车县资源建设，赠送包含学前教育、基础教育、职业教育、继续教育和高等教育等5000个品种在内的1万张学习资源光盘；为西藏藏语言文字网建设服务；深入推进上海市400所农村教育信息化应用推进项目，完成116290人次调查问卷，撰写上海市农村中小学校教育信息化调研报告15万字，区县专题调查报告12万字，精选制作下发优质资源998箱；全面完成网上教学平台综合改造，为网上教与学功能拓展和课程开放提供技术支持；正式启用校园卡系统，可支持校园消费、上课考到考离、教室多媒体设备取电以及水控、电控、门禁管理等功能；启动OA综合办公系统建设。

贯彻国家和上海市中长期教育改革和发展规划纲要、教育部和上海市《关于共建国家教育综合改革试验区战略合作协议》精神，依托上海电视大学，挂牌成立上海开放大学。举办集团成立10周年团庆、上海电视大学建校50周年校庆系列活动：举办"我与集团"教职工演讲比赛；建成集团团史室和电大校史室；建成集团、电大信息化平台监控展示中心；出版25本反映集团、电大事业发展的出版物；组织电大"为了一切学习者，一切为了学习者"主题雕塑系统募捐；开展"爱我电大，喜迎校庆——让我们一起为母校祝福"活动；评选集团、电大突出贡献先进个人、电大杰出校友；举办非洲国家高级教育官员研修班；支持欠发达地区电大建设，捐赠青海玉树电大30万元、中央电大西藏学院10万元、新疆电大10万元；捐赠1000万元支持电大分校建设等。

宣传和服务上海世博会。在上海电大系统组织234名志愿者，其中103人受到市级和区级表彰；组建40名员工组成的平安志愿者服务队，建立夜间值班安保制度，确保世博期间集团的平安和稳定。

《上海远程教育集团"十二五"发展规划纲要》经集团、电大第一届第九次教职工代表大会审议通过。

（王月艳）

［集团成立10周年］ 3月26日，集团举行成立10周年庆祝大会。集团党政领导、老领导、教职员工、部分分校代表和离退休人员参加了会议。会议播放了展现集团10年发展足迹的《扬帆世纪》专题片；宣读表彰了78位为集团和电大远程教育事业发展作出积极贡献的先进典型。"我与集团"教职工演讲比赛的获奖选手代表登台讲述"我与集团"、"我们与集团"的故事。集团主任张德明致辞。

（王月艳）

[信息化平台监控展示中心开通] 5月20日,上海远程教育集团、上海电视大学信息化平台监控展示中心正式开通,教育部副部长郝平按下启用按钮。该中心建设了包括网络监控平台、下嵌式多媒体互动沙盘、宽频影院、多平台网络系统等系列高科技展项,展现了"十网一库"数据监控、开放远程教育系统成果、开放大学未来开放学习模式等的可视化效果。

(王月艳)

[《上海社区教育课程指导性大纲》出版] 5月,由市学习型社会建设服务指导中心编写的《上海社区教育课程指导性大纲》正式出版,这是全国第一本省市级正式出版的社区教育课程指导性大纲。大纲共收录当前上海社区院校开设课程中最具有代表性的97门课程,体现社区教育课程的特点与要求。

(王月艳)

[上海开放大学挂牌成立] 7月23日,全国首家以"开放大学"命名的新型大学——上海开放大学正式挂牌成立。中共中央政治局委员、市委书记俞正声、教育部部长袁贵仁、市长韩正发来贺信。市委副书记殷一璀参加成立大会并为上海开放大学揭牌,副市长沈晓明到会讲话。

上海开放大学成立揭牌

新建立的上海开放大学,整合上海电视大学、区县业余大学、社区学院、行业企业职工大学等继续教育资源,融合吸纳普通高校的优质教育资源,并聚合各级各类成人教育与培训的资源,既能举办成人高等学历教育,又能开展职业培训和文化休闲教育。它还将探索建立"学分银行",为学习者提供和建立学习账户的机制,在各类成人教育所获得的学分之间的认同和转换,尝试中等成人学历教育和高等成人学历教育之间的衔接沟通,为成人学历教育和非学历教育之间的融通创造条件,为广大学习者的终身学习提供方便,构建起上海市成人教育四通八达的"立交桥"。

(王月艳)

[上海市终身教育研究会第五届会员大会举行] 8月25日,上海市终身教育研究会第五届会员大会在集团举行。大会选举产生新一届领导机构,集团党委书记、主任张德明当选为新一届会长,副主任王民当选为常务副会长,学习型社会建设服务指导中心办公室主任杨平当选为秘书长,秘书处设在集团。上海市终身教育研究会创办于1986年,是上海市社会科学界联合会主管的一级学会,现有团体会员40个,个人会员80名。

(王月艳)

[《身边的奥秘》获得第三届中华优秀出版物音像奖] 9月29日,第三届中华优秀出版物奖终评结果揭晓,由上海教育电视台、上海市电化教育馆、全国教育电视节目制作联合体联合制作,并由上海教育音像出版社出版的《身边的奥秘》获得优秀出版物音像奖。中华优秀出版物奖由中国出版工作者协会主办,与"五个一工程"奖、中国出版政府奖并列为我国出版业界三大奖项。

(王月艳)

[全民终身学习(体育——乒乓球)测评中心授牌] 11月25日,由中国成人教育协会和中央广播

电视大学主办，市学习型社会建设服务指导中心、上海电视大学承办的全民终身学习（体育——乒乓球）测评中心授牌仪式在上海电视大学举行。中国成教协会常务副会长、秘书长谢国东宣读了中国成教协会《关于批准设立“全民终身学习（体育——乒乓球）测评中心”试点的决定》，中国成教协会会长朱新均为全国首批全民终身学习（体育——乒乓球）测评中心授牌。全民终身学习测评中心是探索学习成果认证方式和证书制度的一种有益尝试。

（王月艳）

［2010年“上海市百万市民学环保”辩论赛举行］ 12月7日，“绿色城市·环保家”——2010年“上海市百万市民学环保”辩论赛决赛在上海教育电视台举行。上海市18个区县的代表队经过社区预赛、电视复赛等多轮竞争，最终，闵行区代表队获得辩论赛冠军，虹口区参赛队四辩邓哲获得辩论赛最佳辩手奖。“绿色城市·环保家”——2010年“上海市百万市民学环保”辩论赛是由市环境保护局、上海开放大学、市学习型社会建设服务指导中心、市推进学习型社会建设指导委员会办公室、上海教育电视台主办，上海教育电视台、市学习型社会建设服务指导中心办公室承办，各区县社区学院协办的辩论赛事。

辩论赛倡导让更多的市民学环保、懂环保、爱环保，从一点一滴开始用绿色的生活方式改善我们未来的生存环境。作为始于2009年2月的“上海市百万市民学环保”培训活动的一部分，此次辩论赛是上海教育电视台自1994年来在连续10多年成功举办全国大学生辩论邀请赛的基础上，将辩论这种活动形式向社区推广的一次有益尝试。本次辩论赛吸引来自上海18个区县市民的参与，参加比赛的每支代表队的辩手都是由年龄不同、性别不同、职业不同的社区居民组成，最长的选手年逾七旬。

（王月艳）

［上海教育资源库项目获一等奖］ 12月8日，在首届课程改革教学研究成果评选中，以上海教育资源库为基础的《探索教学资源共建共享机制　促进区域基础教育均衡发展——上海市教育资源库支持课程教材改革的创新实践》荣获一等奖。

（王月艳）

［上海党员干部现代远程教育网络体系建设项目通过验收］ 12月10日，上海党员干部现代远程教育网络体系建设（全市推开阶段）项目在集团举行专家验收会。该系统的建设运营效率突出，为政府和社会节省了大量资源，验收组专家一致同意通过验收。上海党员干部项目是市委信息化建设重点项目之一，于2007年开始试点，到2010年年底基本建成。

（王月艳）

［推进市农村中小学教育信息化应用项目］ 为推进农村学校教育信息化协作应用体系的建设，2010年完成11.63万人次调研，形成上海市农村中小学校教育信息化调研报告；完成项目管理平台搭建及所有项目学校配套软件平台建设、资源发放，建立支持服务体系；组织开展项目管理培训及项目学校大规模的现场交流活动，为各区县及学校创造相互交流和学习机会，推动项目向深层次发展。

（王月艳）

［《开放教育研究》在全国教育技术类期刊排名第三］ 作为全国电视大学系统唯一进入中文社会科学引文索引(CSSCI)和中文教育类核心期刊的杂志，《开放教育研究》加强论文匿名评审和三校三审制度，全年收稿约1183篇，发稿111篇，采稿率9.4%，全年发稿字数187万。杂志影响因子达到1.068，在全国教育技术类期刊中排名第三位，在全国教育学类期刊排名第十一位。

（王月艳）

附：集团负责人及地址

（2010年1—12月）

集团党委书记：张德明
副　书　记：李惠康

集团主任：张德明（兼）
副 主 任：王　民、陈　信、徐　皓、王连华

地址：大连路1541号
邮编：200086
电话：65834279

大　事　记

2010年1—12月上海教育大事记

1月

6日 副市长沈晓明到市教委调研，对2010年全市义务教育、中小学课程改革、高校“085工程”、职业教育、非学历教育培训、开放大学建设、民办教育、教育国际化、《上海市中长期教育改革和发展规划纲要》以及上海市教育十二五规划的编制等工作提出要求。市政府副秘书长翁铁慧参加调研。

10日 由上海交通大学和闵行区共建，以新兴产业为主旨的研究院——上海紫竹新兴产业技术研究院成立。中共中央政治局委员、市委书记俞正声发来贺信。市长韩正为研究院揭牌，常务副市长杨雄到会讲话。市政府副秘书长、市发展改革委主任周波以及教育部科技司、国家电网公司等领导出席揭牌仪式。

14日 市教委召开教育工作通报座谈会。市教卫党委书记李宣海通报2009年上海教育改革发展情况和2010年上海教育工作思路。市人大代表、市政协委员分别就课程改革、办学体制改革、义务教育阶段学校绩效工资、高校教师职称评定、高校毕业生就业、教育国际化等问题提出建议。

16日 上海高校技术市场在上海理工大学国家大学科技园开幕。副市长沈晓明、市政府副秘书长翁铁慧出席。

18日 市教卫党委、市教委召开教育系统人才工作推进会。市教卫党委书记李宣海，市教委主任薛明扬出席会议并讲话。

26日 以“加强课程领导，深化教学改革”为主题的上海市中小学课程与教学工作会议在上海远程教育集团举行。市教委主任薛明扬到会讲话。市教委副主任尹后庆出席会议。

2月

6日 “迎世博·上海未来工程师大赛”在上海科技馆举行。市政协副主席蔡威宣布大赛开幕。全国政协常委左焕琛，市教委主任薛明扬出席开幕式并讲话。

14日 春节来临，市委常委、市委统战部长杨晓渡，副市长沈晓明等看望在沪内地西藏班学生，与共康中学藏族学生共度春节和藏历新年。市教卫党委书记李宣海，市教委主任薛明扬，市民族宗教委主任曹斌，闸北区区委书记方惠萍，闸北区区长周平等随同看望。

21日—3月1日 由教育部和上海市政府共同主办的“阳光下成长——全国第三届中小学生艺术展演活动集中展演”在上海举行。中共中央政治局委员、国务委员刘延东发来贺信。教育部部长袁贵仁、市长韩正、教育部副部长陈小娅、市委副书记殷一璀、副市长沈晓明、市政协副主席钱景林，厦门市委副书记、市长刘赐贵分别出席开幕式和闭幕式。

22日 陈小娅在市教委副主任尹后庆陪同下，前往上海市实验学校进行调研。

教育部在沪听取高中多样化办学意见。

26—27日 上海高校党政负责干部会议召开。市委副书记殷一璀、副市长沈晓明出席会议并讲话。市委副秘书长姚海同、市政府副秘书长翁铁慧出席。

28日及3月1日 教育部在沪召开进城务工人员随迁子女义务教育座谈会和政策研讨会。北京、上海、江苏、浙江、安徽、广东等六省市和部分地市(区)教育行政部门负责人就“进城务工人员随迁子女义务教育”的基本情况、主要做法和现状问题等方面展开研讨。

3月

3日 教育部和上海市在北京签订战略合作协议共建国家教育综合改革试验区。中共中央政治局委员、上海市委书记俞正声、教育部部长袁贵仁出席仪式并讲话。袁贵仁部长和上海市市长韩正分别代表教育部和上海市政府在《教育部 上海市人民政府共建国家教育综合改革试验区战略合作协议》上签字。签约仪式由教育部副部长陈希主持。鲁昕、沈晓明等教育部和上海市相关部门负责人出席签字仪式。

4—5日 2010年上海市区县教育工作会议召开。市教卫党委、市教委领导出席会议。

6—7日 第23届中国上海头脑奥林匹克创新大赛举行。市政府副秘书长翁铁慧出席颁奖仪式。

12日 上海市高等教育市级教学成果奖表彰大会在上海理工大学召开。副市长沈晓明出席会议并讲话。会议由市政府副秘书长翁铁慧主持。

16日 2010年上海市教育督导工作会议召开。副市长沈晓明出席会议并讲话。市政府副秘书长翁铁慧主持会议。

2010年上海市未成年人保护工作会议召开。副市长沈晓明出席会议并讲话。

17日 教育部党组成员、中纪委驻部纪检组组长王立英到上海交通大学和上海外国语大学调研。

18日 上海戏剧学院附属舞蹈学校校庆50周年庆典仪式在上海大剧院举行。市委副书记殷一璀，全国人大常委会委员龚学平，市人大常委会副主任胡炜，副市长沈晓明，市政协副主席钱景林以及文化部文化科技司副司长王丰，市委副秘书长姚海同，市政府副秘书长翁铁慧，市政协副秘书长、办公厅主任管维镛，市教卫党委书记李宣海，市委宣传部副部长陈东及市教卫党委、市教委、市文联、文广集团、有关区委、区政府领导和部分老领导，全国51所艺术高职、中专院校的校长等出席庆典。

19日 教育部党组副书记、副部长陈希到上海财经大学调研。

21日 中国工程院党组副书记周济等到上海交通大学调研。

29日—4月29日 《上海市中长期教育改革和发展规划纲要》向社会公开征求意见。

30日 中共中央政治局常委、国家副主席习近平访问复旦大学承建的瑞典斯德哥尔摩孔子学院。

全国人大常委会副委员长、民进中央主席严隽琪到华东师范大学调研。

31日 上海市第二次民办教育工作会议召开。市委副书记殷一璀、副市长沈晓明出席会议并讲话。市教卫党委书记李宣海主持会议，市教委主任薛明扬作工作报告。

4月

12日 全国大学生志愿服务工作现场经验交流会暨上海世博会大学生志愿服务工作动员会举行。教育部副部长陈希，副市长沈晓明，市政府副秘书长翁铁慧，教育部思政司司长杨振斌，中央文明办志愿服务工作组组长陈瑞峰，市教委主任薛明扬出席会议。

教育部直属高校世博维稳工作座谈会在复旦大学举行。教育部党组副书记、副部长陈希，市教委主任薛明扬，市教卫党委副书记杜慧芳以及8所部属高校党委主要负责人出席。

13日 上海市语言文字工作委员会召开2010年全委会。副市长、市语委主任沈晓明出席会议并讲话。会议由市政府副秘书长、市语委副主任翁铁慧主持。

14日 中共中央政治局常委李长春为上海大学与土耳其海峡大学共建的孔子学院揭牌。

15日 上海市召开中小学校舍安全工程2010年工作推进会。上海市中小学校舍安全工程领导小组副组长、市教委主任薛明扬出席会议并讲话。

16—18日 “第七届上海教育博览会”举行。副市长沈晓明，市政府副秘书长翁铁慧，市教卫党委副书记、市教委主任薛明扬，江苏省教育厅副巡视员洪流、浙江省委教育工委委员、省教育厅副巡视员夏建勇等出席开幕式。

16日 市教卫党委、市教委召开世博期间社会面防控工作会议。市教卫党委副书记杜慧芳出席会议。

21日 全国人大常委会副委员长陈至立率全国人大执法检查组视察上海交通大学。市人大常委会主任刘云耕、副主任胡炜等陪同视察。

23日 市教委召开编制“十二五”规划工作会议。市教委主任薛明扬出席会议并讲话，市教委副主任张民选介绍教育系统“十二五”规划编制工作的有关情况。各高校、各区县教育局分管规划工作领导和部门负责人、市教委有关处室和直属单位负责人出席会议。

28日 教育部2010年全国普通高校招生考试工作电视电话会议召开。教育部部长袁贵仁，教育部纪检组组长王立英出席会议并讲话。副市长沈晓明出席上海分会场会议并讲话，市教委主任薛明扬主持上海分会场会议。

29日 副市长沈晓明会见英国牛津大学校长麦克拉芬一行。市政府副秘书长翁铁慧以及市教委主任薛明扬、市教委副主任张民选等参加会见。

30日 世界教育界知名友好人士参加上海世博会开幕式。

5月

3日 中共中央政治局委员、市委书记俞正声在世博园调研志愿者工作，慰问来自复旦大学、同济大学等高校的志愿者。

5日 副市长沈晓明暗访学校安全情况。市政府副秘书长翁铁慧、市教卫党委书记李宣海、市教委主任薛明扬等参加暗访。

5—6 日 市教卫党委、市教委领导等视察卢湾区、黄浦区、松江区和闵行区等区中小学幼儿园校园安全情况。

10—12 日 “海峡两岸民办(私立)高校校长论坛”在上海建桥学院举行。市人大常委会副主任郑惠强到会祝贺,中国民办教育协会副会长、上海民办高等教育协会会长、市教卫党委记李宣海出席并致辞。

12 日 市长韩正到上海工程技术大学调研。

19—21 日 “2010 上海国际终身学习论坛”举行。中共中央政治局委员、国务委员刘延东发来贺信。教育部部长袁贵仁出席论坛并致词,联合国教科文组织总干事伊琳娜·博科娃女士、上海市副市长沈晓明出席论坛并致词。40 多个国家及国际组织的 200 多名中外代表参加。

21 日 上海电视大学庆祝建校 50 周年。中共中央政治局委员、上海市委书记俞正声,全国人大常委会副委员长陈至立、严隽琪,全国政协副主席厉无畏,中国工程院院长徐匡迪,教育部,市委副书记、市长韩正,市人大常委会主任刘云耕、市政协主席冯国勤,中央电大等为上海电大校庆发来贺信或题词。龚学平、吴启迪、沈晓明、周慕尧、谢丽娟、王荣华,联合国教科文组织、国际远程教育理事会、英联邦学习共同体、全球远程教育大学协会等发来贺信和题词。当晚,在上海大剧院举行庆祝晚会,中国教育发展战略学会会长郝克明、全国人大常委会委员龚学平、市委副书记殷一璀等出席。中央电大党委书记阮智勇、联合国教科文组织助理总干事阿布杜拉·罕到会致辞祝贺。

23—31 日 教育部民族教育司与新疆教育工委、教育厅联合调研宣讲组先后赴复旦大学、上海交大、同济大学、华东师大、华东理工大学、上海外国语大学、东华大学等 7 所高校进行调研宣讲。

27—28 日 市委副书记殷一璀、副市长沈晓明、市委副秘书长姚海同、市政府副秘书长翁铁慧、市教卫党委书记李宣海、市教委主任薛明扬等先后到上海中学和华师大二附中,调研创新人才培养实验项目开展情况。

29—31 日 “上海论坛 2010”举行。论坛主题为“经济全球化与亚洲的选择:反思·复苏·重构”。前国务委员唐家璇、巴基斯坦前总理阿齐兹出席开幕式并作演讲。市委副书记、市长韩正向大会发来贺信。副市长沈晓明出席会议并致辞。

31 日 中共中央政治局委员、市委书记俞正声到徐汇区汇师小学和卢湾区思南路幼儿园视察。市委常委、市委秘书长丁薛祥,市教卫党委书记李宣海以及徐汇区、卢湾区领导陪同视察。

6 月

1 日 上海市学位委员会第 19 次全体会议召开。上海市学位委员会主任委员沈晓明、常务副主任委员薛明扬、副主任委员裴刚、副主任委员兼秘书长王奇等出席会议。

3 日 市委副书记殷一璀、副市长沈晓明到上海大学调研上海高校思想政治理论课建设工作。市委宣传部副部长潘世伟、市教卫党委书记李宣海、市教委主任薛明扬、市委研究室副主任傅爱明、市教卫党委副书记杜慧芳、市教委副主任王奇以及上海部分高校主要负责人陪同调研。

5—6 日 教育部副部长鲁昕到上海调研教育工作,市教委相关领导陪同调研。调研组一行视察了上海金苹果学校、上海杉达学院、上海交通大学医学院附属卫生学校和上海信息技术学校,听取职业教育发展改革情况汇报,并视察徐汇区东安三村小学抗震加固改造工程项目工地、徐汇中学“崇思楼”抗震加固修复工程。

6 日 副市长沈晓明到上海市第四中学考点视察高考考务工作。市政府副秘书长翁铁慧以及市教委主任薛明扬、副主任王奇、市教育考试院院长李瑞阳等陪同视察。

9 日 市委宣传部、市教卫党委、市教委、团市委在科学会堂联合召开上海高校系统传达全国加强和改进大学生思想政治教育工作座谈会精神大会。市委副书记殷一璀出席会议并讲话。市委常委、宣传部部长杨振武主持会议。副市长沈晓明,市委副秘书长姚海同,市政府副秘书长翁铁慧,市教卫党委书记李宣海,市教委主任薛明扬,团市委书记潘敏出席会议。

10 日 市长韩正到上海理工大学国家大学科技园调研,实地考察科技园积极培育打造的“医疗检验”和“虚拟制造”两个公共技术服务平台。

11 日 市委副书记殷一璀、副市长沈晓明到卢湾区老年大学和上海老年大学调研。市委副秘书长姚海同、市政府副秘书长翁铁慧参加调研。

12 日 市政协主席冯国勤,副主席朱晓明、李良园、钱景林和市政协秘书长陈海刚率市政协教科文卫体委员会部分委员赴华东师范大学阅卷点,考察 2010 年高考阅卷情况。市人大副主任胡炜率市人大教科文卫委员会部分代表赴复旦大学阅卷点,考察 2010 年高考阅卷情况。

12—14 日 首届“外教社杯”全国大学英语教

学大赛总决赛在上海外国语大学举行。全国人大常委吴启迪以及市教委主任薛明扬，北京市教委主任刘利民等出席总决赛和颁奖典礼。

17日 中共中央政治局委员、市委书记俞正声先后到嘉陵路标准化菜场、长桥社区学校、西南文化中心调研，并与部分社区代表座谈交流。市委副秘书长刘卫国、市委组织部副部长冯小敏参加调研。

23日 市文明办、市教卫党委、市教委、市校外联等联合召开2010年上海市未成年人暑期工作(视频)会议。副市长沈晓明出席并讲话，市政府副秘书长翁铁慧主持会议。

24日 市教委领导向民主党派、团体通报提案办理和市教委重点推进工作情况。民革、民盟、民建、民进、农工、致公、九三、台盟以及工商联等民主党派、团体的负责人，以及市政协提案委领导等出席走访活动。

26日 国务委员兼国务院秘书长马凯视察金山廊下小学。

26—27日 “世博·高校校长杯”桥牌队队式赛举行。全国人大常委会委员龚学平、中国大学生体育协会副主席张燕军等出席开幕式。

26—27日 全国民办教育协会工作会在上海建桥学院举行。副市长沈晓明到会讲话。中国民办教育协会会长陶西平，中国民办教育协会常务副会长王佐书出席会议。

30日 市人大常委会主任刘云耕视察上海应用技术学院。

7月

5日 “欢聚·交融·共享”中国2010年上海世博会青年周暨世界名校大联欢在世博园博览广场开幕。市委副书记殷一璀、团中央书记处书记周长奎出席开幕式。

6日 上海教育“十二五”发展战略咨询会举行。英国诺丁汉大学校长杨福家、教育部国家教育发展研究中心主任张力、香港大学校长顾问程介明分别作报告。

9日 国务委员、公安部部长孟建柱慰问上海公安高专“世博警察”学员。

12日 2010年上海市教育系统政风行风建设大会召开。副市长沈晓明出席会议并讲话。市教卫党委书记李宣海主持会议。

23日 中共中央政治局常委、国家副主席习近平回信勉励青浦区徐泾镇民办农民工子女小学——民主学校的学生努力成长为中国特色社会主义事业的建设者和接班人。

上海开放大学揭牌成立。中共中央政治局委员、市委书记俞正声，教育部部长袁贵仁，市长韩正发来贺信。市委副书记殷一璀参加成立大会并为上海开放大学揭牌，副市长沈晓明到会讲话。

8月

12日 市政协副主席钱景林赴市科技艺术教育中心调研。市教委副主任李骏修陪同调研。

24日 2010年上海市区县教育工作会议举行。副市长沈晓明出席会议并讲话。市政府副秘书长翁铁慧出席会议，市教卫党委书记李宣海主持会议，市教委主任薛明扬总结并部署区县教育工作。

25日 市长韩正、副市长沈晓明在衡山宾馆接见在第31届世界头脑奥林匹克决赛中载誉归来的上海头脑奥林匹克参赛队。市政府秘书长姜平、副秘书长翁铁慧、市教委主任薛明扬等参加接见。

26日 上海大学生网络互动社区建设工作座谈会在上海海洋大学召开。市教卫党委书记李宣海、副书记杜慧芳出席会议。

27—28日 2010年秋季上海高校党政负责干部会议召开。市委副书记殷一璀、副市长沈晓明出席会议并作讲话。会议邀请副市长艾宝俊作当前上海经济发展转型的报告；会议举行以“追求卓越、服务社会”为主题的高校党政负责干部论坛，邀请清华大学校长、中国科学院院士顾秉林，中国工程院院士翁史烈，英国诺丁汉大学校长、中国科学院院士杨福家、市科委主任寿子琪作报告。

9月

7日 市政协主席冯国勤、副主席钱景林、秘书长陈海刚等率部分教育界政协委员前往闵行区调研农民工同住子女教育工作，视察闵行区银星小学、莘松小学。

8日 中共中央政治局委员、市委书记俞正声，市长韩正等会见获得“上海教育功臣、全国模范教师、全国教育系统先进工作者、全国先进工作者、全国优秀教师、全国辅导员年度人物”等荣誉的48位上海优秀教师代表，教育部副部长陈希，市领导刘云耕、冯国勤、殷一璀、徐麟、胡炜、沈晓明、钱景林参加会见。

教育部副部长陈希到上海大学调研。

8—9日 上海市教育工作会议召开。中共中央政治局委员、市委书记俞正声，市长韩正，教育部党组副书记、副部长陈希，市委副书记殷一璀出席会议并分别讲话。市领导刘云耕、冯国勤、徐麟、胡炜、沈晓明、钱景林出席8日的大会。

13日 市教卫党委、市教委领导到崇明调研教育工作。

16日 上海市学位委员会第20次全体会议举行。副市长沈晓明,市教委主任薛明扬、副主任王奇等出席会议。

17日 国家体育总局与上海市人民政府签约共建上海体育学院中国乒乓球学院。国家体育总局局长刘鹏、市长韩正为中国乒乓球学院揭牌,国家体育总局副局长蔡振华、副市长沈晓明共同签署《上海市人民政府、国家体育总局共建上海体育学院中国乒乓球学院协议书》,副市长赵雯向国家体委原副主任徐寅生颁发上海体育学院中国乒乓球学院名誉院长聘书。

中共中央政治局委员、市委书记俞正声,市长韩正到东方绿舟青少年国防教育基地,看望慰问抗战老战士代表,参观兵器博物馆和国防教育图片展,并与正在进行军训的4000多名中学生亲切交流。

22日 中共中央政治局委员、上海市委书记俞正声到世博园区慰问在岗服务的上海外国语大学和上海金融学院的世博志愿者。

26日 中共中央政治局常委、国家副主席习近平看望上海理工大学世博在岗志愿者。中共中央政治局委员、市委书记俞正声等陪同看望。

28日 "曙光计划"实施15周年座谈会举行。市委副书记、市教育发展基金会名誉理事长殷一璀,副市长沈晓明,市政协副主席钱景林以及市教育发展基金会理事长谢丽娟,市委副秘书长姚海同,市政府副秘书长翁铁慧,市教卫党委书记李宣海,市教委主任薛明扬等出席会议。

10月

10—11日 市教委在全国学校艺术教育经验交流会上作专题介绍。

11日 市人大代表书面意见督办座谈会举行。市人大常委会副主任胡炜,市人大教科文卫委主任委员孙运时、副主任委员瞿钧,市人大常委会人事代表工委副主任张贤训,市教委主任薛明扬,副主任张民选、尹后庆,市教委秘书长蒋红以及部分市人大代表出席座谈会。

14日 于漪教育思想研讨会在复旦大学举行。市委副书记殷一璀、教育部师范司司长管培俊出席并讲话。

19日 中共中央政治局委员、市委书记俞正声,市长韩正,市委副书记殷一璀分赴世博园区视察和看望志愿者。

23日 中共中央政治局委员、市委书记俞正声到世博会浦西园区检查指导工作,并慰问东华大学世博志愿者。

11月

1日 国务委员刘延东到浦东新区张江经典幼儿园、徐汇中学视察。文化部部长蔡武,教育部副部长鲁昕,科技部副部长杜占元,国务院研究室副主任江小娟,上海市委副书记殷一璀,市委副秘书长姚海同,市教委主任薛明扬等陪同视察。

1—2日 学术影响力国际研讨会举行。联合国秘书长潘基文、教育部副部长郝平、副市长沈晓明出席开幕式并致辞。

3日 第十五次全国高校统战工作研讨会在复旦大学举行。市委常委、统战部部长杨晓渡,中央统战部六局局长王永庆出席开幕式并讲话,国家教育部思想政治工作司司长杨振斌作题为《进一步提高高等学校统战工作科学化水平》的主题报告,市教卫党委书记李宣海、复旦大学党委书记秦绍德出席开幕式并致辞。

5日 上海市第六届全民终身学习活动周暨卢湾区第三届学习节开幕式举行。副市长沈晓明,中国联合国教科文组织全国委员会秘书长方茂田,中国成人教育协会常务副会长谢国东,市教卫党委书记李宣海,市教委副主任李骏修等出席开幕式。

6—7日 第三届浦江创新论坛在沪举行。论坛主题为"绿色·转型·创新"。全国政协副主席、国家科技部部长万钢出席开幕式并作主题报告。科技部副部长杜占元,市委常委、浦东新区区委书记徐麟,副市长沈晓明,市政协副主席周汉民等出席。

7日 第六届全国高校"校长杯"乒乓球比赛在上海海事大学落幕。

上海17所高校参展2010中国国际工业博览会。

9—18日 以"青春校园,理想人生"为主题的第二届中国校园戏剧节开幕式在上海戏剧学院举行。中国文联党组书记胡振民,副书记李牧,教育部副部长陈小娅,市委常委、副市长屠光绍,市委常委、宣传部部长杨振武,市人大常委会副主任郑惠强,副市长沈晓明,市委宣传部副部长陈东,文化部艺术司司长董伟,教育部体育卫生与艺术教育司司长杨贵仁,市教委主任薛明扬,市教委党委副书记杜慧芳等出席开幕式。

13 日 中共中央政治局委员、市委书记俞正声率领上海市党政代表团在新疆维吾尔自治区党委书记张春贤的陪同下，到泽普县第五中学参加“花开有声，成长最美”、“泽普闵行心手相牵”主题教育活动。

16 日 国务委员、公安部部长孟建柱，市委书记俞正声到上海交通大学医学院附属瑞金医院看望23位“11·15”上海胶州路火灾伤者。

18 日 中职校服务上海世博会现场票务项目总结大会召开。市教卫党委书记李宣海，世博局党委副书记、中国馆党委书记莫负春，市教委副主任李骏修出席会议并分别讲话。市教委副主任印杰主持会议。

24 日 市政协副主席蔡威率部分市政协委员视察上海德国学校、上海法国学校以及宋庆龄幼儿园国际部。

25 日 副市长沈晓明到上海体育学院调研中国乒乓球学院工作。

12 月

1 日 国务院召开全国学前教育工作电视电话会议。中共中央政治局委员、国务委员刘延东出席会议并讲话。副市长沈晓明出席会议并对上海学前教育工作提出要求。

2 日 教育部部长袁贵仁到上海市大学生科技创业基金会调研。副市长沈晓明以及市教委主任薛明扬等参加调研。

2—3 日 全国中等职业教育教学改革创新工作会议在上海召开。中共中央政治局委员、国务委员刘延东出席会议并讲话。教育部部长袁贵仁与新华社副社长鲁炜共同开通中职学习资源平台，袁贵仁为新增补的全国中等职业教育教学改革创新指导委员会委员颁发聘书。会议由教育部副部长鲁昕主持，副市长沈晓明致欢迎词。

8 日 上海市教育卫生系统世博工作总结表彰大会召开。市教卫党委、市卫生局、市食药监局领导出席会议。会上授予上海市医疗急救中心党委等101个基层党组织“世博先锋行动先进基层党组织”称号，授予复旦大学尹冬梅等206位同志“世博先锋行动优秀共产党员”称号。授予复旦大学党委办公室等96个单位“2010年上海世博会教育系统安保稳定工作先进集体”荣誉称号，授予张佳文等159人“2010年上海世博会教育系统安保稳定工作先进个人”荣誉称号。

10 日 上海市人民政府与国家海洋局签约共建上海海洋大学。副市长沈晓明、国家海洋局副局长张宏声代表上海市政府和国家海洋局签署协议并讲话。

16 日 市委副书记殷一璀、副市长沈晓明到上海工艺美术职业学院，就创建高职教育综合改革试验区工作进行调研。市委副秘书长姚海同、市教卫党委书记李宣海、市委研究室副主任傅爱明、市教委副主任李骏修等参加调研。

15 日 “2010年中国上海教育展”在突尼斯莫奈尔大学举办。中国驻突尼斯大使火正德、文化参赞廖兵，市教委主任薛明扬和突尼斯高教科研部国务秘书、突尼斯莫奈尔大学校长等出席教育展开幕式并为教育展剪彩。

18—19 日 “2010年中国上海教育展”在摩洛哥默罕默德五世大学举行。中国驻摩洛哥大使馆临时代办李津津、文化参赞江振霄，市教委主任薛明扬等出席开幕式并为教育展剪彩。

22 日 副市长沈晓明赴上海交通大学医学院调研。

28 日 上海音乐学院与上海学生交响乐团在上海大剧院联合举行新年音乐会。市领导韩正、殷一璀、杨振武、沈晓明、蔡威等观看音乐会。

29 日 中央政治局委员、市委书记俞正声在市委常委、市委秘书长丁薛祥的陪同下，到上海交通大学徐汇校区视察钱学森图书馆建设工作。

教育部、上海市人民政府签约继续重点共建复旦大学、上海交通大学、同济大学、华东师范大学。教育部部长袁贵仁与市委副书记、市长韩正签署协议并讲话。市委副书记殷一璀出席签约仪式。签约仪式由副市长沈晓明主持。

31 日 上海体育学院中国乒乓球学院理事会第一次会议召开。国家体育总局副局长蔡振华、副市长沈晓明出席会议。国家体育总局科教司、乒羽中心和上海市教委、发展改革委、财政局、体育局等有关部门负责人参加会议。会议由国家体育总局乒羽中心主任刘凤岩主持。

教 育 统 计

上海市各级普通学校基本情况

单位:万人

指标	学校数(所)	毕业生数	招生数	在校学生数	教职工数	#专任教师
总　计	**3036**	**60.42**	**68.97**	**248.90**	**25.51**	**17.19**
研究生	**54**	**2.82**	**3.86**	**11.17**		
高等学校	22	2.68	3.66	10.57		
科研机构	32	0.14	0.20	0.60		
普通高等学校	**66**	**13.37**	**14.46**	**51.57**	**7.42**	**3.92**
普通高校(本专科)	40	9.92	11.12	41.35	6.63	3.47
职业技术学院	26	3.45	3.34	10.22	0.79	0.45
普通中等学校	**869**	**21.24**	**21.67**	**75.47**	**8.26**	**5.97**
中等专业学校	65	3.34	2.99	10.91	0.91	0.50
技工学校	10	0.31	0.42	1.08	0.13	0.07
普通中学	755	16.13	16.33	59.44	6.73	5.07
高　中		6.24	5.39	16.89		1.67
初　中		9.89	10.94	42.55		3.40
职业中学	26	1.38	1.23	3.77	0.43	0.29
高　中	26	1.37	1.22	3.76	0.43	0.29
初　中		0.01	0.01	0.01		
工读学校	13	0.08	0.10	0.27	0.06	0.04
小　学	**766**	**12.44**	**15.05**	**70.16**	**5.58**	**4.52**
特殊教育	**29**	**0.09**	**0.08**	**0.50**	**0.16**	**0.11**
幼儿园	**1252**	**10.46**	**14.45**	**40.03**	**4.09**	**2.67**

注:1. 表中幼儿园招生数指当年入园幼儿数。
　2. 普通高校66所校数中包含4所独立学院。

上海市各级成人学校基本情况

单位:万人

指标	学校数(所)	毕业生数	招生数	在校学生数	教职工数	#专任教师
总　计	**843**	**194.13**	**12.57**	**226.17**	**1.72**	**0.80**
成人高等学校	**17**	**6.88**	**6.54**	**19.86**	**0.20**	**0.11**
独立设置成人高校	17	0.77	0.51	1.41	0.20	0.11
广播电视大学	1				0.03	0.01
职工高等学校	12	0.65	0.46	1.14	0.13	0.08
管理干部学院	4	0.12	0.05	0.27	0.04	0.02
普通高校举办	(77)	6.11	6.03	18.45		
函授部	11	0.66	0.41	1.27		
业　余	48	5.22	5.61	16.90		
成人脱产班	18	0.23	0.01	0.28		
成人网络本、专科		**5.03**	**5.34**	**15.16**		
成人中、初等学校	**39**	**1.95**	**0.69**	**3.72**	**0.07**	**0.04**
成人中等专业学校	26	0.84	0.69	1.72	0.06	0.03
全日制		0.43	0.41	1.31		
非全日制		0.41	0.28	0.41		
成人中学	13	1.11		2.00	0.01	0.01
成人小学						
职业技术培训机构	**787**	**180.27**		**187.43**	**1.45**	**0.65**

注:1. 表中成人中学、职业技术培训机构在校学生指累计注册数,毕业生数指累计结业数。
　2. 普通高校举办的函授、业余、脱产班学校数是指举办这类教育的学校点数,括号内是点数之和。

研究生基本情况

单位：人

指标	合计	中央部委所属	教育部所属	其他部委所属	地方所属	教育部门	其他部门
毕业生数	**28207**	**20137**	**18994**	**1143**	**8070**	**7849**	**221**
攻读博士学位	4749	4092	3405	687	657	626	31
攻读硕士学位	23458	16045	15589	456	7413	7223	190
招生数	**38643**	**28093**	**26324**	**1769**	**10550**	**10295**	**255**
攻读博士学位	6217	5322	4686	636	895	855	40
攻读硕士学位	32426	22771	21638	1133	9655	9440	215
在校学生数	**111717**	**82113**	**76915**	**5198**	**29604**	**28796**	**808**
攻读博士学位	24450	21107	18720	2387	3343	3193	150
攻读硕士学位	87267	61006	58195	2811	26261	25603	658
预计毕业生数	**38812**	**28675**	**27055**	**1620**	**10137**	**9840**	**297**
攻读博士学位	12065	10497	9457	1040	1568	1498	70
攻读硕士学位	26747	18178	17598	580	8569	8342	227

分学科研究生数

单位：人

指标	毕业生数	招生数	在校学生数	预计毕业生数
总计	**28207**	**38643**	**111717**	**38812**
女生	13457	18235	51162	16820
一、学术型学位	**24426**	**28741**	**89712**	**33357**
哲学	267	289	972	370
经济学	1898	1915	5753	2254
法学	2000	2212	6677	2427
教育学	1154	1047	3540	1415
文学	2819	3044	8895	2852
历史学	319	388	1301	503
理学	2933	4526	13492	4638
工学	9253	10604	34536	13546
农学	253	334	977	310
医学	1620	2248	6932	2319
军事学	4	1	5	2
管理学	1906	2133	6632	2721
二、专业学位	**3781**	**9902**	**22005**	**5455**

普通高等学校分科学生数

单位：人

指标	毕业生数	#本科	招生数	#本科	在校学生数	#本科
总计	**133716**	**78331**	**144649**	**91154**	**515661**	**354940**
哲学	125	125	127	127	581	581
经济学	11791	8238	12001	8377	44946	33068
法学	7004	5288	8488	5876	28297	22218
教育学	2262	1504	2767	2192	9903	7582

（续上表）

指　　标	毕业生数	#本科	招生数	#本科	在校学生数	#本科
文　学	25453	13170	27626	16108	96123	60672
历史学	208	208	218	218	913	913
理　学	5880	5880	7819	7819	29455	29455
工　学	46318	25333	48846	29799	175439	118277
农　学	878	437	1067	670	3432	2173
医　学	5954	2262	6953	2124	23495	10419
管理学	27843	15886	28737	17844	103077	69582

普通高等学校分科专任教师数

单位：人

指　　标	专任教师数	正高级	副高级	中　级	初　级	无职称
总　计	**39170**	**6191**	**11479**	**16332**	**3488**	**1680**
哲　学	882	147	272	346	78	39
经济学	2527	392	838	1025	164	108
法　学	2525	337	657	1077	282	172
教育学	3428	246	726	1605	658	193
文　学	8797	937	2127	4200	1026	507
历史学	435	145	111	153	15	11
理　学	3893	962	1289	1404	128	110
工　学	11414	2202	3947	4383	578	304
农　学	348	81	136	99	31	1
医　学	2153	337	507	943	306	60
管理学	2768	405	869	1097	222	175

普通高等学校基本情况

单位：人

指　　标	学校数（所）	本专科学生数								教职工数	#专任教师
		毕业生数	#本科	招生数	#本科	在校生	#本科	预计毕业生	#本科		
总　计	**66**	**133716**	**78331**	**144649**	**91154**	**515661**	**354940**	**144592**	**88673**	**74161**	**39170**
部　属	10	29798	27230	29032	26740	119705	112652	30726	28320	33620	15626
市　属	56	103918	51101	115617	64414	395956	242288	113866	60353	40541	23544
民　办	20	28293	6531	28166	8923	93961	32168	29873	7701	6591	3906
综合大学	3	16318	14050	14457	12872	60900	55874	17626	15438	19871	8402
理工院校	25	55192	31223	61453	38622	216276	147393	59997	36208	27319	14687
农业院校	2	4272	2776	4876	3216	17093	12340	4664	3105	1504	1090
林业院校											
医药院校	3	2537	787	2952	776	9694	3838	2631	813	1961	1106
师范院校	2	8579	7830	9795	9163	38464	36520	9768	9084	6873	3633
语文院校	3	5700	1562	5464	1560	18165	6121	5655	1545	1991	1248
财经院校	18	31177	13314	33383	17020	113430	62251	32426	14620	9103	5792
政法院校	3	5477	4438	7235	5196	23876	19639	6728	5086	2414	1550
体育院校	2	914	914	1189	1042	4447	4008	1144	1002	1250	611
艺术院校	5	3521	1437	3845	1687	13316	6956	3953	1772	1875	1051
民族院校											
成人高校		29									

普通高等学校专任教师学历情况

单位:人

指　　标	专任教师数	正高级	副高级	中　级	初　级	无职称
总　计	**39170**	**6191**	**11479**	**16332**	**3488**	**1680**
研究生毕业	27838	5033	7847	11668	2037	1253
博　士	14424	4056	5335	4499	107	427
硕　士	13414	977	2512	7169	1930	826
高等学校本科毕业	10506	1077	3395	4335	1336	363
高等学校专科毕业及以下	826	81	237	329	115	64

普通高等学校专任教师年龄结构情况

单位:人

指　　标	专任教师数	正高级	副高级	中　级	初　级	无职称
总　计	**39170**	**6191**	**11479**	**16332**	**3488**	**1680**
30 岁及以下	6278	3	73	2711	2406	1085
31～35 岁	8325	51	1231	6052	682	309
36～40 岁	6622	395	2611	3291	204	121
41～45 岁	5387	1162	2458	1656	64	47
46～50 岁	5351	1643	2244	1362	56	46
51～55 岁	3198	1125	1325	666	45	37
56～60 岁	2495	964	1043	431	30	27
61～65 岁	976	543	309	120	1	3
66 岁及以上	538	305	185	43		5

普通中等专业学校基本情况

单位:人

指　　标	学校数(所)	毕业生数	招生数	在校学生数	预计毕业生	教职工数	# 专任教师
总　计	**65**	**33413**	**29870**	**109054**	**32628**	**9102**	**4952**
中央部委属	2	2217	1222	3480	1197	514	264
市　属	60	30527	28135	104184	30990	8429	4590
民　办	3	669	513	1390	441	159	98
农林牧渔类		511	503	1361	425		
资源环境类		516	560	2308	448		
能源与新能源类		847	315	1169	349		
土木水利类		1613	1887	6248	1923		
加工制造类 1		4268	4763	17329	5354		
石油化工类		1100	868	3979	1278		
轻纺食品类		311	338	1199	395		
交通运输类		3787	2800	9767	3458		
信息技术类		3255	3676	11815	3274		
医药卫生类		4891	3670	13838	4036		
休闲保健类		134	101	383	136		
财经商贸类		8673	7004	28854	8477		
旅游服务类		780	531	1968	787		
文化艺术类		1683	1140	4656	1250		

（续上表）

指　　标	学校数(所)	毕业生数	招生数	在校学生数	预　计 毕业生	教职工数	#专任教师
体育与健身		147	261	783	199		
教育类			69	122			
司法服务类		142	115	497	139		
公共管理与服务类		731	859	2312	674		
其他		24	410	466	26		

普通中等专业学校分学科专任教师数

单位：人

指　　标	合　计	正高级	副高级	中　级	初　级	无职称
总　计	**4952**	**23**	**1099**	**2553**	**1126**	**151**
文化基础课	2027	3	450	1072	452	50
专业课	2721	18	632	1421	580	70
农林牧渔类	37		18	15	4	
资源环境类	15		3	6	6	
能源与新能源类	30		13	14	1	2
土木水利类	128		40	68	19	1
加工制造类	365		120	160	74	11
石油化工类	47		10	18	19	
轻纺食品类	39		7	20	11	1
交通运输类	270		46	142	64	18
信息技术类	358	2	71	206	73	6
医药卫生类	321		98	180	42	1
休闲保健类	112	5	12	58	32	5
财经商贸类	302		69	158	59	16
旅游服务类	54		9	31	14	
文化艺术类	313	9	63	161	72	8
体育与健身	154	1	23	85	44	1
教育类	43	1	12	28	2	
司法服务类	16		2	8	6	
公共管理与服务类	27		5	15	7	
其他	90		11	48	31	
实习指导课	204	2	17	60	94	31

普通中等专业学校专任教师年龄情况

单位：人

指　　标	合　计	正高级	副高级	中　级	初　级	无职称
专任教师数	**4952**	**23**	**1099**	**2553**	**1126**	**151**
30岁及以下	1001			193	694	114
31～35岁	731	1	13	517	191	9
36～40岁	824		145	588	87	4
41～45岁	825	1	308	460	54	2
46～50岁	782	5	337	381	54	5
51～55岁	538	7	206	285	31	9
56～60岁	247	7	88	129	15	8
61岁及以上	4	2	2			

普通中等专业学校专任教师学历情况

单位:人

指　　标	合　计	正高级	副高级	中　级	初　级	无职称
专任教师数	**4952**	**23**	**1099**	**2553**	**1126**	**151**
博　士	14		9	4	0	1
硕　士	686	4	148	291	191	52
本　科	3902	13	904	2099	815	71
专　科	295	4	32	152	94	13
高中阶段及以下	55	2	6	7	26	14

中等职业学校机构数

单位:所

指　　标	合　计	中央部委属	地方所属			民　办
				教育部门	非教育部门	
总　　计	**127**	**3**	**118**	**45**	**73**	**6**
普通中专	65	2	60	11	49	3
职业高中	26		24	23	1	2
技工学校	10		10	1	9	
成人中专	26	1	24	10	14	1

中等职业学校重点建设验收评估合格单位情况

单位:人

指　　标	单位数(所)	毕业生数	招生数	在校生数	预计毕业生数
总　　计	**62**	**41968**	**38583**	**130407**	**40547**
普通中专	35	25537	21228	79513	24025
职业高中	21	13798	13745	41262	13510
技工学校	6	2633	3610	9632	3012

中学校数、班数

指　　标	全　市	市　区	县　镇	农　村	另有:后方基地
学校数(所)	755	397	357	1	12
完全中学	130	70	59	1	1
高级中学	131	83	48		2
初级中学	347	192	155		3
一贯制学校	147	52	95		6
班数(班)	**16832**	**8937**	**7870**	**25**	**163**
初　　中	12072	6136	5921	15	112
高　　中	4760	2801	1949	10	51

中学分年级学生数

单位:人

指　　标	全　市	市　区	县　镇	农　村	另有:后方基地
总　　计	**594362**	**302891**	**290525**	**946**	**6535**
初中小计	**425463**	**207872**	**217046**	**545**	**4146**
初　　一	109691	52488	57082	121	1151

（续上表）

指　　标	全　市	市　区	县　镇	农　村	另有:后方基地
初　　二	111580	53800	57663	117	976
初　　三	106326	52263	53923	140	996
初　　四	97866	49321	48378	167	1023
高中小计	**168899**	**95019**	**73479**	**401**	**2389**
高　　一	54207	30822	23265	120	795
高　　二	55750	31146	24447	157	744
高　　三	58942	33051	25767	124	850

教育系统所属中学校数、班数、学生数

指　　标	全　市	市　区	县　镇	农　村
学校数(所)	**645**	**330**	**314**	**1**
完全中学	86	50	35	1
高级中学	113	69	44	
初级中学	315	167	148	
一贯制学校	131	44	87	
班数(班)	**14703**	**7601**	**7077**	**25**
初　中	10450	5081	5354	15
高　中	4253	2520	1723	10
学生数(人)	**514904**	**252029**	**261929**	**946**
初　中	363081	166491	196045	545
高　中	151823	85538	65884	401

民办中学教学机构数、班数、学生数

指　　标	全　市	市　区	县　镇	农　村
机构数(个)	**109**	**66**	**43**	
完全中学	43	19	24	
高级中学	18	14	4	
初级中学	32	25	7	
一贯制学校	16	8	8	
班数(班)	**2103**	**1317**	**786**	
初　中	1605	1039	566	
高　中	498	278	220	
学生数(人)	**78720**	**50252**	**28468**	
初　中	61881	40891	20990	
高　中	16839	9361	7478	

2010年中学招生、毕业生数

单位:人

指　　标	全　市	市　区	县　镇	农　村	另有:后方基地
2010年招生数	**163277**	**83001**	**80037**	**239**	**1945**
初　中	109424	52331	56973	120	1151
高　中	53853	30670	23064	119	794
2010年毕业生数	**161288**	**85865**	**75129**	**294**	**2062**
初　中	98913	50328	48399	186	1200
高　中	62375	35537	26730	108	862

中学教职工、教师分部门人数

单位:人

指　标	全　市	市　区	县　镇	农　村
教职工数	**67277**	**35982**	**31168**	**127**
教育部门办	60847	32832	27888	127
其他部门办	54	54		
民　办	6376	3096	3280	
其中:专任教师数	**50741**	**26412**	**24232**	**97**
教育部门办	46114	23940	22077	97
其他部门办	44	44		
民　办	4583	2428	2155	

中学专任教师学历情况

指　标	专　任 教师数	研究生 毕业	大学本 科毕业	大学专 科毕业	高中阶 段毕业	高中阶段 毕业以下
初中(人)		**965**		**1841**	**31**	**3**
所占比重(%)	100.00	2.84	91.65	5.41	0.09	0.01
高中(人)		**1385**		**61**		
所占比重(%)	100.00	8.28	91.36	0.36		

中学专任教师职称情况

指　标	专任教师数 (人)	中学高级	中学一级	中学二级	中学三级	未评职称
初中(人)	**34012**	**3797**		**10285**	**57**	**1313**
所占比重(%)	100.00	11.16	54.57	30.24	0.17	3.86
高中(人)	**16729**	**5297**	**7533**	**3531**	**16**	**352**
所占比重(%)	100.00	31.66	45.03	21.11	0.10	2.10

中学专任教师年龄情况

指　标	专任教师数 (人)	30岁及以下	31～40岁	41～50岁	51～60岁	61岁及以上
初中(人)	**34012**	**9394**	**13656**	**8108**	**2740**	**114**
所占比重(%)	100.00	27.62	40.15	23.84	8.06	0.34
高中(人)	**16729**	**4034**	**6695**	**4605**	**1227**	**168**
所占比重(%)	100.00	24.11	40.02	27.53	7.33	1.00

中学占地和校舍建筑面积数

单位:万平方米

指　标	全　市	市　区	县　镇	农　村
学校占地面积	2043.93	773.05	1268.56	2.32
# 体育运动场(馆)面积	604.47	241.20	362.60	0.67
校舍建筑面积	1194.34	593.91	599.31	1.12

分区县高中分年级在校生情况

单位：人

指　　标	毕业生数	招生数	高中在校生	一年级	二年级	三年级
全市合计	**62375**	**53853**	**168899**	**54207**	**55750**	**58942**
市区小计	**58934**	**51412**	**160118**	**51755**	**52719**	**55644**
黄浦区	2673	2501	7281	2512	2287	2482
卢湾区	871	900	2570	900	883	787
徐汇区	4348	4050	12139	4067	4012	4060
长宁区	2345	1808	5803	1820	1916	2067
静安区	1630	1465	4258	1468	1334	1456
普陀区	3420	2703	8794	2732	2887	3175
闸北区	3256	2400	7905	2404	2646	2855
虹口区	3634	2861	9313	2890	3034	3389
杨浦区	4681	3827	12109	3828	3990	4291
闵行区	3946	3524	11250	3527	3760	3963
宝山区	3578	3170	9868	3200	3302	3366
嘉定区	1962	1996	6029	2025	1975	2029
浦东新区	12843	11488	35112	11540	11529	12043
金山区	2494	2236	7413	2293	2427	2693
松江区	2595	2299	7237	2333	2435	2469
青浦区	2349	2057	6531	2066	2146	2319
奉贤区	2309	2127	6506	2150	2156	2200
郊县小计	**3441**	**2441**	**8781**	**2452**	**3031**	**3298**
崇明县	3441	2441	8781	2452	3031	3298

分区县初中分年级在校生情况

单位：人

指　　标	毕业生数	招生数	初中在校生	一年级	二年级	三年级	四年级
全市合计	**98913**	**109424**	**425463**	**109691**	**111580**	**106326**	**97866**
市区小计	**94389**	**106034**	**409741**	**106297**	**107700**	**102269**	**93475**
黄浦区	2857	2675	11099	2678	2675	2879	2867
卢湾区	1362	1284	5081	1284	1333	1240	1224
徐汇区	6047	6319	25580	6342	6684	6453	6101
长宁区	3369	3362	14106	3392	3622	3648	3444
静安区	2225	2152	8473	2153	2165	2094	2061
普陀区	4698	5297	20387	5321	5273	5247	4546
闸北区	5069	4196	17698	4196	4820	4353	4329
虹口区	4254	4182	17413	4196	4458	4484	4275
杨浦区	5667	5808	23590	5819	6000	5951	5820
闵行区	6627	8879	30775	8901	7860	7341	6673
宝山区	6330	8342	29915	8393	7834	7322	6366
嘉定区	4244	4945	17655	4962	4563	4196	3934
浦东新区	23234	29105	105681	29129	27550	25977	23025
金山区	4697	3787	16920	3787	4345	4372	4416
松江区	5165	5452	23973	5471	6842	6176	5484
青浦区	3889	4362	18281	4373	5217	4723	3968
奉贤区	4655	5887	23114	5900	6459	5813	4942
郊县小计	**4524**	**3390**	**15722**	**3394**	**3880**	**4057**	**4391**
崇明县	4524	3390	15722	3394	3880	4057	4391

分区县中学基本情况

单位：人

指　　标	学校数(所)	完全中学	高级中学	初级中学	一贯制学校	初高中学生数	教职工数	#专任教师	初　中	高　中
全市合计	**755**	**130**	**131**	**347**	**147**	**594362**	**67277**	**50741**	**34012**	**16729**
市区小计	**716**	**121**	**126**	**325**	**144**	**569859**	**63924**	**48383**	**32441**	**15942**
黄浦区	23	6	6	9	2	18380	2472	1634	897	737
卢湾区	14	1	3	8	2	7651	1136	826	500	326
徐汇区	39	10	8	20	1	37719	4400	3253	1985	1268
长宁区	26	6	4	15	1	19909	2576	1781	1205	576
静安区	15	4	3	6	2	12731	1674	1126	673	453
普陀区	47	11	6	15	15	29181	3731	2413	1593	820
闸北区	36	8	6	18	4	25603	3256	2225	1446	779
虹口区	41	4	12	19	6	26726	3125	2447	1480	967
杨浦区	54	8	11	27	8	35699	4366	3337	2033	1304
闵行区	59	8	10	27	14	42025	5321	4108	2881	1227
宝山区	55	6	8	27	14	39783	3979	3265	2343	922
嘉定区	32	5	5	14	8	23684	2777	2076	1479	597
浦东新区	151	34	24	71	22	140793	13453	11067	7588	3479
金山区	30	1	7	19	3	24333	2775	2087	1408	679
松江区	32	7	3	7	15	31210	3444	2429	1773	656
青浦区	25	1	4	13	7	24812	2452	1980	1430	550
奉贤区	37	1	6	10	20	29620	2987	2329	1727	602
郊县小计	**39**	**9**	**5**	**22**	**3**	**24503**	**3353**	**2358**	**1571**	**787**
崇明县	39	9	5	22	3	24503	3353	2358	1571	787

实验性示范性中学(含重点及现代寄宿制)基本情况

单位：人

指　　标	总　计	市实验性示范性	市区	郊县	区县重点	市区	郊县
学校数(所)	**128**	**53**	**52**	**1**	**73**	**71**	**2**
班数(个)	**4063**	**1737**	**1691**	**46**	**2326**	**2252**	**74**
初　中	761	69	69		692	692	
高　中	3302	1668	1622	46	1634	1560	74
毕业生数	**50383**	**22469**	**21874**	**595**	**27914**	**26926**	**988**
初　中	7570	755	755		6815	6815	
高　中	42813	21714	21119	595	21099	20111	988
招生数	**45311**	**20560**	**19978**	**582**	**24751**	**23871**	**880**
初　中	7086	610	610		6476	6476	
高　中	38225	19950	19368	582	18275	17395	880
在校学生数	**146720**	**62615**	**60711**	**1904**	**84105**	**81078**	**3027**
初　中	28606	2329	2329		26277	26277	
高　中	118114	60286	58382	1904	57828	54801	3027

（续上表）

指　　标	总　计	市实验性示范性	市区	郊县	区县重点	市区	郊县
2009年预计毕业生数	**47584**	**20866**	**20230**	**636**	**26718**	**25669**	**1049**
初　中	7047	512	512		6535	6535	
高　中	40537	20354	19718	636	20183	19134	1049
教职工数	**18757**	**8824**	**8586**	**238**	**9933**	**9582**	**351**
其中：专任教师	14157	6484	6323	161	7673	7419	254
初　中	2235	260	260		1975	1975	
高　中	11922	6224	6063	161	5698	5444	254
学校占地面积(万平方米)	**619.94**	**369.50**	**354.40**	**15.10**	**250.44**	**236.11**	**14.33**
学校建筑面积(万平方米)	**391.25**	**227.01**	**219.91**	**7.10**	**164.24**	**157.67**	**6.57**

职业高中学校专任教师学历情况

单位：人

指　　标	合　计	研究生	大学本科	大学专科	高中阶段及以下
专任教师(人)	**2850**	**128**	**2648**	**67**	**7**
正高级	3	1	2		
副高级	416	21	392	3	
中　级	1608	56	1524	28	
初　级	715	39	656	20	
无职称	108	11	74	16	7

职业高中学校专任教师年龄、职称情况

单位：人

指　　标	专任教师	30岁及以下	31～40岁	41～50岁	51～60岁	61岁及以上
总　计	**2850**	**541**	**1158**	**773**	**373**	**5**
正高级	3		1			2
副高级	416		86	226	101	3
中　级	1608	70	793	500	245	
初　级	715	393	266	36	20	
无职称	108	78	12	11	7	

职业高中(班)基本情况

单位：人

指　　标	学校数（所）	毕业生数	招生数	在校生数	预　计毕业生	教职工数	#专任教师
总　计	**26**	**13738**	**12161**	**37622**	**12669**	**4321**	**2850**
中央部门办							
地方教育部门	23	13093	11585	35986	12079	4253	2810
地方非教育部门	1	302	151	545	238	19	15
民　办	2	343	425	1091	352	49	25
农林牧渔类		275	88	255	92		
资源环境类							
能源与新能源类							

（续上表）

指标	学校数（所）	毕业生数	招生数	在校生数	预计毕业生	教职工数	#专任教师
土木水利类		31					
加工制造类		1806	1004	4152	1628		
石油化工类							
轻纺食品类		17	87	174	16		
交通运输类		2445	2413	7372	2372		
信息技术类		1295	1368	4144	1519		
医药卫生类			23	103	40		
休闲保健类		6	117	250	49		
财经商贸类		3263	2377	8155	2786		
旅游服务类		1990	2180	6042	1977		
文化艺术类		1675	1349	3766	1205		
体育与健身			42	113	43		
教育类							
司法服务类							
公共管理与服务类		935	1113	3096	942		
其他							

分区县职业高中学校（班）基本情况

单位：人

指标	学校数（所）	毕业生数	招生数	在校学生数	预计毕业生	教职工数	#专任教师
全市合计	**26**	**13738**	**12161**	**37622**	**12669**	**4321**	**2850**
市区小计	**25**	**12452**	**11678**	**34864**	**11351**	**4024**	**2650**
黄浦区	2	574	530	1703	679	438	229
卢湾区	2	635	667	1705	487	170	121
徐汇区	2	1082	734	2417	898	303	203
长宁区	2	556	645	1809	546	239	128
静安区	1	605	426	1378	464	247	154
普陀区	1	361	343	932	310	204	116
闸北区	1	225	406	1137	320	162	105
虹口区	1	1677	1103	4536	1738	390	262
杨浦区	1	637	517	1545	505	169	114
闵行区	1	566	581	1600	477	180	113
宝山区	2	548	1036	2769	863	227	116
嘉定区	1		132	132		80	48
浦东新区	5	3946	3936	11308	3407	806	644
金山区			204	316			
松江区	2	851	305	1090	458	340	258
青浦区	1	133	97	323	123	69	39
奉贤区		56	16	164	76		
郊县小计	**1**	**1286**	**483**	**2758**	**1318**	**297**	**200**
崇明县	1	1286	483	2758	1318	297	200

小学校数、班数、学生数、教职工数

指　　标	全市	教育部门	其他部门	民办	另有:后方基地
学校数(所)	**766**	**581**	**1**	**184**	**7**
班数(班)	**18914**	**15150**	**17**	**3747**	**156**
学生数(人)	**701578**	**536789**	**583**	**164206**	**4758**
一年级	150766	115307	120	35339	1087
二年级	138848	107846	104	30898	1008
三年级	138607	108393	109	30105	968
四年级	132883	104222	97	28564	912
五年级	129088	101021	153	27914	783
六年级	11386			11386	
教职工数(人)	**55843**	**46325**	**49**	**9469**	**566**
#专任教师数	45239	38015	43	7181	493

小学专任教师学历情况

指　　标	合计(人)	大学本科毕业及以上	大学专科毕　业	高中阶段毕　业	高中阶段毕业以下
专任教师(人)	45239	26102	16130	2915	92
所占比重(%)	100.00	57.70	35.66	6.44	0.20

小学专任教师年龄、职称情况

单位:人

指　　标	专任教师	30岁及以下	31～40岁	41～50岁	51～60岁	61岁及以上
总　计	**45239**	**12183**	**20297**	**9413**	**3038**	**308**
中学高级教师	689	1	262	285	114	27
小学高级教师	24645	466	13753	7762	2447	217
小学一级教师	14176	7566	5383	873	318	36
小学二级教师	388	176	108	70	29	5
小学三级教师	90	51	19	17	2	1
未评职称	5251	3923	772	406	128	22

小学占地和校舍建筑面积数

单位:万平方米

指　标	学校占地面积	运动场(馆)面积	校舍建筑面积
全　市	**873.40**	**296.33**	**478.69**
市　区	313.33	100.13	228.56
县　镇	540.87	188.42	242.88
农　村	19.20	7.78	7.25

分区县小学基本情况

单位:人

指　标	学校数(所)	毕业生数	招生数	在校学生数	一年级	二年级	三年级	四年级	五年级	六年级	教职工数	#专任教师
全市合计	**766**	**124353**	**150465**	**701578**	**150766**	**138848**	**138607**	**132883**	**129088**	**11386**	**55843**	**45239**
市区小计	**729**	**120594**	**146386**	**682493**	**146664**	**135162**	**135146**	**129194**	**125313**	**11014**	**53365**	**43386**

（续上表）

指　标	学校数（所）	毕业生数	招生数	在校学生数	一年级	二年级	三年级	四年级	五年级	六年级	教职工数	#专任教师
黄浦区	18	2411	2170	10904	2170	2057	2131	2267	2279		1439	1046
卢湾区	13	1320	1314	6690	1315	1243	1361	1337	1434		903	642
徐汇区	42	5993	6197	30395	6199	5699	5939	6204	6354		2653	2231
长宁区	25	3376	3680	18200	3686	3441	3608	3694	3771		1936	1485
静安区	12	1805	1773	8846	1773	1743	1706	1818	1806		1113	701
普陀区	27	5740	5527	27752	5531	5079	5562	5719	5861		2285	1692
闸北区	34	4216	4249	20456	4249	3835	4057	4171	4144		2106	1523
虹口区	34	4164	4174	20629	4174	4057	4124	4099	4175		2116	1787
杨浦区	44	5850	5064	26537	5064	4886	5410	5469	5708		2699	2328
闵行区	61	12570	16023	73202	16027	14697	14693	13339	12840	1606	5333	4347
宝山区	72	11204	12986	60214	12990	12054	11846	11354	11033	937	4491	3844
嘉定区	40	5707	9112	43749	9131	9000	8628	7900	7197	1893	2855	2301
浦东新区	164	31086	36485	165009	36491	33054	33233	31346	30885		11645	10086
金山区	32	4347	5989	27097	5992	5473	5424	4947	4744	517	2249	1668
松江区	33	7624	11714	54081	11863	10689	10429	9699	8795	2606	3292	2724
青浦区	45	5864	9730	41848	9742	8371	8010	7293	6434	1998	3127	2350
奉贤区	33	7317	10199	46884	10267	9784	8985	8538	7853	1457	3123	2631
郊县小计	**37**	**3759**	**4079**	**19085**	**4102**	**3686**	**3461**	**3689**	**3775**	**372**	**2478**	**1853**
崇明县	37	3759	4079	19085	4102	3686	3461	3689	3775	372	2478	1853

幼儿园基本情况

指　标	全　市	教育部门	集体办	其他部门	民　办	另有基地
独立幼儿园（所）	1252	783	44	29	396	4
班数（班）	13421	9237	325	275	3584	46
幼儿数（人）	400314	283145	10620	7450	99099	1549
教职工数（人）	40855	24687	903	1094	14171	171
＃专任教师数	26724	18528	528	507	7161	91

幼儿园园长、教师学历情况

指　标	合　计	大学本科、毕业及以上	大学专科毕业	高中阶段毕业	高中阶段毕业以下	合计中：幼教专业毕业
园长（人）	1745	1236	461	47	1	1568
所占比重（%）	100.00	70.83	26.42	2.69	0.06	89.86
专任教师（人）	26724	12279	12733	1646	66	20421
所占比重（%）	100.00	45.95	47.65	6.16	0.25	76.41

幼儿园园长、教师职称情况

指　标	中学高级	小学高级	小学一级	小学二级	小学三级	未评职称
园　长（人）	279	1196	154	15	8	93
所占比重（%）	15.99	68.54	8.83	0.86	0.46	5.33
专任教师（人）	120	7715	8976	2184	198	7531
所占比重（%）	0.45	28.87	33.59	8.17	0.74	28.18

分区县幼儿园基本情况

单位:人

指　　标	园数（所）	实际办园点数	入　园幼儿数	离　园幼儿数	在　园幼儿数	教职工数	#专任教师	占地面积万平方米	校舍面积万平方米
全市合计	**1252**	**1709**	**144540**	**104562**	**400314**	**40855**	**26724**	**652.64**	**429.73**
市区小计	**1213**	**1660**	**139928**	**101231**	**389747**	**39893**	**26030**	**631.89**	**418.19**
黄浦区	31	41	2104	2042	7002	908	522	3.83	5.08
卢湾区	15	25	1031	821	3394	458	265	2.85	2.89
徐汇区	86	107	6073	5214	20370	2552	1444	26.91	17.42
长宁区	40	62	3511	3298	12258	1273	825	30.52	13.50
静安区	20	28	1511	1320	4560	741	356	4.98	4.86
普陀区	75	110	7798	6016	23813	2209	1442	29.71	22.30
闸北区	54	73	4588	3606	13750	1559	1006	17.18	13.75
虹口区	56	73	3501	3527	12504	1342	854	16.27	12.70
杨浦区	85	110	6437	5080	20061	1915	1391	27.54	21.28
闵行区	143	190	19267	11210	49803	6625	3652	85.31	54.98
宝山区	125	137	11450	9610	37916	3661	2384	57.19	37.66
嘉定区	50	80	7409	5447	19939	1835	1333	41.71	25.25
浦东新区	224	335	31591	21932	83313	7524	5543	152.38	103.89
金山区	31	44	5575	4381	13370	1167	854	32.06	17.01
松江区	73	95	13036	6930	26749	2303	1498	37.15	24.40
青浦区	46	73	7003	4589	18185	1546	1220	30.80	19.13
奉贤区	59	77	8043	6208	22760	2275	1441	35.49	22.10
郊县小计	**39**	**49**	**4612**	**3331**	**10567**	**962**	**694**	**21**	**12**
崇明县	39	49	4612	3331	10567	962	694	20.76	11.54

分区县托儿所基本情况

指　　标	独立设置托儿所（所）	班数（个）	托儿数（人）	教职工数（人）	#教养员
全市合计	**40**	**351**	**8387**	**1079**	**671**
市区小计	**40**	**351**	**8387**	**1079**	**671**
黄浦区	1	13	339	38	37
卢湾区		6	183	37	28
徐汇区	2	12	280	32	16
长宁区	4	42	917	219	155
静安区	2	17	394	59	41
普陀区	1	11	284	14	1
闸北区	1	11	219	19	14
虹口区	5	62	1560	111	70
杨浦区	3	31	807	26	17
闵行区					
宝山区					
嘉定区	1	8	205	35	17
浦东新区	13	105	2488	315	199

（续上表）

指标	独立设置托儿所(所)	班数(个)	托儿数(人)	教职工数(人)	#教养员
金山区	2	19	436	108	53
松江区	5	14	275	66	23
青浦区					
奉贤区					
郊县小计					
崇明县					

特殊教育学校基本情况

单位：人

指标	学校数(所)	班数(个)	学生数	教职工数	#专任教师
总计	**29**	**472**	**8811**	**1596**	**1143**
视力残疾	—	21	238	—	—
听力残疾	—	69	781	—	—
智力残疾	—	382	7566	—	—
其他残疾	—	—	226	—	—
盲校	1	21	181	109	46
聋哑学校	3	45	473	205	129
弱智学校	23	334	3718	1098	836
其他学校	2	44	473	143	97
小学附设特教班	—	17	90	29	25
中学附设特教班	—	11	101	12	10
小学随班就读	—	—	1582	—	—
中学随班就读	—	—	2193	—	—

注：1. 其他学校指对两类以上残疾人进行教育的学校。
2. 随班就读学生是普通中、小学学生的其中数，不计入独立的特教校班数据中。

工读学校基本情况

单位：人

指标	学校数(所)	班数(个)	学生数	教职工数	#专任教师
全市合计	**13**	**130**	**2742**	**554**	**406**
市区小计	**12**	**117**	**2470**	**489**	**351**
黄浦区					
卢湾区	1	6	33	34	22
徐汇区	1	5	70	31	22
长宁区	1	3	36	25	16
静安区	1	6	31	39	24
普陀区	1	4	16	41	30
闸北区	1	11	221	47	29
虹口区	1	13	295	25	18

（续上表）

指　　标	学校数（所）	班数（个）	学生数	教职工数	#专任教师
杨浦区	1	8	220	26	16
闵行区	1	7	120	41	32
宝山区	1	13	142	42	29
嘉定区	1	2	50	31	21
浦东新区	1	39	1236	107	92
金山区					
松江区					
青浦区					
奉贤区					
郊县小计	**1**	**13**	**272**	**65**	**55**
崇明县	1	13	272	65	55

成人本、专科分形式学生数

单位：人

指　标	毕业生数	本科	招生数	本科	在校生数	本科	预计毕业生数	本科
总　计	**68820**			**44387**	**198581**	**134110**		**39847**
函　授	6594	4752	4079	3318	12644	9324	3778	2714
业　余	59828	33566	61220	41069	182936	122313	54897	35546
脱　产	2398	1473	58		3001	2473	1990	1587

注：含普通高校举办的成人本专科及独立设置的成人高校学生。

网络本、专科学生数

单位：人

指　标	毕业生数	本科	招生数	本科	在校生数	本科
总　计	**50315**	**14873**	**53438**	**13735**	**151609**	**43727**
成人生	50315	14873	53438	13735	151609	43727
另有自考助学班学生			21147			

普通高校函授部、夜大学、成人脱产班分科学生数

单位：人

指　标	毕业生数	#本科	招生数	#本科	在校生数	#本科
总　计	**61103**	**39791**	**60228**	**44387**	**184466**	**134110**
哲　学	234		56	56	258	163
经济学	5087	3894	5415	4231	17212	14191
法　学	4350	4003	3943	3810	12020	11403
教育学	2941	2351	2245	1737	5614	4322
文　学	7187	5282	7020	5877	22960	18996
历史学						
理　学	773	609	810	743	2824	2500
工　学	9774	6512	9521	7059	29221	19751
农　学	576	454	473	262	1143	637
医　学	4161	2462	5439	3903	16730	11192
管理学	26020	14224	25306	16709	76484	50955

独立设置的成人高等学校分科学生数

单位:人

指　标	毕业生数	#本科	招生数	#本科	在校学生数	#本科
总　计	**7717**		**5129**		**14115**	
哲　学						
经济学	871		572		1993	
法　学	107		48		114	
教育学	78		36		116	
文　学	730		603		1308	
历史学						
理　学						
工　学	357		416		1123	
农　学	90		9		9	
医　学	354		281		1204	
管理学	5130		3164		8248	

独立设置的成人高等学校专任教师学历情况

单位:人

指　　标	总　计	正高级	副高级	中　级	初　级	无职称
专任教师数	**1051**	**26**	**218**	**613**	**178**	**16**
博士生毕业	20	4	8	6	1	1
硕士生毕业	282	7	64	147	56	8
大学本科毕业	726	14	146	446	113	7
大学专科毕业及以下	23	1		14	8	

职业技术培训机构基本情况

单位:万人次

指　　标	学校数(所)	教学班(点)(个)	结业生数	注　册学生数	教职工数(人)	#专任教师	聘请校外教师(人)
总　计	**787**	**37185**	**180.27**	**187.43**	**14471**	**6468**	**15381**
职工技术培训学校	**22**	**1628**	**9.72**	**9.51**	**1440**	**1027**	**580**
教育部门办和集体办	12	1322	6.94	6.64	1304	969	302
其他部门办	7	284	2.53	2.62	74	19	239
民办	3	22	0.25	0.26	62	39	39
农村技术培训学校	**118**	**8022**	**59.72**	**54.58**	**857**	**602**	**1993**
教育部门办和集体办	116	7916	58.63	53.49	846	591	1977
县办	41	2246	17.70	15.96	416	350	485
乡办	74	5637	40.12	36.72	406	234	1475
村办	1	33	0.81	0.81	24	7	17
其他部门办	2	106	1.09	1.09	11	11	16
民办							
其他培训机构	**647**	**27535**	**110.83**	**123.34**	**12174**	**4839**	**12808**
教育部门办和集体办	23	1984	12.82	12.98	1091	778	628
其他部门办	39	2458	12.85	13.06	512	190	930
民办	585	23093	85.16	97.30	10571	3871	11250

说明:表中结业生数、注册学生数均指一学年内的累计数。

校外教育单位和教职工数

单位：人

	少年宫		少年科技站		少年之家	
	单位数(所)	教职工数	单位数(所)	教职工数	单位数(所)	教职工数
全市合计	**16**	**1116**	**4**	**180**	**3**	**84**
市区小计	**15**	**1060**	**4**	**180**	**2**	**69**
黄浦区	1	80				
卢湾区						
徐汇区	1	94				
长宁区	1	49	1	32		
静安区	1	102				
普陀区	1	95				
闸北区	1	18	1	36	1	39
虹口区	1	57				
杨浦区	1	45	1	41		
闵行区	1	39		32		
宝山区	1	55	1	39		
嘉定区	1	61			1	30
浦东新区	1	183				
金山区	1	84				
松江区	1	52				
青浦区	1	46				
奉贤区						
郊县小计	**1**	**56**			**1**	**15**
崇明县	1	56			1	15

近年划转地方管理的高校名单

学校名称	原主管部门	划转部门
上海海洋大学	农业部	上海市
上海电力学院	电力公司	上海市
上海海事大学	交通部	上海市
华东政法大学	司法部	上海市
上海音乐学院	文化部	上海市
上海戏剧学院	文化部	上海市
上海体育学院	体育总局	上海市
上海旅游高等专科学校	旅游局	上海市
上海医疗器械高等专科学校	药品监管局	上海市
上海出版印刷高等专科学校	新闻出版总署	上海市
上海金融学院	中国人民银行	上海市

共建高校名单

（以国家教育部为主管理的）

学校名称	主管部门	共建部门	共建签约日期
复旦大学	教育部	上海市	1994.5.6
上海交通大学	教育部	上海市	1994.5.6
同济大学	教育部	上海市	1995.10.10
华东师范大学	教育部	上海市(为主)	1997.4.10
华东理工大学	教育部	上海市	1997.10.27
上海外国语大学	教育部	上海市(为主)	1994.5.6
东华大学	教育部	上海市(重大事项以中央为主,日常管理以地方为主)	1997.10.31
上海财经大学	教育部	上海市	1995.12.27

普通高等学校基本情况一览表(一)

单位:人

指标	专业(个)	在校研究生	普通本专科								
			#专业学位	毕业生	#本科	招生	#本科	在校生	#本科	预计毕业生	#本科
总计	**2159**	**105711**	**21940**	**133716**	**78331**	**144649**		**515661**	**354940**	**144592**	
部委属高校	**495**	**76915**	**18421**	**28381**	**27230**	**27536**		**115384**	**112652**	**29353**	
复旦大学	72	13851	3198	3401	3256	3286	3046	13237	12561	3497	3296
上海交通大学	65	16699	3911	4685	4685	3891	3891	17766	17766	4799	4799
同济大学	83	15791	4098	5065	4965	4678	4580	19890	19599	4837	4741
华东理工大学	59	7551	1340	4112	4112	4003	4003	18102	18102	4596	4596
东华大学	60	5924	1401	3561	3561	3744	3744	14879	14879	3685	3685
华东师范大学	71	10448	1937	3411	3126	3631	3531	14731	14223	3652	3442
上海外国语大学	40	1694	241	1807	1562	1856	1560	7012	6121	1831	1545
上海财经大学	36	4957	2295	1963	1963	1958	1958	7937	7937	2013	2013
上海海关学院	9			376		489	427	1830	1464	443	203
市属院校	**1664**	**28796**	**3519**	**105335**	**51101**	**117113**		**400277**	**242288**	**115239**	
本科院校	**978**	**28796**	**3519**	**65703**	**51101**	**76582**		**279782**	**242288**	**74062**	
上海理工大学	60	4186	319	3829	3622	4896	4674	17450	16781	4357	4130
上海大学	99	8073	949	8232	6109	7280	5935	29897	25547	9330	7343
上海工程技术大学	51	293		3943	3203	4780	3959	17400	14925	4868	4052
上海中医药大学	15	1508	493	1222	787	1060	776	5026	3838	1291	813
上海师范大学	90	4625	166	5168	4704	6164	5632	23733	22297	6116	5642
上海对外贸易学院	30	869	46	2191	2054	2595	2449	9589	9149	2394	2249
上海应用技术学院	62	67		2909	2182	5111	4312	16723	14460	3743	2988
上海海事大学	55	2386	232	3572	2719	5299	4329	18188	15470	4333	3439
上海电力学院	32	323		2609	2477	2753	2711	10787	10586	2698	2632
上海海洋大学	48	1668	37	2926	2776	3547	3216	13091	12340	3272	3105
华东政法大学	22	3366	1109	3164	3164	3171	3171	12567	12567	3429	3429

（续上表）

指标	专业（个）	在校研究生	普通本专科								
			#专业学位	毕业生	#本科	招生	#本科	在校生	#本科	预计毕业生	#本科
上海体育学院	14	782	98	914	914	1042	1042	4008	4008	1002	1002
上海戏剧学院	12	246	35	448	448	484	484	1932	1932	512	512
上海音乐学院	8	404	35	312	312	349	349	1329	1329	288	288
上海杉达学院	28			2638	2115	3097	2567	11136	9351	2817	2193
上海立信会计学院	30			2513	2017	2762	2179	10121	8356	2746	2151
上海电机学院	46			3364	1164	3556	2241	11326	7054	3313	1609
上海金融学院	31			1972	1697	2159	1865	7882	7002	2052	1760
上海政法学院	22			1861	1274	2590	2025	8771	7072	2235	1657
上海第二工业大学	58			2833	1747	3348	2257	11539	8345	3164	2106
上海商学院	68			3052	1200	3230	1885	11131	7062	3221	1745
上海建桥学院	36			2281	666	3222	2269	10536	7197	2596	1223
复旦大学上海视觉艺术学院	11			677	677	854	854	3695	3695	972	972
复旦大学太平洋金融学院				572	572						
上海外国语大学贤达经济人文学院	17			1030	1030	1421	1421	4733	4733	1083	1083
上海师范大学天华学院	22			1202	1202	1812	1812	6429	6429	1467	1467
同济大学同科大学	11			269	269			763	763	763	763
专科院校	**66**			**5114**		**7094**		**18312**		**6004**	
上海医疗器械高等专科学校	19			1238		1500		4138		1291	
上海出版印刷高等专科学校	18			1214		1467		4225		1332	
上海旅游高等专科学校	12			895		1067		3049		977	
上海公安高等专科学校	5			452		1474		2538		1064	
上海医药高等专科学校	12			1315		1586		4362		1340	
高职学院	**615**			**34489**		**33437**		**102183**		**35173**	
上海行健职业学院	24			1730		1663		5059		1721	
上海城市管理职业技术学院	21			1151		1213		3522		1167	
上海交通职业技术学院	22			1391		1600		4468		1461	
上海海事职业技术学院	23			1417		1496		4321		1373	
上海电子信息职业技术学院	26			2316		2295		6826		2271	
上海科学技术职业学院	22			1331		1485		4218		1394	
上海农林职业技术学院	33			1346		1329		4002		1392	
上海工艺美术职业学院	34			1355		1370		3996		1331	

（续上表）

指标	专业（个）	在校研究生	普通本专科							
			#专业学位	毕业生	#本科	招生	#本科	在校生	#本科	预计毕业生	#本科
上海建峰职业技术学院	31			1206		1192		3560		1162	
上海工会管理职业学院	29			1651		1581		4797		1584	
上海体育职业学院	4					147		439		142	
上海健康职业技术学院	8					306		306			
上海东海职业技术学院	33			1614		1589		4783		1544	
上海新侨职业技术学院	20			1647		1660		5188		1791	
上海震旦职业学院	32			1319		1279		4008		1310	
上海民远职业技术学院	21			1013		839		2853		1070	
上海欧华职业技术学院	14			481		604		1664		429	
上海思博职业技术学院	24			1492		1879		5343		1626	
上海立达职业技术学院	22			1604		1513		4728		1653	
上海济光职业技术学院	31			1554		1592		4790		1654	
上海工商外国语职业学院	27			2242		2027		6356		2240	
上海邦德职业技术学院	24			1340		1176		3765		1324	
上海托普信息技术职业学院	20			1586		645		2684		1360	
上海中侨职业技术学院	31			1582		1445		4947		1836	
上海电影艺术职业学院	15			729		788		2364		850	
上海中华职业技术学院	24			1392		724		3196		1488	
其　他	**5**			**29**							
上海科技管理干部学院											
上海市徐汇区业余大学											
上海市长宁区业余大学											
上海市普陀区业余大学											
上海市杨浦区业余大学											
上海纺织工业职工大学											
上海医药职工大学											
上海职工医学院											
上海工商学院	5			29							
上海市经济管理干部学院											
上海青年管理干部学院											
上海市宝山区业余大学											

普通高等学校基本情况一览表(二)

单位:人

指　　标	成人本专科在校生	#本科	教职工数	专任教师数	正副高	研究生学历	占地面积(万平方米)学校产权	占地面积(万平方米)非产权独用	校舍面积(万平方米)学校产权	校舍面积(万平方米)非产权独用
总　计	**184466**	**134110**	**74161**	**39170**	**17670**		**3284.75**	**580.39**	**1659.37**	
部委属高校	**81835**	**68396**	**33316**	**15467**	**9024**		**1284.75**	**185.65**	**760.94**	**79.60**
复旦大学	12334	11148	6212	2424	1523	2160	112.23	130.89	127.87	19.57
上海交通大学	15852	14054	7444	3094	2003	2707	319.81		168.23	0.93
同济大学	12321	10330	6264	3233	1707	2510	257.09		150.13	15.68
华东理工大学	11639	9087	3607	1642	995	1397	176.86		81.64	
东华大学	5083	3920	2724	1247	724	988	121.88		60.68	15.94
华东师范大学	10425	8375	3891	1911	1152	1568	209.58		109.97	3.31
上海外国语大学	5589	4629	1314	729	321	632	14.12	54.63	16.68	19.25
上海财经大学	8592	6853	1589	1044	546	892	48.47	0.13	36.53	4.92
上海海关学院			271	143	53	101	24.71		9.21	
市属院校	**102631**	**65714**	**40845**	**23703**	**8646**		**2000.00**	**394.74**	**898.43**	
本科院校	**91823**	**65714**	**31135**	**18181**	**7308**		**1597.12**	**130.23**	**720.38**	
上海理工大学	4669	3277	2055	1263	499	964	60.25	12.82	51.40	8.24
上海大学	12008	9119	6215	2884	1225	2325	199.17	12.46	101.98	11.68
上海工程技术大学	4938	3140	1542	997	320	751	94.55		37.77	18.68
上海中医药大学	1959	1496	1298	675	227	502	27.67	8.53	20.18	0.90
上海师范大学	14391	10835	2982	1722	793	1212	162.09		77.28	0.64
上海对外贸易学院	949	879	840	570	251	454	48.29	9.53	15.82	12.80
上海应用技术学院	4132	2613	1745	942	368	633	112.34		66.74	0.87
上海海事大学	5215	3431	1910	989	407	806	161.51	4.24	70.25	5.57
上海电力学院	8240	5936	1033	679	257	527	54.62		27.64	9.37
上海海洋大学	6216	3929	1214	892	439	748	127.33		39.40	
华东政法大学	7347	6930	1396	980	369	750	87.61		33.63	
上海体育学院	1073	856	711	399	195	247	39.54		25.70	
上海戏剧学院	908	662	544	285	107	128	12.20		10.21	0.55
上海音乐学院	252	252	530	261	109	140	4.80		9.30	1.28
上海杉达学院			781	541	252	296	49.28	4.53	8.55	16.29
上海立信会计学院	5598	3995	780	504	191	292	35.19	6.47	16.67	9.97
上海电机学院	2188	889	957	558	180	420	35.29		24.59	
上海金融学院	2881	2203	579	399	166	268	35.05	8.93	9.08	10.19
上海政法学院	1570	1061	563	381	140	304	69.93		18.25	
上海第二工业大学	4275	2845	1052	609	243	346	40.90	5.54	21.44	6.55
上海商学院	2682	1269	692	534	204	214	65.48	5.86	20.64	5.50
上海建桥学院	332	97	544	361	129	171		32.47		25.74
复旦大学上海视觉艺术学院			295	168	53	120	49.21			14.27
复旦大学太平洋金融学院										

（续上表）

指　　标	成人本专科在校生	#本科	教职工数	专任教师数	正副高	研究生学历	占地面积（万平方米）学校产权	占地面积（万平方米）非产权独用	校舍面积（万平方米）学校产权	校舍面积（万平方米）非产权独用
上海外国语大学贤达经济人文学院			315	195	42	151	8.66	1.93	7.53	7.27
上海师范大学天华学院			459	326	111	210	16.18	5.87	6.33	8.54
同济大学同科学院			103	67	31	25		11.05		9.35
专科院校	**1735**		**1768**	**1030**	**243**	**349**	**130.41**	**12.84**	**43.24**	**18.91**
上海医疗器械高等专科学校	415		298	191	50	117	16.91	1.70	6.36	5.74
上海出版印刷高等专科学校	380		320	189	52	95	20.71	4.40	5.88	7.01
上海旅游高等专科学校	403		260	145	40	73	22.51		7.48	
上海公安高等专科学校			455	189	36	12	47.52		11.98	0.55
上海医药高等专科学校	537		435	316	65	52	22.76	6.74	11.54	5.61
高职学院	**9073**		**7942**	**4492**	**1095**	**1530**	**272.47**	**251.67**	**134.81**	
上海行健职业学院	851		249	172	35	67	7.08	4.24	9.11	2.14
上海城市管理职业技术学院	1384		431	199	40	43	21.21		9.76	
上海交通职业技术学院	379		410	266	63	55	27.00		14.48	
上海海事职业技术学院	364		304	159	30	43	12.48	5.40	7.32	5.34
上海电子信息职业技术学院	414		354	221	47	67	30.83		15.73	
上海科学技术职业学院			220	135	40	58	21.40		11.86	
上海农林职业技术学院			290	198	52	80	38.45		10.37	
上海工艺美术职业学院	160		306	194	55	35	19.22	4.04	7.35	4.04
上海建峰职业技术学院	250		239	158	55	45	13.22		9.49	
上海工会管理职业学院	653		278	215	45	88	28.60		10.82	
上海体育职业学院	500		539	212	80	17	9.36		4.72	
上海健康职业技术学院	2790		228	115	37	48	11.65		4.71	
上海东海职业技术学院	115		359	146	61	51	12.66		9.46	
上海新侨职业技术学院			310	121	27	50	8.06	12.86	3.77	4.73
上海震旦职业学院	348		435	214	76	96		13.32		8.80
上海民远职业技术学院			276	147	39	83		10.66		6.24
上海欧华职业技术学院			200	84	17	40		11.84		12.39
上海思博职业技术学院	286		268	191	48	63		33.19		10.65
上海立达职业技术学院			319	164	16	73		26.00		11.83
上海济光职业技术学院			265	139	51	52	11.25	3.34	5.86	4.09
上海工商外国语职业学院	301		399	304	62	144		20.58		19.84
上海邦德职业技术学院	202		272	149	30	57		14.92		7.27
上海托普信息技术职业学院			235	110	12	21		23.66		10.39
上海中侨职业技术学院	76		274	173	31	63		15.49		11.84
上海电影艺术职业学院			200	143	28	45		26.68		6.93
上海中华职业技术学院			282	163	18	46		25.45		8.65
其　他										
上海科技管理干部学院										

（续上表）

指标	成人本专科在校生		教职工数				占地面积（万平方米）		校舍面积（万平方米）	
		#本科		专任教师数	正副高	研究生学历	学校产权	非产权独用	学校产权	非产权独用
上海市徐汇区业余大学										
上海市长宁区业余大学										
上海市普陀区业余大学										
上海市杨浦区业余大学										
上海机电工业职工大学										
上海纺织工业职工大学										
上海医药职工大学										
上海职工医学院										
上海工商学院										
上海市经济管理干部学院										
上海青年管理干部学院										
上海市宝山区业余大学										

成人高校基本情况一览表

指标	学生情况				教职工数				占地面积（平方米）		校舍面积（平方米）	
	毕业生	招生	在校生	预计毕业生		#专任教师数	正高	副高	学校产权	非产权独用	学校产权	非产权独用
总计	**7717**	**5129**	**14115**	**3511**	**2037**	**1051**	**26**	**218**	**817384**	**14780**	**636932**	**65009**
中央所属学校												
海关管理干部学院												
地方所属学校												
上海科技管理干部学院	203	69	426	183	106	38	3	5	25610		25142	7543
上海市黄浦区业余大学	998	485	1054	583	117	63	1	7	24000		29787	6996
上海市卢湾区业余大学	611	204	570	61	76	35		7	22960		16384	
上海市徐汇区业余大学	744	400	985	150	91	61	1	12	40325		22553	
上海市长宁区业余大学	520	642	1073	11	76	43		7	23581		35732	
上海市静安区业余大学	755	463	839	0	96	73		4	48576		59763	786
上海市普陀区业余大学	779	674	1431	48	105	61	2	13	40266		31137	
上海市虹口区业余大学	275	332	925	324	90	52		8	21730	128	30135	3694
上海市杨浦区业余大学	436	260	626	52	133	75	1	22	76935		46750	
上海市宝山区业余大学	682	560	1542	444	118	60		7	29700		30857	
上海纺织工业职工大学	70	50	303	118	138	51		6	29049		38134	
上海医药职工大学	387	312	1360	358	148	107		25	193802		64759	21190
上海电视大学	9				356	150	14	35	55936		72975	
上海工商学院	247	206	732	274	125	70		27	58044	14652	29133	24800
上海市经济管理干部学院	575	286	1303	500	162	43	2	19	24333		45551	
上海青年管理干部学院	426	186	946	405	100	69	2	14	102537		58140	

实验性示范性中学名单

单位：所

地区	市实验性示范性中学		区重点中学	
	校数	校名	校数	校名
全市合计	**53**		**73**	
市区小计	**52**		**71**	
黄浦区	5	格致中学 光明中学 大同中学 上外附属大境中学 敬业中学	1	市八中学
卢湾区	2	卢湾中学 向明中学	1	五爱中学
徐汇区	6	市二中学 南洋中学 南洋模范中学 上海中学 上师大附中 位育中学	5	徐汇中学 第四中学 中国中学 五十四中学 西南位育
长宁区	2	市三女中 延安中学	5	复旦中学 华政附中 天山中学 仙霞中学 建青实验学校
静安区	3	华东模范中学 市西中学 育才中学	4	市一中学 上戏附中 七一中学 民立中学
普陀区	3	*宜川中学 *曹杨二中 晋元中学	5	同济二附中 甘泉外国语 曹杨中学 长征中学 桐柏中学
闸北区	4	市北中学 市六十中学 新中中学 回民中学	4	风华中学 彭浦中学 久隆模范中学 田家炳中学
虹口区	4	北郊中学 *上外附中 华师大一附中 复兴中学	4	北虹中学 澄衷中学 继光中学 虹口中学
杨浦区	5	杨浦中学 控江中学 复旦附中 同济一附中 交大附中	7	市东中学 上理工附中 中原中学 财大附中 少云中学 同济中学 复旦实验中学

（续上表）

地　区	市实验性示范性中学		区重点中学	
	校　数	校　名	校　数	校　名
闵行区	2	闵行中学 七宝中学	5	莘庄中学 闵行二中 莘格中学 文来中学 田园中学
宝山区	3	吴淞中学 行知中学 * 上大附中	1	罗店中学
嘉定区	1	嘉定一中	3	上大嘉定外国语 嘉定二中 安亭中学
浦东新区	6	洋泾中学 上海市实验学校 进才中学 建平中学 华师大二附中 南汇中学	18	东昌中学 上南中学 香山中学 建平世纪中学 川沙中学 新川中学 高桥中学 北蔡中学 浦东中学 陆行中学 高行中学 上外附属浦东外国语 杨思中学 三林中学 南汇一中 周浦中学 新场中学 大团中学
金山区	2	华师大三附中 金山中学	4	上师大二附中 枫泾中学 张堰中学 亭林中学
松江区	1	松江二中	1	松江一中
青浦区	2	青浦中学 朱家角中学	1	青浦一中
奉贤区	1	奉贤中学	2	致远中学 曙光中学
郊县小计	**1**		**2**	
崇明县	1	* 崇明中学	2	扬子中学 民本中学

注：* 为原市重点中学或现代化寄宿制高中。

民办、公立转制中学名单

单位:所

<table>
<tr><th rowspan="2">地 区</th><th colspan="2">民 办 中 学</th></tr>
<tr><th>校 数</th><th>校 名</th></tr>
<tr><td>全市合计</td><td>111</td><td></td></tr>
<tr><td>黄 浦 区</td><td>4</td><td>明珠中学
东元中学
立达中学
锦绣园中学(十二)</td></tr>
<tr><td>卢 湾 区</td><td>2</td><td>震旦外国语中学
卢湾区永昌学校(九)</td></tr>
<tr><td>徐 汇 区</td><td>6</td><td>西南高级中学
邦德第四高级中学
西南模范中学
华育中学
西南位育中学
世界外国语中学</td></tr>
<tr><td>长 宁 区</td><td>2</td><td>新世纪中学
新虹桥中学</td></tr>
<tr><td>静 安 区</td><td>1</td><td>上海上外静安外国语中学</td></tr>
<tr><td>普 陀 区</td><td>9</td><td>兰田中学
培佳双语学校(十二)
新黄浦实验学校(九)
侨华中学
玉华中学
桐柏中学
东方曹杨外国语高级中学
进华中学
震旦中学</td></tr>
<tr><td>闸 北 区</td><td>7</td><td>青中初级中学
风范中学
精文中学
田家炳中学
沪北中学
扬波中学
新和中学</td></tr>
<tr><td>虹 口 区</td><td>8</td><td>汇民高级中学
迅行中学
新北郊初级中学
外国语大学第一实验学校
瑞虹高级中学
新华初级中学
新复兴初级中学
新江湾高级中学</td></tr>
<tr><td>杨 浦 区</td><td>12</td><td>存志育海初级中学
沪东外国语高级中学
控江中学附属学校
存志中学
外国语大学沪东外国语学校(九)
杨浦凯慧初级中学
外国语大学附属双语学校(九)
东光明中学
杨浦实验学校
兰生复旦中学
同济大学实验学校(九)
交大飞达初级中学</td></tr>
</table>

（续上表）

地　区	民办中学	
	校数	校　　名
闵行区	11	文绮中学 燎原实验学校（十二） 教科实验中学 协和双语尚音学校（九） 信宏中学 上宝中学 文来中学 复旦万科实验学校（九） 协和双语高级中学 协和双语学校（九） 上师初级中学
宝山区	8	和衷中学 行知二中 建峰职院附属高中 日日学校（九） 锦秋学校（九） 交华中学 行中中学 同洲模范学校（十二）
嘉定区	7	远东学校（十二） 嘉一联合中学 桃李园实验学校（九） 嘉定区怀少学校（九） 外国语大学实验学校（十二） 育英高级中学 嘉定新城初级中学
浦东新区	22	新竹园中学 华洋外国语学校 民远高级中学 浦东交中初级中学 兴知中学 育辛高级中学 常青高级中学 东方阶梯双语学校（九） 前进高级中学 丰华高级中学 外高桥中学 牧阳人学校（十二） 东方世纪学校（十二） 金苹果学校（十二） 张江集团学校 中芯学校（十二） 上师大附属第二外国语（十二） 工商外国语职业学院附中 复旦附中康桥学校（九） 申花学校 尚德实验学校（十二） 平和学校（十二）
金山区	4	金盟学校（九） 师大实验中学 金中中学 交大南洋中学
松江区	4	西外外国语学校（十二） 九峰实验学校 茸一中学 上大附外

（续上表）

地　区	民办中学	
	校　数	校　名
青浦区	1	瑞大学校(九)
奉贤区	1	奉浦学校(十二)
崇明县	3	中华中学 民一中学 大通学校

民办小学名单

地　区	民办小学	
	校　数	校　名
全市合计	**184**	
黄浦区		
卢湾区		
徐汇区	4	徐汇区爱菊小学 徐汇区逸夫小学 世界外国语小学 盛大花园小学
长宁区	3	包玉刚实验学校 新世纪小学 东展小学
静安区	1	上海上外静安外国语小学
普陀区	1	金洲小学
闸北区	4	扬波外国语小学 童园(实验)小学 彭浦实验小学 童的梦实验小学
虹口区	3	丽英小学 宏星小学 外国语大学附属外国语小学
杨浦区	2	打一外国语小学 阳浦小学
闵行区	17	闵行区双江小学 七宝外国语小学 振兴小学 闵行华星小学 银星学校 华博利星行小学 华虹小学 弘梅小学 弘梅第二小学 咏梅小学 育苗小学 马桥小学 浦江文馨学校 文博小学 文汇小学 文河小学 塘湾小学

（续上表）

地　　区	民办小学	
	校　数	校　　名
宝山区	16	罗希小学 申华小学 沈家桥小学 山海小学 洛和桥小学 杨东小学 杨行小学 惠民小学 沈巷小学 肖径小学 沈宅小学 海兰小学 蓝天小学 立志学校 顾教小学 益钢小学
嘉定区	17	行知小学 菊园新区六里小学 南翔镇桃苑小学 南翔镇天宇小学 黄渡镇中村小学 安亭镇杨林小学 马陆镇仓场学校 马陆镇包桥小学 徐行镇育红小学 徐行镇少农小学 华庭镇华武小学 外冈镇葛隆小学 江桥镇庆宁小学 江桥镇沪宁小学 嘉定工业区娄塘小学 嘉定工业区娄塘第二小学 嘉定工业区朱桥小学
浦东新区	43	金童小学 福山正大外国语小学 外国语大学附属浦东外国语小学 阳光海川小学 英才小学 知见小学 皖蓼小学 振华小学 金家小学 豫息小学 竹林小学 新农小学 新苗小学 利民小学 浦光小学 福德小学 唐四小学 育苗小学 育才小学 高东镇精忠小学 寿春小学

（续上表）

地　区	民办小学	
	校　数	校　　名
浦东新区		大别山小学 昌林小学 阳光小学 南浦小学 鲁冰花小学 金德小学 联营小学 博奥利星行小学 徐庙小学 云翔小学 明光金都小学 梅林小学 新星小学 淮安小学 永辉小学 康桥工友小学 航头小学 智源小学 航海小学 博爱小学 宣桥小学 明辉小学
金山区	11	蒙山小学 金龙小学 东升小学 金安小学 新联小学 金工小学 红扬小学 查山小学 水库小学 金山嘴小学 九阳小学
松江区	19	薛家小学 张施小学 张朴村小学 北干山小学 刘家小学 联庄小学 打铁桥小学 南门村小学 陈春小学 众兴小学 马汤村小学 潘家浜村小学 永悦小学 花桥村小学 善荣小学 向阳小学 世泽小学 昆港小学 新叶小学

（续上表）

地　　区	民办小学	
	校　数	校　　名
青浦区	24	育才小学 隐贤小学 青安小学 蓝天小学 双佳小学 新希望小学 民天小学 东方红小学 培英小学 民主小学 宋庆龄学校 行知小学 叙中小学 小康小学 联合小学 晨旭小学 秀龙小学 华夏小学 华益小学 曙光小学 旧青浦小学 立新小学 胜利小学 阳光爱心小学
奉贤区	16	宏翔小学 民友小学 星光小学 敬贤小学 曙光小学 童梦小学 致和小学 超群小学 福祉小学 志华小学 远航小学 厚才小学 青溪小学 蒲公英小学 福星小学 育才小学
崇明县	3	新桥小学 徐卫小学 光辉小学

上海市老年教育机构情况

	机构数（个）	教职工数（人）	#专任教师	班级数（个）	学员数（人）
总　计	**277**	**19991**	**700**	**17378**	**540449**
市级老年大学	5	504	4	882	28907
市级老年大学分校、系统校、区县老年大学	58	1577	27	2290	62070

（续上表）

	机构数（个）	教职工数（人）	#专任教师	班级数（个）	学员数（人）
街道、镇老年学校	214	17910	669	14206	449472
另有：远程老年大学	1	9	1	4268	275288

说明：1. 2010年老年大学（学校）60周岁及以上老年学员人数390160人，占老年人总数（315.70万人）的12.4%。
2. 2010年上海远程老年大学集体收视131035人，有组织分散收视144253人，合计275288人。其中60周岁及以上学员人数217565人，占老年人总数（315.70万人）的6.9%。

上海市外籍人员子女学校名单

学校名称	地址
上海美国学校	闵行诸翟镇金丰路258号
上海日本人学校	闵行区虹梅路3185号
耀中上海国际学校	长宁区水城路11号
上海德国学校	青浦高泾路658号
上海法国学校	青浦高泾路658号
上海英国学校	沪南公路1300弄
上海协和国际学校	浦东金桥明月路999号
上海长宁国际学校	长宁区虹桥路1611号
上海新加坡国际学校	闵行区朱建路301号
上海虹桥国际学校	长宁区虹桥路2381号
上海韩国学校	闵行区华漕镇联友路355号
上海美丘第一幼儿园	闵行区虹许路788号（名都城）
奥伊斯嘉上海日本语幼儿园	长宁区茅台路715弄20号
东进上海日本人幼儿园	长宁区虹梅路3081号虹桥别墅
上海恩吉尔幼儿园	闵行区虹中路375号
上海泰宁国际幼儿园	徐汇区复兴西路43号
上海瑞金国际学校	莘庄镇东闸路189号
上海李文斯顿美国学校	长宁区甘溪路580号
上海德威英国国际学校	浦东金桥蓝桉路266号
上海西华国际学校	青浦区联民路555号
宋庆龄幼儿园国际部	长宁区虹梅北路3908号
上海中学国际部	徐汇区上中路400号
华东师范大学二附中国际部	浦东晨晖路555号
上海外国语大学附中国际部	中山北一路295号
进才中学国际部	峨山路26号

历年研究生基本情况

单位:人

年份	合计			普通高等学校			科研单位		
	招生数	在读生数	毕业生数	招生数	在读生数	毕业生数	招生数	在读生数	毕业生数
1991	3041	9055	3322	2717	8020	2953	324	1035	369
1992	3668	9855	2526	3323	8858	2262	345	997	264
1993	4282	11045	2884	3919	10037	2569	363	1008	315
1994	5130	13090	2859	4665	11905	2608	465	1185	251
1995	5301	14713	3355	4776	13378	3038	525	1335	317
1996	6507	16835	3860	5915	15307	3537	592	1528	323
1997	6725	18460	4475	6163	16841	4117	562	1619	358
1998	7874	21162	4642	7281	19499	4253	593	1663	389
1999	9413	24420	5611	8758	22656	5196	655	1764	415
2000	12652	30614	5868	11796	28582	5435	856	2032	433
2001	15826	39043	6817	14751	36528	6380	1075	2515	437
2002	19211	48896	7926	17848	45713	7481	1363	3183	445
2003	22524	59090	10079	20767	55092	9501	1757	3998	578
2004	25334	69437	13469	23545	64747	12788	1789	4690	681
2005	27692	78728	16741	25845	73557	15857	1847	5171	884
2006	30099	86906	19931	28250	81487	18833	1849	5419	1098
2007	30610	91763	23926	28748	86177	22691	1862	5586	1235
2008	32142	95498	25753	30195	89778	24431	1947	5720	1322
2009	37425	103492	28291	35418	97639	26949	2007	5853	1342
2010	38643	111717	28207	36619	105711	26843	2024	6006	1364

历年普通高等学校基本情况

单位:万人

年份	学校(所)	毕业生数	招生数	在校学生	教职工数	专任教师
1991	50	3.39	3.26	11.69	6.96	2.45
1992	50	3.32	3.75	11.95	6.95	2.39
1993	49	3.16	4.36	13.10	6.83	2.28
1994	46	3.18	4.18	14.04	6.75	2.19
1995	45	3.96	4.43	14.41	6.58	2.15
1996	41	3.90	4.38	14.79	6.40	2.10
1997	39	3.90	4.51	15.38	6.26	2.01
1998	40	3.62	4.88	16.51	6.21	2.01
1999	41	4.03	6.32	18.63	6.03	2.01
2000	37	4.09	8.13	22.68	6.08	2.05
2001	45	4.28	9.86	28.00	6.17	2.17
2002	50	5.52	10.92	33.16	6.18	2.29

（续上表）

年　份	学校(所)	毕业生数	招生数	在校学生	教职工数	专任教师
2003	57	7.12	12.03	37.85	6.31	2.44
2004	59	8.86	13.06	41.57	6.83	2.87
2005	60	10.34	13.18	44.26	7.09	3.18
2006	60	11.05	14.04	46.63	7.17	3.39
2007	60	11.85	14.46	48.49	7.18	3.55
2008	61	12.21	14.58	50.29	7.31	3.69
2009	66	12.69	14.35	51.28	7.45	3.81
2010	66	13.37	14.46	51.57	7.42	3.92

历年成人高等学校基本情况

单位：万人

年　份	学校(所)	毕业生数	招生数	在校学生	教职工数	专任教师
1995	66	1.66	2.43	7.55	1.19	0.52
1996	65	1.84	2.70	8.07	1.17	0.48
1997	64	2.32	2.78	8.16	1.15	0.46
1998	40	2.28	2.91	8.69	0.74	0.28
1999	39	2.27	3.67	9.82	0.77	0.33
2000	37	3.10	4.23	11.49	0.66	0.30
2001	31	2.77	5.38	13.83	0.53	0.24
2002	30	3.08	6.73	17.09	0.49	0.22
2003	27	4.24	7.22	19.80	0.45	0.21
2004	22	6.08	11.64	26.67	0.36	0.18
2005	21	7.68	9.32	22.45	0.32	0.15
2006	21	1.50	6.78	19.46	0.31	0.16
2007	21	5.20	7.26	20.68	0.30	0.15
2008	18	5.69	7.25	21.38	0.24	0.13
2009	18	5.97	6.94	21.33	0.23	0.13
2010	17	6.88	6.54	19.86	0.20	0.11

历年中等技术学校基本情况

单位：万人

年　份	学校(所)	毕业生数	招生数	在校学生	教职工数	专任教师
1991	95	1.61	1.67	5.07	1.29	0.55
1992	92	1.57	2.16	5.45	1.32	0.54
1993	90	1.73	3.07	7.58	1.50	0.64
1994	89	1.45	3.44	8.32	1.32	0.56
1995	89	1.98	3.84	9.96	1.43	0.56
1996	88	1.82	3.11	9.32	1.39	0.54
1997	88	2.10	3.62	10.65	1.35	0.53

（续上表）

年　份	学校(所)	毕业生数	招生数	在校学生	教职工数	专任教师
1998	85	2.51	4.20	12.15	1.31	0.52
1999	85	2.54	3.48	12.83	1.27	0.52
2000	83	3.80	2.98	11.77	1.25	0.51
2001	81	2.91	3.48	12.06	1.22	0.50
2002	81	2.94	3.93	12.65	1.18	0.50
2003	83	3.39	4.34	13.69	1.19	0.53
2004	82	3.08	3.87	14.05	1.12	0.53
2005	81	3.39	3.33	13.67	1.09	0.53
2006	81	3.52	3.47	13.70	1.06	0.52
2007	76	3.86	3.23	12.81	1.00	0.51
2008	73	3.71	3.24	12.08	0.97	0.51
2009	70	3.39	2.98	11.50	0.94	0.49
2010	65	3.34	2.99	10.91	0.91	0.50

历年中等师范学校基本情况

单位：万人

年　份	学校(所)	毕业生数	招生数	在校学生	教职工数	专任教师
1975	4	0.05	0.09	0.27	0.04	0.03
1978	4		0.26	0.26	0.06	0.03
1979	4		0.12	0.52	0.06	0.03
1980	4	0.40	0.13	0.25	0.06	0.04
1985	13	0.28	0.66	1.44	0.16	0.09
1988	11	0.76	0.42	1.60	0.20	0.12
1989	11	0.55	0.28	1.32	0.17	0.09
1990	11	0.53	0.28	1.06	0.17	0.09
1991	11	0.41	0.30	0.94	0.17	0.09
1992	11	0.29	0.29	0.97	0.17	0.09
1993	11	0.30	0.30	0.97	0.16	0.09
1994	11	0.28	0.24	0.91	0.16	0.08
1995	11	0.28	0.28	0.89	0.16	0.08
1996	11	0.35	0.10	0.62	0.14	0.07
1997	10	0.19	0.05	0.44	0.13	0.07
1998	2	0.22	0.09	0.23	0.05	0.04
1999	2	0.05	0.05	0.23	0.02	0.01
2000	1	0.06	0.02	0.12	0.02	0.01
2001	1	0.03		0.06	0.01	0.01
2002	1			0.01		

历年普通中学基本情况

单位:万人

年份	学校(所)	毕业生数	招生数	在校学生	教职工数	专任教师
1991	705	13.43	17.95	51.24	6.71	4.20
1992	711	14.69	19.53	54.77	6.77	4.18
1993	729	15.53	19.87	57.69	6.84	4.24
1994	741	16.65	25.53	65.56	7.00	4.43
1995	756	18.38	25.94	72.40	7.22	4.65
1996	784	19.14	23.98	76.23	7.38	4.81
1997	812	24.46	23.69	74.43	7.49	4.87
1998	846	25.05	25.67	73.85	7.58	4.93
1999	855	23.28	27.24	76.68	7.67	5.03
2000	861	22.92	26.46	79.54	7.66	5.01
2001	865	24.91	26.42	80.23	7.65	5.04
2002	857	26.40	26.02	78.97	7.63	5.07
2003	844	25.77	23.04	75.47	7.60	5.08
2004	822	25.68	21.81	82.78	7.54	5.13
2005	807	25.39	20.90	77.02	7.46	5.12
2006	794	22.24	17.84	71.17	7.33	5.14
2007	786	21.23	16.72	65.60	7.11	5.13
2008	774	20.09	16.63	61.77	6.89	5.03
2009	762	17.03	16.50	60.37	6.76	5.05
2010	755	16.13	16.33	59.44	6.73	5.07

历年小学基本情况

单位:万人

年份	学校(所)	毕业生数	招生数	在校学生	教职工数	专任教师
1991	2493	14.51	16.07	111.38	7.51	5.82
1992	2279	15.77	17.84	113.37	7.48	5.26
1993	2122	15.91	19.37	116.70	7.38	5.64
1994	1962	21.33	18.46	113.98	7.29	5.50
1995	1807	21.02	17.09	109.78	7.16	5.45
1996	1671	18.83	15.66	106.46	7.07	5.33
1997	1533	16.48	12.46	102.44	6.92	5.24
1998	1382	17.66	11.39	96.14	6.67	4.96
1999	1208	19.19	10.49	87.16	6.40	4.68
2000	1021	18.73	10.28	78.86	6.13	4.43
2001	852	17.43	10.27	72.28	5.87	4.23
2002	751	15.76	10.11	67.24	5.62	4.06
2003	686	12.87	10.05	64.83	5.34	3.88
2004	648	10.97	10.55	53.74	5.07	3.75
2005	640	10.93	10.36	53.50	4.94	3.74

（续上表）

年　份	学校(所)	毕业生数	招生数	在校学生	教职工数	专任教师
2006	626	10.85	10.87	53.37	4.86	3.75
2007	615	10.55	11.00	53.33	4.84	3.85
2008	672	10.44	12.39	59.06	5.10	4.10
2009	751	11.36	13.86	67.12	5.48	4.43
2010	766	12.44	15.05	70.16	5.58	4.52

历年幼儿园基本情况

单位:万人

年　份	独立幼儿园(所)	幼儿数	教职工数	专任教师
1991	1034	44.39	3.81	2.55
1992	1038	43.38	3.82	2.59
1993	1069	39.31	3.97	2.54
1994	1070	34.61	3.42	2.18
1995	1041	30.77	3.08	1.98
1996	970	26.82	2.95	1.83
1997	937	25.72	2.79	1.73
1998	944	24.91	2.60	1.60
1999	937	24.22	2.53	1.55
2000	958	24.12	2.52	1.50
2001	1003	23.40	2.42	1.44
2002	1001	24.21	2.42	1.46
2003	1014	25.22	2.47	1.49
2004	1017	26.58	2.56	1.55
2005	1035	28.70	2.79	1.70
2006	1057	29.98	3.04	1.88
2007	1058	31.32	3.19	2.02
2008	1058	32.88	3.36	2.17
2009	1111	35.38	3.60	2.36
2010	1252	40.03	4.09	2.67

历年特殊教育学校基本情况

单位:人

年　份	学校(所)	毕业生数	招生数	在校学生	教职工数	专任教师
1991	29	271	603	3494	1172	680
1992	33	306	854	3820	1240	720
1993	36	302	864	4365	1267	729
1994	36	355	1476	5161	1347	770
1995	39	363	1140	5728	1434	841
1996	39	620	910	6164	1512	929

（续上表）

年份	学校(所)	毕业生数	招生数	在校学生	教职工数	专任教师
1997	38	749	793	6313	1512	914
1998	36	656	722	5168	1580	953
1999	35	760	902	5269	1604	973
2000	34	844	1139	5407	1584	943
2001	32	615	731	5463	1599	946
2002	32	639	641	5529	1653	987
2003	31	767	692	5463	1629	985
2004	29	809	650	5358	1597	978
2005	28	853	692	5238	1598	1002
2006	28	869	675	5043	1614	1047
2007	28	886	741	5043	1603	1092
2008	29	828	752	5131	1612	1115
2009	29	901	758	5044	1594	1121
2010	29	918	776	5036	1596	1143

分区县人口及街道、乡、镇数

区、县名	常住人口(万人)	户籍人口(万人)	街道办事处(个)	镇(个)	乡(个)
全市合计	**1921.32**	**1400.70**	**99**	**109**	**2**
黄浦	53.20	60.25	6		
卢湾	26.94	30.74	4		
徐汇	96.27	90.64	12	1	
长宁	64.40	61.39	9	1	
静安	24.84	30.84	5		
普陀	113.59	87.27	6	3	
闸北	76.03	69.14	8	1	
虹口	77.08	79.28	8		
杨浦	120.62	108.63	11	1	
闵行	181.43	94.28	3	9	
宝山	136.55	86.43	3	9	
嘉定	110.54	55.02	3	7	
浦东新区	419.05	272.28	13	25	
金山	69.10	51.73	1	9	
松江	118.99	55.94	4	11	
青浦	81.55	45.94	3	8	
奉贤	81.90	51.88		8	
崇明	69.24	69.02		16	2

注：户籍人口和常住人口数为本市2009年末数，摘自《上海统计年鉴》。

2010年教育系统校舍基本建设完成情况

	总计	全市高校				全市普教					
		小计	部委高校	委属	其他	小计	市属学校	区县学校	配套学校	市属其他	区县其他
完成投资（万元）	591049	164338	67972	96366	—	426711	—	—	—	—	2909
施工面积（平方米）	3068515	1063085	423705	639380	—	2005430	663834	1314303	—	—	27293
竣工面积（平方米）	1376577	307510	59045	248465	—	1069067	310537	745970	—	—	12560

小学基础信息统计表

单位名称	小学学校总数(所)	在校生总数(人)	班数	多媒体进普通教室的班数
上海市	**583**	**503241**	**14288**	**14148**
黄浦区	18	10888	384	391
卢湾区	13	6192	252	217
徐汇区	37	24834	755	825
长宁区	23	16009	541	546
静安区	13	8813	299	315
普陀区	28	25464	781	767
闸北区	30	17075	554	554
虹口区	31	18160	584	442
杨浦区	41	22390	832	839
闵行区	41	37699	1033	1032
宝山区	60	45536	1266	1265
嘉定区	23	26858	708	718
浦东新区	120	115858	3119	3094
金山区	21	22232	574	574
松江区	14	32113	716	719
青浦区	22	22157	547	547
奉贤区	17	33988	804	804
崇明县	31	16975	539	499

小学理科教学仪器达标校统计表

单位名称	理科教学仪器达标校合计(所)	达标(所)	不达标(所)
上海市	**583**	**572**	**11**
黄浦区	18	18	0
卢湾区	13	11	2
徐汇区	37	37	0
长宁区	23	23	0
静安区	13	12	1
普陀区	28	28	0
闸北区	30	30	0

（续上表）

单位名称	理科教学仪器达标校合计（所）	达标（所）	不达标（所）
虹口区	31	31	0
杨浦区	41	41	0
闵行区	41	41	0
宝山区	60	57	3
嘉定区	23	23	0
浦东新区	120	116	4
金山区	21	21	0
松江区	14	14	0
青浦区	22	22	0
奉贤区	17	17	0
崇明县	31	30	1

小学实验教学人员状况统计表

单位名称	合计（人）	专职（人）	兼职（人）	高级职称（人）	中级职称（人）	初级职称（人）	其他（人）
上海市	**1461**	**638**	**823**	**45**	**863**	**478**	**75**
黄浦区	56	31	25	2	40	14	0
卢湾区	38	20	18	1	18	15	4
徐汇区	40	29	11	6	26	8	0
长宁区	49	9	40	3	24	21	1
静安区	48	16	32	4	23	20	1
普陀区	46	21	25	0	31	15	0
闸北区	57	24	33	1	40	16	0
虹口区	82	31	51	5	57	19	1
杨浦区	138	70	68	3	65	65	5
闵行区	97	55	42	2	63	25	7
宝山区	137	59	78	3	94	37	3
嘉定区	87	28	59	0	38	35	14
浦东新区	264	107	157	3	138	105	18
金山区	64	34	30	8	39	14	3
松江区	32	24	8	0	26	4	2
青浦区	91	30	61	2	52	28	9
奉贤区	97	31	66	2	66	27	2
崇明县	38	19	19	0	23	10	5

小学实验及功能教室数量统计表

单位名称	合计（间）	科学（间）	劳技（间）	体艺（间）	计算机（间）	语言（间）	多媒体（间）	其他（间）	装备用房使用面积合计（万平方米）	实验室使用面积（万平方米）
上海市	**6187**	**780**	**447**	**2302**	**963**	**195**	**729**	**771**	**57.90**	**6.72**
黄浦区	171	27	12	44	27	1	40	20	0.91	0.19

（续上表）

单位名称	合计（间）	科学（间）	劳技（间）	体艺（间）	计算机（间）	语言（间）	多媒体（间）	其他（间）	装备用房使用面积合计（万平方米）	实验室使用面积（万平方米）
卢湾区	117	18	4	41	19	5	19	11	0.89	0.13
徐汇区	461	44	21	169	68	1	29	129	3.84	0.30
长宁区	307	29	20	74	34	20	80	50	2.29	0.25
静安区	178	24	12	65	28	7	17	25	1.24	0.21
普陀区	286	39	19	98	43	8	25	54	2.35	0.29
闸北区	234	30	20	72	48	0	25	39	1.89	0.24
虹口区	288	34	14	109	45	15	40	31	2.34	0.25
杨浦区	403	58	22	181	79	2	42	19	3.38	0.46
闵行区	422	62	44	169	67	7	37	36	6.22	0.57
宝山区	561	71	27	244	108	6	43	62	4.86	0.45
嘉定区	274	31	20	109	34	6	21	53	2.90	0.27
浦东新区	1367	142	111	471	181	112	211	139	13.22	1.36
金山区	247	31	22	103	37	1	26	27	2.48	0.25
松江区	153	35	15	72	25	1	4	1	1.88	0.33
青浦区	227	32	25	87	38	1	21	23	1.98	0.54
奉贤区	224	40	17	89	34	2	19	23	2.75	0.39
崇明县	267	33	22	105	48	0	30	29	2.46	0.24

小学实验及功能教室装备状况统计表(一)

单位名称	总合计（万元）	仪器合计（万元）	科学仪器（万元）	数学仪器（万元）	科学室设备（万元）
上海市	**83408**	**4934**	**3675**	**1259**	**3862**
黄浦区	2368	85	71	14	159
卢湾区	2225	237	94	142	87
徐汇区	8686	435	225	210	212
长宁区	4479	146	129	16	156
静安区	2013	129	101	28	144
普陀区	3578	119	97	23	175
闸北区	3604	197	124	72	25
虹口区	2980	375	265	110	79
杨浦区	3748	202	151	51	126
闵行区	5196	284	226	58	319
宝山区	9510	314	263	51	221
嘉定区	4386	204	154	50	216
浦东新区	18092	892	739	153	911
金山区	3118	335	276	58	241
松江区	1408	237	189	47	178
青浦区	1752	198	137	61	211
奉贤区	2378	245	214	32	210
崇明县	3886	301	219	82	190

小学实验及功能教室装备状况统计表(二)

单位名称	功能教室器材设备合计（万元）	综合实践设备（万元）	体艺室设备（万元）	计算机室设备（万元）	语言室设备（万元）	其他（万元）
上海市	**74612**	**2860**	**17674**	**27071**	**2776**	**24230**
黄浦区	2124	70	670	993	13	379
卢湾区	1902	50	602	814	35	400
徐汇区	8038	64	1665	2786	0	3523
长宁区	4177	488	755	1257	415	1263
静安区	1740	52	512	674	51	450
普陀区	3283	90	508	1515	99	1072
闸北区	3383	26	270	2211	8	868
虹口区	2526	144	708	1216	85	373
杨浦区	3419	223	871	1620	26	680
闵行区	4594	261	1675	1729	52	877
宝山区	8975	80	2163	2354	75	4303
嘉定区	3966	98	876	700	70	2223
浦东新区	16289	766	3304	4846	1796	5576
金山区	2542	71	790	1055	22	604
松江区	993	73	284	502	22	112
青浦区	1343	124	430	493	0	295
奉贤区	1922	90	497	937	2	397
崇明县	3395	91	1096	1367	5	835

小学计算机、校园网装备状况统计表

单位名称	拥有计算机室的学校数(所)	拥有校园网的学校数(所)	计算机总金额（万元）	网络及外设总金额（万元）	多媒体设备总金额（万元）
上海市	**578**	**580**	**59041**	**19902**	**39943**
黄浦区	18	18	2595	407	964
卢湾区	13	13	1414	453	696
徐汇区	37	37	4714	1331	2726
长宁区	23	23	3130	920	1759
静安区	12	13	1963	783	715
普陀区	28	28	3298	975	1616
闸北区	30	30	2353	629	1444
虹口区	30	31	2678	486	1172
杨浦区	41	41	3531	1240	1616
闵行区	41	41	4955	1873	3040
宝山区	60	58	3898	2405	2952
嘉定区	23	23	2628	762	2064
浦东新区	118	120	12458	4518	12152
金山区	21	21	2054	606	1529
松江区	14	14	1257	249	1121
青浦区	21	22	1942	614	1284
奉贤区	17	17	1762	428	1301
崇明县	31	30	2412	1221	1791

小学当年购置教育技术装备经费情况

单位名称	当年总计(万元)	财政拨款(万元)	自筹及其他(万元)
上海市	**18986**	**16402**	**2584**
黄浦区	435	312	122
卢湾区	844	844	0
徐汇区	1133	1133	0
长宁区	1744	1097	646
静安区	1128	915	213
普陀区	492	492	0
闸北区	830	781	49
虹口区	917	836	81
杨浦区	1190	1190	0
闵行区	1958	1336	200
宝山区	594	594	0
嘉定区	841	757	83
浦东新区	4656	4018	637
金山区	562	513	49
松江区	648	345	303
青浦区	515	454	61
奉贤区	478	378	100
崇明县	444	407	38

小学实验及功能教室使用状况统计表

单位名称	自然实验演示开出率(%)	自然实验分组开出率(%)	计算机室完成率(%)	语言室完成率(%)
上海市	**99**	**99**	**100**	**59**
黄浦区	114	102	96	0
卢湾区	89	95	99	93
徐汇区	95	97	97	0
长宁区	99	99	100	91
静安区	112	119	118	100
普陀区	98	98	100	91
闸北区	100	100	100	0
虹口区	100	100	100	133
杨浦区	100	100	100	0
闵行区	100	100	100	100
宝山区	94	93	99	0
嘉定区	96	99	100	97
浦东新区	93	90	99	95
金山区	100	100	100	0
松江区	100	100	100	100
青浦区	100	99	100	0
奉贤区	100	100	100	0
崇明县	94	91	99	0

小学图书室(馆)管理人员状况统计表

单位名称	合计(人)	专职(人)	兼职(人)	高级职称(人)	中级职称(人)	初级职称(人)	其他(人)
上海市	**764**	**423**	**341**	**10**	**288**	**309**	**157**
黄浦区	19	10	9	0	9	9	1
卢湾区	20	8	12	0	7	11	2
徐汇区	44	33	11	1	12	19	12
长宁区	27	5	22	0	13	12	2
静安区	16	10	6	0	4	11	1
普陀区	31	14	17	0	19	8	4
闸北区	32	14	18	1	12	17	2
虹口区	37	13	24	0	22	12	3
杨浦区	49	28	21	0	11	36	2
闵行区	58	35	23	1	23	21	13
宝山区	69	38	31	2	31	24	12
嘉定区	35	30	5	1	1	16	17
浦东新区	140	66	74	3	36	52	49
金山区	38	23	15	1	24	9	4
松江区	29	24	5	0	9	13	7
青浦区	40	21	19	0	15	19	6
奉贤区	36	20	16	0	17	8	11
崇明县	44	31	13	0	23	12	9

小学图书室(馆)设施状况统计表

单位名称	建有图书室学校数	阅览室数量(间)	电子阅览室数量(间)	藏书室数量(间)	资料室等数量(间)	阅览室使用面积(平方米)	电子阅览室使用面积(平方米)	藏书室使用面积(平方米)	资料室等使用面积(平方米)
上海市	**581**	**858**	**307**	**625**	**413**	**71132.4**	**17480.1**	**33973.1**	**13551.9**
黄浦区	18	18	14	9	7	1553.8	713.7	430	212.5
卢湾区	13	15	6	15	6	1522	301	930	223
徐汇区	37	74	12	33	17	4547.5	504.4	1439.8	407.2
长宁区	23	28	16	20	23	2513	949	1038.8	796
静安区	12	19	10	8	8	1988.8	601.5	300	239.5
普陀区	27	38	12	28	21	3125	722	1672	642
闸北区	30	38	22	24	17	2937	999	1331.1	457
虹口区	31	34	10	31	16	3680.3	503	1521.2	462
杨浦区	41	57	9	38	36	4826.6	544	1708.9	1072.5
闵行区	41	63	31	49	29	5350	1719.3	2953.7	1237.9
宝山区	60	83	50	69	39	5650	2606	3255	1250
嘉定区	23	39	21	23	19	3687.9	1329	1211.6	828.4
浦东新区	120	175	42	150	102	14379.3	2836.2	7812.6	3352.1
金山区	21	33	12	24	15	2683	473	1764	363
松江区	14	25	5	18	15	2635	425	1175	801
青浦区	22	49	21	25	17	4684	1425	1837	555
奉贤区	17	27	5	26	12	2456.2	305	1641.4	263.8
崇明县	31	43	9	35	14	2913	524	1951	389

小学图书室(馆)藏书状况统计表

单位名称	图书数量合计(万册)	图书(万册)	电子图书(万册)	图书金额合计(万元)	图书(万元)	电子图书(万元)
上海市	**1656.34**	**1604.88**	**51.46**	**19417.87**	**18485.21**	**932.66**
黄浦区	41.30	41.01	0.29	310.35	293.87	16.48
卢湾区	38.56	34.26	4.30	457.34	412.14	45.21
徐汇区	104.78	103.81	0.97	1261.95	1135.89	126.06
长宁区	62.06	61.33	0.73	440.88	431.43	9.45
静安区	32.11	31.41	0.71	517.42	496.33	21.08
普陀区	78.33	77.86	0.47	803.72	789.00	14.71
闸北区	84.77	84.16	0.60	1160.67	1132.27	28.41
虹口区	88.90	88.70	0.19	1036.46	1024.24	12.22
杨浦区	80.87	80.71	0.16	812.79	807.43	5.36
闵行区	134.91	130.87	4.04	1859.64	1779.31	80.33
宝山区	115.55	113.16	2.39	1406.64	1346.83	59.80
嘉定区	72.70	65.22	7.48	841.82	795.15	46.67
浦东新区	386.80	366.76	20.04	4600.78	4313.05	287.73
金山区	83.04	79.64	3.40	900.41	865.79	34.62
松江区	47.40	46.93	0.47	625.09	609.71	15.39
青浦区	59.48	58.68	0.80	651.13	632.98	18.14
奉贤区	74.02	71.77	2.25	821.89	765.55	56.34
崇明县	70.78	68.59	2.18	908.89	854.22	54.67

小学图书室(馆)当年购置情况及尚需量统计表

单位名称	图书购置经费合计(万元)	财政拨款(万元)	自筹及其他(万元)	图书尚需册数(万册)
上海市	**2133.10**	**1551.02**	**582.08**	**33.12**
黄浦区	20.14	18.67	1.47	0.83
卢湾区	36.80	34.70	2.10	0.77
徐汇区	228.81	228.81	0.00	2.10
长宁区	57.28	33.46	23.82	1.24
静安区	68.15	60.01	8.14	0.64
普陀区	66.19	66.19	0.00	1.57
闸北区	114.48	112.83	1.64	1.70
虹口区	31.31	29.22	2.09	1.78
杨浦区	102.89	102.89	0.00	1.62
闵行区	205.45	138.02	67.43	2.70
宝山区	85.43	85.43	0.00	2.31
嘉定区	117.14	74.51	42.62	1.45
浦东新区	460.47	247.13	213.34	7.74
金山区	129.53	100.30	29.24	1.66
松江区	105.65	33.04	72.61	0.95
青浦区	67.80	39.17	28.63	1.19
奉贤区	77.99	70.93	7.07	1.48
崇明县	157.62	75.73	81.89	1.41

中学基础信息统计表

单位名称	学校总数(所)	在校生总数(人)	班　数	多媒体进普通教室的班数
上海市	**629**	**521699**	**14817**	**14538**
黄浦区	20	16649	514	514
卢湾区	12	7532	261	250
徐汇区	30	27309	784	787
长宁区	23	19341	622	618
静安区	16	12260	370	355
普陀区	39	24266	731	783
闸北区	30	20912	621	621
虹口区	32	18598	593	322
杨浦区	39	25894	848	840
闵行区	48	41405	1251	1251
宝山区	47	37024	979	979
嘉定区	24	20241	627	620
浦东新区	121	128258	3419	3390
金山区	25	21386	572	572
松江区	29	23520	624	652
青浦区	20	23831	595	595
奉贤区	37	30122	743	726
崇明县	37	23151	663	691

中学理科教学仪器达标学校统计表

单位名称	开展理科实验操作考核学校数(所)	达　标	不达标
上海市	**545**	**617**	**12**
黄浦区	20	20	0
卢湾区	11	12	0
徐汇区	29	30	0
长宁区	23	23	0
静安区	15	15	1
普陀区	39	39	0
闸北区	11	30	0
虹口区	14	32	0
杨浦区	39	39	0
闵行区	47	47	1
宝山区	46	46	1
嘉定区	22	23	1
浦东新区	109	118	3
金山区	0	25	0
松江区	29	29	0
青浦区	19	20	0
奉贤区	37	37	0
崇明县	35	32	5

中学实验教学人员状况统计表

单位名称	合计(人)	专职(人)	兼职(人)	高级职称(人)	中级职称(人)	初级职称(人)	其他(人)
上海市	**2799**	**1514**	**1285**	**283**	**1368**	**850**	**298**
黄浦区	60	46	14	1	29	24	6
卢湾区	95	64	31	14	50	23	8
徐汇区	83	53	30	1	43	28	11
长宁区	93	66	27	1	51	30	11
静安区	111	87	24	20	51	35	5
普陀区	101	53	48	6	69	16	10
闸北区	297	270	27	72	141	69	15
虹口区	87	38	49	6	48	15	18
杨浦区	215	143	72	30	93	78	14
闵行区	158	73	85	18	66	50	24
宝山区	189	102	87	8	120	52	9
嘉定区	118	77	41	13	49	33	23
浦东新区	591	216	375	49	273	178	91
金山区	102	43	59	5	45	41	11
松江区	92	46	46	1	60	27	4
青浦区	95	27	68	1	25	55	14
奉贤区	201	68	133	23	101	64	13
崇明县	111	42	69	14	54	32	11

中学实验及功能教室数量统计表(一)

单位名称	合计(间)	物理(间)	化学(间)	生物(间)	劳技(间)	体艺(间)
上海市	**10260**	**1091**	**991**	**850**	**701**	**2302**
黄浦区	342	41	38	31	22	94
卢湾区	270	20	20	18	18	37
徐汇区	629	55	47	46	37	170
长宁区	544	50	37	36	22	85
静安区	255	26	23	23	12	60
普陀区	734	67	65	48	55	155
闸北区	433	57	47	35	27	100
虹口区	477	48	44	37	25	89
杨浦区	511	60	56	51	34	98
闵行区	653	77	66	63	66	182
宝山区	636	82	72	63	38	161
嘉定区	453	39	40	30	30	126
浦东新区	2278	220	202	161	162	442
金山区	374	46	44	37	25	92
松江区	428	56	53	43	25	129
青浦区	284	42	36	40	22	50
奉贤区	421	50	47	44	36	93
崇明县	538	55	54	44	45	139

中学实验及功能教室数量统计表(二)

单位名称	计算机(间)	语言(间)	多媒体(间)	其他(间)	装备用房使用面积合计(万平方米)	实验室使用面积(万平方米)
上海市	**1288**	**390**	**1603**	**1044**	**123.6**	**32.1**
黄浦区	46	19	21	30	3.9	1.1
卢湾区	20	9	102	26	2.3	0.6
徐汇区	71	2	32	169	7.9	1.4
长宁区	51	33	187	43	4.8	1.2
静安区	39	4	52	16	2.9	1.1
普陀区	92	40	129	83	6.8	1.7
闸北区	74	16	45	32	5.8	1.5
虹口区	51	26	98	59	4.6	1.2
杨浦区	76	20	74	42	5.6	1.7
闵行区	90	28	52	29	10.1	2.1
宝山区	100	10	40	70	10.0	2.1
嘉定区	50	14	26	98	4.3	1.1
浦东新区	238	128	558	167	29.6	8.1
金山区	53	17	32	28	4.8	1.4
松江区	63	11	22	26	4.8	1.7
青浦区	42	5	27	20	3.3	1.1
奉贤区	61	4	39	47	5.9	1.6
崇明县	71	4	67	59	6.1	1.5

中学实验及功能教室装备状况统计表(一)

单位名称	仪器设备原价合计(万元)	实验室仪器合计(万元)	物理仪器(万元)	化学仪器(万元)	生物仪器(万元)	数学地理仪器(万元)
上海市	**167759**	**23167**	**10556**	**3737**	**7082**	**1793**
黄浦区	8102	1133	444	195	286	208
卢湾区	3562	281	99	98	71	13
徐汇区	14232	1950	687	380	756	128
长宁区	9751	1177	532	171	434	40
静安区	5819	969	466	88	371	44
普陀区	9077	837	474	120	213	30
闸北区	11105	573	302	87	142	43
虹口区	6089	1564	896	149	460	59
杨浦区	6831	1194	623	147	367	57
闵行区	10116	1914	886	209	661	158
宝山区	15787	1405	630	298	394	83
嘉定区	7259	843	296	106	283	159
浦东新区	34448	5756	2809	947	1615	385
金山区	5525	764	336	193	191	44
松江区	4682	773	279	170	247	77
青浦区	2573	421	176	105	104	36
奉贤区	4757	728	277	119	204	129
崇明县	8044	886	347	157	282	101

中学实验及功能教室装备状况统计表(二)

单位名称	实验室设备合计(万元)	物理室(万元)	化学室(万元)	生物室(万元)
上海市	**19126**	**7078**	**6465**	**5582**
黄浦区	601	173	235	193
卢湾区	590	194	223	174
徐汇区	1350	435	480	435
长宁区	739	298	221	221
静安区	668	262	189	218
普陀区	1245	490	425	330
闸北区	825	322	276	226
虹口区	579	198	168	213
杨浦区	723	237	267	219
闵行区	1463	477	435	552
宝山区	1176	437	408	331
嘉定区	634	237	227	171
浦东新区	4595	1857	1511	1227
金山区	820	329	265	226
松江区	782	265	289	227
青浦区	582	218	204	160
奉贤区	856	297	322	237
崇明县	899	353	320	226

中学实验及功能教室装备状况统计表(三)

单位名称	功能教室器材合计(万元)	通用技术室或综合实践室(万元)	体艺室(万元)	计算机室(万元)	语言室(万元)	其他(万元)
上海市	**125465**	**5302**	**27724**	**44999**	**7326**	**40114**
黄浦区	6369	249	1721	2799	649	951
卢湾区	2691	266	537	834	167	887
徐汇区	10932	154	1658	1386	41	7693
长宁区	7835	395	1290	2048	782	3319
静安区	4181	235	1850	1553	88	456
普陀区	6995	163	1342	3133	738	1619
闸北区	9707	78	1335	5897	311	2086
虹口区	3946	198	653	1655	301	1138
杨浦区	4913	210	1488	2292	266	657
闵行区	6740	495	1877	3167	562	639
宝山区	13206	299	3679	3316	136	5777
嘉定区	5781	160	1415	1306	218	2682
浦东新区	24097	1519	4396	8105	2636	7441
金山区	3942	175	756	1459	102	1450
松江区	3128	141	1251	1126	140	469
青浦区	1570	132	343	949	37	110
奉贤区	3173	191	872	1259	70	782
崇明县	6259	242	1261	2718	81	1958

中学计算机、校园网装备状况统计表

单位名称	拥有计算机室的学校数(所)	拥有校园网的学校数(所)	计算机原价总金额(万元)	网络及外部设备原价总金额(万元)	多媒体设备总金额(万元)
上海市	**622**	**626**	**103183**	**44754**	**56269**
黄浦区	19	20	5343	1556	2040
卢湾区	12	12	2423	497	1036
徐汇区	30	30	5845	2284	3288
长宁区	23	23	6389	2488	3146
静安区	15	16	3664	2172	1533
普陀区	39	39	8660	3022	4314
闸北区	30	30	4729	1360	1444
虹口区	32	32	4650	1784	1391
杨浦区	39	39	5611	1631	1913
闵行区	48	48	8350	3023	4504
宝山区	47	46	5104	4404	2627
嘉定区	24	24	4360	1551	2541
浦东新区	117	120	20102	11241	16724
金山区	25	25	3276	1909	1805
松江区	29	29	3780	913	2425
青浦区	19	20	2656	1421	1001
奉贤区	37	37	3618	1307	1851
崇明县	37	36	4624	2191	2687

中学当年购置教育技术装备经费情况

单位名称	当年经费总计(万元)	当年财政拨款(万元)	当年自筹及其他(万元)
上海市	**30209**	**26225**	**3984**
黄浦区	1023	973	50
卢湾区	787	664	124
徐汇区	1981	1981	0
长宁区	1836	917	919
静安区	1563	1060	502
普陀区	732	732	0
闸北区	686	617	69
虹口区	1217	1059	158
杨浦区	1903	1903	0
闵行区	1693	1582	110
宝山区	2754	2754	0
嘉定区	822	820	2
浦东新区	9833	8454	1379
金山区	792	724	68
松江区	259	194	64
青浦区	260	190	70
奉贤区	847	554	292
崇明县	1222	1046	176

中学实验及功能教室使用状况统计表(一)

单位名称	物理应做演示实验	物理实做演示实验	物理应做分组实验	物理实做分组实验	化学应做演示实验	化学实做演示实验	化学应做分组实验	化学实做分组实验
上海市	**64**	**65**	**41**	**41.5**	**80.3**	**80.7**	**44.6**	**43.8**
黄浦区	96	101	54	61.5	110.5	100.1	41.7	42.2
卢湾区	55	57	32	29.9	77.6	81.5	31.5	34
徐汇区	22	22	14	14.8	28.8	30.6	15.9	17.6
长宁区	86	87	52	52.1	85.9	87.7	49.8	49.6
静安区	107	111	61	67	102.7	108.7	57.4	55.7
普陀区	56	56	37	36.8	77.5	80.1	47.2	47.3
闸北区	68	71	43	43.4	102	103	43.3	44.2
虹口区	48	48	28	28.3	71	71	41.3	41.3
杨浦区	59	55	43	40.4	79.1	78.8	50.8	49.8
闵行区	60	60	43	43	82.3	82.3	52.3	52.3
宝山区	59	55	42	39.4	81.3	76.9	51.3	46.7
嘉定区	74	78	39	40.1	86.3	95.4	43.1	43.1
浦东新区	72	69	40	38.9	80.9	78.7	43.2	39.5
金山区	45	45	32	31.7	61	61	38.3	38.3
松江区	60	60	42	41.7	82.2	82.2	51.6	51.6
青浦区	66	86	50	59.3	83.2	83.8	46.7	47.3
奉贤区	59	60	42	42.3	81.3	81.2	51.2	51
崇明县	53	56	40	35.3	71.9	69.7	46.3	36.9

中学实验及功能教室使用状况统计表(二)

单位名称	生物应做演示实验	生物实做演示实验	生物应做分组实验	生物实做分组实验	计算机室生均计划	计算机室生均完成	语言室生均计划	语言室生均完成
上海市	**11.6**	**12**	**26.6**	**26.8**	**115.1**	**117.4**	**37.3**	**29.8**
黄浦区	29.8	33.3	41.1	42.9	87.1	95.3	41.1	41
卢湾区	19.5	19.7	51.3	51	169.7	175.3	17.2	15.6
徐汇区	18	18.6	22.9	24	75.3	75.5	0	0
长宁区	20.2	20.7	26.8	28	105.9	104.9	55.1	55.8
静安区	32.4	34	38	40.4	122	123.7	9	8.7
普陀区	5.4	5.6	23.9	23.9	80.6	80.1	31	30.6
闸北区	8.6	8.6	27.6	27.4	103.3	103.3	75.8	76.9
虹口区	3	3	18.7	18.7	291.9	282.3	206.7	202.2
杨浦区	4.3	4.2	23.9	23.6	78.6	78.6	0	0
闵行区	5.5	5.5	24.4	24.4	101.3	101.4	27.8	25.1
宝山区	4.7	4.7	24	21.9	106.7	107.6	53.3	0
嘉定区	22.4	23.2	23	23.4	193.5	229.5	14.4	18.9
浦东新区	12.1	11.8	24.6	27.1	107.6	105.3	41.4	37.2
金山区	3.7	3.7	18	18	82	82	0	0
松江区	4.6	4.6	23.8	23.8	80	80	17	17
青浦区	4.4	4.6	22.2	21.9	73.5	73.5	1.2	1.2
奉贤区	4.7	4.9	24	23.9	133.3	133.4	0	0.4
崇明县	4.4	4.6	21.5	18.6	80	81.9	80	5.3

中学图书室(馆)管理人员状况统计表

单位名称	图书室管理人员总计(人)	专职(人)	兼职(人)	高级职称(人)	中级职称(人)	初级职称(人)	其他(人)
上海市	**1374**	**1071**	**303**	**37**	**533**	**478**	**326**
黄浦区	43	37	6	3	18	17	5
卢湾区	30	27	3	0	9	15	6
徐汇区	64	59	5	2	18	28	16
长宁区	51	42	9	0	19	15	17
静安区	42	41	1	0	21	17	4
普陀区	67	52	15	5	41	17	4
闸北区	73	64	9	1	24	32	16
虹口区	62	45	17	2	28	21	11
杨浦区	74	65	9	2	23	41	8
闵行区	94	74	20	2	34	30	28
宝山区	104	85	19	2	50	21	31
嘉定区	54	43	11	1	10	22	21
浦东新区	266	186	80	8	87	83	88
金山区	60	48	12	3	20	20	17
松江区	92	78	14	1	36	40	15
青浦区	48	27	21	0	14	21	13
奉贤区	75	45	30	2	41	24	8
崇明县	75	53	22	3	40	14	18

中学图书室(馆)设施状况统计表

单位名称	阅览室数量(间)	阅览室使用面积(平方米)	电子阅览室数量(间)	电子阅览室使用面积(平方米)	藏书室数量(间)	藏书室使用面积(平方米)	资料室等数量(间)	资料室等使用面积(平方米)
上海市	**1118**	**150251**	**482**	**43111**	**827**	**80739**	**526**	**33528**
黄浦区	30	6796	16	1202	24	2017	17	1426
卢湾区	18	3290	11	1549	10	2804	9	888
徐汇区	75	7630	18	1112	40	3142	20	1172
长宁区	31	5502	27	2677	30	2212	20	1557
静安区	34	5652	13	815	21	1022	15	628
普陀区	102	10707	36	2306	53	4805	41	2921
闸北区	50	7442	22	2366	35	3859	24	1852
虹口区	47	5572	19	1147	44	3397	27	1374
杨浦区	60	9149	38	3568	40	4089	29	2408
闵行区	83	11014	35	2550	62	6203	35	2394
宝山区	70	8971	42	4303	62	5820	40	3039
嘉定区	51	6032	25	2003	33	2980	24	1724
浦东新区	208	30937	81	9198	172	18905	93	5942
金山区	38	5470	21	1579	32	4393	19	1214
松江区	50	6510	16	1744	42	3428	27	1251
青浦区	37	5437	19	1889	29	2397	18	839
奉贤区	67	8033	20	1406	47	4453	39	1619
崇明县	67	6107	23	1697	51	4813	29	1280

中学图书室(馆)藏书状况统计表

单位名称	图书室藏书数量合计(万册)	图书数量(万册)	电子图书数量(万册)	图书室藏书金额合计(万元)	图书金额(万元)	电子图书金额(万元)
上海市	**2849**	**2689**	**160**	**36807**	**35161**	**1646**
黄浦区	124	119	5	1113	1071	42
卢湾区	61	56	5	1134	1002	132
徐汇区	152	151	2	1914	1822	92
长宁区	110	107	3	1459	1305	154
静安区	91	87	5	1394	1301	93
普陀区	205	202	3	2358	2282	77
闸北区	161	157	4	2969	2840	129
虹口区	127	126	0	1521	1508	14
杨浦区	165	155	10	1816	1798	19
闵行区	220	207	13	3284	3107	177
宝山区	138	127	11	1968	1887	82
嘉定区	126	101	26	1261	1174	87
浦东新区	572	539	32	6749	6500	248
金山区	102	99	2	1297	1251	46
松江区	117	114	3	1576	1504	72
青浦区	71	70	1	869	853	16
奉贤区	158	130	28	1632	1539	93
崇明县	150	142	7	2492	2417	75

中学图书室(馆)当年购置情况及尚需量统计表

单位名称	当年图书购置经费合计(万元)	财政拨款(万元)	自筹金额(万元)	图书尚需册数(万册)
上海市	**3205**	**2401**	**804**	**90**
黄浦区	61	55	6	0
卢湾区	129	116	13	0
徐汇区	293	293	0	0
长宁区	105	45	60	0
静安区	94	88	6	0
普陀区	128	127	0	6
闸北区	186	173	12	0
虹口区	58	32	26	0
杨浦区	107	102	5	0
闵行区	257	234	23	7
宝山区	195	195	0	0
嘉定区	129	110	19	0
浦东新区	609	258	350	0
金山区	173	159	14	3
松江区	164	118	46	1
青浦区	54	22	33	2
奉贤区	149	140	10	0
崇明县	316	133	183	0

教育经费总投入情况表

金额单位:万元

	教育经费投入合计	财政拨款	教育费附加	教育事业费附加	地方社会事业建设费	事业收入	其中:学杂费收入	校办产业缴款	捐赠收入	其　他	除财政拨款外各项投入占合计数%
黄浦区	149623.91	130714.67	3840.00	0.00	0.00	7079.30	5212.25	0.00	0.00	7989.94	12.64
卢湾区	107709.84	100702.00	1920.00	0.00	0.00	3415.94	2520.77	0.00	27.34	1644.56	6.51
徐汇区	170369.17	138535.96	10887.00	294.75	0.00	13057.99	10869.37	0.00	370.22	7223.25	18.68
长宁区	133874.48	112604.93	6025.00	0.00	0.00	6091.79	5503.11	0.00	75.51	9077.25	15.89
静安区	138809.19	124300.00	4141.00	0.00	0.00	5410.46	4728.94	0.00	36.17	4921.56	10.45
普陀区	148103.93	121835.84	10277.00	0.00	0.00	11829.52	10160.49	0.00	9.52	4152.05	17.74
闸北区	156503.15	110316.76	7944.00	0.00	0.00	12789.11	10780.58	0.00	188.48	25264.80	29.51
虹口区	132186.66	103300.00	8454.00	0.00	0.00	11802.67	7711.85	586.23	53.84	7989.92	21.85
杨浦区	171693.25	145260.00	10350.00	0.00	0.00	9569.35	8511.57	1115.94	3.43	5394.53	15.40
市区小计	1308873.58	1087570.16	63838.00	294.75	0.00	81046.13	65998.93	1702.17	764.51	73657.86	16.91
闵行区	252070.33	217856.66	15669.00	340.00	0.00	8327.34	7690.37	0.00	70.68	9806.65	13.57
宝山区	210793.46	179898.88	14860.00	2.98	0.00	11665.41	10376.82	131.69	1217.60	3016.90	14.66
嘉定区	141690.39	124492.74	6984.70	0.00	0.00	8639.97	5773.84	0.00	126.00	1446.98	12.14
浦东新区	598002.55	495288.65	44994.00	0.00	0.00	41438.90	33231.48	291.38	674.61	15315.01	17.18
金山区	108964.71	89026.02	9731.00	643.98	0.00	7924.20	6244.85	0.00	473.32	1166.19	18.30
松江区	148396.73	120342.46	10569.00	3278.70	0.00	10554.34	9289.77	136.85	154.50	3360.88	18.90
青浦区	122214.86	93088.00	9921.00	10011.97	0.00	7374.80	2727.09	0.00	0.00	1819.09	23.83
奉贤区	138349.08	116886.04	11642.00	68.00	0.00	8352.54	6871.64	0.00	716.20	684.30	15.51
崇明县	110841.30	100708.47	5221.84	0.00	0.00	4460.17	4042.63	0.00	102.02	348.80	9.14
郊区小计	1831323.41	1537587.92	129592.54	14345.63	0.00	108737.67	86248.49	559.92	3534.93	36964.80	16.04
区县合计	3140196.99	2625158.08	193430.54	14640.38	0.00	189783.80	152247.42	2262.09	4299.44	110622.66	16.40
委属单位	1441409.27	842382.57	229000.00	0.00	12000.00	264630.55	199119.80	0.00	675.47	92720.68	41.56
全市总计	4581606.26	3467540.65	422430.54	14640.38	12000.00	454414.35	351367.22	2262.09	4974.91	203343.34	24.32

职校生均经费分析

金额单位:元

	财政拨款生均				实际生均					其中:生均公用经费					2010年生均公用占%
	2010年	2009年	增减金额	增减%	2010年	位次	2009年	增减金额	增减%	2010年	位次	2009年	增减金额	增减%	
黄浦区	24474.01	22391.99	2082.02	9.30	30744.70	4	28695.82	2048.88	7.14	8167.77	5	8039.55	128.22	1.59	26.57
卢湾区	28539.40	26132.80	2406.60	9.21	31188.42	3	28875.94	2312.48	8.01	12173.31	2	11482.31	691.01	6.02	39.03
徐汇区	18118.03	10576.03	7542.00	71.31	23913.02	8	18167.73	5745.29	31.62	5792.64	7	3939.91	1852.72	47.02	24.22
长宁区	25464.94	20926.51	4538.43	21.69	29374.03	5	24855.62	4518.41	18.18	4820.29	11	3094.53	1725.77	55.77	16.41
静安区	29300.50	25035.23	4265.27	17.04	31983.51	2	24459.76	7523.75	30.76	8762.00	4	5435.72	3326.28	61.19	27.40
普陀区	14036.51	9578.67	4457.84	46.54	17155.92	12	12705.56	4450.37	35.03	3850.18	15	2403.08	1447.10	60.22	22.44
闸北区	19553.06	18733.63	819.43	4.37	24221.41	7	24139.28	82.13	0.34	5367.89	8	4987.49	380.40	7.63	22.16
虹口区	10383.25	7148.94	3234.31	45.24	13070.91	16	13738.27	−667.37	−4.86	2371.40	17	3426.62	−1055.22	−30.79	18.14
杨浦区	14113.60	12470.35	1643.25	13.18	22865.03	9	21149.58	1715.45	8.11	4418.91	13	4044.06	374.84	9.27	19.33
闵行区	13433.02	12008.91	1424.11	11.86	14942.37	13	13679.30	1263.07	9.23	5156.75	9	5113.64	43.12	0.84	34.51
宝山区	16520.18	11518.23	5001.96	43.43	20982.98	10	15831.46	5151.52	32.54	8971.89	3	3252.47	5719.42	175.85	42.76
嘉定区	431024.52	74195.35	356829.17	480.93	433443.72	1	100272.93	333170.79	332.26	14144.20	1	3684.84	10459.36	283.85	3.26
浦东新区	8747.47	8173.09	574.39	7.03	12350.20	17	12176.66	173.54	1.43	4107.41	14	3817.18	290.23	7.60	33.26
金山区	0.00	0.00	0.00		0.00	18	0.00	0.00		0.00	18	0.00	0.00		0.00
松江区	12237.51	10877.98	1359.52	12.50	17231.45	11	15711.11	1520.34	9.68	4998.54	10	4962.24	36.30	0.73	29.01
青浦区	12931.94	11325.26	1606.67	14.19	13628.07	15	13573.41	54.66	0.40	2686.28	16	2655.08	31.19	1.17	19.71
奉贤区	21938.32	16336.37	5601.95	34.29	27831.38	6	22431.19	5400.19	24.07	6900.28	6	6779.16	121.12	1.79	24.79
崇明县	11357.41	8553.80	2803.61	32.78	14169.34	14	9821.73	4347.61	44.27	4710.46	12	2888.95	1821.52	63.05	33.24
郊区小计	11227.25	9728.23	1499.02	15.41	14761.09		13355.99	1405.11	10.52	4788.68		3960.81	827.86	20.90	32.44
市区小计	18585.46	14625.42	3960.04	27.08	22974.04		19991.27	2982.78	14.92	5538.68		4818.71	719.96	14.94	24.11
区县合计	14227.63	11941.23	2286.40	19.15	18110.00		16354.41	1755.58	10.73	5094.49		4348.49	746.00	17.16	28.13

中专、技校、职校生均经费分析

金额单位:元

	财政拨款生均				实际生均					其中:生均公用经费					2010年生均公用占%
	2010年	2009年	增减金额	增减%	2010年	位次	2009年	增减金额	增减%	2010年	位次	2009年	增减金额	增减%	
黄浦区	24474.01	22391.99	2082.02	9.30	30744.70	3	28695.82	2048.88	7.14	8167.77	4	8039.55	128.22	1.59	26.57
卢湾区	28539.40	26132.80	2406.60	9.21	31188.42	2	28875.94	2312.48	8.01	12173.31	1	11482.31	691.01	6.02	39.03
徐汇区	18118.03	10576.03	7542.00	71.31	23913.02	6	18167.73	5745.29	31.62	5792.64	5	3939.91	1852.72	47.02	24.22
长宁区	25464.94	20926.51	4538.43	21.69	29374.03	4	24855.62	4518.41	18.18	4820.29	8	3094.53	1725.77	55.77	16.41
静安区	29300.50	25035.23	4265.27	17.04	31983.51	1	24459.76	7523.75	30.76	8762.00	2	5435.72	3326.28	61.19	27.40
普陀区	14036.51	9578.67	4457.84	46.54	17155.92	10	12705.56	4450.37	35.03	3850.18	13	2403.08	1447.10	60.22	22.44
闸北区	19553.06	18733.63	819.43	4.37	24221.41	5	24139.28	82.13	0.34	5367.89	6	4987.49	380.40	7.63	22.16
虹口区	10383.25	7148.94	3234.31	45.24	13070.91	13	13738.27	−667.37	−4.86	2371.40	16	3426.62	−1055.22	−30.79	18.14
杨浦区	14113.60	12470.35	1643.25	13.18	22865.03	7	21149.58	1715.45	8.11	4418.91	10	4044.06	374.84	9.27	19.33
闵行区	8667.61	7568.54	1099.08	14.52	10410.59	16	8816.61	1593.98	18.08	4266.70	12	3349.52	917.18	27.38	40.98
宝山区	15742.05	11632.05	4110.00	35.33	20155.95	8	15968.90	4187.05	26.22	8347.17	3	3732.90	4614.27	123.61	41.41
嘉定区	6325.86	5349.41	976.45	18.25	9617.37	17	10265.91	−648.53	−6.32	1914.84	17	2785.10	−870.26	−31.25	19.91
浦东新区	9267.36	8173.09	1094.28	13.39	12892.97	14	12176.66	716.31	5.88	4273.23	11	3817.18	456.06	11.95	33.14
金山区	5785.67	5063.90	721.78	14.25	8065.90	18	9202.24	−1136.34	−12.35	1577.36	18	2786.55	−1209.19	−43.39	19.56
松江区	12237.51	10877.98	1359.52	12.50	17231.45	9	15711.11	1520.34	9.68	4998.54	7	4962.24	36.30	0.73	29.01
青浦区	10081.63	8535.52	1546.10	18.11	12346.37	15	12795.66	−449.29	−3.51	2725.74	15	2838.47	−112.74	−3.97	22.08
奉贤区	11552.29	8425.03	3127.27	37.12	16124.36	11	13613.22	2511.13	18.45	3479.40	14	2860.02	619.39	21.66	21.58
崇明县	11357.41	8553.80	2803.61	32.78	14169.34	12	9821.73	4347.61	44.27	4710.46	9	2888.95	1821.52	63.05	33.24
郊区小计	9261.71	7825.57	1436.13	18.35	12429.49		11581.01	848.47	7.33	3779.42		3379.04	400.38	11.85	30.41
市区小计	18585.46	14625.42	3960.04	27.08	22974.04		19991.27	2982.78	14.92	5538.68		4818.71	719.96	14.94	24.11
区县合计	11761.82	9832.12	1929.70	19.63	15256.95		14062.77	1194.18	8.49	4251.16		3803.87	447.28	11.76	27.86
委属单位	22908.53	21930.93	977.60	4.46	33788.50		36170.17	−2381.67	−6.58	12981.03		16765.05	−3784.02	−22.57	38.42
全市总计	12793.37	10955.97	1837.40	16.77	16971.92		16116.32	855.60	5.31	5059.05		5007.83	51.21	1.02	29.81

高中生均经费分析

金额单位:元

	财政拨款生均				实际生均					其中:生均公用经费					2010年生均公用占%
	2010年	2009年	增减金额	增减%	2010年	位次	2009年	增减金额	增减%	2010年	位次	2009年	增减金额	增减%	
黄浦区	28933.51	23734.48	5199.03	21.90	31886.90	3	27050.12	4836.78	17.88	9983.84	3	9049.61	934.23	10.32	31.31
卢湾区	46568.90	38872.32	7696.58	19.80	49995.18	2	40270.55	9724.63	24.15	24780.51	2	15605.63	9174.88	58.79	49.57
徐汇区	22331.44	18750.54	3580.90	19.10	28141.12	5	24856.33	3284.79	13.22	7461.87	6	5391.16	2070.71	38.41	26.52
长宁区	24748.17	17727.81	7020.36	39.60	28983.38	4	22285.19	6698.18	30.06	6649.42	7	3903.80	2745.62	70.33	22.94
静安区	48199.65	33016.09	15183.56	45.99	61101.06	1	36829.88	24271.18	65.90	36062.62	1	14802.44	21260.18	143.63	59.02
普陀区	20383.33	16168.98	4214.35	26.06	24229.24	12	22319.86	1909.38	8.55	5868.45	10	4672.44	1196.00	25.60	24.22
闸北区	18296.08	15093.58	3202.50	21.22	25380.76	9	23000.78	2379.98	10.35	5004.59	14	4053.81	950.78	23.45	19.72
虹口区	19246.10	15756.08	3490.02	22.15	28059.18	6	33331.11	−5271.92	−15.82	6345.73	9	12076.99	−5731.26	−47.46	22.62
杨浦区	20986.76	17590.03	3396.73	19.31	27326.82	7	24500.26	2826.57	11.54	4277.93	15	3832.62	445.31	11.62	15.65
闵行区	24458.58	19557.07	4901.51	25.06	25383.72	8	23901.45	1482.27	6.20	5088.31	13	4791.42	296.89	6.20	20.05
宝山区	20177.86	16559.73	3618.13	21.85	25208.29	11	21731.35	3476.94	16.00	9044.62	4	7507.06	1537.56	20.48	35.88
嘉定区	16856.71	15272.61	1584.10	10.37	21551.31	13	18344.32	3207.00	17.48	5404.98	12	3663.91	1741.07	47.52	25.08
浦东新区	17019.37	17596.97	−577.60	−3.28	21508.94	14	21173.92	335.02	1.58	6449.93	8	7213.98	−764.06	−10.59	29.99
金山区	10072.54	9238.56	833.98	9.03	13541.13	18	13240.26	300.87	2.27	2373.49	18	2361.47	12.02	0.51	17.53
松江区	22275.47	19427.51	2847.96	14.66	25316.24	10	23090.54	2225.70	9.64	8627.62	5	7521.19	1106.43	14.71	34.08
青浦区	12484.99	10053.36	2431.63	24.19	14997.72	17	13474.10	1523.62	11.31	2506.03	17	2293.40	212.63	9.27	16.71
奉贤区	15184.02	13253.69	1930.33	14.56	19792.01	15	19656.65	135.36	0.69	5507.79	11	5451.76	56.02	1.03	27.83
崇明县	13444.12	13465.51	−21.39	−0.16	17726.74	16	16429.92	1296.82	7.89	2832.78	16	2501.92	330.86	13.22	15.98
郊区小计	17016.58	15432.80	1583.78	10.26	20856.39		19517.84	1338.54	6.86	5549.42		5158.72	390.70	7.57	26.61
市区小计	25135.16	19983.42	5151.74	25.78	31117.52		26926.44	4191.08	15.56	9457.17		7251.53	2205.64	30.42	30.39
区县合计	20212.83	17267.83	2945.00	17.05	24919.71		22509.50	2410.21	10.71	7130.73		6055.01	1075.72	17.77	28.61
委属单位	19652.71	18984.92	667.79	3.52	37296.74		37863.66	−566.92	−1.50	13132.05		16136.39	−3004.34	−18.62	35.21
全市总计	20184.43	17322.12	2862.31	16.52	25426.37		23022.64	2403.74	10.44	7375.08		6394.16	980.92	15.34	29.01

初中生均经费分析

金额单位:元

	财政拨款生均				实际生均					其中:生均公用经费					2010年生均公用占%
	2010年	2009年	增减金额	增减%	2010年	位次	2009年	增减金额	增减%	2010年	位次	2009年	增减金额	增减%	
黄浦区	33858.52	28237.59	5620.93	19.91	34441.51	2	29596.51	4844.99	16.37	13002.18	3	9916.72	3085.46	31.11	37.75
卢湾区	44070.97	40881.15	3189.83	7.80	43355.58	1	40172.39	3183.19	7.92	19191.23	1	15423.90	3767.33	24.43	44.26
徐汇区	23374.59	19579.18	3795.40	19.38	24817.42	6	21676.93	3140.49	14.49	7690.35	4	5157.93	2532.42	49.10	30.99
长宁区	24599.81	20900.96	3698.85	17.70	24611.91	7	21207.34	3404.58	16.05	5801.90	8	4625.47	1176.43	25.43	23.57
静安区	43071.26	35712.33	7358.92	20.61	33438.81	3	31655.60	1783.20	5.63	14440.06	2	13163.53	1276.53	9.70	43.18
普陀区	22803.69	19515.99	3287.70	16.85	22729.15	10	21907.64	821.51	3.75	5992.30	7	5492.56	499.74	9.10	26.36
闸北区	24964.93	22852.58	2112.35	9.24	26781.48	5	24951.29	1830.19	7.34	6326.80	5	4801.40	1525.40	31.77	23.62
虹口区	25909.43	21142.38	4767.05	22.55	27381.99	4	25774.20	1607.79	6.24	5298.56	11	5020.93	277.63	5.53	19.35
杨浦区	23533.82	20327.09	3206.72	15.78	23716.41	8	20856.28	2860.13	13.71	3824.67	16	2841.90	982.77	34.58	16.13
闵行区	26083.71	22536.04	3547.68	15.74	23460.41	9	22799.66	660.75	2.90	6160.37	6	5564.68	595.69	10.70	26.26
宝山区	17669.62	15671.68	1997.94	12.75	17930.12	14	16550.39	1379.73	8.34	5679.73	10	4669.39	1010.34	21.64	31.68
嘉定区	24863.10	18611.50	6251.60	33.59	19642.23	12	18776.75	865.48	4.61	4520.92	15	3652.25	868.67	23.78	23.02
浦东新区	16392.70	14890.35	1502.34	10.09	16743.63	17	15189.14	1554.49	10.23	5148.20	12	4447.60	700.61	15.75	30.75
金山区	17370.27	15476.80	1893.47	12.23	17542.15	15	15848.20	1693.95	10.69	2621.78	17	2047.14	574.64	28.07	14.95
松江区	20022.13	18261.35	1760.78	9.64	18820.29	13	18580.72	239.57	1.29	4878.74	14	4814.06	64.68	1.34	25.92
青浦区	14758.50	13523.23	1235.27	9.13	14572.70	18	14567.52	5.18	0.04	2506.21	18	2011.89	494.32	24.57	17.20
奉贤区	18078.87	16682.60	1396.27	8.37	17468.71	16	17183.63	285.08	1.66	5147.52	13	5081.05	66.46	1.31	29.47
崇明县	21717.13	19163.18	2553.95	13.33	22251.73	11	20032.08	2219.65	11.08	5688.05	9	5657.74	30.30	0.54	25.56
郊区小计	18609.57	16610.63	1998.94	12.03	18146.91		17231.13	915.78	5.31	4991.08		4451.35	539.73	12.13	27.50
市区小计	26985.85	23106.73	3879.13	16.79	26904.17		24401.46	2502.71	10.26	7564.35		6068.42	1495.93	24.65	28.12
区县合计	21301.99	18724.52	2577.48	13.77	20960.17		19569.34	1390.83	7.11	5806.71		4956.93	849.78	17.14	27.70
委属单位	13778.88	14107.50	−328.61	−2.33	16232.82		17974.54	−1741.72	−9.69	2436.66		6562.05	−4125.39	−62.87	15.01
全市总计	21296.17	18708.19	2587.97	13.83	20956.85		19563.58	1393.27	7.12	5804.51		4962.33	842.18	16.97	27.70

小学生均经费分析

金额单位:元

	财政拨款生均				实际生均					其中:生均公用经费					2010年生均公用占%
	2010年	2009年	增减金额	增减%	2010年	位次	2009年	增减金额	增减%	2010年	位次	2009年	增减金额	增减%	
黄浦区	31103.81	26756.04	4347.77	16.25	31427.09	2	27097.09	4330.00	15.98	9284.39	3	6894.41	2389.97	34.67	29.54
卢湾区	40836.95	36140.85	4696.10	12.99	39581.57	1	35224.06	4357.51	12.37	18495.47	1	15900.21	2595.26	16.32	46.73
徐汇区	16656.68	14714.99	1941.68	13.20	17483.78	9	15978.73	1505.05	9.42	5163.35	5	4338.41	824.94	19.01	29.53
长宁区	19683.13	17398.76	2284.37	13.13	19869.82	8	16745.17	3124.64	18.66	4836.93	6	3130.95	1705.98	54.49	24.34
静安区	32347.54	29169.96	3177.58	10.89	30656.53	3	28950.32	1706.22	5.89	9837.22	2	9037.12	800.10	8.85	32.09
普陀区	15201.10	13804.45	1396.64	10.12	14982.54	11	14383.93	598.61	4.16	3205.21	13	2871.96	333.25	11.60	21.39
闸北区	20190.93	16926.93	3264.00	19.28	21243.46	4	18369.15	2874.30	15.65	4766.62	7	2967.76	1798.86	60.61	22.44
虹口区	19762.93	16689.58	3073.35	18.41	20428.35	6	19576.49	851.86	4.35	4714.25	8	4481.86	232.38	5.18	23.08
杨浦区	20437.86	17702.15	2735.71	15.45	20353.08	7	17702.49	2650.60	14.97	3275.18	12	2804.51	470.67	16.78	16.09
闵行区	14780.93	14005.74	775.19	5.53	14958.73	12	14449.86	508.87	3.52	3842.77	10	3243.15	599.62	18.49	25.69
宝山区	16053.39	15442.72	610.66	3.95	16143.53	10	15828.60	314.93	1.99	5508.54	4	5212.81	295.73	5.67	34.12
嘉定区	13213.84	12922.04	291.80	2.26	13513.55	15	12957.58	555.97	4.29	3069.82	14	2222.04	847.78	38.15	22.72
浦东新区	13877.49	12753.97	1123.51	8.81	13164.46	16	12890.53	273.93	2.13	3875.99	9	3554.75	321.24	9.04	29.44
金山区	14121.28	13786.65	334.63	2.43	14103.06	13	14099.42	3.64	0.03	1952.04	18	1758.58	193.47	11.00	13.84
松江区	12611.27	12029.50	581.77	4.84	11811.55	18	11807.20	4.35	0.04	2994.17	15	2418.66	575.51	23.79	25.35
青浦区	13616.47	12472.56	1143.91	9.17	13513.66	14	13510.29	3.37	0.02	2938.08	16	1879.72	1058.37	56.30	21.74
奉贤区	12539.37	11094.37	1445.00	13.02	11935.76	17	11261.42	674.34	5.99	2690.50	17	2486.88	203.62	8.19	22.54
崇明县	21010.30	18541.96	2468.35	13.31	21224.60	5	19570.57	1654.03	8.45	3803.49	11	3082.50	720.99	23.39	17.92
郊区小计	14271.47	13307.69	963.78	7.24	13954.78		13610.11	344.67	2.53	3619.92		3151.09	468.83	14.88	25.94
市区小计	20937.93	18320.85	2617.09	14.28	21134.21		19041.47	2092.74	10.99	5521.71		4517.52	1004.19	22.23	26.13
区县合计	16187.72	14835.14	1352.58	9.12	16018.49		15264.99	753.50	4.94	4166.59		3567.43	599.16	16.80	26.01

幼儿园生均经费分析

金额单位:元

	财政拨款生均				实际生均					其中:生均公用经费					2010年生均公用占%
	2010年	2009年	增减金额	增减%	2010年	位次	2009年	增减金额	增减%	2010年	位次	2009年	增减金额	增减%	
黄浦区	22127.92	20458.30	1669.62	8.16	25510.66	3	24343.90	1166.76	4.79	6433.84	3	6370.59	63.25	0.99	25.22
卢湾区	24783.43	23670.68	1112.75	4.70	27298.80	2	27062.57	236.23	0.87	8651.78	2	8037.03	614.74	7.65	31.69
徐汇区	11953.09	11440.25	512.84	4.48	17756.49	6	16978.25	778.24	4.58	4811.57	7	4774.72	36.86	0.77	27.10
长宁区	17589.75	15497.69	2092.06	13.50	21182.92	4	17851.98	3330.94	18.66	5256.68	4	3746.08	1510.60	40.32	24.82
静安区	25903.18	29194.60	−3291.41	−11.27	31153.07	1	29580.91	1572.16	5.31	8771.94	1	8342.59	429.35	5.15	28.16
普陀区	9755.28	6804.96	2950.32	43.36	14179.79	11	13038.84	1140.95	8.75	4431.70	10	3591.94	839.76	23.38	31.25
闸北区	10631.70	9806.57	825.12	8.41	15235.77	8	14627.36	608.41	4.16	4432.52	9	3294.28	1138.24	34.55	29.09
虹口区	12108.40	11342.41	765.99	6.75	16233.10	7	15438.15	794.95	5.15	3515.26	13	3057.62	457.64	14.97	21.65
杨浦区	14945.78	13540.27	1405.51	10.38	18482.87	5	18116.50	366.37	2.02	4990.55	6	4427.24	563.31	12.72	27.00
闵行区	12666.75	11697.29	969.46	8.29	14496.69	10	13632.23	864.46	6.34	4793.16	8	4353.83	439.33	10.09	33.06
宝山区	12062.15	10748.54	1313.61	12.22	14152.55	12	13181.10	971.44	7.37	4998.54	5	4688.42	310.11	6.61	35.32
嘉定区	12480.53	10943.69	1536.84	14.04	14604.60	9	12947.71	1656.89	12.80	3550.04	12	3207.19	342.85	10.69	24.31
浦东新区	9161.61	9157.31	4.30	0.05	12256.92	13	12156.22	100.70	0.83	3756.84	11	3708.38	48.47	1.31	30.65
金山区	7308.72	6303.72	1005.01	15.94	9416.44	18	8766.87	649.57	7.41	1522.89	18	1322.24	200.65	15.18	16.17
松江区	8620.87	7824.88	795.99	10.17	10011.72	17	9729.38	282.34	2.90	2317.71	16	2315.74	1.96	0.08	23.15
青浦区	8414.59	7442.43	972.16	13.06	10193.10	16	10185.76	7.34	0.07	2885.67	14	2579.41	306.26	11.87	28.31
奉贤区	10582.86	8788.73	1794.12	20.41	12155.39	14	10803.37	1352.02	12.51	2494.39	15	2141.23	353.16	16.49	20.52
崇明县	8931.93	7529.22	1402.71	18.63	10721.74	15	9280.43	1441.31	15.53	2174.16	17	1591.32	582.84	36.63	20.28
郊区小计	10071.57	9095.72	975.85	10.73	12322.56		11460.47	862.09	7.52	3506.64		3146.35	360.29	11.45	28.46
市区小计	14033.31	12812.76	1220.55	9.53	18333.22		17358.22	975.00	5.62	4997.65		4365.90	631.75	14.47	27.26
区县合计	11174.48	10140.85	1033.63	10.19	13995.87		13118.76	877.11	6.69	3921.72		3489.25	432.47	12.39	28.02

特殊学校学生生均经费分析

金额单位:元

	财政拨款生均				实际生均					其中:生均公用经费					2010年生均公用占%
	2010年	2009年	增减金额	增减%	2010年	位次	2009年	增减金额	增减%	2010年	位次	2009年	增减金额	增减%	
黄浦区	104204.55	93180.05	11024.49	11.83	104321.92	3	93262.75	11059.17	11.86	14622.52	4	9168.27	5454.25	59.49	14.02
卢湾区	114408.39	92028.97	22379.42	24.32	109320.13	2	86882.70	22437.44	25.82	56809.55	2	34938.48	21871.07	62.60	51.97
徐汇区	56938.29	51651.73	5286.57	10.24	59335.10	7	55163.71	4171.38	7.56	13348.79	7	8768.44	4580.35	52.24	22.50
长宁区	72044.54	71942.96	101.59	0.14	80280.26	4	68130.13	12150.13	17.83	14462.98	5	10808.50	3654.48	33.81	18.02
静安区	250487.15	183328.53	67158.63	36.63	287360.85	1	162492.29	124868.55	76.85	131337.18	1	24311.77	107025.41	440.22	45.70
普陀区	48919.65	41186.42	7733.24	18.78	46271.81	11	42434.38	3837.43	9.04	5684.19	15	4830.87	853.32	17.66	12.28
闸北区	35625.14	31969.19	3655.95	11.44	40954.40	13	43136.15	−2181.74	−5.06	10940.75	11	13111.18	−2170.43	−16.55	26.71
虹口区	31158.61	22974.50	8184.10	35.62	34221.39	15	29474.23	4747.17	16.11	11310.50	9	8576.43	2734.07	31.88	33.05
杨浦区	33165.33	27479.30	5686.03	20.69	32319.20	17	28451.77	3867.43	13.59	6491.24	14	5546.68	944.57	17.03	20.08
闵行区	57820.00	57766.28	53.72	0.09	59933.91	6	61319.93	−1386.01	−2.26	13889.11	6	15099.50	−1210.39	−8.02	23.17
宝山区	50490.11	46192.06	4298.05	9.30	50707.95	10	49129.13	1578.82	3.21	11286.89	10	9090.29	2196.59	24.16	22.26
嘉定区	67947.40	69103.38	−1155.98	−1.67	73343.81	5	69474.16	3869.64	5.57	11986.93	8	13272.85	−1285.92	−9.69	16.34
浦东新区	51187.13	47049.39	4137.74	8.79	52253.03	9	49642.11	2610.92	5.26	16286.23	3	15717.35	568.88	3.62	31.17
金山区	40518.76	38259.40	2259.35	5.91	40604.13	14	39284.95	1319.18	3.36	5046.09	17	4224.27	821.82	19.45	12.43
松江区	57695.79	68460.91	−10765.12	−15.72	55546.49	8	65024.72	−9478.23	−14.58	10766.45	12	21810.31	−11043.87	−50.64	19.38
青浦区	30668.05	28494.36	2173.69	7.63	30497.64	18	29859.72	637.92	2.14	5472.63	16	4485.26	987.37	22.01	17.94
奉贤区	33751.76	30350.34	3401.42	11.21	33947.46	16	31798.26	2149.21	6.76	3123.33	18	3039.78	83.55	2.75	9.20
崇明县	40598.90	30056.11	10542.79	35.08	43953.97	12	32983.17	10970.81	33.26	7959.29	13	4914.88	3044.41	61.94	18.11
郊区小计	47780.13	44360.86	3419.27	7.71	49106.61		46518.04	2588.56	5.56	11266.76		10421.77	844.99	8.11	22.94
市区小计	57121.45	48144.52	8976.93	18.65	59201.71		50545.40	8656.32	17.13	18149.65		12056.85	6092.80	50.53	30.66
区县合计	52642.74	46353.80	6288.94	13.57	54361.59		48639.34	5722.26	11.76	14849.64		11283.00	3566.63	31.61	27.32
委属单位	104407.97	66577.91	37830.06	56.82	95907.80		66029.37	29878.43	45.25	27894.26		20869.02	7025.24	33.66	29.08
全市总计	55416.67	47455.03	7961.65	16.78	56587.92		49586.24	7001.68	14.12	15548.66		11804.97	3743.68	31.71	27.48

索　　引

索　引

说明:①本索引主体采用主题分析索引方法,按主题词首字的汉语拼音字母顺序排列。②索引名称后的数字表示内容所在的页码,数字后面的a、b表示内容所在版面的左、右区域。③表格标题和表格中的内容页码后另注有"表"字。④在上海的教育单位和在上海发生的事件名称前的"上海"两字一般均予省略;括号内高校名称一般用简称,例如:上海外国语大学简称为外国语大学、上海东海职业技术学院简称为东海学院。

A

B

C

D

E

F

G

H

J

K

L

M

Q

R

S

T

Y

Z

图书在版编目（CIP）数据

2011 上海教育年鉴/上海市教育委员会编. —上海：上海人民出版社，2011

ISBN 978 – 7 – 208 – 10238 – 5

Ⅰ. ①2… Ⅱ. ①上… Ⅲ. ①教育工作–上海市–2011 –年鉴 Ⅳ. ①G527.51 – 54

中国版本图书馆 CIP 数据核字(2011)第 186536 号

责任编辑　屠玮涓

2011 上海教育年鉴

上海市教育委员会 编

世纪出版集团

上海人民出版社出版

（200001　上海福建中路 193 号　www.ewen.cc）

世纪出版集团发行中心发行

上海商务联西印刷有限公司印刷

开本 889 × 1194　1/16　印张 40.25　插页 13　字数 1,200,000

2011 年 10 月第 1 版　2011 年 10 月第 1 次印刷

ISBN 978 – 7 – 208 – 10238 – 5/G · 1466

定价 140.00 元